[德] 康德 著　邓晓芒 译　杨祖陶 校

纯粹理性批判

Kritik der reinen Vernunft

人民出版社

Immanuel Kant

Kritik der reinen Vernunft

Hrsg. von Raymund Schmidt, Verlag

von Felix Meiner, Hamburg 1956, Nachdruck 1976.

根据 Raymund Schmidt 编《哲学丛书》第 37a 卷,

费利克斯·迈纳出版社,汉堡 1956 年版,1976 年重印本。

中 译 本 序

　　康德的第一批判——《纯粹理性批判》，是其三大批判著作，也是其全部哲学著述中意义最为特殊和重大的巨著。正是这部巨著开始了18世纪末至19世纪40年代的德国哲学革命，改变了整个西方哲学前进发展的方向和进程。正是这部巨著，奠定了整个批判哲学体系以及往后的全部哲学研究工作的认识论、方法论、逻辑学和形而上学的基础。也正是这部巨著，成了康德哲学对后世直到当代西方哲学方方面面的经久不衰的深刻影响的最本原的源泉。人们常说康德哲学是"现代哲学的源泉"①，是"认识论和形而上学历史上的转折点"②，人们在这样说时，心目中首先想到的和所指的毫无疑问就是康德的这部巨著。因此，英国的著名康德哲学专家、《纯粹理性批判》第四个英译本③的译者、《康德〈纯粹理性批判〉解义》一书的作者康蒲·斯密有充分的理由而且十分正确地宣称："《纯粹理性批判》是哲学史中转折点上的一部经典著作。"④

　　《纯粹理性批判》的完成不是一朝一夕，甚或三年五载之功。它是康德从1770年起长达11年之久的潜心研究、上下求索、反复尝试、千锤百炼和呕心沥血的成果。它初版于1781年，再版于1787年，第二版对第一版的某些部

---

① 贺麟：《现代西方哲学讲演集》，上海人民出版社1984年版，第3页。
② 施太格缪勒：《当代哲学主流》上卷，王炳文等译，商务印书馆1986年版，第16页。
③ 迄今有五个《纯粹理性批判》的英语全译本，它们依次是：F.Haywood本（1838年）；J.M.D.Meikle John本（1855年）；Max Müller本（1881年）；N.K.Smith本（1929年）；W.S.Pluhar本（1996年）。
④ 康蒲·斯密：《康德〈纯粹理性批判〉解义》，韦卓民译，华中师范大学出版社2000年版，序第2页。

分做了重大的修改,甚至重写。后世研究康德哲学的学者,有的推崇和强调第一版,有的推崇和强调第二版,但无论持哪种观点的人,都一致同意必须把两个版本结合起来研究,不可有所偏废。所以,后来出版的《纯粹理性批判》单行本,无论是德文本或其他文字的译本,一般都是把两版的异文全部包含在内的合刊本,并在栏外注明版次和页次——以 A 代表第一版,以 B 代表第二版,A、B 之后的数字则指该原版的页码。

《纯粹理性批判》一书贯彻始终的根本指导思想或一条主线就是:通过对理性本身,即人类先天认识能力的批判考察,确定它有哪些先天的即具有普遍性和必然性的要素,以及这些要素的来源、功能、条件、范围和界限,从而确定它能认识什么和不能认识什么,在这基础上对形而上学的命运和前途作出最终的判决和规定。由此可见,《纯粹理性批判》的使命是为真正的、作为科学的形而上学提供坚实可靠的基础,而这样性质的"纯粹理性批判"虽然属于一般形而上学,但本身并不就是形而上学,而只是形而上学的一种"入门"、"初阶"或"导论"。由于康德把只涉及知识的先天要素即先天的知识形式而不涉及对象的一切知识都称为先验的知识,所以他认为"纯粹理性批判"这样一种研究应称为"先验的批判"。① 这种先验的批判属于先验哲学,"它是先验哲学的完备的理念,但还不就是这种先验哲学本身。"②

《纯粹理性批判》全书除了序言和一个总的导言外,分为"先验要素论"和"先验方法论",前者占全书约 4/5 的篇幅,是全书的主体部分,讨论人类认识能力中的先天要素;后者讨论在这些先天要素基础上建立形而上学体系的形式条件。人类认识能力由作为接受性的直观能力的感性和作为自发性的思维能力的理性这样两类原则上不同而又彼此联系的认识能力构成,因而"先验要素论"就区分为讨论感性的先天要素的"先验感性论"和讨论(广义的)理性的先天要素的"先验逻辑"。由于人类的思维能力有知性、判断力和(狭义的)理性这样三个彼此不同而又相互联结的环节,因而"先验逻辑"就区分为讨论知性和判断力的先天要素的"先验分析论"("真理的逻辑")——其中讨论知性的先天概念(范畴)的称为"概念分析论",讨论判断力的法规即知性的先天

---

① A12 即 B26。
② A14 即 B28。

原理的称为"原理分析论"——和讨论理性的先验理念和先验幻相的"先验辩证论"("幻相的逻辑")。

第一版序主要阐明对理性进行批判的必要性首先在于确定一般形而上学是可能还是不可能和规定其源流、范围和界限。第二版序主要阐明对理性进行批判所遵循的"不是知识依照对象,而是对象依照知识"这一"哥白尼式变革"原理的来源、内容和意义。

导言提出了全书的总纲:纯粹理性批判的总任务是要解决"先天综合判断"即具有普遍性和必然性而又扩展了知识内容的真正科学知识是"如何可能"的问题,并将这个总问题分解为如下四个依次回答的问题:数学知识如何可能? 自然科学如何可能? 形而上学作为自然的倾向如何可能? 形而上学作为科学如何可能?

先验感性论阐明,只有通过人的感性认识能力(接受能力)所先天具有的直观形式即空间和时间去整理由自在之物刺激感官而引起的感觉材料,才能获得确定的感性知识,空间和时间的先天直观形式是数学知识的普遍必然性的根据和条件。

先验逻辑的导言阐明感性必须与知性结合,直观必须与思维结合,才能产生关于对象的知识即自然科学知识,因而必须有一门不同于形式逻辑的先验逻辑来探讨知性的结构及其运用于经验对象时的各种原理,包括这种运用的限度。先验逻辑立足于知识与对象的关系,即知识的内容,而不是单纯的思维形式,这标志着辩证逻辑在近代的萌芽。

先验分析论(真理的逻辑)中阐明了知性的先天概念和先天原理是自然科学知识之所以可能的根据和条件。在概念分析论中,通过对知性在判断中的逻辑机能(形式逻辑中一般判断形式的分类)的分析,康德发现了知性的十二个(对)先天的纯粹概念即范畴;通过对范畴的"先验演绎"则阐明了,知性从自我意识的先验统一出发,运用范畴去综合感性提供的经验材料,这是一切可能的经验和经验对象之所以可能的条件,从而证明了范畴在经验即现象的范畴内的普遍必然的有效性。原理分析论主要阐明了知性指导判断力把范畴运用于现象的法规:判断力是用普遍(规则)去统摄特殊(事例)的能力;范畴运用于现象必须以时间图型为中介;通过时间图型把先天感性要素统摄于范畴之下所产生的先天综合判断就是知性的先天原理,亦即判断力的法规。依照范畴表,知性先天原理的体系由"直观的公理"、"知觉的预测"、"经验的类比"和"一般经验思维的公设"所构成,而经验的类比中的"实体的持存性原理"、"按照因果律的时间相继的原理"和"按照交互作用律(在空间中)并存的原理"是作为自然科学的最根本的基础的三条最普遍的原理,也就是自然界(作为现象)的三条最普遍的规律。知性的先天原理只是对现象有效,对超越现象的自在之物或本体则无效,严格划分可知的现象和可思而不可知的本体的界限是"纯粹理性批判"的最根本的要求。

先验辩证论(幻相的逻辑)主要阐明了理性不可避免地要超越现象去认识超验的本体,由此产生的作为自然倾向的形而上学只不过是一些先验的幻相,而不可能是真正的科学。康德在这部分的导言中指出,理性这种推理的能力由于要从有条件者出发通过推论去认识无条件者,这种自然倾向就成了先验幻相的来源和所在地,即它把由于推论的主观需要而产生的有关无条件者的概念看作了有客观实在的对象与之相应的实体概念了。先验的理念就是理性关于这类无条件者(如灵魂、世界整体和上帝)的概念,这样三个先验的理念起着一种为知识的经验认识提供可望而不可及的目标以引导其不断前进、并达到越来越大的统一的调节性(范导性)的作用。纯粹理性的辩证推论就是理性力图运用只对经验、现象有效的范畴来认识上述三个无条件者即超验对象的推论,这样的推论相应地有三种:关于灵魂作了含有"四名词"错误的"谬误推理",关于世界整体陷入了由两组截然相反的判断彼此对立冲突的"二律背反",关于上帝则推出了一些无客观实在性的"先验理想"。所有这些都只不过是一些属于先验幻相的假知识而已。

先验方法论首先阐明,纯粹理性的经验使用虽然有正确使用的法规(知性的先天原理),但其理论的(思辨的、先验的)使用却没有法规可言,因而必须对其先验使用的方法(从定义出发的独断论方法、从正反两方争辩并互相证伪的怀疑论方法、还有假设和证明的方法等四个方面)加以"训练",确立一些"消极的"规则,以限制纯粹理性扩充到可能经验之外的倾向,从而为建立一种有关经验或现象的"内在的"自然形而上学准备了方法论的原则。其次阐明,与纯粹理性的理论的使用相反,其实践的使用则是有正确使用的法规的,这就是道德法则;那些理论理性所不能认识的超验的对象如自由意志、灵魂不朽和上帝,可以成为实践理性所追求的对象,因而对它们有"实践的知识",即信念或信仰,这就为人类道德生活和幸福的和谐统一从而达到"至善"提供了前提,这就说明一种超验的道德形而上学是可能的。此外,康德还从"纯粹理性的建筑术"出发,说明了作为科学出现的未来形而上学的总体构成(以"批判"为导论,以自然形而上学和道德形而上学为主体),特别是自然形而上学的总体构成。

*　　　*　　　*

《纯粹理性批判》在国内已有四个译本:1935 年商务印书馆出版的胡仁源本,1957 年三联书店出版(后由商务印书馆续印)的蓝公武本,1983 年台湾学生书局出版的牟宗三本,1991 年华中师范大学出版社出版的韦卓民本。胡译本是康德著作在中国的第一个译本,自有其意义和作用。但这个本子只包括 1787 年第二版的内容,缺少第二版中删去了的 1781 年第一版的内容;且由于对康德的哲学术语和概念缺乏深入切实的理解,译文在不少地方欠准确;译文表述上虽然用的是当时的白话文,但也已陈旧而不合现代汉语的习惯。蓝译本译于 1933—1935 年,直到 1957 年才刊行,自那以后的三十多年里它是中国大陆唯一正式出版的《纯粹理性批判》全译本,流传颇广,不少对康德哲学有兴趣的人都是通过这个译本来了解这部著作的主要思想及其全貌的。但这个译本的最重要的缺陷就是译文用的是文言文,这是现代读者一般难以接受的,使用起来也极为不便。牟译本的译者评注是一大特色,但译文所使用的近乎半文半白的文字和对康德哲学术语的个人色彩较浓的译法也偏离了一般读者(特别是大陆读者)的习惯。韦译本的初稿于 1962 年译出,直到 1991 年才经曹方久教授等人校订整理出版。这个本子是用现代汉语译出的,对康德的某些术语、概念虽有译者异于通常的译法,但仍明白易懂,所加注释也有益于增进理解,从而使康德这部艰深难读的著作对于中国读者初次有了可读性,这是我国康德译事中明显的进展。但是,包括韦译本在内的所有这些译本的一个共同的缺点就是,它们都不是从德文原本而是从英译本转译的,最多仅以德文版本作参考,因而都不可避免地受到英译本的限制,难以摆脱英译本的种种缺陷,如行文与德文原本出入较大,错漏较多,译意不明确和欠准确,甚或与德文的原意相左之处也不鲜见。显然,从英译本转译而来的译本很难令有志于进一步学习和了解康德哲学的中国读者们满意,更不用说满足对康德这部巨著作深入研究的人的迫切需要了。

摆在读者面前的这个译本是《纯粹理性批判》的第五个中译本,它不同于前面四个译本的一个重要的特点就在于它是从德文原本直接移译过来的。这个译本从最初的尝试到最终的脱稿经历了差不多近十年的时间。

1993年到1995年,我和邓晓芒教授计划共同撰写一部逐章逐节解说康德这部巨著的书——《康德〈纯粹理性批判〉指要》①。这样性质的著作不可避免地要有大量的原文引述。鉴于《纯粹理性批判》一书现有几个中译本的情况,我们达成了一个共识,就是"引文均须从德文原本重新译出"。这个决定是有基础的,因为负责提供《指要》初稿的邓晓芒当时已经翻译出版了康德的《实用人类学》和《自然科学的形而上学基础》两部著作,具有这方面的翻译经验。尽管这样,重译引文的决定仍然大大增加了我们撰写《指要》一书的工作量。不过,这个最初的尝试也使我们更加深刻地体会到了从德文原本译出《纯粹理性批判》的必要性和迫切性,更加真切地领会到了翻译康德此书的那些冗长、复杂、晦涩难懂的文句的困难和艰辛,但同时也增强了我们有朝一日能够把这部巨著较忠实地翻译出来的信心和信念。

这样的机会不久就降临了。1997年年初,人民出版社的张伟珍女士约请我们编写一个"康德读本",在确定这个读本的内容为康德三大批判著作的选本后,我们决定所选部分全部从德文原本重新译出。当时的想法是:"对于康德三大批判著作译本的现状,学术界和青年学子们都深感遗憾。如果这个选本仍旧利用现有的译本,那是绝对不会有丝毫改善的。因此,我们决心走一条费力的、可以说是自找苦吃的道路,要求这本书的全部译文都根据德文原著重新译过来。"经过差不多三年的时间,我们终于完成了这部直接从德文原本译出的40万字的《康德三大批判精粹》②,其中《纯粹理性批判》部分占了全书约1/2的篇幅。

《精粹》出版后,受到广大读者和学术界的热烈欢迎,它立刻为一些高校指定为研究生的教材。许多青年研究者和学术界老专家都迫切希望我们能在

---

① 《康德〈纯粹理性批判〉指要》,杨祖陶、邓晓芒著,湖南教育出版社1996年初版,人民出版社2002年再版。

② 《康德三大批判精粹》,杨祖陶、邓晓芒编译,人民出版社2001年版。上述引文见"编译者导言"第32页。

《精粹》的基础上译出三大批判的全本,特别是《纯粹理性批判》的全译本。一位西方哲学专家在得到《精粹》后随即在来信中向我们提出了"一点想法",颇具代表性:"对于康德《纯粹理性批判》这一极其重要的经典著作,迄今我国尚无从德文原文翻译过来的全译本……现在二位先生既然已经精译了约一半多,何不乘胜前进,将它全译出来,以填补此项空白而满足我国学界之迫切需要! 这无疑将是一项里程碑意义的更伟大的历史贡献,此乃后学们衷心仰求于二位先生者。"另一位专家也在《读书》上发表评论说:"两位作者既已付出了巨大的劳动,完成了一部《精粹》选本,曷不再接再厉,提供给读者三部完整的批判?"①学术界同仁对于得到从德文原本直接译出的《纯粹理性批判》全译本的这种渴望,对于我们的这种厚望和信赖,我们能够无动于衷而淡然置之吗? 何况通译康德三大批判著作实在也是我们长久以来的心愿,甚至是多年来我们视为不可推卸而应勉力承担的一种职责。我们的想法得到了人民出版社的大力支持。这样,我们就一不做二不休,不惜投入更大的精力和更多的时间,连续奋战,力求尽快地完成这一巨大的系统工程。自《精粹》交稿后,又经过三年的努力,现在终于胜利在望了。在这期间,我们先送出了第三批判即《判断力批判》的译稿②,目前《纯粹理性批判》和《实践理性批判》的译稿也都脱稿,相信不久就可以全部与广大读者和学术界同仁见面了。此时此刻涌上我们心头的,可以说是一种比《精粹》交稿时更为巨大更为深沉的"完成了应负的一项使命的愉悦感"!

　　三大批判著作的译稿,无论是其选本(《精粹》),还是三个全译本,都来之不易。它们的完成首先要归功于译者邓晓芒译出的初稿和最后的订正定稿。他是在电脑中译出初稿的,要在电脑中以这样的速度直接从德文原本译出三大批判著作的初稿,没有对康德哲学的深厚理解,没有娴熟地掌握德语,没有精通现代汉语表达功能的功夫,没有沉下心来为学术而学术的一往直前的精神,是无从谈起的。每当我接到初译稿的样稿时,我都为能如此直白地译出难懂难译的康德式文句,仿佛是(借用一位评论者的话)康德在用现代汉语道白自己的哲学思想似的,而感到一种异常的惊喜和慰藉,赞叹有加。但是,由于

---

① 见《读书》,2003 年第 3 期,何兆武文:《重读康德》。

② 康德:《判断力批判》,邓晓芒译,杨祖陶校,人民出版社 2002 年初版。

一种挥之不去的对康德、对学术、对读者也对译者负责的心态,我又不得不根据德文原本,参考不止一种英译本(特别在校订《纯粹理性批判》译稿时是如此)和中译本,再三推敲,用铅笔(这原是为了便于译者对校者的意见作取舍或变通)对初稿进行了逐一仔细的校订,以致(诚如译者在《判断力批判》的"中译者序"中所言)"在初稿上用极小的字体校改得密密麻麻,几乎要把原文都淹没不见了"。每当我把校订完的译稿交给译者时,我都感到有一种内心的不安,我真不知道他在电脑中将如何根据校订的样稿进行最后的订正和定稿,留给他的显然不是一件轻松自如的工作,做起来也许比他直接翻译起来还更加不易。这时我也出现过下次再不这么挑剔的念头或决心。可是当我执笔校订新的初译稿时,却又鬼使神差地一头栽了进去,什么念头和决心都忘记得干干净净,仍是"积习难返",以致结果依然如故。在这么多年的合作过程中,我的这些彼此矛盾的心态就这样周而复始地交替着。现在,面对即将全部竣工的庞大工程,无论我怎样高兴、兴奋乃至激动,我都无法去掉心里由于过分执着而加给译者以过分负担的那份歉意。最后还要说明的是,为每一部批判著作编制词汇译名索引和人名索引的繁重工作,也是由译者单独一人完成的。

　　这部《纯粹理性批判》的翻译所依据的主要是德文《哲学丛书》第 37a 卷,Raymund Schmidt 编,费利克斯·迈纳出版社,汉堡 1956 年版,1976 年重印(Kritik der reinen Vernunft,Hrsg.von Raymund Schmidt,Verlag von Felix Meiner,Hamburg 1956,Nachdruck 1976),这个本子所收录的各家各派知名康德专家的大量校订意见对研究和理解康德此书大有帮助。此外还参照了普鲁士科学院版《康德著作集》第 3、4 卷,柏林 1968 年版,及《康德全集》著作部分,第 3、4卷,柏林 1911 年版(Kants Werke,Akademie Textausgabe Ⅲ.Ⅳ,Berlin,1968;Kants Gesammelte Schriften,Hrsg. von der Königlich Preußischen Akademie der Wissenschaften,Band Ⅲ.Ⅳ,Berlin,1911);《哲学丛书》第 37 卷,Theodor Valentiner 编,费利克斯·迈纳出版社,莱比锡 1919 年版(Kritik der reinen Vernunft,Hrsg.von Theodor Valentiner,Verlag von Felix Meiner,Leipzig 1919);英译本参考了康蒲·斯密本(Critique of Pure Reason,translated by Norman Kemp Smith,收入《西学经典》,中国社会科学出版社 1999 年版)。校译所依据的主要是阿底克斯编注的《纯粹理性批判》(Immanuel Kants Kritik der reinen Vernunft-mit einer Einleitung und Anmerkungen,Hrsg.Dr.Erich Adickes,Mayer & Müller,Berlin,1889);还参考了米勒的英译本修订第 2 版(Immanuel Kant's Critique of Pure Reason,Tras.F.Max Müller,2d,revised ed.Macmillan,New York,1924),和普鲁哈尔的最新英译本(Critique of Pure Reason,Tras.Werner S.Pluhar,Hackett Publishing Company,Inc.Indianapolis/Cambridge,1996)。此外,在翻译和校订过程中还参考了蓝公武和韦卓民两位先生的中译本,得益于这两个译本,尤其是韦译本处甚多,这是我们永远不能忘记的。

康德的著作,特别是《纯粹理性批判》以文字晦涩、语句复杂、概念歧义繁多著称,我们的译文也受到我们的德语水平和对原著义理的理解水平的限制,疏漏、不当甚至错误之处在所难免。我们恳切地希望得到专家和读者的一切方式的批评和指正,以便改进和完善这个译本。

杨 祖 陶

2003 年 6 月于珞珈山

目　　录

一、先验要素论

第一部分　先验感性论

二、先验方法论

维鲁兰姆男爵培根
《伟大的复兴》序

"对于我自己,我不想说什么。至于这里涉及的那桩事业,那么我希望它将不会被视为只是某种意见的表达,而是被视为一件正当的工作,人们在从事它时可以相信,它不是什么单纯为了建立某个宗派或辩护某种偶然的念头的事,而是为了奠定人类一般福利和尊严的基础。希望每个个人因此都可以在其最独特的兴趣中……考虑这一普遍的福利……并予以支持。最后,希望人人都能对我们的这一复兴表示良好的信任,相信它决不会显得无穷渺茫和超出人力,因为事实上它是无休止的错误的结束和正当限度。"①②

---

① 该段文字是第二版加上去的,省略号为康德从培根的文章中删去的部分。——德文编者

② 培根引文原为拉丁文,后附德文译文。——译者

BIII

致宫廷国务大臣冯·策特里茨
男爵大人阁下

BIV

仁慈的先生！

　　参与促进科学的发展,此乃从事大人阁下您所萦系于怀的工作;因为这种关怀与各门科学有最为密切的联系,不仅是由于您这位保护者的崇高地位,而且是由于您作为一位爱好者和明察秋毫的行家的见多识广。因此我也就用这种几乎是我力所能及的唯一的方法来表示谢意,感谢大人阁下使我有幸获得这种宠信,认为我能够对这桩事业作出某些贡献。

BVI

　　对于大人阁下曾认为本书第一版所值得的这种仁慈的关怀,我要再献上这个第二版,同时献上①我的文字工作的一切其他著述,并谨向

大人阁下

致以最深切的敬意

您最忠实而恭顺的仆人

伊曼努尔·康德

哥尼斯堡,

1787 年 4 月 23 日②

---

　　①　这句话到此为止在第一版中阙如,而代之以如下文字:

　　"对于满足于思辨生活的人来说,在通常的各种愿望中,受到一位开明而有影响力的裁判官的赞赏是一种强有力的鼓舞,鼓励他去努力从事那些作用巨大的工作,哪怕这种工作由于其效果遥远而完全为常人所忽视。

　　"对于您这样一位裁判官和您的仁慈的关注,我要献上这本书,而对于您的庇护,我要献上"……(接下半句)——德文编者

　　②　第一版为:"1781 年 3 月 29 日"。——德文编者

第 一 版 序[①]

人类理性在其知识的某个门类里有一种特殊的命运,就是:它为一些它无法摆脱的问题所困扰;因为这些问题是由理性自身的本性向自己提出来的,但它又不能回答它们;因为这些问题超越了人类理性的一切能力。

人类理性陷入这种困境并不是它的罪过。它是从在经验的进程中不可避免地要运用、同时又通过经验而充分验证了其运用的有效性的那些基本原理出发的。借助于这些原理,它(正如它的本性所将导致的那样)步步高升而达更遥远的条件。但由于它发现,以这种方式它的工作必将永远停留在未完成状态,因为这些问题永远无法解决,这样,它就看到自己不得不求助于一些原理,这些原理超越一切可能的经验运用,却仍然显得是那么不容怀疑,以至于就连普通的人类理性也对此表示同意。但这样一来,人类理性也就跌入到黑暗和矛盾冲突之中,它虽然由此可以得悉,必定在某个地方隐藏着某些根本性的错误,但它无法把它们揭示出来,因为它所使用的那些原理当超出了一切经验的界限时,就不再承认什么经验的试金石了。这些无休止的争吵的战场,就叫作形而上学。

曾经有一个时候,形而上学被称为一切科学的女王,并且,如果把愿望当作实际的话,那么她由于其对象的突出的重要性,倒是值得这一称号。今天,时代的时髦风气导致她明显地遭到完全的鄙视,这位受到驱赶和遗弃的老妇像赫卡柏[②]一样抱怨:modo maxima rerum,tot generis natisque potens-nunc trahor exul,inops-Ovid.Metam。[③]

---

① 1781 年第一版的这个序在第二版中被康德删去了。——德文编者

② Hecuba,希腊神话中的特洛伊王后,赫克托尔的母亲,特洛伊被攻陷后成了俘虏,下场悲惨。——译者

③ 拉丁文,引自奥维德的《变形记》,据瓦伦廷纳(Valentiner)德译意为:"不久前我还是万人之上,以我众多的女婿和孩子而当上女王——到如今我失去了祖国,孤苦伶仃被流放他乡。"——译者

　　最初,形而上学的统治在独断论者的管辖下是专制的。不过,由于这种立法还带有古代野蛮的痕迹,所以它就因为内战而一步步沦为了完全的无政府状态,而怀疑论者类似于游牧民族,他们憎恶一切地面的牢固建筑,便时时来拆散市民的联盟。但幸好他们只是少数人,所以他们不能阻止独断论者一再地试图把这种联盟重新建立起来,哪怕并不根据任何在他们中一致同意的计划。在近代,虽然一度看来这一切争论似乎应当通过(由著名的洛克所提出的)人类知性的某种自然之学(Physiologie)来作一个了结,并对那些要求的合法性进行完全的裁决;但结果却是,尽管那位所谓的女王的出身是来自普通经验的贱民,因而她的非分要求本来是理应受到怀疑的,然而,由于这一世系事

AX　实上是虚假地为她捏造出来的,她就可以仍然坚持她的要求,这就使得一切又重新坠入那陈旧的、千疮百孔的独断论中去,并由此而陷入到人们想要使科学摆脱出来的那种被蔑视的境地。今天,当一切道路(正如人们所以为的)都白费力气地尝试过了之后,在科学中占统治的是厌倦和彻底的冷淡态度,是浑沌和黑夜之母,但毕竟也有这些科学临近改造和澄清的苗头,至少是其序幕,它们是由于用力用得完全不是地方而变得模糊、混乱和不适用的。

　　因此,想要对这样一些研究故意装作无所谓的态度是徒劳的,这种研究的对象对于人类的本性来说不可能是无所谓的。上述那些伪称的冷淡主义者也是这样,不论他们如何想通过改换学院语言而以大众化的口吻来伪装自己,只要他们在任何地方想到某物,他们就不可避免地退回到他们曾装作极为鄙视的那些形而上学主张上去。然而,这种在一切科学繁盛的中心发生并恰好针对着这些科学的无所谓态度——这些科学的知识一当它们能够被拥有,人们

AXI　就无论如何也不会对之有丝毫的放弃——毕竟是一种值得注意和深思的现象。这种态度显然不是思想轻浮的产物,而是这个时代的成熟的判断力①的

---

　　① 人们时常听到抱怨当代思维方式的肤浅和彻底科学研究的沦落。但我看不出那些根基牢固的科学如数学和物理学等等有丝毫值得如此责备的地方,相反,它们维护了彻底性的这种古老的荣誉,而在物理学中甚至超过以往。而现在,正是同一个彻底精神也将在另一些知识类型中表明其作用,只要我们首先留意对它们的原则加以校正。在缺乏这种校正的情况下,冷淡、怀疑,最后是严格的批判,反倒是彻底的思维方式的证据。我们的时代是真正的批判时代,一切都必须经受批判。通常,宗教凭借其神圣性,而立法凭借其权威,想要逃脱批判。但这样一来,它们就激起了对自身的正当的怀疑,并无法要求别人不加伪饰的敬重,理性只会把这种敬重给予那经受得住它的自由而公开的检验的事物。——康德

结果,这个时代不能够再被虚假的知识拖后腿了,它是对理性的吁求,要求它重新接过它的一切任务中最困难的那件任务,即自我认识的任务,并委任一个法庭,这个法庭能够受理理性的合法性保障的请求,相反,对于一切无根据的 AXII 非分要求,不是通过强制命令,而是能按照理性的永恒不变的法则来处理,而这个法庭不是别的,正是纯粹理性的批判。

但我所理解的纯粹理性批判,不是对某些书或体系的批判,而是对一般理性能力的批判,是就一切可以独立于任何经验而追求的知识来说的,因而是对一般形而上学的可能性和不可能性进行裁决,对它的根源、范围和界限加以规定,但这一切都是出自原则。

现在我走上了这条唯一留下尚未勘查的道路,我自认为在这条道路上,我找到了迄今使理性在摆脱经验的运用中与自身相分裂的一切谬误得以消除的办法。对于理性的这些问题,我不是例如通过借口人类理性的无能而加以回避,而是根据原则将它们完备地详细开列出来,并在把理性对它自己的误解之点揭示出来之后,对这些问题进行使理性完全满意的解决。虽然对那些问题 AXIII 得出的回答根本不是像独断论的狂热的追求者们所可能期望的那样;因为这些人除了我所不在行的魔法的力量之外,没有什么能够使他们满足。然而,这倒也并非我们理性的自然使命原来的意图;哲学的职责曾经是:消除由误解而产生的幻觉,哪怕与此同时还要去掉很多被高度评价和热爱的妄想。在这件工作中我把很大的关注放在了详尽性方面,我敢说,没有一个形而上学的问题在这里没有得到解决,或至少为其解决提供了钥匙。事实上,就连纯粹理性也是一个如此完善的统一体:只要它的原则哪怕在它凭自己的本性所提出的一切问题中的一个问题上是不充分的,人们就只好将这个原则抛弃,因为这样一来它也就无法胜任以完全的可靠性来处理任何其他问题了。

说到这里,我相信可以在读者脸上看出对于表面上似乎如此大言不惭和 AXIV 不谦虚的要求报以含有轻蔑的不满神态,然而,这些要求比起那些伪称要在其最普通的纲领中,证明例如灵魂的单纯本质或最初的世界开端的必然性的任何一个作者的要求来,还算是温和无比的。因为这种作者自告奋勇地想要把人类知识扩展到可能经验的一切范围之外,对此我谦卑地承认:这种事完全超出了我的能力,相反,我只想和理性本身及其纯粹思维打交道,对它的详尽的知识我不可以远离我自己去寻找,因为我在我自身中发现了它们,在这方面我甚至已经有普通逻辑作为例子,即逻辑的一切简单活动都可以完备而系统地列举出来;只是这里有一个问题,即如果我抽掉经验的一切素材和成分,我凭借逻辑可以大致希望有多大的收获。

在达到每个目标方面注重完备性的同时,也注重在达到一切目标方面的详尽性,这些并非任意采取的决心,而是知识本身作为我们批判研究的质料的本性向我们提出的任务。

AXV　　　再就是确定性和明晰性这两项,这涉及到这门研究的形式,它们必须被看作人们对一个敢于做这样一种难以把握的工作的作者可以正当提出的基本要求。

谈到确定性,那么我曾经对我自己作过一项决定:在这类的考察中不允许任何方式的意见,一切在其中只是被视为类似于假设的东西都将是禁品,即使以最低的价格也不得出售,而必须一经发现便予以封存。因为每一种据认为先天地确定的知识本身都预示着它要被看作绝对必然的,而一切纯粹先天知识的规定则更进一步,它应当是一切无可置疑的(哲学上的)确定性的准绳,因而甚至是范例。我在这里自告奋勇所做的这件事在这一点上是否做到了,这完全要留给读者来判断,因为对于作者来说应做的只是提供根据,却不是判
AXVI　　断这些根据在法官那里得出的结果。但为了不至于有什么东西不负责任地削弱了这些根据,所以倒是可以容许作者自己对那些容易引起一些误解的地方、即使它们只是涉及附带的目的,也加以注解,以便及时地防止在主要目的方面读者在其判断的这一点上哪怕只有丝毫的怀疑所可能产生的影响。

我不知道在对我们所谓知性的能力加以探索并对其运用的规则和界限进行规定的研究中,有什么比我在题为纯粹知性概念的演绎的先验分析论第二章中所从事的研究更重要的了;这些研究也是我花费了最多的、但我希望不是没有回报的精力的地方。但这一颇为深入的考察有两个方面。一方面涉及到纯粹知性的那些对象,应当对知性的先天概念的客观有效性作出阐明和把握;正因此这也是属于我的目的中本质的方面。另方面则是着眼于纯粹知性本
AXVII　　身,探讨它的可能性和它自身立足于其上的认识能力,因而是在主观的关系中来考察它,但即使这种讨论对我的主要目的极其重要,但毕竟不是属于主要目的的本质的部分;因为主要问题仍然是:知性和理性脱离一切经验能够认识什么、认识多少? 而不是:思维的能力自身是如何可能的? 由于后一个问题仿

佛是在寻找某个已给予的结果的原因,因而本身具有某种类似于一个假设的性质(尽管如我在另一个地方将要指出的,事实并非如此),所以看起来在这里的情况似乎是,由于我允许自己发表这种意见,我也就不得不听凭读者发表另一种意见。在这种考察中我必须预先提醒读者:即使我的主观演绎不能对读者产生我所期望的全部说服力,但我在这里给予优先关注的客观演绎却会获得其全部的力量,必要时单凭第92—93页所说的东西就足可以应付了。①

    最后,谈到明晰性,那么读者有权首先要求有凭借概念的那种推理的(逻辑的)明晰性,但然后也可以要求有凭借直观的直觉的(感性的)明晰性,即凭借实例或其他具体说明的明晰性。对于前者我已给予了充分的注意。这涉及到我的意图的本质,但它也是种偶然的原因,使得我未能考虑这第二个虽然不是那么严格但毕竟是合理的要求。我在自己的工作进程中对于应如何处理这个问题几乎一直都是犹豫不决的。实例和说明在我看来总是必要的,因而实际上在最初构思时也附带给予了它们以适当的地位。但我马上看出我将要处理的那些课题之巨大和对象之繁多,并觉得这一切单是以枯燥的、纯粹经院的方式来陈述就已经会使这本书够庞大的了,所以我感到用那些仅仅是为了通俗化的目的而必要的实例和说明来使这本书变得更加膨胀是不可取的,尤其是,这本书决不会适合于大众的使用,而真正的科学内行又并不那么迫切需要这样一种方便,尽管这种方便总是令人舒服的,但在这里甚至可能引出某种与目的相违背的结果来。虽然修道院院长特拉松尝云②:如果对一本书的篇幅不是按页数、而是按人们理解它所需要的时间来衡量的话,那么对有些书我们就可以说,如果它不是这么短的话,它将会更加短得多。③ 但另一方面,如果我们把目的放在对宽泛但却结合于一条原则中的那个思辨知识总体的可理解性之上,那么我们就会有同样的正当理由说:有些书,如果它并不想说得如此明晰的话,它就会更加明晰得多。这是因为明晰性的辅助手段虽然在部分中

AXVIII

AXIX

---

①   此处页码为第一版页码,所标出的地方为"向范畴的先验演绎过渡"一节。——德文编者

②   康德引证的是特拉松院长的《哲学,按其对精神与道德的一切对象的一般影响来看》一书(1754年),1762年德文版第117页。——据英译本

③   意为:如果篇幅长一点,就更容易理解一些。——译者

有效①,但在整体中往往分散了,这样它们就不能足够快地让读者达到对整体的综观,倒是用它们所有那些明亮的色彩贴在体系的结合部或骨架上,使它们面目全非了,而为了能对这个体系的统一性和杰出之处下判断,最关键的却是这种骨架。

　　我以为,对读者可以构成不小的诱惑的是,将他的努力和作者的努力结合起来,如果作者有希望按照所提出的构想完整地并且持之以恒地完成一部巨大而重要的著作的话。现在,形而上学,按照我们在此将给出的它的概念,是一切科学中唯一的一门这样的科学,它可以许诺这样一种完成,即在较短的时间内,只花较少的、但却是联合的力气来完成它,以至于不再给后世留下什么工作,只除了以教学法的风格按照自己的意图把一切加以编排,而并不因此就会对内容有丝毫增加。因为这无非是对我们所拥有的一切财产的清单通过纯粹理性而加以系统地整理而已。我们在这里没有忽略任何东西,因为凡是理性完全从自身中带来的东西,都不会隐藏起来,而是只要我们揭示了它的共同原则,本身就会由理性带到光天化日之下。对于出自真正纯粹概念的知识,任何经验的东西或哪怕只是应当导致确定经验的特殊直观都不能对之产生丝毫影响而使之扩展和增加,这类知识的完全的统一性,将会使这种无条件的完备性成为不仅是可行的,而且是必然的。Tecum habita et noris,quam sit tibi curta supellex.Persius。②

　　我希望这样一种纯粹的(思辨的)理性的体系在自然的形而上学这个标题下被提供出来,这个体系比起这里的批判来虽然篇幅还不及一半,但却具有无可比拟地更为丰富的内容。这个批判必须首先摆明形而上学之可能性的源泉和条件,并清理和平整全部杂草丛生的地基。在这里我期待读者的是一位法官的耐心和不偏不倚,但在那里则是一位帮手的服从③和支持;因为,若是把该体系的所有原则也都完全在批判中陈述出来,属于该体系本身的详尽性

---

　　① “有效(helfen)”原文为“缺乏(fehlen)”,含义不明,兹据罗森克朗茨(Rosenkranz)校改。——据德文编者

　　② 拉丁文,据瓦伦廷纳德译为:“看看你自己的住所周围,你将知道你的财产是多么的简单。——柏修斯”——德文编者

　　③ 原文为Willfähigkeit,德文无该词,应为Willfährigkeit(服从)之误,兹据费利克斯·迈纳出版社1919年版改正。——译者

的毕竟还有:不要缺乏任何派生出来的概念,这些概念不能先天地凭跳跃产生出来,而必须逐步逐步地去探寻,同样,由于在那里概念的全部综合已被穷尽了,所以在这里就额外要求在分析方面也做到这样,这一切将是轻松的,与其说是工作,还不如说是消遣。

我只是对印刷方面还有一些要说明的。由于开印受到一些延迟,我只能看到大约一半的校样,在其中我虽然发现了一些印刷错误,但还不至于搞混意思,只除了一个地方,即第 379 页倒数第 4 行上,①怀疑的应改为特殊的。纯粹理性的二律背反,从第 425—461 页,都是用这样的版式编排的,即凡是属于正题的都排在左边,凡是属于反题的则排在右边。我之所以要这样安排,是便于更容易将命题和对立命题相互加以比较。 AXXII

---

① 指第一版页码。——德文编者

第 二 版 序

　　对属于理性的工作的那些知识所作的探讨是否在一门科学的可靠道路上进行,这可以马上从它的后果中作出评判。如果这门科学在做了大量的筹备和准备工作之后,一旦要达到目的,就陷入僵局,或者,经常为了达到目的而不得不重新回头去另选一条路;又比如,如果那些各不相同的合作者不能像遵守这个共同的目标所应当的那样协调一致:那么我们总是可以确信,这样一种研究还远远没有走上一门科学的可靠的道路,而只是在来回摸索。而尽可能地找到这条道路,即便有些包含在事先未经深思而认可了的目的中的事情不得不作为徒劳的而加以放弃,这就已经是对理性作出的贡献了。

　　逻辑学大概是自古以来就已经走上这条可靠的道路了,这从以下事实可以看出:它从亚里士多德以来已不允许作任何退步了,如果不算例如删掉一些不必要的细节、或是对一些表述做更清楚的规定这样一些改进的话,但这些事与其说属于这门科学的可靠保障,不如说属于它的外部修饰。还值得注意的是,它直到今天也不能迈出任何前进的步子,因而从一切表现看它都似乎已经封闭和完成了。因为,如果最近有些人设想要扩展这门科学,于是有的塞进来一章心理学,讨论各种认识能力(如想象力,机智),有的塞进来一章形而上学,讨论知识的起源或依据对象的不同而来的各种确定性的起源(观念论、怀疑论等等),有的塞进一章人类学,讨论偏见(其原因和对付手段):那么,这就是起因于他们对这门科学的固有本性的无知。当人们让各门科学互相跨越其界限时,这些科学并没有获得增进,而是变得面目全

非了;但逻辑学的界限是有很确切的规定的,它不过是一门要对一切思维的形式规则作详尽的摆明和严格的证明的科学而已(不管这些思维是先天的还是经验性的,具有什么起源和对象,在我们内心碰到的是偶然的障碍还是本性

上的障碍)。

　　逻辑学获得如此巨大的成功,它的这种长处仅仅得益于它所特有的限制,这种限制使它有权、甚至有责任抽掉知识的一切对象和差别,因而在其中知性除了和自身及其形式之外,不和任何别的东西打交道。可以想见,当理性不单是和自身、而且也要和对象发生关系时,对于理性来说,选定一条可靠的科学道路当然会更加困难得多;因此逻辑学可以说也只是作为入门而构成各门科学的初阶,当谈及知识时,我们虽然要把逻辑学当作评判这些知识的前提,但却必须到堪称真正的和客观的那些科学中去谋求获得这些知识。

　　现在,只要承认在这些科学中有理性,那么在其中就必须有某种东西先天地被认识,理性知识也就能以两种方式与其对象发生关系,即要么是仅仅规定这个对象及其概念(这对象必须从别的地方被给予),要么还要现实地把对象做出来。前者是理性的理论知识,后者是理性的实践知识。这两者的纯粹部分不管其内容是多还是少,都必定是理性在其中完全先天地规定自己对象的、必须事先单独加以说明的部分,并且不能与那出自别的来源的东西相混淆;因为如果我们盲目地花掉我们的收入,而不能在经济陷入困窘以后分清楚收入的哪一部分开销是可以承受的,哪一部分开销是必须裁减的,那就是一种糟糕的经营了。 BX

　　数学和物理学是理性应当先天地规定其对象的两门理论的理性知识,前者完全是纯粹地规定,后者至少部分是纯粹地、但此外还要按照不同于理性来源的另一种知识来源的尺度来规定。

　　数学在人类理性的历史所及的最早的时代以来,在值得惊叹的希腊民族那里就已走上了一门科学的可靠道路。但是不要以为,数学就像理性只和自己打交道的逻辑学那样,很容易地一下就走上了、或不如说为自己开辟了那条康庄大道;我倒是相信,数学(尤其是还在埃及人那里时)长时期地停留在来回摸索之中,而这场变革要归功于一场革命,它是由个别人物在一次尝试中幸运的灵机一动而导致的,从那以来人们就不再迷失这条他们必须采取的道路,一门科学的可靠途径就为一切时代、且在无限的范围内被选定并被勾画出来了。这一比发现绕过好望角的路途更为重要得多的思维方式革命的历史及那位实现这一革命的幸运者的故事,没有给我们保存下来。但毕竟,在第奥根 BXI

尼·拉尔修流传给我们的传说中,他提到据称是几何学的演证的那些最不重要的、按照常识简直都用不着证明的原理的发现者,这说明,对于由发现这一新的道路的最初迹象而引起的变革的怀念,必定曾对数学家们显得极为重要,因此才没有被他们所忘记。那第一个演证出等边三角形的人①(不管他是泰勒斯还是任何其他人),在他心中升起了一道光明;因为他发现,他不必死盯住他在这图形中所看见的东西,也不必死扣这个图形的单纯概念,仿佛必须从这里面去学习三角形的属性似的,相反,他必须凭借他自己根据概念先天地设想进去并(通过构造)加以体现的东西来产生出这些属性②,并且为了先天可靠地知道什么,他必须不把任何东西、只把从他自己按照自己的概念放进事物里去的东西中所必然得出的结果加给事物。

BXII

自然科学踏上这条科学的阳关道要缓慢得多;因为这只不过是一个半世纪的事:考虑周全的维鲁兰姆的培根的建议一方面引起了这一发现,另方面,由于人们已经有了这一发现的迹象,就更加推动了这一发现,而这一发现同样也要通过一场迅速发生的思维方式革命才能得到解释。我在这里只想讨论在经验性的原则上建立起来的自然科学。

当伽利略把由他自己选定重量的球从斜面上滚下时,或者,当托里拆利让空气去托住一个他预先设想为与他所知道的水柱的重量相等的重量时,抑或在更晚近的时候,当施塔尔通过在其中抽出和放回某种东西而把金属转变为石灰又把石灰再转变为金属时,③在所有这些科学家面前就升起了一道光明。他们理解到,理性只会看出它自己根据自己的策划所产生的东西,它必须带着自己按照不变的法则进行判断的原理走在前面,强迫自然回答它的问题,却决不只是仿佛让自然用襁带牵引而行;因为否则的话,那些偶然的、不根据任何先行拟定的计划而作出的观察就完全不会在一条必然法则中关联起来了,但这条法则却是理性所寻求且需要的。理性必须一手执着自己的原则(唯有按

BXIII

---

① 罗森克朗茨(Rosenkranz)据康德 1787 年 6 月 25 日致许茨(Schütz)的信校改为"等腰三角形"。——德文编者

② 阿底克斯(Adickes)校为:"他必须将他自己根据概念先天地设想进去并加以表现的东西(通过构造)产生出来。"——德文编者

③ 我在这里不是要精确地追踪实验方法的历史线索,这种方法的最初开端我们也知道得不是很清楚。——康德

照这些原则,协调一致的现象才能被视为法则),另一手执着它按照这些原则设想出来的实验,而走向自然,虽然是为了受教于她,但不是以小学生的身份复述老师想要提供的一切教诲,而是以一个受任命的法官的身份迫使证人们回答他向他们提出的问题。这样,甚至物理学也必须把它的思维方式的这场带来如此丰厚利益的革命仅仅归功于这个一闪念:依照理性自己放进自然中去的东西,到自然中去寻找(而不是替自然虚构出)它单由自己本来会一无所知、而是必须从自然中学到的东西。自然科学首先经由这里被带上了一门科学的可靠道路,因为它曾经许多个世纪一直都在来回摸索,而没有什么成就。 　　　　BXIV

　　形而上学这种完全孤立的、思辨的理性知识,是根本凌驾于经验教导之上的,亦即是凭借单纯的概念的(不像数学是凭借概念在直观上的应用的),因而理性在这里应当自己成为自己的学生。对于这个形而上学来说,命运还至今没有如此开恩,使它能够走上一门科学的可靠道路;尽管它比其他一切科学都更古老,并且即使其他的科学全部在一场毁灭一切的野蛮的渊薮中被吞噬,它也会留存下来。因为在形而上学中,理性不断地陷入困境,甚至当它想要(如同它自以为能够的)先天地洞察那些连最普通的经验也在证实着的法则时也是这样。在这里,人们不得不无数次地走回头路,因为他发现,他达不到他所要去的地方,至于形而上学的追随者们在主张上的一致性,那么形而上学 　　　　BXV 还远远没有达到这种一致,反而成了一个战场,这个战场似乎本来就是完全为着其各种力量在战斗游戏中得到操练而设的,在其中还从来没有过任何参战者能够赢得哪怕一寸土地、并基于他的胜利建立起某种稳固的占领。所以毫无疑问,形而上学的做法迄今还只是在来回摸索,而最糟糕的是仅仅在概念之间来回摸索。

　　那么,在这方面还未能发现一门科学的可靠道路的原因何在呢?难道这条道路是不可能的吗?大自然究竟通过什么方式使理性沉溺于这种不知疲倦的努力,要把这条道路当作自己最重要的事务之一来追踪呢?更有甚者,如果理性在我们的求知欲的一个最为重要的部分不仅是抛开了我们,而且用一些假象搪塞并最终欺骗了我们,我们又有什么理由来信任我们的理性!要么,这条道路只是至今没有达到;我们又可以凭借什么征兆来对下一次的探求充满希望,认为我们会比在我们之前的其他人更为幸运呢?

BXVI　　　　我不能不认为,通过一场一蹴而就的革命成为今天这个样子的数学和自
然科学,作为范例,也许应予以充分注意,以便对这两门科学赖以获得那么
多好处的思维方式变革的最基本要点加以深思,并在这里至少尝试着就这
两门科学作为理性知识可与形而上学相类比而言对它们加以模仿。向来人
们都认为,我们的一切知识都必须依照对象;但是在这个假定下,想要通过
概念先天地构成有关这些对象的东西以扩展我们的知识的一切尝试,都失
败了。因此我们不妨试试,当我们假定对象必须依照我们的知识时,我们在
形而上学的任务中是否会有更好的进展。这一假定也许将更好地与所要求
的可能性、即对对象的先天知识的可能性相一致,这种知识应当在对象被给
予我们之前就对对象有所断定。这里的情况与哥白尼的最初的观点是同样
的,哥白尼在假定全部星体围绕观测者旋转时,对天体运动的解释已无法顺
利进行下去了,于是他试着让观测者自己旋转,反倒让星体停留在静止之

BXVII　　中,看看这样是否有可能取得更好的成绩。现在,在形而上学中,当涉及到
对象的直观时,我们也能够以类似的方式来试验一下。如果直观必须依照
对象的性状,那么我就看不出,我们如何能先天地对对象有所认识;但如果
对象(作为感官的客体)必须依照我们直观能力的性状,那么我倒是完全可
以想象这种可能性。但由于要使直观成为知识我就不能老是停留于它们之
上,而必须把它们作为表象与某个作为对象的东西相关联,并通过那些表象
来规定这个对象,所以我可能要么假定,我用来作出这种规定的那些概念也
是依照该对象的,这样一来,我如何能先天地对它知道些什么这样的问题就
使我又陷入了同一个困境;要么,我就假定诸对象,或者这是一样的,诸对象
(作为被给予的对象)唯一在其中得到认识的经验,是依照这些概念的,这
样我马上就看到了一条更为简易的出路,因为经验本身就是知性所要求的
一种认识方式,知性的规则则必须是我还在对象被给予我之前因而先天地

BXVIII　　就在我心中作为前提了,这个规则被表达在先天的概念中,所以一切经验对
象都必然依照这些概念且必须与它们相一致。至于那些仅仅通过理性、也
就是必然地被思考,但却完全不能在经验中被给出(至少不能像理性所设想
的那样被给出)的对象,那么对它们进行思考的尝试(因为它们倒是必定可
以被思考的)据此就成了一个极好的试金石,用来检验我们采取的思维方式
之改变了的方法的东西,这就是:我们关于物先天地认识到的只是我们自己

放进它里面去的东西。①

　　这一试验按照我们所希望的那样成功了,它在形而上学的第一部分中,也就是在它研究那些先天概念(它们能使经验中与之相适合的相应对象被给予出来)的部分中,向形而上学许诺了一门科学的可靠道路。因为根据思维方式的这一变革,我们可以很好地解释一门先天知识的可能性,并更进一步,对于那些给自然界、即经验对象的总和提供先天基础的法则,可以给它们配以满意的证明,而这两种情况按照至今所采取的方式都是不可能的。但是从我们先天认识能力的这一演绎中,在形而上学的第一部分,却得出了一个意外的、对形而上学的第二部分所研讨的整个目的看上去极为不利的结果,这就是:我们永远不能借这种能力超出可能经验的界限,但这却恰好是这门科学的最根本的事务。然而,这里面也就正好包含着反证我们理性的先天知识的那个初次评价的结果之真理性的实验,即这种知识只适用于现象,相反,自在的事物本身虽然就其自己来说是实在的,但对我们却处于不可知的状态。因为那必然推动我们去超越经验和一切现象之界限的东西就是无条件者,它是理性必然在自在之物本身中、并且完全有理由为一切有条件者追求的,因而也是诸条件的系列作为完成了的系列所要求的。现在,如果我们假定我们的经验知识是依照作为自在之物本身的对象的,那就会出现这种情况,即无条件者决不可能无矛盾地被设想;相反,如果我们假定我们的物的表象正如它们给予我们的那样,并非依照作为自在之物本身的物,反而这些对象作为现象是依照我们的表象方式的,上述矛盾就消失了;因此无条件者决不可能在我们所知的(被给予我们的)那些物那里去找,倒是必须到我们所不知道的、作为自在之物本身的物那里去找:如果是这样,那就表明我们最初只是作为试验而假定的东西得

BXIX

BXX

BXXI

────────

　　①　所以这个模仿自然科学家的方法就在于:在可以通过一次实验加以证实或反驳的东西里寻找纯粹理性的诸要素。现在,在检验纯粹理性的诸原理时,尤其是当它们冒险超出可能经验的一切界限时,就不可能(像在自然科学中那样)对理性的**客体**作出任何实验:因此对于我们先天假定的那些概念和原理所能做的只是,把它们如此这般地加以安排,使我们能够从两个不同的方面来看待这些对象,即一方面看作对经验而言的感官和知性的对象,但另方面却又看作仅仅是我们思维的对象,它充其量是对于孤立的、推进到超出经验界限以外的理性而言的。既然现在的情况是,如果我们从这种双重的观点来考察事物,就会和纯粹理性的原则相一致,但从单方面的观点看就会产生理性与自身的不可避免的冲突,那么这个实验就判定了那种区分是正确的。——康德

到了证明。① 现在,当否认了思辨理性在这个超感官领域中的一切进展之后,
仍然留给我们来做的是作一次试验,看看是否能在它的实践知识中发现一些
依据,来规定无条件者这个超验的理性概念,并以某种合乎形而上学的愿望的
方式,借助于我们只不过在实践的意图上才可能的先天知识来超出一切可能
经验知识的界限。而在这样一种处理中思辨理性倒总是至少为我们作出这样
一种扩展留下了余地,它必须让这个位置仿佛是空在那里,因而仍然听便于我
BXXII　们,我们甚至还受到了思辨理性的催促,要我们在可能的时候用理性的实践依
据去充实那个位置。②

　　于是,纯粹思辨理性的这一批判的任务就在于进行那项试验,即通过我们
按照几何学家和自然科学家的范例着手一场形而上学的完全革命来改变形而
上学迄今的处理方式。这项批判是一本关于方法的书,而不是一个科学体系
BXXIII　本身;但尽管如此,它既在这门科学的界限上、也在其整个内在结构方面描画
了它的整体轮廓。因为纯粹思辨理性本身具有的特点是,它能够且应当根据
它为自己选择思维对象的各种不同方式来衡量自己的能力、甚至完备地列举
出它为自己提出任务的各种方式,并这样来描画形而上学体系的整体轮廓;因
为,就第一点而言,在先天知识中能够赋予对象的无非是思维主体从自身中取
出来的东西,而就第二点来说,形而上学在认识原则方面是一个完全分离的、
独立存在的统一体,在其中,像在一个有机体中那样,每一个环节都是为着所
有其他环节,所有环节又都是为着一个环节而存在的,没有任何一个原则不同
时在与整个纯粹理性运用的全面的关系中得到研究而能够在一种关系中被可

---

　　① 　纯粹理性的这个实验与化学家们的实验有很多类似之处,化学家有时称这个实验为
还原性试验,一般则称之为综合的方法。形而上学家的分析把纯粹先天知识分割为两个性质
极不相同的要素,即作为现象的物的知识,以及自在之物本身的知识。辩证论重又借助于无
条件者这个理性的必然理念把这两者结合成一致的,并发现这种一致性永远只有凭借那种区
分才显示出来,所以这种区分是真实的区分。——康德

　　② 　所以,天体运动的核心法则使哥白尼一开始只是认作假设的东西获得了完全的确定
性,同时还证明了那使宇宙结合的看不见的力(即牛顿的引力),这种力如果不是哥白尼大胆
地以一种违背感官的、但毕竟是真实的方式,不到天空中的对象那里、而是到这些对象的观察
者那里去寻求所观察的运动的话,是永远不会被发现的。在这篇序言里,我也只是把这个批
判所阐明的、类似于那个假设的思维方式变革当作假设提出来,这只是为了使人注意到这样
一场变革的最初的、无论如何都是假设性的试验,尽管在这本书自身中这种变革是由我们时
空表象的性状及知性的基本概念而得到并非假设、而是无可置疑的证明的。——康德

靠地把握住的。但在这方面形而上学也有其难得的幸运,这种幸运是任何别的与对象打交道的理性科学(因为逻辑学只是和思维的一般形式打交道)所不能分享的,这就是:一旦它通过这部批判而走上了一门科学的可靠道路,它就能够完全把握住属于它的整个知识领域,因而完成它的工作,并将其作为一种永远不能再有所增加的资本存放起来供后人使用,因为它只和原则及它给自己的原则所规定的限制打交道。因此这种完备性也是它作为基础科学所要求的,关于它我们必须能够说:nil actum reputans,si quid superesset agendum。① BXXIV

但如果人们要问,我们打算凭借由批判所澄清的、但也因此而达到一种持久状态的这样一种形而上学给后人留下的,究竟是一种什么样的财富呢?粗略地浏览一下这部著作,人们会以为,它的用处总不过是消极的,就是永远也不要冒险凭借思辨理性去超越经验的界限,而这事实上也是这种形而上学的第一个用处。但这个用处马上也会成为积极的,只要我们注意到,思辨理性冒险用来超出其界限的那些原理,若更仔细地考察,其不可避免的后果事实上不是扩展了我们的理性运用,而是缩小了它,因为这些原理现实地威胁着要把它的原本归属于其下的感性界限扩展到无所不包,从而完全排斥掉那纯粹的 BXXV (实践的)理性运用。因此,一个限制那种扩展的批判,虽然就此而言是消极的,但由于它同时借此排除了那限制甚至威胁要完全取消理性的实践运用的障碍物,事实上就具有积极的和非常重要的用途,只要我们确信纯粹理性有一个完全必要的实践运用(道德运用),它在其中不可避免地要扩展到感性的界限之外,为此它虽然不需要从思辨理性那里得到任何帮助,但却必须抵抗它的反作用而使自己得到保障,以便不陷入自相矛盾。否认批判的这一功劳有积极的作用,这就好比是说,警察没有产生积极的作用,因为他们的主要工作只不过是阻止公民对其他公民可能感到担忧的暴力行为发生,以便每个人都能安居乐业而已。在这部批判的分析部分将要证明,空间和时间只是感性直观的形式、因而只是作为现象的物实存的条件,此外如果不能有与知性概念相应的直观给予出来,我们就没有任何知性概念、因而也没有任何要素可达到物的 BXXVI 知识,于是我们关于作为自在之物本身的任何对象不可能有什么知识,而只有

---

① 拉丁文,据瓦伦廷纳德译为:"只要还有什么要做的留下来,它就还不算是完成了。"——德文编者

当它是感性直观的对象、也就是作为现象时,才能有知识;由上述证明当然也就推出,理性的一切思辨的知识只要有可能,都是限制在仅仅经验的对象之上的。尽管如此,有一点倒是必须注意的,就是在这方面毕竟总还是有一个保留,即:我们正是对于也是作为自在之物本身的这同一些对象,哪怕不能认识,至少还必须能够思维。① 因为,否则的话,就会推导出荒谬的命题:没有某种显现着的东西却有现象②。现在让我们假定,由于我们的批判而成为必要的这一区别,即作为经验对象的物与作为自在之物本身的同一些物的区别,权当它没有作出,那么,因果性原理、因而自然机械作用的原理在规定这些物时就必然会绝对一般地适用于一切物,把它们当作起作用的原因。因而,关于这同一个存在物,例如说人的灵魂,我就不能不陷入明显的自相矛盾,说灵魂的意志是自由的,同时又还是服从自然必然性的,因而是不自由的:因为我在两个命题中是按照同一个含义、也就是作为一般物(作为自在的事物本身)来设想灵魂的,并且,没有经过预先的批判也不可能作别的设想。但如果这个批判没有弄错的话,它在这里教我们从两种不同的意义来设想对象,也就是或者设想为现象,或者设想为自在之物本身;如果对它的这些知性概念的演绎是正确的,因而因果律也只用在第一种意义的物身上,也就是就这些物是经验对象的范围内来运用,而不再把它们又按照第二种意义置于这条原理之下,那么,这同一个意志就被设想为在现象中(在可见的行动中)必然遵循自然法则、因而是不自由的,然而另一方面又被设想为属于物自身,并不服从自然法则,因而是自由的,在这里不会发生矛盾。现在,尽管我从第二方面来考察时并不能通过思辨理性(更不能通过经验观察)来认识我的灵魂,因而也不能把自由当作一个我把感官世界中的效果归于其下的存在物的属性来认识,因为否则我就必须根据这个存在物的实存来确定地认识它,却又不是在时间中认识它(这

BXXVII

BXXVIII

---

① 要认识一个对象,这要求我能够证明它的可能性(不管是根据来自其现实性的经验的证据,还是先天地通过理性来证明)。但我可以思维我想要思维的任何东西,只要我不自相矛盾,也就是只要我的概念是一个可能的观念,虽然我并不能担保在一切可能性的总和中是否会有一个对象与它相应。但为了赋予这样一个概念以客观有效性(实在的可能性,因为前面那种可能性只是逻辑上的),就还要求某种更多的东西。但这种更多的东西恰好不一定要到理论知识的来源中去找,也可能存在于实践知识的来源中。——康德

② 原文"显现"(erscheinen)和"现象"(Erscheinung)为同一词根的动词和动名词形式。——译者

是不可能的,因为我无法把任何直观加之于我的概念),然而,我毕竟可以思维自由,就是说,自由的表象至少并不包含矛盾,如果我们批判地区分两种(即感性的和智性的)表象方式并因此而限制纯粹知性概念、因而也限制由它们而来的那些原理的话。如果现在假定,道德必然要以作为我们意志的属性的自由(最严格意义上的)为前提,因为,自由举出我们理性中那些本源的实践原理作为自己的先天证据,这些原理没有自由的前提是绝对不可能有的;但 BXXIX
又假定思辨理性已证明自由完全不可能被思维:那么必然地,那个前提,也就是道德的前提,就不得不让位于其反面包含某种明显的矛盾的那个前提,从而自由连同其德性(因为如果不是已经以自由为前提的话,德性的反面就不会包含矛盾)也将不得不让位于自然机械作用。但如果是这种情况:由于我在道德上不再需要别的,只需要自由不自相矛盾,因而至少毕竟是可思维的,而不一定要进一步看透它,则它对于同一个行动的自然机械作用(从另一种关系设想)就不会有任何障碍了:这样,德性的学说保持了自己的位置,自然学说也将保有自己的位置。但如果不是批判预先教导我们,对于物自身我们无法避免自己的无知,一切我们可以在理论上认识的东西都限制在单纯现象的范围内,那么这一切是不可能发生的。对纯粹理性的批判原理的积极作用的这种探讨,同样可以在上帝概念和我们灵魂的单纯本性的概念上指出来,但为了简短起见我暂不谈它。所以,如果我不同时取消思辨理性对夸大其辞的洞 BXXX
见的这种僭妄,我就连为了我的理性的必要的实践运用而假定上帝、自由和灵魂不死都不可能。因为思辨理性为了达到这些洞见就必须使用这样一些原理,这些原理由于事实上只及于可能经验的对象,即使把它们用在不能成为经验对象的东西之上,它们也实际上总是将这东西转变成现象,这样就把纯粹理性的一切实践的扩展都宣布为不可能的了。因此我不得不悬置知识,以便给信仰腾出位置,而形而上学的独断论、也就是没有纯粹理性批判就会在形而上学中生长的那种成见,是一切阻碍道德的无信仰的真正根源,这种无信仰任何时候都是非常独断的。所以,如果一门按照纯粹理性批判的标准来拟定的系统的形而上学可以不太困难地留给后人一笔遗产,那么这笔遗产决不是一件小小的赠予;只要我们注意一下通过一门科学的可靠道路一般所能得到的理性教养,并与理性的无根基的摸索和无批判的轻率漫游作个比较,或者也注意 BXXXI
一下对渴望知识的青年时代在时间利用上的改善,青年人在通常的独断论那

里这么早就受到这么多的鼓动,要对他们一点也不理解的事物、对他们在其中
乃至世界上任何人在其中都会一无所见的东西随意玄想,甚至企图去捏造新
的观念和意见,乃至忽视了去学会基本的科学知识;但最大的收获还是在人们
考虑到这一无法估量的好处时,即:在所有未来的时代里,一切反对道德和宗
教的异议都将以苏格拉底的方式、即最清楚地证明对手的无知的方式结束了。
因为在这个世界上一直都有某种形而上学存在,并且今后还将在世上遇见形
而上学,但和它一起也会碰到一种纯粹理性的辩证论,因为辩证论对纯粹理性
是自然的。所以哲学的最初的和最重要的事务就是通过堵塞这一错误的根源
而一劳永逸地消除对形而上学的一切不利影响。

　　即算在科学领域中发生了这一重要的变革,而思辨理性不得不承受在它
至今所想象的财产方面的损失,然而,一切普遍的人类事务及人世间从纯粹理
性的学说中所引出来的一切好处,都仍然保持在其向来存在的有利状态中,损
失的只是学派的垄断,而决不涉及人类的利益。我要问问最固执的独断论者,
关于由实体的单纯性推出我们的灵魂在死后继续存在的证明,关于从主观上
和客观上的实践的必然性的那些细致的然而无用的区分得出与普遍机械作用
相对立的意志自由的证明,或者关于从一个最高实在的存在者的概念中(从
变化之物的偶然性和第一推动者的必然性中)推出上帝存有的证明,当这些
证明从学派那里走出来之后,是否在任何时候到达过公众那里并可能对他们
的信念产生过最起码的影响呢? 如果这种情况并未发生,如果它甚至永远也
不能被期望,因为普通人类知性不适合于这样细致的思辨;如果事情相反,在
第一个证明方面,每个人都可察觉到的他天赋的素质,即永远也不能通过尘世
的东西(它对于人的全部使命的天禀是不充分的)来满足的素质,已经必然导
致了对来世生活的希望,就第二个证明来说,单是对义务的清楚表达,在与爱
好的一切要求的对立中,就已经必然导致了自由的意识,最后,谈到第三个证
明,单是从大自然中到处看得出来的庄严的秩序、美和仁慈,就已经必然导致
了对一个智慧的和伟大的创世者的信仰,如果完全只凭这些,就已经必然导致
了在公众中流行的信念,只要这信念立于理性的根基:那么,这宗财产不仅是
原封未动地保留着,而且赢得了更大得多的威望,因为各个学派从此学会了在
涉及普遍人类事务的观点上不自以为有更高更广的洞见,除非是广大(对于
我们最值得关注的)群众也同样容易达到的洞见,因而只把自己限制在对这

BXXXII

BXXXIII

种普遍可理解的、对道德目的是足够的论据的培养上。所以这种变革只涉及学派的狂妄要求,这些学派喜欢在这方面(在其他许多别的方面他们是有权这样做的)让人把自己看作是这样一些真理的唯一的行家和保管者,他们只是把这些真理的用法传达给公众,但却把它们的钥匙由自己保管着(quod mecum nescit,solus vult scire videri)①。然而,思辨哲学家的某种较为合理的要求毕竟也被关注到了。思辨哲学家仍然是一门公众所不知道但却对他们有用的科学、亦即理性批判的科学的唯一保管人;因为这门科学是永远不能通俗化的,但它也没有必要通俗化;因为民众很少想到那些精致地编造出来的对有用真理的论证,同样也不曾想到过也是那么细致的对这些论证的反驳;反之,由于学派以及每个致力于思辨的人都不可避免地要陷入两难,所以学派就有责任通过对思辨理性权利的彻底的研究一劳永逸地防止那种丑闻,这是连民众也必定会或迟或早由于那些争执而碰上的,这些争执是形而上学家们(最后还有作为形而上学家的神职人员)都不可避免地毫无批判地卷入进来的,后来他们又伪造出自己的学说来。只有这种彻底的研究,才能从根子上铲除唯物论、宿命论、无神论、自由思想的不信、狂信和迷信,这些是会造成普遍的危害的,最后还有唯心论和怀疑论,它们更多地给学派带来危险而很难进入到公众中去。如果政府愿意关心学者的事情,那么促进这种唯一能使理性的工作立足于坚实基础上的批判的自由,就是政府对科学和人类的贤明的关怀,这比支持可笑的学派专制要得体得多,这些学派当他们的蛛网被破坏时就大叫公共的危害,但公众对这些蛛网却毫不在意,所以也从来不会感到自己有什么损失。

BXXXIV

BXXXV

这个批判并不与理性在其作为科学的纯粹知识中所采取的独断处理处在对立之中(因为这种处理任何时候都必须是独断的,亦即从可靠的先天原则严格地证明的),而是与独断论相对立,即与那种要依照理性早已运用的原则、单从概念(哲学概念)中来推进某种纯粹知识而从不调查理性达到这些知识的方式和权利的僭妄相对立。所以独断论就是纯粹理性没有预先批判它自己的能力的独断处理方式。因此这一对立不是要以自以为通俗的名义为肤浅的饶舌作辩护,更不是要为推翻整个形而上学的怀疑论说话;相反,这个批判

BXXXVI

---

① 拉丁文,意为:"凡是我与你都不知道的,就装出我是唯一知道的"。——译者

对于促进一门彻底的、作为科学的形而上学是一种暂时的、必要的举措,这种形而上学必然会是独断的、按照最严格的要求而系统化的,因而是合乎学院规则地(而不是通俗化地)进行的;对它的这一要求是毫不含糊的,因为它自告奋勇地要完全先天地因而使思辨理性完全满意地进行它的工作。在实行批判所制定的这一计划时,亦即在形而上学的未来体系中,我们将有必要遵循一切独断哲学家中最伟大的哲学家、著名的沃尔夫的严格方法,是他首先作出了榜样(他通过这一榜样成了至今尚未熄灭的德意志彻底精神的倡导者),应如何通过合乎规律地确立原则、对概念作清晰的规定、在证明时力求严格及防止在推论中大胆跳跃,来达到一门科学的稳步前进,他也正因此而曾经特别适合于使这样一门作为形而上学的科学能够通过对工具、也就是对纯粹理性本身的

BXXXVII

批判而为自己预先准备好场地,如果他想到了这一点的话:他没有这样做,这不能怪他,毋宁要怪那个时代的独断的思维方式,当时的和所有以前时代的哲学家们在这点上相互之间没有什么好指责的。那些抵制他的学问方式但同时又拒绝纯粹理性的批判程序的人,其意图不是别的,只能是摆脱科学的约束,把工作变成儿戏,把确定性变成意见,把哲学变成偏见。①

　　至于这个第二版,那么我当然不想放过这个机会来尽可能地补救那些有可能产生误解的晦涩难懂和模糊之处,思想敏锐的人们在评价这本书时偶然碰上的这些误解,也许是我不能辞其咎的。这些原理本身及其证明,正如该计划的形式和完备性一样,我都没有发现什么要修改的地方;这部分要归功于我在将该书交付出版之前曾长时期地对它进行过审查,部分要归功于这件事本身的性质,即纯粹思辨理性的本性,它包含一个真实的结构,在其中所有的机

BXXXVIII

能都是一切为了一个,而每个都是为了一切,因而每个不论多么小的缺陷,不管它是一个错误(疏忽)还是一个欠缺,都必然会在运用中不可避免地泄露出来。这个体系将如我所希望的长久地维持这种不变性。使我有理由相信这一点的不是自负,而只是这个实验所产生的自明性,即从纯粹理性的最小的要素出发直到它的整体,并且反过来从整体出发(因为即使整体也是单独由纯粹理性的最终意图在实践中给出的)直到每一个部分,结果是相等的,因为试图

---

　　①　"哲学"(Philosophie)与"偏见"(Philodoxie),直译为"爱智慧"与"爱意见"。——译者

哪怕只改动最小的部分马上就会导致矛盾,不光是这个体系的矛盾,而且是普遍人类理性的矛盾。不过在它的表述上还有很多事要做,我在这一版中试图作出的改进,有的是要纠正对感性论部分的误解,尤其是对时间概念的误解,有的是要澄清知性概念演绎的模糊性,有的是要弥补在纯粹知性概念原理的证明中被认为在充分的自明性上的缺乏,最后,有的是要补救从合理的心理学中推出的谬误推理方面的误会。到此为止(也就是直到先验辩证论第一章结束),后面的部分我就没有再作表述方式上的改动了①,因为时间太仓促,并且我在其他方面也没有发现内行而无偏见的审查者有什么误解,这些人,即使我

BXXXIX

BXL

BXLI

---

① 真正的、但毕竟只是在证明方式中的增加,我大概只能举出我在第 275 页通过一个对心理学唯心论的新反驳、以及一个关于外部直观的客观实在性的严格的(我认为也是唯一可能的)证明所作的增加。唯心论尽可以就形而上学的根本目的而言仍然被看作是无辜的(事实上它并非如此),然而哲学和普遍人类理性的丑闻仍然存在,即不得不仅仅在信仰上假定在我们之外的物(我们毕竟从它们那里为我们的内感官获得了认识本身的全部材料)的存有,并且,如果有人忽然想到要怀疑这种存有,我们没有任何足够的证据能够反驳他。由于在这个证明的表述中,从第三行到第六行有些含混不清,我请大家将这一段改为:"但这一持存之物不可能是我心中的一个直观。因为我能在我心中遇到的有关我的存有的一切规定根据都是表象,并且作为表象,它们本身就需要一个与它们区别开来的持存之物,在与该物的关系中这些表象的变化、因而表象在其中变化的那个时间中的我的存有才能得到规定。"人们对于这个证明也许会说:我直接意识到的毕竟只是在我心中存在的东西,即我的外在事物的表象;结果问题仍然还是没有解决:某物是与表象相应的外在于我的东西呢,或者不是。不过我是通过内部经验而意识到我在时间中的存有(因而也意识到它在时间中的可规定性)的,这一点是比单纯意识到我的表象要更多些,它倒是等同于对我的存有的经验性的意识,这个意识只有通过与某种和我的实存结合着的外在于我的东西发生关系才能得到规定。因此对我的在时间中的存有的意识是与对在我之外的某物的关系的意识结合为一体的,所以它是经验而不是虚构,是感觉而不是想象力,它把外部的东西和我的内感官不可分割地连结起来;因为外感官本身已经是直观和某种外在于我的现实之物的关系了,而它的与想象不同的实在性仅仅是建立在它作为内部经验本身的可能性条件而与内部经验不可分割地结合在一起之上,这就是这里的情况。假如我可以在伴随着我的一切判断和知性活动的我在表象中,同时通过智性的直观把我的存有的一个规定与我的存有的智性意识结合起来,那么一种对外在于我的某物的关系的意识就不一定属于这种智性直观了。但现在,那个智性意识虽然是先行的,但我的存有唯一能在其中得到规定的内直观却是感性的并且与时间条件结合着的,而这一规定、因而内部经验本身都依赖于某种不在我心中、所以只在我之外的某物中的持存之物,我必须在对它的关系中来观察我自己:这样,外感官的实在性为了一般经验的可能而必须和内感官的实在性相结合:就是说,我如此肯定地知道,有在我之外与我的感官发生关系的物,正如我知道我本人在时间中确定地实存着一样。但现在,外在于我的客体究竟是现实地与哪些给予的直观相应,因而是属于外部感官的(这些直观应归因于它,而不是归因于想象力),这必须在每一特殊

BXL

BXLI

BXLII　没有用他们当之无愧的赞辞提到他们,也已经可以在我接受他们的提醒而加以考虑的地方自己找到自己的位置了。但这番修改同时也给读者带来了一个不可避免的小小的损失,就是为了不使本书过于庞大,我不得不对好些地方在表述上加以删节或压缩,以便给现在我希望会更好理解的这种表述留下位置。这些地方虽然根本上不涉及整体的完备性,但有些读者可能还是会感到遗憾的,因为它们在其他的目的上还可以是有用的。我现在的表述从根本上说在原理乃至它们的证明方面完全没有什么改变,但还是在阐述方法上这里那里对以前的阐述方法有些偏离,不是插进一些话就可以解决问题的。每个人只要愿意,这个小小的损失本来是可以通过和第一版作比较而加以弥补的,而由于我所希望的这种更大的可理解性,这一损失就获得了超出分量的补偿。我在好几篇公开发表的文章中(部分是在对一些书的评论中,部分是在单篇论文中)怀着感激的愉快看到,德意志的彻底精神没有死灭,而只是暂时被思想

BXLIII　中天才式的自由的时髦风气的喧嚣盖过了,而批判的荆棘小路,即通往一门学术性的、但唯有这样才是持久的、也才是有最高必然性的纯粹理性科学的荆棘小路,并没有阻碍勇敢聪慧的人去掌握这门科学。对于这些如此幸运地集见解的彻底性和明晰表述的才能(这恰好是我不会做的)于一身的干练之士,我将留给他们来完成我在后一方面这里那里大约还不完善的修订工作;因为在这种情况下,危险并不在于遭到反驳,倒是在于不被理解。就我这方面说,我从现在起可以不再参加争论了,尽管我将仔细地关注不论是朋友还是论敌的一切提示,以便将它们用于在将来按照这个概要来建造体系的工作中。由于在这一工作的进行中我年事已高(本月已进入 64 岁了),所以如果我想要完成我的计划,把自然的形而上学和道德的形而上学作为思辨理性和纯粹理性

情况里根据一般经验(甚至内部经验)据以与想象区别开来的规则来决定,在此永远成为基础的原理是:实际上有外部经验。对此我们还可以加上一条说明:关于某种存有中的持存之物的表象与持存的表象不是等同的;因为前者如同我们的一切表象、甚至物质的表象一样,可以是极为游移不定和变动不居的,但它毕竟与某种持存之物相关,这种持存之物因而必须是与我的一切表象不同的外在之物,它的实存必然同时被包含在对我自己存有的规定之中,并与这个规定一起构成一个唯一的经验,这经验如果不同时(部分地)又是外在的,它就连在内部也不会发生了。这是如何可能的? 在这里不能作进一步的解释,正如我们也不能解释,一般说来我们如何能思考时间中那个和变动之物共存便产生出变化概念来的常住之物。——康德

的批判的正确性的证明提供出来的话,我就必须抓紧时间动手,而把澄清这部
著作中一开始几乎不可避免的模糊之处以及为整体作辩护的工作,寄希望于   BXLIV
那些把这当作自己的事来做的干练之士。任何一种哲学的阐述都有可能在个
别地方被人揪住(因为它不能像数学那样防卫严密),然而,这个体系的结构
作为一个统一体来看,却并没有丝毫危险,对于它的概貌,当这个体系新出现
时,只有很少的人具有精神上的熟练把握,但由于对他们来说一切创新都是不
合适的,则对它具有兴趣的人就更少了。即使是那些表面的矛盾,如果我们把
个别地方从它们的关联中割裂开来,相互比较,也是可以在每一段尤其是作为
自由谈论写下的文字中挑出来的,这些表面矛盾在信从别人的评判的人眼里
就会给这些文字留下不利的印象,但对于从整体上把握了这个思想的人,这些
矛盾是很容易解决的。此外,如果一个理论本身具有持久性,那么最初给它带
来很大威胁的那些反复辩难随着时间的推移只会有助于磨平它的粗糙之处,
而如果有不抱偏见的、有见地的、真正平实的人士从事这一工作,甚至也可以
使它短时期内臻于所要求的精致优美。

哥尼斯堡,1787 年 4 月

第 一 版 目 录 ①

导 言

---

① 该目录在第二版中被删去。——德文编者

导　言

Ⅰ. 纯粹知识和经验性知识的区别

我们的一切知识都从经验开始，这是没有任何怀疑的；因为，如果不是通过对象激动我们的感官，一则由它们自己引起表象，一则使我们的知性活动运作起来，对这些表象加以比较，把它们连结或分开，这样把感性印象的原始素材加工成称之为经验的对象知识，那么知识能力又该由什么来唤起活动呢？所以按照时间，我们没有任何知识是先行于经验的，一切知识都是从经验开始的。

但尽管我们的一切知识都是以经验开始的，它们却并不因此就都是从经验中发源的。因为很可能，甚至我们的经验知识，也是由我们通过印象所接受的东西和我们固有的知识能力（感官印象只是诱因）从自己本身中拿来的东西的一个复合物，对于我们的这个增添，直到长期的训练使我们注意到它并熟练地将它分离出来以前，我们是不会把它与那些基本材料区分开来的。

这样，至少就有一个还需要进一步研究而不能一见之下马上打发掉的问题：是否真有这样一种独立于经验、甚至独立于一切感官印象的知识。人们把这样一种知识称之为先天的（a priori），并将它们与那些具有后天的（a posteriori）来源、即在经验（Erfahrung）中有其来源的经验性的（empirische）知识区别开来。

然而"先天的"这个术语还不足以确定地表示与上述问题相适合的全部意义。因为很有些出自经验来源的知识，我们也习惯于说我们能够先天地产生它或享有它，因为我们不是直接从经验中、而是从某个普遍规则中引出这些知识来的，但这个规则本身又仍然还是借自经验的。所以我们会说一个在挖自己房子基础的人：他本可以先天地知道房子要倒，即他不必等到这房子真的倒下来的经验。但他毕竟还不能完全先天地知道这件事。因为他事先总归要通过经验才得知,物体是有重量的,因而若抽掉它们的支撑物它们就会倒下来。

B3　　　　所以我们在下面将把先天的知识理解为并非不依赖于这个那个经验、而是完全不依赖于任何经验所发生的知识。与这些知识相反的是经验性的知识,或是那些只是后天地、即通过经验才可能的知识。但先天知识中那些完全没有掺杂任何经验性的东西的知识则称为纯粹的。于是,例如"每一个变化都有其原因"这个命题是一个先天命题,只是并不纯粹,因为变化是一个只能从经验中取得的概念。

Ⅱ. 我们具有某些先天知识,甚至普通知性 也从来不缺少它们

在这里,关键是要有一种我们能用来可靠地将一个纯粹知识和经验性的知识区别开来的标志。经验虽然告诉我们某物是如此这般的状况,但并不告诉我们它不能是另外的状况。因此首先,如果有一个命题与它的必然性一起同时被想到,那么它就是一个先天判断;如果它此外不再由任何别的命题引出,除非这命题本身也是作为一个必然命题而有效的,它就是一个完全先天的命题。其次,经验永远也不给自己的判断以真正的或严格的普遍性,而只是(通过归纳)给它们以假定的、相比较的普遍性,以至于实际上我们只能说:就B4我们迄今所觉察到的而言,还没有发现这个或那个规则有什么例外。所以,如果在严格的普遍性上、亦即不能容许有任何例外地来设想一个判断,那么它就不是由经验中引出来的,而是完全先天有效的。而经验性的普遍性只是把对大多数场合下适用的有效性任意提升到对一切场合都适用的有效性,例如在这样一个命题中:一切物体都有重量;相反,在严格的普遍性本质上属于一个判断的场合,这时这种普遍性就表明了该判断的一个特别的知识来源,也就是一种先天的认识能力。于是,必然性和严格普遍性就是一种先天知识的可靠标志,而两者也是不可分割地相互从属的。但由于在两者的运用中,有时指出判断的经验性的局限比指出判断中的偶然性要更容易一些①,又有些时候指出我们

---

① 依据法欣格尔(Vaihinger)的校订,该句中"判断的经验性的局限"和"判断中的偶然性"应调换前后位置。——德文编者

加在一个判断上的无限制的普遍性比指出这个判断的必然性要更明白一些,所以不妨把上述两个标准分开来使用,它们每一个就其自身说都是不会出错的。

　　不难指出,在人类知识中会现实地有这样一些必然的和在严格意义上普遍的、因而纯粹的先天判断。如果想从科学中举一个例子,那么我们只须把目 **B5** 光投向一切数学命题;如果想从最普通的知性使用中举这样一个例子,则在这方面可引用"一切变化都必有一个原因"这个命题;的确,在后一个例子中,原因这个概念本身显然包含着与一个结果相连结的必然性的概念,以及规则的严格普遍性的概念,以至于,如果我们像休谟所做的那样,想要把这个概念从发生的事经常地与在先的事相伴随中,从由此产生的连结诸表象的习惯(因而仅仅是主观的必然性)中引申出来,那么这个概念就会完全失去了。我们甚至无须这样一些例子来证明我们知识中那些先天纯粹原理的现实性,也可以阐明这些原理对于经验本身的可能性是不可或缺的,因而阐明其先天性。因为假如经验所遵循的一切规则永远总是经验性的、因而是偶然的,经验又哪里还想取得自己的确定性;所以我们很难把这些规则当作第一原理来看待。只是在这里,我们可以满足于摆明了我们认识能力的纯粹运用这一事实以及这种运用的标志。但这样一些先天原理的根源不仅仅在判断中,而且甚至在概念中也表现出来了。如果你从物体这个经验概念中把它的颜色、硬或软、重量、甚至不可入性这一切经验性的东西都一个个地去掉,这样最终留下的是它(现在已完全消失了)所占据的空间,而这是你不能去掉的。同样,如果你从任何一个有形的或无形的对象的经验性概念中把经验告诉你的一切属性都去掉,你却不可能取消你借以把它思考为实体或依赖于一个实体的那种属性 **B6** (虽然实体这个概念比一般客体这个概念包含更多的规定)。这样,由于这个概念借以强加于你的这样一种必然性所提供的证据,你就不得不承认这概念在你的先天认识能力中有自己的位置。①

――――――――――――

　　①　在第一版中,取代以上两节的是以下文字:

Ⅰ.先验――哲学的理念

　　经验毫无疑问是我们的知性在加工感官感觉的原始素材时所得到的最初的产品。正因为如此,经验提供最初的教诲,并且在其进展中如此地诲人不倦,以至于子孙万代连绵不断的生 **A1** 命永远也不会缺乏在这一基地上所能搜集到的新知。然而,经验远不是能让我们的知性受其限制的唯一领域。它虽然告诉我们这是什么,却并不告诉我们这必然一定会是这样而不是别样。

Ⅲ. 哲学需要一门科学来规定一切先天知识的可能性、原则和范围①

A3　　我们所要说的远不止上面说过的这一切②我们还要说,有某些知识甚至离开了一切可能经验的领域,并通过任何地方都不能提供经验中相应对象的那些概念而装作要使我们的判断范围扩大到超出一切经验界限之外。

B7　　正是在这样一些超出感官世界之外的知识里,在经验完全不能提供任何线索、更不能给予校正的地方,就有我们的理性所从事的研究,我们认为这些研究在重要性方面比知性在现象领域里可能学到的一切要优越得多,其目的也更崇高得多,我们在这里甚至宁可冒着犯任何错误的风险,也不愿意由于引起疑虑的任何一种理由,或出于蔑视和漠视,而放弃这些如此令人关心的研究。纯粹理性本身的这些不可回避的课题就是上帝、自由和不朽。但其目的连同其一切装备本来就只是为了解决这些问题的那门科学,就叫作形而上学,它的方法在开始时是独断的,也就是不预先检验理性是否有能力从事这样一项庞大的计划,就深信不疑地承担了这项施工。

A2　正因此它也不能给我们提供任何真正的普遍性,而对知识的这种方式如此渴望的理性,则更多地是被经验所刺激的,而不是被经验所满足的。于是,这样一种同时具有着内在必然性特征的普遍知识,必须是不依赖于经验而本身自明的和确定的;因此我们把这种知识称之为先天的知识:因为相反的是,那种只是向经验中借来的东西,按照人们的说法只是后天地、或经验性地被认识的。

　　这就表明了非常值得注意的一点,就是甚至在我们的经验中就混有一些必然具有其先天来源的知识,它们也许只是用来给我们的诸感官表象带来关联的。因为,如果我们从这些经验中去掉所有属于感官的东西,则毕竟还会余留下某些本源的概念及从中产生出来的某些判断,它们必须是完全先天地不依赖于经验而产生的,因为它们使得我们对于向感官显现出来的对象能够说出、至少是相信能够说出比单纯经验告诉我们的更多的东西,也使得各种见解包含有单纯经验性的知识所不能提供出来的真正普遍性和严格必然性。

　　德文本采取将一、二版相应文字正反页对照排的办法,本书不用此法,而采取 Norman Kemp Smith 的英译本的办法,即以第二版为准,在注释中只注出第一版不同的原文。下面类似情况亦照此处理。——译者

　　① 此标题为第二版所加。——译者

　　② 仿宋体为第一版所无,第二版所加的文字。以下凡正文中第二版对第一版所增加的文字均用仿宋体排出,以下将不再注明。——译者

现在看来这很自然,只要我们离开了经验的基地,我们就不要用我们所具有的不知其来自何处的知识、基于对不知其起源的原理的信任而马上去建立一座大厦,而不对其基础预先通过仔细的调查来加以保证,因而我们反倒会预先提出这样的问题:知性究竟如何能够达到所有这些先天知识,并且这些知识可以具有怎样的范围、有效性和价值。实际上,如果我们把自然这个词理解为本应以正当的、合理的方式发生的事,那也就没有什么比这更自然的了;但如果我们把这个词理解为按照习惯发生的事,那么倒是没有什么比这项研究长期不得不被搁置更为自然和更可理解的了。因为这些知识的一部分即数学,是早就具有了可靠性的,由此也就对其他部分产生了一种良好的期望,而不管这些部分可能会具有完全不同的本性。此外,如果我们超出经验的范围,那么我们肯定不会遭到经验的反驳。对自己的知识加以扩展的诱惑是如此之大,以至于我们只有在自己碰到了明显的矛盾的时候,才会停住自己前进的步伐。但只要我们在进行自己的虚构时小心谨慎,这种矛盾是可以避免的,只是这些虚构并不因此就不再是虚构。数学给了我们一个光辉的范例,表明我们离了经验在先天知识中可以走出多远。数学固然只是在对象和知识能表现在直观中这一限度内研究它们,但这一情况很容易被忽略,因为上述直观本身可以先天地被给予,因而和一个单纯的纯概念几乎没有什么区别。被理性力量的这样一个证明所引诱①,要求扩张的冲动就看不到任何界限了。轻灵的鸽子在自由地飞翔时分开空气并感到空气的阻力,它也许会想象在没有空气的空间里它还会飞得更加轻灵。同样,柏拉图也因为感官世界对知性设置了这样严格的限制②而抛弃了它,并鼓起理念的两翼冒险飞向感官世界的彼岸,进入纯粹知性的真空。他没有发觉,他尽其努力而一无进展,因为他没有任何支撑物可以作为基础,以便他能撑起自己,能够在上面用力,从而使知性发动起来。但人类理性在思辨中通常的命运是尽可能早地完成思辨的大厦,然后才来调查它的根基是否牢固。但接着就找来各种各样的粉饰之辞,使我们因大厦的结实而感到安慰,要么就宁可干脆拒绝这样一种迟来的危险的检验。但在建立这座大厦时,使我们摆脱任何担忧和疑虑并以表面上的彻底性迎合着我们

A4

B8

A5

B9

---

① 第一版为"所鼓舞"。——译者
② 第一版为"设立了如此多方面的障碍"。——译者

的是这种情况,即我们理性的工作的很大部分、也许是最大部分都在于分析我
们已有的那些关于对象的概念。这一工作给我们提供出大量的知识,这些知

A6　识尽管只不过是对在我们的概念中(虽然还是以模糊的方式)已经想到的东
西加以澄清或阐明,但至少按其形式却如同新的洞见一样被欣赏,尽管按其质

B10　料或内容来说它们并未扩展我们所有的这些概念,而只是说明了这些概念。
既然这种方法提供了某种现实的先天知识,这种知识又有一个可靠而有效的
进展,所以理性就不知不觉地受这一假象的欺骗而偷换了完全另外一类主张,
在这类主张中理性在这些给予的概念上添加了一些完全陌生的、而且是先天
的概念,却不知道自己是如何做到这一点的,甚至不让这样一个问题进到思想
中来。所以我要马上来着手探讨这两方面知识类型的区别。

Ⅳ. ①分析判断与综合判断的区别

在一切判断中,从其中主词对谓词的关系来考虑(我在这里只考虑肯定
判断,因为随后应用在否定判断上是很容易的事),这种关系可能有两种不同
的类型。要么是谓词 B 属于主词 A,是(隐蔽地)包含在 A 这个概念中的东
西;要么是 B 完全外在于概念 A,虽然它与概念 A 有连结。在前一种情况下

A7　我把这判断叫作分析的,在第二种情况下则称为综合的。因而分析的(肯定
性的)判断是这样的判断,在其中谓词和主词的连结是通过同一性来思考的,

B11　而在其中这一连结不借同一性而被思考的那些判断,则应叫作综合的判断。
前者也可以称为说明性的判断,后者则可以称为扩展性的判断,因为前者通过
谓词并未给主词概念增加任何东西,而只是通过分析把主词概念分解为它的
分概念,这些分概念在主词中已经(虽然是模糊地)被想到过了:相反,后者则
在主词概念上增加了一个谓词,这谓词是在主词概念中完全不曾想到过的,是
不能由对主词概念的任何分析而抽绎出来的。例如我说:一切物体都有广延,
那么这就是一个分析判断。因为我可以不超出被我联系于物体的这个概念之
外来发现与这概念相连结的广延,而是只分析那个概念,也就是可以只意识到
我随时都在这个概念中想到的杂多东西,以便在其中找出这个谓词来;所以这

---

①　小节标号为第二版增加的。——译者

是一个分析判断。反之，当我说：一切物体都是有重量的，这时谓词就是某种完全不同于我在一般物体的单纯概念中所想到的东西。因而这样一个谓词的增加就产生了一个综合判断。

经验判断就其本身而言全都是综合的。若把一个分析判断建立于经验基础上则是荒谬的，因为我可以完全不超出我的概念之外去构想分析判断，因而为此不需要有经验的任何证据。说一个物体是有广延的，这是一个先天确定 B12 的命题，而不是什么经验判断。因为在我去经验之前，我已经在这个概念中有了作出这个判断的一切条件，我只是从该概念中按照矛盾律抽出这一谓词，并借此同时就能意识到这个判断的必然性，它是经验永远也不会告诉我的。与此相反，尽管我在一般物体的概念中根本没有包括进重量这一谓词，那个概念毕竟通过经验的某个部分表示了一个经验对象，所以我还可以在这个部分之上再加上同一个经验的另外一些部分，作为隶属于该对象的东西。我可以先通过广延、不可入性、形状等等这一切在物体概念中所想到的标志来分析性地认识物体概念。但现在我扩展我的知识，并且由于我回顾我从中抽象出这个物体概念来的那个经验，于是我就发现与上述标志时刻连结在一起的也有重量，所以就把重量作为谓词综合地添加在该概念上。因此，经验就是重量这一谓词与物体这一概念有可能综合的基础，由于这两个概念虽然并非一个包含在另一个之中，但却是一个整体的各部分、即经验的各部分，经验本身则是诸直观的一个综合的结合，所以二者也是相互隶属的，尽管是偶然地隶属着的。①

---

①　以上一段是对第一版两段话的改写，第一版原文为：

由此可见：1. 我们的知识通过分析判断丝毫也没有增加，而是分解了我已经拥有的概念， A8 并使它本身容易被我所理解；2. 在综合判断中，我在主词概念之外还必须拥有某种别的东西（X），以便知性借助于它将那个概念中所没有的谓词仍然作为属于该概念的来加以认识。

在经验性的或经验的判断中，后面这种情况是没有任何困难的。因为这个 X 就是我通过一个概念 A 所思维的那个对象的完备的经验，而这个概念只是构成这一经验的一个部分。因为尽管我在一个一般物体的概念中根本没有包含重量这个谓词，但物体概念却毕竟通过经验的一部分表明了完备的经验，因而我还可以在物体概念上加上这个经验的其他那些部分，作为属于该概念的部分。我可以先通过广延、不可入性、形状等等所有这些在物体概念中被想到的标志而分析地认识该概念。现在如果我扩展我的知识，并且由于我回顾我曾从中抽象出这个物体概念来的经验，于是我就发现与上述标志时刻连结在一起的也有重量。所以经验就是那个在概念 A 之外的 X，在此之上就建立起了重量这个谓词 B 和概念 A 综合起来的可能性。

　　　　　　　　　　　　　　　　　　　　　　　　　　——译者

A9
B13

但在先天综合判断那里,这种辅助手段就完全没有了。当我要超出概念 A 之外去把另一个 B 作为与之结合着的概念来认识时,我凭借什么来支撑自己,这种综合又是通过什么成为可能的呢? 因为我在这里并没有在经验领域中环顾一下经验的便利。我们可以看看这个命题:一切发生的事物都有其原因。我虽然在发生的某物这一概念中想到了一种存有,在它之前经过了一段时间等等,并且从中可以引出分析判断来。但一个原因的概念是完全外在于前面那个概念的,它表示出某种与发生的某物不同的东西,因而是完全没有被包含在后一个表象中的。那么我们是如何做到用某种完全不同的东西来说明发生的某物,并且能认识到这个原因概念尽管不包含在发生的某物里,但却是属于并且甚至是必然属于它的? 在这里,当知性相信自己在 A 的概念之外发现了一个与之陌生、而仍被它视为与之相连结①的谓词 B 时,支持知性的那个未知之物＝X 是什么? 这不可能是经验,因为上述因果原理不仅仅是以②更大的普遍性、而且也以表达出来的必然性,因而完全是先天地并从单纯的概念出发,把后面这些表象加在前面那个表象上。这样,我们先天的思辨知识的全部目的都是建立在这样一些综合性的、亦即扩展性的原理之上的;因为分析判断固然极为重要且必要,但只是为了达到概念的清晰,这种清晰对于一种可靠的和被扩展了的综合、即对于一个实际的新收获③来说是必不可少的。④

A10

B14

----

① 第一版为"而仍与之相连结"。——德文编者
② 第一版中此处还有"比经验所能提供的"一短语,被第二版删除。——德文编者
③ 第一版为"新扩建"。——德文编者
④ 第一版中接下来还有如下一段话在第二版中被删去:

　　所以在这里藏有某种秘密[假如这个秘密被一个古代人想到了,哪怕只是提出了这一问题,那么单是这个问题就会有力地抗拒纯粹理性直到我们时代的一切体系了,而这样就会节省下不少无用的尝试,这些尝试并不知道真正要做的事情,而是盲目从事。——康德],只有揭开这一秘密,在纯粹知性知识的无限领域中的进展才会变得确实可靠:这就是要以固有的普遍性来揭示先天综合判断的可能性根据,洞察使先天综合判断的每一种方式得以可能的诸条件,并且,把这整个知识(它构成自己特有的类)按照其本源的来源、划分、范围和界限表明在一个体系中,不是通过某种粗略的轮廓来表示,而是作出完备的和对于每种运用都充分的规定。关于综合判断所具有的特点暂时就说这么多。

——译者

Ⅴ.在理性的一切理论科学中都包含有
先天综合判断作为原则①

1.数学的判断全部都是综合的。这条定理似乎至今尚未被人类理性的分析家们注意到,甚至恰好与他们的一切推测相反,尽管它具有无法反驳的确定性并有非常重要的后果。这是因为,人们由于看到数学家的推论全都是依据矛盾律进行的(这是任何一种无可置疑的确定性的本性所要求的),于是就使自己相信,数学原理也是出于矛盾律而被承认的;他们在这里是弄错了;因为,一个综合命题固然可以根据矛盾律来理解,但只能是这样来理解,即有另外一个综合命题作为前提,它能从这另外一个综合命题中推出来,而决不是就其自身来理解的。

首先必须注意的是:真正的数学命题总是先天判断而不是经验性的判断,因为它们具有无法从经验中取得的必然性。但如果人们不愿接受这一点,那么好,我将把自己的命题局限于纯粹数学,这一概念的题中应有之义是:它不包含经验性的知识,而只包含纯粹的先天知识。

B15

虽然人们最初大约会想:7+5=12 这个命题是一个单纯分析命题,它是从7 加 5 之和的概念中根据矛盾律推出来的。然而,如果人们更切近地考察一下,那么就会发现,7 加 5 之和的概念并未包含任何更进一步的东西,而只包含这两个数结合为一个数的意思,这种结合根本没有使人想到这个把两者总合起来的唯一的数是哪个数。12 这个概念决不是由于我单是思考那个 7 与 5 的结合就被想到了,并且,不论我把我关于这样一个可能的总和的概念分析多么久,我终究不会在里面找到 12。我们必须超出这些概念之外,借助于与这两个概念之一相应的直观,例如我们的五个手指,或者(如谢格奈在其《算术》中所说的②)五个点,这样一个一个地把直观中给予的五的这些单位加到七的概念上去。因为我首先取的是 7 这个数,并且,由于我为了 5 这个概念而求助

---

① 此节及以下第 Ⅵ 节均为第二版所增加的。——德文编者
② 谢格奈(Segner,J.A.von,1704—1777),匈牙利物理学家和数学家,著有《算术和几何原理》。——译者

B16　于我的手指的直观，于是我就将我原先合起来构成 5 这个数的那些单位凭借我手指的形象一个一个地加到 7 这个数上去，这样就看到 12 这个数产生了。要把 5 加在 7 之上，这一点我虽然在某个等于7+5的和的概念中已经想到了，但并没有想到这个和等于 12 这个数。所以算术命题永远都是综合的；对此我们越是取更大的数目，就越是看得更清楚，因为这样一来就明白地显示出，不论我们怎样把我们的概念颠来倒去，我们若不借助于直观而只借助于对我们的概念作分析，是永远不可能发现这个总和的。

同样，纯粹几何学的任何一个原理也不是分析性的。两点之间直线最短，这是一个综合命题。因为我的直的概念决不包含大小的概念，而只包含某种性质。所以"最短"这个概念完全是加上去的，而决不能通过分析从直线这个概念中引出来。因此在这里必须借助于直观，只有凭借直观这一综合才是可能的。① 在这里，通常使我们以为这种无可置疑的判断的谓词已经寓于我们的概念之中、因而该判断似乎就是分析性的那种信念，只不过是用语含混所致。因为我们应该在一个给予的概念上再想出某个谓词来，而这种必要性已经附着于那些概念身上了。但问题不在于我们应该想出什么来加在这个给予的概念上，而在于我们在这个概念中实际上想到了什么，即使只是模糊地想到了什么，而这就表明，这谓词虽然必然地与那概念相联系，但并非作为在概念本身中所想到的，而是借助于某个必须加在这概念上的直观。

几何学作为前提的少数几条原理虽然确实是分析的，并且是建立在矛盾B17　律之上的；但它们正如那些同一性命题一样，也只是用于方法上的连接，而不是作为原则，例如 a＝a，即全体与自身相等，或（a+b）>a，亦即全体大于其部分。并且即算是这些原理本身，尽管仅仅按照概念来说就是有效的，但它们在数学中之所以行得通，也只是因为它们能在直观中体现出来。

2. 自然科学（物理学）包含先天综合判断作为自身中的原则。我只想举出两个定理作例子，一个定理是：在物质世界的一切变化中，物质的量保持不变；另一个定理是：在运动的一切传递中，作用和反作用必然永远相等。显然，B18　在这两个命题上，不仅仅存在着必然性，因而其起源是先天的，而且它们也是

----

① 法欣格尔指出，本自然段以下文字在一、二版中均被错排到与下一自然段末尾相接之处了，兹参照英译本和韦卓民译本改正。——译者

综合命题。因为在物质概念中我并没有想到持久不变,而只想到物质通过对空间的充满而在空间中在场。所以为了先天地对物质概念再想出某种我在它里面不曾想到的东西,我实际上超出了物质概念。因此这条定理不是一个分析命题,而是综合的,但却是先天被想到的,而且自然科学纯粹部分的其他一些定理也都是如此。

3. 在形而上学中,即使我们把它仅仅看作一门至今还只是在尝试、但却由于人类理性的本性而不可缺少的科学,也应该包含先天综合的知识,并且它所关心的根本不是仅仅对我们关于事物的先天造成的概念加以分解、由此作出分析的说明,相反,我们要扩展我们的先天知识,为此我们必须运用这样一些原理,它们在被给出的概念上增加了其中不曾包含的某种东西,并通过先天综合判断完全远远地超出了该概念,以至于我们的经验本身也不能追随这么远,例如在"世界必然有一个最初的开端"等命题中那样,所以形而上学至少就其目的而言是由纯粹先天综合命题所构成的。

Ⅵ. 纯粹理性的总课题

B19

如果我们能把一大堆考察纳入到一个唯一课题的公式之下,那就已经是很多的收获了。因为这样一来,当我们通过对自己的任务加以精确的规定时,我们就不仅自己减轻了自己的任务,而且也使得其他任何想要检查这一任务的人易于判断我们是否实现了自己的计划。于是纯粹理性的真正课题就包含在这个问题之中:先天综合判断是如何可能的?

形而上学至今还停留在如此不确定和矛盾的动摇状态中,这只有归咎于一个原因,即人们没有让自己较早地思考上述课题,或许甚至连分析的和综合的判断的区别都没有考虑到。于是形而上学的成败便基于这个课题的解决,或者基于充分地证明它公开宣称想要知道的那种可能性实际上根本不存在。大卫·休谟在一切哲学家中最接近于这个课题,但还远远没有足够确定地并在其普遍性中思考它,而只是停留在结果和原因相连结的综合命题(因果律)之上,他相信他已查明,这样一种先天命题是完全不可能的,按照他的推论,一切我们称之为形而上学的东西,结果都只是妄想,即自以为对其实不过是从经验中借来的东西及通过习惯留给我们必然性幻相的东西有理性的洞见;如果

B20

他对我们这一课题在其普遍性中有所注意的话,他就决不会在这种摧毁一切纯粹哲学的主张上摔跟头了,因为这样他就会看出,根据他的论证,甚至连纯粹数学也不会有了,因为纯粹数学肯定是包含先天综合判断的。这样一来,他的健全知性也许就会保护他免受那种主张之害了。

　　在解决上述课题的同时,也就理解了纯粹理性在奠立和发展一切含有关于对象的先天理论知识的科学中的可能性,也就是回答了下述问题:

　　纯粹数学是如何可能的?

　　纯粹自然科学是如何可能的?

　　由于这些科学现实地存在了,这就可以对它们适当地提出问题:它们是如B21 何可能的;因为它们必定是可能的这一点通过它们的现实性而得到了证明①。至于形而上学,那么由于它至今进展不顺利,也由于在至今提出的形而上学中没有一个可以就其根本目的而言说它是现实在手的,所以必然会使每一个人有理由对它的可能性表示怀疑。

　　但现在,这种知识类型在某种意义上毕竟也被看作是给予了的,形而上学即使不是现实地作为科学,但却是现实地作为自然倾向(metaphysica naturalis)而存在。因为人类理性并非单纯由博学的虚荣心所推动,而是由自己的需要所驱动而不停顿地前进到这样一些问题,这些问题不是通过理性的经验运用、也不是通过由此借来的原则所能回答的,因此在一切人类中,只要他们的理性扩展到了思辨的地步,则任何时代都现实地存在过、并还将永远存在某种形而上学。于是也就有关于这种形而上学的问题:

B22　　形而上学作为自然的倾向是如何可能的?

就是说,纯粹理性向自己提出、并由自己的内在需要所驱动而要尽可能好地回答的那些问题,是如何从普遍人类理性的本性中产生出来的?

　　但由于对这些自然而然的提问,如世界有一个开端还是永恒以来就存在的等等问题,迄今想要作出回答的一切尝试总是遇到了不可避免的矛盾,所以

---

　　① 在纯粹自然科学方面,有些人也可能会对这种证明仍抱怀疑。但只要我们看看在真正的(经验性的)物理学开头出现的各种定理,如关于物质的量的守恒定理,惯性定理,作用与反作用相等定理等等,那么我们马上就会确信,这些定理构成了一门纯粹的(或合理的)自然科学,这门科学很值得作为一门独特的科学在其不论宽还是窄的整个范围内单独地创立起来。——康德

我们不能以形而上学的自然倾向为满足,也就是不能满足于纯粹理性能力本身,哪怕它总是能产生出某种形而上学(不管它是哪一种)来,而必须使理性能够确定地判断它是知道还是不知道它的对象,也就是要么对它所问的对象加以裁决,要么对于理性在形而上学方面的能力和无能有所判断,因而要么对我们的纯粹理性满怀信赖地加以扩展,要么对它作出确定的和可靠的限制。这个从前述总课题引申出来的最后的问题正当地说就将是:形而上学作为科学是如何可能的?

所以,理性的批判最终必然导致科学;相反,理性的无批判的独断运用则会引向那些无根据的、可以用同样似是而非的主张与之对立的主张,因而导致怀疑论。 B23

这门科学也不会庞大浩瀚得吓人,因为它并不与杂乱无边的理性对象打交道,而只与理性本身、只与从理性自身产生出来的课题打交道,这些课题并不是由与理性不同的那些事物的本性提交给它的,而是由理性自己提交给自己的;因为当理性预先完全了解到它自己在处理那些可能从经验中呈现给它的对象的能力时,必然就会很容易完全可靠地确定它在试图超出一切经验界限来运用时的范围和界限了。

因此我们可以而且必须把迄今为止要独断地建立形而上学的一切尝试都看作是不曾发生过的;因为在这种或那种形而上学中,凡只是分析性的东西,也就是对先天地寓于我们理性中的那些概念的单纯分解,还根本不是真正的形而上学的目的,而只是对它的一种准备,即准备要综合地扩展这些概念的先天知识。对于这个目的,概念分析是不合适的,因为它只是表明在这些概念中包含了什么,但并不表明我们如何先天地达到这些概念,以便然后也能够规定它们在所有知识的一般对象方面的有效运用。甚至只需要很少的自我克制就能放弃这一切要求,因为理性的无可否认的、并且在独断的处理方式下也是不可避免的矛盾早就已经自行使任何迄今为止的形而上学威信扫地了。需要有更多坚毅精神的是,不为内部的困难和外部的阻力所阻挡,通过另外一种与至今采取的完全相反的处理方式,来促使人类理性所不可缺少的一门科学终于有一天能够欣欣向荣、富有成果。从这门科学所萌发出来的每个枝干都可以砍掉,但它的根却是铲除不了的。 B24

Ⅶ. 在纯粹理性批判名下的一门
特殊科学的理念和划分①

A11　　　于是,从所有这些中就得出了一门可以叫作②纯粹理性批判的特殊科学的理念。③ 因为理性是提供出先天知识的诸原则的能力。所以纯粹理性就是
B25　包含有完全先天地认识某物的诸原则的理性。纯粹理性的一个工具论就将是一切先天纯粹知识能够据以获得并被现实地实现出来的那些原则的总和。这样一种工具论的详尽的应用就会获得一个纯粹理性体系。但由于这个体系指望得很多,而这又还取决于是否在这里一般地也会有对我们知识的某种④扩展,以及在何种情况下这种知识是可能的;于是我们就可以把一门单纯评判纯粹理性、它的来源和界限的科学视为纯粹理性体系的入门。这样一个入门将不必称作一种学理,而只应当叫作纯粹理性的批判,而它的用处就思辨方面来说实际上将只是否定性的,不是用来扩展我们的理性,而只是用来澄清我们的理性,并使它避免犯错误,而这已经是极大的收获了。我把一切与其说是关注于对象,不如说是一般地关注于我们有关对象的、就其应当为先天可能的而言
A12　的认识方式的知识⑤,称之为先验的。这样一些概念的一个体系就将叫作先验—哲学。但这种先验哲学对于这个开端来说又还是太多了。因为,由于这样一门科学将必须完整地既包含分析的知识,又包含有先天综合的知识,所以就其涉及到我们的意图而言它具有太大的规模,因为我们只能将这种分析推进到这样的程度,即它为了对我们唯一感兴趣的先天综合诸原则从其整个范
B26　围内加以洞察必然是不可缺少的。我们现在所从事的乃是这样的研究,这种研究我们真正说来不能称之为学理,而只能称之为先验的批判,因为它的意图

---

①　该标题为第二版所加。——德文编者

②　第一版为"可以用作"。——德文编者

③　接下来第一版中的两句话在第二版中被删除了:"但任何不与丝毫异己性质的东西相混淆的知识都叫作纯粹的。不过某种知识特别被称之为绝对纯粹的,在其中根本没有任何经验或感觉混杂进来,因而完全是先天可能的。"——德文编者

④　第一版为"这样一种"。——德文编者

⑤　第一版为"不如说是一般地关注于我们有关对象的先天概念的知识"。——德文编者

不是扩展知识本身,而只是校正知识,并且应该充当一切先天知识的有价值或无价值的试金石。因此,这样一种批判就是尽可能为这类知识的一种工具论作准备的,假如这一点无法做到的话,至少是为这类知识的一种法规作准备的,按照这种法规,或许有一天纯粹理性的完备的哲学体系会有可能既是分析地也是综合地展示出来,而不管其内容是扩展纯粹理性的知识还是仅仅对之作出限制。因为,说这件事是可能的,甚至说一个这样的体系有可能完全不用很大的规模就有希望全部完成,这从如下一点就已经可以预先估计到了,即在这里构成对象的不是事物的无法穷尽的本性,而是对事物的本性下判断的知性,并且还只是就其先天知识而言的知性,它的库存,由于我们不允许从外部去寻求,所以也不可能总是对我们隐藏着,并且从各方面来估量,其库存之小也足以被完备地登记下来、被按照其有无价值来评判和得到正确的估价。我们在这里更不能指望有一种对书籍和纯粹理性体系的批判,而只能指望一种对纯粹理性能力本身的批判。唯独以这样一种批判为基础,我们才有一种可靠的试金石来估价这一专门领域中新旧著作的哲学内涵;否则的话,不够格的历史学家和法官就会以自己同样是无根据的主张来评判别人的无根据的主张了。①

　　先验—哲学是一门科学的理念②,对于这门科学,纯粹理性批判应当依照建筑术、即从原则出发,以构成这一建筑物的全部构件的完备性和可靠性的完全保证,来拟定出完整的计划。它是纯粹理性的所有原则的体系。这个批判之所以本身并不已经就是先验—哲学,其理由只在于它为了成为一个完备的体系,还必须包含有对人类全部先天知识的一个详尽的分析。现在,我们的批判诚然也必须着眼于对构成上述纯粹知识的所有那些主干概念作一个完备的列举,但它却正当地放弃了对这些概念本身作详尽的分析,同样也放弃了对从这些概念中派生出来的概念的完备的评论,这一方面是由于这种析分将会是不合目的的,因为这种析分不具有在整个批判真正为之而存在的综合那里所

① 第一版中接下来有一个标题,在第二版中被删去了"Ⅱ.先验—哲学的划分"。——德文编者

② 第一版为"先验—哲学在这里只是一种理念"。——德义编者

见到的那种考虑,另方面是由于,努力担当起人们按照自己的意图本来可以摆脱的这样一个分析和推导的完备性的任务,这将违反该计划的统一性。然而,这种分析的完备性以及从后面可以提供出来的先天概念中所作的推导的完备性是很容易补足的,只要这些概念首先作为综合的详尽原则而存在,并且对这个根本的意图而言完备无缺即可。

所以,属于纯粹理性批判的是所有那些构成先验—哲学的东西,纯粹理性批判是完备的先验—哲学的理念,但还不是这门科学本身:因为它在分析中只进行到对先天综合知识的完备评判所要求的那个地步。

在划分这样一门科学时尤其要注意的是:必须完全不让任何在自身包含有某种经验性的东西的概念夹杂进来;或者说,先天知识应当是完全纯粹的。

A15
B29因此,虽然道德的至上原理及其基本概念是先天的知识,但它们却不隶属于先验—哲学,因为它们虽然不把愉快和不愉快、欲望和爱好等等这些全都有经验性起源的概念作为其道德规范的基础,但毕竟在义务概念里不得不把它们作为应当被克服的障碍,或是作为不应被当作活动根据的刺激作用,而必然一起纳入到对纯粹德性体系的构思中来。① 因此先验—哲学是一种仅仅思辨性的纯粹理性的人生智慧②。因为一切实践的东西,就其包含动机③而言,都与属于经验性知识来源的情感相关。

既然我们要从某种一般体系这个普遍观点来划分这门科学,那么我们现在所展示的这门科学首先就必须包含纯粹理性的一个要素论,其次包含纯粹理性的一个方法论。这两个主要部分的每一个又将有自己的次级划分,当然划分的根据在这里还不可能展示出来。似乎不能不当作引子或预先提醒来说的只是:人类知识有两大主干,它们也许来自于某种共同的、但不为我们所知的根基,这就是感性和知性,通过前者,对象被给予我们,而通过后者,对象则

---

① 整个这一句从"因为"起在第一版中为:"因为愉快和不愉快、欲望和爱好、任意等等概念全都有经验性的起源,却不得不在这里加以预设。"——德文编者

② "人生智慧",德文为 Weltweisheit,通常译作"哲学",此处取其词根意义,以与前一"哲学"(Philosophie,原义为"爱智慧")区分。——译者

③ 第一版中为"活动根据"。——德文编者

被我们思维。既然感性应当包含有那些构成对象由以被给予我们的条件的先　　B30
天表象,则感性将属于先验—哲学。先验的感性学说将必然属于要素科学的　　A16
第一部分,因为人类知识的对象唯一在其之下才被给予的那些条件是先行于
这些对象在其之下被思维的那些条件的。

一、先验要素论

第一部分　先验感性论

§1. ①

一种知识不论以何种方式和通过什么手段与对象发生关系,它借以和对象发生直接关系、并且一切思维作为手段以之为目的的,还是直观。但直观只是在对象被给予我们时才发生;而这种事至少对我们人类来说又只是由于对象以某种方式刺激内心才是可能的。通过我们被对象所刺激的方式来获得表象的这种能力(接受能力),就叫作感性。所以,借助于感性,对象被给予我们,且只有感性才给我们提供出直观;但这些直观通过知性而被思维,而从知性产生出概念。但一切思维必须无论是直截了当地(直接地)还是转弯抹角地(间接地)借助于某些标志最终与直观、因而对我们人类来说与感性发生关系,因为以别的方式不可能有任何对象给予我们。

当我们被一个对象所刺激时,它在表象能力上所产生的结果就是感觉。那种经过感觉与对象相关的直观就叫作经验性的直观。一个经验性的直观的未被规定的对象叫作现象。

在现象中,我把那与感觉相应的东西称之为现象的质料,而把那种使得现象的杂多能在某种关系中得到整理②的东西称之为现象的形式。由于那只有在其中感觉才能得到整理、才能被置于某种形式中的东西本身不可能又是感觉,所以,虽然一切现象的质料只是后天被给予的,但其形式却必须是全都在内心中先天地为这些现象准备好的,因此可以将它与一切感觉分离开来加以考察。

我把一切在其中找不到任何属于感觉的东西的表象称之为纯粹的(在先验的理解中)。因此,一般感性直观的纯粹形式将会先天地在内心中被找到,在这种纯粹形式中,现象的一切杂多通过某种关系而得到直观。感性的这种

---

①　该小节标志为第二版所加。——德文编者
②　"能……得到整理"在第一版中为"被整理、被直观"。——德文编者

纯形式本身也叫作纯直观。这样,假如我从一个物体的表象里把知性所想到的东西如实体、力、可分性等等都除开,同时又把属于感觉的东西如不可入性、硬度、颜色等等也除开,那么我从这个经验性的直观中还余留下某种东西,即广延和形状。这些东西属于纯粹直观,它是即算没有某种现实的感官对象或感觉对象,也先天地作为一个单纯的感性形式存在于内心中的。

一门有关感性的一切先天原则的科学,我称之为先验感性论①。所以必须有这样一门科学,它构成先验要素论的第一部分,而与包含纯粹思维的诸原则、称之为先验逻辑的那一部分相对。

因此,在先验感性论中我们首先要通过排除知性在此凭它的概念所想到的一切来孤立感性,以便只留下经验性的直观。其次,我们从这直观中再把一切属于感觉的东西分开,以便只留下纯直观和现象的单纯形式,这就是感性所能先天地提供出来的唯一的东西了。在这一研究中将会发现,作为先天知识的原则,有两种感性直观的纯形式,即空间和时间,我们现在就要对它们加以考虑。

第一节　空　间

§2. 空间概念的形而上学阐明②

借助于外感官(我们内心的一种属性),我们把对象表象为在我们之外、并全都在空间之中的。在空间之中,对象的形状、大小以及相互之间的关系是确定的,或是可以被确定的。内感官则是内心借以直观自身或它的内部状态

---

① 唯有德国人目前在用"Ästhetik"这个词来标志别人叫作鉴赏力批判的东西。这种情况在这里是基于优秀的分析家鲍姆加通所抱有的一种不恰当的愿望,即把美的批评性评判纳入到理性原则之下来,并把这种评判的规则上升为科学。然而这种努力是白费力气。因为所想到的规则或标准按其最高贵的来源都只是经验性的,因此它们永远也不能用作我们的鉴赏判断所必须遵循的确定的先天法则,毋宁说,鉴赏判断才构成了它们的正确性的真正的试金石。为此我建议,要么使这一名称重新被接受,并将它保留给目前这门真正科学的学说(这样,我们也就会更接近古人的说法和想法,在他们那里,把知识划分为 αισθητα και νοητα,即感性和理性,是很有名的)[第一版中没有圆括号( )。——译者],要么就和思辨哲学分享这一名称,而把 Ästhetik 部分在先验的意义上、部分在心理学的含义上来采用。——康德

② 该标题为第二版所加。——德文编者

的,它虽然并不提供对灵魂本身作为一个客体的任何直观,但这毕竟是一个确 A23
定的形式,只有在这形式下对灵魂的内部状态的直观才有可能,以至于一切属
于内部规定的东西都在时间的关系之中被表象出来。时间不能在外部被直观
到,正如空间也不能被直观为我们之内的东西一样。那么,空间与时间是什么
呢? 它们是现实的存在物吗? 或者它们虽然只是事物的诸规定乃至于诸关
系,但却是哪怕事物未被直观到也仍然要归之于这些事物本身的东西? 要么,
它们是这样一些仅仅依附于直观形式、因而依附于我们内心的主观性状的东 B38
西,没有这种主观性状,这些谓词就根本不可能赋予任何事物? 为了搞清这些
问题,我们要首先阐明空间的概念①。所谓阐明(expositio②),我理解为将一
个概念里所属的东西作出清晰的(哪怕并不是详尽的)介绍;而当这种阐明包
含那把概念作为先天给予的来描述的东西时,它就是形而上学的。

　　1. 空间不是什么从外部经验中抽引出来的经验性的概念。因为要使某些
感觉与外在于我的某物发生关系(也就是与在空间中不同于我所在的另一地
点中的某物发生关系),并且要使我能够把它们表象为相互外在、相互并列,
因而不只是各不相同,而且是在不同的地点,这就必须已经有空间表象作基础
了。因此空间表象不能从外部现象的关系中由经验借来,相反,这种外部经验
本身只有通过上述表象才是可能的。

　　2. 空间是一个作为一切外部直观之基础的必然的先天表象。对于空间不 A24
存在,我们永远不能形成一个表象,虽然我们完全可以设想在空间中找不到任 B39
何对象。因此,空间被看作是现象③的可能性条件,而不是一个附属于现象的
规定,而且它是一个先天的表象,必然成为外部现象的基础。④

---

①　第一版为"我们要首先考察空间"。——德文编者
②　拉丁文:阐明。——译者
③　法欣格尔指出"现象"前面漏掉了"外部的"这个限定语。——德文编者
④　第一版中接下来一段在第二版被删掉了:
　　3. 在这一先天必然性之上建立起了一切几何原理的无可置疑的确定性、及其先天构造的
可能性。因为假如这种空间表象是从普遍的外部经验中抽取出来的一个后天获得的概念,则
数学规定的那些最初的原理就会不过是些知觉而已。因而它们将具有知觉的一切偶然性,而
"两点之间只有一条直线"就会恰恰不是必然的,而是经验总是这样告诉我们的。凡是从经验
借来的东西也都只有比较而言的普遍性,亦即由归纳而来的普遍性。于是我们将只能够说,
就目前所看到的而言,还没有发现任何空间是具有多于三个量度的。
　　相应地,下面一段开头的"3."在第一版中原为"4."。——德文编者

3. 空间决不是关于一般事物的关系的推论的概念，或如人们所说，普遍的
A25 概念，而是一个纯直观。因为首先，我们只能表象一个唯一的空间，并且，如果
我们谈到许多空间，我们也是把它们理解为同一个独一无二的空间的各部分。
这些部分也不能先行于那唯一的无所不包的空间，仿佛是它的组成部分（由
它们才得以复合起来唯一的空间）似的，相反，它们只有在唯一空间中才能被
设想。空间本质上是唯一的，其中的杂多、因而就连一般诸多空间的普遍概
念，都只是基于对它的限制。由此可见，在空间方面一切有关空间的概念都是
以一个先天直观（而不是经验性的直观）为基础的。一切几何学原理也是如
此，例如在一个三角形中，两边之和大于第三边，这决不是从有关线和三角形
的普遍概念中，而是从直观、并且是先天直观中，以无可置疑的确定性推导出
来的。

B40 4. 空间被表象为一个无限的给予的量。虽然我们必须把每一个概念都设
想为一个被包含在无限数量的各种可能表象中（作为其共同性标志）、因而将
这些表象都包含于其下的表象；但没有任何概念本身能够被设想为仿佛把无
限数量的表象都包含于其中的。然而，空间就是这样被设想的（因为空间的
所有无限的部分都是同时存在的）。所以，空间的原始表象是先天直观，而不
是概念。①

§3. 空间概念的先验阐明②

我所谓先验的阐明，就是将一个概念解释为一条原则，从这条原则能够看
出其他先天综合知识的可能性。为了这一目的，就要求：1）这一类知识确实
是从这个给定的概念推导出来的，2）这些知识只有以这个概念的给定的解释
方式为前提才是可能的。

几何学是综合地却又是先天地规定空间属性的一门科学。那么，空间的

---

① 这一段是对第一版中下述一段的改写：

5. 空间被表象为给予出来的一个无限的量。关于空间（它不论在一尺还是一码中都是共
同的）的一个普遍概念并不能在量方面作出任何规定。假如不是有直观进程中的无限制性的
话，那就没有任何关系概念会带来量的无限性原则。

——德文编者

② 该标题及整个第3小节均为第二版增加的。——德文编者

表象究竟必须怎样,才会使有关它的这样一门知识成为可能? 它必须从本源上就是直观;因为从一个单纯的概念中引不出任何超出概念之外的命题,这却是几何学中发生的情况(导言,V)。但这种直观又必须是先天地、即先于对一个对象的一切知觉而在我们心里,因而必须是纯粹的而不是经验性的直观。因为几何学的定理全都是无可置疑的,亦即与对它们的必然性的意识结合在一起的,例如空间只有三种量度;但这一类定理不可能是经验性的命题或经验判断,也不是从这些经验判断中推出来的(导言,Ⅱ①)。 B41

那么,一个先行于客体本身、并能于自身中先天地规定客体概念的外部直观如何能够寓于内心中呢? 显然只有当这表象仅仅作为主体受客体刺激并由此获得对客体的直接表象即直观的形式性状,因而仅仅作为外感官的一般形式,而在主体中占有自己的位置时,才得以可能。

所以,只有我们的解释才使作为一种先天综合知识的几何学的可能性成为可理解的。任何一种做不到这一点的解释方式,即使表面上也许与它有些类似,但依据这个标志就可以最可靠地与它区别开来。

由上述概念得出的结论

A26
B42

a)空间所表象的决不是某些自在之物的属性,或是在它们的相互关系中的属性,也就是说,决不会是依附于对象本身的那些属性的规定性,似乎即使我们把直观的一切主观条件都抽掉它们还会留下来一样。因为不论是绝对的规定还是相对的规定,都不能在它们所属的那些事物存有之前、也就是先天地被直观到。

b)空间无非只是外感官的一切现象的形式,亦即唯一使我们的外直观成为可能的主观感性条件。既然主体被对象刺激的接受性必然先行于对这个客体的一切直观,所以很好理解,一切现象的形式如何能够在一切现实的知觉之先、因而先天地在内心中被给予,这形式又如何能够作为一切对象都必然在其中被规定的纯直观,而在一切经验以前就包含着诸对象的关系的原则。

这样,我们就只有从人的立场才能谈到空间、广延的存在物等等。如果我

---

① 指第二版中的标号。——译者

B43　们脱离了唯一能使我们只要有可能为对象所刺激就能获得外部直观的那个主

A27　观条件,那么空间表象就失去了任何意义。这个谓词只有当事物对我们显现、亦即当它们是感性对象时才能赋予事物。我们称之为感性的这个接受性的固定形式,是诸对象借以被直观为在我们之外的那一切关系的必然条件,而如果我们抽掉这些对象,它就是带有空间之名的一个纯直观。由于我们不能使感性的这一特殊条件成为事物的条件,而只能使之成为事物的现象的条件,所以我们很可以说:空间包括一切可能向我们外在地显现出来的事物,但不包括一切自在之物本身,不论这些自在之物本身是否能被直观到,也不论被何种主体来直观。因为我们对于其他思维着的存在物的直观完全不能作判断,不知这些直观是否也被束缚在限制我们的直观并对我们普遍有效的那同一些条件之上。当我们把一个判断的限制加在主词的概念上时,这样一来该判断就会无条件地有效了。"一切事物都相互并存于空间里"这个命题,只有在这个限制之下,即如果这些事物被看作我们感性直观的对象,才会有效。当我在这里把这个条件加到概念上去,说"一切事物,作为外部现象,都相互并存于空间里"

B44　时,那么这条规则就是普遍而无限制地有效的。所以,我们的这些阐明说明了

A28　就一切能从外部作为对象呈现给我们的东西而言的空间的实在性(即客观有效性),但同时也说明了就那些凭借理性来考虑它们自在的本身、即不顾及我们感性之性状的事物而言的空间的观念性。所以我们主张空间(就一切可能的外部经验而言)的经验性的实在性,虽然同时又主张空间的先验的观念性,也就是只要我们抽掉一切经验的可能性这个条件,并把空间假定为某种给自在之物本身提供基础的东西,空间就什么也不是了。

　　但除了空间之外,也没有任何主观的、与某种外在东西相关而能称得上是先天客观的表象了。因为我们不能从其他这些表象中,如同从空间的直观中那样,引出先天综合命题(§3)。所以严格说来,不能把任何观念性①归之于其他这些表象,哪怕它们与空间表象在这方面是一致的,即它们也仅仅属于感觉方式的主观性状,例如通过颜色、声音、温度的感觉而视、听、触的主观性状,但由于这些只不过是感觉而不是直观,它们本身并不使人认识、至少是先天地

―――――――――――

　　① 拉斯(Laas)将"观念性"校为"实在性"。——德文编者

认识任何客体。①

　　作这一说明的意图,只是为了防止有人会突发奇想,用那些远远不充分的 B45
例证来说明我主张的空间的观念性,因为例如颜色、味道等等都理应不被看作
事物的性状,而只被看作主体的变化,这些变化甚至在不同的人那里也可能是
不同的。因为在这种场合下,那原本只是现象的东西,如一朵玫瑰花,在经验
性的理解中就被看作是一个自在之物,这个自在之物却可以在每个人的眼里 A30
在颜色上有不同的显现。相反,对空间中现象的先验概念却是一个批判性的
提醒:一般说来在空间中被直观到的任何东西都不是自在的事物,而且空间也
不是事物也许会自在地自身固有的形式,毋宁说,我们完全不知道自在的对
象,而凡是我们称之为外部对象的,无非是我们感性的单纯表象而已,其形式
是空间,但其真实的相关物、亦即自在之物却丝毫也没有借此得到认识,也不
可能借此被认识,但它也从来不在经验中被探讨。

第二节　时　间 B46

§4. 时间概念的形而上学阐明②

　　1.③时间不是什么从经验中抽引出来的经验性的概念。因为,如果不是

---

　　①　从"因为我们不能……"到本段末是对第一版下面文字的改写:"因此一切外部现象
的这一主观条件是没有任何其他条件可比较的。一种酒的味道好并不属于这酒的客观规定,
因而不属于哪怕作为现象看的一个客体的客观规定,而是属于在品尝酒的主体那里感官的特
殊性状。颜色依附于对物体的直观却不是物体的性状,而仅仅是受到光的某种方式刺激的视
觉的一些变状。相反,空间作为外部客体的条件,必然属于现象或直观本身。味道和颜色根
本不是唯一能使对象成为我们感官的客体的必要条件。它们只是作为对特殊器官偶然附加 A29
上的影响而与现象结合起来的。所以它们也不是什么先天的表象,而是建立在感觉上,而好
味道甚至是建立在作为感觉的影响的(愉快和不愉快的)情感上的。也不可能有任何人先天
地拥有不论是一种颜色表象还是任何味道的表象;而空间却只涉及到直观的纯形式,因而不
包含有任何感觉(没有丝毫经验性的东西),甚至空间的一切类型和规定都能够且必须能先天
地被表象出来,如果要产生出形状和关系的概念的话。只有通过空间,事物成为我们的外部
对象才是可能的。"——德文编者
　　②　该标题为第二版所加。——德文编者
　　③　在第一版中序号 1. 被写成 I.并误置于整个该小节的标题处。——德文编者

有时间表象先天地作为基础,同时和相继甚至都不会进入到知觉中来。只有在时间的前提之下我们才能想象一些东西存在于同一个时间中(同时),或处于不同的时间内(相继)。

A31　　2.时间是为一切直观奠定基础的一个必然的表象。我们不能在一般现象中取消时间本身,尽管我们完全可以从时间中去掉现象。所以时间是先天被给予的。只有在时间中现象的一切现实性才是可能的。这些现象全都可以去掉,但时间(作为这些现象的可能性的普遍条件)是不能被取消的。

B47　　3.在这一先天必然性的基础上,还建立起了时间关系的那些无可置疑的原理、或一般时间公理的可能性。时间只有一维:不同的时间不是同时的,而是前后相继的(正如不同空间不是前后相继的,而是同时的一样)。这些原理不可能从经验中引出来,因为经验既不会提供严格的普遍性,也不会提供无可置疑的确定性。我们就只能说:通常的知觉告诉我们是这样;但不能说它必定是这样。这些原理作为使经验根本上成为可能的诸规则而起作用,并在经验之前教导我们,而不是通过经验教导我们。

　　4.时间不是什么推论性的、或如人们所说普遍性的概念,而是感性直观的

A32　纯形式。不同的时间只是同一个时间的各部分。但只能通过唯一的对象被给予的表象就是直观。甚至连"不同的时间不能是同时的"这一命题也不能从一个普遍概念中推出来。这个命题是综合的,不能单独由概念中产生。所以它是直接包含在时间的直观和表象之中。

B48　　5.时间的无限性只不过意味着,时间的一切确定的大小只有通过对一个唯一的、作为基础的时间进行限制才有可能。因此,时间这一本源的表象必须作为无限制的而被给予出来。但它的各个部分本身,以及一个对象的每个大小,都只有通过限制才能被确定地加以表象,于是,这整个表象都必定不是由概念给予的(因为概念只包含诸部分表象①),而是必须由直接的直观来为它奠定基础。

§5. 时间概念的先验阐明②

　　为此,我可以援引上面第3条,在那里我为了简短而把本来是先验阐明的

---

① 第一版为"(因为在此部分表象是先行的)"。——德文编者
② 整个第5小节都是第二版增加的。——德文编者

事置于形而上学的阐明这个标题下了。在此我再补充一点:变化的概念以及和它一起的运动(作为位置的变化)的概念只有通过时间表象并在时间表象之中才是可能的;而假如这个表象不是先天的(内)直观的话,那么任何概念,不论它是什么概念,都不能使一个变化的可能性、即把矛盾对立着的谓词结合在同一个客体中的可能性(如"同一个事物在某处存在又在同一处不存在"),成为可理解的。只有在时间里,两个矛盾对立的规定才会在一个事物中被发现,即前后相继地被发现。所以,我们的时间概念解释了像卓有成效的普遍运动学说所阐述的那么多的先天综合知识的可能性。

B49

§6. ①从这些概念得出的结论

a)时间不是独立存在的东西,也不是附属于物的客观规定,因而不是抽掉物的直观的一切主观条件仍然还会留存下来的东西;因为在前一种情况下,时间将会是某种没有现实对象却仍然现实存在的东西。至于第二种情况,那么时间作为一个依附于物自身的规定或秩序就会不可能先行于对象作为其条件、也不可能通过综合命题而被先天地认识和直观到了。相反,这种事很有可能发生,如果时间无非是一切直观得以在我们心中产生的主观条件的话。因为这样一来,这一内直观的形式就能先于对象、因而先天地得到表象了。

A33

b)时间不过是内部感官的形式,即我们自己的直观活动和我们内部状态的形式。因为时间不可能是外部现象的任何规定;它既不属于形状,又不属于位置等等,相反,它规定着我们内部状态中诸表象的关系。而正因为这种内部直观没有任何形状,我们也就试图通过类比来补足这一缺陷,用一条延伸至无限的线来表象时间序列,在其中,杂多构成了一个只具有一维的系列,我们从这条线的属性推想到时间的一切属性,只除了一个属性,即这条线的各部分是同时存在的,而时间的各部分却总是前后相继的。由此也表明了,时间本身的表象是直观,因为时间的一切关系都能够在一个外部直观上面表达出来。

B50

c)时间是所有一般现象的先天形式条件。空间是一切外部直观的纯形式,它作为先天条件只是限制在外部现象。相反,一切表象,不管它们是否有外物作为对象,毕竟本身是内心的规定,属于内部状态,而这个内部状态却隶

A34

① 标号"§6."为第二版所加。——德文编者

属在内直观的形式条件之下，因而隶属在时间之下，因此时间是所有一般现象的先天条件，也就是说，是内部现象（我们的灵魂）的直接条件，正因此也间接地是外部现象的条件。如果我能先天地说：一切外部现象都在空间中并依空间的关系而先天地被规定，那么我也能出于内感官的原则而完全普遍地说：所有一般现象、亦即一切感官对象都在时间中，并必然地处于时间的关系之中。

如果我们把我们的在内部直观自己并借这种直观也把一切外部直观包括在表象能力中的方式都抽掉，因而把对象如同它们可能自在地存在那样来看待，那么时间就什么也不是了。时间只就现象而言才有客观有效性，因为现象是我们已经当作我们感官的对象的事物；但如果我们抽掉我们直观的感性，因而抽掉我们所特有的那种表象方式，而谈论一般的物，则时间就不再是客观的了。因此时间只是我们（人类的）直观的一个主观条件（这直观永远是感性的，即限于我们为对象所刺激的范围内），它超出主观就其自在来说则什么也不是。但同样，就一切现象而言，因而也对一切能在经验中向我们出现的事物而言，它又必然是客观的。我们不能说：一切事物都在时间中，因为在一般事物这个概念中抽掉了直观事物的一切方式，但这种方式却是把时间归于对象表象的根本条件。如果现在把这个条件加到概念上，并说：一切事物作为现象（感性直观对象）都在时间中，那么这条原理就具有地道的客观正确性和先天的普遍性了。

因此，我们的主张表明了时间的经验性的实在性，即对每次可能给予我们感官的一切对象而言的客观有效性。而由于我们的直观永远都是感性的，所以在经验中决不可能有不是隶属于时间条件之下的对象给予我们。反之，我们反驳一切对时间的绝对实在性的要求，这种要求以为时间即使不考虑我们感性直观的形式也是绝对依附于事物作为其条件或属性的。这样一些属于自在之物的属性也永远不能通过感官给予我们。所以在这里就有时间的先验的观念性，据此，如果我们抽掉感性直观的主观条件，时间就什么也不是，时间（去掉它与我们直观的关系）既不能自存性地（subsistierend）、也不能依存性地（inhärierend）算到自在对象的账上。但这种观念性，正如空间的观念性一样，与感觉的欺骗（Subreption）不可同日而语，因为在这种情况下，我们毕竟在这些谓词所依存的现象本身方面是以它具有客观实在性为前提的，这种实在性在这里，除非它只是经验性的，即除非只把对象本身看作现象，否则就完全取消了：对此可看上面第一节的说明。

§7. ①解　说

对于这个承认时间的经验性的实在性、但否认绝对的和先验的实在性的
理论，我从行家们那里已听到一致的反对意见，以至于我由此而相信，在不习
惯于这些考察的每个读者那里，这种反对意见都必定会自然而然地产生出来。
这种意见认为：变化都是现实的（这由我们自己的表象的更替所证明，哪怕　　A37
我们想否认一切外部现象连同其变化）；既然变化只在时间中才可能，那么时
间就是某种现实的东西。回答这种意见并不困难。我承认这全部论证。时间　　B54
当然是某种现实的东西，也就是内直观的现实的形式。因此它在内部经验中
有主观实在性，就是说我现实地有关于时间和我在时间中的诸规定的表象。
因而时间并不能作为客体被看作现实的，而是作为我自己把自己表象为客体
的方式而被看作现实的。但假如我自己或另外一个存在者没有这种感性条件
而能直观到我的话，那么正是我们现在设想为变化的这同一些规定就会提供
出某种知识，在其中时间表象、因而连同变化的表象都根本不会出现。所以留
下来的只是时间的经验性的实在性，作为我们一切经验的条件。只有时间的
绝对的实在性如上所述是不能承认的。时间无非是我们内直观的形式②。如
果我们从时间中把我们感性的特殊条件拿掉，那么就连时间概念也消失了，时
间并不依赖于对象本身，而只依赖于直观这些对象的那个主体。　　　　　　　　A38

　　但使得这种反对意见如此众口一词、乃至那些尽管不知道有什么明显的　　B55
理由反驳空间的观念性学说的人亦持此见的原因，有如下述。他们并不指望
能无可置疑地证明空间的绝对的实在性，因为他们遭到观念论③的反对，观念
论认为外部对象的现实性不能有任何严格的证明：相反，我们内感官对象（我
自身和我的状态）的现实性则是直接通过意识而澄明的。外部对象有可能只
是幻相，内感官对象在他们看来则无可否认地是某种现实的东西。但他们不
曾想到，这两者作为表象的现实性是不容反驳的，但双方却仍然只属于现象，

---

①　标号"§7."为第二版所加。——德文编者

②　我虽然可以说：我的诸表象在前后相继；但这只是说，我们把它们意识为在一个时间
序列中的，也就是根据内感官的形式来意识它们的。因此时间不是某种自在的东西，也不是
什么客观地依赖于事物的规定。——康德

③　Idealismus，本书将酌情译为"观念论"或"唯心论"。——译者

现象任何时候都有两方面,一方面是从自在的客体来看(撇开直观到它的方式,但正因此它的性状总是悬拟着的),另方面是着眼于该对象的直观形式,这个形式必须不是在自在的对象本身中、而是在对象向之显现的主体中寻求,但仍要现实地和必然地归之于该对象的现象。

A39
B56　　因此,时间和空间是可以从中先天地汲取各种综合知识的两个知识来源,尤其是像纯粹数学在关于空间及其关系的知识方面就提供了一个光辉的范例。也就是说,空间和时间是一切感性直观的两个合在一起的纯形式,它们由此而使先天综合命题成为可能。但这两个先天的知识来源正由此(即由于它们只是感性的条件)也规定了自己的界限,就是说,它们只是指向那些被视为现象的对象,而不表现自在之物本身。只有前者才是它们的有效性的领域,一旦超出这个领域,就不再有它们的客观运用了。此外,空间和时间的这种实在性①并不影响经验知识的可靠性:因为无论这些形式是必然地依附于自在之物本身还是只依附于我们对该物的直观,我们都同样相信这些知识是可靠的。相反,主张空间和时间的绝对实在性的人,不论他们把这种实在性看作是自存性的还是仅仅依存性的,都必然要与经验本身的原则不相一致。因为,如果他们采取自存性的看法(这是从数学研究自然的那一派人的通常看法),那么他们必然要假定两种永恒无限而独立持存的杜撰之物,它们存在着(却又不是

A40　　某种现实的东西),只是为了把一切现实的东西包含于自身之内。如果他们采取第二派的观点(有些形而上学的自然学家所持的观点),把空间和时间看作从经验中抽象出来的诸现象之关系(并列或相继关系),尽管这些关系在分

B57　　离中被混乱地表象着——那么,他们必然会否认数学的先天定理对于现实事物(如空间中的事物)有其效力,至少是有无可置疑的确定性,因为这种确定性根本不是后天发生的,而空间和时间的这些先天概念据他们看来只是想象力的产物,其来源必须现实地到经验中去寻求,想象根据这些经验的抽象关系构造成了某种虽然包含这些关系的共相、但没有自然加给它们的约束就不能存在的东西。前一派人的长处是,他们为数学的观点打开了现象的领域。但当他们的知性想要超出这个领域时,他们就反而恰好被这些条件弄得混乱不堪了。后一派人虽然在后面这点上是有利的,即当他们想要把对象不是作为现象、而只

---

　　①　据拉斯(Laas)改为"观念性"。——德文编者

是在与知性的关系中来判断时,空间和时间的表象并不会阻碍他们;但他们既不能指出数学的先天知识的可能性根据(因为他们缺乏某种真正的和客观有效的先天直观),又不能使经验命题与他们的观点达到必然的一致。在我们关于这两个本源的感性形式的真实性状的学说中,这两个困难就都消除了。 A41 B58

最后,先验感性论所能包含的要素不能多于这样两个,即空间和时间,这由如下一点可以说明,即所有其他属于感性的概念,甚至把这两方面结合起来的运动的概念,都是以某种经验性的东西为前提的。因为运动是以对某种运动的东西的知觉为前提的。但在空间中,就其自在的本身来看,是没有什么运动的东西的:因此运动的东西必定是某种仅仅通过经验在空间中发现的东西,因而是某种经验性的素材。同样,先验感性论也不能把变化的概念归入自己的先天素材之中:因为变化的不是时间本身,而是某种在时间中的东西。所以以此就要求有对任何某个存有、以及对它的诸规定的前后相继性的知觉,因而要求有经验。

§8.① 对先验感性论的总说明 B59

Ⅰ.② 为了防止一切误解,首先必须尽可能清楚地解释,我们关于一般感性知识的基本性状的看法是什么。 A42

所以我们早就要说:我们的一切直观无非是关于现象的表象;我们所直观的事物不是自在之物本身,我们既不是为了自在之物而直观这些事物,它们的关系也不是自在地本身具有如同它们向我们显现出来的那种性状,并且,如果我们把我们的主体、哪怕只要把一般感官的主观性状取消掉了的话,客体在空间和时间里的一切性状、一切关系,乃至于空间和时间本身就都会消失,并且它们作为现象不能自在地实存,而只能在我们里面实存。对象自在地、离开我们感性的这一切接受性可能是一种什么样的状况,这在我们仍然是完全不知道的。我们知道的只不过是我们知觉它们的方式,这种方式是我们所特有的,虽然必须归之于每一个人,但却不能必然地也归之于任何一个存在者。我们只与这种方式发生关系。空间和时间是这种方式的纯形式,一般感觉则是质料。只有这两种形式是我们可以先天地、即在一切现实知觉之前认识到的,它 B60

---

① 标号"§8."为第二版所加。——德文编者
② 标号"Ⅰ."为第二版所加。——德文编者

A43

们因此被叫作纯直观;感觉则是我们知识中使得这知识被叫作后天知识、即经验性的直观的东西。前两者是绝对必须依赖于我们的感性的,而不管我们的感觉可能是哪一种方式;后者则可以是极为多种多样的。即使我们能够把我们的这一直观提升到最高程度的清晰性,我们也不能借此而进一步知悉自在对象本身的性状。因为我们在一切情况下所可能完全认识的毕竟只是我们直观的方式,即我们的感性,并且永远只是在本源地依赖于主体的空间时间条件下来认识它的;自在的对象本身会是什么,这决不会通过对它们那唯一被给予了我们的现象的最明晰的知识而被我们知道。

因此说我们的整个感性无非是对事物的混乱的表象,这种表象只包含那属于自在之物本身的东西,只不过是处于我们未借意识将之分辨清楚的那些特征和部分表象的堆积状态下:这种说法是对感性概念和现象概念的一种歪曲,它使得有关感性和现象的这一整套学说都变得无用而空洞了。不清晰的表象和清晰的表象的这一区别只是逻辑上的,而不涉及内容。无疑,健全知性所使用的公正概念,包含的正是同一个可以由最微妙的思辨从中加以发挥的意思,只是在日常和实际的运用中人们并不意识到这一思想里有这么多方面的表象而已。但人们不能因此就说,这个日常概念是感性的,它包含一种单纯的现象。因为公正决不可能成为现象,相反,它的概念存在于知性中,并表现为行为的(道德的)性状,这性状是属于这些行为的自在本身的。反之,直观中一个物体的表象就根本不包含任何可以归之于一个自在对象本身的东西,而只包含某物的现象及我们由此被刺激的方式,而我们认识能力的这种接受性就叫作感性,它与有关自在对象本身的知识之间,即使我们可以彻底看透那种现象,也仍有天壤之别。

B61

A44

所以,莱布尼茨—沃尔夫的哲学在把感性和智性的区别仅仅看作逻辑上的区别时,就对我们知识的本性和起源的全部研究指示了一种完全不正当的观点,因为这种区别显然是先验的,而且并不仅仅涉及清晰或不清晰的形式,而是涉及双方的起源和内容,以至于,我们不只是通过感性而不清晰地认识自在之物本身的性状,而是根本不认识自在之物本身的性状,而我们一旦抽掉我们主观的性状,被表象的客体连同感性直观赋予它的那些属性就在任何地方都找不到了,也不可能被找到,因为正是这个主观性状规定着作为现象的客体形式。

B62

我们平常喜欢在现象中区分出:本质上依赖于现象的直观并对任何一般 A45
人类感官都有效的东西,以及只是偶然归于这些现象的直观的东西,它不是在
与感性的关系上普遍有效,而只是对这个那个感官的特殊职能或机制有效。
这样,我们就把前一种知识称之为表现自在的对象本身的知识,而把后一种知
识称之为只是该对象的现象的知识。但这种区分只是经验性的。如果我们停
留于此(如通常发生的那样),而不再把那种经验性的直观作为单纯的现象来
看待(如应当发生的那样)、以致在其中根本找不到任何依赖于某种自在事物
本身的东西,那么,我们的先验区分就丧失了。而这样一来我们还是会相信能
认识自在之物,尽管我们(在感官世界中)到处、哪怕在对感官世界的对象作 B63
最深入的研究时,也只能与现象打交道。所以,虽然我们把虹称之为只是晴天
雨的现象,而把这场雨称之为自在的事物本身,这也是对的,只要我们把这个
概念仅仅从物理学上理解为在普遍经验中、在对感官的所有不同情况之下,毕
竟是这样而不是别样地在直观中被规定的东西。但是如果我们一般性地看待
这种经验性的东西,并且不顾及它与每一种人类感官的协调性,而探问它是否 A46
也表象了一个自在的对象本身(不是雨滴,因为雨滴作为现象已经是经验性
的客体了),那么这个表象与对象的关系问题就是先验的了,并且,不光是这
些雨滴只是现象,而且甚至它们的圆形、乃至于它们在其中下落的空间,都不
是自在的本身,而只是我们感性直观的一些变形,或者是感性直观的基础,但
先验的客体仍然是我们所不知道的。

我们的先验感性论要做的第二件重要的事就是:它不仅仅是要作为一种
表面上的假设来赢得人们的一些好感,而是要具有对任何一种应被当作工具
论的理论所可能要求的确定性和不被怀疑性。为了完全说明这种确定性,我
们想选择某种案例,在其中这种工具论①的有效性可以变得一目了然,并用来 B64
进一步澄清在§3.中所讨论的问题。

于是我们假定空间和时间本身自在地就是客观的,且是自在之物本身的
可能性条件,那么显然首先,将会出现大量的关于这两者的先天无可置疑的综
合命题,特别是关于空间的,所以我们这里要优先把空间当作例子来研究。由
于几何学定理是先天综合地并以无可置疑的确定性被认识的,所以我要问:我 A47

---

① 阿底克斯改为:"这种确定性"。——德文编者

们是从哪里取得这类定理的,并且我们的知性是靠什么来支持自己去达到这类绝对必然的、普遍有效的真理的? 没有任何别的道路,唯有通过概念,或是通过直观;但这两者本身要么是先天地、要么是后天地被给予出来的。后一种情况,即经验性的概念连同它所建立于其上的经验性的直观,所能提供的综合命题没有别的,只有这样一种本身也只是经验性的命题、即经验命题,因而这种命题也永远不可能包含必然性和绝对的普遍性,而后者却是一切几何学定理所表现的特征。但要达到这种知识,何者将是首要的和唯一的手段,也就是说通过单纯概念还是通过先天直观,那么很显然,从单纯概念是完全不能达到

B65　任何综合知识的,而只能达到分析的知识。且让我们看看这条定理:"凭两直线不能围住一个空间,因而不能有任何图形",让我们试着从直线的概念和"两"这个数目的概念中把这个定理推导出来;或者另一条定理:"凭三条直线可以有一个图形",并试试同样单从这些概念中推出它来。你的一切努力都是白费,你将发现你不得不求助于直观,正如几何学也一直在做着的那样。所

A48　以,你给自己提供了一个直观中的对象;但这是哪一种直观,是先天的纯直观还是经验性的直观? 如果是后者,那么就永远不可能从中得出一个普遍有效的命题,更得不出一个无可置疑的命题:因为经验永远不能提供这样的东西。所以你必须给自己在直观中提供一个先天对象并在此之上建立你的综合命题。假如在你的内部没有一种进行先天直观的能力;假如这个主观条件按其形式来说并非同时又是唯一使得这个(外部)直观的客体本身得以可能的先天的普遍条件;假如对象(即三角形)是与你的主体没有关系的某种自在的东西本身:你怎么可以说,凡是在你构成一个三角形的主观条件中必然存在的东西,也必须属于自在的三角形本身呢? 因为你毕竟不可能在你的概念(三条

B66　直线)上添加任何新的东西(图形),使它必然会在对象上被碰到,因为对象是在你的知识之前,而不是通过你的知识被给予的。因此,假如空间(时间也是如此)不是你的直观的一个单纯形式,它包含有唯一能使事物对你成为外在对象的先天条件,无此主观条件对象就会什么也不是,那么,你就根本不可能

A49　对外部客体先天综合地决定任何事了。所以这是毫无疑问地确定的,而不只是可能的,也不是大概的:空间和时间作为一切(外部和内部)经验的必然条件,只不过是我们一切直观的主观条件,因而在与这些条件的关系中一切对象只不过是现象,而不是以这种方式独立地给予出来的物,因此关于这些现象,

在涉及它们的形式时也可以先天地说出许多东西,但关于可能作为这些现象的基础的自在之物本身,则丝毫不能说出什么来。①

Ⅱ.为了证明这一外感官和内感官的观念性理论,因而证明感官的一切客体都只是现象的理论,我们可以首先采用这种观点:在我们的知识中一切属于直观的东西(因而愉快感和不愉快感及意志这些根本不是知识的东西除外),所包含的无非是单纯的关系,在一个直观中的位置关系(广延)、这些位置的 B67变化关系(运动)和这些变化据以被规定的法则的关系(动力)。但在这个位置上当下所是的东西,或者除位置变化之外、在事物本身中起作用的东西,却并没有借此被给予出来。于是通过单纯的关系毕竟还没有认识一个自在的事物:因此很可以判断说:由于外部感官给我们提供的无非是单纯的关系表象,所以外部感官也只能在其表象中包含一个对象对主体的关系,而不包含内部的、可归于自在客体的东西。内部直观也有同样的性质。不仅仅是外感官的表象在内感官中构成了我们用来占据我们内心的真正材料,而且我们放置这些表象的那个时间,那个本身在经验中先行于对这些表象的意识、并作为形式条件而为我们在内心中放置这些表象的方式奠定基础的时间,已经包含有前后相继、同时并存的关系及与这种前后相继伴随着的东西(持存之物)的关系。于是,凡是能够在一切有所思维的行动之前作为表象而先行的东西就是直观,并且,如果它所包含的无非是关系,它就是直观形式,这种形式由于它只有当某物被置入内心时才有所表象,所以它不能是别的,只能是内心通过自己的活动、即通过其表象②的这一置入、因而通过自身而被刺激起来的方式,这 B68种方式就是某种按其形式而言的内感官。凡是通过一个感官而被表象出来的东西,在这范围内永远都是现象,因而要么一个内感官就必定会根本不被承认,要么那个作为内感官对象的主体就只能通过内感官而被表象为现象,而不是表象为像它在它的直观若作为单纯自我活动、即作为智性直观时,它将对自己所作的判断那样。这里一切困难仅仅在于,一个主体如何能够由内部直观自己;只不过这种困难是任何一种理论所共同的。对主体自我的意识(统觉)

---

① 从以下直到"先验感性论"结束均为第二版所增加的。——德文编者
② "其表象"的"其",原文为 ihrer,指"自己的活动",Erdmann 认为应作 seiner,指"内心"。——德文编者

是自我的简单表象,并且,假如单凭这一点,主体中的一切杂多就会自动地被
给予的话,那么这种内部的直观就会是智性的了。在人类这里,这种意识要求
对于主体中预先被给予的杂多有内部的知觉,而这种杂多在内心中非自发地
被给予的方式由于这一区别,就必须叫作感性。如果对自己发生意识的能力
要去寻求(领会)那寓于内心中的东西,那么它就必须刺激内心,并且只有以
这种方式它才能产生出对内心自身的直观,但直观的这种预先植根于内心中
B69 的形式则在时间表象中规定着杂多在内心中聚合的方式,因为内心直观自己
并非像它直接主动地表象自己那样,而是按照它从内部被刺激的那种方式,因
而是像它对自己所显现的那样,而不是它所是的那样。

　　Ⅲ.如果我说:在空间和时间中,不论是外部客体的直观,还是内心的自我
直观,都是如同它们刺激我们的感官那样、即如同它们所显现的那样来表象它
们的,那么这并不是想说这些对象就只是幻相。因为在现象中,客体、乃至于
我们赋予这些客体的诸性状,任何时候都被看作某种现实被给予的东西,只不
过就这些性状在这被给予的对象与主体的关系中依赖于主体之直观方式这点
而言,该对象作为现象是与它自身作为自在的客体有区别的。所以,当我主张
说,我据以设定物体和我的灵魂的、作为两者存有的条件的那种空间和时间的
性质,是在我的直观方式中、而不是在这些自在的客体中,这时我并不是说,物
体只是似乎存在于我之外,或者我的灵魂只是似乎在我的自我意识中被给予
的。如果我把我本想归于现象的东西弄成了只是幻相,那将是我自己的罪
B70 过①。但这种情况依照我们的一切感性直观的观念性原则并不会发生;毋宁
说,如果我们赋予那些表象形式以客观的实在性,那么我们就无法避免不因此
而把一切都转化为单纯的幻相。因为,如果我们把空间和时间看作按其可能
性必定会在自在的事物身上找到的性状,并仔细考虑一下这样一来我们将陷

B70　　① 现象的各种谓词在与我们的感官的关系上是能够被赋予客体本身的,例如赋予玫瑰
花以红色或香味;但幻相却永远不能被作为谓词赋予对象,这恰好是因为,幻相把那只是在与
感官的关系中、或一般在与主体的关系中属于对象的东西赋予了孤立的客体,例如人们最初
把两个柄加在土星身上。凡是根本不会在自在的客体本身找到、但却能在客体与主体的关系
中找到,并与主体的表象不可分的东西,都是现象。这样,空间和时间的谓词就正当地被赋予
了作为感官对象的感官对象,并且在其中没有幻相。相反的情况是,我把红色赋予自在的玫
瑰花,把两个柄赋予土星,或把广延自在地赋予一切外在对象,而不是着眼于这些对象与主体
的一定的关系并把我的判断限制于其上;这样一来幻相才会产生。——康德

入的荒唐境地,即有两个无限的物,它们不是实体,也不是某种现实地依存于 B71
实体的东西,但却实存着,甚至必须成为一切物实存的必要条件,即使一切实
存之物都被取消,它们却仍然留存着;那么,我们也许就不能责备那非凡的贝
克莱把物体降为单纯的幻相了,甚至就连我们自己的实存,当它以这种方式被
弄得依赖于像时间这样一种杜撰物之独立自存的实在性时,也必定会和这个
时间一起转化为纯粹的幻相了;这是一种至今还从来没有人能够去犯的谎话
的错误。

　　Ⅳ.在自然的神学中,由于人们想到一个这样的对象,它不光对我们根本
不可能成为直观的对象,而且就连对它自己也绝对不可能是感性直观的对象,
所以人们就很仔细地考虑从它的直观中(因为它的一切知识必定都是直观,
而不是随时表现出局限性的思维)把那些时间和空间的条件都去掉。但我们
有什么权利可以这样做——如果我们首先把这两者弄成了自在之物本身的形
式,而且它们作为物之实存的先天条件,即使在该物本身被去掉时也仍然留存
着? 因为,作为所有一般存有的条件,它们也必然会是上帝存有的条件。如果 B72
人们不想把它们弄成一切物的客观形式,那就没有别的选择,只有使它们成为
我们外部和内部直观方式的主观形式,而这种直观方式之所以被叫作感性的,
是因为它不是本源的,就是说,不是这样一种本身就使直观的客体之存有被给
予出来的直观方式(这种直观方式就我们的理解而言,只能属于那原始的存
在者),而是一种依赖于客体的存有、因而只有通过主体的表象能力为客体所
刺激才有可能的直观方式。

　　我们也并不需要把空间和时间中的这种直观方式局限于人类的感性;
有可能一切有限的有思维的存在者在这点上是必须与人类必然一致的(尽
管我们对此无法断定),所以这种直观方式毕竟不会由于这种普遍有效性
而不再是感性,这正是因为它是派生的直观(intuitus derivativus),而不是本
源的直观(intuitus originarius),因而不是智性直观,这种智性直观,依据上述
同一理由,看来只应属于原始存在者,而永远不属于一个按其存有及按其直
观(在对被给予客体的关系中规定其存有的那个直观)都是不独立的存在
者;虽然最后这个对先验感性论的说明只应算作一种注解,而不是一种证明
根据。

先验感性论的结论

　　于是在这里,我们就拥有对于解决先验—哲学的"先天综合命题是如何可能的?"这个总课题所需要的构件之一了,这就是先天的纯直观,空间与时间,在其中,如果我们想要在先天判断中超出给予的概念之外,我们就会碰见那不能在概念中、却完全可以在与概念相应的直观中先天地揭示出来并能被综合地结合在那概念上的东西,但这些判断①出自这一理由决不能延伸到感官对象之外,而只能对可能经验的客体有效。

――――――――――

　　①　法欣格尔指出这个转折太突然,并猜测这里要说的是:"这些纯粹直观作为我们感性的条件,使得我们能够先于一切经验而在先天判断中规定客体的性状,但这些判断……"――德文编者

第二部分　先验逻辑

导言　先验逻辑的理念

Ⅰ.一般的逻辑

我们的知识来自于内心的两个基本来源,其中第一个是感受表象的能力(对印象的接受性),第二个是通过这些表象来认识一个对象的能力(概念的自发性);通过第一个来源,一个对象被给予我们,通过第二个来源,对象在与那个(作为内心的单纯规定的)表象的关系中被思维。所以直观和概念构成我们一切知识的要素,以至于概念没有以某种方式与之相应的直观、直观没有概念,都不能产生知识。这两者要么是纯粹的,要么是经验性的。如果其中包含有感觉(它以对象的现实的在场为前提),那就是经验性的;但如果表象中没有混杂任何感觉,那就是纯粹的。我们可以把感觉叫作感性知识的质料。所以纯粹直观只包含使某物得以被直观到的形式,而纯粹概念只包含一个对象的思维的一般形式。只有纯粹直观和纯粹概念才是先天可能的,经验性的直观和概念则只是后天可能的。

我们若是愿意把我们的内心在以某种方式受到刺激时感受表象的这种接受性叫作感性的话,那么反过来,那种自己产生表象的能力,或者说认识的自发性,就是知性。我们的本性导致了,直观永远只能是感性的,也就是只包含我们为对象所刺激的那种方式。相反,对感性直观对象进行思维的能力就是知性。这两种属性中任何一种都不能优先于另一种。无感性则不会有对象给予我们,无知性则没有对象被思维。思维无内容是空的,直观无概念是盲的。因此,使思维的概念成为感性的(即把直观中的对象加给概念),以及使对象

的直观适于理解(即把它们置于概念之下),这两者同样都是必要的。这两种
能力或本领也不能互换其功能。知性不能直观,感官不能思维。只有从它们

B76 的互相结合中才能产生出知识来。但我们却不可因此把它们应分的事混淆起

A52 来,而有很重要的理由把每一个与另一个小心地分离出来并区别开来。所以
我们就把一般感性规则的科学,即感性论,和一般知性规则的科学,即逻辑,区
分开来。

　　而逻辑又可以依两方面的意图来处理,要么是作为普遍的知性运用的逻
辑,要么是作为特殊的知性运用的逻辑。前者包含思维的绝对必然的规则,舍
此则根本没有知性的任何运用,所以它针对这种运用,而无视这种运用所可能
指向的那些对象的差别。特殊的知性运用的逻辑则包含正确思维某个确定种
类的对象的规则。前者可以叫作要素的逻辑,后者则可以叫作这门或那门科
学的工具论(Organon)。工具论在学校里大多是作为各门科学的入门课而排
在前面,虽然按照人类理性的进程它是最后的,人类理性只有在一门科学早已

B77 完成、只须最后一道工序加以修正和完善时才能达到它。因为我们如果要定
出一门科学怎样能够由之建立起来的那些规则,就必须对这些对象已经有了
相当高的程度的了解。

　　普遍的逻辑则要么是纯粹的逻辑,要么是应用的逻辑。在前者中我们抽

A53 掉了使我们的知性得以施行的一切经验性条件,例如感官的影响,想象的游
戏,记忆的规律,习惯的力量,爱好等等,因而也抽掉了一切成见的来源,甚至
一般说来,也抽掉了使某些知识有可能由我们产生、或有可能被暗中塞给我们
的一切理由,因为这些知识只是在知性运用的某些情况下才与知性发生关系,
而要了解这些情况就需要经验。所以一种普遍而又纯粹的逻辑只与先天原则
打交道,它是知性的法规,也是理性的法规,但只是就其运用的形式而言,而不
管内容是什么(经验性的还是先验的)。但一种普遍逻辑,当它针对着在心理
学所告诉我们的那些主观经验性条件之下的知性运用规则时,就称之为应用
的。因此它就含有经验性的原则,虽然就其对对象不加区别地指向知性的运

B78 用而言是普遍的。因为这一点,它既不是一般知性的法规,也不是特殊科学的
工具论,而只是日常知性的一种清泻剂。

　　因此,在普遍的逻辑里,用来构成纯粹理性学说的那一部分必须和构成应

A54 用的(固然还是普遍的)逻辑的部分分离开来。真正说来,只有前者才是科

学,虽然简略而枯燥,如同按照学院规则表述一种知性要素论所要求的那样。因此,在这种逻辑中逻辑学家必须随时把两条规则记在心里:

1.作为普遍逻辑,它抽掉了知性知识的一切内容及其对象的差异性,并且只与思维的单纯形式打交道。

2.作为纯粹逻辑,它不具有经验性的原则,因而不(像人们有时说服自己的那样)从心理学中汲取任何东西,所以心理学对于知性的这些法规没有任何影响。它是一种被演证的学说,在其中一切都必须是完全先天确定的。

所以,我所谓的应用逻辑(与这个词的通常意义相反,通常认为应用逻辑应包含某些由纯粹逻辑为之提供规则的练习),是表象知性及其 in concreto(在具体情况下)的必然运用规则的,所谓在具体情况下,也就是在那些能阻碍或促进这种运用的主观偶然条件下,而这些条件全都只是经验性地被给予 B79 的。它研究的是注意,注意的障碍与后果,错误的来源,怀疑、顾虑、确信等等状态,普遍纯粹逻辑与它的关系正如纯粹道德学(Moral)——它只包含自由意 A55 志的一般必然的道德律——与本来意义上的德行论(Tugendlehre)的关系,后者所考虑的是在人们或多或少所屈从的情感、爱好和情欲的阻碍之下的道德律,它永远也不能产生出一门真正的经过演证的科学,因为它正如上述应用逻辑学一样,需要的是经验性的和心理学的原则。

Ⅱ.先验逻辑

如我们所指出的,普遍逻辑抽掉一切知识内容,即抽掉一切知识与客体的关系,只考察知识相互关系的逻辑形式即一般思维形式。但既然(如先验感性论所证明的)有纯粹的直观,也有经验性的直观,那么也很有可能在对象的纯粹思维和经验性的思维之间找到某种区别。在这种情况下,就会有一种在 B80 其中不抽掉知识的全部内容的逻辑;因为这种逻辑将只包含对一个对象的纯思维的规则,它将排除一切具有经验性内容的知识。它还将讨论我们有关对象、而又不能归之于对象的知识来源;相反,由于普遍逻辑不涉及这种知识来 A56 源,而只是按照知性在思维时据以在相对关系中运用表象的那些法则来考察这些表象,不论这些表象是原初地先天存在于我们之中,还是仅仅经验性地被给予的,所以它只是研究可以为这些表象找到的知性形式,而不管这些表象可能来自于何处。

我在这里要作一个说明，它将影响到所有下面要进行的考察，是必须牢记于心的，这就是：并非任何一种先天知识都必须称之为先验的，而是只有那种使我们认识到某些表象（直观或概念）只是先天地被运用或只是先天地才可能的，并且认识到何以是这样的先天知识，才必须称之为先验的（这就是知识

B81 的先天可能性或知识的先天运用）。因此不论是空间，还是空间的任何一个几何学的先天规定，都不是一种先验的表象，而只有关于这些表象根本不具有经验性的来源，以及何以它们还是能够先天地与经验对象发生关系的这种可能性的知识，才能称之为先验的。同样，若把空间运用于一般对象，这种运用

A57 也会是先验的：但若只是限制于感官对象，这种运用就是经验性的。所以先验的和经验性的这一区别只是属于对知识的批判的，而不涉及知识与其对象的关系。

因此，由于期望也许会有一些可以与对象先天地相关的概念，它们既不是纯粹的直观也不是感性的直观，而只是纯思维活动，因而是一些既没有经验性来源也没有感性来源的概念，所以我们就预先为自己形成了一门关于纯粹知性知识和理性知识的科学的理念，用来完全先天地思维对象。这样一门规定这些知识的来源、范围和客观有效性的科学，我们也许必须称之为先验逻辑，因为它只与知性和理性的法则打交道，但只是在这些法则与对象先天地发生

B82 关系的范围内，而不是像普遍逻辑那样，无区别地既和经验性的知识、又和纯粹理性知识发生关系。

Ⅲ. 普遍逻辑划分为分析论与辩证论

有一个古老而著名的问题，人们曾以为可用它迫使逻辑学家们陷入窘境，并曾试图把他们推到这一步，即要么不得不涉嫌于可怜的诡辩，要么就要承认

A58 他们的无知，因而承认他们全部技巧的虚浮，这个问题就是：什么是真理？对真理这个名词的解释是：真理是知识和它的对象的一致，这个解释在这里是给定了的前提；但人们还要求知道，任何一种知识的普遍而可靠的标准是什么。

知道应该以合理的方式提出什么问题，这已经是明智与洞见的一个重要的和必要的证明。因为，如果问题本身是荒谬的，并且所要求的回答又是不必

要的,那么这问题除了使提问者感到羞耻之外,有时还会有这种害处,即诱使
不小心的听众作出荒谬的回答,并呈现出这种可笑的景象,即一个人(如古人　　B83
所说过的)在挤公山羊的奶,另一个人拿筛子去接。

如果真理在于知识和它的对象的一致,那么该对象就必然会由此而与其
他对象区别开来;因为一个知识如果和它与之相关的那个对象不一致,即使它
包含某种或许能适用于其他对象的东西,它也是错误的。于是真理的一个普
遍标准就会是那种对知识对象不加区别地适用于一切知识的东西了。但很明
显的是,由于从这个标准上抽掉了知识的一切内容(知识与其对象的关系),
而真理又恰好是与这内容相关的,那么追问这一知识内容的真理性的标志就　　A59
是不可能的和荒谬的,因而真理的一个充分的、但同时又是普遍的标志就会不
可能确定下来了。由于我们在上面已经把知识的内容称之为知识的质料,那
么我们就会不得不说:对知识的真理性就其质料而言不可能要求任何普遍性
的标志,因为这本身是自相矛盾的。

至于单纯就形式(而排除一切内容)而言的知识,那么同样很清楚:只要
一种逻辑阐述出知性的普遍必然的规则,它也必然会在这些规则中阐述出真　　B84
理的标准。因为,凡是与这些标准相矛盾的东西,由于知性在此与自己的普遍
思维规则相冲突、因而与自己本身相冲突,就是错误的。但这些标准只涉及真
理的形式,即一般思维的形式,就此而言它们是完全正确的,但并不是充分的。
因为,即使一种知识有可能完全符合于逻辑的形式,即不和自己相矛盾,但它
仍然总还是可能与对象相矛盾。所以真理的单纯逻辑上的标准、即一种知识
与知性和理性的普遍形式法则相一致,这虽然是一切真理的 conditio sine qua
non(必要条件)、因而是消极的条件:但更远的地方这种逻辑就达不到了,它　　A60
没有什么测试手段可以揭示那并非形式上的、而是内容上的错误。

既然普遍逻辑把知性和理性的全部形式职能分解为各种要素,并将这些
要素描述为对我们的知识所作的一切逻辑评判的诸原则,所以逻辑的这一部
分可以称之为分析论,并正因此而至少是真理的消极的试金石,因为我们必须
首先把一切知识根据其形式放到这些规则上来检验和估价,然后才根据其内
容来研究它们本身,以便断定它们是否在对象方面包含有积极的真理。但由　　B85
于单是知识的形式不论它与逻辑的规律多么一致,也还远不足以因此就断定
知识的质料上(客观上)的真理性,所以没有人敢于单凭逻辑就对于对象作出

判断,或是以任何方式对此有所主张,而不是在逻辑之外预先对它们进行确凿的调查,以便此后只是尝试按照逻辑规律来利用这种调查并将其连结在一个关联着的整体之中,但更好的是只按照逻辑规律对其加以检验。然而,当我们拥有一种赋予我们一切知识以知性形式的如此表面的技艺时,不论我们在这些知识的内容方面是如何的空洞和贫乏,却仍然有某种诱人的东西,使得那只不过是进行评判的一种法规的普遍逻辑仿佛像一件进行现实创造的工具一样,至少被用于有关客观论断的假象,因而事实上就以这种方式被误用了。于是,这种被当成工具论的普遍逻辑就称之为辩证论。

古代人在对一门科学或技艺使用这一命名时,不论其意义如何各不相同,我们仍可以从它的实际运用中有把握地认定,辩证论在他们那里只不过是幻相的逻辑。这是一种诡辩论者的技艺,要使他的无知、甚至使他的有意的假象具有真理的模样,也就是摹仿一般逻辑所规定的彻底性的方法,并利用一般逻辑的正位论来美化任何一个空洞的假定。现在我们可以作为一个可靠的和用得上的警告来加以说明的是:普遍的逻辑若作为工具论来看待,任何时候都会是一种幻相的逻辑,就是说,都会是辩证的。因为它在这里根本不能告诉我们有关知识内容的任何东西,而只不过告诉我们与知性相一致的形式条件,这些条件除此之外在对象方面是完全无所谓的;所以,强求把它作为一种工具(工具论)来使用,以便至少根据那种假定来扩展和扩大知性的知识,这种僭妄必然导致的结果无非是徒逞辩才,即借助一些幻相去主张人们所想要的一切,要么就随意地斥之为无效。

这样一种说教是与哲学的尊严无论如何都不相符合的。为此人们更愿意把辩证论这一命名作为一种对辩证幻相的批判而列入逻辑之中,而在这里我们也要记得把它理解为这样一种批判。

Ⅳ. 先验逻辑划分为先验分析论和先验辩证论

在先验逻辑中我们把知性孤立起来,(正如我们前面在先验感性论中把感性孤立起来一样),并且从我们的知识中只抽取出仅在知性中有其起源的思维的部分。但这种纯粹知识的使用的基础、即其使用的条件是:它可以应用于其上的对象是在直观中给予我们的。因为没有直观,我们的一切知识就缺乏客体,那么它就还是完全空洞的。所以先验逻辑的这一申述纯粹知性认识之诸要素、申述那些任何对象要能被思维都不可或缺的原则的部分,就是先验分析论,同时也是真理的逻辑。因为没有任何知识能够与这种逻辑相矛盾而不同时丧失其一切内容、即丧失与任何客体的一切关系,因而丧失一切真理的。但由于将这些纯粹的知性知识和原理单独地、乃至于超出经验界限之外加以运用的诱惑和引诱力是很大的,而经验却又是唯一地能向我们提供那些纯粹知性概念得以应用于其上的质料(即客体)的:于是知性就陷入到凭借空洞玄想对纯粹知性的单纯形式原则作质料上的运用的危险,而对那些并未给予我们、甚至也许根本无法给予我们的对象不加区别地作出判断。所以,既然这种逻辑真正说来只应是对经验性使用加以评判的一种法规,那么如果我们承认它是一种普遍地和无限制地使用的工具,并胆敢单凭纯粹知性去对一般对象综合地下判断、提看法和作裁决,那就是对它的误用。而那样一来,纯粹知性的运用就会是辩证的了。所以先验逻辑的第二部分必须是对这种辩证幻相的一种批判,它称之为先验辩证论,并不是作为一种独断地激起这类幻相的技艺(一种在各色各样的形而上学戏法中不幸非常流行的技艺),而是作为对知性和理性在其超自然的运用方面的一种批判,为的是揭露出它们的无根据的僭妄的虚假幻相,并将理性以为单凭先验原理就能做到有所发现和扩展的要求降低到只是批判和保护纯粹知性以防止诡辩的假象而已。

A63

B88

A64

第一编　先验分析论

B89

　　这一分析论是把我们全部先天知识分解为纯粹知性知识的诸要素。在这里重要的有如下几点:1. 这些概念应是纯粹概念,而不是经验性的概念。2. 它们不是属于直观和感性,而是属于思维和知性。3. 它们应是一些要素概念,而和那些派生出来的或由此复合出来的概念严格区别开来。4. 这个概念表应是完备的,并且这些概念应当完全涵盖纯粹知性的整个领域。既然一门科学的这种完备性不能通过对单由一些尝试所凑合起来的东西加以评估就放心地假定下来,因此它就只有借助于先天知性知识的某种整体理念,并通过由此确定

A65 的对那些构成它的概念的划分,因而只有通过这些概念在一个系统中的关联,才是可能的。纯粹知性不仅把自己和一切经验性的东西分开,而且甚至和一

B90 切感性完全分开。所以它是一种自为自持的、自我满足的、并且不能通过任何外加的附件而增多的统一体。因此它的知识的总和将构成能够在一个理念之下得到把握和规定的系统,该系统的完备性和环环相扣同时也能够当作所有那些与之配合的知识成分的正确性和真切性的试金石。但先验逻辑的这个完整的部分也由两卷构成,其中第一卷包括纯粹知性的诸概念,第二卷包括纯粹知性的诸原理。

第一卷　　概念分析论

我所说的概念分析论不是指对概念的分析,或者在哲学的研究活动中通常那种处理方式,即把呈现出来的概念按照其内容加以分解和使之明晰,而是还很少被尝试过的对知性能力本身的分解,为的是通过我们仅仅在作为先天

A66 概念诞生地的知性中寻找这些先天概念并一般地分析知性的纯粹运用,来探

B91 究这些先天概念的可能性;因为这就是一门先验—哲学的特有的工作;其余的事则是对一般哲学中的诸概念进行逻辑处理。所以我们将把纯粹概念一直追踪到它们在人类知性中最初的胚胎和禀赋,它们在其中做好了准备,直到最终由于经验的机缘而被发展出来,并通过这同一个知性,摆脱它们所依附的经验性条件,而被呈现在其纯净性中。

第一章　　发现一切纯粹知性概念的线索

如果我们动用一种认识能力,那么各种概念就会按照各种不同的诱因而浮现出来,这些概念使这种能力被人知悉,并能在人们对它们进行了更长时间

的、或更具洞察力①的考察之后,而被搜集在一篇或多或少是详尽的文章中。这种研究将在什么时候完成,这是永远也不能按照这样一种仿佛是机械的处理方式而得到有把握的确定的。这些我们只是凭借机缘而找到的概念也根本没有显露在任何秩序和系统的统一性中,而最终只是被按照类似性来配对,并被按照其内容的量从简单开始到更加复杂地置于系列之中,这些系列完全不是系统化地、虽然也是以某种方式有条理地完成的。

A67
B92

　　先验—哲学具有有利的条件、但也有责任按照一条原则去寻找自己的概念;因为这些概念必须从知性中作为绝对的统一体而纯粹地和未经混杂地产生出来,因而本身必定是依照一个概念或理念而相互关联的。但这样一个关联就提供出一条规则,按照这条规则,每个纯粹的知性概念都能够先天地确定自己的位置,而它们全体就都能先天地确定其完备性,否则这一切都会是依赖于随意性或偶然性的了。

第一节　知性在逻辑上的一般运用

　　以上知性所得到的仅仅是消极的解释:即一种非感性的认识能力。既然我们不依赖于感性就不能够享有任何直观,所以知性就不是直观的能力。但在直观之外,除了借助于概念的认识方式,就再没有任何别的认识方式了。所以每个知性的、至少是每个人类知性的知识都是一种借助于概念的知识,它不是直觉性的,而是推论性的。一切直观作为感性的东西都建立在刺激之上,但②概念则建立在机能之上。而我所谓的机能是指把各种不同的表象在一个共同表象之下加以整理的行动的统一性。所以概念是基于思维的自发性,而感性直观则是基于印象的接受性。对于这些概念,知性就不可能作别的运用,而只能用它们来作判断。由于除了单纯的直观之外,没有任何表象是直接指向对象的,所以一个概念永远也不和一个对象直接发生关系,而是和关于对象的某个另外的表象(不论这表象是直观还是本身已经是概念)发生关系。所以判断就是一个对象的间接的知识,因而是对于对象的一个表象的表象。在

A68
B93

---

①　第一版为"更具敏锐性"。——德文编者
②　原文为"also"(因而),据阿底克斯(Adickes)校改为"aber"(但)。——德文编者

每个判断中都有一个适用于许多表象的概念,而在这许多表象中也包括有一个给予的表象,它才是直接与对象发生关系的。所以例如在"一切物体都是可分的"①这一判断中,"可分的"这一概念是与各种别的概念有关系的;但它在这里在别的这些概念中是特别与物体的概念发生关系的,而物体概念又是与呈现给我们的直观②发生关系的。所以这些对象就通过可分性这一概念而间接地得到了表现。所以一切判断都是我们诸表象中的统一性的机能,因为被运用于对象的知识的不是一个直接的表象,而是一个更高的、包括这个直接表象和更多表象于自身内的表象,而许多可能的知识由此就被集合在一个知识里面了。但我们能够把知性的一切行动归结为判断,以至于知性一般来说可以被表现为一种作判断的能力。因为按照如上所说,知性是一种思维的能力。思维就是凭借概念的认识。而概念作为可能判断的谓词,是与关于一个尚未规定的对象的某个表象相关的。所以物体的概念,例如金属,就意指着某种能够通过那个概念来认识的东西。因此它之所以是概念,只是因为在它之下包含了别的那些表象,它借助于那些表象能够与诸对象发生关系。所以它就是一个可能的判断的谓词,如"凡金属都是物体"。所以,如果我们能够把判断中的统一性机能完备地描述出来,知性的机能就可以全部都被找到。但这一点是完全可以办到的,我们在下一节中就会看到。

A70
B95

第 二 节

§9. ③知性在判断中的逻辑机能

如果我们抽掉一般判断的一切内容,而只关注其中的知性形式,那么我们就发现,思维在判断中的机能可以归入四个项目之下,其中每个项目又包含有三个契机。它们可以确切地如下表所示。

———————————

① 第一、二版均为"变化的",到第四版才依据康德自己所用的第一版样本修改为"可分的"。——德文编者

② 原文为"现象",兹按照康德所用的样本(《补遗》XXXVI)改为"直观"。——德文编者

③ 标号"§9."为第二版所加。——德文编者

1.

判断的量

全称的

特称的

单称的

2.　　　　　　　　　　3.

判断的质　　　　　　　判断的关系

肯定的　　　　　　　　定言的

否定的　　　　　　　　假言的

无限的　　　　　　　　选言的

4.

判断的模态

或然的

实然的

必然的

由于这种划分在某些地方、虽然不是在本质的方面显得与逻辑学家们惯 B96
常的划分法有所偏离,所以针对我所担心的误解作如下几点辩护将不是毫无 A71
必要的。

1. 逻辑学家们有理由说,在把判断运用于理性推论中时,单称判断可以
如同全称判断一样来对待。因为正是由于单称判断根本没有外延,它的谓词
就不能只连系于包含在主词概念之下的某些东西,而被另一些东西排除在外。
所以这谓词毫无例外地适用于那个概念,就好像这概念是一个拥有某种外延、
而这谓词适用于这外延的全部意义的普适性概念一样。相反,如果我们把一
个单称判断只是作为知识而在量的方面与一个普适性判断加以比较,那么单
称判断与普适性判断的关系就如单一性对无限性的关系一样,因而就本身来
说是与普适性判断有根本的区别的。所以,如果我把一个单称判断(judicium
singulare)不只是按其内部的有效性,而是也作为一般知识按其与别的知识相
比较时的量来估价,那么它当然就是与普适性判断(judicia communia)有区别
的,并且值得在一般思维各契机的一个完整的表中(虽然并不是在那个只限

B97　制在诸判断之间相互运用的逻辑中)占一个特殊的位置。

A72　2. 在先验逻辑中,同样还必须把无限判断和肯定判断区分开来,虽然在普遍逻辑中前者正当地被归入了后者之列,而并不构成划分的一个特殊的环节。因为普遍逻辑抽掉谓词的一切内容(即使这谓词是否定的),并只着眼于这谓词是否附加于主词,或者是否与主词相对立。但先验逻辑则也要根据这种借助于单纯否定的谓词所作出的逻辑肯定的价值或内容,来考察该判断,并考察这种肯定对全部知识带来怎样一种收获。假如我关于灵魂说道,它不是有死的,那么我就通过一个否定判断至少防止了一个错误。现在,通过"灵魂是不死的"这一命题,我虽然按逻辑形式来说作出了现实的肯定,这时我把灵魂放入了不死的存在者的那个无限制的范围之中。既然有死者在可能存在者的全部范围中包括了一个部分,而不死者则包括了另一部分,所以我的这个命题所说的无非是,灵魂是当我把有死的东西全部都去掉之后余留下来的无限数量事物中的一个。但这样一来,一切可能事物的这一无限领域所受到的限制只

B98　不过是,有死者被从中排除了,灵魂则被放在这无限领域中剩余的地方。但这个剩余的地方即便有这样的排除,却仍然还是无限的,并且还可以去掉其更多

A73　的部分,而灵魂的概念也并不因此就有丝毫的增加和得到肯定的规定。所以就逻辑范围而言的这些无限判断在一般知识的内容方面实际上只是限制性的,从这一点看它们在判断中思维的一切契机的先验表中是必定不可跳过去的,因为知性在这里所执行的机能也许在知性的纯粹先天知识的领域中可以是重要的。

3. 思维在判断中的一切关系是:a)谓词对主词的关系,b)根据对结果的关系,c)被划分的知识和这一划分的全部环节的相互之间的关系。在第一类判断中只考察两个概念,在第二类判断中考察两个判断,在第三类判断中考察相互关联着的好几个判断。在"如果确有完全的正义,则一贯作恶的人将受到惩罚"这一假言命题中,实际上包含有两个命题:"确有完全的正义",和"一贯作恶的人将受惩罚"。这两个命题本身是否真实,在这里尚未决定。通过

B99　这一判断所想到的只是这种前后一贯性。最后,选言判断所包含的是两个或好几个判断彼此的关系,但不是次序上的关系,而是逻辑上的对立关系,这种对立在于一个命题的领域排除另一个命题的领域,但同时又还是协同性的关系,

A74　这种协同性在于这些命题合起来完成了真正知识的领域,所以这是一个知

识领域的诸部分之间的关系,因为每一部分的领域都是为了真正①知识的全部总和而对另一部分的领域所作的补充,例如,世界要么是通过盲目的偶然性,要么是通过内部的必然性,要么是通过一个外部的原因而存在的。这几个命题的每一个都占据着有关一个世界的一般存有的可能知识领域的一部分,所有这些命题合起来则占据了整个领域。把知识从这些领域之一中除开,就意味着把它放进其他领域之一里面去,反之,把它放进某个领域之中,也就意味着把它从其余领域中除开。所以在选言判断中有诸知识的某种协同性,这种协同性在于诸知识交相排斥、但却因此而在整体上规定着那个真实的知识,因为这些知识总括起来就构成了一个唯一被给予的知识的全部内容。而这也只是我觉得为了下面要说的起见所必须说明的。

4. 判断的模态是判断的一种十分特殊的机能,它本身的特别之处在于它对判断的内容毫无贡献(因为除了量、质和关系之外再没有什么能构成一个判断的内容的了),而只是关涉到系词在与一般思维相关时的值。或然判断是我们把肯定或否定都作为可能的(随意的)来接受的判断。实然判断是当肯定或否定被看作现实的(真实的)时的判断。在必然判断中我们把它们视为必然的②。所以,若两个判断的关系构成假言判断(antecedens und conse-quens③),同样,若选言判断即在于它们的交互作用(划分的诸环节),则这两个判断全都只是或然的。在上述例子中,“确有完全的正义”这一命题并不是实然地说出来的,而只是作为一个随意的判断、即可能有某人会承认的判断来设想的,而只有那个前后连贯性才是实然的。因此这样的判断也可能显然是假的,但作为或然的来看却可以是真理性知识的条件。所以“世界通过盲目的偶然性而存在”这一判断在选言判断中只具有或然性的含义,就是说,可能有某人也许会偶尔承认这一命题,但这毕竟有助于发现真命题(如当人们在可能采取的一切途径的数目中划掉错误的途径时那样)。所以或然性命题就是这样一种命题,它仅仅表达出逻辑可能性(而不是客观可能性),也就是表

B100

A75

B101

---

　①　原文为“被划分的”(eingeteilten),据哈滕斯泰因(Hartenstein)校改为“真正的”(ein-gentlichen)。——德文编者

　②　正如思维在第一种情况下将是一种知性的机能,在第二种情况下将是判断力的机能,在第三种情况下将是理性的机能一样。这一意见留待下面再作解释。——康德

　③　拉丁文:前件和后件。——译者

达出使这样一个命题有效的自由选择,即只是任意地把它接受进知性中来的。

A76 实然命题说的是逻辑上的现实或真理,例如在一个假言的理性推论中,前件在大前提中出现为或然的,在小前提中出现为实然的,而且表明这个命题已经按照知性的规律而与知性结合着了,必然命题则把实然命题思考为由这些知性规律本身所规定的,因而是先天断言地思考它们,并以这种方式表达了逻辑的必然性。现在,由于在这里一切都逐步并入了知性之中,以至于我们首先是或然地判断某物,然后也可能就实然地把它看作是真实的,最后才断言为与知性不可分地结合着的,即断言为必然的和无可置疑的,这样,我们也可以把模态

B102 的这三种机能叫作一般思维的三个契机。

第 三 节

§10.① 纯粹的知性概念,或范畴

正如已经多次讲过的,普遍逻辑抽掉知识的一切内容,而指望从另外的地方,不管是从哪里,为自己获得表象,以通过分析过程首先把这些表象转化为

A77 概念。反之,先验逻辑则面对着由先验感性论呈现给它的先天感性杂多,这种杂多给诸纯粹知性概念提供材料,没有这种材料它们将会没有任何内容,因而就会完全是空的。空间和时间包含有先天纯直观的杂多,但它们仍然属于我们内心的接受性的条件,内心只有在它们之下才能感受到对象的表象,所以这些表象任何时候也必定会刺激起对象的概念②。不过我们思维的自发性要求的是先将这杂多以某种方式贯通、采纳和结合③起来,以便从中构成知识。这一行动我叫作综合。

B103 但我所理解的综合在最广泛的含义上是指把各种表象相互加在一起并将它们的杂多性在一个认识中加以把握的行动。如果杂多不是经验性地、而是先天地被给予的(如空间和时间中的杂多),这样一种综合就是纯粹的。在对

---

① 标号"§10."为第二版所加。——德文编者

② 法欣格尔校作:"必定会影响内心";埃德曼认为"这些表象"应为"这些条件"。——德文编者

③ 法欣格尔在"结合"前面加上"用概念"一语。——德文编者

我们的表象进行任何分析之前，这些表象必须先已被给予了，并且任何概念按内容来说都不可能由分析产生。但对一个杂多（不论它是经验性地还是先天地被给予的）的综合最先产生出来一种知识，虽然这种知识一开头可能还是粗糙的和混乱的，因而需要分析；然而这个综合毕竟是真正把诸要素聚集为知识、并结合为一定的内容的东西；所以它是我们必须予以注意的首要的东西，如果我们要判断我们知识的最初起源的话。　　A78

我们在后面将会看到，一般综合只不过是想象力的结果，即灵魂①的一种盲目的、尽管是不可缺少的机能的结果，没有它，我们就绝对不会有什么知识，但我们很少哪怕有一次意识到它。不过，把这种综合用概念来表达，这是应归之于知性的一种机能，知性借此才第一次使我们得到真正意义上的知识。

于是，纯粹的综合，从普遍的方面来看，就提供出纯粹的知性概念。但我　　B104
理解的纯粹综合是以先天的综合统一性为基础的综合：所以我们的计数（尤其是在数目较大的情况下看得更明白）是根据概念的综合，因为它是按照单位②的某种共同基础（例如十进制）来进行的。所以在这个概念之下杂多综合中的统一性就成为必然的了。

各种不同的表象是通过分析被带到一个概念之下的（这是普遍逻辑所处理的一件事务）。但先验逻辑教给我们的不是将表象、而是将表象的纯综合带到概念之上。为了达到一切对象的先天知识，必须首先给予我们的是纯粹直观的杂多；其次是通过想象力对这种杂多加以综合，但这也还没有给出知　　A79
识。给这种纯粹综合提供统一性、并只是以这种必然的综合统一的表象为内容的那些概念，则为一个出现的对象的知识提供了第三种东西，而且是建立在知性上的。

赋予一个判断中的各种不同表象以统一性的那同一个机能，也赋予一　　B105
个直观中各种不同表象的单纯综合以统一性，这种统一性用普遍的方式来表达，就叫作纯粹知性概念。所以同一个知性，正是通过同一些行动，在概念中曾借助于分析的统一完成了一个判断的逻辑形式，它也就借助于一般

① 康德自用的样书中将"灵魂"改为"知性"，见《补遗》XLI。——德文编者
② "单位"原文为 Einheit，另有"单一性"、"统一性"之义，此处康德利用其多义把数学的"单位"与综合的"统一性"及下面的"单一性"范畴联系起来。——译者

直观中杂多的综合统一,而把一种先验的内容带进它的表象之中,因此这些表象称之为纯粹知性概念,它们先天地指向客体,这是普遍逻辑所做不到的。

以这种方式产生的、先天地指向一般直观对象的纯粹知性概念,恰好有如同在前一个表中一切可能判断的逻辑机能那么多:因为知性已被上述那些机能所穷尽了,而知性的能力也借此得到了全面的测算。我们想按照亚里士多德的方式把这些概念叫作范畴,因为我们的意图原初就是和他的意图一致的,尽管在实行上与之相距甚远。

A80
B106

范畴表

1.
量的范畴
单一性
多数性
全体性

2.
质的范畴
实在性
否定性
限制性

3.
关系的范畴
依存性与自存性
(实体与偶性)
原因性与从属性
(原因和结果)
协同性(主动与受动
之间的交互作用)

4.
模态的范畴
可能性——不可能性
存有——非有
必然性——偶然性

这就是知性先天地包含于自身中的一切本源的①纯粹综合概念的一览
表,知性也只是因为这一点而是一种纯粹的知性;因为它只有通过这些概念才
能在直观杂多上理解某物,也就是才能思维直观的客体。这一划分是系统地
从一个共同的原则中,亦即从判断的机能(这种机能与思维的机能是同样多   A81
的)中产生出来的,而不是漫游式地由于一次碰运气地从事寻求纯粹概念的
活动而产生的,这样寻求到的纯粹概念是永远也不能确定其全部数目的,因为   B107
它仅仅靠归纳法来完备化,而不去考虑,我们以这种方式是永远也看不出究竟
为什么恰恰是这些而不是那些概念寓于纯粹知性中的。寻找这些基本概念曾
经是亚里士多德所接触到的一件值得一个目光锐利的学者去做的事。但由于
他不拥有任何原则,所以他碰到它们就把它们捡拾起来,他先是找出了十个这
样的概念,把它们称作范畴(Prädikamente,云谓关系)。后来他相信他还发现
了五个范畴,他就以"后云谓关系"的名义把它们添加上去。只是他的范畴表
始终还是不完备的。此外,也有一些纯粹感性的样态混于其中(如时间、处
所、状态,以及前时、同时②),还有一个是经验性的(运动,motus),它们都根本
不属于知性的这个名册,或者有些派生的概念也一起被算到那些本源的概念
中去了(如主动 actio,被动 passio),并且有些本源的概念完全空缺。

所以还必须为这些本源的概念作一点说明:范畴作为纯粹知性的真正的
主干概念,也有自己的同样纯粹的派生概念,它们在先验哲学的一个完备的体
系中是决不可以忽视的,但我在一个单纯批判性的研究中可以满足于只是提   A82
到它们就行了。

且让我把这些纯粹的、但却是派生的知性概念称之为纯粹知性的宾位词   B108
(Prädicabilien)(以与云谓关系相对)。如果我们拥有本源的和原始的概念,
那么派生的和下属的概念就能够很容易地添加上去,而纯粹知性的谱系就可
以完整地描画出来了。由于我们在此涉及的不是系统的完备性,而只是构成
一个系统的诸原则,所以我们把这种补充留给另一项研究去做。但如果我们
手头持有那些本体论的教科书,这个目的也就差不多可以达到了,例如把力、

---

① 康德后来认为应当去掉"本源的"一词,见《补遗》XLIV。——德文编者
② 这几个词原文为拉丁文:quando,ubi,situs,prius,simul。——译者

行动、承受的宾位词从属于因果性范畴之下,把在场①、阻抗的宾位词从属于协同性范畴之下,把产生、消失、变化的宾位词从属于模态的云谓关系之下,如此等等。把范畴与纯粹感性的样态相结合,或者也使这些范畴相互结合,就会提供出大量先天的派生概念,注意到这些概念,并在可能时把它们记载下来直到完备无遗,这将是一项有用的、不无兴致的劳作,但在这里尚无必要。

在这部著作中,我有意避免了对这些范畴下定义,尽管我有可能得到这些定义。我将在后面足以与我所探讨的方法论相关涉的程度上来分析这些概念。在纯粹理性的一个系统中人们本可以正当地要求我作出这些定义:但在这里,这样一些定义只会使眼光偏离研究的重点,因为它们将引起一些怀疑和攻击,这些怀疑和攻击是完全可以无损于我们的根本目的而交由另一项研究去处理的。然而,从我在这方面所提出的很少的例子毕竟可以明显看出,写出一部完备的词典连同其一切必需的解释将不只是可能的,而且也是很容易做到的。科目一旦分定,所需要的就只是充实它们,而像目前的这样一个系统的正位论是不容易让任何一个概念专门所属的那个位置弄错的,同时却很容易使人注意到那仍然空着的位置。

§11. ②

对于这个范畴表可以进行一些细致的考察,这些考察也许会在一切理性知识的科学形式方面产生显著的效果。因为这个表在哲学的理论部分中非常有用,甚至是完备地制定一门科学的整体规划(只要这门科学基于先天概念)、并数学地③按照确定的原则划分这门科学所不可缺少的;这一点由以下情况已经是自明的了,即上面的表完备地包含了知性的一切基本概念,甚至包含了人类知性中这些基本概念的体系形式,所以给计划中的思辨科学的所有契机乃至这些契机的秩序提供了指示,正如我在别的地方④也为此提供过一个样板一样。对于这些说明我这里提出几点。

第一点:这个表包含有四个门类的知性概念,首先可以被分为两个部门,其

---

① 据法欣格尔,"在场"(Gegenwart)应改成"反作用"(Gegenwirkung)。——德文编者
② 本小节及下一小节(§12)文字全部为第二版所加。——德文编者
③ mathematisch,据法欣格尔校改为 systematisch 即"系统地"。——德文编者
④ 《自然科学的形而上学基础》。——康德

A83
B109

B110

中第一个部门是针对直观(纯直观以及经验性直观)的对象的,第二个部门则是针对这些对象(要么是在它们的相互关系中,要么是在与知性的关系中)的实存的。

我将把第一个门类①称之为数学性的范畴,把第二门类称之为力学性的范畴。如我们所看到的,第一门类没有相关项,只有在第二门类中才遇见相关项。但这一区别必定在知性的本性中有某种根据。

第二点。每一门类的范畴处处都是同一个数目,即三个,这同样令人深思,因为通常凭借概念所作的一切先天划分都必须是二分法的。此外还可注意,第三个范畴到处都是由该门类的第二个和第一个范畴的结合中产生出来的。

于是,全体性(总体性)被看成不过是作为单一性的多数性,限制性无非是与否定性结合着的实在性,协同性则是一个实体在与另一个实体的交互规定中的因果性,最后,必然性只不过是由可能性本身给予出来的实存性。然而不要以为,第三范畴因此就只是纯粹知性的一个派生的概念,而不是它的主干概念了。因为第一和第二范畴为了产生出第三个概念而结合起来,这需要知性的一个特殊的行动,这种行动与在第一和第二个概念那里实行的行动是不同的。所以,一个数目(它属于全体性范畴)的概念并不是在凡有多数性和单一性概念的地方就总是可能的(例如在无限的表象中),或者,当我把一个原因概念和一个实体概念两相结合时,还不能马上由此而理解到如同一个实体可能成为另一实体中某物的原因那样一种影响。由此可见,这方面需要有一种特殊的知性行动;其余的范畴也是这样。

第三点。唯有一个范畴,即处于第三项之下的协同性范畴,它与逻辑机能表中与之相应的形式即选言判断的一致性并不像在其他范畴中那么突出。

为了保证这种一致性,我们必须注意:在一切选言判断中,它的领域(即所有被包含在它之下的东西的集合体)都被表现为一个分成各个部分(各个从属概念)的整体,并且,由于一个部分不能包含在另一个部分之下,所以它们被认为是相互配合的,而不是相互隶属的,以至于它们不是像在一个系列中那样单向地一个规定一个,而是如同在一个聚合体中那样交互地规定(如果设定了划分的一支,则排除其余各支,反之亦然)。

于是,在一个诸物的整体中也被认为有类似的连结,在这里并不是使一物

B111

B112

① Schmidt 主张这一小段中的"门类"均应改为"部门"。——德文编者

作为结果从属于作为其存有的原因的另一物,而是同时并交互地作为在规定它物方面的原因而被配备起来的(例如在一个物体中,其各部分之间交互吸引而又交互排斥),这是一种与在单纯的原因对结果(根据对后果)的关系中见到的完全不同方式的连结,在因果关系中,后果并不又交互地规定根据,因此也并不与根据一起(例如世界并不与创世者一起)构成一个整体。知性在表现一个被分割的概念的领域时,与它在把一物思考为可分的时,所遵循的是同一个处理方法,而且,正如划分的各支在被划分的概念中相互排除但又结合在一个领域中一样,知性也把一物的各部分想象为:每一部分都拥有其独立于其他部分的实存(作为一些实体),但却又是在一个整体中结合着。

B113

§ 12.

但在古人的先验哲学中还会碰到一个重要部分是含有纯粹知性概念的,这些概念虽然没有被归入范畴之列,但在古人看来是应该被视为有关对象的先天概念的,不过在这种场合下就会增加范畴的数目,而这是不可能的。摆明这些概念的是经院哲学家们中如此推崇的这个命题:"quodlibet ens est unum, verum, bonum."① 尽管这条原则的使用从后果来看(这些后果提供的纯粹是些同义反复的命题)成效非常有限,以至于在近代人们几乎只是出于礼貌才习惯性地在形而上学中把它提出来,但一种长久保持下来的观念,尽管显得如此空洞,却仍然值得探讨其起源,并有理由猜测它在某一种知性规则中有自己的根据,只是这根据如同常常发生的那样被曲解了而已。这些被以为是事物的先验谓词的,只不过是对所有事物的知识的一般逻辑要求和标准,这种知识的基础是量的范畴,即单一性、多数性和全体性,然而,这些范畴本来必须从质料上被看作属于物自己的可能性,而事实上却被经院学者们只在形式意义上当作属于一切知识的逻辑要求来使用,但又不谨慎地把这种思维的标准变成了自在之物本身的属性。因为,在对客体的每个知识中都存在着概念的单一性,只要我们在它之下所想到的仅仅是对知识的杂多进行总括的那种统一性,例如在一出戏剧、一场演说、一个故事中的主题的统一性,我们就可以把它叫作质的单一性。其次是结论上的真实性。从一个给予的概念中得出的真实结论

B114

――――――――――

① 拉丁文:"无论何物都是一,是真,是善"。——译者

越多,这概念的客观实在性标志就越多。这可称之为属于一个共同根据、即属于一个概念的那些特征的质的多数性(这些特征并未在该概念中被思考为量)。第三,最后还有完善性,它就在于反过来把这个多数性一起归结到概念的单一性,并使之与该概念而不是任何其他概念相一致,这可称之为质的完备性(总体性)。由此可见,一般知识可能性的逻辑标准使这三个量的范畴发生了改变,在这些范畴中,量在产生中的单一性必须被看作是无例外地同质的,而在这里,只是为了把那些不同质的知识也连结在一个意识中,就通过作为原则的某种知识的质而改变了这些量的范畴。所以,一个概念的(而非概念之客体的)①可能性的标准就是这种定义,在其中,概念的单一性,从概念中可以直接派生出来的一切东西的真实性,以及最后,从它里面引出的东西的完备性,乃是为了产生这整个概念所需要的东西;同样,就连一个假设的标准,也是所假定的解释根据的可理解性或这根据的单一性(无须辅助假设),从中派生出来的各个结论的真实性(诸结论的相互一致及与经验一致),以及最后,解释根据对于这些结论的完备性,这些结论不多不少,正好返回到在假设中曾假定了的东西,以后天进行分析的方式重新提供出曾先天综合地想到过的东西并与之相一致。——所以,通过单一性、真实性和完备性的概念,先验范畴表根本没有得到什么补充,仿佛它还缺少什么似的,而只是由于把这些概念对客体的关系完全置于不顾,这些概念的运作才被纳入到使知识与自身一致的普遍逻辑规则之下来。

B115

B116

第二章　纯粹知性概念的演绎

A84

第 一 节

§13. ②一般先验演绎的原则

法学家在谈到权限和越权时,把一桩法律诉讼中的权利问题(quid juris)

---

① 原文为"(nicht des Objekts derselben)",意思不明,兹据哈滕斯泰因将"derselben"改为"desselben"(代"概念")。——据德文编者

② 标号"§13."为第二版所加。——德文编者

和涉及事实的问题(quid facti)区别开来,而由于他们对两方面都要求证明,这样,他们把前一种证明,即应阐明权限或合法要求的证明,称之为演绎。我们在使用大量经验性概念时没有人提出异议,我们也不加演绎就理直气壮地坚持赋予这些概念某种意义和自以为的含义,因为我们随时手头都有能证明其客观实在性的经验。但也有像幸运、运气这样一些不合法的概念,虽然凭借几乎是普遍的容忍而到处通行,但毕竟有时被要求回答"权利"的问题,这时人们就会由于这个问题的演绎而陷入不小的麻烦,因为人们从经验中和理性中都提不出明确的权利根据,以使这些概念的使用权限变得清晰起来。

但在构成十分混杂地交织起来的人类知识的各种各样的概念中,有些也被派定来做纯粹先天的(完全不依赖于任何经验的)运用,而它们的这一权限任何时候都需要一个演绎;因为对于这样一种运用的合法性从经验中不足以取得证明,但我们却必须知道,这些概念如何能够与它们并非从任何经验中拿来的那些客体发生关系。所以我把对概念能够先天地和对象发生关系的方式所作的解释称之为这些概念的先验演绎,并把它与经验性的演绎区别开来,后者表明的是一个概念通过经验和对经验的反思而获得的方式,因此不涉及合法性,而是涉及使占有得以产生的事实。

我们现在已经有了完全不同种类的两类概念,它们在双方都完全先天地与对象发生关系这点上倒是相互一致的,这就是作为感性形式的空间和时间的概念以及作为知性概念的范畴。要寻求这些概念的经验性的演绎将完全是白费力气的工作,因为它们本质的特征恰好在于,它们和自己的对象发生关系时并未从经验中为这些对象的表象借取什么东西。所以如果对它们作一个演绎是必要的,那么这个演绎任何时候都必须是先验的。

但对于这些概念,就像对于一切知识那样,我们虽然在经验中不能找出它们的可能性的原则,却毕竟能找出它们产生出来的机缘,即只要感官的印象提供出最初的诱因,整个认识能力就朝这些印象敞开,而经验就形成了,它包含两个极其不同性质的要素,一个是从感官来的、知识中的质料,一个是整理这质料的某种形式,它来自纯粹直观和纯粹思维的内在根源,后两者是在前一要素的机缘中才首次得到实行①并产生出概念来的。对我们认识能力为了从单

---

① 哈滕斯泰因认为"实行"应为"形成"。——德文编者

个知觉上升到普遍概念所作的最初努力做这样一种追踪,毫无疑问是有很大 B119
的好处的,我们要感谢名声卓著的洛克,他第一个为此开辟了道路。不过,对
纯粹先天概念的一个演绎却永远无法以这种方式实现,它根本不处在这条道路
上,因为从这些概念以后要完全独立于经验而运用来说,它必须出示一个完全
不同于经验的出身的出生证。他所尝试的这种自然之学上的(physiologische)① A87
推导真正说来并不能称之为演绎,因为它涉及的是 quaestionem facti(事实问
题),所以我主张把这种推导叫作对一种纯粹知识的占有所作的解释。因此
很明显,对这种纯粹知识只能有一种先验的演绎,而决没有一种经验性的演
绎,后者对于那些纯粹的先天概念来说只不过是些无用的尝试,只能是那种没
有理解到这些知识的全部特有本性的人所干的事。

　　但现在,即使承认对纯粹先天知识的可能的演绎只有唯一的方式,即遵循
先验途径的方式,但这并不马上说明这种方式是绝对必要的。我们前面已借
助于一个先验演绎对空间和时间概念追踪了其来源,并解释和规定了它们的 B120
先天的客观有效性。然而几何学无须为自己关于空间的基本概念的纯粹而合
法的出身请求哲学给它一张证明书,而仍然沿着纯然先天的知识迈出稳健的
步伐。不过,空间概念的运用在这门科学中也仅仅是指向外部感官世界的,对
于这个世界,空间就是它的直观的纯形式,所以在这个世界中一切几何学知识
因为基于先天的直观而具有直接的自明性,而对象则通过这种知识本身先天
地(按照形式)在直观中被给予出来。相反,纯粹知性概念从一开始就有这种 A88
不可回避的需要,即不仅为它们自己,而且也为空间寻求先验的演绎,因为既
然它们谈论对象不是凭借直观和感性的谓词,而是凭借纯粹思维的先天谓词,
它们就无需感性的一切条件而普遍地与对象发生关系,而又由于它们不是基
于经验之上,也不能在先天直观中出示任何先于一切经验而把它们的综合建
立于其上的客体,因而就不仅因其使用的客观有效性和限制而引起了疑虑,而
且由于它们倾向于把空间概念超出感性直观的条件去加以运用,也就使这个 B121
空间概念变得模糊了,所以我们在前面对于空间概念作一个先验演绎也是必
要的。因此,读者在纯粹理性领域中跨出决定性的一步之前,就必须相信这样

────────────

　　① 该词通常译为"生理学的",但康德是用它的古希腊文的本义,即经验自然科学
的。——译者

一个先验演绎的绝对必要性;因为否则他就会盲目行事,而在他杂乱无章地四处闯荡一番之后,仍然不得不再返回到他由之出发的无知状态。但他也必须预先清醒地看到无法避免的困难,以免为事情本身所深深包藏于其中的晦暗

A89　而叹息,或是为清除这些障碍而过早地烦恼,因为关键在于,要么就完全放弃一切洞察纯粹理性的权利,即放弃这个最可人意的领域、也就是超出一切可能经验界限之外的领域,要么就要使这一批判的研究臻于完善。

　　我们在上面对于空间和时间的概念已经可以不费劲地说明了,它们何以作为先天的知识却仍然有必要和对象发生必然的关系;又何以不依赖于一切经验而使这些对象的一种综合知识成为可能的。因为既然只有凭借感性的这样一些纯形式,一个对象才能对我们显现出来,也就是成为经验性直观的客

B122　体,那么空间和时间就是先天地包含着作为现象的那些对象之可能性条件的纯直观,而在这些纯直观中的综合就具有客观有效性。

　　反之,知性范畴就完全不对我们表现出对象在直观中得以被给予的那些条件,因而对象当然也就可以无需与知性的机能发生必然关系而显现给我们,这样,知性也就会无需先天地包含这些对象的条件了。所以在这里就出现了一种我们在感性领域中没有碰到过的困难,这就是思维的主观条件怎么会具

A90　有客观的有效性,亦即怎么会充当了一切对象知识的可能性条件:因为没有知性机能现象照样能在直观中被给予。我以原因概念为例,它意味着一种特殊的综合方式,这时在某物 A 之上按照一条规则①设定了某个完全不同的 B。并不先天明白的是,为什么现象要包含这样一类东西(因为既然原因概念的客观有效性必须能够先天地阐明,我们不能援引经验来作证),因此先天可疑的是,这样一个概念是不是完全空洞无物,并在现象中哪儿也找不到对象。因

B123　为,感性直观的对象必须符合先天存在于内心中的感性形式条件,这一点是明白无误的,因为否则它们就不会是我们的对象;但它们此外还必须符合知性为达到思维的综合统一②所需要的那些条件,对这一点的推断就不是那么容易看出的了。因为很有可能现象是这样被造成的,以至于知性会发现它们完全

----

① 康德在自用的样本上添加为:"按照一条先天规则、也就是必然地"。——德文编者

② 原文为"洞见"(Einsicht),兹据雷克莱(v.Leclair)校改为"统一"(Einheit)。——德文编者

不符合它的统一性的条件,而一切都处于这样的混乱中,例如在现象的次序中
呈现不出任何可提供出某种综合规则、因而可与原因和结果的概念相符合的
东西,这将使得因果概念完全是空洞无物、没有意义的。同样,现象将会把对 A91
象呈现给我们的直观,因为直观不需要任何的思维机能。

　　如果我们打算以下述方式来摆脱这种研讨的麻烦,如果我们说:经验不断
地呈现出现象的这种合规则性的例子,它们提供了足够的诱因使原因概念从
其中分离出来,并同时以此证实了这样一个概念的客观有效性,那么我们就没
有看出,原因概念根本不能以这种方式产生出来,相反,它必须要么完全先天
地建立在知性中,要么就被作为单纯的幻影而整个地放弃。因为这个概念绝 B124
对要求某物 A 具有这种性质,即有另一物 B 从它里面必然地并按照一条绝对
普遍的规则产生出来。现象完全可以提供一些场合,从中可以得出某物恒常
地发生所依据的规则,但其后果永远也不会是必然的:所以在原因和结果的综
合身上还附有一种尊严,是根本不能用经验性的东西来表示的,就是说,结果
应该不只是附加在原因上的,而是通过原因建立起来、并从中产生出来的。规
则的这种严格普遍性也根本不是经验性规则的属性,后者通过归纳只能得到 A92
比较的普遍性,即广泛的适用性。但现在,如果我们想把纯粹知性概念只是当
作经验性的产物来对待,那我们就会完全改变这些概念的运用了。

§14. ①向范畴的先验演绎过渡

　　综合的②表象可以与其诸对象恰好同时发生、必然相互关联以及仿佛是
相互碰在一起,这只可能有两种情况。要么只有对象使表象成为可能,要么只
有表象使对象成为可能。如果是前者,则这一关系只是经验性的,这种表象决 B125
不是先天可能的。而这就是现象就其中属于感觉的东西而言的情况。但如果
是后者,由于表象自己本身(因为这里所谈的根本不是表象借助于意志产生
的因果性)就存有而言并不产生自己的对象,所以仅当唯有通过表象某物才
能作为一个对象被认识的情况下,表象对于对象倒还具有先天的规定性。但
一个对象的知识只有在两个条件下才是可能的,首先是直观,通过它对象被给

---

①　标号"§14."在第二版中漏掉了,在第三版中才补上。——德文编者
②　法欣格尔主张将"综合的"去掉。——德文编者

A93　予,但只是作为现象被给予;第二是概念,通过它一个与该直观相应的对象被思维。但从上面所讲的可以看出,第一个条件,即只有在它之下对象才能被直观的条件,事实上是客体就形式而言在内心中的先天基础。所以一切现象必然是与感性的这种形式条件相一致的,因为它们只有通过这种条件才能显现,也就是才能被经验性地直观到并给予出来。现在要问,是否连概念也是先天地在前发生的条件,某物只有在这些条件下,即使不是被直观,但却是被作为

B126　一般对象来思维? 因为要是这样,一切经验性的对象知识就都是必然符合于这些概念的,因为没有它们作为前提,任何东西都不可能成为经验的客体。然而,一切经验除了包含使某物被给予的感官直观外,还包含对于在该直观中被给予或被显现的对象的一个概念,因此这些有关诸对象的一般概念作为先天的条件将成为一切经验知识的基础:这样,范畴作为先天概念的客观有效性的根据将在于,经验(按其思维形式)只有通过范畴才是可能的。这样一来范畴就必然地和先天地与经验对象相关,因为一般说来只有借助于范畴任何一个经验对象才能被思维。

A94　　　　所以,一切先天概念的这个先验演绎有一个全部研究都必须遵守的原则,这就是:它们必须被认作经验之可能性(不论是在其中遇到的直观之可能性还是思维之可能性)的先天条件。充当经验可能性之客观基础的这些概念正因此而是必要的。但这些概念在其中被碰到的那种对经验的阐发却并非这些概念的演绎(而是它们的举证),因为它们在这种情况下仍然只会是偶然的。

B127　没有对可能经验的这种本源的、让一切知识对象出现于其中的关系,它们对任何一个客体的关系都将是完全不可理解的。①

　　　　著名的洛克由于缺乏这种考察,又由于他在经验中碰到了知性的纯粹概

---

　　①　接下来的三段文字是第二版中用来替换第一版的下面一段话的:

　　但有三个本源的来源(心灵的三种才能或能力)都包含有一切经验的可能性条件,并且本身都不能从任何别的内心能力中派生出来,这就是感官、想象力和统觉。在这上面就建立起了 1)通过感官对杂多的先天概观;2)通过想象力对这种杂多的综合;最后,3)通过本源的统觉对这种综合的统一。所有这些能力除了经验性的运用外,还有某种先验的运用,这种运用是仅仅针对形式并且是先天可能的。关于后一种运用我们上面在第一部分[指"先验感性

A95　论"——译者注]中曾就感官而言谈到过了,但其他两种能力则是我们现在要力图按其本性加以审查的。

　　　　　　　　　　　　　　　　　　　　　　　　——德文编者

念,他就把这些概念也从经验中推导出来,但却又做得如此不一贯,竟敢凭借它们去冒险尝试远远超出一切经验界限的知识。大卫·休谟认识到,为了能得到这种知识,必不可少的是,这些概念必须拥有自己先天的起源。但由于他完全不能解释,知性怎么可能一定要把那些本身并不结合在知性中的概念思考为倒是在对象中必然结合着的,并且也没有想到,知性或许通过这些概念本身可以成为它的对象在其中被发现的那个经验的创造者,于是他就被迫把这些概念从经验中推导出来(也就是从一种由经验中恒常的联想而产生的主观必然性即习惯中推导出来,这种主观必然性最终被误认为是客观的),但他接下来做得非常一贯,因为他宣称,凭借这些概念及其所导致的原理,要超出经验的界限是不可能的。但这两位所想出的这种经验性的推导,并不能与我们所拥有的先天科学知识、即纯粹数学和普遍自然科学的现实相一致,因而是被事实所驳斥的。 B128

　　在上述这两位著名人士中,前一位给狂信大开了方便之门,因为理性一旦有了自己的权利,它就不再让自己受到对节制的含混颂扬的限制;后一位一旦相信揭穿了对我们认识能力的一个如此普遍的被视为理性的幻觉,则完全屈从于怀疑论。——我们现在正要做一个试验,看我们是否能把人类理性幸运地从这个两难处境中救拔出来,给它指出确定的界限,但又使它的合目的性活动的全部领域对它保持开放。

　　不过,我还想预先对这些范畴加以解释。范畴是关于一个一般对象的概念,通过这些概念,对象的直观就在判断的逻辑机能的某个方面被看作确定了的。所以,定言判断的机能就是主词对谓词的关系的机能,例如"一切物体都是可分的"。不过就知性的单纯逻辑运用而言,却仍然没有确定在这两个概念中人们会把主词的机能赋予哪一个,把谓词的机能又赋予哪一个。因为人们也可以说:"有的可分的东西是一个物体"。但通过实体范畴,当我把一个物体的概念归入该范畴下时,就确定了:该物体的经验性的直观在经验中必须永远只被看作主词,而决不被看作只是谓词;在所有其他范畴那里也是如此。① B129

----

　　① 从以下直到整个第一卷"概念分析论"结束,是第二版对第一版的全面改写。德文本采取每一页分为上下两栏来安排第一、二版文字的办法,殊感翻阅不便。本书采取先排第二版正文,排完后再附第一版原文的办法。——译者

第二节　纯粹知性概念的先验演绎
［依照第二版］

§15. 一般联结的可能性

表象的杂多可以在单纯感性的、亦即只是接受性的直观中被给予,而这种直观的形式则可以先天地处于我们的表象能力中,它不过是主体接受刺激的方式而已。然而,一般杂多的联结(conjunctio)决不能通过感官进到我们里面来,因而也不能同时一起被包含在感性直观的纯形式里;因为它是表象力的一种自发性行动,并且,由于我们必须把它与感性相区别而称作知性,所以一切联结,不论我们是否意识到它,不论它是直观杂多的联结还是各种概念的联结,而在前一种联结中也不论它是经验性直观杂多的联结还是非经验性直观杂多的联结①,都是一个知性行动,我们将用综合这个普遍名称来称呼它,以借此同时表明,任何我们自己没有事先联结起来的东西,我们都不能表象为在客体中被联结了的,而且在一切表象之中,联结是唯一的一个不能通过客体给予,而只能由主体自己去完成的表象,因为它是主体的自动性的一个行动。在这里很容易看出,这种活动必定在本源上是唯一的,并且对一切联结都是同样有效的,而分解也就是分析,看起来像是它的对立面,其实任何时候都是以它为前提的;因为凡是在知性还没有预先把什么东西联结起来的地方,它也不能够分解什么东西,因为这个东西本来只有通过知性才能作为联结起来的东西被给予表象力。

但联结概念除了杂多概念和杂多的综合概念之外,还带有杂多的统一这个概念。联结是杂多的综合统一的表象②。所以这种统一性的表象不能从联

---

① 此句"经验性的"和"非经验性的",原文为"感性的"和"非感性的"(sinnlichen, oder nicht sinnlichen),显然与康德的意思不合(康德认为人的直观只能是感性的,但感性直观却可能是非经验性的,如时空直观形式)。兹依梅林(Mellin)校正。——译者

② 这些表象本身是否同一,因而一个表象是否能通过另一个而被分析地思考,在这里不是要考察的。只要谈到杂多,一个表象的意识毕竟总是要与另一个表象的意识区别开来,而在这里关键仅仅在于这个(可能的)意识的综合。——康德

结中产生,毋宁说,只有通过把它加到杂多表象上,它才首次使联结的概念成为可能。先天地先行于一切联结概念的这个统一性,并不是如前面讲的(见§10)单一性范畴①;因为一切范畴都是建立在判断中的逻辑机能之上的,而在判断中已想到了联结、因而想到了给予概念的统一性。所以范畴已经以联结作为前提了。因此,我们必须到更高的地方去寻求这种统一性(即质的统一性,见§12),亦即在那本身就包含着判断中不同概念之统一性根据的东西中,因而在包含着知性的可能性根据、甚至知性在其逻辑运用中的可能性根据的东西里面,去寻求这种统一性。

§16. 统觉的本源的综合统一

“我思”必须能够伴随着我的一切表象;因为否则的话,某种完全不可能 B132
被思考的东西就会在我里面被表象出来,而这就等于说,这表象要么就是不可能的,要么至少对于我来说就是无。能够先于一切思维被给予的表象叫作直观。所以,直观的一切杂多,在它们被发现于其中的那同一个主体里,与“我思”有一种必然的关系。但这个表象是一个自发性的行动,即它不能被看作属于感性的。我把它称之为纯粹统觉,以便将它与经验性的统觉区别开来,或者也称之为本源的统觉,因为它就是那个自我意识,这个自我意识由于产生出“我思”表象,而这表象必然能够伴随所有其他的表象、并且在一切意识中都是同一个表象,所以决不能被任何其他表象所伴随②。我也把这种统一叫作自我意识的先验的统一,以表明从中产生出先天知识来的可能性。因为,在一个确定的直观中被给予的杂多表象,若不是全都属于一个自我意识,它们就不会全都是我的表象,也就是说,作为我的表象(即使我没有意识到它们是这样一种表象),它们必须与这样的条件必然地相符合,只有在这一条件下它们才能够集合在一个普遍的自我意识中,因为否则的话它们就不会 B133
无一例外地属于我了。从这一本源的联结中可以产生出许多结论来。

这就是:直观中被给予的杂多的统觉,它的无一例外的同一性包含诸表象

---

① 在德文中,“统一性”和“单一性”均为 Einheit 一词。——译者
② 哥特施米特(Goldschmidt)将“伴随”(begleitet)校改为“派生”(abgeleitet)。——德文编者

的一个综合、且只有通过对这一综合的意识才有可能。因为伴随着各种不同表象的经验性的意识本身是分散的，与主体的同一性没有关系。因此，这种关系通过我用意识来伴随一切表象还不会发生，而只是通过我把一个表象加到另一个表象上、并意识到它们的综合才会发生。所以只有通过我能够把被给予表象的杂多联结在一个意识中，我才有可能设想在这些表象本身中的意识的同一性，就是说，统觉的分析的统一只有在统觉的某一种综合的统一的前提下才是可能的①。

B134　　　因此，"在直观中被给予的这些表象全都属于我"这一观念不过是说，我把这些表象结合在一个自我意识中，或者至少我能把它们结合于其中，并且即使这个观念本身还不是对这些表象的综合的意识，它毕竟是以这种综合的可能性作为前提的，亦即只是由于我能在一个意识中理解这些表象的杂多，我才把它们全都称为我的表象；因为否则我就会拥有一个如此驳杂不一的自己，就像我拥有我所意识到的那些表象一样了。所以直观杂多的综合统一作为先天产生的东西，就是先天地在我的一切确定的思想之前发生的统觉本身的同一性的根据。但联结并不在对象之中，也肯定不能通过知觉从对象中移植过来
B135　并因此而首次接受到知性中来，而只是知性的一件工作，知性本身无非是先天地联结并把给予表象的杂多纳入统觉的统一性之下来的能力，这一原理乃是整个人类知识中的至上原理。

　　　现在，虽然统觉的必然统一这条原理是自同一的，因而是一个分析命题，但它却表明直观中给予的杂多的一个综合是必然的，没有这种综合，自我意识的那种无一例外的同一性是不可设想的。因为通过自我这个简单的表象，并没有什么杂多的东西被给予；杂多只能在与之不同的直观中才被给予并通过

---

　　　①　意识的分析的统一是和所有的共同概念本身相联系的，例如当我想到一般的红，于是我就借此表象出一种性状，它(作为特征)可以在某一个地方碰到，或者可以与别的表象相联结；所以只有借助于一个预先想到的可能的综合统一，我才能想象分析的统一。一个应被设想为各种不同的表象所共同的表象是被看作属于这些不同表象的，这些不同表象本身除了拥有该表象外还拥有某种不同的东西，因此这个表象必须预先在与其他表象(即使只是可能
B134　的表象)的综合统一中被想出来，我才能在它身上想到使它成为 conceptus communis(共同概念)的那种意识的分析的统一。而这样一来，统觉的综合的统一就是我们必须把一切知性运用、甚至全部逻辑以及按照逻辑把先验哲学都附着于其上的最高点，其实这种能力就是知性本身。——康德

联结在一个意识中被思维。一种知性，假如在其中通过自我意识同时就被给予了一切杂多，那么这种知性就会是在直观了；我们的知性却只能思维，而必须在感官中去寻求直观。所以，就一个直观中被给予我的诸表象的杂多而言，我意识到同一的自己，因为我把这些表象全都称作我的表象，它们构成一个直观。但这等于说，我意识到这些表象的一个先天必然的综合，它叫作统觉的本源的综合统一，一切被给予我的表象都必须从属于它，但也必须由一个综合来纳入它之下。 B136

§17. 统觉的综合统一性原理是知性的
一切运用的最高原则

按照先验感性论，一切直观的可能性在与感性的关系中的最高原理就是：一切直观杂多都从属于空间和时间的形式条件。一切直观的可能性在与知性的关系中的这同一个最高原理就是：一切直观杂多都从属于统觉的本源—综合的统一的诸条件之下①。直观的一切杂多表象，如果它们被给予我们，就从属于前一条原理，如果它们必然能够在一个意识中联结起来，则从属于后一条 B137 原理；因为若没有它，由于被给予的表象并不共同具有"我思"这一统觉行动，因而不会在一个自我意识中被总括起来，所以没有任何东西能借此而被思维或认识。

知性一般说就是认识的能力。认识就在于被给予的表象与一个客体的确定的关系。但客体则是在其概念中结合着一个所予直观的杂多的那种东西。然而现在，表象的一切结合都要求在这些表象的综合中的意识的统一。于是意识的统一就是唯一决定诸表象对一个对象的关系、因而决定这些表象的客观有效性并使得它们成为知识的东西，乃至于在此之上建立了知性的可能性。

所以，知性的所有其他运用所依据的、同时也完全不依赖感性直观之一切

---

① 空间和时间及其一切部分都是直观，因而是带有它们所包含的杂多的一些单个表象（见先验感性论），所以它们就不只是使同一个意识包含在许多表象里面的概念，而且是使许多表象包含在一个表象及其意识里面的概念，因而这些表象被看作复合的，于是意识的这种统一性就被看作是综合的，但又是本源的。直观的这种单独性有很重要的用途（见后面§25.）。——康德（按：高隆斯基（Gawronsky）认为"§25."应为"§26."或"§23."。——德文编者）

条件的最初的纯粹知性知识,就是统觉的本源的综合统一这条原理。于是外部感性直观的单纯形式即空间还根本不是知识;它只是把先天直观杂多向某种可能的知识提供出来。但为了在空间中认识任何东西,例如说一条线,我就必须划出这条线,因而对给予的杂多综合地作出一个确定的联结,使得这个行动的统一同时又是意识(在一条线的概念中)的统一,而这样一来,一个客体(一个确定的空间)才首次得到了认识。所以意识的综合统一是一切知识的一个客观条件,不仅是我自己为了认识一个客体而需要这个条件,而且任何直观为了对我成为客体都必须服从这一条件,因为以另外的方式,而没有这种综合,杂多就不会在一个意识中结合起来。

B138

后面这句话如上所述,本身是分析的,尽管它使综合的统一成为了一切思维的条件;因为它所说的无非是,在任何一个给予的直观里,我的一切表象必须服从这个条件,唯有在这个条件之下我才能把这些表象作为我的表象归于同一的自己,因而才能将其作为在一个统觉中综合地联结着的东西用“我思”这一普遍的表达方式总括起来。

但这一原理毕竟不是对任何一般可能的知性而言的一条原则,而只是对于这种知性而言的,这种知性的纯粹统觉在“我在”这一表象中还根本没有给出任何杂多的东西。那样一种凭借其自我意识同时就给出直观杂多来、凭借其表象同时就使该表象的客体实存起来的知性,也许为了意识的统一并不需要杂多综合的一个特殊行动,这种综合是只能思维不能直观的人类知性所需要的。但对于人类知性来说,这个行动却不可避免地是第一原理,乃至于它丝毫也不能理解某种别的可能的知性,不论是本身可以直观的那种知性,还是那种即使拥有感性直观、但却是不同于空间和时间中那样的感性直观作为基础的知性。

B139

§18. 什么是自我意识的客观统一性

统觉的先验统一性是使一切在直观中给予的杂多都结合在一个客体概念中的统一性。因此它叫作客观的,而必须与意识的主观统一性区别开来,后者是一个内感官的规定,它把直观的那个杂多经验性地提供给这样一种联结。我是否能经验性地把杂多作为同时的或相继的意识到,这取决于各种情况或经验性的条件。所以意识的经验性的统一性凭借诸表象的联想,本身是涉及

B140

某种现象的,并且完全是偶然的。相反,时间中直观的纯形式仅仅作为包含所予杂多的一般直观,则从属于意识的本源的统一性,这只是由于直观杂多对于"我思"这个"一"的必然关系;因而是由于先天地给经验性的综合奠定基础的知性之纯综合。只有统觉的先验的统一性才是客观有效的;统觉的经验性的统一性则只有主观的有效性,我们在这里不考虑它,它也只是在给予的具体条件下从前者派生出来的。一个人把某个词的表象联结于某一件事,另一个人则把它联结于另外一件事;而在经验性的东西里的意识的统一性,就被给予的东西而言,不是必然普遍地有效的。

§ 19. 一切判断的逻辑形式在于其中所含概念的统觉的客观统一

　　我从来都不能对逻辑学家们关于一般判断所给予的解释感到满意:他们说,判断是两个概念之间的关系的表象。我在这里不和他们争论这种解释的缺陷,(也不谈由这种逻辑的失误而产生的不少恶劣的后果),它无论如何只适合于定言判断,而不适合于假言的或选言的判断(后两者包含的不是概念之间的关系,而是判断之间的关系)①,我只想指出,在这里并没有确定这种关系何在。　　　　　　　　　　　　　　　　　　　　　　　　　B141

　　但是,当我更仔细地研究每个判断中被给予的知识的关系,并将它作为属于知性的关系而和按照再生的想象力规律的关系(它只有主观有效性)区别开来时,我就发现,一个判断无非是使给予的知识获得统觉的客观统一性的方式。这就是判断中的系词"是"的目的,它是为了把给予表象的客观统一性与主观统一性区别开来。因为它标志着这些表象与本源的统觉及其必然统一性的关系,哪怕这判断本身是经验性的,因而是偶然的,例如"物体是有重量的"。虽然我并不是借此要说明这些表象在经验性的直观中是必然互相隶属的,而是说它们借助于直观的综合中统觉的必然统一是互相隶属的,就是说,　　　　B142

───────────

　　① 三段论四格的详尽的学说只是涉及到直言三段论推理,并且,尽管它只不过是一种技巧,即把那些直接结论(consequentiae immediatiae)偷运进一个纯粹三段论推理的诸前提中去、由此骗取比第一格的形式更多的好几个推论形式这种幻相,然而它单凭这一点本不能有特别的好运气,假如它没有做到赋予定言判断以所有其他判断都必须能与之相关的唯一威严的话,但这一点按照§9.是错误的。——康德

这是按照对一切表象作客观规定的原则的，如果从这些表象能形成知识的话，而这些原则全都是从统觉的先验统一这条原理派生出来的。只有借此才从这种关系中形成一个判断、亦即一种关系，它是客观有效的，并且足以与同样一些表象的只具有主观有效性的那种关系、例如按照联想律的关系区别开来。按照后面这种规律我将只能说："当我托起一个物体时，我将感到一个重量的压力"；但却不能说：它，这个物体，是重的；后者要说的正是：这两个表象是在客体中、亦即不管主体状态的差异而结合着的，而不只是在知觉中（不论这知B143 觉如何重复）在一起的。

§20. 一切感性直观都从属于范畴，只有在这些范畴的条件下感性直观的杂多才能聚集到一个意识中来

在一个感性直观中被给予的杂多东西必然从属于统觉的本源的综合统一性，因为只有通过这种统觉的统一性才可能有直观的统一性（见§17.）。但知性把所予表象（不论是直观还是概念）的杂多纳入一般统觉之下的这种行动是判断的逻辑机能（见§19.）。所以一切杂多只要在"一个"经验性直观中被给予出来，就在判断的诸逻辑机能之上被规定了，也就是由这一机能带到某个一般意识上来了。但现在，诸范畴不是别的，恰好就是当一个给予直观的杂多在这一机能上被规定时的这些判断机能（见§13.①）。所以，在一个所予直观中的杂多必然从属于诸范畴。

B144 　　　　　　　　　　§21. 注　释

在一个我称之为"我的"的直观中所包含的杂多，被知性的综合表现为属于自我意识的必然统一性，而这是通过范畴做到的②。所以范畴表明：对"一个"直观的所予杂多的经验性意识是从属于一个先天的纯粹自我意识的，正如经验性的直观从属于一个纯粹感性的、同样是先天发生的直观那样。——于是在上面这句话中就开始了纯粹知性概念的一个演绎，在该演绎中，由于范

---

①　据法欣格尔，应为"见§10."；瓦伦廷纳则认为是"见§14."。——德文编者

②　其证据建立在那得到表现的直观统一性之上，对象通过它而被给予，它任何时候都包含着对在一个直观中被给予的杂多东西的综合，并且已经含有这种东西对统觉的统一性的关系了。——康德

畴是不依赖于感性而只在知性中产生出来的，我就还必须把杂多在一个经验性直观中被给予的方式抽象掉，以便只着眼于由知性借助于范畴而放进直观中的那个统一性。在后面（见§26）我们将由经验性直观在感性中被给予的方式来指明，经验性直观的统一性不是别的，而是范畴按照前面§20.为一个 　B145
所予直观的杂多而一般地规定的统一性，所以，只有把范畴对于我们感官的一切对象的先天有效性解释清楚了，这个演绎的目的才完全达到。

　　不过，在上面的证明中有一点是我毕竟不能抽象掉的，这就是：对直观来说杂多必定是还在知性的综合之前、且不依赖于知性综合就被给予了；但如何被给予的，在这里却仍未确定。因为，假如我想思考一个本身直观着的知性（例如也许是神的知性，它不想象各种被给予的对象，而是通过它的表象同时就给出或产生出这些对象本身），那么范畴对于这样一种知识就会是完全没有意义的。范畴只是这样一种知性的规则，这种知性的全部能力在于思维，即在于把在直观中以别的方式给予它的那个杂多的综合带到统觉的统一上来的行动，因而这种知性单凭自己不认识任何东西，而只是对知识的材料、对必须由客体给予它的直观加以联结和整理而已。但我们的知性只有借助于范畴、并恰好只通过这个种类和这个数目的范畴才能达到先天统觉的统一性，对它 　B146
的这一特性很难说出进一步的理由，正如我们为什么恰好拥有这些而不是任何别的判断机能，或者为什么唯有时间和空间是我们的可能直观的形式，也不能说出进一步理由一样。

§22. 范畴在事物的知识上除了应用于经验
对象外没有别的运用

　　所以，思维一个对象和认识一个对象是不同的。因为认识包含两个方面：一是使一个对象一般地被思维的概念（范畴），二是使这对象被给予的直观；因为，假如一个相应的直观根本不能被给予概念，那么概念按照形式也许会是一个思想，但却没有任何对象，且它将不会使有关某个事物的任何知识成为可能；因为就我所知将没有、也不可能有任何东西，能够让我的思想运用于其上。既然我们可能有的一切直观都是感性的（见"感性论"），所以在我们这里，通过一个纯粹知性概念对某个一般对象的思维，只有当这概念与感官对象发生关系时才成为知识。感性直观要么是纯直观（空间和时间），要么是对于在空 　B147

间和时间中直接通过感觉而表现为现实的东西的经验性直观。通过前一种直观的规定我们能得到关于对象的先天知识(在数学中),但只是根据这些对象的形式并作为现象;是否可能有必须在这种形式中被直观到的事物,这在这里却仍然还未确定。所以一切数学概念单独还不是知识;除非,我们预先假定有事物,这些事物只有符合那个纯粹感性直观的形式才能向我们呈现出来。但空间和时间中的事物只有当它们是知觉(伴随着感觉的表象)时才被给予,因而只有通过经验性的表象才被给予。所以纯粹知性概念即使当它们被运用于先天直观(如在数学中)时,也只有在这些先天直观、因而借助于先天直观使知性概念也能够被运用于经验性直观的情况下,才获得知识。因此范畴借助于纯①直观也并未提供给我们有关事物的知识,而只有通过它们在经验性直观上的可能的运用才能做到这点,就是说,范畴只用在经验性知识的可能性上。但这种知识就叫作经验。因此范畴在事物的知识上没有别的运用,除非这些事物只被看作是可能经验的对象。

B148

§ 23.

上述这一命题是极其重要的;因为它和先验感性论规定了我们感性直观的纯形式的运用限度一样,也规定了纯粹知性概念在对象方面的运用限度。空间和时间作为对象如何能够被给予我们的可能性条件,只不过对感官对象有效,因而只对经验对象有效。超出这一限度它们就什么也表现不出来;因为它们只存在于感官中,而在感官之外则没有任何现实性。纯粹知性概念则摆脱了这种限制而延伸到一般直观的对象之上,不论这种直观和我们的直观是否相似,只要它是感性的而不是智性的。但这些纯粹知性概念超出我们的感性直观之外的这种进一步扩张对我们丝毫也没有什么帮助。因为这样一来,它们就是一些关于客体的空洞的概念,凭借它们,我们就连这些客体是可能的还是不可能的都根本无法判断,这些纯粹知性概念就只是一些没有客观实在性的思维形式,因为我们手头并没有任何直观,能够把唯独那些思维形式才包含着的统觉的综合统一应用于其上,而这些思维形式也能在其上这样来规定一个对象。唯有我们的感性的和经验性的直观才能给这些客体带来意思和意义。

B149

---

① 原文无"纯"字,兹据 Goldschmid 补上。——德文编者

所以,当我们假定一个非感性的直观的客体是被给予的时,我们固然可以用已经包含在下述预设中的一切谓词来表象它,说不应把任何属于感性直观的东西归于它:因而,说它不具有广延,或不在空间中,说它的延续不是时间,说在它里面见不到任何变化(即在时间中诸规定的相继),等等。但这毕竟不是什么真正的知识,如果我只是指出这客体的直观如何不存在,而不能说出在直观中究竟包含有什么的话;而这样一来,我就根本没有表现出一个对于我们纯粹知性概念而言的客体的可能性,因为我没有能够给出任何与这客体相应的直观,而只能说,我们的直观不适用于它。但在这里最要紧的一点是,在这样一个某物身上甚至就连一个起码的范畴都不可能应用:例如一个实体的概念,即关于一个作为主词而永远不能仅仅作为谓词存在的某物的概念,对此我就完全不知道是否能有某种东西是与这个思维规定相应的,如果不是有经验性的直观给我提供了应用的具体场合的话。但关于这一点下面还要谈到。

§24. 范畴在一般感官对象上的应用　　　　B150

纯粹知性概念是通过单纯知性而与一般直观对象发生关系的,并不确定这种直观是我们的直观还是某种别的、但毕竟是感性的直观,但正因为如此,纯粹知性概念就只是些思维形式,通过它们还没有任何确定的对象被认识。杂多在它们中的综合或联结只不过曾经与统觉的统一性相关,因此曾经是先天知识就其基于知性而言的可能性根据,因而不仅仅是先验的,而且甚至纯粹只是智性的。但由于在我们心中有某种感性直观的先天形式作基础,它是立足于表象能力的接受性(感性)之上的,所以知性作为自发性就能够按照统觉的综合统一、通过给予表象的杂多来规定内感官,这样就能把对先天的感性直观的杂多的统觉的综合统一,思考为我们(人类的)直观的一切对象不能不必然从属于其下的条件,这样一来,作为单纯思维形式的范畴就获得了客观实在性,即获得了对能够在直观中给予我们的那些对象的应用,但这些对象只是现　　B151
象;因为我们只对于现象才具有先天直观能力。

对感性直观杂多的这种综合是先天可能的和必然的,它可以被称之为形象的(synthesis speciosa①),而不同于在单纯范畴中关于一般直观杂多所想到

---

① 拉丁文:形象的综合。——译者

的、并被叫作知性联结(synthesis intellectualis①)的综合;这两种综合都是先验
的,这不仅因为它们本身是先天地发生②的,而且也是因为它们建立起了其他
先天知识的可能性。

　　不过,这种形象的综合如果只是指向统觉的本源的综合统一,即指向这种
在范畴中被思维的先验统一的话,那它就必须与单纯智性的结合不同,而叫作
想象力的先验综合。想象力是把一个对象甚至当它不在场时也在直观中表象
出来的能力。既然我们的一切直观都是感性的,那么想象力由于使它唯一能
够给予知性概念一个相应直观的那个主观条件,而是属于感性的;但毕竟,它
B152　的综合是在行使自发性,是进行规定的而不像感官那样只是可规定的,因而是
能够依照统觉的统一而根据感官的形式来规定感官的,就此而言想象力是一
种先天地规定感性的能力,并且它依照范畴对直观的综合就必须是想象力的
先验综合,这是知性对感性的一种作用,知性在我们所可能有的直观的对象上
的最初的应用(同时也是其他一切应用的基础)。这种综合作为形象的综合,
是不同于没有任何想象力而单靠知性作出的智性综合的。就想象力就是自发
性这一点而言,我有时也把它称之为生产性的想象力,并由此将它区别于再生
的想象力,后者的综合只是服从经验性的规律即联想律的,因此它对于解释先天
知识的可能性毫无贡献,为此之故它不属于先验哲学之列,而是属于心理学的。

＊　　　　　＊　　　　　＊

　　这里正是澄清在对内感官的形式的说明那里(§6③)必定会引起每个人
注意的那种似非而是的地方,这就是:为什么内感官甚至把我们自己,也只是
B153　像我们对自己显现的那样、而不是如我们自己自在地所是的那样向意识呈现
出来,是由于我们只是如同我们在内部被刺激那样直观自己,这看起来像是矛
盾的,因为我们对待我们自己必须采取被动的态度;因此人们通常也更愿意把
内感官和(我们作了仔细区分的)统觉能力在心理学诸学说中冒充为同一
件事。

　　规定内感官的,是知性及其对直观杂多加以联结、即将之纳入一个统觉之

---

①　拉丁文:智性的综合。——译者

②　原文为"先行"(vorgehen),兹据埃德曼校改为"发生"(stattfinden)。——德文编者

③　高隆斯基认为应当是"§8"。——德文编者

下（以此作为知性本身的可能性基础）的本源的能力。既然知性在我们人类
中本身决不是直观能力，而直观即使在感性中被给予出来，知性也不能将之吸
收进自身，以便仿佛是把它自己的直观的杂多联结起来，那么，当知性单独地
就自身被考察时，它的综合无非就是这种行动的统一性，知性即使没有感性也
意识到这种行动本身了，但知性本身通过这种行动就有能力从内部、就按照感
性直观形式所可能给予它的杂多而言来规定感性。所以知性在想象力的先验
综合这个名称下，对于被动的主体——它的能力就是知性——实行着这样一
种行动，对此我们有权说，内感官由此而受到了刺激。统觉及其综合统一与内　　B154
感官根本不是同一回事，乃至于统觉毋宁说是作为一切联结的根源而以范畴
的名义指向一般直观①的杂多的，是先于一切感性直观而指向一般客体的；相
反，内感官所包含的只是直观的形式，但没有对直观中杂多的联结，因而还根
本不包含任何规定了的直观，后面这种直观只有通过由想象力的先验活动而
对杂多进行规定的意识（知性对内感官的综合性影响）才是可能的，这种先验
活动我曾称之为形象的综合。

　　对此我们任何时候也都在自己心中知觉到了。我们不在思想中引出一条
线，就不能思维任何线，不在思想中描出一个圆，就不能思维任何圆，不从同一
点设定三条线相互成直角，就根本不能表象空间的三个量度，甚至于，也不能
表象时间，如果我们不是在引出一根直线（想要它作为时间的外部形象的表
象）时只注意我们借以前后相继地规定内感官的那种对杂多的综合行动、并
因而注意在内感官中这种规定的前后相继性的话。运动，作为主体的行动
（而非作为一个客体的规定）②，因而作为对空间中杂多的综合，当我们撇开杂　　B155
多而只注意这个我们由以对内部感官作与其形式相适合的规定的行动时，就
甚至是首先产生出这个前后相继概念的。因此，知性决不是在内感官中已经
发现了对杂多的这样一类联结，而是通过它刺激内感官而产生出这种联结。③

---

　　①　指感性的或智性的直观。——译者
　　②　一个客体在空间中的运动不属于一门纯粹科学，因而也不属于几何学；因为某物是
运动的，这是不能先天地、而只能通过经验来认识到的。但运动，作为对一个空间的描述，却
是凭借生产性的想象力对一般外部直观中的杂多进行相继综合的一种纯粹动作，它不仅仅属
于几何学，而且甚至属于先验哲学。——康德
　　③　原文此段与下一段未分，现据法欣格尔分为两段。——德文编者

　　但正在思维的这个我①如何与直观到自身的我（凭借我至少还能把另外一种直观方式设想为可能的而）区别开来，却又与后者作为同一个主体而是等同的，因而我如何能够说：我，作为理智和思维着的主体，把我自己当作被思维的客体来认识，只要我还被通过这客体在直观中给予了我，不过与其他现象一样，并不如同我在知性面前所是的，而是如同我对自己所显现的那样：这个问题所带来的困难不多不少正是如下问题的困难，即我一般说来如何能够对

B156　我自己是一个客体，而且是一个直观的和内知觉的客体？然而这实际上毕竟不能不如此，这一点如果我们允许把空间看作只是外感官现象的一个纯形式的话，是可以通过如下事实得到阐明的，即我们不能把时间这种毕竟不是任何外部直观对象的东西以别的方式设想，除非在一条我们所引出来的直线的形象之下来设想，没有这样一种表现方式，我们将根本不可能认识时间量度的单一性，同样，我们永远必须从变化的外部事物向我们表现出来的东西那里为一切内部知觉取得对时间长度甚至时间定位的规定，因而恰好必须以这种方式把内感官的诸规定整理为时间中的现象，就像我们必须把外感官的诸规定在空间中加以整理那样，所以，如果我们承认外感官的诸规定是我们用来仅仅在我们受到外部刺激的情况下认识客体的，那我们也必须承认，内感官是我们用来仅仅如同我们受到我们自己的内部刺激那样直观我们自己的，也就是说，对于内直观而言，我们只是把我们自己的主体当作现象来认识，但却不是按照它

B157　自在地本身所是的东西来认识。②

§25.

　　与此相反，在对一般表象的杂多的先验综合中，因而在统觉的综合的本源统一中，我意识到我自己，既不是像我对自己所显现的那样，也不是像我自在地本身所是的那样，而只是"我在"。这个表象是一个思维，而不是一个直观。既然为了认识我们自己，除了把每一个可能直观的杂多都纳入到统觉的统

────────────

①　原文为"我所思维的这个我"，据法欣格尔校正。——德文编者
②　我看不出人们为什么对于内感官受到我们自己的刺激这一点会感到如此大的困难。
B157　注意力的每一次动作都可以向我们提供这方面的例子。在其中，知性任何时候都按照它所思维的联结，而把内感官规定为与知性综合中的杂多相应的内直观。内心通常由此受到的刺激是多么大，这是每个人都能够在自身内知觉到的。——康德

一中来的那个思维行动之外,还要求有这杂多借以被给予的某种确定的直观方式,所以,虽然我自己的存有并不是现象(更不只是幻相),但我的存有的这一规定①却只有适应于内感官的形式、按照我所联结的那个杂多在内直观中被给予的特殊方式才能发生,因而,据此我关于自己并不拥有我如何在的知识,而只拥有我如何对我自己显现的知识。所以,对存有自身的意识还远不是对存有自身的知识,哪怕有一切范畴来借助于把杂多联结在一个统觉中而构成一般客体的思想也罢。正如对一个有关与我不同的客体的知识,除了需要一般客体(在范畴中)的思想之外,我总还需要一个我由以规定那个普遍概念的直观一样,我对于我自己的知识除了意识、或除了我思自己以外,也还需要一个我由以规定这个思想的、对于我里面的杂多的一个直观,而且我是作为理智而实存的,这理智仅仅意识到自己的联结能力,但就它所应当加以联结的杂多而言,这理智是服从着它称之为内感官的限制性条件、而只有按照完全处于真正的知性概念之外的时间关系才能使那种联结被直观到的,因此它的认识自身毕竟只能像它在某种直观上(这直观不能是智性的和通过知性本身给予的)仅仅向它自身显现出来那样,而不能如同假定它的直观是智性的时它将认识自己那样。

B158

B159

§26. 纯粹知性概念的普遍可能的
经验运用的先验演绎

在形而上学的演绎中,诸先天范畴的一般起源是通过它们与思维的普遍逻辑机能的完全契合来阐明的②,但在先验演绎中,这些范畴的可能性被表现为对一般直观的诸对象的先天知识(见§20、21.)。现在所要说明的是,通过

---

① "我思"这件事表达了对我的存有进行规定的动作。所以存有由此就已经被给予了,但我应当如何规定它,即我应当如何把属于它的杂多设定在我之中,这种方式却还没有因此而被给予。为此需要的是把一个先天给予的形式即时间作为基础的自身直观,这时间是感性的,并且是属于可被规定者的接受性的。如果我现在不再具有别的自身直观来把我里面的规定者——我只意识到它的自发性——提交于规定动作面前,如同时间把可被规定者提交出来一样,那么我就不能把我的存有作为一个自动的存在者来规定,相反,我只能对自己表象那思维活动即规定活动的自发性,而我的存有却仍然只是在感性上、即作为一种现象的存有才可加以规定。不过,这种自发性却使得我将自己称之为理智。——康德

② 梅林在此加上:见§10.——德文编者

B158

范畴先天地认识那些永远只能对我们的感官出现的对象、而且不是按照它们的直观形式、而是按照它们的联结法则来先天地认识它们的可能性,因而是仿
B160　佛向自然颁布法则甚至于使自然成为可能的可能性。因为没有诸范畴的这种适应性,就会无法解释,为什么凡是只要能对我们的感官出现的东西都必须服从那些唯有从知性中才先天地产生出来的法则。

我首先要说明的是,我所谓的领会的综合,是指在一个经验性的直观中杂多的复合,借此,知觉、也就是对这直观的经验性的意识(作为现象)才成为可能。

我们在时间和空间的表象上拥有外部的和内部的感性直观的先天形式,而对现象杂多的领会的综合任何时候都必须适合这些形式,因为这综合本身只有按照这种形式才可能发生。但空间和时间不仅被先天地表象为感性直观的诸形式,而且被表象为(包含着杂多的)诸直观本身,因而是借助于对诸直
B161　观中的这种杂多的统一性的规定而先天地表象出来的(见先验感性论)①。因此,甚至我们之外和之内的杂多的综合统一,因而甚至一切要在空间或时间中被确定地表象的东西所必须与之符合的某种联结,就已经和这些直观一起(而不是在它们之中)同时被先天地作为一切领会的综合的条件而给予了。但这综合的统一不能是任何别的统一,只能是一个给予的一般直观的杂多在一个本源的意识中按照诸范畴而仅仅应用于我们的感性直观上的联结的统一。所以甚至知觉借以成为可能的一切综合都是服从诸范畴的,而既然经验就是通过结合诸知觉而来的知识,那么范畴就是经验的可能性的条件,因而也是先天地适用于一切经验对象的。

*　　　　*　　　　*

B162　所以,当我例如说通过对一间房子的杂多的领会②而使这房子的经验性直观成为知觉时,那么空间和一般外部感性直观的必然的统一就是我的根据,

---

①　空间在作为对象被表象出来时(我们在几何学中实际上就需要这样做),就包含有比直观的单纯形式更多的东西,这就是把按照感性形式给出的杂多统摄在一个直观表象中,以
B161　致直观的形式就只给出了杂多,而形式的直观却给出了表象的统一性。这种统一性,我在感性论中曾仅仅归之于感性,以便只注意到它是先行于一切概念的,虽然它是以某种综合为前提的,这综合不属于感官,但通过它,一切有关空间和时间的概念才首次成为可能的。因为,既然空间和时间通过它(由于知性规定着感性)而首次作为直观被给予,那么这种先天直观的统一性就属于空间和时间,而不属于知性概念。(§24.)——康德

②　第四版中为"综合"。——德文编者

而我仿佛是按照空间中杂多的这种综合统一而描画出它的形状。但正是这种综合统一,当我抽掉空间的形式时,在知性中有它的位置,它就是在一个一般直观中同质的东西的综合的范畴,亦即量的范畴,因而那个领会的综合即知觉是绝对必须适合于这个范畴的。①

当我(举另外一个例子)知觉到水在结冰时,那么我就领会到有两种状态(液体和固体)是彼此相对地处于一种时间关系中的。但在我当作这种作为内直观的现象之基础的时间中,我必然表象出杂多的综合统一,舍此那种关系就没有可能在一个直观中确定地(就时间序列而言)被给予出来。但现在,这种综合统一作为我得以联结一般直观之杂多的先天条件,如果我抽掉我的内直观的持久的形式即时间,就是原因范畴,当我把这一范畴应用于我的感性上时,我就通过它对一切发生的事情在一般时间中按照其关系加以规定。所以在这样一种事件中的领会,因而这个事件本身,按照可能的知觉来说,都是服从因果关系这个概念的,在所有其他情况中也是如此。

B163

*   *   *

范畴是一些给现象、因而给作为一切现象的总和的自然界(natura materi- aliter spectata②)颁布先天法则的概念,现在要问,既然诸范畴并不是从自然中派生出来和依照自然作自己的模范的(因为否则它们就会只是经验性的了),那么如何能够理解自然必须遵循它们,也就是说,它们如何能够不从自然那里拿来自然杂多的联结而先天地规定这种联结? 在这里就来解开这个谜。

自然界的现象的法则怎么会必然与知性及其先天形式、即和它联结一般直观杂多的能力协调一致,这丝毫也不比现象本身怎么会必然与先天的感性直观形式协调一致更值得奇怪。因为法则并不实存于现象中,而只是相对于现象所依存的主体才实存的,如果这主体有知性的话,这正如同现象也不自在地实存,而只是相对于同一个存在者而实存,如果它有感官的话。对于自在之物本身来说,它们的合规律性即使撇开对之进行认识的某种知性,也会必然地归属于它们。但现象却只是关于物的一些表象,这些物按照它们可能自

B164

———————————

① 以这种方式就证明了:那本身是经验性的领会的综合,是必须与那作为智性的和完全先天地包含在范畴中的领会的综合必然相符合的。这就是同一个自发性,它在那里是以想象力的名义,在这里则是以知性的名义,而把联结带进直观的杂多中来的。——康德

② 拉丁文:物质方面的自然。——译者

在地所是的而言,是不被认识地存有着的。但作为单纯的表象,它们除了结合能力所颁布的那种法则之外,决不服从任何结合的法则。于是,那把感性直观的杂多结合起来的东西就是想象力,它按照其智性的综合统一来说是依赖于知性的,而按照领会的杂多性来说是依赖于感性的。既然一切可能的知觉都依赖于领会的综合,而领会的综合本身,作为一种经验性的综合,又是依赖于先验的综合、因而依赖于范畴的,所以,一切可能的知觉,因而甚至一切总是可以获得经验性意识的东西,即一切自然现象,按照其联结来说都是服从范畴的,自然界(单是作为一般自然界来看待)是将这些范畴作为自己的必然合规律性的本源根据(作为 natura formaliter spectata①)来依赖的。但是,甚至那仅仅通过范畴来给现象先天地颁布法则的纯粹知性能力也不足以建立更多的规律,除非对于一般自然界据以作为诸现象在空间和时间中的合规律性的那些规律。那些特殊的规律,由于涉及到被经验性地规定了的现象,而从范畴中并不能完备地被推导出来,即使它们全都服从那些范畴。根本说来,为了获悉这些特殊规律,就必须加上经验;但对于一般经验,以及什么是能够被作为一个经验对象来认识的东西,只有那些先天法则才提供了教导。

§27. 知性概念的这一演绎的结果

不通过范畴,我们就不能思维任何对象;不通过与那些概念相符合的直观,我们就不能认识任何被思维到的对象。现在,我们的一切直观都是感性的,而这种知识就其对象被给予出来而言是经验性的。但经验性的知识就是经验。所以唯一地除了关于可能经验的对象的先天知识而外,我们不可能有任何的先天知识②。

---

① 拉丁文:形式方面的自然。——译者

② 为了人们不至于仓促地对这一命题的令人担忧的有害推论产生反感,我只想提醒一点,即范畴在思维中并不受我们感性直观的条件所限制,而是拥有一个不被限定的领域,只有对我们所思维的东西的认识,即对客体的规定,才需要直观,在缺乏直观的情况下,对客体的思维总还是能够另外在主体的理性运用上有其真实的和有用的后果的,但这种运用由于它并不总是指向对客体的规定、因而指向知识,而是也指向对主体及其意志的规定,所以在这里还不能加以申述。——康德

但这种只是被限制于经验对象上的知识并不因此就全部都是由经验中吸取来的,相反,就纯粹直观和纯粹知性概念而言,它们都是一些在我们里面先天找到的知识要素。现在,经验和它的对象的概念的必然协调一致只能以两种方式来设想:要么经验使这些概念成为可能,要么这些概念使经验成为可能。前一种情况就范畴而言(甚至就纯粹的感性直观而言)并不会发生;因为它们是一些先天概念,因而是不依赖于经验的(主张一种经验性的起源将会是一种 generatio aequivoca①)。所以就只剩下第二种情况(仿佛是纯粹理性的一种新生论学说):也就是知性一方的范畴包含有一切经验的一般可能性根据。但范畴如何使经验成为可能,以及范畴在其应用于现象上时提交了那些经验之可能性的何种原理,对此有关判断力的先验运用的下一章将会有更多的说明。

如果有人想在仅有的上述两条道路之间建议一条中间道路,即范畴既不是一些自己思维出来的、我们知识的先天第一原则,也不是从经验中汲取来的,而是一些主观的、与我们的实存同时植根于我们之中的进行思维的素质,它们是由我们的创造者这样安排的,使得它们的运用与经验所沿着运行的自然规律恰好相符合(纯粹理性的一种预成论学说),那么,(除了借助于这一假设,不论我们可以把预定素质的这个假定向未来的判断推进到多么远,也看不到任何终点之外,)有一点将是与所提出的这一中间道路断然相违背的:在这种情况下范畴将缺少那本质上属于它们的概念的必然性。因为,例如原因的概念,它陈述的是在某种前提条件下一个结果的必然性,但假如它只不过是基于某种随意植根于我们里面的、按照这样一种关系规则来联结某些经验性表象的主观必然性的话,这个概念就会是错误的了。我将不可能说:结果和原因在客体中(即必然地)联结着,而只能说,我只是被安排成这样,以致我只能把这些表象这样结合着来思维;而这恰好就是怀疑论者最希望发生的事;因为这样一来,我们的一切凭借我们的判断的被以为的客观有效性而来的见解,就无非是纯粹的幻相了,而且甚至也不会缺少这样一些人,就连自己有这种(必须被感到的)主观必然性也不承认的;至少,我们不可能与任何人就那仅仅基于他的主体组织方式之上的东西发生争执的。

B167

B168

———————————

① 拉丁文:双重起源论。——译者

这个演绎的要义

　　这个演绎把纯粹知性概念(并与它们一起把一切先天理论知识)演示为经验的可能性原则,而把这些原则①演示为对现象在一般的空间和时间中所进行的规定,——最后,把这种出自统觉的本源的综合统一原则的规定,展示为与作为感性的本源形式的空间和时间相关的知性的形式。

B169

　　　　　　　　＊　　　　　＊　　　　　＊

　　只是到此为止,我才认为有必要作小节的划分,因为我们所讨论的是一些基本概念。现在我们想要表明这些概念的运用,则叙述将可以一直连贯地进行了,而不必再作小节的划分。

A95　　[附:"纯粹知性概念的先验演绎"第一版原文]

第二节　经验的可能性之先天根据[依照第一版]

　　要使一个概念完全先天地产生出来并与一个对象发生关系,哪怕这概念本身既不属于可能经验的概念又不是由一个可能经验的要素所构成,这是完全矛盾的和不可能的。因为这样一来,这概念就会没有任何内容,这是由于没有任何直观与它相应,因为对象借以能够被给予我们的一般直观是构成可能经验的领域或全部对象的。一个不是与可能经验相关的先天概念将只会是加在一个概念上的逻辑形式,却不是某物借以被思维的概念本身。

　　所以,如果有先天的纯粹概念,那么它们诚然并不包含有丝毫经验性的东西:但它们却还必须纯属某个可能经验的先天条件,只有在它们之上经验的客观实在性才能建立起来。

　　因此,如果我们想知道纯粹知性概念如何是可能的,那么我们就必须研究,哪些是经验的可能性所依赖的、并且即使我们抽掉现象的一切经验性的东西仍作为经验的基础的先天条件。一个普遍而充分地表达了经验的这种形式的客观条件的概念将被叫作纯粹知性概念。一旦我拥有纯粹知性概念,我固

A96

----

　　①　"这些原则"为 dieser 之译,阿底克斯认为 dieser 应指前面的"经验"。——译者

然也可以臆想出一些也许是不可能的对象,就是说本身虽然是可能的,但却不能在任何经验中被给予的对象,因为在那些概念的结合中可能删去了某种最终必须属于一个可能经验的条件的东西(如一个"精神"的概念),或者也许将纯粹知性概念扩展到超出经验所能把握的范围之外(如"上帝"的概念)。然而,构成一切先天知识甚至任意的荒谬臆造的那些要素,虽然不是从经验那里借来的(因为否则它们就不会是先天知识了),但它们任何时候都必须包含一个可能经验和该经验的一个对象的纯粹先天条件,因为否则不单是通过它们就根本不会有什么东西被思维到,而且就连它们自身也将会没有材料而不可能在思维中产生了。

现在,这样一些先天地包含有伴随每个经验的纯粹思维的概念,我们在范畴那里找到了,而如果我们能够证明一个对象只有借助于范畴才能被思 A97
维,那就有了对范畴的一个充分的演绎,以及对范畴的客观有效性的辩护。但由于在这样一种思维中被调动起来的不只是唯一的思维能力,亦即知性,而知性本身作为一种应当与客体发生关系的认识能力,同样也需要为这种关系的可能性作出一个阐明:所以我们必须首先对构成经验可能性的先天基础的主观来源不是按照其经验性的性状、而是按照其先验的性状加以考虑。

假如每一个单独的表象都与另一个表象相疏离,仿佛是孤立的和与之相分离的,那就任何时候也不会有像作为各种相比较和相结合的表象之整体而存在的知识这样的东西产生出来。因此如果我由于感官在其直观中包含杂多性,就把一种概观赋予感官,那就任何时候都有某种综合与这个概观相应,而接受性只有与自发性相联结才能使知识成为可能。于是这种自发性就是在一切知识中必然出现的某种三重综合的基础,这就是:作为在直观中内心的各种变状的诸表象的领会的综合,这些表象在想象中的再生的综合,以及它们在概念中的认定的综合。于是这三重综合就对知识的三种主观的来源提供了一个指导,而这三个来源本身就使知性、并通过知性而使作为知性的一个经验性的 A98
产物的所有经验成为可能。

预先的提醒

范畴的这一演绎是带有非常多的困难的,并且不得不如此深入地进到我们知识的一般可能性的最初根基,以至于为了避免一个完备理论的迂阔,同时却又在一个如此必要的研究中不忽略任何东西,我觉得与其宣讲教程,倒不如通过下面四个小节使读者有更多的准备;而在接下来的第三节中,再开始对知性的这些要素展开系统的讨论。为此之故,读者不可于这种在还完全未被踏上过的道路上最初免不了的模糊晦涩面前临阵逃脱,但我希望这种模糊晦涩在下述第三节中应会澄清为完备的洞见。

1. 直观中领会的综合

我们的表象可以不论由何处产生出来,不论是受到外部事物的影响还是受到内部原因的作用,它们尽可以先天地或是作为现象而经验性地产生;所以A99　它们最终是作为内心的变状而属于内感官的,并且我们的一切知识作为这样一种变状,最终毕竟都是服从内感官的形式条件即时间的,如它们全都必须在时间中得到整理、结合和发生关系。这是一个总的说明,是我们在下面必须绝对作为基础的。

每一个直观里面都包含一种杂多,但如果内心没有在诸印象的一个接一个的次序中对时间加以区分的话,这种杂多却并不会被表象为杂多:因为每个表象作为包含在一瞬间中的东西,永远不能是别的东西,只能是绝对的统一性。现在,为了从这种杂多中形成直观的统一性(如在空间的表象中那样),就有必要首先将这杂多性贯通起来,然后对之加以总括,我把这种行动称之为领会的综合,因为它是直接针对直观的,直观虽然提供了一种杂多,但却没有一个伴随出现的综合,它就永远不能将这种杂多作为一个这样的、并且是包含在一个表象中的杂多产生出来。

现在,这种领会的综合也必须先天地、亦即在那些并非经验性的表象方面加以实行。因为没有它我们将既不可能先天地拥有空间表象,也不可能A100　先天拥有时间表象:因为这些表象只有通过对感性在其本源的接受性中提供出来的杂多进行综合才能被产生出来。所以我们拥有领会的一种纯粹综合。

2. 想象中的再生的综合

虽然这是一条单纯经验性的规律,据此,那些经常相继或伴随着的表象最终相互结为团体,并由此而进入某种联结,按照这种联结,即使没有对象的在场,这些表象中的一个也根据某种持久的规则而造成了内心向另一个的过渡。但这条再生的规律的前提是:现象本身确实会服从一条这样的规则,而且在这些现象表象的杂多中发生了某种依照一定规则的相伴或相继;因为舍此我们的经验性的想象力就会永远也做不出与自己的能力相符合的事,因而就会像一种死的和我们所不知道的能力仍然在内心深处隐藏着。假如朱砂时而是红的,时而是黑的,时而是轻的,时而是重的,假如一个人时而变作这种动物形态,时而变作那种动物形态,在夏至这一天土地时而果实累累,时而冰雪覆盖,那么我的经验性的想象力就会连在表象红时想到重的朱砂的机会也得不到,或者,假如某个一定的词时而伴随此物,时而伴随彼物,或者甚至同一物时而这样称谓,时而那样称谓,而没有诸现象已经在自动服从的某种规则在此统管的话,那么就不会有再生的任何经验性的综合发生了。 A101

　　所以,一定有某种本身是诸现象的必然综合统一的先天根据、因而使得诸现象的这种再生成为可能的东西。但这种东西只要我们考虑到现象不是自在之物本身,而只是我们表象的活动,这些表象最终是归于内感官的诸规定的,则我们马上就想得到。既然我们可以说明,甚至我们的最纯粹的先天直观也不能带来任何知识,除非它们包含有对杂多的这样一种使彻底的再生的综合成为可能的联结,那么,想象力的这种综合也就先于一切经验而被建立在先天原则之上了,而我们就必须设定想象力的某种纯粹的先验综合,它本身构成一切经验的可能性(当这种可能性必须预设现象的再生性时) A102 的基础。于是很明显,如果我在思想中引一条线,或者要思考从一天中午到另一天中午这段时间,或者哪怕只是要设想一下某个数目,我也首先必须把这些杂多表象一个跟在另一个之后把握在思想中。但假如我总是把先行的那个表象(直线的前一部分,时间的先前部分,或是相继表象出来的那些单位)从思想中丢失了,并且我在进到继起的表象时没有把先行的表象再生出来,那就永远不会产生出一个完整的表象,也不会产生上述思想中的任何一个,甚至就连空间和时间这两个最纯粹和最初的基本表象也不可能产生出来了。

所以,领会的综合是与再生的综合①不可分割地联结着的。而既然前者构成所有一般知识(不仅是经验性的知识,而且也有纯粹先天知识)的可能性的先验根据,那么想象力的再生的②综合就是属于内心的先验活动的,而考虑到这一点,我们愿意把这种能力也称之为想象力的先验能力。

A103

3. 概念中认定的综合

假如不意识到我们在思的东西恰好正是我们在前一瞬间所思的东西,那么一切在表象系列中的再生就都会是白费力气了。因为它将是在目前状态下的一个新的表象,这表象完全不属于它本来应该借以一步一步产生出来的那个动作,而它的杂多就会永远也构不成一个整体,因为它缺乏只有意识才能带给它的那种统一性。如果我在数数时忘记了,现在浮现在我面前的那些单位曾是被我一个挨一个地加上去的,那么我就不会认识到和数是通过一个一个的连续相加而产生的,也就认识不到数目;因为数目这个概念只在于对这种综合统一的意识。

“概念”这个词本身即已有可能向我们指示出这种意思③。因为就是这样的一个意识,把杂多逐步地,先是把直观到的东西,然后也把再生出来的东西,都结合在一个表象中。这种意识有可能往往只是很微弱的,以至于我们只在

A104　其结果中、但却并不是在动作本身中、即并不是直接地将它与表象的产生相结合④;但尽管有这一区别,毕竟总是必须要找到一个意识,即使它并不具有鲜明的清晰性,而没有这个意识,概念及与它一起的有关对象的知识都将是完全不可能的。

而在这里也就有必要说明,人们所说的诸表象的对象这个用语究竟意味着什么。我们前面说过:现象本身无非是感性表象,这些表象必不可以同一种方式⑤自在地被视为(在表象能力之外的)对象。那么,当人们谈论一个与知

---

①　据法欣格尔,“领会的”与“再生的”应颠倒位置。——德文编者

②　黎尔(Riehl)认为“再生的”应为“生产的”。——德文编者

③　德文“概念”(Begriff)字面含义是“抓住”、“把握”。——译者

④　据阿底克斯,此句应作:“以至于我们只把这意识与结果而不与动作本身、即并不是直接与表象的产生相结合”。——德文编者

⑤　意即以表象的方式。——译者

识相应、因而也和知识有别的对象时,他们是什么意思呢? 很容易看出,这种对象必须只被作为一般等于 X 的某物来思考,因为我们在我们的知识之外毕竟没有任何我们可以置于这个知识的对面与之相应的东西。

但我们发现,我们关于一切知识和它的对象的关系的思想带有某种必然性,因为对象被看作与上述情况①相反的东西,而且,我们的知识并不是以碰运气或随意的方式,而是以某种先天的方式被规定的,因为由于这些知识应当与某个对象发生关系,它们也就必须在与该对象的关系中相互间必然地协调一致,也就是必须拥有那构成一个对象概念的统一性。 A105

但有一点很清楚,既然我们只是在和我们表象的杂多打交道,而那个与之相应的 X(对象)由于应当是某种和我们的一切表象不同的东西,因而对我们来说什么也不是,所以对象使之成为必要的那种统一性就不可能是任何别的东西,而只是在对表象的杂多的综合中意识的形式统一性。于是我们就说:我们认识对象,是在我们于直观杂多中产生出了综合统一性的时候。但这种统一性,如果直观不能通过这样一种综合机能,按照一条既使这杂多的再生成为先天必然的、也使杂多结合于其中的一个概念成为可能的规则而产生出来的话,就是不可能的。所以我们把一个三角形思考为一个对象,是由于我们根据一条任何时候都能据以描绘出这样一种直观的规则而意识到了三条直线的这种组合。于是这种规则的统一性就规定了一切杂多,并将其限制在使统觉的统一性成为可能的那些条件上,而这种统一性的概念就是关于我们通过一个三角形的上述谓词所想到的等于 X 的对象的表象。

一切知识都要求有一个概念,不论这概念可能会如何不完满、如何模糊: A106
但这概念按照其形式任何时候都是某种共相的东西,它被用作规则。于是物体的概念按照通过它而想到的杂多的统一性,而被用作我们对外部现象的知识的规则。但这概念只有通过它在给予的现象那里表象出这些现象的杂多的必然再生、因而表象出在对它们的意识中的综合统一,才能成为诸直观的一条规则。这样,物体概念在对外在于我们的某物的知觉中,就使广延的表象、并与它一起使不可入性、形状等等的表象成为必然的。

一切必然性任何时候都是以某种先验的条件为基础的。所以,在对我们

---

① 指"对象只被作为等于 X 的某物来思考"。——译者

一切直观的杂多的综合中,因而也在一般客体的概念的综合中,乃至于在一切经验对象的综合中,都必须找到意识统一性的某种先验基础,舍此便不可能在我们的直观上思维任何一个对象:因为这对象只不过是这个某物,其概念表达着这样一种综合的必然性。

A107　　　现在,这个本源的先验条件不是别的,正是先验的统觉。对意识本身的意识,按照我们状态的规定来说,在内部知觉中仅仅是经验性的,是随时可以变化的,它在内部诸现象的这一流变中不可能给出任何持存常住的自身,而通常被称之为内感官,或者经验性的统觉。凡是那必然要被表现为号数上同一的东西,都不能通过经验性的材料而思考为一个这样的东西。这必须有一种先行于一切经验并使经验本身成为可能的条件,它应当使这样一个先验的前提发生效用。

　　　于是,没有那种先行于直观的一切材料、且一切对象表象都唯因与之相关才成为可能的意识统一性,我们里面就不可能有任何知识发生,也不可能有这些知识之间的任何结合和统一发生。现在,我要把这种纯粹的、本源的和不变的意识称之为先验统觉。它配得上这个名称,这一点由于哪怕最纯粹的客观统一、即先天概念(空间和时间)的统一都只有通过诸直观与它发生关系才有可能,就已经很清楚了。所以,这个统觉的号数上的统一性就先天地成了一切概念的基础,正如空间和时间的杂多先天地成了感性直观的基础一样。

A108　　　但正是统觉的这种先验的统一性,从一切总是能够在一个经验中相伴同的可能现象中,按照法则产生出了所有这些表象的某种关联。因为,如果不是内心在杂多知识中能够意识到这种统一性①用来将杂多综合地联结在一个知识中的那个机能的同一性,这种意识的统一性就会是不可能的了。所以,意识对它自身同一性的本源的和必然的意识,同时就是对一切现象按照概念、即按照那些规则所作的综合的同一个必然统一性的意识,这些规则不但使这些现象能够必然地再生出来,而且也由此为对它们的直观规定一个对象,即规定对那些现象必然在其中相关联的某物的概念:因为,如果内心不记得自

---

　　① "统一性"原文为 sie,维勒认为应作 es,代"内心";埃德曼认为 sie 应指"领会的统一性",格兰德认为指"统觉的统一性"。——德文编者

己行动的同一性的话——这种行动使领会(这种领会是经验性的)的一切综合都服从某种先验的统一性,并首次使领会按照先天规则关联起来成为可能——,那么,内心就会不可能在其表象的杂多中而且是先天地思维自己的同一性了。①

从现在起,我们将可以对我们有关一个一般对象的概念作出更为准确的规定了。一切表象作为表象都有自己的对象,并且本身又都能是另外一些表象的对象。现象是能够被直接给予我们的唯一的对象,而凡是在现象中直接与对象相关的就叫作直观。但现在,这些现象不是自在之物本身,而仅仅是一些表象,而这些表象又有自己的对象,所以这一对象不再能够被我们所直观,因而可以被称之为非经验性的、即先验的对象,等于 X。　　A109

有关这种先验对象(它实际上在我们的一切知识中是永远等同于 X 的)的纯粹概念,就是一般说来能够在我们的一切经验性概念中②带来与一个对象的关系、即带来客观实在性的东西。现在,这个概念根本不包含任何确定的直观,因而它不涉及任何别的东西,只涉及那种只要和一个对象发生关系就必然会在知识的一个杂多中找到的统一性。但这种关系无非就是意识的必然统一性,因而也是通过内心将杂多联结在一个表象中这一共同机能对杂多进行综合的统一性。既然这个统一性必须被视为先天必然的(因为否则知识就会没有对象了),那么与一个先验对象、即与我们的经验性知识的客观实在性的关系就将基于这条先验法则:一切现象,就对象应当借此而被给予我们而言,　　A110
都必须服从现象的综合统一的先天规则,只有按照这些规则,这些现象的关系在经验性直观中才是可能的;就是说,正如现象在单纯直观中必须服从空间和时间的形式条件一样,它们在经验中也必须服从统觉的必然统一的条件,甚至唯有通过那些条件,每种知识才是可能的。

4. 对范畴作为先天知识的可能性的预先说明

只有一个经验,在其中一切知觉被表象为处于无例外的合规律的关联中;正如只有一个空间和一个时间,现象的一切形式和存在与非存在的一切关系

---

① 原文此处紧接下段,但根据行文语气,法欣格尔认为应另起一段。——德文编者
② 埃德曼认为应作"给我们的一切经验性概念"。——德文编者

都在其中发生一样。如果我们谈到各种经验,则它们只是就其属于同一个普遍经验而言的那么多的知觉。因为知觉的无例外的和综合的统一恰好构成了经验的形式,而这种形式无非是诸现象按照概念的综合的统一。

A111　　按照经验性概念的综合统一将会是完全偶然的,而且假如这些经验性的概念不是建立在这统一的某种先验基础上,那么就可能有一大堆现象充斥我们的心灵,却任何时候都不能从中形成经验。但这样一来,知识与对象的一切关系也就会取消了,因为它将缺乏按照普遍必然法则而来的结合,因而它虽然会是无思想的直观,但永远不会是知识,所以对于我们来说就完全等于无。

　　一般可能经验的先天条件同时也就是经验对象的可能性条件。于是我认为:上述那些范畴无非是在一个可能经验中①的思维的诸条件,正如空间和时间包含有对同一经验的直观的诸条件一样。所以,范畴也是一些在现象上思维一般客体的基本概念,因而它们先天地拥有客观有效性;正是这一点是我们原来想要知道的。

　　但这些范畴的可能性、甚至其必然性都基于这种关系,这种与本源的统觉的关系是全部感性、且与感性一起甚至一切可能的现象都具有的,在这种统觉A112 里,一切东西是必须适合自我意识的无例外的统一性的诸条件的,也就是必须服从综合的一些普遍性的机能,即根据那些概念来进行的综合的普遍机能,只有在这些概念中,统觉才能证明其无例外的和必然的先天同一性。所以一个原因的概念就无非是按照诸概念的(对那种在时间序列中相继而来的东西与其他现象的)一种综合,而没有这样一种具有自己的先天规则并使诸现象服从自己的统一,意识的无例外的、普遍的因而必然的统一性就不可能在知觉的杂多中遇见。但这样一来,这些知觉也就不会属于任何经验,因而没有客体,不过是诸表象的盲目游戏,也就是说,还比不上一个梦。

　　因此,一切要把那些纯粹知性概念从经验中推导出来、并且想把某种单纯经验性的来源归之于它们的尝试,都是完全徒劳无益的。我并不想提及例如说,一个原因的概念就带有必然性的特征,这种必然性是任何经验都不能提供的,经验虽然告诉我们:在一个现象之后通常跟着某个另外的现象,但却不能

────────

① 克尔巴赫(Kehrbach)校为"对一个可能经验"。——德文编者

告诉我们:它一定是必然跟随其后的,更不能告诉我们,从那里面作为一个条件可以先天地和完全普遍地推论出这一结果。但那种联想的经验性规则,当我们说在事件的相继序列中一切都是这样地服从规则,以致一物若没有它总是跟随其后的另一物先行于它,它就永远也不会产生出来,这时我们就毕竟不得不毫无例外地假定这条规则:而这作为一条自然律,我要问是建立在什么上面的呢?甚至这种联想本身又是如何可能的呢?对杂多的联想的可能性根据,就其置于客体中而言,就叫作杂多的亲和性。所以我要问的是:你们是如何使自己理解到诸现象的这种毫无例外的亲和性(诸现象由此而服从那些持存的法则,并且必须隶属于其下)的呢? A113

　　按照我的原理,亲和性是很好理解的。一切可能的现象作为表象,都是隶属于整个的可能的自我意识的。但与作为一个先验表象的这个自我意识不可分割的、并且是先天地肯定它的,是号数上的同一性,因为若不借助于这个本源的统觉,任何东西都不可能进入到知识中来。既然就诸现象的一切杂多的综合要成为经验性的知识而言,有必要把这种同一性必然地加入到这种综合中来,那么诸现象就得服从它们的(领会的)综合所必须无例外地适合的那些先天条件。但现在,某种杂多能够据以(因而以同一种方式)被建立起来的某个普遍条件的表象,就叫作一条规则,而如果它必须被这样建立起来,就叫作一条法则,所以一切现象都是处于依照必然法则的某种无例外的结合中、因而是处于某种先验的亲和性中的,而经验性的亲和性不过是先验的亲和性的结果而已。 A114

　　说自然界遵循着我们统觉的主观根据,甚至说自然界在其合规律性方面是依赖于这主观根据的,这听起来的确是荒唐而令人吃惊的。但如果我们考虑到这个自然界本身无非是现象的总和,因而并非自在之物,而只是内心表象的一个集合,那么我们对于只是在我们一切知识的根本能力即先验统觉中看到自然界,即只是在自然界唯一能因之而叫作一切可能经验的客体、也就是叫作自然界的那种统一性中,看到自然界,也就不会感到奇怪了;我们也不会奇怪,我们正因此也就能够先天地、因而也是作为必然的来认识这种统一性,这一点,假如这种统一性是不依赖于我们思维的最初源泉而自在地被给予的,那我们倒也许会不得不让它存而不论了。因为这时我们将不会知道,我们应当从何处弄到这样一种普遍的自然统一性的综合原理,因为在这种情况下我们就不得不从自然对象本身中借来这些原理。但既然这只可能经验性地发生，那么从中可能引出的就会只不过是偶然的统一性，但这种统一性远远达不到我们在提到自然界时所认为的那种必然的关联。

A115

第三节 知性与一般对象的关系及先天认识这些对象的可能性

我们在上一节中分别地和单独地说明的东西，现在我们想结合起来在关联中加以展示。有三种主观的认识来源是一般经验的可能性和经验对象的知识建立于其上的：感官、想象力和统觉；它们每一个都可以被看作经验性的，即在它应用于给予的现象上时来考察它，但它们也全都是本身使这种经验性的运用成为可能的先天要素或基础。感官把现象经验性地展示在知觉中，想象力把现象经验性地展示在联想（和再生）中，统觉则将之展示在对这些再生的表象与它们借以被给予出来的那些现象之同一性的经验性意识中，因而展示在认定中。

但全部知觉都是以纯粹直观（就其作为表象而言则是以内部直观形式即时间）为先天根据的，联想则是以想象力的纯粹综合为先天根据的，而经验性的意识是以纯粹统觉、即意识本身在一切可能的表象中毫无例外的同一性为先天根据的。

A116

既然我们想把诸表象的这种结合的内部根据一直追踪到那一点上，在其中一切表象都必须汇合起来，以便首次在这里为一个可能经验获得知识的统一性，那么我们就必须从纯粹统觉开始。一切直观，如果它们不能被接受到意识中来的话，不论它们是直接地还是间接地对意识发生影响，它们对我们来说就什么都不是，也与我们没有任何关系，而唯一的，只有通过意识，知识才是可能的。在每次都能够属于我们的知识的一切表象中，我们先天地意识到我们自己的无例外的同一性是一切表象的可能性的必要条件（因为这些表象毕竟只有凭借它们和另外的表象都属于一个意识、因而至少必须能够在一个意识中结合起来这一点，才能在我里面有所表现）。这条原则是先天确定的，它可以叫作我们表象的（因而也是直观中的）一切杂多之统一性的先验原则。于是，在一个主体中杂多的统一就是综合性的：所以纯粹统觉就提供了一条在一

A117

切可能直观中杂多的综合统一性原则①。

但这种综合统一性是以一种综合为前提的,或者包含有一种综合,并且如 A118
果前者要是先天必然的,那么后者也必须是一种先天的综合。因此统觉的先
验统一就与想象力的纯粹综合、即与一个认识中杂多的一切组合之可能性的
先天条件相关。但只有想象力的生产性的综合才能够先天地发生;因为想象
力的再生的综合是基于经验的条件的。所以想象力的纯粹的(生产性的)综
合的必然统一这条原则先于统觉而成了一切知识、特别是经验知识的可能性
基础。

于是,当想象力中杂多的综合不区分各种直观而是仅仅只是指向杂多的
先天联结时,我们就将它称之为先验的,当这种综合的统一在与统觉的本源的
统一的关系中被表现为先天必然的时,它就叫作先验的。既然统觉的本源的
统一是一切知识的可能性的根据,那么想象力的综合的先验统一就是一切可
能知识的纯形式,因而可能经验的一切对象都必须通过这个纯形式才被先天
地表现出来。

在与想象力的综合的关系中的统觉的统一是知性,而正是在与想象力的 A119
先验的综合的关系中的这同一个统一,是纯粹知性。所以在知性中有纯粹先
天知识,它们对于一切可能现象而言包含有想象力的纯粹综合的必然统一性。
但这就正是诸范畴,即各种纯粹知性概念,因而人类的经验性的认识能力必然
包含有某种知性,这知性与感官的一切对象相关,虽然只是借助于直观及通过

———————

① 我们要高度重视这条具有很大重要性的原理。一切表象都和某个可能的经验性意
识有一种必然的关系:因为,假如它们没有这种关系,假如完全不可能意识到它们,那么这就
等于说它们根本就不曾实存。但一切经验性的意识又都与一个先验的(先行于一切特殊经验
的)意识有一种必然的关系,这种先验意识就是作为本源的统觉的对我自己的意识。所以,在
我的知识中一切意识都属于一个(对我自己的)意识,这是绝对必要的。于是这里就有(意识
的)一种对杂多的综合统一,它被先天地认识,并正好适合于充当与纯粹思维相关的先天综合
命题的根据,正如空间和时间适合于充当涉及到单纯直观的形式的先天综合命题的根据一
样。所有各种经验性的意识都必须被联结在一个唯一的自我意识中,这个综合命题是我们一
般思维的绝对第一的综合原理。但不可忽视的是,自我这个单纯表象在与一切其他表象(它
使这些表象的集合的统一性成为可能)的关系中是先验的意识。这个表象不论是清晰的(是
经验性的意识)[福伦德(Vorlönder)认为括号中是赘语,应删除。——德文编者]还是模糊的,
在这里都无关紧要,甚至就连它的现实性在这里也没有什么关系;相反,一切知识的逻辑形式
的可能性是必然基于对这个作为一种能力的统觉的关系的。——康德

想象力对直观的综合而相关,所以一切现象作为某种可能经验的材料都是服从知性的。既然现象对可能经验的这种关系同样是必然的(因为我们若没有这种关系就根本不会通过现象获得任何知识,因而现象就会和我们了不相干了),这就得出结论:纯粹知性借助于诸范畴,是一切经验的形式的和综合的原则,诸现象则拥有某种对知性的必然关系。

A120　　现在,我们要通过自下而上地、即从经验性的东西开始,来指出知性借助于范畴而与现象的必然关联。最初被给予我们的东西是现象,现象当它与意识联结起来时就叫作知觉(没有与一个至少是可能的意识的关系,现象对于我们来说就将永远不可能成为知识的一个对象,因而对我们来说就什么也不是,而由于现象自在地本身并不具有任何客观实在性,而只是在知识中才实存着,则没有那种关系它就在任何地方都什么也不是了)。但由于每个现象都包含有某种杂多,因而各种知觉在内心中本身是分散地和个别地被遇到的,所以它们的一个联结是必要的,而这种联结它们在感官自身中是不能拥有的。所以在我们里面就有一种对这杂多进行综合的能动的能力,我们把它称之为想象力,而想象力的直接施加在知觉上的行动我称之为领会①。也就是说,想象力应当把直观杂多纳入一个形象;所以它必须预先将诸印象接收到它的活动中来,亦即领会它们。

A121　　但很明显,如果不是在此有一种主观的根据,把内心曾由之向另一个知觉过渡的那个知觉唤回到那些接踵而至的知觉中来,并这样来描绘出完整的知觉系列,就是说,如果不是有一种想象力的再生能力,哪怕这能力只是经验性的,那么甚至单是对杂多的这种领会也还不会产生出任何形象和印象关联来。

　　但由于,假如诸表象如同它们互相冲突那样毫无区别地互相再生,就不会有任何确定的表象关联、而只会有无规则的表象堆积产生出来,因而根本不会产生任何知识;所以,表象的再生必须有一个规则,按照这条规则,一个表象宁可与这个表象而不是与另一个表象在想象力中建立联结。按照规则再生的这一主观的和经验性的根据,我们称之为对诸表象的联想。

---

　　① 想象力是知觉本身的一个必要的成分,这一点倒还没有一个心理学家想到过。之所以如此,部分是因为人们把这种能力仅仅局限于再生活动,部分是由于人们相信感官不仅把印象提供给我们,而且甚至也把这些印象组合起来并且造成了对象的形象,而要做到这一点,无疑除了印象的感受性之外,还需要某种别的东西、即需要对印象的某种综合机能。——康德

但现在,假如联想的这种统一不是也具有一个客观的根据,以至于现象不可能①被想象力按照不同于在这个领会的可能综合统一的条件之下的另一种方式来领会,那么,甚至现象适合于人类知识的某种关联也会是某种完全偶然的事情了。因为,尽管我们也会具有对知觉进行联想的能力,但这些知觉是否也是可被联想的,这本身却还完全是未确定的和偶然的;而在这些知觉并非如此的情况下,则知觉的某种聚合、甚至一个整体的感性也许会是可能的,在其中也会发现有我内心的许多经验性的意识,但却是分离的,而且并不属于一个对我自身的意识,不过这种情况是不可能的。因为只有通过我把一切知觉都归属于一个(本源统觉的)意识,我才能对于一切知觉说:我意识到了它们。所以就必须有一个客观的、亦即在想象力的一切经验性法则之前就可以先天地看出的根据,基于它之上的是一条延伸到一切现象中的法则的可能性甚至必然性,这就是把这些现象无例外地看作感官的这样一些材料,这些材料本身是可被联想的,并且服从再生活动中无例外的结合的普遍规则。现象的一切联想的这一客观根据我称之为现象的亲和性。但我们除了在统觉的统一这条原理中之外,就一切应当属于我的知识而言,我们在哪里都找不到这个根据。按照那条原理,一切现象绝对必须这样进入内心中来或被领会到,即它们要与统觉的统一性协调一致,而这一点没有在现象的结合中的、因而本身也是客观必然的综合统一,则是不可能的。

所以,一切(经验性的)意识在一个(本源统觉的)意识中的客观统一,就是甚至一切可能知觉的必要条件,而一切现象的(或近或远的)亲和性则是在先天地建立于规则之上的想象力中的某种综合的必然结果。

所以想象力也是一种先天综合能力,因此之故,我们给它取名为生产的想象力,并且只要它在现象的一切杂多方面其目标是在对现象的综合中的必然统一性,这种综合也就可以被称之为想象力的先验机能。因此虽然令人感到奇怪、但唯有从前此所说过的才能弄明白的是,甚至现象的亲和性,连带一起的有联想,最后通过联想还有按照法则的再生、因而经验本身,都只有借助于想象力的这种先验机能才是可能的:因为没有这种机能就根本不会有任何有关对象的概念汇聚到一个经验中来。

A122

A123

———————————

① 法欣格尔将此改为"有可能"。——德文编者

于是,这个持存常住的自我(纯粹统觉)就构成了我们一切表象的相关项,只要这些表象能够被意识到,并且,一切意识都属于一个无所不包的纯粹统觉,正如一切感性直观作为表象都属于一个纯粹的内直观即时间一样。现在它就是这个统觉,它必须被添加在纯粹想象力之上,以便使后者的机能成为智性的。因为想象力的综合虽然是先天地实行的,但就其自己本身来说却总是感性的,因为它只是如同杂多在直观中显现那样来联结杂多,例如联结一个三角形的形状。但通过杂多与统觉的统一的关系,那些属于知性的概念却只有借助于想象力才能在与感性直观的关系中实现出来。

所以我们有一种作为人类心灵基本能力的纯粹想象力,这种能力为一切先天知识奠定了基础。借助于这种纯粹想象力,我们把一方面即直观杂多和另一方面即纯粹统觉的必然统一性条件联结起来了。这两个极端,即感性和知性,必须借助于想象力的这一先验机能而必然地发生关联;因为否则的话,感性虽然会给出现象,但却不会给出一种经验性知识的任何对象、因而不会给出任何经验。由现象的领会、联想(再生)以及认定所构成的现实的经验,在那个(对经验的单纯经验性要素的)最后和最高的认定中,包含有使经验的形式统一性成为可能、并与此同时使经验性知识的一切客观有效性(真理性)成为可能的诸概念。对杂多进行认定的这些根据,就其涉及的只是某个一般经验的形式而言,就是那些范畴。所以在范畴之上就建立起了在想象力的综合中一切形式的统一性,而借助于这种统一性,也建立起了想象力的一直落实到现象上的一切(即在认定、再生、联想、领会中的)经验性运用①,因为这些现象只有借助于一般知识的那些要素才能属于我们的意识、因而属于我们自己。

因此在我们称之为自然的那些现象上的秩序和合规则性是我们自己带进去的,假如我们不是本源地把它们、或者把我们内心的自然放进去了的话,我们也就会不可能在其中找到它们了。因为这个自然统一性应当是一种必然的、亦即先天确定的结合诸现象的统一性。但假如不是在我们内心的本源的知识来源中包含有这样一种先天统一的主观根据,假如这些主观条件不是由于它们作为一般在经验中认识一个客体的可能性根据而同时在客观上有效的

① "一切经验性运用"原文为 alles empirischen Gebrauchs(第二格),现据阿底克斯校为 aller empirische Gebrauch(第一格)。——德文编者

话,我们又怎么会有可能先天地使一个综合统一性运行起来呢?　　A126

　　我们在上面对知性作了好几种方式的解释:认识的自发性(与之相对立的是感性的接受性),思维的能力,或者说概念的能力,或者也可以说判断的能力,这些解释究之下,结果是一样的。现在我们可以把知性的特征描述为规则的能力。这一标志是更加富有成果的并更近乎知性的本质。感性给予我们(直观的)形式,知性则给予我们规则。知性任何时候都致力于勘察现象,为的是在现象上找出某种规则来。规则就其是客观的而言①(因而就其与对象的知识必然相关联而言),就叫作规律。即使我们通过经验学到了许多规律,但这些规律毕竟只是对更高的那些规律的一些特殊规定,而在这些更高的规律中,那些最高的(其他一切规律都从属于其下的)规律是先天地从知性本身中发源的,它们不是从现象中借来的,毋宁说,它们使这些现象获得了自己的合规律性,并正是由此而必然使现象成为可能的。所以知性并不仅仅是通过对诸现象的比较来为自己制定规则的能力:它本身就是对自然的立法,就是说,没有知性,就任何地方都不会有自然,即不会有诸现象之杂多的按照规则的综合统一:因为现象本身不能够在我们之外发生,而只能实存于我们的感性　　A127
中。但自然作为经验中的认识对象,连同它所可能包含的一切,都只有在统觉的统一中才是可能的。但这个统觉的统一就是经验中一切现象的必然合规律性的先验根据。正是就诸表象的杂多而言的这同一个统觉的统一性(也就是从一个唯一的表象来规定杂多),就是规则,而这个规则的能力也就是知性。所以一切现象作为可能的经验同样先天地处于知性之中,并从知性而获得其形式上的可能性,正如一切现象作为单纯直观而处于感性中,并唯有通过感性而在形式上成为可能的一样。

　　所以,说知性本身是自然规律的来源、因而是自然的形式统一性的来源,无论这听起来是如何夸大和荒唐,然而这样一种主张仍然是正确的,是与对象也就是经验相符合的。虽然经验性的规律本身决不可能从纯粹知性中引出自己的起源,正如现象的无法估量的杂多性也不能从感性直观的纯形式中得到充分的把握一样。但一切经验性的规律只是对知性的纯粹规律的特殊规定,　　A128
前者只有在后者之下并按照后者的基准才是可能的,而现象则由此而接受了

---

① 康德在《补遗 LII》中改为:"规则就其将实存作为必然的……而言"。——德文编者

某种合规律的形式,正如一切现象不论其经验性的形式如何千差万别,却仍然任何时候都必须适合于感性的纯形式的诸条件一样。

所以纯粹知性在范畴中就是一切现象的综合统一性的规律,并由此才使得经验按其形式首次且本源地成为可能。但我们在范畴的先验演绎中所能完成的没有别的,而只不过是使知性对感性的这种关系、以及借助于感性而对一切经验对象的关系,因而使知性的纯粹概念的客观有效性,先天地得到理解,并由此确定这些纯粹概念的起源和真理性。

概述这个纯粹知性概念演绎的正确性和唯一可能性

假如与我们的知识发生关系的对象是自在之物本身的话,那么我们对它们就根本不可能有任何先天的概念了。因为我们将从何处取得这些概念呢?

A129　如果我们是从客体上取得它们的(此处又一次未去审查这客体是如何能为我们所知悉的),那么我们的概念就会只是经验性的,而不是什么先天概念。如果我们是从我们自身中取得它们的,那么单是存在于我们里面的东西就不可能规定一个与我们的表象不同的对象的性状,就是说,不可能是一个根据,来说明为什么一个应将我们思想中具有的东西归之于其下的事物应当存在,而不是宁可这一切表象都是空的。相反,如果我们到处都只和现象打交道,那么某些先天概念先行于对象的经验性知识就不仅是可能的,而且也是必然的了。因为这些概念作为现象构成了一个仅仅存在于我们里面的对象,因为我们感性的一个单纯变形在我们之外是根本找不到的。现在,说我们所研究的所有这一切现象、因而所有的对象全都在我们里面,亦即全都是我的同一的自身的诸规定,这种说法本身即把同一个统觉中诸现象的无例外的统一性表达为必然的了。但对象的一切知识的形式(杂多由此而被思考为属于"一个"客体的)也正在于可能意识的这种统一性。所以,感性表象(直观)的杂多隶属于一个意识之下的那种方式,是在一切对象知识之前作为其智性的形式而先行

A130　的,它本身也构成了一切对象就其被思维而言的一般形式的先天知识(诸范畴)。通过纯粹想象力而对感性表象的综合,以及一切表象在与本源的统觉的关系中的统一,是先行于一切经验性的知识的。所以,纯粹知性概念之所以是先天可能的,甚至在与经验的关系中是必然的,只是由于我们的知识仅仅与现象打交道,这些现象的可能性存在于我们自身中,它们的结合和(在一个对

象表象中的)统一只是在我们里面才被找到,因而是必须先行于一切经验并使一切经验按其形式首次成为可能的。而从这个一切理由中唯一可能的理由中,也才引出了我们的范畴演绎。

第二卷　原理分析论

普遍逻辑是建立在一种与高级认识能力的划分完全精确吻合的规划之上的。这些能力就是:知性、判断力和理性。因此,普遍逻辑学说在其分析论中,正好与被人放在一般知性这个广义称号之下来理解的上述心灵力量的机能和秩序相应,所讨论的就是概念、判断和推理。　　A131

既然上述单纯形式的逻辑抽掉了一切认识的内容(不论是纯粹的内容还　　B170是经验性的内容),且只是一般地研究思维(推论的知识)的形式,所以它在其分析论的部分也可以包括理性的法规,而理性的形式具有自己可靠的规范,这种规范无须对在此所运用的知识的特殊本性进行考察,就能通过单是把理性活动分解为它的各个因素而先天地洞察到。

由于先验逻辑被限制在某种确定的内容、即仅仅是纯粹先天知识的内容上,它在这里的划分就不能仿效普遍逻辑。因为很显然:理性的先验运用将根本不可能是客观有效的,因而不属于真理的逻辑,即不属于分析论,而是将作为一种幻相的逻辑,以先验辩证论的名义在学院派的学说体系中要求一个特殊的份额。

因此,知性和判断力在先验逻辑中有其客观有效的、因而真实的运用的法　　B171规,因而属于先验逻辑的分析部分。不过,理性当其试图先天地对于对象有所　　A132断定,并把知识扩展到超出可能经验的界限时,它就完全是辩证的了,它对于幻相的那些主张绝对不服从于分析论本应包含的某个法规。

所以原理分析论将只不过是对于判断力的一种法规,它指导判断力把含有先天规则之条件的那些知性概念运用于现象之上。出于这个理由,我在把真正的知性原理作为主题的同时,将采用判断力的学说这一名称,以更确切地标明这项工作的特征。

导言　论一般先验判断力

　　如果把一般知性解释为规则的能力,那么判断力就是把事物归摄到规则之下的能力,也就是分辨某物是否从属于某个给定的规则(casus datae legis①)之下。普遍逻辑决不包含判断力的规范,也不可能包含这种规范。因为,既然普遍逻辑抽掉了知识的一切内容,那么留给它做的就只剩下一件事,就是对概念、判断和推理中知识的单纯形式作分析性的阐释,并由此建立起一切知性运用的形式规则。一旦普遍逻辑想要普遍地指出,我们应如何将某物归摄到这些规则之下、亦即分辨某物是否从属于这些规则,那么这件事就只能再通过一条规则来进行。但这条规则正因为它是一条规则,就再次要求对判断力作一个指导,而这就表明,虽然知性能用规则来进行教导和配备,但判断力却是一种特殊的才能,它根本不能被教导,而只能练习。因此判断力也是所谓天赋机智的特性,它的缺乏不是任何学习所能补偿的;因为,虽然学习可以为一个受限制的知性带来充分的、借自别人见解的规则,并仿佛是将之灌输给这知性;然而,正确运用这些规则的能力却必须是属于这个学习者自己的,任何为此目的而试图给他定下来的规则缺了这种天赋都不能防止误用②。所以,一个医生、一个法官或一个政治学家可以记住许多出色的病理学、法学和政治学的规则,其水平甚至足以使他能成为这方面的功底很好的教师,但在运用这些规则时却很容易犯规,这或者是由于他缺乏天生的判断力(虽然不缺乏知性),他虽然能抽象地看出共相,但对于一个具体情况是否属于这共相却

A133
B172

A134
B173

---

　　①　拉丁文:立法的格。——译者

　　②　判断力的缺乏本是我们称之为愚笨的东西,这样一种缺陷是根本无法补救的。一个迟钝或狭隘的头脑,如果缺乏的只不过是知性所应该有的程度及其特有的那些概念,是很可以通过学习来装备自己的,甚至能做到博学多识。但由于通常这时往往也会缺乏那种知性(即彼得的第二种知性)〔按:指判断力。彼得(Petri)即彼得鲁斯·累马斯(Petrus Ramus,1515—1572),法国名 Pierre de la Ramēe,文艺复兴时期逻辑学家,法兰西学院教授,曾将逻辑划分为三个层次:一为"自然的",二为"技艺的",三为"推理的"。这里第二层次即判断力的技巧。——译者〕,所以遇到一些饱学之士在运用他们的知识时经常暴露出那种永远无法改正的缺陷来,这就不是什么罕见的事了。——康德

不能辨别;或者也是由于他没有从实例和现实事务中使自己在这种判断上得到足够的校正。这也是这些实例的唯一的大用,即它们使判断力得到磨砺。因为在知性洞见的正确性和精密性方面,这些实例通常毋宁会对其造成一些损害,因为它们只有在个别情况下才充分满足规则的条件(als casus in termi-nis①),而且还经常削弱知性力图普遍地、并脱离经验的特殊情况而按照其充分性来领会规则的努力,因而最终使人更习惯于把规则当作公式、而不是当作原理来运用。所以,实例乃是判断力的学步车,它是在判断力上缺乏天赋才能的人所须臾不可缺少的。

B174

但是,虽然普遍逻辑不能给判断力提供任何规范,先验逻辑的情况却完全是另一码事,乃至于它看上去像是把在纯粹知性的运用中以确定的规则来校正和确保判断力作为自己的本职工作。因为,为了在纯粹先天知识领域中给知性带来扩展,因而作为一种学说,哲学似乎是完全不必要的,或者不如说,它对此根本不合适,因为在这方面人们作过迄今为止的一切尝试之后,还是很少或根本无所建树,相反,作为批判,以防止判断力在我们所拥有的少数纯粹知性概念的运用中的失足(lapsus judicii②),对此(哪怕这样一来只有消极性的用途)哲学将倾其全部精敏与历练来奉行。

A135

但先验哲学所具有的特点就在于:它除了能指出在纯粹知性概念中所给予的规则(或不如说诸规则的普遍条件)之外,同时还能先天地指出这规则所应该运用于其上的那种具体情况。它在这一点上之所以具有超过其他一切有教益的科学(数学除外)的优越之处,正是由于它所讨论的那些概念都应当是先天地与它的对象相关的,因而它们的客观有效性不是后天得到阐明的,因为那样就会完全谈不上这些概念的尊严了,相反,先验哲学必须同时把对象得以能与那些概念相符合地被给出的诸条件以普遍而又充分的标志阐述出来,否则它就会是毫无内容的,因而只是些逻辑的形式而不是纯粹知性概念了。

B175

A136

这个判断力的先验学说将包括两章:第一章讨论纯粹知性概念唯有在其下才能得到运用的那个感性条件,即纯粹知性的图型法;第二章则讨论在这些条件下从纯粹知性概念中先天推出并成为其他一切先天知识之基础的那些综

---

① 拉丁文:限制中的格。——译者
② 拉丁文:判断的失误。——译者

A137　合判断,即讨论纯粹知性的诸原理。
B176

第一章　纯粹知性概念的图型法

　　每当把一个对象归摄到一个概念之下来时,对象的表象都必须和这概念是同质的,就是说,这概念必须包含有归摄于其下的那个对象中所表象出来的东西,因为这里所表达的意思恰好是:一个对象被包含在一个概念之下。所以,一个盘子的经验性的概念和一个圆的纯几何学概念具有同质性,因为在圆中所思维的圆形是可以在盘子中直观到的①。

　　但现在,纯粹知性概念在与经验性的(甚至一般感性的)直观相比较中完全是不同质的,它们在任何直观中都永远不可能找到。那么,把直观归摄到那些概念之下②、因而把范畴应用于现象之上是如何可能的呢? 因为毕竟没有人会说:范畴,例如说因果性,也能通过感官而直观到,并且是包含在现象中的。这个如此自然而又重大的问题真正说来就是我们必须建立一门判断力的先验学说的原因,为的是指出纯粹知性概念如何能一般地应用于现象之上这种可能性。在其他一切科学中,使对象得以被普遍地思维的那些概念与具体地表象这个对象(如同它被给予的那样)的概念是没有这样的区别和异质性的,就不需要为了前者在后者上的应用而提供一个特别的讨论。

　　由此可见,必须有一个第三者,它一方面必须与范畴同质,另一方面与现象同质,并使前者应用于后者之上成为可能。这个中介的表象必须是纯粹的(没有任何经验性的东西),但却一方面是智性的,另一方面是感性的。这样一种表象就是先验的图型。

　　知性概念包含有一般杂多的纯粹综合统一。时间作为内感官杂多的形式条件、因而作为一切表象联结的形式条件,包含有纯粹直观中的某种先天杂多。现在,一种先验的时间规定就它是普遍的并建立在某种先天规则之上而

---

① 原文为:"在盘子里所思维的圆形是可以在圆中直观到的",据法欣格尔校正。——德文编者
② 格兰德(Görland)将此句读作:"把现象归摄到范畴之下"。——德文编者

B177
A138

言,是与范畴(它构成了这个先验时间规定的统一性)同质的。但另一方面,就一切经验性的杂多表象中都包含有时间而言,先验时间规定又是与现象同质的。因此,范畴在现象上的应用借助于先验的时间规定而成为可能,后者作为知性概念的图型对于现象被归摄到范畴之下起了中介作用。

B178
A139

根据范畴的演绎所证明的,但愿不会再有人在对于下述问题作出决断上迟疑了,这就是:这些纯粹概念是否只有经验性的运用、还是也有先验的运用,就是说它们是否只能作为一个可能经验的条件而先天地与现象发生关系,或者它们是否能作为一般物的可能性条件而涉及到自在的对象本身(而决不限制在我们的感性之上)。因为在此我们看到,如果不是一个对象要么被提供给概念本身,要么至少被提供给这些概念由以构成的要素,那么这些概念是完全不可能的①,也不能有任何一种意思,因而也根本不能指向自在之物(而不考虑它们是否以及怎样可以被给予我们);此外,对象被给予我们的唯一方式是对我们的感性加以修正(Modifikation);最后,先天的纯粹概念除了范畴中的知性机能之外,还必须先天地包含有感性的(即内感官的)形式条件,这些形式条件中包含有那些范畴只有在它之下才能应用于任何一个对象的普遍性条件。我们将把知性概念在其运用中限制于其上的感性的这种形式的和纯粹的条件称为这个知性概念的图型,而把知性对这些图型的处理方式称之为纯粹知性的图型法。

B179
A140

图型就其本身来说,任何时候都只是想象力的产物;但由于想象力的综合不以任何单独的直观为目的,而仅仅以对感性作规定时的统一性为目的,所以图型毕竟要和形象区别开来。譬如,如果我把五个点一个接一个地标出来,……这就是五这个数的形象。反之,如果我只是思维一个一般的数,它可以是五,也可以是一百,那么这种思维与其说是一个形象本身,不如说是按照一定的概念把一个数目(例如说一千)表现在某个形象中的方法的表象,这个形象在后面这种情况下将是难以一目了然的,也很难将它与该概念加以比较。于是,想象力为一个概念取得它的形象的某种普遍的处理方式的表象,我把它叫作这个概念的图型。

B180

---

① 康德在《补遗 LVIII》中将"完全不可能的"改作"对我们来说是无意义的"。——德文编者

A141　　　　实际上,我们的纯粹感性概念的基础并不是对象的形象,而是图型。对于一般三角形的概念,三角形的任何形象在任何时候都不会合适。因为形象达不到概念的普遍性,即让概念对于一切直角的、锐角的等等三角形都适合的那种普遍性,而是永远只被局限于这个范围中的一个部分。三角形的图型永远也不能实存于别的地方,只能实存于观念中,它意味着想象力在空间的纯粹形状方面的一条综合规则。一个经验对象或它的形象则更谈不上在什么时候达到经验性的概念了,相反,经验性的概念总是按照某个一定的普遍概念而直接与想象力的图型、即与规定我们直观的一条规则相关联的。狗这个概念意味着一条规则,我们的想象力可以根据它来普遍地描画出一个四足动物①的形状,而不局限于经验向我们呈现出来的任何一个唯一特殊的形状,也不局限于我能具体地表现出来的每一个可能的形象。我们知性的这个图型法就现象及

B181　其单纯形式而言,是在人类心灵深处隐藏着的一种技艺,它的真实操作方式我们任何时候都是很难从大自然那里猜测到、并将其毫无遮蔽地展示在眼前的。我们能够说出的只有这些:形象是再生的②想象力这种经验性能力的产物,感

A142　性概念(作为空间中的图形)的图型则是纯粹先天的想象力的产物,并且仿佛是它的一个草图,各种形象是凭借并按照这个示意图才成为可能的,但这些形象不能不永远只有借助于它们所标明的图型才和概念联结起来,就其本身而言则是不与概念完全相重合的。反之,一个纯粹知性概念的图型是某种完全不能被带入任何形象中去的东西,而只是合乎某种依照由范畴所表达的一般概念的统一性规则而进行的纯综合,是想象力的先验产物,该产物就所有那些应先天地按照统觉的统一性而在一个概念之中关联起来的表象而言,就与一般内感官的规定依照其形式(时间)诸条件而发生关系。

　　　　我们现在不再为对一般纯粹知性概念的先验图型所要求的东西进行枯燥无聊的分析而耽误时间了,我们宁可按照这些范畴的秩序并与这些范畴相联系来阐述这些图型。

B182　　　　外感官的③一切大小(quantorum)的纯粹形象是空间;而一般感官的一切

---

①　梅林和埃德曼认为应于"四足动物"前加上限定语"一定的"或"这样的"。——德文编者

②　原文为"生产的",据法欣格尔校正。——德文编者

③　原文为"vor dem äußeren Sinne"(在外感官面前的),格里罗(Grillo)认为应改为"für den…"(对于外感官而言的)。——德文编者

对象的纯粹形象是时间。但量(quantitatis)作为一个知性概念,其纯粹图型是数,数是对一个单位一个单位(同质单位)连续的相加进行概括的表象。所以数无非是一般同质直观之杂多的综合统一,这是由于我在直观的领会中产生出时间本身而造成的。　　A143

　　实在性在纯粹知性概念中是和一般感觉相应的东西;因而这种东西的概念自在地本身表明某种(时间中的)存在;否定性的概念则表现某种(时间中的)非存在。所以这两者的对立是在同一时间是充实的时间还是空虚的时间这一区别中发生的。由于时间只是直观的形式,因而是对象作为现象的形式,所以凡是在这些对象①上与感觉相应的东西,就是②一切对象作为自在之物的先验质料(事实性,实在性)。现在,每一种感觉都有某种程度或大小,它借此能就一个对象的同一个表象而言或多或少地充实同一个时间,即内感官,直到这感觉成为无(＝0＝否定)为止。因此从实在性到否定性有某种关系和关联,或者不如说某种过渡,它把任何实在性都表现为一个量,而实在性的图型　　B183作为某物在充实时间时,其量的图型就正是这个量在时间中连续而均匀的产生,这时我们从具有某种程度的感觉在时间中下降至它的消失,或者是从否定而逐渐上升至它的这个大小。

　　实体的图型是实在之物在时间中的持存性,即作为一般经验性时间规定　　A144之一个基底的那个东西的表象,因而这个东西在一切其他东西变化时保持不变。(时间并不流过,而是在时间中可变之物的存有在流过。所以在现象中,与那本身不变而常住着的时间相应的是存有中的不可改变之物,即实体,而且只有在它身上,现象的相继和并存才能按照时间而得到规定。)

　　原因和一般事物的因果性的图型是那种实在之物,只要愿意设定它就总是有另外的东西接踵而来。所以这个图型就在于杂多之物的相继状态,只要这相继状态服从某种规则。

　　协同性(交互作用)的图型,或者诸实体在偶性方面的交互因果性的图型,就是一个实体的规定和另一个实体的规定按照一条普遍规则而同时并存。　　B184
　　可能性的图型是各种不同表象的综合与一般时间的条件相一致(例如相

---

① 埃德曼认为这里"对象"指自在之物。——德文编者
② 据维勒(Wille),此处应为"不是",但细究之,殊感不妥,兹仍旧。——译者

对立的东西不能在一物中同时存在,而只能依次存在),因而是一物在任何某一个时间里的表象的规定。

A145　　现实性的图型是在一个确定的时间中的存有。

必然性的图型是一个对象在一切时间中的存有。

于是我们从这一切之中看出,每一个范畴的图型都包含和表现着仅仅一种时间的规定①,如量的图型,这就是在对一个对象的相继领会中时间本身的产生(综合),质的图型,这就是感觉(知觉)与时间表象的综合,或时间的充实性,关系的图型,这就是诸知觉在一切时间中(即根据一条时间规定的规则)的相互关联性,最后,模态及其诸范畴的图型,这就是时间本身,作为对一个对象是否及怎样属于时间而加以规定的相关物。因此,图型无非是按照规则的先天时间规定而已,这些规则是按照范畴的秩序而与一切可能对象上的时间
B185　序列、时间内容、时间秩序及最后,时间总和发生关系的。

由此可见,知性的图型法通过想象力的先验综合,所导致的无非是一切直观杂多在内感官中的统一,因而间接导致作为与内感官(某种接受性)相应的
A146　机能的那种统觉的统一。所以,纯粹知性概念的图型法就是给这些概念带来与客体的关系、因而带来所指的真实的和唯一的条件,因此,范畴最终就并没有其他运用、而只有经验性运用,因为它仅仅用于通过某种先天必然的统一的诸根据(由于使一切意识必然结合在一个本源的统觉之中)而使诸现象服从于综合的普遍规则,并借此使它们顺理成章地彻底联结于一个经验之中。

但是,我们所有的知识都处于一切可能经验的整体中,而先行于一切经验性真理并使之成为可能的那种先验真理则在于对这一切可能经验的普遍关系。

B186　　但毕竟也要注意:感性图型虽然首次使得范畴实现出来,但它们却也还是限制了这些范畴,即把它们局限于处在知性之外(即处在感性之中)的那些条件上。因此图型在与范畴的一致中本来就只是现象,或只是一个对象的感性概念。(*Numerus* est quantitas phaenomenon, *sensatio* realitas phaenomenon, *constans* et perdurabile rerum substantia phaenomenon——*aeternitas*, necessitas,

---

① "仅仅一种时间的规定"系依据阿底克斯补加。但埃德曼不同意这一添加。——德文编者

phaenomena etc.①）现在，如果我们去掉一个限制的条件，那么我们看起来就扩大了以前受限制的那个概念；则那些范畴就应该在其纯粹的意义上、不带一切感性条件地适用于一般的物，如一般物所是的那样，而不是范畴的图型只把物表现为如它们所显现的那样，这样，那些范畴就具有脱离开一切图型并大大扩展了的所指。实际上，纯粹知性概念即使在离开了一切感性条件之后，当然还留下有某种所指，但只是诸表象的单纯统一这种逻辑的含义，而对这些表象却并未给予任何对象，因而也未给予任何可以提供一个客体的概念②的所指。所以例如实体，如果我们去掉了持存性的感性规定，它就不过是意味着一个可以被思考为主词（而不是关于某种别的东西的谓词）的某物。从这个表象中我什么也得不出来，因为它根本没有向我指出，应当被看作这样一个最初的主词的那个物具有哪些规定。所以范畴离开图型就只是知性对概念的机能，却不表现任何对象。后一种所指是由感性赋予范畴的，感性通过限制知性，同时就使知性实现出来。

A147

B187

A148

第二章　一切纯粹知性原理的体系

我们在上一章中只是根据那些普遍条件而考虑了先验的判断力，它唯有在这些条件下才有权把纯粹知性概念运用于综合判断之上。现在我们要做的是：把知性以这种批判的谨慎性实际上先天作出的那些判断在系统的联结中展示出来，对此，我们的范畴表毫无疑问必然会给我们提供自然的和可靠的引导。因为正是这些范畴，它们与可能经验的关系必然会先天地构成一切纯粹的知性知识，而它们与一般感性的关系也将为此而完整地并系统地展示出知性运用的一切先验原理。

B188

先天原理之所以叫作先天原理，不仅是因为它们包含其他判断的原理于自身，而且也因为它们本身不再以更高且更普遍的知识作为根据。但这一属

---

① 拉丁文：数是现相的定量，感觉是现相的实在性，物的持久性和延续性是现相的实体——永恒性是现相的必然性，等等。——译者
② 康德在《补遗 LXI》中将"概念"改为"知识"。——德文编者

A149 性却并不每次都使它们免去一个证明。因为，哪怕这种证明不再能够从客观
上来进行，而毋宁说是关于其客体的一切知识的基础，可是这毕竟不妨碍我们
也许有可能、甚至有必要不把某种证明从一般对象的知识之可能性的主观根
源中排除掉，因为不然的话，这种原理就会仍然带有极大的可疑性，有可能只
是一种骗取而来的主张。

其次，我们把自己局限在那些只与范畴相关的原理之上。这样，先验感性
论的诸原则就不属于我们所划出的这个研究领域，根据那些原则，空间和时间
是一切作为现象之物的可能性条件，同时也是这些原理的限制：即它们不能与
自在之物本身相关。同样，数学的原理也不构成这个体系的一部分，因为它们

B189 只是从直观中、而不是从纯粹知性概念中引出来的；但由于它们总还是先天综
合判断，它们的可能性在这里仍有其必要的位置，虽然不是为了证明其正确性
和无可置疑的确定性，这是它们所不需要的，而只是为了使这些自明的先天知
识的可能性成为可理解的，并将它演绎出来。

A150 但我们也将要讨论分析判断的原理，虽然这与我们本来要探讨的综合判
断①相反；因为正是这种对置将使综合判断的理论摆脱一切误解，并使综合判
断在自己特有的性质中明白地呈现出来。

第一节　一切分析判断的至上原理

不论我们知识的内容是什么，也不管这知识与客体有怎样的关系，一般说
来，我们所有判断的普遍的、虽然只是消极的条件终归是：它们不自相矛盾；否

B190 则的话，这些判断自在地就本身而言（即使不考虑客体）便什么都不是。但即
使在我们的判断中没有矛盾，那么这判断毕竟还是有可能这样来联结概念，就
如同它不是对象所造成的，或者甚至没有任何不论是先天地还是后天地给予
我们的理由来批准这样一个判断，这样一来，一个判断即使没有任何内部的矛
盾，却也有可能要么是错误的，要么是无根据的。

A151 于是，任何与一物相矛盾的谓词都不应归于该物这一原理就称之为矛盾
原理，它是一切真理的一条普遍的、虽然只不过是消极的标准，但它也因此而

---

① 梅林认为应作"综合判断的原理"。——德文编者

仅仅属于逻辑,因为它所适用的知识仅仅是作为一般的知识,而不顾它们的内容,并宣称:矛盾将完全消灭和取消知识。

　　但毕竟,我们也可能将这条原理作一种积极地运用,即不仅仅是清除虚假和错误(只要这是基于矛盾之上),而且也认识真理。因为,如果这判断是分析的,则不管它是否定的还是肯定的,它的真理性任何时候都必然是能够按照矛盾律来充分认识的。因为凡是作为概念已经包含在客体的知识中并在其中被想到的东西,永远都对相反的东西进行着正当的否定,却必然会由该客体对这概念本身加以肯定,因为,该概念的反面将会是与这个客体相矛盾的。　　B191

　　所以我们也必须承认矛盾律是一切分析性的知识的一条普遍的、完全充分的原则;但它的威望和用途也不会走得比真理的一条充分标准更远。因为,不能有任何知识与这条原理相违背而不自我消灭,这诚然使这条原理成为了我们知识的真理的 conditio sine qua non①,但并没有成为它的规定根据。既然　A152
我们所讨论的本来只是我们知识的综合部分,那么我们虽然将随时操心着永远不要违背这条不可侵犯的原理,但却永远不能指望在这样一类知识的真理性方面从它那里得到一些启发。

　　然而,这条著名的原理,虽然抽掉了全部内容而只是形式上的,但它的一个表达式却包含了由于不小心而毫无必要地混杂进去的综合成分。这个表达式说:某物不可能同时存在而又不存在。在这里,无可置疑的(通过不可能这个词的)确定性是多余地附加上去的,这种确定性却又必须是由这原理本身而不言自明的。除此之外,这条原理又附带上了时间这一条件,它仿佛宣称:一个等于 A 之物如果是等于 B 的某物则不能在同一时间又是非 B;但它完全　B192
可以前后相继地是两者(既是 B 又是非 B)。例如一个人他是青年,不能同时又是老人;但同一个人完全可以在一个时候是青年,在另一个时候是非青年即老人。现在,矛盾律作为一条单纯逻辑的原理,必须完全不把它的要求限于时间关系,因此一个这样的表达式是与矛盾律的意图根本相违的。这一误解只　A153
是由于:人们把一物的谓词预先从它的概念中分离出来,然后又把这谓词的反面与这谓词相联结,而这反面永远也不会与主词发生矛盾,只是与主词中已与其综合地联结了的那个谓词相矛盾,而且只是在前一谓词和后一谓词被设定

---

　　①　拉丁文:必要条件。——译者

在同一时间中的情况下才是这样。如果我说一个没有学问的人不是有学问的，那么必须伴以同时这一条件；因为这个在某一时候是无学问的人，在另一个时候完全可以是有学问的。但如果我说，没有哪个无学问的人是有学问的，那么这个命题是分析的，因为这一标志（无学问）从此也参与构成了主词的概念，然后这一否定性的命题便直接从矛盾律中显露出来，而不可添加上同时这一条件。这也就是我为什么在上面改变了矛盾律的表达式、使得一个分析命题的本质由此而清楚地表现出来的缘故。

B193

A154

第二节　一切综合判断的至上原理

对综合判断的可能性作出解释，这是与普遍逻辑完全没有关系的课题，普通逻辑甚至可以连这个课题的名字都不知道。但这在先验逻辑中却是一切任务中最重要的任务，甚至是唯一的任务，如果所讨论的是先天综合判断的可能性，以及它的有效性的条件和范围的话。因为在完成这一任务之后，先验逻辑就可以对自己的目的，即规定纯粹知性的范围和界限，来作一全盘的考虑了。

在分析判断里，我停留于给予的概念之上，以便从它里面得出某物来。如果要使这判断成为肯定的，则我就只把在这概念中已经想到过的东西赋予这一概念；如果要使它成为否定的，则我就只把与这东西相反的东西从这概念中排除掉。但在综合判断中我想要超出这个给予的概念，以便把某种与在其中已经想到过的东西完全不同的某物与这概念置于关系中来考察，因而这种关系就决不是同一性关系，也决不是矛盾关系，而在这时从这个判断自身中就既不能看出真理，也不能看出谬误。

B194
A155

这就承认了：我们必须超出一个给予的概念以便把它和一个别的概念综合地加以比较，所以就需要一个第三者，只有在它里面两个概念的综合才能产生出来。但什么是这个作为一切综合判断的媒介的第三者呢？只有某种把我们的一切表象都包括在自身中的总括，也就是内感官，及其先天形式时间。对诸表象的综合是基于想象力，但想象力的综合统一（这是作判断所要求的）则基于统觉的统一。所以在这些东西里我们将必须寻找综合判断的可能性，而由于所有这三项［即内感官、想象力和统觉］都包含有先天表象的根源，也就必须去寻找纯粹综合判断的可能性，的确，这些纯粹综合判断甚至由于这些理由也将是必要的,如果某种有关对象的、仅仅基于诸表象的综合之上的知识要实现出来的话。

如果一种知识要具有客观实在性,即与某个对象相关,并通过该对象而拥有所指和意义,那么该对象就必须能以某种方式被给予出来。舍此则这些概念就是空的,我们虽然由此而进行了思维,事实上通过这种思维却什么也没有认识到,只是在玩弄表象而已。一个对象的给出,如果这不再只是间接地被意指,而要在直观中直接呈现出来的话,那无非就是将对象的表象与经验(不管是现实的经验或者至少是可能的经验)联系起来。即使是空间和时间,尽管这些概念摆脱一切经验性的东西而如此纯粹,尽管它们如此肯定地在内心中完全先天地被表现出来,但如果它们没有被指明在经验对象上的必然运用,它们就毕竟是没有客观效力、没有意义和所指的,的确,它们的表象只是一个永远与再生的想象力相关联的图型,这种再生的想象力唤起经验的诸对象,没有这些对象,空间和时间就不会有任何所指;一切概念的情况也是如此,没有两样。

所以,经验的可能性就是赋予我们的一切先天知识以客观实在性的东西。而经验是基于诸现象的综合统一之上,即基于按照一般现象的对象之概念所作的综合之上的,舍此它就连知识都不是,而会是知觉的某种梦幻曲,这些知觉不会服从按照某种彻底联结的(可能的)意识的规则而来的连贯关系,因而也不会与统觉的先验的和必然的统一性融合在一起。所以经验拥有为它的先天形式奠基的诸原则,这就是那些在现象的综合中的统一性的普遍规则,它们的客观实在性,作为必然的条件,任何时候都可以在经验中、甚至在经验的可能性中指出来。没有这种关系,先天综合命题就是完全不可能的,因为它们没有第三者,亦即没有任何让其概念的综合统一能在上面呈现出客观实在性来的对象①。

因此,尽管我们在综合判断中对于一般空间,或对于生产性的想象力在它里面所描绘的形状,先天地知道得很多,以至于我们为此实际上不需要任何经验;但如果空间不是必须被看作构成外部经验的材料的那些现象的条件的话,那么这些知识仍将什么都不是,而只是沉迷于幻影;所以那些纯粹的综合判

B195
A156

B196
A157

———————————

① "对象"原文为"纯粹对象",据格里罗删除"纯粹"一词。又,法欣格尔认为此句应作"没有任何让综合统一能在上面呈现出其概念的客观实在性来的对象"。——德文编者

断,哪怕只是间接地,是与可能的经验、或不如说是与这些经验的可能性本身相关的,并且只有在这之上它们的综合的客观有效性才建立起来。

因此,由于经验,作为经验性的综合,在其可能性中是唯一赋予其他一切综合以实在性的知识类型,所以其他一切综合作为先天知识之所以具有真理性(即与客体相符合),也只是因为它不包含别的东西,而只包含对一般经验的综合统一所必要的东西。

所以一切综合判断的至上原则就是:每个对象都服从在可能经验中直观杂多的综合统一的必要条件。

以这样一种方式,当我们把先天直观的形式条件,把想象力的综合,以及这种综合在先验统觉中的必然统一性,与一般可能的经验知识发生关联,并且说:一般经验可能性的诸条件同时就是经验对象之可能性的诸条件,因而它们在一个先天综合判断中拥有客观有效性——这时,先天综合判断就是可能的。

第三节　纯粹知性一切综合原理的系统展示

一般说来,任何地方出现了原理,这都只能归功于纯粹知性,后者不仅仅是相对于发生的事情的规则的能力,而且本身就是原理的根源,根据这些原理,一切东西(只要是能作为对象向我们出现的)都必然服从于规则,因为没有这些规则,现象就永远不能有资格得到与之相应的对象的知识。甚至自然规律,当它们被看作是知性的经验性运用的原理[基本规律]时,同时也就带有必然性的标志,因而至少带来这种猜测,以为是出于先天的和先于一切经验而有效的根据所作的规定。但自然的一切规律毫无例外地都服从知性的更高的原理,因为它们只是把这些原理运用于现象的特殊情况之上。所以只有这些原理才提供出那包含有一般规则的条件和仿佛是这规则的指数的概念,经验则给出了从属于这规则之下的实例。

因此,真正说来,将只不过是经验性的原理看作是纯粹知性的原理,或者反过来将后者视为前者,这倒并不是什么危险:因为后者的特征是依据概念的必然性,这是在一切经验性的原理中、不论它多么普遍地适用,也很容易看出是不具备的,这就可以很容易地防止这种混淆。但有些纯粹先天原理,我仍然还是不想把它们特别归于纯粹知性之中,因为它们不是从纯粹概念中、而是从

B197
A158

B198
A159

B199

纯粹直观中(虽然是借助于知性而)抽引出来的;而知性却是概念的能力。数 A160
学就有这样一些原理,但它们在经验上的运用,因而它们的客观有效性,甚至
这样一些先天综合知识的可能性(即它们的演绎),都毕竟永远是基于纯粹知
性的。

所以我将在我的诸原理中不把数学的原理计算在内,倒是要列入那些为
数学原理的可能性和先天有效性奠定基础、因而必须被看作是这些原理的原
则的原理,它们是从概念到直观,而不是从直观到概念。

在把纯粹知性概念应用于可能经验上时,它们的综合的运用要么是数学
性的,要么是力学性的:因为这种综合部分地只涉及一般现象的直观,部分地
涉及一般现象的存有。但直观的那些先天条件对于一个可能经验来说绝对是
必然的,一个可能的经验性直观之客体的存有的那些条件则本身是偶然的。
所以数学性的运用其原理是无条件的必然的,即表现为无可置疑的,但力学性
的运用其原理虽然也会带有某种先天必然性的特征,但只是在某种经验中的
经验性思维的条件之下,因而只是间接的而非直接的,于是也并不包含有前一 B200
种原理所特有的那种直接的自明性(虽然也并不损害它们普遍地与经验相关
的确定性)。但这一点我们在这个原理体系的结束部分将会更好地加以评判。 A161

范畴表给我们的这个原理表很自然地提供了指示,因为这些原理毕竟只
不过是那些范畴的客观运用的规则而已。因此所有纯粹知性原理就是

1.

直观的公理

2.　　　　　　　　　　3.

知觉的预测　　　　　　　经验的类比

4.

一般经验性思维的公设

我有意选择了这些名称,为的是让人不要忽视这些原理在自明性上和在
实行上的区别。但马上就会表明的是:不论按照量和质(如果只注意质的形
式的话)的范畴所涉及的是自明性还是对现象的先天规定,量和质这两条原 B201
理都是与其他两条原理明显不同的;因为虽然双方都能具有完全的确定性,但 A162

前两条原理是一种直觉的确定性,后两者则只是推论的确定性。所以我将把前两者称为数学性的原理,把后两者称为力学性的原理①。但要充分注意:我

B202 在这里一方面既不是着眼于数学的原理,另方面也不是着眼于普通(物理学的)力学原理,而只是着眼于与内感官相关(不论在其中给出的表象如何)的纯粹知性原理,这样一来,前面那些原理全都获得了自己的可能性。所以我对它们的命名不是由于它们的内容,而是着眼于其应用。现在我就按照上表中呈示出来的那个次序来讨论它们。

1. 直观的公理

其原则是:一切直观②都是外延的量。③

证　明

一切现象按其形式都包含有空间和时间中的直观,而空间和时间共同构成了这些现象的先天基础。所以,这些现象除了通过使一个确定的空间或时

B203 间的诸表象借以产生出来的杂多之综合外,即通过对同质的东西的组合和对这杂多(同质的东西)的综合统一的意识之外,是不可能被领会到、也就是不能被接受到经验性的意识中来的。于是,对一般直观中杂多同质东西的意识④,就客体的表象首次借此成为可能而言,就是一个量(quanti)的概念。所

---

① 一切联结(conjunctio)或者是组合(compositio),或者是结合(nexus)。前者是杂多而并不必然相互隶属的东西的综合,例如由对角线所划分的一个正方形中的两个三角形就是各自并不必然相互隶属的。在一切可从数学上来考虑的东西中同质的东西的综合就是这种情况(这种综合又可以分为集合的综合和联合的综合,前者针对着外延的量,后者针对着内包的量)。第二种联结(nexus)是杂多东西就其必然相互隶属而言的综合,例如偶性必然隶属于实体,或者结果必然隶属于原因,——因而表现为即使是不同质的、但毕竟是先天的联结。这种

B202 联结由于不是任意的,所以我将它称为力学性的,因为它涉及杂多之物的存有的联结(这种联结又可以分为现象相互之间的物理学的联结和现象在先天知识能力中的形而上学的联结)。——康德[按:这个注是第二版添加上去的。——德文编者]

② 梅林认为应为"一切现象"。——德文编者

③ 第一版在"直观的公理"标题下为:"纯粹知性的原理:一切现象按照其直观都是外延的量。"然后跳过以"证明"为题的下一段而与第二段紧接;被跳过的自然段在第一版中阙如。——德文编者

④ 法欣格尔认为应为"杂多同质东西的综合统一性的意识"。——德文编者

以,甚至对一个作为现象的客体的知觉,也只有通过对被给予的感性直观的杂多的这同一种综合统一才是可能的,借此对杂多同质东西的组合的统一性在一个量的概念中得到思考;也就是说,现象全都是量、确切说是外延的量,因为它们作为在空间和时间中的直观,必须通过一般说来空间和时间借以得到规定的这同一个综合而被表象。

　　在一个量中,部分的表象使整体的表象成为可能(因而必然先行于整体的表象),我就把这个量称之为外延的量。一条线不论它多么短,我若是不把它在思想中引出来,即不是从一个点将它的一切部分一个接一个地产生出来、并由此才记下这一直观,我就根本不能设想这条线。对于每条线的这种情况同样也适合于哪怕是最短的时间。在其中我只想到从一个瞬间到另一瞬间的相继进程,这时通过一切时间部分及其相加而最终产生出了一个确定的时间量。既然在一切现象上的单纯直观要么是空间,要么是时间,那么任何作为直观的现象都是一个外延的量,因为它只有通过(从部分到部分的)相继综合才能在领会中得到认识。因此,一切现象都已经被直观为聚合物(各个先前给予部分的集合体)了,而这恰好不是任何一种量的情况,而只是那种在外延上被我们表象和领会为这样的量的情况。

　　生产的想象力在产生形状时的这一相继综合,就是广延的数学(即几何学)连同它的那些公理的基础,这些公理表达了先天的感性直观的诸条件,唯有在这些条件下,外部现象的一个纯粹概念的图型才能实现出来;例如在两点之间只可能有一条直线;两直线不能围住一个空间等等。这是一些真正说来只涉及到量(quanta)本身的公理。

　　但是,在涉及到量(quantitas)、即涉及到回答"某物有多么大?"这个问题时,那么虽然对此有各种这样的命题是综合的和直接肯定的(indemonstrabilia①),但却没有任何真正意义上的公理。因为,说等量加等量,其和相等,或等量减等量,其差相等,这些都是分析命题,我是直接意识到一个量的产生与另一个量的产生的同一性的;但公理却应当是先天综合命题。相反,数的关系的自明命题固然是综合的,但不是像几何学命题那样普遍的,并正因此也不是公理,而是只能被称之为算式。如 7+5 = 12 就不是什么分析命题。因为我既不是在

A163

B204

A164

B205

————————————

　　①　拉丁文:不能演证的。——译者

7 这个表象中、也不是在 5 这个表象中,也不是在这两者的组合这个表象中想到 12 这个数(说我应当在两者的相加中想到这个数,这并不是这里所谈论的;因为在分析命题中所探讨的只是:我是否在主词的表象中确实想到了谓词)。但虽然这个命题是综合的,它却仍然只是一个单独的命题。就此处只着眼于同质的东西(单位)的综合而言,则综合在这里只能以唯一的方式发生,尽管随后这些数的运用是普遍的。当我说:三条直线中的两条合起来大于第三条,则通过这三条直线就能画出一个三角形,这时我所拥有的就只是生产的想象力的机能,它可以让这些线引得更长一些或更短一些,也可以让其按照各种各样任意的角度相接。相反 7 这个数就只是以唯一的方式才可能的,由它与 5 的综合而产生的 12 这个数也是一样。所以我们必须不把这样一些命题称之为公理(因为否则就会有无限多个公理了),而是称之为算式。

A165

B206

　　诸现象的这一先验的数学原理给我们的先天知识带来了很大的扩展。因为唯有它才使纯粹数学能以其全部精确性应用于经验对象之上,这在没有这一原理的情况下就不会如此自明无疑,甚至还引起了一些矛盾。现象并不是自在之物本身。经验性的直观只有通过纯粹的直观(空间和时间)才可能;因此凡是几何学关于纯粹直观所说的,也毫无异议地适用于经验性的直观,借口说似乎感官对象可以不符合空间中的构造的规则(如线或者角的无限可分性规则),这是必须放弃的。因为这样就否定了空间的、及与之一起所有数学的客观有效性,而不再知道数学为什么和在什么范围内能应用于现象之上了。空间和时间的综合作为一切直观的本质形式[①],就是同时使对现象的领会、因而使那种外部经验、也因而使这经验的对象的一切知识成为可能的东西,而凡是数学在对那种综合的纯粹运用中所证明的东西,也必然适用于这些知识。对此的所有反驳都只不过是某种被误导了的理性的刁难而已,这种迷误的理性打算使感官的对象摆脱我们感性的形式条件,并且把这些对象设想为提供给知性的自在的对象本身,虽然它们只不过是些现象;在这种情况下当然就不可能对这些对象有丝毫先天的认识,因而也不会通过空间的纯粹概念对之有任何综合的认识了,而对这些概念作规定的科学即几何学本身也就会是不可能的了。

A166

B207

---

　　① 埃德曼校作"本质形式的综合"。——德文编者

2. 知觉的预测

其原则就是:在一切现象中,实在的东西作为感觉的一个对象具有内包的量,即具有一个度①。

证　明

知觉是经验性的意识,也就是在其中同时存在着感觉的这样一种意识。现象作为知觉的对象并非如空间和时间那样是纯粹的(即仅仅形式上的)直观(因为后两者本身是根本不可能被知觉到的)。所以现象除了直观之外,自身中还包含任何一个一般客体所需的质料(由此某种实存的东西才在空间和时间中被表象出来),即包含感觉的实在的东西,因而仅仅包含主观的表象,对这种表象我们只能意识到主体受到了刺激,我们将它与某个一般客体联系起来。于是,从经验性的意识到纯粹意识就可能有一个逐步的变化,在后者那里,经验性意识的实在的东西完全消失而单留下空间和时间中的杂多的形式的(先天的)意识:因而也有对一个感觉的量之产生的综合,从这感觉的最初阶段即等于 0 的纯粹直观开始,直到它的随便一种什么量。既然感觉本身根本不是什么客观的表象,在其中既找不到空间的直观也找不到时间的直观,那么虽然不能把任何外延的量归之于它,但毕竟应归给它某种量(也就是通过对它的领会,在这种领会中,一定时间中的经验性意识可以从等于 0 的无生长到这感觉的给定的限度),因而应归给它某种内包的量,而与之相应,也必须赋予那包含这感觉在内的知觉的一切客体以内包的量,即对感官发生影响的某种度。

　　我能够用来先天地认识和规定那属于经验性知识的东西的一切知识,我都可以称之为预测,并且毫无疑问,这就是伊壁鸠鲁运用他的术语 προλημψις② 时的意思。但由于在现象上也有某种永远不被先天地认识的东

B208

A167

---

① 在第一版中此句为:"对一切知觉本身进行预测的原理是这样的:在一切现象中,感觉、以及对象上与感觉相符合的实在的东西(realitas phaenomenon)[拉丁文:现相的实在的东西。——译者],都有某种内包的量,即度。"此外,下面的"证明"二字及紧接着的第一个自然段在第一版中阙如。——德文编者

② 希腊文,意为"主语前置法",即把从句中的主语预先提到主句来,又称"预测词",伊壁鸠鲁则用作"从知觉中推出普遍概念"的意思。——译者

B209　西,而这种东西因而也构成了经验性的东西与先天知识的真正区别,这就是
(作为知觉的质料的)感觉,所以结果就是,感觉本来应是完全不可能被预测
的东西。相反,我们之所以有可能把空间和时间中的纯粹规定不论就形状而
言还是就量而言称之为现象的预测,是由于它们先天地表象出那总是可以在
经验中后天地被给予的东西。但假定毕竟有某种可以在任何感觉上、即在一
般感觉上(而不一定给出一个特殊的感觉)先天地认识的东西,那么它就会在
特别的理解中值得被称之为预测,因为在恰好与我们只能从经验中获得的经
验质料相关的东西中,却要抢先于这个经验,这是显得有些奇怪的。而这正是
这里实际发生的事。

　　只是凭借感觉的那种领会仅仅充实一个瞬间(就是说,如果我不考察多
个感觉的相继而至的话)。感觉作为现象中的某物,对它的领会决不是从诸
部分进到整体表象的前后相继的综合,所以它没有任何外延的量;在同一瞬间
A168　中缺了感觉将会把这一瞬间表象为空的,因而等于0。现在,凡是在经验性的
直观中与感觉相应的东西,就是实在性(realitas phaenomenon①);而凡是与这
B210　种实在性的缺乏相符合的就是否定性=0。但现在,任何一种感觉都可能有某
种减小,以至于它可以削弱因而逐渐消失。因此在现象中的实在性和否定性
之间就有许多可能的中间感觉的某种连续的关联,它们的相互区别越来越小,
小于给予的感觉和零之间、或者和完全的否定之间的区别。就是说:现象中实
在的东西任何时候都有一个量,然而这个量并不②在领会中被遇到,是因为它
只是凭借一瞬间的感觉而不是通过许多感觉的相继综合而发生,因而不是从
诸部分到整体地进行的;所以它虽然有一个量,但并非外延的量。

　　于是,我把那种只是被领会为单一性、并且在其中多数性只能通过向否定
性=0的逼近来表象的量,称之为内包的量。所以,现象中的任何实在性都有
内包的量,即有一个程度。如果我们把这种实在性看作原因(不管是在现象
中的感觉的原因还是其他实在性的原因,如某种变化的原因),那么我们就把
A169　这种作为原因的实在性的程度称之为一个力率(Moment),例如重力的力率;

---

　　①　拉丁文:现相的实在性。——译者
　　②　原文为"nicht",维勒校为"只是"(nur),但似与下文不符。兹依旧。——译者据德文
编者

具体说,这是因为程度只表示的这种量,其领会不是前后相继的,而是瞬间的。但我在这里只是顺带提到这一点,因为我现在还没有涉及到因果性。

这样一来,任何感觉,因而甚至现象中的任何实在性,不管它是多么的微小,都有一个程度,也就是有一个内包的量,而这个量还可以一直消失下去,而且在实在性和否定性之间有一个各种可能的实在性及各种可能的更小知觉的连续的关联①。每一种颜色,如红色,都有一个程度,它不论多么小,也永远不是最小,这同样也是热、重力的力率等等一切场合的情况。

量的这样一种属性,即据此它们身上的任何一个部分都不是可能最小的部分(任何部分都不是单纯的),就叫作量的连续性。空间和时间都是 quanta continua②,因为它们的任何一个部分都不可能没有将之包括进两个边界(两个点或两个瞬间)之间就被给予出来,因而以至于只有当这个部分本身又是一个空间或一个时间时才被给予出来。所以空间只是由诸空间构成的,时间只是由诸时间构成的。点和瞬间只是一些边界,即只不过是对它们进行限制的位置;但这些位置任何时候都是以那些它们所应当限制或规定的直观为前提的,而单是由这些位置中、即从这些也许还在空间或时间之前就可能被给予出来的组成部分中,是既不能复合出空间、也不能复合出时间来的。这样一些量我们也可以称之为流失的量,因为在它们的产生中的(生产的想象力的)综合是一种在时间中进展,时间的连续性我们通常是特别用流失(消逝)这个术语来标志的。

因此,一切现象一般说都是连续的量,要么按照其直观而是外延的量,要么按照单纯的知觉(按照感觉,因而按照实在性)而是内包的量。如果对现象的杂多的这种综合被中断了,那么这种杂多就是许多现象的一个聚合物,而不是真正作为一个量的现象,这种聚合物不是通过一定方式的生产性综合的单纯延续,而是通过对某种总在中止的综合加以重复而产生出来的。如果我把13 塔勒称之为一个货币量,那么只有当我把它理解为含有一马克③的纯银时,这种称谓才是正确的;然而这一马克银是一个连续的量,在其中没有任何一个

---

① 维勒读作"一个在可能知觉中的各种可能的更小实在性的连续关联"。——德文编者

② 拉丁文:连续的量。——译者

③ 旧时德国金银重量单位,合 24 克拉金或 8 盎司银。——译者

部分是最小的,而是每一部分都可以构成一个硬币,这硬币总是包含有更小部分的材料。但是如果我把那个称谓理解为整整 13 块塔勒,也就是这么多个银币(它们的含银量可以随便是多少),那么我把它称作这些塔勒的一个量就是

A171　　不适当的了,而必须称之为一个聚合物,也就是一个数目的硬币。既然在一切数目那里都毕竟要以单位为基础,那么现象作为单位就是一个量,而作为这样的量则任何时候都是一个连续体。

　　　　现在,如果一切现象不论从外延上还是从内包上来考察,都是连续的量,
B213　　那么,"甚至一切变化(一物从一个状态到另一状态的过渡)也都是连续的"这一命题就会有可能轻而易举地在这里以数学式的自明性得到证明了,假如一般变化的因果性不是完全处于一个先验—哲学的边界之外并以经验性的诸原则为前提的话。因为,要是说可能有一个原因,它改变事物状态、亦即把事物规定为某个被给予的一定状态的对立面,对此知性根本没有先天地对我们作任何揭示,这不仅仅是因为,知性根本没有洞见到这种可能性,(这种洞见诚然是我们在许多先天知识中所缺乏的),而且是因为这种可变性只涉及到现象的某些规定,这些规定唯有经验才能告诉我们,然而它们的原因是可以在不变的东西中找到的。但由于我们在这里除了一切可能经验的那些必须完全不包含有任何经验性东西的纯粹基本概念之外,手头并没有任何可以为我们所

A172　　利用的东西,所以,不损害系统的统一性,我们就不能抢在以某些基本经验为基础的普遍自然科学之前而行动。

　　　　然而,我们并不缺乏对我们的这一原理所具有的巨大影响的一系列证明,这个原理预测知觉,而且就它防止可能由知觉的缺乏中引出的一切错误推论而言,它甚至弥补了这些知觉的缺乏。

B214　　如果知觉中的一切实在性都有一个程度,在这程度和否定之间有一个程度越来越小的无限等级系列,虽然①每一种感官都必然有对感觉的接受性的一定的程度②:那么,就没有任何知觉、因而也没有任何经验能够不论是直接地还是间接地(即不论我们在推论中如何转弯抹角)证明在现象中一切实在东西的完全缺乏,就是说,从经验中永远不可能引出关于空的空间或某种空的

———————————————

① 法欣格尔和埃德曼都认为此处应为"同样"。——德文编者
② 维勒读作"一定的界限"。——德文编者

时间的证明。因为第一,在感性直观中实在东西的完全缺乏本身是不能被知
觉到的,第二,这种缺乏也不能从任何唯一的现象中,从这现象的实在性的程
度差别中推出来,或者永远不允许哪怕为了解释这种实在性而被假定下来。
因为,即使一定空间或时间的整个直观都是逐点实在的,即它们没有哪一部分
是空的,然而,由于任何实在性都有它的程度,这程度尽管有现象的不变的外
延的量,却可以通过无限的等级而一直减小到无(空无),所以必然有用来充
满空间或时间的无限不同的程度,而在不同现象中的内包的量也必须是可以
更小或更大的,虽然直观的外延的量是一样的。　　　　　　　　　　　　A173

　　我们来举一个这方面的例子。几乎一切自然学家,当他们在同一容积中　　B215
(部分是通过重力或重量的力率,部分是通过对其他运动物质的阻力的力矩
而)觉察到不同种类的物质在量上的巨大区别时,都从中一致地推论出:这一
容积(现象的外延的量)在一切物质中,虽然在不同的程度上,必定都是空的。
但恐怕任何时候也不会有谁想到这些绝大部分是数学和化学的自然科学家仅
仅将他们的这一推论建立在一个他们极力宣称要加以避免的形而上学前提上
吧? 因为他们假定空间中的实在的东西(我在此不想把它们称之为不可入性
或重量,因为这都是些经验性的概念)到处都是一样的,而只能根据外延的量
即数量而区别开来。针对这个他们不能在经验中找到任何根据、因而不过是
形而上学的前提,我提出一个先验的证明,这个证明虽然不是要解释在空间的　　A174
充满上的区别,但却完全取消了那个前提的被以为的必然性,这个前提是说只
有通过必须假定的空的空间才能解释前述区别。而这个证明有这样的功劳,
就是至少使知性处于这种自由之中,即当对这种差别的自然解释想使任何一
个假设成为必然的时,也能以别的方式来思考这一差别。因为那时我们将看　　B216
到,尽管同样两个空间可能为不同的物质完全充满,以致于在两者任何一方里
面都没有一个不会在其中遇到物质在场的点,然而在同一种质那里每个实在
的东西却仍然具有质的程度(阻力或重力的程度),这个程度可以不减少外延
的量或数量而无限地小下去,只要它①还没有转为空无而消失。所以充满一
个空间的某种张力,例如热,以及同样的,任何(在现象中的)别的实在性,都

―――――――――――

　　①　泡尔生(Paulson)认为这里“它”应指“无限小的东西”,格兰德(Görland)则认为是指
“质”。――德文编者

丝毫也无需让这空间的任何一个最小的部分空着,就能够在其程度上减少至无限,而且完全同样地以这个更小的程度充满空间,正如另一个现象以一个更大的程度充满这空间一样。我在这里的意图决不是主张:这实际上就是物质按照其特殊的重力而言的差别那样的情况,而只是主张从纯粹知性的一条原理来阐明:我们知觉的本性使得这样一种解释方式成为可能,而人们则错误地认为现象的实在东西按照程度来说是同样的,而只有按照聚合及其外延的量才是不同的,甚至谎称是通过一条先天知性原理来主张这一点的。

A175

B217　　然而,这种知觉的预测对于一个习惯于先验考察并因此变得小心谨慎的研究者来说,本身总是有某种看不顺眼的地方,它激起了对如下一点的一些疑虑,即知性能够预测①一条类似这样的综合原理,如关于现象中一切实在东西的程度的原理,因而关于感觉本身的内部区别的可能性的原理,如果我们抽掉感觉的经验性的质的话,而这样一来,就还有一个并非不值得解答的问题:知性如何能够综合地对诸现象作出先天的断言,并甚至在那些本来只是经验性的东西、也就是只涉及到感觉的东西中,也能对这些现象进行预测呢?

　　感觉的质任何时候都只是经验性的,而根本不能先天地被表象(例如颜色、味道等等)。但与一般感觉相应的实在的东西,与否定=0相对立,却只表

A176　象着某种其概念自身包含有存在的东西,它无非意味着在一个经验性的意识中的一般综合。因为在内感官中这个经验性的意识能够从0一直被提升到任何更大的程度,以至于直观的这同一个外延的量(例如一个被照亮的平面)所激起的感觉,正如同许多其他(被照亮得较弱的平面的)程度加起来的一个聚

B218　合体所激起的一样大。所以我们可以把现象的外延的量完全抽掉,而仍然能在一个瞬间的单纯感觉上来表象某种从0到给予的经验性意识均匀上升的综合。因此,一切感觉虽然本身都只是后天②被给予的,但它们具有一个程度这一属性却可以先天地被认识。值得注意的是,对于一般的量,我们能够先天认识的东西只是某种唯一的质,也就是连续性,而对于一切质(即现象的实在的东西),我们所能够先天认识的东西却无过于其内包的量,即认识到它们有一个程度。一切其他的事都是留给经验来做的。

---

　　①　"能够预测"是据梅林、瓦伦丁纳等人补上的。——德文编者
　　②　原文为"先天",兹据梅林校正。——德文编者

3. 经验的类比①

它们的原则是:经验只有通过对知觉作某种必然连结的表象才是可能的。

证　明

经验就是某种经验性的知识,即一种通过知觉来规定一个客体的知识。所以它是对知觉的某种综合,这种综合本身并不包含在知觉中,相反,它把知觉的杂多的综合统一包含在一个意识中,这种综合统一构成了感官客体的一个知识、也就是经验(而不仅仅是直观或感官感觉)的本质的东西。现在,虽然在经验中诸知觉只是偶然地彼此相遇,以至于它们相连结的必然性决不是、也不可能是从这些知觉本身中得到解释的,因为领会只是②对经验性直观的杂多的某种编排,却并没有在这种领会中遇到任何将诸现象编排起来、在时间和空间中将它们联结起来的实存之必然性的表象③。然而,由于经验就是通过知觉而对客体的知识,因而在杂多的存有中的关系不应当像它在时间中被编排那样、而应当像它在时间中客观存在的那样被表象在经验中,而时间本身却不可能被知觉到,所以,对客体在时间中的实存的规定就只能是通过一般地把诸客体联结在时间中,因而只是通过那些先天进行结合的概念,才得以发生。既然这些概念任何时候都同时带有必然性,所以经验就只有通过某种把知觉必然结合起来的表象才是可能的。

B219

时间的三种样态是持存性、相继性和同时并存。因此,现象的每个存有能够据以在一切时间的统一性方面得到规定的、诸现象一切时间关系的这三条规则,就将先行于一切经验,并首次使之成为可能。

所有这三种类比的普遍原理,就一切可能的经验性意识(知觉)而言,是建立在对每一个时间的统觉的必然统一性之上的,因而,由于那种统觉是先天

B220

---

① 下面一句话及以"证明"为题的第二自然段在第一版中只是如下一句话:"它们的普遍原理是:一切现象按其存有来说都先天地服从将它们的相互关系规定在一个时间中的那些规则。"——德文编者

A177

② "是"(ist)字为梅林所补加。——德文编者

③ 维勒认为此句应为:"却并没有遇到任何将诸现象编排在空间和时间中、使它们得到联结的……"——德文编者

的基础,也就是建立在一切现象按照它们在时间中的关系的综合统一性之上的。因为这本源的统觉是与内感官(即一切表象的总和)相关的,确切地说,是先天地与内感官的形式、即杂多的经验性意识在时间中的关系相关的。现在,在本源的统觉中,一切这种杂多都应当按照其时间关系结合起来;因为这就意味着这些先天的时间关系的先验的统一,一切应当属于我的知识(即属于我自己的①知识)的东西、因而一切能够对我成为一个对象的东西,都服从这种统一。所以,这个在一切知觉的时间关系中先天地被规定了的综合统一

A178   就是这条法则:一切经验性的时间规定都必须服从普遍的时间规定之规则,而我们现在所要讨论的经验类比就必须是这类规则。

这些原理本身有一个特殊之处,即它们并不考虑诸现象及对其经验性直观的综合,而只考虑存有及在诸现象的这种存有方面这些现象的相互关系。

B221   现在,某物在现象中被领会的那种方式可以被先天地这样来规定,即现象的综合的规则同时也能够在每个现有的经验性实例中给出这种先天的直观,也就是说能够使这种直观由此而实现出来。不过,诸现象的存有并不能先天地被认识,而且即使我们有可能以这种方式做到这一点,即推论出任何一个存有,我们也不会确定地认识它,即不可能将这种存有的经验性直观借以与其他经验性直观相区别的东西预测出来。

前面的两条原理我曾称之为数学性的原理,是考虑到它们有权把数学应用到现象上去,它们曾是根据现象的单纯可能性而指向诸现象的,并且曾告诉我们这些现象是如何能够既在其直观方面、又在其知觉的实在性方面,按照某种数学性综合的规则而产生出来;因此无论在前一方面还是在后一方面,数量以及和数量一起,对现象的作为量的规定,都可以得到运用。所以我将有可能

A179   从例如20万个月亮照明度中复合出并先天确定地给出、亦即构造出对太阳光的感觉的程度。因此我可以将前面这两条原理称之为构成性的原理。

而对于那些要将现象的存有先天地置于规则之下的原理,情况必然完全

B222   不同。因为,既然存有不可构造,那么这些原理将只针对存有的关系,并且只能充当单纯调节性的原则。所以在这里必须思考的既不是公理,也不是预测,

---

① 原文为"我的一些"(meinem einigen),据弗兰德尔(Vorländer)校改为"我自己的"(meinem eigenen)。——德文编者

相反,如果一个知觉在对另一个(虽然是未规定的)知觉的时间关系中被给予我们的话,那么我们将不可能说,与这个知觉必然相联结的是哪一个另外的知觉和一个多么大的知觉,而只能说,这另外的知觉是如何按照存有而在时间的这一样态中与这个知觉必然联结起来的。在哲学中,类比的意义是很有些不同于它们在数学中所表现的东西的。在数学中这都是些公式,它们所陈述的是两个量的关系的相等,并且任何时候都是构成性的,以至于如果比例的两项①给予了,第三项②也由此而被给予,亦即能够由此而被构造出来。但在哲学中,类比不是两个量的关系的相等,而是两个质的关系的相等,在此我从三个被给予的项中只能认识到和先天地给出与第四项的关系,而不是这个第四项本身,我倒是拥有一条在经验中寻找第四项的规则,和一个在经验中找到第四项的标志。所以,一个经验类比将只是一条规则,按照这条规则,是要从知觉中产生出经验的统一性(不是像知觉本身那样作为一般经验性直观的统一性)来,而这种经验类比作为有关对象(现象的对象)的原理将不是构成性地起作用,而只是调节性地起作用。但同样的情况也将适用于一般经验性思维的公设,这些公设把单纯直观的(现象形式的)综合、知觉的(现象质料的)综合和经验的(这些知觉的关系的)综合一起涉及到了。因为它们只是些调节性的原理,它们与那些本身是构成性的数学性原理的区别虽然不是在确定性方面——确定性在两者那里都是先天肯定的——,但毕竟是在自明性的种类方面,也就是在原理的直觉的东西方面(因而也在演证方面)。

A180

B223

但在一切综合原理那里将被提醒、并且在这里必须特别强调的一点是:这些类比并不是作为先验的知性运用的原理,而只是作为经验性的知性运用的原理,才拥有自己唯一的意义和有效性,因而也只是作为这样的原理才能得到证明,因此,诸现象必须不是径直被归摄到诸范畴之下,而只是被归摄到诸范畴的图型之下。因为,假如这些原理所应当涉及到的那些对象是自在之物本身的话,那就会完全不可能先天综合地对它们有什么认识了。现在,对它们所认识的无非是现象,一切先天原理最终毕竟总是必须落脚到对这些现象的完备的知识的,而这完备的知识只不过是可能的经验而已,因此那些原理没有别

A181

---

① 据梅林,此处"两项"应为"三项"。——德文编者
② 据梅林,此处"第三项"应为"第四项"。——德文编者

B224 的目的,只是作为诸现象的综合中经验性知识的统一性的一些条件;但这种统一性唯独只有在纯粹知性概念的图型中才被想到,在纯粹知性概念的统一性方面,即在某种一般综合的统一性方面,范畴包含有不被任何感性条件限定的机能。所以我们凭借这些原理,将有权仅仅按照某种类比而用逻辑的和普遍的概念统一性来组合诸现象,因此我们虽然在这条原理本身中使用范畴,但在具体实行时(在应用于现象上时)却以范畴的图型作为范畴运用的钥匙,来取代它①的位置,或不如说让这图型以前者②的一个公式的名义,作为限定性条件来对那个范畴加以辅助。

A182

A. 第一类比

实体的③持存性原理

实体在现象的一切变化中持存着,它的量在自然中既不增加也不减少。④

证　明⑤

　　一切现象都在时间中,只有在作为基底(作为内直观的持存形式)的时间
B225 中,同时并存也好,相继也好,才能被表象出来。所以现象的一切变更应当在时间中被思考,这时间是保持着并且没有变更的;因为时间是这样一种东西,在其中,前后相继或同时并存只有作为时间规定才能被表象。既然时间不能被单独地知觉到,所以在知觉的对象中、即在诸现象中必定可以遇到这个基底,它表象出一般时间,并且在它身上,一切变更或并存都可以通过诸现象在领会中与它的关系而被知觉到。但一切实在的东西、即一切属于物之实存的

---

①　这个"它"究竟代表什么,众说纷纭,穆勒(Müller)和泡尔生认为是指"范畴",诺阿(Noiré)、阿底克斯认为是指"范畴的运用",格兰德认为是指"现象的综合"。——德文编者

②　穆勒认为"前者"指"范畴",诺阿和泡尔生认为指"原理",阿底克斯认为指"范畴的运用"。——德文编者

③　"实体的"为第二版所加。——德文编者

④　此句第一版为:"一切现象都包含有持存的东西作为对象本身,而包含可以变化的东西作为这对象的单纯规定、即对象实存的某种方式。"——德文编者

⑤　"证明"在第一版中为:"对这个第一类比的证明",以下的整个自然段第一版为:"一切现象都在时间中。时间能够以两种方式规定在现象的存有中的关系,即诸现象要么相继存在,要么同时存在。在前一种观点中时间被看作时间序列,就后一种观点而言时间被看作时间范围。"——德文编者

东西的基底,就是实体,一切属于存在的东西都只有作为它身上的规定才能被思维。因此,现象的一切时间关系唯有通过与之发生关系才能得到规定的那种持存的东西,就是现象中的实体,即现象的那种作为一切变更的基底而一直保持着同一的实在的东西。所以,既然实体在存有中不会变更,所以它在自然中的量也既不会增加也不会减少。

我们对现象的杂多的领会任何时候都是前后相继的,因而总是变更着的。所以我们单凭这一点永远也不能确定,这种杂多作为经验的对象是同时并存,还是前后相随,这时在这种经验那里①并没有某种任何时候都存在的东西、即某种保持着和持存的东西作基础,而关于这持存东西的一切变更和同时并存,都不过是如这持存的东西实存时那样多的方式(时间的诸样态)而已。所以,只有在持存的东西中,时间关系才是可能的(因为同时性和相继性是时间中的唯一两种关系),就是说,持存的东西是时间本身的经验性表象的基底,只有在这基底上一切时间规定才是可能的。持存性一般来说把时间表达为现象的一切存有、一切变更和一切伴随的持久的相关物。因为变更所涉及的不是时间本身,而只是时间中的现象(正像同时并存也不是时间本身的一个样态一样,因为在时间中根本没有任何部分是同时存在的,而是一切都前后相继的)。假如我们要赋予时间本身一个前后相继的序列,那么我们就会有必要再思考一个另外的、会让这个序列在其中成为可能的时间。唯有通过持存的东西,在时间序列中前后相继的不同部分的存有才获得了某种量,我们把它称之为持续性。因为在那种单纯序列中,存在就只是永远地消长着,而永远没有丝毫的量。所以,没有这种持存的东西就没有任何时间关系。既然时间本身自在地是不能被知觉到的,所以在诸现象上的这种持存的东西就是一切时间规定的基底,因而也是诸知觉的一切综合统一的、亦即经验的可能性的条件,而在这个持存的东西身上,时间中一切存有和一切变更都只能被视为那保留和持存的东西的实存的一种样态。所以在一切现象中持存的东西都是对象本身,即实体(现象),但一切变更或可能变更的东西都只是属于这个实体或诸实体实存的那种方式,因而属于这些实体的诸规定。

我发现,在一切时代中,不仅仅是哲学家,而且甚至普通知性,也都已经把

B226

A183

B227

A184

---

① 　埃德曼认为应作"在这种经验对象那里"。——德文编者

这种持存性预设为现象的一切变更的基底了,并且任何时候也都会把它假定为无可置疑的,只是哲学家对此表达得更为确定一些,因为他说:在世上一切变化中,实体保留着,而只有偶性在变更。但关于这样一个如此具有综合性的命题,我在任何地方都不曾遇到过哪怕只是作一个证明的尝试,这一命题也的确很少像它本来应有的那样置身于纯粹的和完全先天存在的自然法则的首位。实际上,"实体是持存的"这个命题是同义反复的。因为,仅仅是这种持存性,才是我们为什么把实体范畴应用于现象上的根据,而人们本来必须证明的是,在一切现象中都有某种持存的东西,在它身上可变更的东西无非是它的

存有的规定而已。但由于这样一种证明从来也不是可以独断地、即从概念中引出来的,因为它涉及的是一个先天综合命题,而人们从来也没有想到过这类命题只有在与可能经验相关时才是有效的,因而也只有通过经验的可能性的

一个演绎才能被证明,所以,毫不奇怪,虽然这条原理在一切经验中都被作为基础(因为人们在经验性的知识中感到对它的需要),但却从来也没有被证明过。

　　假如一位哲学家被问到:烟的重量是多少? 他就会回答:从燃烧的木柴的重量中减去余留下的灰烬的重量,那么你就得到烟的重量。所以他的无可辩驳的前提就是:甚至在火焰中,物质(实体)也没有消失,而只是它的形式经受了一次改变。同样,"从无生无"这一命题曾经只是从持存性原理中推出来的另一命题,或者不如说,只是从诸现象的真正主体的持久不断的存有的原理中推出来的另一命题。因为,如果在现象上人们愿意称作实体的东西应当是一切时间规定的真正基底,那么不论是在过去时间中还是在将来时间中的一切存有,都必须唯一地只在这上面才能得到规定。因此,我们之所以能够给一个现象赋予实体之名,只是因为我们预设了它在一切时间中的存有,这一点是就

连通过持存性这个词也没有很好地表达出来的,因为这个词更多地针对着未来的时间。然而,持存这种内在必然性毕竟是与一直存在着了这种必然性不

可分地联结着的,所以这个术语尽可以保留。Gigni de nihilo nihil, in nihilum nil posse reverti①,这是古人将之不可分地结合在一起的两个命题,而现在人们有时出于误解将它们分开,因为他设想它们是针对自在之物本身的,而前一

---

　　① 拉丁文:从无中生出无,能够回归于无的是无。——译者

个命题有可能会与世界对一个至上原因(哪怕是按照其实体来说)的依赖相违;但这种耽忧是不必要的,因为在这里所谈的只是在经验领域中的现象,它们的统一性,假如我们想让一个新的事物(按照实体)产生出来的话,将会是永远不可能的。因为那样一来,那唯一能表象时间的统一性的东西,即作为一切变更唯一据以拥有一贯的统一性的那个基底的同一性,就会被取消掉了。然而,这个持存性只不过是我们设想事物(在现象中的)存有的方式而已。

一个实体的诸规定无非是该实体实存的种种特殊方式,这些规定叫作偶性。偶性任何时候都是实的,因为它们涉及实体的存有(而否定性则只是那些表达实体身上某物的非存在的规定)。既然我们赋予实体上的这种实在的东西(例如作为物质的一种偶性的运动)以一种特殊的存有,那么我们就把 B230
这种存有称之为依存性,以区别于我们称之为自存性的实体的存有。不过从这里也产生出许多误解,而如果我们把偶性只通过一个实体的存有被肯定地 A187
规定的那种方式来描述的话,它就会得到更精密更正确的讨论。然而,由于我们知性的逻辑运用的诸条件,我们毕竟不能避免将一个实体的存有中那可以变更的东西,不顾这实体仍然保留着,而仿佛是分离出来,并在与本来持存着的东西和根本性的东西的相对关系中对之加以考察;因此,甚至连这个范畴也都立于关系这一项之下,而不止是关系的条件,不止是它本身包含某种关系。

于是,在这种持存性之上,也建立起了对变化这一概念的校正。产生和消失不是那产生或消失的东西的变化。变化是一种实存的方式,它紧跟着同一个对象的另一种实存方式之后。因此一切变化之物都是保留着的,只是它的状态变更了。所以,既然这种变更只是涉及到一些可以终止也可以开始的规定,那么我们就能够以某种看起来有些背谬的方式说:只有持存的东西(实体)才是变化的,可变的东西并不经受变化,而是经受某种变更,因为一些规 B231
定终止了,而另一些规定开始了。

因此变化只有在实体身上才能被知觉到,而绝对的产生和消失,如果不是 A188
只涉及到持存之物的某个规定的话,则根本不会是一种可能的知觉,因为正是这个持存之物,才使得从一个状态向另一个状态、以及从非存在向存在的过渡的表象成为可能,所以这个表象只有作为那保留着的东西的变更着的诸规定才能被经验性地认识。若是假定某物绝对地开始存在,那么你就必须拥有一个它曾不在其中的时间点。但你将把这一点附着于什么上面,如果不是附着于那已经在那里的东西上面? 因为一个先行的空的时间决不是什么知觉的对象;但如果你把这一产生连结于那些先已存在、并且直到那个产生出来的东西为止都延续下来的事物上面,那么后面这个东西就只是前面那个作为持存之物的东西的一个规定。消失的情况也是如此:因为消失是以对一个现象不再存在于其中的时间的经验性表象为前提的。

那些(在现象中的)实体就是一切时间规定的诸基底。一些实体的产生和另一些实体的消失,本身将会取消时间的经验性统一的唯一条件,这样一来,诸现象就会和两种不同的时间发生关系,存有就会在这两种不同的时间中并行地流逝:而这是荒谬的。因为只有一个时间,在它里面一切不同的时间都必须不是同时地、而是相继地被设定。

因此,持存性就是一个必要的条件,只有在此条件下,那些现象才能在一个可能经验中被规定为诸事物和对象。但什么是对这种必要的持存性及与它一起的诸现象的实体性的经验性标准,对此我们将在下面有机会作出必要的说明。

B. 第二类比

按照因果律的时间相继的原理①

一切变化都按照因果连结的规律而发生

证　明

(前一条原理已经表明,时间相继的一切现象全都只是变化而已,即都是在此持存着的实体之诸规定的相继存在和非存在,因而实体自身的存在紧跟着它的非存在、而它的非存在紧跟着它的存有这种情况,换言之,实体自身的产生和消失,是不会发生的。这条原理或许可以这样来表达:现象的一切变更(承继)都只是变化;实体的②产生和消失不是实体的变化,因为变化这个概念

①　在第一版中,该标题为"产生的原理",下面一句话则是:"一切发生的(开始存在的)事都预设了某种它按照一条规则而紧跟其后的东西";再接下来,"证明"的标题及下面的两个自然段都是第二版增加的。——德文编者

②　瓦伦丁纳认为应作"实体的诸规定的"。——德文编者

恰好是以带有两个相反规定的同一个实存着和持存着的主体为前提的。——在这个预先提醒之后,现在来进行证明。)

　　我知觉到诸现象一个紧跟着一个,即在一个时间里有物的一种状态,其反面曾经存在于前一个状态①里。所以真正说来我是在该时间里连结两个知觉。现在,连结并不单纯是感官和直观的工作,而在此也是想象力的综合能力的产物,想象力在时间关系上规定着内感官。但它可以用两种不同的方式联结前述两个状态,使得这一状态或者那一状态在时间上先行发生;因为时间自在地本身并不能被知觉,而在客体方面也不能在与时间的关系中仿佛经验性地规定何者在先、何者在后。因而我只是意识到,我的想象力把一个置于前面,把另一个置于后面,而不是在客体中一个状态先行于另一个状态;换言之,通过单纯的知觉,相互继起的诸现象之客观关系仍然还是未定的。为了使这种关系被视为确定的,两种状态之间的这一关系必须这样来设想,即通过它,两种状态中何者必须置于前面、何者必须置于后面而不是相反,这被规定为必然的。但是,带有综合统一的必然性的这个概念只能是一个纯粹知性概念,它并不处于知觉之中,而在此它就是因果关系的概念,在这种关系中,原因在时间中把结果规定为接续而来的东西,而不是规定为某种单是在想象中有可能先行(或者任何地方都不可能知觉到)的东西。所以甚至经验、也就是关于现象的经验性的知识,也只有通过我们把现象的接续、因而把一切变化从属于因果律之下,才是可能的;因此现象本身作为经验的对象,也只有按照同一个因果律才是可能的。

　　对现象的杂多的领会总是承继性的。各部分的表象相互接续。这些表象是否在对象中也相继而来,这是反思的第二点,它是不包含在第一点之中的。现在,我们虽然可以把一切东西、甚至每个表象,只要意识到了,都称之为客体;但是这个词在现象中,不从现象(作为表象)就是客体这方面说,而是就它们只是标志一个客体而言,应当表示什么意思,这是有更深的讲究的。只要现象仅仅作为诸表象而同时就是意识的对象,那么它们就与想象力的综合中的领会即接受完全没有什么区别,这样我们就必须说:现象的杂多在内心总是相继产生的。假如现象就是自在之物本身,那就会没有人能够从关于它们的杂

B234

B235
A190

---

　　①　维勒认为,"状态"应为"时间"之误。——德文编者

多的表象之前后相继而估量出,这种杂多在客体中将会如何联结。因为我们毕竟只是在和我们的表象打交道;自在之物本身(不考虑它们用来刺激我们的那些表象)会是怎样的,这完全越出了我们的知识范围之外。即使现象不是自在之物本身,却仍然是唯一能给我们来认识的东西,那么我们应该指出,既然杂多的表象在领会中总是前后相继的,应把怎样一种时间中的联结归于现象本身上的杂多。例如,立于我面前的一栋房子,对于它的现象中杂多的领会是前后相继的。现在要问:这房子本身的杂多是否也自行前后相继呢? 这一点当然是不会有人承认的。但现在,一旦我把我关于一个对象的概念一直提升到先验的含义上,这房子就根本不是什么自在之物本身,而只是一个现象,即一个表象,它的先验对象是未知的;那么,我如何理解这个问题:在现象本身(但并非自在的东西本身)中杂多如何有可能被联结起来? 在这里,处于相继的领会中的东西被看作是表象,而被给予我的现象,虽然不过是这些表象的总和,却被看作这些表象的对象,我从领会的这些表象中抽出的概念应当与该对象相符合。立刻可以看出,由于知识和客体的一致即是真理,在这里所能探究的只是经验性真理的形式条件,而现象在与领会的表象的对立关系中,只有以这种方式才能被表现为与表象不同的、诸表象的客体,即:该现象从属于某条使之与任何别的领会相区别的规则,这规则使杂多联结的一种方式成为必然的。在现象中包含有领会的这一必然规则之条件的那个东西,就是客体。

　　现在让我们深入我们的课题。某物发生了,亦即某物或某种以前还没有的状态形成了,这一点,如果不是有一个不包含这一状态的现象先行发生的话,并不能被经验性地知觉到;因为一种紧跟一个空的时间的现实性,因而一个没有任何事物状态先行于之前的产生,正如一个空的时间本身一样,是无法领会的。所以对一个事件的任何领会都是紧跟着另一个知觉的知觉。但由于这是在所有的对领会的综合中都出现的情况,正如我上面在一所房子的现象上所指出的那样,所以这还没有把这个现象和别的现象区别开来。不过我也注意到:当我在包含着一种发生的现象身上把先行的知觉状态称为 A,而把继起的状态称为 B,则 B 在领会中只能跟随在 A 之后,A 的知觉却不能跟随于 B之后,而只能先行于 B。例如我看见一艘船顺流而下。我对这艘船在这条河下游的位置的知觉是跟随在对它在上游的位置的知觉之后的,而不可能在领会这个现象时想要首先知觉到这艘船在下游,然后才知觉到它在上游。所以

在这里,知觉在领会中相继而来的秩序是规定了的,而领会就受到这一秩序的
约束。在前面那个关于房子的例子中, 我的知觉在领会时可以从房顶开始,
到底层结束,但也可以从底下开始,到上面结束,同样还可以从右边或从左边 B238
来领会经验性直观的杂多。所以在这些知觉的系列中没有任何确定的秩序, A193
可以使得我在领会中必须从哪里①开始来经验性地联结杂多这一点成为必然
的。但在有关发生的事情的知觉这里,这一规则总是能遇到的,它使得相互继
起的那些知觉(在对这一现象的领会中)的秩序成为必然的。

所以,在现在的情况下,我就不能不从现象的客观相继中推出领会的主观
的相继来,因为否则那种主观相继就会是完全不确定的,也就不能把任何一个
现象与另一个现象区别开来了。单是主观相继丝毫不能证明杂多在客体上的
连结,因为它完全是随意的。所以客观的相继就在于现象之杂多的秩序,按照
这个秩序,对一个(发生的)某物的领会是根据一条规则而跟随在对另一个
(先行的)某物的领会之后的。只有这样,我才能有权对现象本身、而不只是
对我的领会说:在那里面有一个次序,而这也就等于说:我不能以别的方式、而
只能恰好在这一次序中来进行领会。

所以,根据这样一条规则,在一般先行于一个事件的某物中必定有成为一 B239
条规则的条件,按照这条规则②该事件总是必然地跟随在后;但反过来,我却
不能从这个事件倒退回去,(通过领会)去规定那个先行的某物。因为任何现 A194
象都不从随后而来的时间点倒退回先前的时间点,但的确是和某个先前的时
间点相关的;反之,从某个给定的时间出发而向某个确定的后来的时间前进则
是必然的。所以,由于这毕竟是后继的某物,我就必须把它与另一个一般的先
行的某物必然地相联系,它是按照一条规则、也就是必然地跟随在这另一个某
物之后的,这样一来,该事件作为一个有条件者就提供了某种条件的可靠指
示,这条件则规定着该事件。

我们设想在一个事件之前没有任何它按照一条规则必须跟随其后的东西
先行发生,那么知觉的一切相继就会只是仅仅在领会中、亦即仅仅是主观的,
但这一来就完全不能客观地确定何者必定是真正的先行者,何者必定是随后

---

① "哪里"(wo)原文为"如果"(wenn),文意不通,在此兹据梅林校正。——德文编者
② 维勒将这一句校为:"……必定有这个条件,在这条件之下……"——德文编者

的知觉。我们以这种方式将只会有某种表象游戏，它与任何客体都没有关系，就是说，凭借我们的知觉将根本不会有一个现象按照时间关系与任何别的现象区别开来；因为在领会中的承继性到处都是一样的，因而在现象中没有任何

B240
A195 规定现象的东西，来使得某个一定的次序成为客观上必然的。于是我不会说：两个状态在现象中前后相继；而只会说：一个领会跟随着另一个领会，这只不过是某种主观的东西，而不规定任何客体，因而根本不能被视为任何一个对象的知识（甚至也不是现象中的对象的知识）。

　　所以当我们经验到某物发生了，那么我们在这时总是预先假定了它按照一条规则跟随其后的某样东西先行于前。否则我就不会从客体方面说它跟随在后，因为单纯在我的领会中的这个次序如果不是通过一条规则在与先行之物的关系中被规定下来，是根本没有资格成为客体中的次序的。所以，我使我的主观的（领会的）综合成为客观的，这件事总是在考虑到一条规则时发生的，根据这条规则，现象在其次序中、也就是当它们发生时，是由在前的状态得到规定的，而且唯一地，只有在这个前提之下，甚至关于某种发生的东西的经验才是可能的。

　　当然，看起来这与人们对于我们知性运用的进程一直所作的那些解释相矛盾，按照他们的看法，我们只有通过知觉和比较了许多事件协调一致地跟随

B241
A196 先行现象这样一些次序，才被引导着去发现某种规则，按照这种规则某些事件总是跟随在一定的现象之后，由此才首次促使我们给自己制造出原因的概念。这个概念基于这一点就会只不过是经验性的，而它所带来的规则即一切发生的事情都有原因就会同经验本身一样是偶然的：这样一来，它的普遍性和必然性就会只是杜撰出来的，而不会有真正的普遍有效性了，因为这种有效性将不是先天的，而只是建立在归纳之上的。但这里的情况正如其他那些纯粹先天表象（例如空间和时间）一样，我们之所以能把它们作为清楚的概念从经验中抽出来，只是由于我们已将它们放到经验中去了，所以这些经验是通过那些概念才得到完成的。当然，一条规定诸事件的序列的规则作为一个原因概念的这一表象，其逻辑清晰性只有当我们已把它运用于经验中以后才是可能的，但把这条规则作为时间中诸现象的综合统一之条件来考虑，这毕竟曾是经验本身的基础，所以是先天地先行于经验的。

　　因此关键就在于用例子来说明，我们哪怕在经验中也从来不把次序（某

种从前不存在而现在发生的事件的次序)赋予客体,并将它与我们领会的主　　B242
观次序区别开来,除非有一种规则作基础,它强迫我们遵守知觉的这种秩序而
不是别的秩序,乃至于这种强迫本来应是使客体中某种承继性表象首次成为　　A197
可能的东西。

　　我们自己拥有表象,我们也能意识到它们。但这种意识尽管可以随意地
伸展到如此之远,如此精密或准确,却仍然只不过是些表象,即我们内心在这
种或那种时间关系中的内在规定。那么,我们是怎样做到为这些表象建立一
个客体,或者超出它们的主观实在性的各种变形,还要赋予它们以某种我不知
道是什么样的客观实在性呢? 客观的意义并不能存在于与另外一个表象(即
关于我们想称作对象的东西的表象)的关系之中,因为否则这个问题又再次
提出:该表象又是如何超出自身、并在它作为内心状态的规定而固有的主观意
义之外还获得了客观的意义的? 如果我们研究一下,与对象的关系究竟会给
予我们的诸表象以什么样的新的性状,这些表象由此将获得的尊严是什么,那
么我们就发现,这种关系所造成的只不过是使诸表象以某种形式的结合成为
必然的,并使它们从属于某条规则;反过来说,只是由于在我们表象的时间关　　B243
系中某种秩序是必然的,这些表象才被赋予了客观的意义。

　　在现象的综合里,表象的杂多总是一个接一个相继而来的。通过这一点　　A198
是根本表象不出什么客体来的;因为凭借这种一切领会所共有的次序,并没有
将任何东西与其他东西区别开来。但是,一旦我知觉到、或是预先假定,在这
种次序中有某种对先行状态的关系,表象是从这先行状态中按照某条规则而
随后产生的,这样,某物就作为事件或发生的事情而表象出来了,也就是说,我
就认识到了某种对象,我必须把它放置在时间中某个确定的位置上,这个位置
可以在先行的状态的后面、而不能以别的方式归之于它。所以当我知觉到某
物发生了时,在这个表象中首先就包含了有某物先行的意思,因为正是在与这
一先行物的关系中该现象才获得了自己的时间关系,即在一个先行的、它不曾
在其中存在的时间之后才实存的时间关系。但它之所以得到自己在这种关系
中确定的时间位置,是由于在先行的状态中预先假定了某物,而发生的事情是
总是、也就是按照一条规则跟随其后的:由此就得出,第一,我不能颠倒这个序
列,而把发生的某物置于它跟随其后的某物之前;紧接着是:第二,如果先行的
状态被设定,则这个确定的事件就免不了必然地会跟随而来。这样一来所发　　B244

A199　生的情况就是：在我们的诸表象之间形成了一种秩序，在其中当前之物（只要
它已形成了）对某种先行状态提供了指示，将它看作这个已经给予的事件的
某个相关物，这相关物虽然尚未确定，但却对这个作为其后果的给予事件有规
定性的关系，并且将它和自己在时间序列中必然地连结起来。

现在，如果我们的感性有一条必然规律，因而一切知觉有一个形式条件：
在先的时间必然规定随后的时间（因为我只有通过先行的时间才能达到随后
的时间），那么时间序列的经验性表象也有一条不可或缺的规律：过去时间的
现象规定着继起时间中的每一个存有，而这些作为事件的现象只有当那些先
行现象在时间中为它们规定了存有，即按照一条规则确定了它们的存有时，才
会发生。因为只有凭这些现象我们才能经验性地认识到时间关联中的这样一
种连续性。

一切经验及其可能性都需要知性，而知性为它们所做的第一件事并不是
使对象的表象变得清楚，而是使一个对象的表象一般说来成为可能。这件事
B245　的做成是由于知性把时间秩序加到了现象及其存有身上，因为它赋予每个作
为结果的现象以时间中的一个就先行现象而言的先天规定了的位置，没有这
A200　个位置，该现象就不会与时间本身达成一致，而时间是先天地为自己的一切部
分规定其位置的。现在，这个位置规定不能从诸现象与绝对时间的关系中借
来（因为绝对时间不是知觉的对象），恰恰相反，诸现象必须在时间中相互规
定其位置，并使这一位置在时间秩序中成为必然的，就是说，跟随而来或发生
出来的事情必须按照一条普遍规则而跟随于已包含在先行状态中的东西之
后，由此而形成一个诸现象的序列，而它借助于知性在可能知觉序列中产生出
来、并使之成为必然的这个秩序和持续的关联，正和在所有的知觉都必须在其
中拥有其位置的那个内直观形式（时间）中先天地见到的是同一个秩序和
关联。

所以，某件事情发生了，这是一个属于可能经验的知觉，这可能经验当我
把现象按照其在时间中的位置而看作规定了的、因而看作能根据在知觉关联
B246　中的某种规则而总是发现的客体时，就成了现实的经验。但这条按照时间次
序来规定某物的规则就是：在先行的东西中必定有使该事件总是（也就是必
A201　然地）跟随而来的条件。所以充足理由律就是可能经验的根据，亦即现象就
其在时间的相继序列中的关系而言的客观知识的根据。

但充足理由律的论据仅仅是基于下面的情况。一切经验性的知识都需要想象力对杂多的综合,这综合总是承继性的,也就是在其中诸表象总是一个跟随一个的。但这种相继在想象力中根本不是按照(何者必须先行、何者必须随后的)秩序来规定的,一个个跟随而来的诸表象的这个序列同样既可以视为后退的也可以视为前进的。但如果这种综合是(对一个给予现象的杂多的)领会①的综合,那么这一秩序就在客体中被确定了,更确切地说,在这综合里有规定着客体的一种承继性综合的秩序,按照这一秩序,某物必然先行于前,而这点一经确定,另一物则必然跟随于后。所以,如果我的知觉要包含某种事件的知识,也就是某物在此现实地发生的知识,那么它就必须是一种经验性的判断,在其中我们想到,这次序是确定的,即它在时间上把另外一个现象作为前提,它必然地、或者说按照一条规则跟随着这个现象。反之,如果我设定了先行之物,而事件不是必然地跟随其后,那么我就会不得不把它只看作我的想象力的主观游戏,如果我在其中却表象出了某种客观的东西,我也必须只把它们称之为一个梦。所以,诸现象(作为可能的知觉)的这种关系——按照这种关系,后继之物(发生的事情)是被某种先行之物在其存有上必然地、并且是按照某种时间规则而规定了的——,因而,原因与结果的关系,就是我们的经验性判断在知觉序列方面的客观有效性条件,因而是知觉的经验性真理的、所以也就是经验的客观有效性条件。这样,在现象的相继中的因果关系原理甚至是先于②经验的一切对象(它们服从承继性这个条件)而起作用的,因为它本身就是这样一个经验的可能性根据。

B247

A202

但在这里还表现出某种疑点,是必须提出来的。现象之间因果连结的原理在我们的表达方式中是局限于现象的相继序列上的,但在其运用中却有这种情况,即也适用于诸现象的相伴随,而原因和结果可以是同时的。例如房间中是温暖的,在室外的空气中则不觉得温暖。我寻其原因,发现一个烧热的炉子。既然这个火炉作为原因与其结果即房间的温暖是同时的,那么在这里,从时间上说并没有原因和结果之间的相继序列,而是两者同时

B248

①　原文为 Apprehension(领会),据维勒应为 Apperzeption(统觉)之误。——德文编者
②　哈滕斯泰因(Hartenstein)认为这里应为"对于",埃德曼不同意这一看法。——德文编者

A203　　的,但这条规律仍然有效。在自然中,绝大部分的致动因都是与它们的结果同时的,而结果在时间上的继起,只不过是由原因不能在一瞬间就完成其全部结果而导致的。但在结果最初产生的那一瞬间,它总是与其原因的因果作用同时的,因为假如原因在前面一瞬间停止存在,该结果就根本不会产生了。在此我们必须充分注意,我们针对的是时间秩序,而不是时间过程;即使没有任何时间流过,这种关系仍在。在原因的原因性及其直接结果之间的时间可以是无限小的①(因此它们可以是同时的),但前者对后者的关系却仍然总是可以按照时间来规定的。如果我把一个放在膨起的床垫上压出一个小凹陷的球看作原因,那么它与结果就是同时的。不过我毕竟通过二者的力学连结的时间关系而区分了这两者。因为,如果我把这球放到床垫上,那么在床垫原先平坦的形状上就会随之有一个凹陷,但如果床垫有一个

B249　　(我不知从何而来的)凹陷,那么在其上并不随之就有一个铅球。

　　　　这样,时间相继当然就是结果在与先行的原因的因果关系中唯一的经验

A204　　性标准了。一杯水乃是水上升到它的水平面以上的原因,虽然这两种现象是同时存在的。因为我一旦用杯把水从较大的容器中舀出来,随之就有某件事发生,即水从原先在容器中的水平位置变得下陷了杯中所装的那么多。

　　　　这种因果关系引出了动作的概念,动作则引出了力的概念,并由此引出了实体的概念。由于我的批判的意图只涉及先天综合知识的来源,我并不想将它混同于只是从事阐明(而不是扩展)概念的分析,所以我把对这些概念的麻烦的讨论留给未来的纯粹理性体系:即使在迄今所知的这一类教科书中也已经有大量的这种分析。不过,在一个实体显得不是通过现象的持存性、而是通过动作而能更好更容易地显露出来时,对于它的经验性标准,我是不能置之不顾的。

B250　　　　凡是在有动作、因而有活动和力的地方,也就有实体,并且只有在实体里才必定找得到现象的那种富有成效的来源之地。这一切都说得很对;但是,如果我们想要解释什么是我们对实体的理解,并想在这种解释中避免错误的循

A205　　环论证,那么这个问题就不是很容易回答的了。我们怎么会从动作过程(Behandlung)立刻得出动作者(Handelnden)——它毕竟是实体(现象)的一

---

　　①　verschwindend,直译为"消失着的"。——译者

个如此根本的和特有的标志——的持存性的结论的呢？这个问题虽然按照通常的方式（即只是分析地处理这些概念）是完全不会得到解决的，不过根据我们前面所说的，解答这一问题倒是没有这样一种困难。动作已经意味着原因性的主体对结果的关系了。既然一切结果都在于具体发生的事情，因而在于按照前后承继性来标明时间的那个可变易之物，那么可变易之物的最终主体就是作为一切变更者的基底的持存的东西，即实体。因为按照因果性原理，动作永远是现象的一切变更的最初根据，因而不能包含在本身变更着的某个主体之中，否则就会需要有其他的动作和另一个规定这种变更的主体。为此之故，动作作为一种充分的经验性标准，就证明了那种实体性①，而无须我通过比较各个知觉才去寻找该实体的持存性，这也是后一种 **B251** 方式不能以由这概念的量和严格的普适性所要求的那种详尽性而做到的。因为一切产生和消失的因果作用的最初主体本身（在现象的领域中）不能产生和消失，这是一个可靠的结论，它导致存有中的经验性的必然性和持存 **A206** 性，因而也导致一个作为现象的实体这个概念。

如果有某物发生，那么单是这一产生本身自在地已经是一个研究对象了，而无须考虑在此产生的东西。从一个状态的非存在到这种状态的过渡，即使假定它不包含有现象中的任何质，就已经必须单独地加以研究了。正如在 A 这一小节中②已经指出的，这一产生所涉及的不是实体（因为实体并不产生），而是实体的状态。所以这只不过是变化，而不是从虚无中发源。如果这种发源被看作来自某种陌生原因的结果，它就叫作创造，创造作为事件在现象中是不能允许的，因为单是它的可能性就已经会取消经验的统一性，虽然如果我把一切物不是看作现相、而是看作自在之物，看作单纯知性 **B252** 的对象，则它们尽管是实体，却可以被视为就其存有来说是依赖于陌生原因的；但这样一来就会引起完全不同的语词含义，而与作为经验之可能对象的现象不适合了。

那么，一般来说某物如何能够被改变，它如何可能在一个时间点的状态之

---

①　维勒认为"那种实体性"前面应加上"一个主体的"，埃德曼认为下面的"该实体的持存性"相应地应为"该主体的持存性"。——德文编者

②　指前面的"A.第一类比"即有关"实体性"的一小节。——译者

A207　　后跟随着另一个时间点的某种相反的状态:对此我们先天不具有起码的概念。为此需要只能经验性地给予出来的现实的力的知识,如运动的力的知识,或者(这也一样)使这种力得以表现出来的(作为运动的)某些承继性现象的知识。但是,每个变化的形式,即变化唯有在其下才能作为另一状态的产生而发生的条件(其内容、也就是被改变的状态可以听便),因而这些状态的承继性本身(即发生),毕竟是可以根据因果律和时间的诸条件而先天地来考虑的①。

B253　　　　如果一个实体从一个状态 a 过渡到另一个状态 b,那么这第二个状态的时间点就与前一个状态的时间点有了区别,并跟随其后。同样的,就连作为(现象中的)实在性的第二个状态,也与它当时不在其中的第一个状态有了区别,正如 b 和零的区别一样;也就是说,即使状态 b 与状态 a 只是在量上有区

A208　别,这一变化也是一个从 b 中减去 a 的东西的产生,它在前一状态里是不曾有的,对它而言前一状态=0。

　　　　所以问题就在于,一物将如何从一个状态 a 过渡到另一个状态 b。在两个瞬间之间总是有一个时间,而在两个瞬间的两个状态之间总是有种区别,它含有一个量(因为现象的所有部分仍然还是量)。所以从一个状态到另一个状态的任何过渡总是在两个瞬间之间所包含的时间中发生的,其中第一个瞬间规定着该物从中走出来的那个状态,第二个瞬间规定着它所达到的那个状态。因此这两者就是一个变化的时间界限,因而是两个状态之间的中间状态的时间界限,并且作为这种时间界限是共同属于这整个变化的。于是每一个变化都有一个原因,这原因在变化所发生的整个时间中表现出它的因果作用。因此这个原因就不是突然地(一下子或在一瞬间中)产生出它的变化来的,而

B254　是经过一个时间,以致于,正如时间从 a 这一初始瞬间一直增长到它在 b 中结束一样,这个(b 减 a 的)实在性的量也是通过包含在最初和最终之间的所有那些更小的程度而产生出来的。所以一切变化都只是通过因果作用的连续动作才可能的,而这动作就其是匀速的而言,就称之为力率(Moment)。变化不

A209　是由这些力率构成的,而是借助于力率作为其结果产生出来的。

---

　　① 应当备加注意的是:我所说的不是一般关系的变化,而是状态的变化。因此,当一个物体匀速地运动时,它完全没有改变其(运动的)状态;但在它加速和减速运动时,倒是改变了状态。——康德

这就是一切变化的连续律,其根据是这样的:时间以及时间中的现象都不是由一些最小的部分构成的,而物的状态在其变化时却毕竟经由所有这些作为要素的部分而过渡到了它的第二种状态;现象中实在之物的区别正如时间中量的区别一样,没有一个是最小的,所以实在的新状态是从它还不存在的前一状态开始,通过其所有无限种程度而形成起来的,这些程度相互之间的区别全都比 0 和 a 之间的区别更小。

这条原理在自然研究中将会有什么样的用处,这不是我们这里要讨论的。但是,这样一条似乎很能扩展我们的自然知识的原理如何可能是完全先天的,这是亟待我们来检验的,即使从表面上证明了它是真实的和正确的,因而人们 B255 会相信用不着提出它是如何可能的这一问题。因为有这样多毫无根据的企图,要求通过纯粹理性来扩大我们的知识,以致于必须被看作普遍的原理的是:正因此而完全不信任这一类要求,并且,若没有可以获得一个彻底的演绎的证据,哪怕依据最清楚的独断证明也决不能相信和接受这一类要求。 A210

经验性知识的一切增加,及知觉的每一步进展,都只不过是内感官的规定的某种扩展,亦即时间中的某种进步,其对象则可以随便是现象或是纯粹直观。这个时间中的进步规定一切,而本身自在地却不再被任何东西所规定;就是说,这一进步的各部分只是在时间中并通过时间的综合而被给予,但不是先于时间的综合而被给予。因此,知觉向时间中跟随其后的东西的每一过渡都是通过这一知觉的产生而对时间的规定,而由于时间总是、并且在其一切部分中都是某种量,则一个知觉作为一个量,其产生就是通过所有的程度(其中任何一个都不是最小的程度)而从零开始,一直达到它的确定的程度。这就揭示出了一种按照变化的形式先天地认识一条变化规律的可能性。我们只是在 B256 预测我们自己的领会,其形式条件既然在一切被给予的经验之前就寓于我们之中,当然就必定能够先天地被认识。

因此,正如时间包含着实存之物①向跟随之物连续进展之可能性的先天感性条件一样,知性借助于统觉的统一就是对现象在这一时间中的一切位置 A211 进行连续规定的可能性之先天条件,而这是通过原因和结果的序列达到的,原因不可避免地引起结果的存有,并因此而使时间关系的经验性知识对任何时

---

① 维勒认为此处应为"先行之物"。——德文编者

间而言(普遍地)、因而客观地有效。

C. 第三类比

按照交互作用或协同性的法则同时并存的原理①

一切实体就其能够在空间中被知觉为同时的而言,都存在于普遍的交互作用中。

证　明

B257　　当经验性直观中一物的知觉能够与另一物的知觉交互地接续时(这在诸现象的时间序列中,正如在第二原理②那里曾指出的,是不可能发生的),两物便是同时的。这样,我可以将我的知觉先指向月亮,然后指向大地,或者也可以反过来先指向大地,然后指向月亮,并且正由于对这些对象的知觉可以交互地相互接续,我就说这些对象是同时实存的。于是,同时并存就是杂多的东西在同一时间内的实存。但人们却不可能知觉到时间本身,以便从事物被设定在同一时间中得出这些事物的知觉相互能够交相接续。所以想象力在领会中的综合将只会把两个知觉中的一个指定为这样一种知觉,即当另一个知觉不存在时它在主体中存在,以及交替地这样来做,但却不会把这两个客体指定为同时存在的,即当一个客体存在时另一个客体也在同一时间中存在,并把这种情况指定为必然的,以便这两个知觉能够交互地相互接续。这样一来,就需要有关于这些外在地彼此同时实存之物的诸规定交互接续的一个知性概念,以便能够说,诸知觉的这种交互接续是在客体中有根据的,由此来把同时并存表象为客观的。但现在,在诸实体的关系中,一个实体所包含的诸规定,其根据

B258　　却包含在另一个实体中,这是一种影响的关系,并且如果交互地这一个包含有另一个中诸规定的根据的话,它就是协同关系或交互作用的关系。所以诸实体在空间中的同时并存只有以它们相互的交互作用为前提,才能够在经验中被认识;所以交互作用也是诸物本身作为经验对象的可能性条件。

----

① 在第一版中,此标题为"协同性原理",下面一句话则为:"一切实体就其同时存在而言,都处于普遍的协同性(即相互的交互作用)之中。"再接下来的标题"证明"及下面第一个自然段均为第二版所增加。——德文编者

② 指前面"第二类比"即因果性类比。——译者

诸物就其在同一个时间中实存而言是同时并存的。但如果在对这种杂多的领会的综合中的秩序是无所谓的,即是说可以从 A 通过 B、C、D 进到 E,或者反过来也可以从 E 进到 A 的话,我们又从何认识到它们存在于同一个时间中?因为,假如这种综合①在这时间中是前后相继的(处于一个以 A 开始而以 E 结束的秩序中),那么在知觉中从 E 开始进行领会并继续退回到 A 就是不可能的,因为 A 属于过去了的时间,所以它决不再可能是领会的对象了。

现在假定:在作为现象的实体的杂多性中每个实体都完全是孤立的,即任何一个都不对另一个起作用,也不接受另一个的交互影响,那么我就会说:它们的同时并存将决不会是一个可能知觉的对象,并且一个实体的存有决不可能通过任何经验性的综合之路而达到另一个实体的存有。因为当你设想它们被一个完全空的空间分离开来时,那么从一个实体到另一个实体在时间中继续着的知觉,虽然能够凭借一个相继的知觉而规定后一个实体的存有,但却不能够分辨出,这个现象是客观上接续着前一个实体呢,还是毋宁说与它同时并存的。

所以,除了单纯的存有之外还必须有某种东西,A 通过它来规定 B 在时间中的位置,反过来 B 也通过它来规定 A 在时间中的位置,因为只有在这一条件下,上述实体才能被经验性地表象为同时实存的。现在,只有那本身是另一个东西或它的诸规定的原因的东西,才规定另一个东西在时间中的位置。所以,每个实体(既然它只能就其诸规定而言是一个结果)都必须是另一个实体中的某些规定的原因性,并且同时自身包含有另一个实体的原因性的诸结果,就是说,它必须(直接或间接地)处于力学性的协同性中,如果这种同时并存要在任何一个可能经验中得到认识的话。但现在,一切同时并存就经验的对象而言都是必然的,没有它,关于这些对象的经验本身都将会是不可能的。所以对于现象中的一切实体,就它们同时并存而言,都必然处于相互的交互作用的普遍协同性之中。

"协同性"(Gemeinschaft)这个词在德语中有双重含义,它可以是指 communio②的意思,但也可以是指 commercium③的意思。我们在这里是在后一

A212

B259

A213

B260

---

① 维勒认为应是"这些物"。——德文编者
② 拉丁文:共同性。——译者
③ 拉丁文:交互联系。——译者

种意义上使用这个词的,即作为一种力学性的协同性,没有它,甚至就连场所的协同性(communio spatii①)也永远不可能得到经验性的认识。对于我们的经验来说很容易说明,只有在空间的一切处所中的连续的影响才能把我们的感官从一个对象引向另一个对象;在我们的眼睛和宇宙天体之间闪烁的光线,导致了我们和这些天体之间的一个间接的协同性,并由此证明了这些天体的同时并存;如果不是无处不在的物质使我们有可能知觉到我们的位置的话,我们就不能经验性地改变任何地点(并知觉到这种改变),而这种知觉也只有借助于这些物质的交互影响,才能表明它们的同时并存,由此也才能直到最遥远的对象都表明它们的共存(虽然这些表明都只是间接的)。没有协同性,任何

A214
B261 (对空间中的现象的)知觉都会与别的知觉断绝开来,而经验性的表象链条、也就是经验,也将会一遇到某个新的客体就完全从头开始,而前一个表象就不会与它有丝毫关联,或不可能与它处于时间关系之中。我决不是要以此来反驳空的空间;因为这种空间尽可以存在,知觉却决不会达到它,所以不会产生任何同时并存的经验性知识;但这样一来,空的空间对于我们的一切可能经验来说就根本不是什么客体了。

下面所说的可以用来对此加以解释。在我们内心中,一切现象作为包含在一个②可能经验中的东西,都必然处于统觉的协同性(communio③)之中,并且,只要诸对象都应当被表象为同时实存地结合着的,那么它们就必须在一个④时间中交互地规定它们的位置,并由此构成一个整体。如果要使这个主观的协同性基于客观的根据之上,或是与作为实体的诸现象发生关系的话,那么对一个现象的知觉就必须作为根据而使对另一现象的知觉成为可能,反之亦然,这就使得任何时候都存在于作为领会的知觉中的前后相继性不被加到客体上,而是这些客体可以作为同时实存的而得到表象。但这就是诸实体的一种交互影响,即它们的一种实在的协同性(commercium⑤),所以,没有这种

A215 协同性,同时并存的经验性关系就不可能在经验中发生。通过这种交互联系,

---

① 拉丁文:空间上的共同性。——译者
② 法欣格尔认为"一个"应加着重号。——德文编者
③ 拉丁文:共同性。——译者
④ 法欣格尔认为"一个"应加着重号。——德文编者
⑤ 拉丁文:交互联系。——译者

诸现象就其相互外在却仍然处于结合之中而言,就构成了一个复合物(com-　B262
positum reale①),而这样一类的复合体是以诸多方式成为可能的。因此,一切
其他关系由以产生出来的这三种力学性关系,就是依存性关系、一贯性关系和
复合性关系。

＊　　　　　＊　　　　　＊

　　而这就正是经验中的那三种类比。它们只不过是对诸现象在时间中的存
有的规定的诸原理,所依据的是时间的所有这三种样态,即作为一种量而对时
间本身的关系(存有的量,即持续性),作为一个系列而在时间中的关系(即前
后相继),最后是作为一切存有的总和而也在时间中的关系(即同时)。时间
规定的这种统一性是彻底地力学性的,就是说,时间不是被视为经验在其中直
接给每个存有规定其位置的东西,这种规定是不可能的,因为绝对的时间决不
是知觉的对象,好像诸现象可以借助于它而集合在一起似的;相反,诸现象的
存有唯有通过知性的规则才能按照时间关系得到综合的统一,这种知性规则
给每个现象规定了它在时间中的位置,因而是先天地并且对一切时间和每个
时间都有效地作这种规定的。

　　我们所说的(在经验性的理解中的)自然,就是指诸现象在其存有上按照　A216
其必然规则、亦即按照规律的相互关联。所以是有某些一定的规律,也就是先　B263
天的规律,才使得一个自然成为可能的;那些经验性的规律只有凭借经验,而
且是依照经验本身据以首次成为可能的那些本源的规律,才能够发生,也才能
够被发现。所以,我们的这些类比真正体现了一切现象在某些指数下关联起
来时的自然统一性,而这些指数无非是表达了时间(就其把一切存有都包括
于自身中而言)对统觉的统一的关系,这种统一只有在按照规则的综合中才
能发生。所以这些类比共同说明了:一切现象都处于一个②自然中,并且必须
处于其中,因为没有这种先天的统一性,任何经验的统一性、因而任何对经验
中的对象的规定也都将会是不可能的了。

　　关于我们曾使用于这些先验的自然规律之上的那种证明方式,以及这种
证明方式的特点,有必要作一点说明,这个说明同时作为规范,对于任何想证

---

①　拉丁文:实在的组合物。——译者
②　哈滕斯泰因认为"一个"应加着重号。——德文编者

明一些智性的同时又是先天综合的命题的其他尝试来说,必定是极为重要的。
假如我们本来是想把这些类比独断地、即从概念中证明出来,即证明:一切实

存之物只在持存着的东西中才找到,任何事件都以它按照一条规则跟随其后
的先前状态中的某物为前提,最后,在同时并存的杂多中种种状态按照一条规
则同时存在于相互关系中(处于协同性中),那么,一切努力都将会是完全白
费了。因为,凭借对这些事物的单纯概念,不论我们怎样尽量对之进行剖析,
我们都根本不可能从一个对象及其存有中得出另一个对象的存有或它的实存
方式。现在留给我们的还有什么呢? 只有经验的可能性,即一种知识的可能
性,在这种知识中,如果一切对象的表象要对于我们具有客观实在性的话,这
些对象就必须最终能够被给予我们。现在,这个第三者的本质的形式就在于
一切现象的统觉的综合统一,在这个第三者中,我们曾找到了对现象中一切存
有作普遍必然的时间规定的那些先天条件,没有这些条件,甚至就连经验性的
时间规定也将会是不可能的,而且我们还曾找到了先天的综合统一的诸规则,
借助于这些规则,我们曾得以对经验进行预测。由于缺乏这一方法,并且狂妄
地想要对知性的经验运用作为自己的原则所提倡的那些综合命题作出独断的
证明,于是就发生了这种情况,即对充足理由律所作的某种证明曾被如此频繁

地尝试,但总是白费力气。对于其他两个类比也从来没有人进行过思考,尽管
人们一直在默默地使用它们①,因为还缺乏唯一能够揭示出和使人注意到知
性在概念中和在原理中的每个漏洞的那条范畴线索。

4. 一般经验性思维的公设

1.凡是(按照直观和按照概念)与经验的形式条件相一致的,就是可
能的。

---

①　显然,一切现象都应当结合于其中的那个世界整体的统一性,只是那暗中被假定的
一切同时并存的实体的协同性原理的一个推论而已;因为,假如这些实体是孤立的,那么它们
将不会作为诸部分而构成一个整体,而假如它们的结合(杂多的交互作用)不是由于同时并存
之故而已经是必然的,那么我们就不会有可能从后面这条只是作为一种理想的关系的原理,
去推论出前面那个作为一种实在关系的统一性了。虽然我们在谈到这条原理的地方曾指出
过:协同性真正说来应是对于并存的一个经验性知识的可能性根据,所以我们真正说来只会
是从这种并存的经验性知识中反推出那个作为它的条件的协同性的。——康德

2. 凡是与经验的(感觉的)质料条件相关联的,就是现实的。　　　　B266

3. 凡是其与现实东西的关联是按照经验的普遍条件而得到规定的,就是(在实存上)必然的。

解　　释　　　　A219

模态的诸范畴具有自身的特殊性:它们丝毫也不增加它们作为谓词附加于其上的那个作为客体规定的概念,而只是表达出对认识能力的关系。当一物的概念已经全部完备了时,我却还可以对于这个对象提问:它仅仅是可能的呢,还是也是现实的呢,或者如果它是现实的,那么它是否根本就是必然的?借此并没有任何更多的规定在客体本身中被想到,而所要问的只是,客体(连同它的一切规定)与知性及其经验性的运用,与经验性的判断力,以及与理性(在它应用于经验上时)处在怎样的关系中?

正是为此之故,模态的诸原理也就只不过是对可能性、现实性和必然性的概念在其经验性的运用中的一些解释而已,与此同时也是把一切范畴限定在单纯经验性的运用之上,而不允许和不容忍作先验的运用。因为,如果这些范畴不仅具有一种单纯逻辑上的意义,并且不是想分析地表达思维的形式,而是想要涉及到事物及其可能性、现实性或必然性的话,那么它们就必须指向认识对象唯一在其中被给予出来的那个可能经验及其综合统一。　　　　B267

所以,事物的可能性①公设要求事物的概念与一般经验的形式条件相协调。但这些条件,也就是一般经验的客观形式,却包含有认识客体所需要的一切综合。一个包含一种综合于自身的概念,如果这综合不属于经验,它就必须被看作空的,并且不与任何对象发生关系,除非这概念要么是从经验中借来的,于是这概念就叫作经验性的概念,要么这概念是一般经验(经验的形式)当作先天条件而建立于其上的这样一种综合,于是这概念就是纯粹概念,但它却还是属于经验的,因为它的客体只有在经验中才能遇到。因为,如果我们不是从构成对客体的经验性认识的形式的那种综合中,取得被一个先天综合概念所思考的对象的可能性的特性,那又是从哪里能够做到这一点呢?在这样一个概念中必须不包含任何逻辑矛盾,这虽然是一个必要的逻辑条件;但对于　　　　B268

------

① 埃德曼认为"可能性"应加着重号。——德文编者

该概念的客观实在性、也就是对于通过该概念而被思维的这样一个对象的可能性而言,这还是远远不够的。就如在一个由两条直线所围成的图形这个概念中并没有任何矛盾,因为两条直线及其相接的概念并不包含对一个图形的否定;相反,这种不可能性不是建立于这个自在的概念本身上,而是建立于这概念在空间中的构成上,亦即建立于空间及其规定的诸条件上,但这些条件又有自己的客观实在性,即它们是指向可能的事物的,因为它们先天地包含一般经验的形式于自身。

　　而我们现在就要指明这一可能性公设的广泛的用处和影响。如果我这样来设想一个本身持存之物,以至于一切在那里变更的东西都只属于它的状态,那么我永远也不可能单从这样一个概念就认识到这样一类的事物是可能的。或者,我设想某物应当具有这样的性状,即如果它被设定,则任何时候都不可避免地会有另外的某物随之发生,那么这个某物当然尽可以无矛盾地被这样思考;但这样一种属性(作为原因性)是否会在任何一个可能之物上遇到,这却不能由此而得到断言。最后,我可以设想各种不同之物(各种实体),它们具有这样的性状,即一物的状态在另一物的状态中引起了一个后果,并且反之亦然;但是否这样一类关系可以归于任何事物,这是从这些仅仅包含某种任意的综合的概念中根本无法得到检验的。所以,只有凭借这些概念先天地表达了任何经验中的诸知觉的关系这一点,我们才认识到这些概念的客观实在性,即它们的先验的真实性,这种认识固然是不依赖于经验的,但却并非不依赖于与一般经验的形式的一切关系,以及与诸对象唯有在其中才能经验性地得到认识的那种综合统一性的一切关系的。

　　但假如我们要从知觉给我们提供的材料中制定出有关实体、力和交互作用的全新的概念来,而不从经验本身中借取这些概念结合的实例,那么我们就会陷入纯粹的幻影之中,这些幻影的可能性是完全不具有任何自身的标志的,因为我们在它们那里既没有接受经验的教导,也不是从经验中借取这些概念的。这一类虚构出来的概念并不能像诸范畴那样,先天地作为一切经验所依赖的条件而获得自己的可能性特性,而只是后天地作为这样一些由经验自身所给予的概念而获得这种特性的,它们的可能性要么就必须后天地和经验性地被认识,要么就根本不可能被认识。某种似乎在空间中当下持存的、但却并不充满空间的实体(就像某些人曾想要引入的那种在物质和能思维的存在者

之间的中间物），或者我们内心中某种能预先直观（而决不只是推断）未来的
特殊的基本力，以及最后，某种与他人一起（不管他们相距多么遥远）处于思
维的协同性之中的内心能力，这都是一些其可能性完全没有根据的概念，因为 A223
这种可能性不能建立在经验及其已知规律之上，而没有这些经验和规律，它们
的可能性就是一种任意的思维联结，这种联结虽然并不包含矛盾，但却不能对
客观的实在性、因而对一个我们在此所要思考的这样的对象的可能性提出任
何要求。至于实在性，那么不取得经验之助自然就完全不可能具体地思维这
种实在性，因为它只能是针对作为经验质料的感觉的，而不涉及到我们充其量
有可能在虚构中玩弄的那种关系形式。

　　但我要跳过所有那些其可能性只能从经验的现实性中取得的东西，而在
这里只考虑那由诸先天概念而来的诸物之可能性，从这些先天概念出发我断 B271
言这些物永远也不可能单独只从这样一些概念中①发生，而任何时候都只能
作为一般经验的形式的和客观的诸条件而发生。

　　虽然表面看起来，一个三角形的可能性似乎可以从它的概念本身中认识
到（这概念肯定是不依赖于经验的）；因为事实上我们完全可以先天地给这概
念一个对象，也就是先天地把这对象构造出来。但由于这三角形只是关于一
个对象的形式，所以它毕竟依然还只是想象力的一个产物，其对象的可能性仍 A224
然还是可疑的，为了这种可能性，还要求有某种更多的东西，就是说，一个这样
的图形还要在一切经验对象所依据的那些纯粹条件下得到思考。既然空间就
是外部经验的一个先天形式条件，而正是我们在想象力中用以构造出一个三
角形的这同一个进行构形的综合，应与我们在领会一个现象以便从中制定一
个经验概念时所进行的那种综合完全等同，那么就是这一点才唯一地把一个
这样的物的可能性表象与这个概念结合起来。这样，连续的量的可能性，甚至
一般量的可能性，由于其概念全都是综合的，所以从来也不是由这些概念本身
而得到说明的，而是由这些量作为对一般经验中的对象进行规定的形式条件 B272
才首次得到说明的；而如果不是在诸对象唯一借以被给予我们的那种经验中，
我们又将要到何处去寻求与这些概念相应的诸对象呢？尽管我们能够不预先
派定经验本身，而只是当与某物在一般经验中得以被规定为对象的那些形式

---

　　①　哈滕斯泰因认为"从这样一些概念中"应为"作为这样一些概念"。——德文编者

条件相关时、因而完全先天地认识到这些物的可能性并描绘其可能性特征,但毕竟只能在与经验的关系中并在经验的界限之内做到这一点。

A225   对事物的现实性进行认识的这条公设,对于那个其存有要得到认识的对象本身虽然并不那么直接地要求有知觉、因而有被我们所意识到的感觉,但毕竟要求该对象按照经验的类比而与任何一种现实的知觉有关联,这些类比摆明的是一般经验中一切实在的连结。

        在一物的单纯概念中根本不可能遇到该物存有的任何性质。因为,就算这一概念还是如此完备,以至于丝毫也不缺少用来思考一物连同其一切内部规定的东西,然而存有和所有这一切都仍然完全不相干,而只关涉到这个问

B273 题:这样一物是否给予了我们,以至于对它的知觉必要时可以先行于概念。因为,概念若先行于知觉,就只意味着该物的可能性;但为这概念提供素材的知觉,却是现实性的唯一品格。但我们也可以先于对该物的知觉、因而比较性地先天认识该物的存有,只要它是按照某些知觉的经验性结合的诸原理(按照诸类比)而与这些知觉关联在一起的。因为这样一来,该物的存有毕竟与我

A226 们在一个可能经验中的知觉发生了关联,而我们就可以按照那些类比的线索,从我们的现实的知觉而达到在那些可能知觉的系列中的该物了。我们就是这样从被吸引的铁屑中认识到某种穿透一切物体的磁性物质的,虽然按照我们的感官的性状,对这种物质的一个直接的知觉是不可能的。因为一般说来,如果我们的感官更精细一些的话,我们就也会按照感性的法则和我们知觉的连贯性而在一个经验中碰到对这物质的直接的、经验性的直观,我们感官的粗糙性对一般可能经验的形式丝毫没有关系。所以,知觉及其对经验性法则的追随①达到何种地步,我们有关物的存有的知识也就达到何种地步。如果我们

B274 不从经验开始,或者如果我们不按照诸现象的经验性关联的法则而前进,那么我们就是在虚张声势地要去猜测和研究任何一物的存有。但对这些直接证明存有的规则的一种强大的反对意见却是唯心论提出的,此处正是对唯心论提出驳斥的好地方。②

---

    ①   维勒认为"对经验法则的追随"应作"按照经验法则的进展"。——德文编者
    ②   此句连同以下整个以"驳斥唯心论"为标题的数段文字(用两个三连星符号与上下文隔开的文字)都是第二版增加的。——德文编者

＊　　　　＊　　　　＊

驳斥唯心论①

唯心论(我指的是质料的唯心论)是这样一种理论,它把我们之外空间中诸对象的存有要么宣布为仅仅是可疑的和不可证明的,要么宣布为虚假的和不可能的。前者是笛卡尔的存疑式的唯心论,它只把唯一一个经验性的主张(assertio②)宣布为不可怀疑的,这就是:"我在";后者是贝克莱的独断式的唯心论,它把空间连同空间作为不可分的条件而加于其上的一切事物,都宣布为某种本身不可能自在存在的东西,因此也把空间中的诸物宣称为只是想象。当人们把空间看作应归之于自在之物本身的属性时,独断式的唯心论就是不可避免的;因为这时空间连同它被用作其条件的一切东西就都成了无稽之谈。但这种唯心论的根基已被我们在先验感性论中取消掉了。存疑的唯心论并不主张这种观点,而只是借口不可能通过直接经验证明在我们的存有之外的某种存有,它是理性的,并且是遵循某种彻底的哲学思维方式的;因为它在一个充分的证明被找到之前不允许作任何裁决性的判断。因此所要求的这个证明必须表明我们对外物也拥有经验,而不只是想象;这一点将很可能做不到,除非我们能证明,就连我们内部那种笛卡尔不加怀疑的经验也只有以外部经验为前提才是可能的。

B275

定　　理

对我自己的存有的单纯的、但经验性地被规定了的意识证明在我之外的空间中诸对象的存有。

证　　明

我意识到我的存有是在时间中被规定了的。一切时间规定都以知觉中某种持存的东西为前提。但这种持存的东西不可能是某种在我里面的东西,因

---

①　此处"唯心论"(Idealismus)前面有的地方亦译作"观念论"(如"先验的观念论"),康德也称自己的哲学是"先验唯心论",请读者注意两种译法的内在关联。——译者

②　拉丁文:断言。——译者

为恰好我在时间中的存有通过这种持存的东西才能被首次规定下来①。所以对这种持存之物的知觉只有通过外在于我的一个物,而不是通过外在于我的一个物的单纯表象,才是可能的。因此,对我的存有在时间中的规定只有通过我在我之外知觉到的现实物的实存才是可能的。于是,在时间中的意识②与对这个时间规定的可能性的意识③就必然联结起来了:所以,它也就与作为时间规定的条件的外在于我的物的实存④必然联结起来了;就是说,对我自己的存有的意识同时就是对我之外的他物之存有的直接意识。

注释 1. 我们在前述证明中发现,唯心论所玩的这一花招将更有理由反过来对它进行报复。它曾假定,唯一直接的经验就是内部经验,外部之物只是由此推论出来的,但这就像每当我们从给予的结果推论出确定的原因时那样,只会是不可靠的,因为这些表象的原因也可能处在我们自身中,我们也许是错误地把它归之于外物了。不过在这里所证明的是,外部经验本来就是直接的⑤⑥,只有借助于它,内部经验才是可能的,这内部经验虽然不是对我们自己实存的意识,但毕竟是对这种实存在时间中的规定。当然,"我在"这一表象表达出能够伴随一切思维的意识,它就是那自身包括一个主体的直接实存的东西,但它毕竟还不是对这个主体的任何知识,因而也不是任何经验性的知

B276

B277

---

①　这句话按照康德在第二版序言中的说法(见 BXXXIX 页注)被改成下面这样:"但这一持存之物不可能是我心中的一个直观。因为我能在我心中遇到的有关我的存有的一切规定根据都是表象,并且作为表象,它们本身就需要一个与它们区别开来的持存之物,在与该物的关系中这些表象的变化、因而表象在其中变化的那个时间中的我的存有才能得到规定。"——德文编者

②　法欣格尔认为应作"对我在时间中的存有的意识",维勒认为应作"对时间中的这一规定的意识"。——德文编者

③　维勒认为应作"可能性的条件的意识"。——德文编者

④　维勒认为应作"对外在于我的物的实存的意识"。——德文编者

⑤　维勒认为此句应作"这本来直接地只是外部经验"。——德文编者

⑥　对外物存有的直接的意识在前述定理中并没有被作为前提,而是被证明的,不论我们是否看出了这种意识的可能性。对这种可能性的问题将是:我们是否只有某种内感官,没有任何外感官,而只有外部的想象。但有一点很清楚,哪怕只是为了把某物想象为外部的,即把它在直观中向感官表现为外部的,我们也已经必须具有一个外部感官,并且必须借此把一个外部直观的单纯接受性与成为每一种想象的特征的自发性直接区别开来。因为哪怕一个外部感官只是想象出来的,那应当通过想象力而得到规定的直观能力本身就会被取消了。——康德

B277

识、即经验；因为这需要的不仅仅是关于某种实存之物的思想，还需要直观，而在这里就需要内部直观，主体必须在这种内直观①即时间方面得到规定，为此，那些外部对象就是绝对必要的，以致于内部经验本身由此也只是间接地、并且只有通过外部经验才是可能的。

注释 2. 现在，与此完全协调一致的是我们的认识能力在对时间进行规定时的一切经验运用。我们不但只有通过关系到空间中的持存之物（例如关系到太阳对于地球上的对象的运动）的外部关系中的变更（通过运动），才能着手②一切时间规定，同样，只要除开物质，我们就甚至根本不拥有我们也许可以作为直观置于一个实体概念之下的任何持存之物，而且甚至物质的持存性本身也并不是从外部经验中取得的，而是先天地被作为一切时间规定的必要条件、因而也作为通过外物的实存在我们自己的存有方面对内感官所作的规定而预设的。对我自己在我这个表象中的意识根本不是什么直观，而是对一个思维主体的自动性的某种单纯智性的表象。因此，这个"我"也不具有那种可作为持存性而用作内感官中时间规定之相关物的最起码的直观谓词：就像例如物质的不可入性之作为经验性直观的谓词那样。

B278

注释 3. 从对我们自身的一个确定意识的可能性要求有外部对象的实存，推不出任何外物的直观表象同时也包含这外物的实存，因为那表象很可能完全只是想象力（在梦幻和妄想中）的结果；但想象力这样做只是凭借对以前的外部知觉的再生，而这些外部知觉如已经指出的，只有通过外部对象的现实性才是可能的。这一切在此本来想要证明的只是，一般内部经验只有通过一般外部经验才是可能的。至于这个或那个被认为的经验是否只是一种想象，这是必须按照它的特殊规定、并通过与一切现实经验的标准相对照来查明的。

B279

＊　　　　＊　　　　＊

最后，至于第三条公设，那么它是针对存有中的质料的必然性，而不只是针对概念连结中的形式的和逻辑的必然性的。既然感官对象的任何实存都不能完全先天地被认识，但却可以相对于另一个已经给予的存有而比较性地先天被认识，尽管这样一来只能达到那种任何地方都必须包含在经验的关联

A227

---

①　瓦伦廷纳认为"内直观"应为"内直观的形式"。——德文编者
②　格里罗（Grillo）认为"着手"应为"知觉到"。——德文编者

中——给予的知觉是这关联的一部分——的实存:那么,实存的必然性就永远也不可能从概念中,而任何时候只能从与被知觉之物的连结中,按照经验的普遍法则而得到认识。在这里,除了按照因果律而出自给予的原因的那些结果的存有之外,没有任何存有可能会在别的被给予的现象的条件下被认作必然的。所以这不是物(实体)的存有,而是物的状态的存有,我们只能认识它的

B280　必然性,而且是按照因果性的经验性法则从别的在知觉中已被给予的状态来认识其必然性。由此就得出:必然性的标准只在于可能经验的法则,即"一切发生的事都先天地被它在现象中的原因所规定"。因此,我们只认识在自然中已给了我们原因的那些结果的必然性,而存有中的必然性标志所达到的无过于可能经验的领域,甚至在这领域中这也不适用于那些作为实体之物的实存,因为这些实体永远也不能被看作经验性的结果,或某种发生和产生出来的

A228　东西。所以必然性只涉及按照因果性的力学性法则的诸现象的关系,以及建立在这上面的从任何一个给予的存有(一个原因)先天地推出另一个存有(结果)的可能性。一切发生的事都假设是必然的;这是一个使世界上的变化都从属于一条法则的原理,也就是从属于一条必然存有的规则,没有这条规则是连自然都根本不会产生的。因此"没有任何事是通过盲目的偶然性而发生的"(in mundo non datur casus①)这个命题是一条先天的自然律;同样的情况是:"自然中没有任何必然性是盲目的,而是有条件的,因而是可以理解的必

B281　然性"(non datur fatum②)。这两个命题都是这样的法则,通过它们,变化的活动就服从于(作为现象的)物的本性,或者这样说也一样,服从于知性的统一性,诸物只有在这种知性统一性中③才能属于一个④经验,即属于诸现象的综合统一性。这两条原理都属于力学性的原理。前者本来是(在经验的类比中的)因果性原理的一个推论。后者属于模态诸原理,这种模态在因果规定之上再加上必然性概念,但这必然性是从属于知性规则的。连续性原则禁止在

A229　现象系列中(在诸变化中)有任何跳跃(in mundo non datur saltus⑤),但也禁止

---

①　拉丁文:世上没有偶发事件。——译者
②　拉丁文:没有偶发的定命。——译者
③　原文为"在这种知性中",兹据埃德曼校正。——德文编者
④　法欣格尔认为"一个"应加着重号。——德文编者
⑤　拉丁文:世上没有偶发的跳跃。——译者

在空间里的一切经验性直观的总和中在两个现象之间有任何空缺或间隙（non datur hiatus①）；这样我们就可以把这个命题表达为：在经验中不可能插入任何证明某种真空、或甚至只是允许真空作为经验性综合的一个部分的东西。因为，谈到我们能够在可能经验领域（即世界）之外来设想的虚空，那么它不该归单纯知性来管辖，这种知性只对那些关系到给予现象对经验性知识的用处的问题作判定；而是理想性的理性的任务，这种理想性的理性还要超出一个可能经验的范围，并且要对包围并限制这一范围本身的东西作出判断，因此必须在先验辩证论中加以考虑。这四个命题（in mundo non datur hiatus, non datur saltus, non datur casus, non datur fatum②）就像先验起源的一切原理那样，我们将很容易按照它们的秩序，遵照诸范畴的秩序来展示它们，并对每一个都证明③它的位置，只不过已经受过这种练习的读者将自己来做这件事，或者将很容易揭示这方面的线索。但这四个命题全体结合起来，只是为了在经验性的综合中不允许有任何有可能破坏或损害知性和一切现象的连续关联、即知性概念的统一性的东西。因为知性是经验的统一性唯一在其中成为可能的东西，而一切知觉都必须在这种经验的统一性中有自己的位置。　　　　A230

　　可能性的领域是否比包含一切现实东西的领域更大，而后者是否又比一切必然的东西的总数更大，这是一些正当的问题，确切地说它们有种综合的解决，但这种综合的解决也只归在理性的审判权下；因为它们想要说的大约不过是：一切物作为现象是否全都属于一个唯一的经验的总和及前后关联，每个给予的知觉都是这个唯一经验的一部分，因而这一部分不可能和任何别的现象相联结，或者，我的知觉是否可以属于比一个可能经验（在其普遍关联中）更多的可能经验。知性对于一般经验只是按照既是感性的又是统觉的那些主观的和形式的条件而先天地给出了规则，唯有这些条件才使经验成为可能的。直观的另外的（不同于空间和时间的）形式，正如知性的另外的（不同于思维的推论的、或通过概念来认识的）形式，哪怕也许是可能的，但我们却不可能以任何方式给自己杜撰出来并使之得到理解，即使我们可以这样做，那么它们

B282

B283

----

　　①　拉丁文：没有偶发的裂隙。——译者
　　②　拉丁文：世上没有偶发的裂隙，没有偶发的跳跃，没有偶发的事件，没有偶发的定命。——译者
　　③　"证明"格里罗认为应作"指出"，埃德曼认为应作"规定"。——德文编者

也毕竟不属于经验，即不属于对象在其中被给予我们的唯一知识。是否可能

A231　发生不同于一般属于我们全部可能经验的知觉的另外的知觉，因而是否有可能再产生一种完全不同的物质领域，知性对此是完全不能判决的，它只是与已经给予的东西的综合打交道。此外①，我们通常用来展示广大的可能性王国而把所有现实的东西（所有的经验对象）只作为其中一小部分的那种推理，其贫乏性是极为引人注目的。一切现实的东西都是可能的；由此按照逻辑的换位规则自然就得出这个仅仅是特称的命题：有些可能的东西是现实的，而这里的意思似

B284　乎只不过是：有许多并非现实的东西是可能的。虽然表面看来，好像我们也可以由此而直接使可能的东西的数目超出现实的东西的数目，因为为了构成现实的东西，还必须在可能的东西上加上某种东西。不过，我并不知道在可能的东西上的这种增加。因为凡是要超出可能的东西再增加上去的东西都将是不可能的。只有在我的知性上才能够添加某种超出与经验的形式条件的协调性之上的东西，即添加进与任何一个知觉的连结；但凡是与这知觉按照经验性的法则连结起来的东西都是现实的，而不管它是否直接地被知觉到。然而，在与知觉中被给予

A232　我的东西的通盘关联里可能有另一个现象系列，因而可能有比那个唯一的无所不包的经验更多的经验，这一点是不可能从已经给予的东西中推论出来的，更不能在没有任何东西被给予的情况下推论出来；因为没有素材则无论在哪里都不能思考什么。凡是只有在那些本身还只是可能的条件下才可能的东西，就不是②从任何方面看都可能的东西。但如果我们想要知道事物的可能性是否比经验所能达到的伸展得更远的话，这个问题是从任何方面看③都会被问到的。

B285　　　我只是对这些问题作了提示，以便在那种按照通常意见来说是属于知性概念的东西中不留下任何漏洞。但事实上，绝对的可能性（它从任何方面看都是有效的）决不是单纯的知性概念，它不可能以任何方式具有经验性的运用，而仅仅属于那超出知性的一切可能的经验性运用的理性。因此我们在这里就只好满足于一个仅仅是批判性的注释，其他方面则让事情停留于黑暗之中，直到将来去作进一步处理。

---

①　格兰德校作"因此"。——德文编者
②　福伦德认为"不是"应改为"是"。——德文编者
③　瓦伦廷纳认为应作"在任何意义上"。——德文编者

由于我正要结束这第四号标题的讨论①,以及与之同时结束纯粹知性一切原理的体系,所以我还必须指出我为什么恰好把模态原则称之为公设的理由。我在这里并不想在一些近代的哲学研究者赋予它的那种意义上采用这个术语,那是违背数学家们的意思的,而这一术语毕竟本来是属于数学家们的。那种意义就是:建立公设据说就意味着把一个命题充作直接确定的、无需辩护和证明的;因为,如果我们在综合命题那里,不论它们如何自明,想要承认不用演绎而根据它们自己的表面言辞,就可以将它们置于无条件的赞同之下,那么知性的一切批判就都丧失掉了,并且,由于不缺少那些即使普通的(但并无信用的)信念也不会拒绝的大胆僭妄:所以我们的知性就会向任何妄想敞开大门,而不能拒绝自己赞同这些说法,这些说法虽然是不合法的,但却以同样信心十足的口气要求作为现实的公理而被接纳。所以,如果在一物的概念上先天综合地加上一个规定,那么就必须赶紧对这样一个命题即使不是添加一个证明、也至少是添加一个对它加以主张的合法性的演绎。 A233

B286

但模态的诸原理并不是客观综合的,因为可能性、现实性和必然性这些谓词丝毫也不因为它们对于对象的表象还有所补充就扩大它们所说的那个概念。但由于它们毕竟总还是综合性的,所以它们就只是主观综合的,就是说,它们对一物(实在之物)的概念在别的方面无所言说,而是在其上增添了这概念在其中产生并有自己的位置的那种认识能力,以至于只要这概念在知性中与经验的形式条件处于结合之中,它的对象就称作可能的;如果它与知觉(作为感官质料的感觉)处于关联之中,并由这种知觉借助于知性得到规定的话,该客体就是现实的;如果它通过知觉的这种关联而按照概念得到规定,那么这对象就称作必然的。所以这些模态原理关于一个概念所说出的无非是这概念由以产生出来的认识能力的行动。现在,数学中的一个公设叫作实践命题,它所包含的无非是我们最初借以把一个对象给予自己并产生出它的概念来的那种综合,例如借助于一条给予的线从一个给予的点出发在一个平面上描绘一个圆,而一个这样的命题却不能由此而得到证明,因为这命题所要求的处理方式恰好就是我们借以首次产生出有关这样一种图形的概念来的处理方式。所以我们因此就能够有同一权利来公设诸模态原理,因为它们并没有扩大它们 A234

B287

① 指"4.一般经验性思维的公设"这整个一小节。——译者

A235　关于一般物的概念①,而只是指出了这概念一般说来如何与认识能力相联结
的方式。

B288
<h2 style="text-align:center">对这个原理体系的总注释②</h2>

　　这里有一点是非常值得注意的,即我们按照单纯的范畴不可能洞察任何
一物的可能性,相反,我们总是必须手头有一种直观,以便在它上面来摆明纯
粹知性概念的客观实在性。让我们举关系范畴为例。我们根本不可能单从概
念中看出:为何 1)某物只能作为主体而不能只作为他物的规定而实存,亦即
只能是实体,或者为何 2)由于某物存在,另一个某物就必须存在,因而为何某
物一般说来可以是原因,或者 3)为何当有多个物存有时,由于其中的一物存
有,就会有某物跟随着其他诸物并且这样交互跟随着,而诸实体的协同性就能
够以这种方式发生。同样的道理也适用于其他范畴,例如为何一物可以与许
多物的和相等,即可以是一个量,如此等等。所以只要缺乏直观,我们就不知
道我们通过范畴是否在思考一个客体,也不知道无论在哪里是否会有任何一
个客体能够归之于这些范畴,而这就证实了,这些范畴单独来说根本不是什么
B289　知识,而只是为了从给予的直观中产生出知识来的一些思维形式。——正是
由此也就得出,从单纯的范畴中不可能产生出任何综合命题来。例如在一切
存有中存在着实体,即某种只能作为主词而不能作为单纯谓词而实存的东西;
或者任何一物都是一个量等等,在这里根本就不存在任何我们能用来超出一
个给予的概念之上并把一个别的概念与之相结合的东西。因此,也永远不能
做到只从那些纯粹知性概念来证明一个综合命题,例如"一切偶然实存的东
西都有一个原因"这一命题。我们所能够做到的只不过是证明,没有这种关
系,我们就根本不能理解偶然之物的实存,即不能先天地通过知性来认识这样
一物的实存;但从中并不能得出:正是这种关系也是事物本身的可能性的条
件。因此,如果我们愿意回顾我们对因果性原理的证明,那么我们就会看出,

----

　　①　通过一物的现实性,我当然作出了比可能性更多的设定,但不是在该物中;因为该物
在现实性中永远不包含有比在它的完全的可能性中所曾包含的更多的东西。相反,由于可能
性只不过曾是该物在与知性(即与知性的经验性运用)的关系中的一种定位,那么现实性就同
时是这物与知觉的一种连结。——康德

　　②　全部这几段注释都是第二版增加的。——德文编者

我们只能在可能经验的客体上证明这一原理:一切发生的事(任何一个事件)都预设了一个原因,并且是这样预设,以至于我们也只能把这条原理作为一条经验的可能性原则、因而作为对一个在经验性的直观中被给予出来的客体的知识的可能性原则来证明,而不能从单纯概念来证明。固然不可否认的是,"一切偶然的东西都必须有一个原因"这一命题毕竟从单纯的概念中就使每个人都豁然明了;但这样一来偶然东西的概念就已经被如此地理解了:它包含的不是模态范畴(即作为某种其不存在可以被思维的东西),而是关系范畴(即作为某种只能作为另外一个某物的后果而实存的东西),但这时它就是一个同一性命题:凡是只能作为一个后果而实存的东西,就有自己的原因。实际上,如果我们要提出偶然存有的例子,我们总是要援引变化,而不只是援引对反面的思维的可能性①。但变化就是事件,事件就本身来说只有通过一个原因才可能,所以它的非存在独自来说是可能的,因而我们是从某物只有作为一个原因的结果才可能实存这一点来认识偶然性的;因此如果一物被视为偶然的,那么,说它有一个原因,这就是一个分析命题。

　　但更值得注意的一点是,为了遵照诸范畴来理解事物的可能性,因而阐明这些范畴的客观实在性,我们不仅仅需要直观,而且甚至永远需要外部直观。如果我们以纯粹关系概念为例,那么我们就发现,1)为了与实体概念相应地给出直观中某种持存之物(并由此阐明该概念的客观实在性),我们就需要某种在空间中的直观(物质的直观),因为唯有空间是持存地规定了的,而时间、因而一切存在于内感官中的东西则是不断流失的。2)为了把变化描述为与因果性概念相应的直观,我们就必须拿运动这种空间中的变化作例子,甚至只有通过这个例子,我们才能使自己直观到那些任何纯粹知性都不能够理解其可能性的变化。变化就是相互矛盾对立的诸规定在同一物的存有中的联结。

B290

B291

① 我们可以很容易地思维物质的不存在,但古人并没有从中推出物质的偶然性来。不过,就连一物的被给予状态的存在和非存在的交替,即一切变化之所在,都根本没有仿佛从这个状态的反面的现实性来证明这个状态的偶然性,例如一个物体在跟随着它的运动之后的静止,还并不因为静止是运动的反面就由此证明了它的运动的偶然性。因为这个反面在这里只是在逻辑上、而不是实在地与另一方相对立。为了证明物体这一运动的偶然性,我们就必须不去证明在先行的那个时间点上的运动,而去证明曾经有可能这物体那时本来是静止的,而不是证明它在后来是静止的;因为此时这两种相反的情况完全可以很好地彼此相处。——康德

B292　那么,从一个给予的状态中导致同一物的与之相对立的状态,这是如何可能的,对此任何理性不仅没有例子都不能够使之被领悟,而且就连没有直观也不能使之被理解,而这种直观就是对空间中一点的运动的直观,只有这一点在不同地点的存有(作为两个对立规定的某种衔接),才首次使我们直观到变化;因为,为了使我们此后甚至也能设想内部的变化,我们就必须使自己把作为内感官的形式的时间形象地通过一条线来领会,把内部变化通过延伸这条线(运动)来领会,因而把我们自己在不同状态中的相继实存通过外部直观来领会;这样做的真正理由就在于,一切变化哪怕只是为了作为变化而被知觉到,都是以直观中的某种持存之物为前提的,但在内感官中却根本找不到任何持存的直观。——最后,协同性范畴就其可能性而言是根本不能通过单纯理性来理解的,因而这个概念的客观实在性没有直观,确切地说是没有空间中的外部直观,是不可能看出来的。因为我们将如何来思考这种可能性:当有多个实体实存时,就可以交互地从一个实体的实存中有某物(作为结果)紧跟另一个

B293　实体的实存而来,因而,由于在前一个实体中有某物,因此在后一个实体中也必须有某物,而这某物单从后一个实体的实存中是不可能得到理解的?因为这是协同性所要求的,但却是在那些各自由于它们的自存性而完全孤立起来的诸物之中根本得不到理解的。因此,莱布尼茨在他仅仅按照知性单独地思考世界那样把某种协同性赋予了这个世界的诸实体时,他就需要一个上帝来做调解;因为单从这些实体的存有中,这种协同性对他来说按理会显得是不可理解的。但如果我们在空间中、因而在外部直观中来设想这种协同性的话,我们是完全可以使自己领会到这种(作为现象的诸实体的)协同性的可能性的。因为空间已经先天地把那些外部形式关系作为(在作用和反作用中、因而在协同性中的)实在关系的可能性条件包含在自身中了。——同样可以很容易得到说明的是,诸物作为量的可能性,因而量的范畴的客观实在性,也只有在外部直观中才能摆明,在后来只是借助于外部直观才也被应用于内部感官之上。不过为了避免繁琐,我必须把这方面的例子留给读者去思考。

　　这整个的说明是非常重要的,不只是为了证明我们前面对唯心论的反驳,而且更是为了在不借外部经验性直观之助而单从内部意识和我们本性

B294　的规定出发来谈论自我认识时,给我们指出这样一种认识的可能性的局限。

　　所以从这整个一节中所推出的结论就是:纯粹知性的一切原理都无非是

经验可能性的先天原则,一切先天综合命题也都只与经验的可能性相关,甚至这些命题的可能性本身都完全是建立在这种关系之上的。

第三章　把所有一般对象区分为现相
　　　和本体的理由

现在,我们不仅踏遍了纯粹知性的土地并仔细勘察过它的每一部分,而且还测量过它,给那上面的每一个事物规定了它的位置。但这片土地是一个岛屿,它本身被大自然包围在不可改变的疆界中。这就是真理之乡(一个诱人的称号),周围是一片广阔而汹涌的海洋、亦即幻相的大本营,其中好些海市蜃楼、好些即将融化的冰山都谎称是新大陆,在不停地以空幻的希望诱骗着东奔西闯的航海家去作出种种发现,将他卷入那永远无法放弃、但也永远不能抵达目的之冒险。但在我们冒险航行于这个大海、从一切纬度去搜索它,去确定在其中是否可以希望什么以前,最好事先还再看一看我们正要离开的那片土地的地图,并且首先要问,我们是否能以这片土地上的东西为满足,或者如果任何别的地方都没有我们可以居住的基地,我们是否就不得不被迫满足于它;其次再问一问,我们究竟能以什么名义占领这块土地,并能有把握抵挡一切敌对的要求。虽然我们在分析论的进程中已经对这些问题作了充分的回答,但以一个总体的估计把解答这些问题的各个要点集中于一点上,这就可以加强对这些解答的确信。 B295 A236

我们在前面看到,知性从自己本身中获得的一切,无须从经验中借来,但知性却并不把它们用于任何别的目的,而只是作经验的运用。纯粹知性的诸原理,不论它们是先天构成性的(如数学性的原理),还是仅仅调节性的(如力学性的原理),所包含的看来只不过是可能经验的纯粹图型;因为经验只有从知性在与统觉相关中本源而自发地赋予想象力的综合的那种综合统一中,才获得自己的统一性,诸现象作为可能知识的材料必定已经先天地与那种综合统一处于相关联、相符合中了。然而,即使这些知性规则不只是先天真实的,而且甚至是一切真理(即我们的知识与客体的符合)的根源,因为它们包含有经验可能性的、即客体能在其中被给予我们的一切知识总和的根据,但在我们 B296 A237

看来,单是能对真实存在的东西作出申述是不够的,还要申述那为我们渴望知道的东西。所以,如果我们通过这种批判的考察只学到了我们在知性的单纯经验性的运用中即使没有这种精密的研究自己也能做得到的事,而没有更多的东西,那么从中得出的好处似乎就不值得为此作这种花费和准备了。我们

B297 虽然可以这样来回答这一点:想要扩展我们的知识的任何冒失都不如我们在从事研究之前,在对这种研究的用处(哪怕这用处已置于眼前)还没有最起码的概念之前就冒失地总想预先知道这用处更为有害的了。然而毕竟有一种好

A238 处,是对这样一种先验研究哪怕最感困难和厌倦的初学者都能变得易理解,同时又有兴趣的,这就是:单纯从事于自己的经验性运用的知性,当它对自己知识的来源未作反省时,虽然可以有很好的成绩,但有一点是它做不到的,这就是给自己规定自己运用的界限,并知道什么是处在它的全部领域之内、什么是处在这之外的东西;因为这恰好是我们已着手的这些深入的考察所要做的。但如果知性不能区分某些问题是否处于它的视野范围之内,那么它对于它的权利和它的所有物就永远没有保障,而当它不停地跨越自己领地的界限(正如不可避免地那样)并沉陷于妄想和假象时,就只好等着挨各种各样令人丢脸的斥责了。

所以,知性永远也不能对它的一切先天原理、乃至于对它的一切概念作先验的运用,而只能作经验性的运用,这是一条一旦能被确切地认识到就能看出重要后果的原理。在任何一条原理中一个概念的先验的运用都是这样一种运

B298 用,它与一般物以及与自在之物本身①相关,而经验性的运用则是当它仅仅与

A239 现象、亦即与一个可能经验的对象相关时的运用。但任何地方都只能有后一种运用,这从如下分析可以看出来。任何一个概念所需要的,首先是一般概念(思维)的逻辑形式,其次还要有它与之相关的一个对象被给予它的那种可能性。没有后者它就没有意义,在内容上就完全是空的,哪怕它总还会包含有从可能的材料中制定一个概念的那种逻辑机能。既然对象不能以别的方式、而只能在直观中被提供给一个概念,而且即使一个纯粹直观还在对象之前就

---

① "一般物以及自在之物本身"在康德的自用书中改成"并不在任何直观中被给予我们的对象,因而是非感性的对象"(《补遗》CXVII)。——德文编者

是①先天可能的,那么这种纯粹直观本身也毕竟只有通过经验性的直观才能获得其对象、因而获得其客观有效性,它只是经验性直观的形式而已。所以一切概念,以及和它们一起,一切原理,不管它们是多么先天可能的,却还是与经验性的直观、因而与可能经验的材料相关的。舍此它们就完全没有任何客观有效性,而只不过是游戏,不论是想象力还是知性各自用它们的表象所作的游戏。我们只须举出数学的概念为例,而且首先举数学的纯粹直观中的例子。空间有三个量度,两点之间只能有一条直线,等等。虽然所有这些原理以及数学科学所探讨的那些对象的表象完全是先天地在内心里产生出来的,但如果我们不能总是在现象上(在经验性对象上)摆明其含义的话,它们毕竟是什么意思也没有的。因此我们也要求使某个孤立的概念成为感性的,也就是在直观中摆明与之相应的客体,因为没有这个客体,该概念就会仍然是(如人们所说的)没有意义②,亦即没有所指的。数学通过对形状的构造而满足了这一要求,形状是一种对感官的当前的(虽然是先天完成的)显现。正是在这门科学里,量这个概念在数中寻求它的支持和意义(Sinn),但数又是在手指、算盘珠或是小棒和点这些被展示在眼前的东西上来寻求的。概念仍然总是先天产生的,连同从这些概念中来的综合原理或公式也是如此;但它们的运用以及与所认为的那些对象的关系最终却不能在别处、而只能在经验中寻找,它们先天地包含有经验的(在形式上的)可能性。

B299

A240

但这也正是一切范畴及从中引出的原理的情况,这一点也可以这样来说明:当范畴因其唯一对象是现象而必须限制于其上时,如果我们不立刻下降到感性的条件上、因而下降到现象的形式上,我们就根本不能对任何一个范畴作出实在的定义,即不能使它的客体的可能性得到理解,因为,如果我们去掉这一条件,一切所指、即对客体的一切关系就都取消了,我们就没有任何实例可以使自己理解到,在这样一类概念中本来究竟指的是何物。③ 在上面对范畴表的描述中,我们免除了对每一个范畴所进行的定义,因为我们的意图只是针对它们的综合的运用,这就使这些定义成为不必要的了,人们不必用多余的事

B300

A241

---

①　康德在"就是"之前加了"对于我们"一语(《补遗》CXVIII)。——德文编者

②　"意义"(Sinn)一词在德文中又具有"感官"、"感觉"之义,康德在此一语双关。下一个"意义"也是双关语。——译者

③　以下直到本段末为第一版原文,在第二版中被删去。——德文编者

务去承担他本可以免除的责任。这并不是什么借口,而是一种并非不值一提
的明智规则,即不要贸然下定义,不要在概念的规定中尝试或预先确定完备性和
精密性,当人们有这概念的任何一个或另一个特征就可以够用了的话,就不需要
去完备地列举出构成这整个概念的全部特征来。但现在却表明:这种小心还有
更深的根据,因为即使我们想要做,我们也不可能对这些范畴下定义①,相反,如
果我取消了使范畴作为一种可能的经验性运用的概念而突显出来的一切感性

A242　条件,而把范畴视为关于一般的物的(因而具有先验的运用的)概念,那么在
这些范畴那里除了把判断中的逻辑机能看作事物本身的可能性条件之外就再
也不能做任何事情了,却丝毫不能指明,这些范畴可以在哪里具有自己的应用
和这种应用的客体,因而它们如何可以在纯粹知性中无须感性而具有任何一
种意义和客观有效性。②

　　一般量的概念无人能做别的解释,只能解释为:量是一物的这种规定,它
使我们能思考物中被设定了一(Eine)的多少倍。只是这个"多少倍"是建立
在相继而来的重复之上,因而是建立在时间和时间中(同质东西)的综合之上
的。对于实在性,我们只有在想到一个时间(作为一切存在的总括),它要么
是以此来充实的,要么就是空的,这时我们才能在与否定性的对立中对它作出
解释。如果我把持存性(它是在一切时间中的存有)去掉,那么我在实体的概
念中就什么也没有留下来,只有一个主体的逻辑表象,这个表象我以为通过把

A243　某物想象为只能作为主词(而不是有关主词的谓词)而存在,就使之实在化
B301　了。但我不仅完全不知道这种逻辑的好处具体到任何一物究竟该有什么条
件,而且也不能从中得出任何更多的东西,不能推出起码的结论来,因为这样
做根本没有为这个概念的运用规定任何客体,所以我们完全不知道这个概念
在任何地方是否会意味着什么。关于原因这个概念,我(如果我去掉某物按
照规则跟随另一个某物所经过的时间)在这个纯粹范畴中不会找到别的东

A242　　　　① 我这里指的是实在的定义,它不仅是用别的更好理解的词语来解释一件事物的名
称,而且是自身包含一个清楚的特征,凭这特征,(所定义的)对象任何时候都能够可靠地被认
识,并使被解释的概念在应用上成为可用的。所以这种实在的解释就将是那种不仅使一个概
念、而且同时也使这概念的客观实在性变得清晰的解释。按照概念使对象在直观中呈现出来
的那些数学解释就是后面这种类型的。——康德
　　② 第一版中此段与下一段紧接而未分段。——德文编者

西,只会发现它是可以由此推出另一物之存有的某物而已,但这不仅根本没有可能把原因和结果相互区别开来,而且由于这种推论的可能性马上需要种种我一无所知的条件,所以这个概念对于它会如何与任何一个客体相适合将完全没有规定。"一切偶然的东西都有一个原因"被认为是一条原理,它虽然显得颇为威严,仿佛它自己独立地就具有自己的尊严似的。但如果我问:您说的偶然是什么意思? 而您回答,偶然就是它的非存在是可能的,那么我就很想知道,您想凭什么来认识这种非存在的可能性,如果您不在现象的序列中设想一种前后承继,并在这种承继中设想一种跟随于这个非存在之后的存有(或者相反),因而设想出一种变更? 因为一物的非存在并不自相矛盾这种说法是对一种逻辑条件的无力的援引,这种逻辑条件虽然是概念所必须的,但对实在的可能性来说则远不是充分的;尽管我可以在思想中取消任何实存着的实体而不会自相矛盾,但由此完全不可能推出该实体在其存有中的客观上的偶然性,亦即它的非存在本身自在的可能性①。至于协同性的概念,那么很容易估计:既然实体的纯粹范畴和因果性的纯粹范畴都不允许有那种对客体作出规定的解释,那么交互因果性在与实体的交互联系(commercium)中同样没有能力做这种解释。可能性、存有性和必然性更没有人能用别的方式来解释,而只能是同义反复,如果要把它们的定义只从纯粹知性中得出来的话。因为要把概念(由于它本身不自相矛盾)的逻辑可能性偷换成物的先验可能性(由于有一个对象与概念相应)②,这种障眼法只能蒙骗没有经验的人并使他满足。③④

　　下述说法带有某种奇怪的甚至不可思议的性质:应该有一种毕竟有某种意义必然与之相宜的概念,但这个概念却是不能有任何解释的。不过在这里,诸范畴就是处于这种特殊的情况,它们只有借助于普遍的感性条件才能具有

A244
B302

---

①　格兰德认为应作"亦即自在之物本身的非存在的可能性"。——德文编者
②　康德在《补遗 CXXI》中将"先验"改为"实在"。——德文编者
③　总之,如果把(我们唯一拥有的)一切感性的直观都去掉,那么所有这些概念就不能用任何东西来证明自己,以及借此来阐明自己的实在的可能性了,这时还剩下来的只是逻辑的可能性,亦即这个概念(观念)是可能的,但这点并不是我们所要谈论的,我们所谈的是这个概念是否与一个客体有关、因而意指着任何某物。——康德
④　上述注释是第二版增加的,以下一整段则是第一版的原文,在第二版中被删除。——德文编者

B303

A245　某种确定的意义和与任何一个对象的关系,但这个条件又被从纯粹范畴中去
掉了,这样一来纯粹范畴所能够包含的除了把杂多带到一个概念下来的逻辑
机能之外就没有别的了。但仅仅从这种逻辑机能中、即从概念的形式中根本
不可能认识任何东西,也不能分辨出从属于其下的是哪一个客体,因为恰好一
般对象能够借以从属于其下的那个感性条件被抽掉了。因此范畴超出纯粹知
性概念之外,还需要对它们在一般感性上的应用所作的诸规定(即图型),没
有这些规定,它们就不是一个对象借以被认识并与其他对象区别开来的概念,
而只是为可能的直观思维一个对象、并按照任何一种知性机能(在尚属必不
可少的条件下)赋予这个对象以其意义的这么多的方式,也就是对这对象下
定义的这么多的方式:所以这些范畴本身是不能被定义的。一般判断的逻辑
机能如:单一性和多数性,肯定和否定,主词和谓词,如果不犯循环论证的错误
的话,是不能被定义的,因为定义毕竟本身就必须是一种判断,因而必须已经
包含有这些机能了。但纯粹范畴无非是一般物就其直观的杂多必须通过这些

A246　逻辑机能的这个或那个来思考而言的表象:量是那种只有通过一个具有数量
的判断(judicium commune①)才能被思考的规定,实在性是那种只有通过一个
肯定的判断才能被思考的规定,实体是在与直观的关系中必须作为其他一切
规定的最终主词的东西。但我们必须将这一机能而不是另一机能使用于其上
的到底是什么样的一些物,在此还仍然完全是未定的:因而包含有对感性直观
的综合的诸范畴,若没有感性直观的条件,就根本不具有对任何一个确定的客
体的关系,所以也不能对任何客体下定义,因而就其自己本身而言也不具有客
观概念的任何有效性。

B303　　　　由此无矛盾地得出的就是:纯粹知性概念永远也不能有先验的运用,而任
何时候都只能有经验性的运用,纯粹知性原理只能和某种可能经验的普遍条
件、与感官对象发生关系,但决不能与一般物(不考虑我们如何能直观它们的
方式)发生关系②。

　　　　于是,先验分析论就得到了这样一个重要结论:知性先天可以做到的无非

---

　　①　拉丁文:集合的判断。——译者
　　②　康德在《补遗 CXIII,CXXIV》中将"发生关系"改为"综合地发生关系,如果它们想取
得知识的话"。——德文编者

只是对一般可能经验的形式作出预测,由于凡不是现象的东西,都不能是经验的对象,知性就永远不能跨越感性的限制,只有在感性中对象才被给予我们。知性原理只是阐明现象的一些原则,而本体论自以为能够在一个系统的学说中提供出有关一般物的先天综合知识(例如因果性原理),它的这一傲慢的名称必须让位于那谦虚的名字,即只不过是纯粹知性的一种分析论而已。 A247

　　思维就是把给予的直观与一个对象联系起来的行动。如果这种直观的方式根本无法给予出来,则该对象就只是先验的,知性概念就没有别的运用,而只有先验的运用,即具有思维对一般杂多①的统一性。于是,一个纯粹的范畴,如果其中抽掉了我们唯一能具有的那种感性直观的所有条件,那么就没有客体被它所规定,②而只有某种一般客体的思维在按照各种不同的样态被表达。现在,一个概念的运用还应该有一个对象借以被归摄到这个概念之下的某种判断力机能,因而至少应有使某物得以在直观中被给予出来的形式条件。缺乏判断力的这一条件(图型),所有的归摄都会作废;因为没有给出任何能归摄到概念之下的东西。所以,范畴的单纯先验的运用事实上就根本不是什么运用③,而且没有任何确定的对象,哪怕仅仅是可从形式上来确定的对象。由此可见,纯粹范畴甚至对先天综合原理也不是充分的,纯粹知性的原理只有经验性的运用,决没有先验的运用,而越出可能经验的范围之外,任何地方都将不能提供先天综合原理。 B304
A248
B305

　　因此我们可以不妨这样来表达:纯粹范畴没有感性的形式条件就只不过具有先验的含义,但它们不具有任何先验的运用,因为这种运用在其本身是不可能的,这些范畴缺少(在判断中)任何一种运用的一切条件,也就是把任何一个所认为的对象归摄到这些概念之下的形式条件。既然当我们将它们和一切感性分离开来时,它们(单作为纯粹范畴)不应具有经验性的运用,又不能具有先验的运用,那么它们就完全没有任何运用了,就是说,它们根本不能应用于所认为的对象身上;毋宁说,它们只不过是知性运用于一般对象上的纯形

---

　　①　康德在《补遗 CXXV》中将"一般杂多"改为"一般可能直观的杂多"。——德文编者

　　②　康德在《补遗 CXXVI》中于此插入"因而没有任何东西被它所认识,"一语。——德文编者

　　③　康德在《补遗 CXXVII》中将"不是什么运用"改为"不是什么为了认识某物的运用"。——德文编者

式及思维的纯形式,但却不能仅仅由这形式而思维和规定任何一个客体。①

　　然而在这里根本上有一种难以避免的幻觉。范畴按照其来源不是像空间和时间这些直观形式那样建立在感性之上的;因此它们似乎允许超出一切感官对象去作一种扩展的应用。不过这些范畴本身又无非是思维的形式,它们只包含有把直观中所给予的杂多东西先天地结合在一个意识中的逻辑能力,而一旦把我们唯一可能的直观从它们那里去掉,它们所能具有的意义就比那些纯感性形式更少,通过后者至少还给出一个客体,而我们的知性所特有的结合杂多的方式如果不加上杂多唯一能在其中给出的那种直观,就毫无意义了。——可是,如果我们把某些作为现象的对象称为感官物(Phänomena 现相),而把我们直观它们的方式和它们自在的性状本身区别开来,那么在我们的概念中就毕竟已经蕴含着这样的意思:我们要么按照后一种自在的性状而把这同一些对象(哪怕并没有在这种性状中直观到它们)仿佛置于与前面那种对象的对立之中,并把它们叫作知性物(Noumena 本体),要么也对另外一些完全不是我们感官的客体、而只是由知性当作对象来思维的可能之物这样做。现在要问:我们的纯粹知性概念是否在本体方面具有意义,是否能成为关于本体的知识形式?

　　但在这里一开始就表现出某种可能引起严重误解的歧义性:既然知性当它在某种关系中把一个对象称之为现相时,同时又在这种关系之外仍具有关于自在的对象本身的一个表象,因而它想象它也可以对这样一个对象制定一些概念,并且,既然知性所提供出来的无非是范畴,所以,对象在后一种含义上至少必须能够通过这些纯粹知性概念来思维,但这就诱使人们把有关一个知性物、即我们感性之外的一个一般某物的不确定的概念,当作有关一个我们有可能通过知性以某种方式认识到的存在物的确定的概念了。

　　如果我们把本体理解为一个这样的物,由于我们抽掉了我们直观它的方式,它不是我们感性直观的客体;那么,这就是一个消极地理解的本体。但如果我们把它理解为一个非感性的直观的客体,那么我们就假定了一种特殊的直观方式,即智性的直观方式,但它不是我们所具有的,我们甚至不能看出它

B306

B307

---

　　① 以下四段文字是对第一版修改后的第二版的文字,第一版的原文将接在这后面以异体字加方括号排出,并附以"[第一版原文]"的标题。——译者

的可能性,而这将会是积极的含义上的本体。

于是,感性的学说同时就是消极理解的本体的学说,也就是关于这样一些物的学说,这些物必须由知性撇开与我们的直观方式的关系、因而不仅作为现象而且作为自在之物本身来思维,但知性在对这些物作这样一种区分时同时也懂得,它在以这种方式考虑它们时对于它的那些范畴完全不能作任何运用,因为这些范畴只有在与空间和时间中的直观统一性发生关系时才有意义,甚至它们①之所以能借助于普遍的联结概念而先天地规定这种统一性,也只是由于空间和时间的单纯观念性。一旦见不到这种时间统一性,也就是在本体的情况下,范畴的全部运用、甚至它们的全部意义都会完全终止了;因为甚至会根本看不出应当与这些范畴相适合的那些物的可能性;因此请让我援引我在前一章的总注释中一开头所说的话。既然一物之可能性决不能单凭该物的概念不自相矛盾来证明,而只能通过我们赋予它以与之相应的直观来证明,所以当我们要把范畴应用于不被视为现象的那些对象上时,我们就必须以不同于感性直观的另一种直观作基础,这样一来,对象就会是一个积极意义上的本体。既然这样一个直观、也就是智性的直观完全处于我们的认识能力之外,所以就连范畴的运用也决不能超出经验对象的界限,而与感官物相应的固然是知性物,就算我们的感性直观能力与之完全无关的知性物可以存在,但我们的知性概念作为对我们感性直观而言的单纯观念形式却丝毫也通达不了它们那里;因此凡是被我们称为本体的东西,都必须作为某种只有消极意义的东西来理解。

B308

B309

[附:第一版原文]

[诸现象就其按照范畴的统一性而被思考为对象而言,就叫作 Phaenomena②。但如果我假定诸物只是知性的对象,但仍然能够作为这种对象而被给予某种直观,虽然并非感性直观(作为③ curam intuitu intellectuali④);那么这样一类

A249

---

① 瓦伦廷纳将"它们"(诸范畴)改成"它"(知性)。——德文编者
② 拉丁文:现象。为与 Erscheinung 相区别计,译者权将该拉丁文译作"现相"。——译者
③ 原文为"als",据法欣格尔校为"因而"(also)。——德文编者
④ 拉丁文:智性直观的对象。——译者

物就叫作 Noumena(Intelligibilia)①。

　　现在,我们应当想到,经过先验感性论所限制的现象概念已经由自身提供出了本体的客观实在性,并且有理由把对象划分为现相(Phaenomena)和本体(Noumena),因而也把世界划分为感官世界和知性世界(mundus sensibilis et intelligibilis②),亦即这样来划分:不仅仅在这里区分出同一物的不清晰的知识和清晰的知识的逻辑形式,而且区分出如同这些对象能被本源地③给予我们的知识的那样一种差异,根据这种差异,这些对象本身自在地相互有种类上的区别。因为如果感官仅仅是如某物显现那样向我们表象某物,那么这个某物毕竟本身自在地也必须是一物,是一个非感性的直观的对象,也就是一个知性的对象,就是说,一种在其中找不到任何感性的知识必须是可能的,唯有它拥有绝对客观的实在性,因为诸对象凭借这种实在性向我们表象为如它们所是的那样,相反,在我们知性的经验性的运用中,诸物只被如它们所显现的那样来认识。所以,除了诸范畴的经验性的运用(它被限制于感性的诸条件上)之外,也许还有一种纯粹的但毕竟是客观有效的运用,而我们也许不可能如我们迄今所预定了的那样,肯定我们的纯粹知性知识在任何地方都不会超出现象的展现④的诸原则,这些原则也不会先天地超出针对经验的形式可能性的原则,因为在这里将会在我们面前敞开一个完全不同的领域,仿佛是一个在精神中被思维的(也许还是被直观到的)世界,这个世界也许能让我们的纯粹知性不是去做更差的事,而是有远为高尚的任务。

　　我们的一切表象实际上都是通过知性而与任何一个客体发生关系的,并且,由于现象无非是些表象,所以知性把它们联系到一个作为感性直观的对象的某物:但这个某物⑤就此而言只是先验的客体。但先验客体意味着一个等于X的某物,我们对它一无所知,而且一般说来(按照我们知性现有的构造)也不

A250

---

　　① 拉丁文:本体(理知的东西)。——译者
　　② 拉丁文:感性世界和理知世界。——译者
　　③ "本源地"一词见于 1911 年的普鲁士科学院版《康德全集》第 4 卷中,但在 1919 年版的《哲学丛书》第 37 卷中阙如,译者所依据的德文版与 1911 年版同。——译者
　　④ 康德在《补遗 CXXXIII》中把"展现"(Exposition)改为"杂多的综合"。——德文编者
　　⑤ 康德在《补遗 CXXXIV》中把"某物"改成"作为一般直观的对象的某物"。——德文编者

可能有所知,相反,它只能作为统觉的统一性的相关物而充当感性直观中杂多的统一,知性借助于这种统一而把杂多结合成一个对象的概念。这个先验的客体根本不能和感性的材料分割开来,因为那样一来就没有任何它借以被思考的东西留下来了。所以它并不是任何自在的认识对象本身,而只是诸现象在一般对象这个概念之下的表象,而一般对象通过诸现象的杂多是可以得到规定的。 A251

　　正因为如此,诸范畴甚至也不表象任何特殊的、仅仅给予知性的客体,而只是用来通过感性中被给予的东西规定那先验的客体(即有关一般某物的概念),以便由此在有关诸对象的那些概念之下来经验性地认识诸现象。

　　至于我们为什么还不满足于感性的基底,还给诸现相(Phaenomenis)附加上了只有纯粹知性才能思考的本体,那么其原因只是基于以下一点。感性及其领域、即现象领域本身是受到知性限制的,以至于它并不针对自在之物本身,而只是针对诸物如何借助于我们的主观性状而向我们显现出来的那种方式的。这曾是整个先验感性论的结论,也是自然而然地从一般现象的概念中推出来的:必然会有某种本身不是现象的东西与现象相应,因为现象单独就本身来说,和在我们的表象方式之外,不能是任何东西,因而,如果不想不停地绕圈子的话,现象这个词已经指明了与某种东西的关系,这个东西的直接表象虽然是感性的,但它哪怕没有我们感性的这种性状(我们的直观形式就建立在这种性状上),却自在地本身必须是某物,即某种独立于感性的对象。 A252

　　于是从这里就产生出关于一个本体的概念,但这概念根本不是积极的,不是关于任何一物的确定的知识,而只意味着关于一般某物的思维,在这个一般某物那里我抽掉了感性直观的一切形式。但为了使一个本体具有一个真实的、与一切现相(Phänomenen)相区别的对象的含义,单凭我使我的思想从感性直观的一切条件中摆脱出来是不够的,我此外还必须有理由来假定一种不同于感性直观的另外的直观方式,在这种方式下一个这样的对象方能被给予出来;因为否则我的思想毕竟是空的,虽然并没有矛盾。我们虽然在上面没有能够证明感性直观是一般唯一可能的直观,而只是证明了它只对于我们来说是这样的;但我们也不可能证明还有另外的直观方式是可能的,而且,虽然我们的思维可以抽掉那种①感性,但毕竟留下一个问题:是否这样一来思维就会

---

　　①　哈滕斯泰因将"那种"(jener)改为"任何"(jeder)。——德文编者

A253 是一种单纯的概念形式,并且是否通过这种分隔在任何地方还会留下一个客体①。

我使一般现象与之相关联的那个客体就是先验的对象,亦即关于一般某物的完全未定的思想。这个思想不能叫作本体;因为关于它,我并不知道它自在地本身是什么,并且完全没有对它的概念,只有对一个感性直观的一般对象的概念,所以这个一般对象对一切现象来说都是一样的。我不能通过任何范畴来思维这个对象;因为范畴适用于经验性的直观,以便把这直观带到一般对象的概念下来。范畴的一个纯粹运用虽然是可能的②,就是说没有矛盾的,但却由于范畴没有指向任何本应由它们来获得客体的统一性的直观,而完全不具任何客观有效性;因为范畴毕竟是一种单纯的思维机能,通过它并没有任何对象被给予我,而只是那能在直观中被给予的东西得到了思维。]

如果我从某种经验性的知识中去掉一切(借助于范畴进行的)思维,那么就完全不会有任何对象的知识余留下来;因为通过单纯的直观没有任何东西被思维,并且,这种感性刺激在我里面发生,这根本不构成这类表象与某个客

A254 体的任何一种关系。但反过来,如果我把一切直观都撇开,那毕竟还会留下思维的形式,亦即给可能直观的杂多规定一个对象的那种方式。因此范畴就这样扩展到比感性直观更远的地方,因为它们思维一般客体,尚未看看那种使这些客体能被给出的特殊的方式(即感性的方式)。但范畴并不因此就规定了诸对象的一个更大的范围,因为我们不能在把某种不同于感性的直观方式的直观方式预先假定为可能的之前,就承认这些对象能够被给予,而我们又根本无权作这种预先假定。

B310 如果一个概念并不含有任何矛盾,甚至还作为那些被给予的概念的边界而与其他的知识相关联,但它的客观实在性却不能以任何方式被认识,我就把它称为悬拟的(problematisch)概念。一个本体的概念,即一个完全不应被思考为一个感官对象、而应(只通过纯粹知性)被思考为一个自在之物本身的物

---

① 康德在《补遗 CXXXVII》中将此句改为:"或者是否通过这种分隔在任何地方还会留下一种可能的直观"。——德文编者

② 康德在《补遗 CXXXVIII》中把"可能的"改为"逻辑上可能的"。——德文编者

的概念,是完全不自相矛盾的;因为我们对于感性并不能断言,它就是直观的
唯一可能的方式。此外,为了不使感性直观扩展到自在之物本身上去,从而限
制感性知识的客观有效性,这个概念又是必要的(因为感性直观所达不到的 A255
其余的东西之所以称为本体,正是为了借此表明那些知识不能把自己的领土
扩展到知性所思维的一切东西上去)。但最终,我们一点也看不出这样一些
本体的可能性,现象领域之外的范围(对我们来说)是空的,这就是说,我们有
某种把自己悬拟地扩展到比现象领域更远的地方的知性,但没有能超出感性
领域之外给我们提供对象并使知性超出这一领域而作实然的运用的那种直
观,哪怕有关这种直观的概念都没有。所以某种本体的概念只不过是一个限
度概念,为的是限制感性的僭越,因而只有消极的运用。但这个概念毕竟不是 B311
杜撰出来的,而是与感性的限制相关联的,只是不能在感性的范围之外建立某
种积极的东西。

　　因此把对象划分为现相和本体,而把世界划分为感性世界和知性世界,
在积极的意义上是完全不能容许的,虽然概念的确容许被划分为感性的和
智性的;因为我们不能为后者规定对象,那么这些概念也就不能冒充为客观
有效的。如果我们离开感官,我们将如何能理解我们的范畴(它们将是唯 A256
一给本体留下来的概念)还会到处有某种所指? 因为在它们与某个对象
的关系上还必须给出某种比单纯思维的统一性更多的东西,亦即还要加
上某种可能的直观,以便它们能应用其上。即使如此,只被当作悬拟的本
体的这个概念仍然不仅仅是容许的,而且甚至作为一个把感性置于限制
中的概念也是不可避免的。但这样一来,本体就不是为我们的知性所特
有的一个智性对象了,相反,它可能会隶属的那种知性本身就是一个问
题,即是说,这种知性不是通过范畴推论式地认识其对象,而是在某种非感 B312
性的直观里直觉地认识其对象,而对这种知性的可能性我们是不能产生最
起码的表象的。既然我们的知性以这种方式获得一种消极的扩展,这就是
说,知性与其说是由于感性而受到限制,不如说是通过它用本体来称谓自在
之物本身(而不把它看作现象),知性就限制了感性。但知性同时也限制了
自己,不能通过任何范畴来认识本体,因而只能以未知某物的名义来思维这
些本体。

　　然而,在近代的文献中我发现对 mundi sensibilis(可感世界)和 mundi in-

A257　telligibilis（理知世界）这两个术语①②与古代的意思完全不同、完全相左的一
种运用，这种运用当然没有什么难理解的，但其中所有的只不过是玩弄词
藻。按照这种用法，一些人更愿意把现象的总和就其被直观到而言称之为
B313　感官世界，而就其关联按照普遍知性规律被思考而言，则称之为知性世界
（Verstandeswelt）。前者据说表现为单只报导对星空的观察的理论天文学，
而后者，也就是理知世界（intelligible Welt），则表现为（例如根据哥白尼的宇
宙体系或牛顿的引力定律来解释的）静观的天文学③。但这样一种词意的
歪曲只不过是诡辩的遁辞，为的是将它们的意义降低到适合自己的意思以
回避麻烦的问题。当然，知性和理性都可以在现象上运用；但问题是如果对
象不是现象（而是本体），它们是否还有某种运用，而人们就是在这种意义
上，当对象自身只是被思维为理知的，也就是被思维为只被给予知性而根本
不被给予感官的东西时，来设想对象的。所以问题就在于，是否知性在它的
那种经验性的运用以外还可能有（哪怕在牛顿的宇宙结构表象中）一种先
验的运用，它指向作为某种对象的本体。对这个问题我们已作了否定的
回答。

A258　　　　所以当我们说：感官向我们表现出对象如它们所显现的样子，知性却表现
出对象如它们所是的样子，这时后一情况并不能在先验的含义中、而只能在经
验性的含义中来设想，也就是像它们必须在现象的彻底关联中被表现为经验
B314　对象那样，而不是按照它们在与可能经验的关系之外、因而在一般意义上并作
为纯粹知性的对象所可能的那样来设想。因为后面这种情况将会是我们永远
不知道的，甚至于就连这样一种超常的④先验知识在任何地方是否可能、至少
是作为从属于我们通常范畴的知识是否可能，也仍然不知道。知性和感性在
我们这里只有结合起来才能规定对象。如果我们把它们分开，那么我们有直

---

①　我们不必像人们在以德国人的表达方式通常习惯于做的那样，用智性世界（eine in-
tellektuelle Welt）这个词来取代理知世界这一术语；因为只有知识才是智性的或感性的。然而
只要是能成为这种那种直观方式的、因而客体方面的对象的东西，都必须叫作理知的和可感
的（尽管这很难听）。——康德

②　上述注释为第二版所增加的。——德文编者

③　据维勒，“静观的”应与前面“理论的”互换。——德文编者

④　据法欣格尔，“超常的”（außerordentliche）应为“超感官的”（außersinnliche）。——德
文编者

观则无概念,或者有概念则无直观,而在这两种情况下我们所具有的表象都不能与任何一个确定的对象发生关系。

如果有人还未下决心由于这一切讨论而放弃范畴的单纯先验的运用,那么他可以试试从范畴中得出任何一个综合的断言来。因为一个分析的断言并不使知性走得更远,知性在这里只是在讨论概念中已被想到的东西,所以它并不能决定这概念是自在地与对象本身有关,还是只意味着一般思维的统一性 A259 (这统一性完全抽掉了一个对象有可能被给予出来的那种方式),对它①说来,只要知道在它的概念中有什么就足够了;这概念本身针对着什么,这对它来说是无所谓的。因此他也可以试试任何一个综合的、被以为的先验的原理的效 B315 果,如:一切存在的东西都是作为实体或某种依赖于实体的规定性而实存的;一切偶然的东西都是作为另一物、也就是它的原因的结果而实存的如此等等。现在我要问:既然这些概念不想与可能的经验发生关系,而是要适用于自在之物本身(本体),知性将从何处得到这些综合命题呢? 综合命题总是需要一个第三者②,以便在其中把那些完全没有任何逻辑的(分析的)亲和性的概念相互连结起来,而在这里,那个第三者又在何处呢? 不顾及到知性的经验性的运用,因而不完全放弃那种纯粹的、摆脱感官的判断,知性就永不能证明它的命题,更有甚者,就连以这样一个纯粹命题的可能性为自己辩护都做不到。所以纯粹只是理知的对象这个概念③在其应用的一切原理上完全是一片空白,因为我们不能虚构出这些对象应当被给予的方式,这个悬拟的观念毕竟为这些对象留下一个位置,只是为了像一个空的空间一样对经验性的原理作出限制, A260 但却并未把经验性原理范围以外的任何别的知识客体包含在自身中并表明出来。 B316

---

① 埃德曼指这个"它"为"在分析的运用中的知性"。——德文编者
② 康德在《补遗 CXXXIX》中将"第三者"写作"直观的第三者"。——德文编者
③ 康德在《补遗 CLX》中将"这个概念"改为"这个概念、这种可能的知识"。——德文编者

附 录

由知性的经验性运用与先验的运用相混淆
而引起的反思概念的歧义

反省(reflexio①)并不与诸对象本身发生关系以直接获得它们的概念,而是这种内心状态,在其中我们首先准备去发现我们由以达到这些概念的那些主观条件。反省是对给予的表象与我们的不同认识来源的关系的意识,唯有通过这种意识,表象相互之间的这种关系才能得到正确的规定。在对我们的表象作任何进一步的讨论之前首先一个问题就是:这些表象共属于哪一种认识能力?使它们得以结合起来并加以比较的是知性呢,还是诸感官?有些判断是从习惯中接受来的,或者是由爱好连结起来的;但由于没有先行作任何反省、或至少在事后加以批判的反省,所以它就被看作是这样一种在知性中获得其起源的判断了。并非一切判断都需要一种审查,即对真理性根据的一种关注;因为,如果它们是直接确定的:例如两点之间只能有一条直线;那么关于它们就不可能指出比它们自身所表达出来的更贴近的真理性标志。但一切判断,甚至一切比较都需要一个反省,即需要对那些给予的概念所从属的认识能力进行辨别。我用来把一般诸表象的比较和提出这种比较的认识能力相对照,并借以辨别这些表象在相互比较中属于纯粹知性还是属于感性直观的那个行动,我称之为先验的反省。但一种内心状态里的诸概念能够在其中互相从属的那种关系就是相同性和差异性、一致与冲突、内部和外部的关系,最后是可规定的和规定(质料和形式)的关系。正确地规定这种关系取决于诸概念在何种认识能力中主观上相互从属,是在感性中还是在知性中。因为后面这些认识能力的区别在我们应当如何思维前面那些概念的方式上造成了很大的区别。

在进行一切客观判断以前,我们且比较这些概念,为的是找到②**相同性**

A261

B317

A262

---

① 拉丁文:反思。又,前一"反省"为德文 Überlegung,与该拉丁文为可对译的同义词,此处权作区分。——译者

② "找到"为埃德曼补上的,梅林增补的是"达到",兹从埃德曼。——德文编者

（许多表象在一个概念下的相同性）以达到全称判断，或找到**差异性**以产生特　B318
称判断，找到**一致性**，从中可以形成肯定判断，找到**冲突性**，从中可以形成否定
判断，如此等等。由于这种理由，就像看起来那样，我们本来应当将上述概念
称之为比较性概念（conceptus comparationis①）。但由于，当事情不取决于逻辑
形式，而取决于这些概念的内容时，就是说，取决于诸物本身是相同的还是相
异的，是一致的还是相冲突的等等时，这些物对我们的认识能力、即对感性和
知性可以有双重的关系，但事情却取决于它们应该处于其中的这个位置、取决
于它们应当如何相互从属的方式：所以先验的反思、也就是被给予的诸表象对
这种或那种认识方式的关系②就将是唯一能够规定这些表象的相互关系的
了，并且这些物是相同的还是相异的，一致的还是相冲突的等等，都将不可能
马上就从这些概念本身中通过单纯的比较（comparatio③）得到决定，而只有首
先通过区别它们所属的那种认识方式、借助于某种先验的反省（reflexio④）才
能决定。所以人们虽然可以说：逻辑的反思是一种单纯的比较，因为在它那里
完全抽掉了被给予的表象所属的那种认识能力，所以就此而言这些表象按照
它们在内心的位置来说必须作为同性质的东西来处理，但先验的反思（它针　B319
对的是对象本身）却包含有对这些表象相互进行客观的比较的可能性根据，
所以它是与后者⑤完全不一样的，因为这些表象所属的认识能力并不正好是　A263
同一个认识能力。这种先验的反省是一种没有人能够放弃的义务，如果他要
先天地对事物有所判断的话。我们现在就要来履行这一义务，并且从中将在
规定知性的真正事务方面获得不少启发。

　　1. 相同性和差异性。如果有一个对象多次地、但每次都带着同一些内部
规定（qualitas et quantitas⑥）向我们呈现出来，那么如果它被看作纯粹知性的
对象，它就总是同一个对象，并且不是多个事物，而只是"一个"事物（numerica

---

　　①　拉丁文：比较的概念。——译者
　　②　梅林认为"关系"应为"关系的意识"。——德文编者
　　③　拉丁文：比较。——译者
　　④　拉丁文：反思。——译者
　　⑤　法欣格尔认为应作"前者"，即"逻辑的反思"；但把"后者"代"比较"也通。——德文
编者
　　⑥　拉丁文：定质定量的。——译者

identitas①）；但如果它是现象，那么问题就根本不在于概念的比较，而是无论就概念而言一切都是如何地相同，这一现象在同一时间中地点上的相异却毕竟是对象（感官对象）本身在号数上的差异性的一个足够的根据。我们可以

A264
B320

这样来把两滴水中的一切内部差异性（质和量的差异性）全都抽掉，但只要它们在不同的地方同时被直观到，这就足以把它们在号数上看作不同的了。莱布尼茨曾把现象当作自在之物本身，因而看作 intelligibilia②，即纯粹知性的对象（尽管他由于这些对象表象的模糊性而赋予它们以现相之名），在这种情况下他的不可分辨律（principium identitatis indiscernibilium③）的确是不可反驳的；但由于现象是感性的对象，知性对它们不具有纯粹的运用，而只具有经验性的运用，所以多数性和号数上的差异性已经由作为外部现象的条件的空间本身点明出来了。因为空间的一个部分虽然和另外一部分可以完全相似和相同，但却毕竟在另一部分之外，并且正因此它就是一个与另一部分相异的部分，是加在另一部分之上以构成一个更大的空间的部分，因此这也必定适用于一切同时存在于许多空间位置上的东西，不论它们在别的方面可以是如何相似和相同。

2. 一致和冲突。如果实在性只是通过纯粹知性来表现（realitas noumenon④），那么在诸实在性之间就不可能设想任何冲突，即设想这样一种关系，

A265
B321

它们在结合于一个主体中时互相取消其后果，就会是 3－3＝0。相反，在现象中的实在的东西（realitas phaenomenon⑤）相互之间自然可以处于冲突之中，并且当结合在同一个主体中时，一个实在的东西就会完全或部分地取消另一个的后果，例如在同一直线上两个运动的力在它们朝相反的方向牵引或挤压一点时，或者一个与痛苦保持着平衡的快乐，都是如此。

3. 内部和外部。在一个纯粹知性对象上，唯有那与任何某种与它相异之物（在存有方面）完全没有什么关系的东西才是内部的。反之，空间中一个

---

① 拉丁文：号数上同一的。——译者
② 拉丁文：理知的东西。——译者
③ 拉丁文：不可分辨者的同一性原则。——译者
④ 拉丁文：本体的实在性。——译者
⑤ 拉丁文：现相的实在性。——译者

substantia phaenomenon① 的内部规定无非是关系②,而现象实体本身也完完全全是一些纯粹相关性的总和。对于空间中的实体,我们只是通过空间中起作用的力来认识的,这要么是把另一实体推向它的力(吸引),要么是阻止另一实体向空间中侵入的力(排斥和不可入性);对于构成在空间中显现的、我们称为物质的实体之概念的那些另外的属性,我们并不认识。相反,作为纯粹知性的客体,每个实体都必须拥有内部的规定和指向内部实在性的力。不过,我能够把什么样的一些内部偶性设想为我的内感官如此向我呈现的那些偶性呢?这就是要么本身就是一种思维,要么是与思维类似的东西。因此莱布尼茨使一切实体——因为他把这些实体设想为本体——,甚至使物质的组成部分——当他在思想中把一切可能意味着外部相关性的东西、因而也把复合性从那些组成部分中去掉了之后——,成为了天生赋有表象能力的单纯主体,简言之,成为了**单子**。

　　4. **质料**③和**形式**。这是两个被作为其他一切反思的基础的概念,所以它们与知性的每一种运用都不可分地联结在一起。质料意味着一般的可规定之物,形式意味着该物的规定(两者都是在先验的理解中,因为我们抽掉了被给予之物的一切区别以及它被给予的那种方式)。逻辑学家们以前把普遍的东西称之为质料,而把那种特殊的区别称之为形式。在每个判断中我们可以把那些给予的概念称之为(判断的)逻辑质料,而把概念(借助于系词)的关系称之为判断的形式。在每个存在物中其组成成分(essentialia④)就是质料;这些组成成分在一物中结合起来的方式就是本质的形式。甚至就一般物而言未限定的实在性也曾被视为一切可能性的质料,而它的限制(否定)则被视为一物按照先验概念借以与另一物区别开来的形式。就是说,知性首先要求某物(至少在概念中)被给予出来,以便能以某种方式规定它。因此在纯粹知性概念中质料是先行于形式的,为此莱布尼茨首先就假定了诸物(单子),并在内部假定了它们的某种表象能力,以便接着在此之上建立起它们的外部关系和

A266

B322

A267

B323

---

　　① 拉丁文:现相的实体。——译者
　　② 在康德自己用书中此句有一条旁注:"在空间中是纯粹外部关系,在内感官中是纯粹内部关系;没有绝对者"。——德文编者
　　③ "质料"和前面所译"物质"为同一词 Materie。——译者
　　④ 拉丁文:本质的东西。——译者

它们的状态(也就是表象)的协同性。因此空间和时间两者,前者只是通过诸实体的关系,后者只是通过这些实体的诸规定作为根据与后果的相互连结,才是可能的。假如纯粹知性可以直接与对象相关,假如空间和时间就是自在之物本身的规定的话,那么事情实际上也必定就会是如此。但如果这只是些感性直观,在其中我们把一切对象仅仅规定为现象,那么直观形式(作为感性的一种主观性状)就先行于一切质料(感觉),因而空间和时间就先行于一切现象和一切经验材料,而反倒是首先使经验成为可能的了。这位智性哲学家不能容忍让形式先行于物本身并为这些物规定其可能性;当他假定了我们所直观的物是如其所是的那样(虽然带有模糊的表象),那么他的这种审查是完全正确的。但由于感性直观是一种完全特殊的主观条件,它是一切知觉的先天基础,并且其形式是本源的①;所以这形式是自身独自被给予的,如果说物质(或者那些显现出来的物本身)应当作为基础(如人们根据单纯的概念必然会判断的那样),就是大错特错了,所以倒不如说,物质的可能性是以某种形式直观(时间和空间)作为已被给予的前提的。

A268
B324

对反思概念的歧义的注释

请允许我把我们要么在感性中、要么在纯粹知性中给概念分派的位置称之为先验的方位。按照这种方式,对根据概念运用的差异性而应归于每个概念的这种位置所作的评判,以及对按照规则为一切概念规定这种方位所作的指示,就会是先验的正位论了;这将是一种彻底防止纯粹知性受到的欺骗及由此产生的错觉的学说,因为它任何时候都要分辨出这些概念真正属于何种认识能力。我们可以把每一个概念,把许多知识归属于其下的每一个条目,都称之为一个逻辑的方位。在这上面就建立起了亚里士多德的逻辑的正位论②,当时的教师和演说家能够用它在思想的某些条目中检视什么是最适合于现有材料的,并对之进行具有表面彻底性的推想和滔滔雄辩。

A269
B325

相反,先验的正位论所包含的只不过是前述一切比较和辨别的四个条目,它们与诸范畴的区别在于,通过它们,并不是对象按照构成它的概念的东西

---

① 维勒认为此句应为"并且是这些知觉的本源的形式"。——德文编者
② 指亚里士多德《工具论》中的《正位篇》。——译者

(量、实在性)得到了描述,而只是对先行于物的概念的诸表象的比较在其一切杂多性中得到了描述。但这种比较首先需要一种反省,即需要对这些被比较之物的表象所属的那个方位作一种规定,看这些表象是纯粹知性所思维的,还是感性在现象中所给予的。

　　这些概念在逻辑上是可以得到比较的,而无需操心它们的客体所属何处,是作为知性的本体呢,还是作为感性的现相(Phänomena)。但如果我们要用这些概念去达到对象,那么对于这些对象应当是哪些认识能力的对象,是纯粹知性的对象还是感性的对象,首先作一番先验的反省就是必要的。没有这种反省,我就会对这些概念作一种很不可靠的运用,并且会产生出一些批判的理性不可能承认的、只是建立在某种先验的歧义即对纯粹知性客体和现象的混淆之上的臆测的综合原理。 B326

　　由于缺乏这样一个先验的正位论,因而为反思概念的歧义所蒙蔽,著名的 A270 莱布尼茨曾建立了一种世界的智性体系,或者说,他宁可相信只要他把一切对象与知性和知性思维的孤立的形式概念相比较,就能认识诸物的内部性状。我们的反思概念表①给我们带来一个未曾料到的好处,就是把他在这个体系的一切部分中的原理性概念的与众不同之处,同时也把这种无非是建立在某种误解之上的特别的思维方式的主导性理由,摆在眼前了。他对一切事物只是通过概念作相互的比较,并且很自然地,除了知性借以使自己的纯粹概念相互区别开来的那些差异性之外没有发现任何别的差异性。他并没有把感性直观的那些带有自己固有差别的条件看作是本源的;因为感性在他看来只是一种混乱的表象方式,而决不是诸表象的一种特殊的来源;现象在他看来则是 A271 自在之物本身的表象,虽然按照逻辑形式来说与由知性而来的知识是有区别 B327 的,因为前者由于通常缺乏分析,而把与那些附带表象的某种混杂引入了物的概念中,知性则懂得把这些附带表象与这概念分离开来。总之,**莱布尼茨**使诸现象智性化了,正如**洛克**按照某种理性发生论②体系(如果允许我使用这一表达方式的话)将这些知性概念全都感性化了一样,也就是把它们打扮成不过

----

　　①　指前述四对概念的排列:"相同和差异"、"一致和冲突"、"内部和外部"、"质料和形式"("可规定的和规定")。——译者

　　②　原文为 Noogonie,指理性(Noo,即希腊文 νους 从感性中发生(Gonie 希腊文 γον-)的学说。——译者

是经验性的或是被抽离出来的反思概念。这两位伟人不是在知性和感性中寻找表象的两个完全不同的、但只有在结合中才能对事物作客观有效的判断的来源，而是每一位都只坚持两个来源中的一个，这个来源在他们看来是直接与自在之物本身相关的，然而另一个来源所做的则只不过是把前一个来源的表象加以混淆或整理而已。

因此莱布尼茨只是在知性中把感官对象作为一般物相互进行了比较而已。首先，这是就这些对象应当被知性判断为相同的或有差异的而言。由于这样一来他就只注意这些对象的概念，而不注意它们在直观中的位置，而这些对象只有在直观中才能被给予，又由于这些概念的先验的方位（即客体必须被归于现象还是归于自在之物本身）完全被忽视了，所以结果就不能不是：他把他的只适用于一般物的概念的不可辨别者原理也扩展到了感官对象（mundus phaenomenon①）上，并相信由此就给自然知识带来了不小的扩充。当然，如果我把一滴水按照它的一切内部规定而认作自在之物本身，那么如果一滴水的整个概念与任何一滴水是相同的时，我就不可能让任何一滴水被看作与另一滴水是有差异的。但如果一滴水是空间中的现象，那么它就不仅在知性中（在概念之下）有自己的方位，而且在外部感性直观中（在空间中）有自己的方位，在这种情况下物理上的那些方位对诸物的内部规定而言是完全无所谓的，而一个等于 b 的方位可以这样地来接受与处于某个等于 a 的方位中的另一物完全相似和相同的物，就好像它与另一物在内部还有同样大的差异似的。方位的差异性无需进一步的条件，就使得作为现象的对象的多数性和区别单凭自身已经不仅仅是可能的，而且是必然的了。所以那条表面上的规律决不是自然律。它只是一条分析的规则或通过单纯概念对诸物所作的比较而已。②

其次，诸实在性（作为单纯的肯定）绝不会在逻辑上相互冲突，这条原理是一个有关诸概念之关系的完全真实的命题，但它不论是就自然界而言，还是在任何地方就任何一个自在之物本身（对它我们没有任何概念）而言，都没有

A272
B328

A273
B329

---

① 拉丁文：现相世界。——译者

② 第四版为："它只是一条通过单纯概念对诸物进行比较的分析的规则而已。"——德文编者

丝毫意义。因为实在的冲突凡是在 A－B＝0 的地方，即凡是在一个实在性与另一个实在性在同一个主体中联结时一个就取消另一个的作用的地方，就总是会发生，这种情况是自然界所有的阻抗和反作用都不停地展示在我们眼前的，尽管这些阻抗和反作用由于它们建立在各种力之上，而必须被称之为 re-alitates phaenomena①。普通力学甚至可以在一条先天规则中指出这种冲突的经验性条件，因为它着眼于方向上的对立：这是实在性的先验概念对之完全一无所知的一个条件。虽然尊敬的莱布尼茨先生宣布这个命题时并不太作为一条崭新的原理大肆张扬，但他毕竟将它用于一些新的主张上，而他的后继者们则明确把它记到了他们的莱布尼茨—沃尔夫派的学说体系的账上。例如，按照这条原理，一切坏事都无非是被造物的种种局限即种种否定性的后果，因为这些否定性是与实在性唯一相冲突的东西（在一般物的单纯概念中也的确是如此，但在作为现象的物中则不然）。同样，莱布尼茨的追随者们认为，把一切实在性没有任何一种堪忧的冲突而结合在一个存在物中，这不仅是可能的， B330而且也是很自然的，因为他们除了矛盾（一物的概念本身由此将被取消）的冲突 A274外不知道有任何别的冲突，也不知道有交相危害的冲突，在这种冲突中，一个实在的根据取消另一个实在根据的作用，对此我们只在感性中才发现把这样一种冲突向我们表象出来的条件。

第三，莱布尼茨的单子论，除了这位哲学家只在与知性的关系中设想内部和外部的区别外，根本没有任何别的根据。一般实体都必须拥有某种内部的东西，因而这种东西是摆脱了一切外部关系、因而也摆脱了复合作用的。所以单纯的东西是自在之物本身的内部东西的基础。但实体状态的内部东西也不可能是方位、形状、接触或运动（这些规定全都是外部关系），因此我们不能赋予实体任何别的内部状态，除了我们借以从内部规定我们的感官本身的那种内部状态，即诸表象的状态。这样一来，应当构成整个宇宙的原料的诸单子就完成了，但它们的活动力仅在于它们本来只是用来在自身中起作用的那些表象。

但正因为如此，他的关于诸实体相互之间可能的协同性的原则也就必须 B331是某种前定的和谐，而不可能是任何物理的影响。因为既然一切都只是内部 A275

---

① 拉丁文：现相的实在性。——译者

的,即埋头于自己的表象的,那么一个实体的表象状态与另一个实体的表象状态就根本不可能处于任何有实效的联结中,而必须有某一个第三者的、并且在所有一切实体中发生影响的原因使它们的状态互相成为相应的,虽然不一定是通过偶尔的和在每个个别情况下特别安插进来的援手(systema assistentiae①),而是通过一个对一切实体都有效的原因的理念的统一性,诸实体全都必须在这统一性中按照普遍法则获得自己的存有和持存性,因而也获得相互之间的交互相应性。

　　第四,他关于时间和空间的著名的原理性概念,即他在其中把这两种感性形式加以智性化的那个概念,只是从对先验反思的同一种错觉中产生出来的。如果我想只通过知性来设想诸物的外部关系,那么这只要借助于一个对诸物的交互作用的概念就能做到,而当我要把同一物的一个状态与另一个状态结合起来时,这只要在根据和后果的秩序中就可以进行了。所以莱布尼茨就这样把空间设想为在实体协同性中的某种秩序,把时间设想为诸实体状态的力学性系列。而似乎是这两者本身所具有的那种特点和不依赖于诸物的性质,他却归之于这两个概念的模糊性,这种模糊性使得那本身只是力学性关系的一种形式的东西被看作了一种独立自存的、先行于物本身的直观。所以空间和时间在他那里就是自在之物本身(实体及其状态)结合的理知形式。诸物则是一些理知的实体(substantiae noumena②)。但他仍然想使这些概念对于现象有效,因为他不承认感性有自己特有的直观方式,而是在知性中寻求对象的一切表象、甚至是经验性的表象,而只留给感官去做混淆和歪曲知性的表象这种可鄙的事情。

　　但即使我们有可能通过纯粹知性对于自在之物本身综合地说出点什么(虽然这是不可能的),然而这毕竟根本不会有可能与现象发生任何关系,这些现象并不表象自在之物本身。所以在后面这种情况下,我在先验的反省中将不得不任何时候都只在感性的条件下对我的诸概念进行比较,这样,空间和时间就会不是自在之物的规定,而是现象的规定;自在之物可能是什么,我并不知道,而且这也不需要知道,因为一物除了在现象中外,毕竟永远也不可能

B332
A276

A277
B333

---

① 拉丁文:援助系统。——译者
② 拉丁文:本体的实体。——译者

出现在我面前。

其他的反思概念我也照此办理。质料是 substantia phaenomenon①。凡是应归于它的内部的,我都在它所占据的空间的一切部分中、以及它所产生的一切效果中去寻找,这些效果当然永远只能是外部感官的现象。所以我虽然不拥有任何绝对内部的东西,而只不过拥有比较性的内部的东西,它本身又是由外部的关系所组成的,然而,质料的依照纯粹知性的绝对内部也只是一种幻念;因为质料任何时候对于纯粹知性都不是什么对象,但那个可能作为我们称之为质料的这一现象的基础的先验客体,却只是一个"某物",我们连它是什么都不会理解,即使有人能够告诉我们。因为我们所能够理解的只是在直观中带有和我们的语词相应之物的东西。如果有人抱怨说:我们根本洞察不到事物的内部,而他的意思是想说我们通过纯粹知性并不理解向我们显现的事物自在地可能是什么的话,那么这些抱怨就是完全没有道理和不合理性的;因为这就是要求人们不凭感官却能够认识事物,因而直观事物,所以就是要求我们拥有一种与人的认识能力不仅在程度上、而且甚至在直观和种类上都完全不同的认识能力,因而要求我们不应当是人,而应当是一些这样的存在者,我们甚至不能指出它们是否会存在,更不用说指出它们具有怎样的性状了。对现象的观察和剖析逼进到自然的内部,而没有人能够知道这将随着时间进行到多远。但尽管如此,对于那些超出自然之外的先验的问题,哪怕整个自然都被揭示在我们面前,既然就连用一种与我们的内感官的直观不同的直观来观察我们自己内心这种能力都并没有被给予我们,我们也毕竟永远不会有可能回答它们。因为在我们自己的内心中包含有我们的感性起源的秘密。感性对一个客体的关系,以及它们的统一性的先验根据会是什么,这些无疑是隐藏得太深了,以至于我们这些甚至对我们自己也只是通过内感官、因而也只是作为现象才了解到的人们,不会有可能运用我们的一种如此不适合的研究工具,去发现某种与总是又成为现象的东西不同的东西,当然这些现象的非感性的原因我们还是很乐意地要去研究的。

对单纯以反思活动为根据的那些推论所作的这一批判带来的极大好处在于:它清楚地阐明了关于人们只是在知性中加以相互比较的那些对象所作的

A278
B334

---

① 拉丁文:现相的实体。——译者

A279
B335

一切推论的毫无意义,同时证实了我们曾特别再三提醒的主要之点:虽然现象不是作为自在之物本身而被包括在纯粹知性的诸客体之中,但它们是唯一我们的知识能够据以拥有客观实在性的一些客体,就是说,在这里有直观与这些概念相应。

如果我们只是进行逻辑的反思,那么我们只是在知性中对我们的概念作相互的比较,看两者是否包含同一个东西,看它们是不是相互矛盾,看某物是包含在这个概念内部还是加在这个概念之上,看两个概念中的哪一个应当被视为给予的,哪一个则只是思维那被给予的概念的一种方式。但如果我把这些概念应用于一个(在先验的理解中的)一般对象,而不去进一步规定这对象是一个感性直观的对象还是一个智性直观的对象,那么,那些颠覆这些概念的一切经验性运用的(不超出这种概念的)限制①就马上显示出来了,而正是这样就证明了:一个作为一般物的对象的表象决不仅仅是不充分的,而且如果没有对它的感性规定,如果脱离了经验性的条件,就是在本身中自相冲突的,因而我们要么就(在逻辑中)把一切对象都抽掉,要么,如果我们假定一个对象,

B336

我们就必须在感性直观的那些条件下来思考它,因而理知的东西将会要求一个我们所不具备的完全特殊的直观,而没有这种直观它对我们来说就会是无,

A280

而反过来说,现象也不可能是自在的对象本身。因为,如果我只思考一般的物,那么外部关系的差异当然也就不可能构成事物本身的差异,而不如说倒是以事物本身的差异为前提的,而且,如果一物的概念与他物的概念完全没有内部的区别,那我只不过是把同一物置于不同的关系中。此外,通过把一个单纯的肯定(实在性)附加到另一个之上,的确就增加了积极的东西,而没有从它那里减去或取消任何东西;因此在一般物中的实在的东西并不会相互冲突,如此等等。

*　　　　*　　　　*

正如我们已指出的,反思的这些概念由于某种误解而对知性的运用有这样一种影响,以致于这些概念甚至能够诱使一切哲学家中最敏锐的人士之一陷入

---

① 法欣格尔校作:"那些不禁止这些概念的经验性运用的(不超出这种概念的)限制";美迪库斯(F.Medicus)对法欣格尔再校作:"那些(超出这种概念的)禁止一切非经验性运用的限制"。——德文编者

到一种被臆测的智性知识体系中去,这个体系力图无须感官的到场而规定它的对象。正是为此之故,对这些概念的歧义在诱发一些虚假原理时的欺骗性的原因作出阐明,就具有可靠地规定和确保知性的界限的巨大好处。

虽然我们必须承认:凡是普遍地与一个概念相适合、或是与它相矛盾的东西,也与包含在那概念之下的一切特殊的东西相适合或与之相矛盾(dictum de Omni et Nullo①);但荒唐的是将这条逻辑的原理变成这样的意思,即它意味着:凡是在一个普遍概念中未曾包含的东西,也就不包含在隶属于该概念下的特殊的东西中;因为这些特殊的东西之所以是特殊的概念,正是由于它们比在普遍概念中所想到的东西包含有更多的东西。但现在,实际上正是在后面这条原理之上,才建立起了莱布尼茨的整个智性体系;所以这个体系就与这条原理一起,连同从中产生出来的一切在知性运用中的含混性,而同时垮台了。 B337 A281

那条不可分辨者的原理本来是建立在这个前提上的:如果在一般物的概念中没有遇到某种特别之处,那么这种特别之处也不会在该物本身中遇到;因而一切物若不是在其概念中已经相互(在质或是量上)有区别,它们就会完全是相同的了(numro eadem②)。但由于在有关某一物的单纯概念中已被抽掉了一个③直观的好些必要条件,所以,出于某种离奇的草率,那被抽象掉的东西就被当作在任何地方都不会遇到的东西,而被同意给予该物的就只有那已经包含在它的概念中的东西了。 B338

一立方尺空间的概念,不论我在何处和怎样多次地思考它,它自身都完全是一样的。不过,两个立方尺在空间中却仅仅由于它们的方位就被区别开来了(numero diversa④);这些方位就是这概念的客体在其中被给予出来的那个直观的诸条件,它们不属于概念,但却是属于整个感性的。同样,在一物的概念中,如果没有任何否定的东西与一个肯定的东西相联结,就根本不存在任何冲突,而一些单纯肯定的概念在相联结时也根本不可能产生任何抵消。不过,在实在性(例如运动)于其中被给予的感性的直观中,却可以找到在一般运动概念里曾被抽象掉了的条件(相反的方向),这些条件使一种当然并非逻辑上 A282

① 拉丁文:遍有遍无公理。——译者
② 拉丁文:号数上等同。——译者
③ 据埃德曼,"一个"应为"它的"。——德文编者
④ 拉丁文:号数上有别。——译者

的冲突成为了可能,即是说,使从完全积极的东西中得到一个等于0的无成为可能,而人们并不能说:由于在实在性的概念之间没有找到任何冲突,因此一

B339

A283

切实在性就都是相互一致的①。按单纯的概念来说,内部的东西是一切关系或外部规定的基底。所以如果我抽掉了直观的一切条件并且仅仅固执于一般物的概念,那么我就可以抽掉一切外在关系,但却必然还会留下一个有关那根本不意味着任何关系而只意味着内部规定的东西的概念。于是看来由此就可以得出:在任何一物(实体)中都有某种绝对是内部的东西,它先行于一切外部规定,因为它使这些外部规定首次成为可能,因而这个基底是这样的某物,它不再包含有任何外部的关系,因而是单纯的(因为有形之物毕竟永远只是关系,至少是相互外在的各部分的关系);而由于我们除了通过我们的内感官所作的规定外不知道任何绝对的内部规定,所以这个基底就不仅仅是单纯的,而且也是(按照和我们的内感官的类比)被诸表象所规定的,就是说,一切物

B340

真正说来都是单子,或者说天生赋有诸表象的单纯的存在物。假如除了对一个一般物的概念之外,绝对再没有什么东西属于那些唯有在其之下外部直观对象才能被给予我们、而又为纯粹概念所抽掉了的条件的话,上述说法也是会

A284

有它的全部正确性的。因为这就表明,一个在空间中持存的现象(一个不可入的广延)所能包含的只不过是关系,而根本不是什么绝对内部的东西,但它却可以是一切外部知觉的最初的基底。凭借单纯的概念,我当然没有某种内部的东西就不可能思考任何外部的东西,但这正是由于,关系概念毕竟预设了绝对被给予之物,它们没有这些绝对被给予之物就不可能存在。但由于在直观中包含了某种在一般物的单纯概念中根本没有的东西,而这种东西提供出凭单纯概念根本不会被认识的基底,也就是一个空间,它和它所包含的一切东西都是由纯粹形式的关系、或者也由实的关系所组成的,所以我们就不能说:因为若没有绝对内部的东西就没有任何物能通过纯粹概念被表象出来,所

----

① 如果有人想在此利用一个常见的托辞:至少 realitates Noumena(本体的实在性)相互间是可以没有对抗作用的,那么他毕竟不能不举出一个关于这类纯粹的和脱离感性的实在性

B339

的例子,以便人们能了解一个这样的实在性一般来说表象了某物还是根本就不表象什么。但除了从经验中外,从任何别的地方都不可能举出什么例子来,而经验所提供的东西永远不会超过现相(Phänomena),所以这个命题的意思无过于说,那纯粹只包含肯定的概念不会包含任何否定的东西;这是一个我们从未怀疑过的命题。——康德

以就连在这些概念之下所包含的那些物本身中,以及在它们的直观中,也都没有任何不以某种绝对内部的东西作基础的外部的东西。因为,如果我们抽掉了一切直观条件,那么在单纯概念中留给我们的当然就只剩下一般内部的东西及其相互关系,外部的东西唯有通过这种关系才是可能的。但这种唯一建立在抽象上的必然性并不会在诸物那里发生,只要这些物在直观中连同这样一些只表明关系而不以某种内部的东西作基础的规定一起被给予出来,这是因为,这些物不是自在之物本身,而只是一些现象。尽管凡是我们仅仅在质料上所知道的都只不过是关系(我们称之为质料的内部规定的东西只就比较而言是内部的),但在其中有独立的和持存的关系,一个确定的对象就是由此而被给予我们的。如果我抽掉这些关系,我就根本不可能再思考任何东西,这并没有取消有关作为现象的物的概念,甚至也没有取消有关一个抽象对象的概念,倒是取消了这样一个可以按照单纯概念来规定的对象、即一个本体的一切可能性。当然,听到说什么一物彻头彻尾是由关系所构成的,这是令人诧异的,但一个这样的物也只是现象,而根本不能通过纯粹范畴来思考;它本身是以一般某物对感官的单纯关系为内容的。同样,如果我们从单纯概念入手的话,我们也的确不能把诸物的关系抽象地思考成别的样子,而只能思考为:一物是另一物中诸规定的原因;因为这就是我们关于关系的知性概念本身。不过,由于这样一来我们就抽掉了一切直观,所以杂多的东西得以互相规定其方位的整个方式、即感性的形式(空间)也就被取消了,而空间毕竟是先行于一切经验性的因果关系的。

B341

A285

B342

A286

如果我们把单纯理知的对象理解为不靠任何感性图型、而是通过纯粹范畴所想到的①物,那么这样一类对象就是不可能的。因为我们一切知性概念的客观运用的条件仅仅是对象借以被给予我们的那种感性直观的方式,并且如果我们抽掉这种方式,则那些知性概念就完全不具有与某个客体的任何关系了。甚至就算我们想要假定一种不同于我们的感性直观的另一种直观方式,我们的思维机能对这种直观方式而言也还是不会有任何意义。如果我们把这些理知对象只是理解为某种非感性的直观的一些对象,对此我们的范畴诚然是无效的,因而我们任何时候都根本不会对之有任何知识(既没有直观

---

①　康德在《补遗 CL》中把"所想到的"改为"被我们认识到的"。——德文编者

也没有概念），那么，这种单纯消极意义上的本体当然就必须得到容许：因为
B343　这些本体无非是说，我们的直观方式并不针对一切物，而只针对我们感官的对
象，因而它的客观有效性是受限制的，这样就为某种另外的直观方式、因而也
就为作为这种直观方式之客体的物留下了余地。但这样一来，一个本体的概
A287　念就是悬拟的，亦即是这样一个物的表象，对这个物我们既不能说它是可能
的，也不能说它是不可能的，因为除了我们的感性直观外，我们根本不知道任
何直观方式，除了范畴外，也根本不知道任何概念方式，但感性直观和范畴两
者没有一个适合于某种外在于感性的对象。因此我们之所以还不能把我们思
维的对象领域积极地扩展到超出我们感性的条件，并在现象之外还假定纯粹
思维的对象即本体，是因为这些对象不具有任何可以指定的积极意义。因为
对于诸范畴我们必须承认：它们单独并不足以达到对于自在之物本身的知识，
而没有感性的材料，它们就会只是知性统一性的一些无对象的主观形式而已。
思维虽然本身并不是感官的产物，并且就此而言也不受感官的限制，但并不因
此马上就有自己特有的纯粹的运用而无须感性的参与，因为这样一来思维就
是没有客体的。我们也不能把本体称之为一个这样的客体；因为本体恰好意
味着这样一个对象的悬拟的概念，这对象是对于①一个与我们的直观完全不
B344　同的直观和一个与我们的知性完全不同的知性而言的，因而它本身就是一个
问题。所以本体的概念不是有关一个客体的概念，而是与我们感性的限制不
A288　可避免地关联着的一个课题：看是否可能有完全免除了那种感性直观的对象，
这样一个问题只可能得到不确定的回答，即：由于感性直观不是毫无区别地针
对一切物的，它可能为更多的另外的对象留下了余地，所以这些另外的对象并
不能完全被否认，但由于缺乏一个确定的概念（因为没有任何范畴与此相适
宜），也不能作为我们知性的对象而被断言。

　　所以知性限定了感性，并不因此就扩展了它自己的领域，而由于它警告感
性不要妄想指向自在之物本身，而只能指向现象，所以它思维一个自在的对象
本身，但却只是作为这现象的原因（因而本身不是现象）的先验客体，这客体
既不能作为量、也不能作为实在性、也不能作为实体等等被思维（因为这些概

---

　　①　"对于……而言"（für）第一版为"在……面前"（vor）。康德在《补遗》第45页中又改
回了 vor。——德文编者

念永远要求它们借以规定一个对象的那些感性形式);所以关于这先验客体,
我们完全不知道它可以在我们里面还是我们外面找到,它是随着感性一同被
取消了呢,还是当我们去掉感性时还会留存下来。如果我们由于这个先验客 B345
体的表象不是感性的,因而要把它称之为本体,那么这是我们的自由。但既然
我们不能把我们知性概念中的任何一个应用于其上,那么这个表象对我们来
说毕竟还仍然是空洞的,除了用来标志我们感性知识的限度、并留下一个我们 A289
既不能用可能经验也不能用纯粹知性去填充的空间之外,没有任何用处。

　　所以,这个纯粹知性的批判不容许在那些可以作为现象出现于知性面前
的对象之外,建立一个新的对象领域,不容许放纵于理知世界、哪怕是这些理
知世界的概念之中。以最虚伪的方式诱使人们这样做、虽然不可能得到辩护
但却可以原谅的错误就在于:使知性的运用违背它的使命而成为先验的,而对
象、也就是可能的直观必须依照概念,而不是概念必须依照可能的直观(作为
概念的客观有效性所唯一依据的可能的直观)。但其原因却又是在于:统觉
以及和统觉一起的思维先行于表象的一切可能的确定了的秩序。所以我们思
维一般某物,并且一方面从感性上规定它,但却把普遍的和被抽象表象出来的 B346
对象与直观这对象的方式区别开来;于是,留下给我们的就是一种单凭思维来
规定对象的方式,它虽然是一种无内容的单纯逻辑的形式,但却对我们显得像
是自在的客体实存的方式(本体),无须考虑那被限制于我们感官之上的
直观。

　　　　　　　　　＊　　　　　　＊　　　　　　＊

　　在我们离开先验分析论之前,我们还必须附带有一点说明,它虽然本身看 A290
起来并不具有特别的重要性,但却似乎是这个体系的完备性所要求的。人们
通常作为一个先验哲学的开端的最高概念往往是对可能的东西和不可能的东
西的划分。但由于一切划分都以一个被划分的概念为前提,所以就还必须指
出一个更高的概念,而这个概念就是关于一个一般对象的概念(至于这对象
是某物还是无则是悬拟的和未定的)。因为诸范畴是唯一的一些与一般对象
发生关系的概念,所以对一个对象是某物还是无进行区别就将按照范畴的秩
序和指示来进行。

　　1.与全体、多数和单一这些概念相对立的是这个取消一切的概念,即虚无 B347
(Keines)的概念,于是一个概念的这种完全没有任何可指出的直观与之相应

的对象就等于无(Nichts),也就是一个无对象的概念(ens rationis①),如那些
不能被归入可能性之下的本体,即使它们也并不因此就必须被当作是不可能
A291 的,或者例如人们想到的某些基本力,它们虽然是无矛盾地、但也是没有来自
经验的例子而被想到的,所以也是必须不被归入可能性之下的。

　　2. 实在性是某物,否定性是无,即有关一个对象的缺乏的概念,如阴影、冷
(nihil privativum②)。

　　3. 没有实体的单纯直观形式本身并不是对象,而只是对象(作为现象)的
形式条件,如纯粹空间和纯粹时间(ens imaginarium③),它们虽然作为进行直
观的形式而是某物,但本身决不是被直观的对象。

B348 　　4. 一个自相矛盾的概念的对象是无,因为这个概念是无,即某种不可能的
东西,例如一个由两条边构成的直线形(nihil negativum④)。

　　因此,这种对于无的概念进行划分的表就必须像这样来安排(因为与这
A292 种划分并行的对某物的划分自然就会得出来):

无
作为

1.

没有对象的空虚的概念
理论的东西

2.	3.
一个概念的空虚对象	没有对象的空虚直观
缺乏性的无	想象的东西

4.

没有概念的空虚对象
否定性的无

---

① 拉丁文:理论的东西。——译者
② 拉丁文:缺乏性的无。——译者
③ 拉丁文:想象的东西。——译者
④ 拉丁文:否定性的无。——译者

我们看到,思维之物(1.)与荒诞之物(4.)的区别在于,前者之所以不可归入可能性之下,是因为它只是虚构出来的(虽然并不是自相矛盾的),后者与可能性相对立却是由于甚至这个概念本身就是自我取消的。但这两者都是空虚的概念。反之,缺乏性的无(2.)和想象的东西(3.)则是对于概念的空虚材料。如果光明不给予感官,那么我们也就不能表象黑暗,而如果没有广延的存在物被知觉到,也就不能表象任何空间。不论是否定性还是直观的单纯形式,若没有实在的东西就决不是客体。 B349

第二编 先验辩证论 A293

导 言

Ⅰ.先验幻相

我们在前面曾把一般的辩证论称为幻相的逻辑。这并不意味着它就是一种或然性的学说;因为后者是真理,只是通过不充分的根据被认识罢了,因而它的知识虽然是有缺陷的,但并不因此就是骗人的,因而不必与逻辑的分析部分划分开来。更不能把现象和幻相看作一回事。因为真理或幻相并不在被直观的对象中,而是在关于被思维的那个对象的判断中。所以人们虽然正确地说:感官不犯错误,但这并不是由于它们任何时候都正确地作出判断,而是由于它们根本不作判断。因此真理也好,谬误也好,诱导出谬误的幻相也好,都只是在判断中、即只有在对象与我们知性的关系中才能发现。在一个与知性的规律彻底符合的知识中是没有错误的。在一个感官表象中也没有错误(因为它根本不包含判断)。但没有任何自然力会自发地从它自己的规律偏离开。所以不仅知性独自(没有其他原因的影响)不会犯错误,感官独自也不会犯错误;因此,知性不会犯错误是由于,当它只按自己的规律行事时,其结果 B350 A294

（即判断）必然会与该规律一致。但与知性的规律处于一致中的是一切真理的形式的东西。在感官中根本没有判断，既无真判断也无假判断。既然我们除了这两种知识来源之外没有别的来源，所以结论是：错误只是由于感性对知性的不被察觉的影响而导致的，它使判断的主观根据和客观根据发生了混合，并使它们从自己的使命那里偏离开来①，例如一个运动的物体虽然总是会在同一方向上自己保持着直线，但如果有另一个力按照另一个方向同时影响它，它就会转入曲线运动。因此，为了把知性所特有的活动与混在其中的力区别开来，有必要把错误的判断看作两个力之间的对角线，这两种力按照两个不同的方向来规定这个判断，好像夹有一个角度，并把那个复杂的作用分解为知性和感性这两个简单的作用。这件事在纯粹先天判断中必须由先验的反思来做，这就使每个表象（如我们已经指出过的）在与之相适合的认识能力中被指定了自己的位置，因而感性作用对知性作用的影响也就被区分开来了。

　　我们在这里的任务不是要讨论经验性的幻相（例如视觉的幻相），这种幻相是在对那些本来是正确的知性规则的经验性运用中出现的，通过它判断力就受到了想象的影响的诱惑。相反，我们所要谈的只是先验的幻相，这种幻相影响着那些根本不是着眼于经验来运用的原理，如果它们用于经验，我们至少还会有一种衡量这些原理的正确性的标准。然而先验幻相甚至不顾批判的一切警告，把我们引向完全超出范畴的经验性运用之外，并用对纯粹知性的某种扩展的错觉来搪塞我们。我们可以把那些完全限定在可能经验范围之内来应用的原理称为内在的原理，而把想要超出这一界限的原理称为超验的原理。但我并不把这些超验的原理理解为范畴的先验的运用或误用，后者只不过是未受到本应由批判而来的束缚的判断力的一个错误，这个判断力没有充分注意到纯粹知性唯一允许它起作用的那个基地的界限；相反，我把它们理解为一些现实的原理，它们鼓励我们拆除所有那些界标，而自以为拥有一个在任何地方都不承认有什么边界的全新的基地。所以先验的和超验的并不是等同的。我们在前面所阐述的纯粹知性原理只应当具有经验性的运用，而不能具有先

---

　　① 感性在从属于知性而作为知性施展其机能的对象时，就是实在的知识的来源。但同一个感性，当它影响知性本身的活动并规定它的判断时，就是错误的根据。——康德

验的、即超出经验范围之外的运用。但一条取消这些限制甚至要求人们跨越 B353
这些限制的原理,就叫作超验的。如果我们的批判能够做到揭示这些僭越的
原理的幻相,则前一类只有经验性运用的原理就与后一类原理相反,可以称为
纯粹知性的内在的原理。

　　逻辑的幻相(误推的幻相)在于对理性形式的单纯模仿,它只是产生于对
逻辑规则的缺乏重视。所以一旦加强了对当前具体情况的重视,这种幻相就 A297
会完全消失。相反,先验幻相不论我们是否已经把它揭示出来,是否已经通过
先验批判清楚地看出了它的无效性,它仍然不会停止。(例如这一命题中的
幻相:世界在时间上必定有一个开端)。其原因就在于,在我们的理性(它被
主观地看作人的认识能力)中,包含着理性运用的一些基本规则和准则,它们
完全具有客观原理的外表,并导致把我们的概念为了知性作某种连结的主观
必要性,看作了对自在之物本身进行规定的客观必然性①。这是一种幻觉,它
是完全不可避免的,正如我们不能避免海面在中央比在岸边对我们显得更高, B354
因为我们是通过比岸边更高的光线看到海中央的;或者更有甚者,正如哪怕一
个天文学家也不能阻止月亮在升起来时对他显得更大些,尽管他并不受这种
幻相的欺骗。

　　所以先验辩证论将满足于揭示超验判断的幻相,同时防止我们被它所欺
骗;但它永远也做不到使这种幻相(如同逻辑的幻相一样)也完全消失并不再
是幻相。因为我们与之打交道的是一种自然的和不可避免的幻觉,它本身基 A298
于主观的原理,却把这些主观原理偷换成了客观原理;反之,逻辑的辩证论在
解决误推时却只是在处理遵守这些原理时的错误,或在模仿这些原理时的某
种人为的幻相。所以纯粹理性有一种自然的和不可避免的辩证论,它不是某
个生手由于缺乏知识而陷入进去的,或者是某个诡辩论者为了迷惑有理性的
人而故意编造出来的,而是不可阻挡地依附于人类理性身上的,甚至在我们揭
穿了它的假象之后,它仍然不断地迷乱人类理性,使之不停地碰上随时需要消 B355
除掉的一时糊涂。

---

　　① 此句中"必要性"和"必然性"均为德文 Notwendigkeit 一词。——译者

Ⅱ. 作为先验幻相之驻地的纯粹理性

A. 一般理性

A299

我们的一切知识都开始于感官,由此前进到知性,而终止于理性,在理性之上我们再没有更高的能力来加工直观材料并将之纳入思维的最高统一性之下了。现在,当我要对这一最高认识能力作出一种解释时,我感到有某种尴尬。在理性这里,正如在知性那里一样,当它抽掉了一切知识内容时,有一种单纯形式的、亦即逻辑的运用,但它也有一种实在的运用,因为它本身包含有既非借自感官、亦非借自知性的某些概念和原理的起源。前一种能力固然早已由逻辑学家们以间接推理的能力(不同于直接推理即 consequentiis immediatis)而作了解释;但后面这种自身产生概念的能力却还没有借此得到理解。

B356

既然在这里出现了理性的逻辑能力和先验能力的划分,那么就必须去寻求有关这一知识来源的一个把这两个概念都包含在自身之下的更高的概念,然而,我们可以通过与知性概念的类比而指望使逻辑概念同时成为先验概念的钥匙,使前者的机能表同时提供出理性概念的谱系。

我们在先验逻辑的第一部分曾以规则的能力来解释知性;在这里我们把理性与知性相区别,将把理性称为原则的能力。

A300

原则这个术语是含糊不清的,它通常意味着一种能被作为一条原则来运用的知识,哪怕它自己本身及按照其自身来源并不是什么原则。任何一个全称命题,即使它是从经验中(通过归纳)得出来的,都可以在一个理性推论中用作大前提;但它并不因此而本身成为一条原则。数学公理(例如两点间只能有一条直线)甚至是先天的普遍知识,因此它相对于能归摄于其下的那些情况而言有权叫作原则。但我仍然不能因此而说我是从原则而认识直线的一

B357

般的和自身的属性的,而只是在纯粹直观中认识它的。

所以我将把出自原则的知识叫作这样一种知识,即我通过概念在普遍中认识特殊的知识。这样一来,每一个理性推论都是从一个原则中推出一个知识来的形式。因为大前提总是提供一个概念,它使得所有被归摄于该概念条件下的东西都按照一条原则而从这概念中得到认识。既然任何普遍知识都可以在理性推论中被用作大前提,而知性则为这种知识提供普遍的先天原理,那

么这些原理就其可能的运用而言,也可以叫作原则。

　　但如果我们按照其来源考察这些纯粹知性原理本身,那么它们就根本不　　A301
是来自概念的知识了。因为假如我们不是援引纯粹直观(在数学中),或援引
可能经验的诸条件,这些知识甚至都不会是先天可能的。"一切发生的事都
有原因"完全不能从"一般发生的事"这个概念中推出来;毋宁说,这一原理表
明我们如何才能对于发生的事得到一个确定的经验概念。

　　所以,知性根本不可能获得来自概念的综合知识,而这些知识才真正是我不　　B358
折不扣地称作原则的知识;当然,所有的一般全称命题在比较上都可以称为原则。

　　有这样一个不知哪一天也许会实现出来的古老的愿望,即:我们总有一天
可以不去寻求民法的无穷无尽的杂多条款,而去寻求它们的原则;因为只有在
这里面,才包含着人们所说的立法简化的秘密。但这些法律在这里也只是把
我们的自由限制在它得以与自身彻底一致的那些条件之上;因而法律所针对
的是完全由我们自己所造成、并且我们能通过那些概念本身而成为其原因的
那种东西。但事物的本性如自在的对象本身那样,会如何从属于原则之下以　　A302
及应如何根据单纯概念来对它作出规定,这一点如果不是不可能的事,至少在
其要求中总归是极为荒唐的。但不论这里的情况将会如何(因为这是我们目
前还要探讨的),至少有一点是明确的:来自原则的知识(就其自身来说)完全
不同于单纯的知性知识,后者虽然也能以某种原则的形式而先行于其他知识,
但就其自身来说(如果它是综合性的)却不是基于单纯思维之上的,更不包含
依照概念的普遍性。

　　知性尽管可以是借助于规则使诸现象统一的能力,而理性则是使知性规　　B359
则统一于原则之下的能力。所以理性从来都不是直接针对着经验或任何一个
对象,而是针对着知性,为的是通过概念赋予杂多的知性知识以先天的统一
性,这种统一性可以叫作理性的统一性,它具有与知性所能达到的那种统一性
完全不同的种类。

　　这就是在完全缺乏(如我们想在下面才提供出来的)实例的情况下,我们
已能理解到的关于理性能力的普遍概念。

B. 理性的逻辑运用　　A303

　　人们在直接认识到的东西和只是推论出来的东西之间作出了区别。在由

三条直线所界定的一个图形中有三个角,这是直接认识到的;但这三个角的和等于两直角,这只是推论出来的。由于我们总是需要推论并因此终于完全习惯于它,我们最终就不再注意这一区别了,且常常像在所谓感官的欺骗的场合那样,把我们只是推论出来的某种东西当作直接知觉到的东西。在每个推论

B360 中都有一个作为基础的命题,以及另外一个、也就是从前一个中引出来的结论命题,最后还有推论程序(Konsequenz),按照这一程序,结论的真实性就不可避免地与前提的真实性连结起来。如果推论出来的判断已经包含于前一判断中,以至于不必借助于第三个表象就可以从中推导出来,则这种推论就叫作直接推论(consequentia immediata);我更愿意把它称为知性推论。但如果除了那作为基础的知识外,还需要另一个判断才能产生结论,那么这一推论就叫作理性推论。在一切人都是会死的这个命题中已经包含着这几个命题:有些人

A304 是会死的,有些会死的是人,没有任何不会死的东西是人。因而这些命题都是直接从第一个命题中得出来的结论。反之,"一切有学问者都是会死的"这一命题则不包含在那个基础判断中(因为"有学问"这一概念在其中根本没有出现),它只有借助于一个中间判断才能从中推出来。

　　在每一个理性推论中我首先通过知性想到一条规则(大前提)。其次我借助于判断力把一个知识归摄到该规则的条件之下(小前提)。最后,我通过

B361 该规则的谓词、因而先天地通过理性来规定我的知识(结论)。所以,作为规则的大前提在一个知识与其条件之间所设想的关系就构成了理性推论的各种不同的类型。因而这些类型正如一切判断一般地被按照如同在知性中表达知识关系的那种方式来划分那样,恰好有三个:定言的,或假言的,或选言的理性推论。

　　如果像多数情况下那样,结论作为一个判断被当作一项任务,为的是看它是否是从已经给出的、也就是使一个完全不同的对象被思维的判断中推出来的:那么我就是在知性中寻求这个结论命题的肯定,看它是否在该命题中按照

A305 一条普遍规则而处于某些条件之下。如果现在我发现了这样一个条件,而该结论命题的客体又能归摄到这个被给予的条件之下,那么该命题就是从这条对其他知识对象也有效的规则中推断出来的。我们从中可以看出:理性在推论中力图将知性知识的大量杂多性归结为最少数的原则(普遍性条件),并以此来实现它们的最高统一。

C. 理性的纯粹运用 B362

我们能否孤立理性？如果能，理性是否还是概念和判断的一个特有的来源，它们唯有从理性里面才产生出来，而理性借它们与对象发生关系？还是说理性只是向已给予的知识提供某种形式的从属的能力，这种形式是逻辑上的，它只是使知性知识相互从属，并使低级规则从属于高级规则（后者的条件在其范围内包含着前者的条件），只要通过对它们的比较能做到这一点？这就是我们现在马上要讨论的问题。实际上，规则的杂多性和原则的统一性是理性的要求，为的是把知性带进和自己的彻底关联之中，正如知性把直观杂多纳入概念之下并由此将它们连结起来一样。但这样一条原理并未给客体预先规 A306定任何规律，也未包含把客体作为一般客体来认识和规定的可能性根据，而只是一条日常处理我们知性的储备的主观规律，即通过比较知性的诸概念而把它们的普遍运用归结为尽可能最小的数目，而并不因此就有权要求对象本身有这样一种一致性，来助长我们的知性按照自己的意思去扩充，同时也无权赋 B363予那条准则以客观有效性。总之一句话，问题是：理性本身、也就是纯粹理性，是否先天地包含有综合原理和规则，以及这些原则有可能存在于何处？

在理性推论中，对理性的形式的和逻辑的处理方式已经给我们提供了充分的指示，指出在由纯粹理性而来的综合知识中理性的先验原则将基于何种根据之上。

首先，理性推论并不是针对直观、以便将其纳入到规则之下（如知性以其范畴所做的那样），而是针对概念和判断的。所以纯粹理性即使针对对象，它也没有与这些对象及其直观的直接的关系，而只有与知性及其判断的直接关系，这些判断是最先指向感官及其直观以便为它们规定自己的对象的。所以 A307理性的统一不是可能经验的统一，而是与这种知性统一本质上不同的。"一切发生的事情都有原因"决不是通过理性而认识和预先规定的原理。这原理使经验的统一性成为可能，而没有从理性那里借来任何东西，理性没有这种与可能 B364经验的关系单从概念中是根本不可能提供出这一综合统一性来的。

其次，理性在其逻辑运用中寻求的是它的判断（结论命题）的普遍条件，而理性推论本身也无非是通过将其条件归摄到一条普遍规则（大前提）之下而来的判断。既然这条规则又要接受理性的同一个检验，因而只要行得通，就必须

（通过前溯推论法 Prosyllogismus）再去寻求条件的条件，那么我们就看到，一般理性（在逻辑的运用中）所特有的原理就是为知性的有条件的知识找到无条件者，借此来完成知性的统一。

A308　　但这条逻辑准则不能以别的方式成为纯粹理性的一条原则，而只能这样来假定：如果有条件者被给予，则整个相互从属的本身是无条件的条件序列也被给予（即包含在对象及其连结之中）。

　　而纯粹理性的这样一条原理显然是综合的；因为有条件者虽然与某一个条件分析地相关，但并不与无条件者分析地相关。这就必须从这条原理中再B365　产生出纯粹知性在只和可能经验的对象打交道时根本不知道的各种综合原理，对这种可能经验的知识和综合总是有条件的。但无条件者如果确实存在，就会被按照将它与那个有条件者区别开来的一切规定性来加以特殊的思量，并由此而给某些先天综合命题提供材料。

　　然而，由这种纯粹理性对我们最高原则中产生出来的原理将对于一切现象都是超验的，也就是说，将永远不可能有任何与这原则相适合的对它的经验性运用。所以它是与一切知性原理完全不同的（后者的运用完全是内在的，因为它们只把经验的可能性作为自己的主题）。现在，条件序列将（在现象的综合中，乃至在对一般物的思维的综合中）一直伸展到无条件者，这条原理是A309　否有其客观正确性？它将对知性的经验性的运用产生什么结果？或者，是否任何地方其实都没有这样一类客观有效的理性原理，而只有一种逻辑上的规范，即向越来越高的诸条件逐步上升而逼近它们的完成，并借此把理性最高可B366　能的统一性带入到我们的知识中来？或者，是否理性的这一需要由于误解曾被看作了纯粹理性的某种先验原理，这个原理太急于把诸条件序列的这样一种无限制的完备性设定在对象本身之中？但即使是这种情况，又是什么样的误解和蒙蔽会潜入这些从纯粹理性中取得大前提（它与其说是公设，不如说是公则①）并从经验上升到经验条件的理性推论中来呢？这些就是我们在先验辩证论中要探讨的，我们现在要将这种辩证论从它深深埋藏于人类理性中的根源处阐发出来。我们将把这个辩证论分为两个主要部分，前一部分要探讨纯粹理性

---

　　① "公设"与"公则"，原文为 Postulat 和 Petition，在拉丁语中均有"诉求"之意，但后者更具法律强制的含义。——译者

的超验概念,后一部分要探讨纯粹理性的超验的和辩证的三段论推理。

第一卷　纯粹理性的概念

　　不论出自纯粹理性的那些概念的可能性是怎样一种情况,这些概念终归不只是被反思到的,而是被推论出来的概念。知性概念也是先天地先于经验并且为经验的目的而被思维的;但它们所包含的只不过是对于诸现象就其应当必然地归属于一个可能的经验性意识而言的反思的统一性。唯有通过它们,对一个对象的知识和规定才是可能的。所以它们首先提供了推理的材料,并且没有任何有关对象的先天概念是先行于它们并能够从中推论出它们来的。相反,它们的客观实在性所依据的却只是:由于它们构成一切经验的智性形式,它们的应用任何时候都必须能够在经验中被指出来。

　　但理性概念这一称呼就已经预先表明:它不会让自己局限于经验之内,因为它所涉及的那种知识,任何经验性的知识(也许可能的经验或其经验性的综合的整体)都只是它的一部分,虽然决不会有现实的经验某个时候足以完全达到那里,但现实的经验毕竟任何时候都是隶属于它的。理性概念用来统握(Begreifen),正如知性概念用来(对知觉加以)理解(Verstehen)。如果理性概念包含无条件者,那么理性概念就涉及到某种一切经验都隶属于其下而其本身却决不是经验的对象的东西:这种东西,理性在其推理中从经验通向它那里,并根据它来估量和测定自己的经验性运用的程度,但它本身①却永远也不构成经验性综合的一个环节。尽管如此,如果这一类概念具有客观有效性,那么它们就可以叫作 conceptus rationcinati(正确推出的概念);如果不是这样,那么它们至少也是通过某种推论的幻相而被骗得的,可以称之为 conceptus ratio-ncinantes(进行推想的概念)。但由于这一点要到纯粹理性的辩证推理那一章中才能得到澄清,所以我们还不能顾到它,而是暂时如我们曾把纯粹知性概念称之为范畴那样,赋予纯粹理性概念以一个新的名称,而把它们称之为先验的

---

　　① "它本身"为福伦德所加。——德文编者

理念,但我们现在就来对这一命名作出阐明并说明理由。

A312

第一节 一 般 理 念

尽管我们的语言有巨大的财富,但思想家经常为找到适合于自己的概念的精确表达而感到窘迫,而由于缺乏这种表达,他既不能很好地被别人理解,

B369 甚至也不能很好地被自己理解。锻造新的词汇是对语言中的立法提出的一种强求,它很少能够成功,而在人们采用这种绝望的手段之前,不妨回顾一下死去了的学术语言,看在那里是否有这个概念及与其相适合的表达,并且,如果这种表达在古代的运用由于其创始人的不严谨而变得有些动摇不定的话,那倒不如将它最初所固有的含义固定下来(即使那时人们心里想的是否恰好是同一个意思也许仍然是可疑的),也比仅仅由于人们使自己得不到理解而败坏自己的工作要好。

为此,如果例如说,对于某个一定的概念只有一个词在已被采用的含义上与该概念精确地适合,而这概念与另一个相近的概念的区别又是很重要的,那

A313 么最好不要企图滥用这个词,或者仅仅为了在同义语上变换花样,用这个词来代替别的概念,而是要谨慎地使它保有自己特有的含义;因为否则的话,当这种表达并不特别引起人们的注意,而是散失在一大堆其他具有相距甚远的含义的表达之中以后,就很容易发生把这表达本来唯一可能保有的思想也丢失了的情况。

B370 柏拉图这样来使用理念这种表达,以致于人们清楚看到,他是将它理解为某种不仅永远也不由感官中借来、而且甚至远远超出亚里士多德所研究的那些知性概念之上的东西,因为在经验中永远也找不到与之相符的东西。理念在他那里是事物本身的蓝本,而不像范畴那样只不过是开启可能经验的钥匙。据他看来理念是从最高理性那里流溢出来的,它们从那里被人类的理性所分有,但人类理性现在不再处于自己的本源状态中,而是必须通过回忆(也就是哲学)而努力地去唤回那过去的、现在已被遮暗了的理念。我在这里决不想

A314 涉足于文字上的考证,来确定这位崇高的哲学家在他的表达上所联结的意义。我只指出,不论是在通常的谈话中还是在文章中,通过对一个作者关于他的对象所表明的那些思想加以比较,甚至就能比他理解自己还要更好地理解

他,这根本不是什么奇谈怪论,因为他并不曾充分规定他的概念,因而有时谈话乃至于思考都违背了自己的本意。

柏拉图很敏锐地看出,为了能把现象当作经验来解读,我们的认识能力会感到有一种远比仅仅按照综合的统一性来逐字拼写诸现象还更高的需要,而我们的理性会自然而然地腾飞到那些知识上去,这些知识远远超出随时都能有某个经验所能提供的对象与之相符合的地步,但尽管如此,它们却具有自己的实在性,而决不仅仅是一些幻影。　　　　　　　　　　　　　B371

柏拉图最初是在一切实践的东西中①,就是说,在一切以自由为依据的东西中,发现他的理念的,而自由本身则是从属于那些作为理性之一种特有产物的知识之下的。谁要从经验中汲取德行的概念,谁要把顶多只能用作不完善的阐释的某种例子的东西当作知识来源的典范(就像许多人实际上所做的那样),他就会把德行变成一种可依时间和情境改变的、丝毫也不能用作规则的暧昧荒唐的东西。相反,每个人都会发觉,当某人作为德行的典范被树立在他面前时,他却始终只在他自己的头脑里拥有那种他用来与这个所谓典范相比较、并仅仅据此对之加以评估的真实原本。但这个原本就是德行的理念,对这个理念而言,一切可能的经验对象虽然都用作实例(即用作对理性概念所要求的东西在某种程度上之可行性的证据),但不是用作蓝本。从来不会有人合乎纯粹的德行理念所包含的那个内容而行动,这一点根本不证明这个观念就是某种妄念②。因为一切有关道德上的价值或无价值的判断仍然只有借助于这一理念才是可能的;因而每一次向道德完善的接近都必然以这一理念为基础,不论在人的本性中那些按其程度来说是不可确定的障碍会使我们对此保持多么遥远的距离。　　　　　　　　　　　　　　A315 B372

柏拉图的理想国,作为只能在空头思想家的脑子里有其位置的梦想的完

---

① 当然,他也把他的概念扩展到思辨的知识上去,如果这些知识只是纯粹地而且完全先天地被给予的话,甚至也扩展到数学上,虽然数学除了在可能的经验中之外,在任何地方都没有自己的对象。正是在这一点上我不能附和他,就像在对这些理念的神秘演绎中,或者在他似乎用来将这些理念实体化的夸大其辞中,我也不能附和他一样;哪怕他在这一领域中所使用的那种高超的语言完全能够作为一种更宽松的且适合于事物本性的解释。——康德

② 原文为 Chimärisches,指"喀迈拉",即古希腊神话中狮头、羊身、蛇尾的吐火女怪。——译者

善性的一个被认为是突出的例子，已经变成了一句成语，而布鲁克尔①觉得好笑的是，这位哲学家会主张一个君王如果不是分有了那些理念就永远不会统治得好。不过，人们更好的做法也许是追踪这一思想，并且（在这位杰出人物没有给我们留下帮助的地方）通过新的努力来阐明它，而不是以不可行这一低劣的和有害的借口来把它作为无用的而抛在一边。毕竟，一部按照使每个人的自由可以与其他人的自由共存的那些法则的有关人的最大自由（而不是最大幸福，因为后者已经可以自行推出）的宪法，却至少是一个必要的理念，我们不仅在最初拟定一部国家宪法时，而且甚至在一切法律那里，都必须把这个理念作为基础，同时我们也必须一开始就不顾当前的那些障碍，也许这些障碍的不可避免的产生与其说可能出自人类的本性，倒不如说可能是由于在立法时忽视了这些真正的理念。因为，没有什么比粗俗地援引据说是与之相冲突的经验更为有害、更使一个哲学家感到有失身分的了，但这种经验是根本不会有的，假如在恰当的时候按照这些理念来作出上述部署，而不是由那些粗糙的概念取代这些理念、而正由于其取自经验就阻碍了一切善的意图的实现的话。立法和统治越是与这种理念协调一致地建立起来，惩罚当然就会越是罕见，而这时完全合乎理性的是，（像柏拉图所主张的那样）在一种完善的执政管理下惩罚一类的事将会是根本不必要的了。现在，即使这种情况永远也不会实现，然而这一理念毕竟是完全正确的，它把这一极限提出来作为蓝本，以便按照这一蓝本促使人类的法律宪章日益接近于可能的最大完善性。因为人性必须停留于其上的那个最高的程度将是什么，因而在理念及其实行之间必然留下的那道裂缝会有多大，这是任何人都不能也不应当加以规定的，而这恰好是因为，它就是自由，而自由是可以超出每个被给定的界限的。

但不仅在人类理性指明其真实的因果性、而理念成为了（对行动及其对象的）起作用的原因的那种事物那里，也就是在德性那里，而且甚至就自然界本身而言，柏拉图也正当地看出了自然从理念中的起源的明白的证据。一株植物，一个动物，这个世界的有规则地安排好的结构（因而估计整个自然秩序也是如此），都清楚地表明它们只有按照理念才是可能的；表明虽然没有任何

B373

A317

B374

A318

① 即 Johann Jakob Brucker（1696—1770），此处大约指所著《哲学的批评史》第726—727页（出版于1742年—1744年）。——英译者

个别的生物在其存有的那些个别条件下会与它的种类的最完善者的理念相重
合(正如人与他甚至在自己心灵中具有的作为他自己行动的蓝本的人性理念
都不会重合一样),然而那些理念在最高知性中却是个别的、不可改变的、彻
底规定了的,并且是事物的本源的原因,而只有事物在宇宙中联结的那个整体　B375
才是独一无二地与那个理念完全相符合的。如果我们撇开表达上的夸张的
话,那么这位哲学家从对世界秩序的物理事物所作的描摹性的①考察提升到
按照目的、即按照理念对世界秩序作建筑术的连结,这股精神的冲劲是一种值
得敬重和仿效的努力,但它在德性、立法和宗教的诸原则方面,在诸理念虽然
永远不能在其中得到完全表达、但首次使(善的)经验本身成为可能的地方,
却是一种完全特别的贡献,这种贡献人们只是由于恰好通过经验性的规则来
评判它才没有认识到,而这些经验性规则的有效性作为原则本来正是应当通
过这种努力而扬弃掉的。因为在对自然的考察中,经验把规则提交给我们,它
就是真理的源泉;但在道德律中经验却(可惜!)是幻相之母,而最大的无耻就　A319
是从被做着的事情中取得有关我应当做的事情的法则,或想由前者来限制
后者。

　　对所有这些考察若恰当地详加说明的话,实际上就构成哲学特有的尊严,
我们现在所从事的不是这个,而是一件不那么辉煌、但却也并非不值得做的工
作,这就是:为庄严的道德大厦平整和夯实基地,在这个基地底下,有某种白费　B376
力气但却信心十足地挖掘宝藏的理性开出的各种各样的鼹鼠通道,它们使那
栋建筑成了危房。所以纯粹理性的先验运用,它的那些原则和理念,就是我们
现在有责任确切地认清的东西,以便能对纯粹理性的影响和它的价值恰如其
分地加以规定和估量。然而,在我放下这篇先行的导言之前,我请求那些衷心
热爱哲学的人(这种热爱肯定比人们通常见到的更多),如果他们认为自己被
这里和下面将要说的话所说服,那就按照其本源的含义为理念这个术语辩护
吧,以便这个术语今后不再陷于其他那些通常用来称谓各种各样粗疏混乱的
表象方式的术语中,由此而损害科学。但我们却并不缺少对每一个表象方式
恰如其分的合适的命名,我们没有必要干犯另外一种表象方式所特有的东西。　A320

_____

　　①　原文为 copeilich,瓦伦廷纳校作 copielich,格兰德解释为"bloβ referierenden",即"单
纯汇报(或介绍)"之意。——德文编者

下面就是这些表象方式的等级阶梯。种就是一般表象（repraesentatio①）。从属于表象之下的是具有意识的表象（perceptio②）。一种知觉，若只是关系到主体，作为主体状态的变形，就是感觉（sensatio③），一种客观的知觉就是认识

B377　（cognitio④）。认识要么是直观，要么是概念（intuitus vel conceptus⑤）。前者直接关系到对象，并且是个别的；后者间接关系到对象，以多个事物可以共同具有的某个特征为中介。概念要么是经验性的概念，要么是纯粹的概念，而纯粹概念就其仅在知性中（而不是在感性的纯粹形象中）有其来源而言，就叫作 Notio⑥。而一个出自诸 Notio 的超出经验可能性的概念，就是理念或理性的概念。对于一旦习惯了上述这一划分的人，听到把红色这一表象称之为理念必定会觉得不能忍受。红色是连 Notio（知性概念）也称不上的。

A321　　　　　　　　　　第二节　先　验　理　念

　　先验分析论曾向我们示范，我们知识的单纯逻辑形式如何可能包含先天

B378　纯粹概念的起源，这些概念先于一切经验而表象对象，或不如说表明了唯一使有关对象的经验性知识得以成为可能的那种综合统一。这种判断形式（在转化为直观综合的概念时）产生了对知性在经验中的一切运用有指导作用的诸范畴。同样，我们也可以期望理性推论的形式当它按照范畴的标准应用于直观的综合统一之上时，将包含某些特殊的先天概念的起源，这些先天概念我们可以称之为纯粹理性概念，或先验理念，它们将根据原则而在全部经验的整体上对知性的运用作出规定。

　　理性在其推论中的机能在于知识根据概念而来的普遍性，而理性推论本

A322　身是在其条件的全部范围内被先天地规定的一个判断。"卡尤斯是会死的"这一命题我也有可能单凭知性从经验中得出来。但我寻求的是一个概念（在

---

①　拉丁文:形象、表现。——译者
②　拉丁文:知觉。——译者
③　拉丁文:感觉。——译者
④　拉丁文:认知。——译者
⑤　拉丁文:直觉或概念。——译者
⑥　拉丁文:思想、概念,这里相当于康德所谓"纯粹知性概念"即范畴。——译者

这里就是"人"这个概念），它包含着该判断的谓词（一般的断言）被给予出来的条件，因为我把该谓词归摄到这个条件的全部范围之下（一切人都是会死的）；这样，我才把我的对象的知识（卡尤斯是会死的）按照这一点规定下来。

因此我们是先在大前提的全部范围内于某个确定的条件下思考了一个确定的对象，然后再在一个理性推论的结论中将某个谓词限定于该对象上的。这一范围的完全的量在与这样一个条件的关系中就叫作普遍性（Universalitas）。与它相应地，在直观的综合中就是诸条件的全体性（Universitas）或总体性。所以先验理性概念无非是有关一个给予的有条件者的诸条件的总体性的概念。既然只有无条件者才使得条件的这个总体成为可能，反过来诸条件的总体性本身总是无条件的，所以一个纯粹理性概念一般说可以用无条件者的概念来说明，只要后者包含有条件者的综合的某种根据。

现在，知性借助于范畴所表现出来的关系有多少种类，也就会有多少纯粹理性的概念，所以必须去寻求的是：**第一**，一个主体中定言综合的无条件者；**第二**，一个序列中假言综合的无条件者；**第三**，一个系统中选言综合的无条件者。

这就是说，正好有这么多理性推论，其中的每一个都是通过前溯推论法而推进到无条件者的，一个是推进到本身不再是谓词的主词（主体），另一个是推进到不再以别的东西为前提的前提，第三个是推进到划分出来的各环节的集合，对这些环节来说，要完成一个概念的划分不再需要任何别的东西了。所以有关诸条件的综合之中的总体性的这些纯粹理性概念，至少作为要求知性的统一性尽可能地继续前进到无条件者这样一种任务，就是必要的，并植根于人类理性的本性里，哪怕除此而外这些先验概念缺乏与之相适合的具体运用，因而除了使知性在其极端扩展中同时做到使自己的运用纳入与自己本身彻底符合一致的方向之外，没有任何用处。

但由于我们在这里把诸条件的总体和无条件者当作一切理性概念的共同称号来谈论，所以我们又碰到了一个术语，它是我们所不可缺少的，但却是不能按照由长期的误解而强加于它的那种含混性来可靠地运用的。**绝对**这个词就是少数这种词语之一，它在其原初含义上是用来衡量一个在同一种语言中没有任何别的词可以现成地与之精确符合的概念的，因而丧失这个词，或者（这也一样）滥用这个词，必然会导致这个概念本身的丧失，也就是说，它是这样一个概念，由于它使理性高度地关注，所以如果不想大大地损害一切先验的

B379

A323

B380

A324

B381

判断,就不能够缺少它。绝对这个词现在常常只是被用来指某物从自在事物本身来看待、因而在内部有效。在这种含义上绝对可能的就意味着本身自在地(在内部)可能的东西,它实际上是我们关于一个对象至少能够说的东西。相反,它有时也被用于指,某物在一切关系上(无限制地)有效(例如说绝对的统治),而在这种含义上绝对可能的就意味着在一切关系中任何意图上都是

A325 可能的,这又是我关于一物的可能性至多能够说的东西。现在这两种含义虽然有时会碰在一起,例如那在内部不可能的东西,在一切关系上、因而绝对地也会是不可能的,但在大多数情况下这两种含义是相距无限远的,我不能以任何方式推论说,某物自在地本身是可能的,因此它也就在一切关系上、因而绝对地是可能的。的确,对于绝对的必然性,我将在下面指出,它决不是在任何情况下都依赖于内部的必然性的,因而没有必要与后者视为同等含义的。某

B382 物的反面是在内部不可能的,当然它的反面也就是在一切意图上都不可能的,因而它本身是绝对必然的;但我不能倒过来推出,凡是绝对必然的东西,其反面就是在内部不可能的,亦即一物的绝对必然性就是某种内部必然性;因为这种内部必然性在某些情况下是一个很空洞的说法,我们不能把它和起码的概念联结起来;相反,一物在一切关系(对所有可能性的关系)上的必然性这个概念就带有一些完全特殊的规定性。既然丧失一个在思辨的人生智慧中有大用的概念对于哲学家来说永远不可能是无所谓的,所以我希望,将这一概念所依赖的那个术语加以规定和仔细保存,这对于哲学家也不会是无所谓的事。

A326   因此我将把绝对的这个词在这种扩展了的含义上来使用,并把它和那种只是比较而言的、或只是在特殊考虑中的有效性相对立;因为后者是限制在诸条件之上的,前者则是无限制地有效的。

        于是,先验的理性概念任何时候都只指向在诸条件综合中的绝对的总体性,并且除了在绝对的、因而对一切方面的无条件者那里之外,永远也不会终

B383 止。因为纯粹理性把一切都委托给了知性,后者首先与直观对象、或不如说与想象力中的直观综合发生关系。前者则只给自己保留了在知性概念的运用中的绝对总体性,并试图把在范畴中所想到的这种综合统一延伸出去直到绝对的无条件者。因此我们可以把这种统一性称之为诸现象的理性的统一性,正如在范畴中所表现的那种统一性被称为知性的统一性一样。这样一来,理性就只和知性的运用发生关系了,就是说,不是就知性包含可能经验的根据而言

（因为诸条件的绝对的总体性由于没有任何经验是无条件者,而不是可以用
在经验中的概念),而是为了要给知性指定某种确定的统一性的方向,知性对
此是没有任何概念的,而理性则要超越到把每一个对象方面的一切知性活动 A327
都总括在一个绝对的整体之中。所以纯粹理性概念的客观运用任何时候都是
超验的,而纯粹知性概念的客观运用按其本性任何时候都必须是内在的,因为
它只是局限于可能经验之上的。

　　我把理念理解为一个必然的理性概念,它在感官中是不能有任何与之重
合的对象的。所以我们现在所考虑的纯粹理性概念就是先验的理念。它们都 B384
是纯粹理性的概念,因为它们把一切经验知识都看作是由诸条件的绝对总体
性所规定的。它们不是任意虚构出来的,而是由理性的本性自身发出的,因而
是与全部知性运用必然相关的。最后,它们是超验的,是超出一切经验的界限
的,所以在经验中永远不会有一个和先验理念相符合的对象出现。如果我们
举出一个理念,那么按照客体(即当作具有一个纯粹知性对象的理念)来说
它,我们就说得太多,但如果按照主体(即就其在经验性条件之下的现实性而
言)来说它,就恰恰因此而说得太少,因为这个现实性作为一个极大值的概
念,永远也不能与之重合地具体给予出来。既然这个只是在理性的思辨运用
中的极大值本来就是全部意图,并且,既然对一个在实行中毕竟永远无法达到 A328
的概念的逼近与把它当作好象完全是虚设的正好是一样的,所以关于这样一
个概念人们就说:它只是一个理念。这样一来人们就可以说:一切现象的这个
绝对的整体只是一个理念,因为,既然我们永远也不能构想出它的形象,那么
这个整体就仍然还是一个没有任何答案的问题。相反,如果在知性的实践运
用中整个说来唯一关注的只是按照规则的实行,那么实践理性的理念就总是 B385
可以现实地、虽然只是部分地具体给予出来,它甚至是理性的任何实践运用的
不可或缺的条件。理性的实行总是受限制的、有缺陷的,但却总是处于不可规
定的界限之下,因而永远处于某种绝对完备性的概念的影响之下。因此实践
的理念总是具有最丰富的成果,并在实际活动中是不可避免地必要的。在它
里面纯粹理性甚至拥有将其概念中所包含的东西现实地产生出来的那种因果
性;因此对于这种智慧我们不能抱着仿佛是蔑视的态度说:它只不过是一个理
念;而是正因为它是有关一切可能的目的的必然统一性的理念,所以它就必须
作为一个本源的、至少是限制性的条件而用作一切实践活动的规则。

A329   现在,即使我们对先验的理性概念不得不说:它们只是些理念,但我们决不是要把它们看作多余的和无意义的。因为即使它们不能规定任何客体,它们毕竟可以从根本上并暗中用作知性的扩展的和前后一致的运用的法规,知性虽然不能借此比它按照其概念所能认识的更多地认识对象,但毕竟在这种

B386   认识中得到了更好、更进一步的指导。更不用说,它们或许能使从自然概念到实践概念的一个过渡成为可能,并使道德理念本身以这种方式获得支持及与理性的思辨知识的关联。关于这一切,我们只能指望在讨论的进程中阐明。

但按照我们的目的,我们在此把实践的理念放在一旁,因而只是在思辨的运用中,并在这方面更窄一些,即只是在先验的运用中来考察理性。于是我们在这里必须选择我们在前面的范畴演绎那里采取过的同一条道路;也就是考虑理性知识的逻辑形式,并看看例如说理性凭借这种形式是否也会成为概念的一个来源,这些概念把自在的客体本身看作在这个那个理性机能方面先天综合地被规定了的。

A330   作为知识的某种确定的逻辑形式的机能来看,理性就是推理的能力,也就是间接地(即通过把一个可能判断的条件归摄到一个给予判断的条件之下)作出判断的能力。这给予的判断就是普遍规则(大前提,Major)。把另外一个可能判断的条件归摄到该规则的条件之下,这就是小前提(Minor)。在这种被

B387   归摄的情况下陈述该规则的断言的那个现实的判断就是结论(Conclusio)。这样,规则就说出了一定条件下的某种普遍的东西。现在,规则的条件就在某种出现的情况中发生了。所以在那个条件下普遍有效的东西也被看作在这个出现的情况下(该情况具有这一条件)有效的。很容易看出,理性将通过那些构成一个条件序列的知性活动来达到知识。当我得到"一切物体都是变化的"这一命题,只是由于我从"一切复合物都是变化的"这个更远的知识(其中物体概念还未出现,但该命题却包含着物体概念的条件)开始,从它进向一个更切近的、从属于前一命题的条件之下的命题:"物体是复合的";并由此才进向了现在就把那个更远的知识(变化的)与面前这个知识连结起来的第三个命

A331   题:"所以物体是变化的";这时,我就是通过一个条件序列(前提序列)而达到了一个知识(结论)。于是,每一个序列,只要它的实例(定言的或假言的判断的实例)被给予出来,就可以继续下去;因而正是同一个理性活动导致了 ratiocinatio polysyllogistica①，它是一个推论序列，这序列可以要么向条件方面（通过前溯推论法 prosyllgismos）、要么向有条件者方面（通过后续推论法 episyllo-gismos）朝不限定的远处延续。

　　但我们马上感到，前溯推论的链条或序列、即对一个给予知识的根据方面或条件方面的推理的知识，换言之，理性推论的上升序列，其处理方式必定是完全不同于下降序列、即理性通过后续推论而在有条件者方面继续下去这种理性能力的处理方式的。因为，在前一种情况下知识（结论）只是作为有条件的而给予的；于是我们只能以这种方式来凭理性达到这种知识，即至少要预设在条件方面的该序列的所有环节都已被给予出来（前提序列中的总体性），因为只有在这个前提下，眼前的这一判断才是先天可能的；反之，在有条件者或后果方面，所想到的只是一个形成着的、而不是已经完全预先设定了的或给予了的序列，因而只是一个潜在的继续过程。所以，如果把一个知识看作有条件的，那么理性就有必要把上升线上的这一条件序列看作完成了的，或按其总体性而被给予了的。但如果同一个知识同时被看作其他那些相互构成下降线上一个后果序列的知识的条件，那么理性就可以完全不在乎这一继续进展 a parte posteriori② 伸展到多么远，以及这一序列的总体性是否在任何地方有可能存在；因为它要得出摆在它面前的这一结论并不需要这样一个序列，这个结论已经通过它的根据而在先天的方面充分地得到了规定和保证。不论在条件方面这一前提序列有没有一个作为最高条件的第一项、因而是否在先天方面是没有界限的，它肯定都必须包含诸条件的总体，哪怕我们永远也不可能做到把握这一总体；并且，如果那被看作由整个序列中产生出来的后果的有条件者应当被看作是真的，则整个序列都必须无条件地是真的。这是理性的要求，理性宣称它的知识是先天确定的和必然的，要么是就其本身而言，这时就不需要任何根据；要么就是作为一个根据序列的某个环节推出来的，而这序列本身则无条件地是真的。

---

① 拉丁文：复合三段论推理。——译者
② 拉丁文：在后天的方面。——译者

第三节　先验理念的体系

　　我们在这里不涉及某种逻辑的辩证论,它抽掉了知识的一切内容,而只是揭露三段论推理形式中的虚假的幻相,相反,我们涉及的是先验的辩证论,它应当完全先天地包含出自纯粹理性的某些知识的来源,以及由此推出的那些概念的来源,这些概念的对象是根本不可能经验性地被给予的,因而它们是完全处于纯粹知性的能力之外的。我们从我们的知识在推理和判断中的先验运用必然会与逻辑的运用发生的自然关系中所得知的是:将只有三种辩证推理的类型,它们与理性借以能够由原则达到知识的三种不同的推理类型有关,而且在所有这些推理类型中,都有理性的一种工作,即从知性任何时候都束缚于其上的有条件的综合上升到知性永远不能达到的无条件的综合。

　　于是,我们的表象所能够具有的一切关系的共相就是:1)与主体的关系,2)与客体的关系,确切地说要么与作为现象的客体,要么作为一般思维的对
象的客体的关系。如果我们把这种下位的划分与上位的划分结合起来,那么我们可以对之要么形成一个概念、要么形成一个理念的那些表象的一切关系就有三重:1)对主体的关系, 2)对现象中客体的杂多的关系, 3)对所有一般事物的关系。

　　现在,所有的一般纯粹概念所涉及的是诸表象的综合统一,而纯粹理性概念(先验的理念)所涉及的却是所有一般条件的无条件的综合统一。因而一切先验理念都将能够纳入三个等级之下:其中第一级包含思维主体的绝对的(无条件的)统一,第二级包含现象的诸条件系列的绝对统一,第三级包含思维的所有一般对象之条件的绝对统一。

　　思维的主体是心理学的对象,一切现象的总和(世界)是宇宙学的对象,而包含有一切能够被思维的东西的可能性的至上条件的那个东西(一切存在者的存在者①),则是神学的对象。所以纯粹理性就为先验的灵魂学说(psy-

---

　　①　原文为 das Wesen aller Wesen,或可译作"一切本质的本质"。——译者

chologia rationalis①)、先验的世界学(cosmologia rationalis②)、并最后为先验的 B392
上帝知识(Theologia transzendentalis③)提供了理念。甚至单是这些科学中不 A335
论是这一门还是那一门的一个提纲都根本不是从知性出发所写得出来的,哪
怕知性与理性的那种最高的逻辑运用、也就是与一切想得出来的推理结合起
来,以便从它的一个对象(现象)向所有其他对象前进,一直进到经验性综合
的最遥远的一环也罢,相反,这种提纲是纯粹理性的一种纯粹的和地道的产物
或问题。

属于一切先验理念的这三个项目之下的有纯粹理性概念的哪些样式,这
一点将在下面一章中加以完备的摆明。这些样式将依范畴的线索来展开。因
为纯粹理性永远不会直接和对象相关,而是和有关对象的知性概念相关。同
样,也只有在完全实现出来时,才会有可能说明,理性如何仅仅通过对它用于
定言三段论推理上的同一个机能的综合运用,就会必然地达到思维的主体的
绝对统一这个概念,在假言三段论推理中的逻辑运作如何必然会导致在给予
的诸条件的一个系列中的绝对无条件者的理念,最后,选言三段论推理的单纯 B393
形式如何必然会导致关于一切存在者的存在者的最高理性概念;这是一个初 A336
看起来似乎是极端悖理的思想。

对于这样一些先验的理念,本来是不可能有任何像我们对范畴所能提供
的那样的客观演绎的。因为实际上,这些理念与任何有可能被给予出来与之
一致的客体都没有什么关系,这正是由于它们只是理念而已。但从我们理性
的本性中对它们作一种主观的推导④,这却是我们可以做的工作,而这种推导
在目前这一部分中也已经被完成了。

很容易看出,纯粹理性的意图无非是在诸条件方面的综合的绝对总体性
(不论是依存性的总体性、从属性的总体性还是协作性的总体性),而且纯粹
理性和有条件者方面的绝对完备性没有任何相干。因为它唯一只需要前者,
为的是把整个条件系列作为前提,并由此而先天地把它向知性提供出来。但
一个完备地(并且无条件地)给予的条件一旦存有,则对于延续这个系列而言

---

①　拉丁文:理性心理学。——译者
②　拉丁文:理性宇宙学。——译者
③　拉丁文:先验神学。——译者
④　推导(Ableitung)原文为 Anleitung(指导),据梅林校正。——德文编者

一个理性概念就不再需要了;因为知性自己会在从条件到有条件者的前进中
完成每一个步骤。先验理念只是以这种方式用于在条件系列中上升到无条件
的东西,即上升到原则。但在下行至有条件者方面,虽然我们的理性对于知性
法则有一个范围广泛的逻辑运用,但根本没有任何先验的运用,而且,如果我
们对这样一种(前进的)综合的绝对总体性形成一个理念,例如对一切未来的
世界变化的整个系列形成一个理念的话,那么这就是一个只是任意想出来的
思想物(ens rationis①),而不是通过理性必然地被预设下来的。因为对于有
条件者的可能性,其前提虽然是其诸条件的总体性,但不是其后果的总体
性。所以一个这样的概念决不是我们在此唯一与之打交道的那种先验
理念。

最后,我们也发现,在这些先验理念本身中也会表现出某种关联和统一
性,而纯粹理性则会借助于这种关联和统一性将自己的一切知识纳入到一
个系统之中。从有关自己本身(即灵魂)的知识前进到世界知识,并借助于
这种知识前进到原始存在者,这是一个如此自然的进程,以致于这一进程看
起来类似于理性从前提到结论的逻辑进程②。至于是否在这里实际上有一
种类似于在逻辑的处理方式和先验的处理方式之间的那种亲缘关系隐秘地
作基础,这也是必须等到在这个研究的过程中才给以回答的问题之一。我
们暂时已经达到了我们的目的,因为我们把那些先验的理性概念从这种模糊
状况中提取出来了,——它们平时在哲学家的理论中通常都是混杂在其他
概念里面,哲学家们从来也没有将它们与知性概念恰当地区分开来——,指
出了它们的起源,由此就同时也指出了它们的确定的数目,多于这个数目的

B394
A337

B395

A338
B396

---

①　拉丁文:推断之物。——译者

②　形而上学在其研究的本来的目的上只有这三个理念:上帝、自由和不朽,以致于第二
个概念在与第一个概念相联结时,就应当导致作为一个必然结论的第三个概念。这门科学通
常研究的一切东西都只是用作它达到这些理念及其实在性的手段。它需要这些理念不是为
了自然科学,而是为了从自然那里超升出来。对这些理念的认识将会使得神学、道德,以及通
过这两者的结合,使得宗教,因而使得我们存有的那些最高目的,都仅仅依赖于思辨的理性能
力而别无所依。在对那些理念的一个系统展示中,上述秩序作为综合的秩序,将会是最恰当
的秩序;但在必须先行于这个秩序的探讨中,那对这一秩序加以颠倒的分析的秩序将更适合
于这个目的,以便通过我们从经验直接交给我们的东西即灵魂学说出发,进向世界学说,并且
从那里一直进到上帝的知识,这样来完成我们的伟大计划。——康德[该注释为第二版所增
加。——德文编者]

任何先验的理性概念都是根本不可能的,我们还做到了能够把它们展示在一个系统的关联中,从而对于纯粹理性的一个特殊的领域就得到了划定和限制。

第二卷　纯粹理性的辩证推论

我们可以说,一个单纯的先验理念的对象是某种我们对之没有任何概念的东西,虽然这个理念是在理性中按其本源的法则完全必然地产生出来的。因为实际上,甚至对一个应当与理性的要求相符合的对象也不可能有任何知性概念,也就是一个能够在某个可能经验中被指出并变得可直观的概念。但如果我们说:我们对于和一个理念相应的客体不可能有任何知识,虽然可能有某种悬拟的概念,那我们倒也许会表达得更正确些,也更少被误解的危险。

现在,至少纯粹理性概念的先验的(主观的)实在性的根据在于,我们是被某种必然的三段式推理带到这些理念上来的。所以就会有一些三段式推理是不包含任何经验性的前提的,而借助于这些推理,我们从某种我们所知的东西推论到某种另外的、我们却对之毕竟没有任何概念的东西,然而我们却通过某种不可避免的幻相赋予了后者以客观实在性。所以,这一类的推理就其后果而言与其称之为理性推理①,不如称之为玄想的推理,尽管它们由于其起因也大致可以冠以理性推理之名,因为它们毕竟不是臆想出来的,或是偶然产生的,而是发源于理性的本性的。这并非某些人的诡辩,而是纯粹理性本身的诡辩,对于这些诡辩,甚至一切人中最有智慧的人也不能摆脱,并且也许虽然在作了许多努力之后能够防止犯错误,但对于那不断烦扰和愚弄他的幻相却永远不能完全解除。

所以,这些辩证的理性推理就只有三种类型,正如它们的结论所达到的那些理念那么多。在**第一级**的理性推理中,我从主体这个不包含任何杂多的先验概念中推出这个主体本身的绝对统一性,我以这种方式对这个主体本身完

A339
B397

A340
B398

① 这里"理性推理"与上述"三段式推理"均为 Vernunftschlüsse 之译,下同。——译者

全没有任何概念。我将把这个辩证的推论称之为先验的谬误推理。玄想的推理的**第二级**是指向某个给予现象的一般条件系列之绝对总体性的先验概念的,从对于在某个方面的系列的无条件的综合统一我任何时候都有一个自相矛盾的概念这一点,我推论出相反方面的统一的正确性,而对后者我仍然也不具有任何概念。在这种辩证推理那里理性的这一状况我将称之为纯粹理性的二律背反。最后,按照玄想的推理的**第三种**类型,我从对那些一般对象就其能够给予我而言来进行思维的诸条件的总体性,推论到一般物的可能性的一切条件的绝对的综合统一性,也就是从那些我按照其单纯先验概念并不认识的物,推论到一切存在者的存在者,而对这种存在者,我凭借某种先验概念还更加不认识,对它的无条件的必然性也不能形成任何概念。这种辩证的理性推理我将称之为纯粹理性的理想。

第一章　纯粹理性的谬误推理

逻辑的谬误推理在于一个理性推论在形式上的错误,而其内容则尽可以是随便什么别的东西。但一个先验的谬误推理拥有一个先验的根据:在形式上作出虚假的推论。以这种方式,这一类的错误推论在人类理性的本性中将有自己的根据,并带有某种不可避免的、虽然不是不可消解的幻觉。

现在我们来看看这样一个概念,它并未被列入上面的先验概念的一览表中,但却必须被算入该表之中,而并不因此而对那个表有丝毫的改变和说明它有什么缺点。这就是这样一个概念、或如果愿意的话也可称为判断:我思。但很容易看出,这概念是所有的一般概念的承载者,因而也是先验概念的承载者,所以它总是在这些先验概念之间一起被把握的,因

而本身同样是先验的;但它不能有任何特殊的称号,因为它只是用于把一切思维作为属于意识的东西来引述。然而,不论它对于经验性的东西(感官印象)如何纯粹不杂,它毕竟用来从我们表象能力之本性出发把两个不同的对象区别开来。我,作为思维者,是一个内感官的对象,称之为灵魂。作为外感官对象的“我”则称之为肉体。因此作为能思的存在者的“我”这个

术语已经意味着心理学的对象了,这种心理学可以称为合理的灵魂学说,如果我不要求对灵魂知道得比从我这个概念中,就其出现在一切思维中而言,不依赖于所有的经验(它是进一步具体地规定我的)所能推论出来的更多的话。

　　于是实际上,合理的灵魂学说就是这样一种冒险;因为,如果我思维的任何一点经验性的东西、我的内部状态的任何一个特殊的知觉还混杂在这门科学的知识根据中的话,那么这门科学就会不再是合理的,而只是经验性的灵魂学说了。所以我们准备考察的是一门唯一建立在我思这一命题上的所谓的科学,我们在这里可以最适当地按照先验哲学的性质来对它的根据或无根据加以研究。至于这一命题毕竟表达出对自我本身的知觉,自我在此之上毕竟拥有某种内部的经验,因而建立于这上面的合理的灵魂学说从来都不是纯粹的,而是部分根据某种经验性的原则的:人们对此不要有什么不满。因为这种内部的知觉不是别的,只是统觉:我思;它甚至是使一切先验概念成为可能的,在这些先验概念中所说的是:我思维实体,我思维原因等等。因为一般内部经验及其可能性,或一般知觉及其与其他知觉的关系,如果不是经验性地给出了它们的任何一种区别和规定,就不能看作经验性的知识,而必须看作对一般经验性的东西的知识,属于对任何一个经验之可能性的研究,而这种研究是先验的。知觉(例如仅仅是愉快和不愉快)的任何客体,只要它参加到自我意识的这一普遍表象中来,就立刻会使合理的心理学转变为经验性的心理学。 B401 A343

　　所以合理的心理学所做的唯一文章就是我思,它要从其中发挥出自己的全部智慧。很容易看出,如果要把这个思想与某个对象(我自身)联系起来,它就只可能包含该对象的一些先验谓词;因为任何经验性的谓词都会败坏这门科学摆脱一切经验的合理的纯粹性和独立性。

　　但我们在这里将只需跟随范畴的引线,只不过由于在这里首先给出了一物,即作为能思的存在者的我,所以我们虽然不会改变诸范畴在它们前述的范畴表中所表现的那样的相互秩序,但在这里毕竟要从实体范畴开始,以便表现一个自在之物本身,并由此对范畴序列进行回溯。所以,合理的灵魂学说所能包含的一切别的东西都必须从它的正位论(Topik)中推导出来,合理的灵魂学说的这一正位论有如下表: A344 B402

1.

灵魂是实体①

2.   **3.**

就其质而言灵魂是   **就其所在的不同时**

单纯的   **间而言灵魂在号数**

                                   上是同一的,亦即

                                   单一性(非多数性)

4.

灵魂与空间中可能的对象相关②

A345
B403　　从这些要素中,仅仅通过组合,而丝毫不用认识别的原则,就产生出纯粹灵魂学说的一切概念。该实体仅仅作为内感官的对象,就给出了非物质性概念;它作为单纯的实体,就给出了不朽性的概念;它作为智性实体的同一性,就给出了人格性;所有这三项一起则给出了精神性(Spiritualität);与空间中的对象的关系给出了与物体的交感(Kommerzium);因而这种学说也把能思的实体表现为物质中的生命原则,亦即把它表现为灵魂(anima③),并表现为动物性的根据;灵魂被精神性所限制,则给出了不死性。

　　于是与此相关地就有先验的灵魂学说的四个谬误推理,这个学说误被当
B404 作纯粹理性关于我们的能思的存在者之本性的科学。但我们为这门科学所能
A346 找到的根据,只不过是这个单纯的、在自身的内容上完全是空洞的表象:我;关于这个表象我们甚至不能说它是一个概念,它只不过是一个伴随着一切概念的意识。通过这个能思的我或者他或者它(物),所表象出来的不是别的,而只是思维的一个先验主体=X,它只有通过作为它的谓词的那些思维才被认

---

① 康德在《补遗 CLXI》中将此句改为:"灵魂作为实体而实存。"——德文编者

② 如果读者不太容易从这些术语的先验的抽象性中猜测到它们的心理学的意义,以及为什么灵魂的最后这个特征属于实存性范畴,那么下面他将会找到对它们的充分的解释和正当理由。此外,我还要为我不仅在本节中、而且在全书中违反纯正的文风而引入拉丁词来取代同等含义的德语词请求原谅:我宁可在语言的优雅上有所损失,而不想因丝毫的晦涩给教学上的用途增加困难。——康德

B403 ③ 该拉丁文"生灵",主要指动物性的灵魂,比"精神性"层次较低。——译者

识,而孤立地来看我们对它永远不能有任何起码的概念;所以我们围绕它在一个不断的循环中打转,因为我们如要对它作出任何一个判断,总是不得不已经使用了它的表象;与它不可分离的这种不便是因为,这个意识本身并不真的是对一个特殊的客体作出区分的表象,而是一般表象要称得上是知识时所具有的形式;因为只有出于这种形式我才能说我借此思维了任何某物。

　　但在最初看来必定显得好像很奇怪的是,我思一般得以成立的条件、因而这条件作为不过是我的主体的某种性状,同时又应当对于一切思维者都是有效的;而我们竟能够妄想在一个看起来是经验性的命题上建立起一个无可置疑的和普遍的判断,即是说,一切思维者都似乎具有像自我意识在陈述有关"我"的意见时那样的性状。但个中原因却在于:我们必然要先天地赋予诸物 B405
以构成我们唯一得以思维到它们的那些条件的一切属性。既然我对于一个能 A347
思的存在者不能通过外部经验、而只有通过自我意识才可以拥有最起码的表象,所以这一类的对象只不过是这个我的意识传给了只有借此才被表象为能思的存在者的另一些物。但是"我思"这个命题在这里只是被看作悬拟的;不是就其有可能包含关于一个存有的知觉而言(笛卡尔的 cogito,ergo sum①),而只是按照其可能性,以便看看从这个如此简单的命题中可能把哪一些属性引到它的主词上来(不论这一类的对象是否实存着的)。

　　假如给我们的纯粹理性有关一般能思的存在者的知识奠定基础的不只是cogito(我思),假如我们还要求助于对我们思维的活动及必须由此而汲取力量的、能思的自我的自然规律的观察,那么就会产生出一种经验性的心理学,它将是内感官的一种自然之学(Physiologie),它也许能用来解释内感官的现象,但决不能用于揭示这样一些完全不属于可能经验的属性(如"单纯的东西"的属性),也不能无可置疑地告诉我们关于一般能思的存在者的本性方面的事; B406
那么它就不会是什么合理的心理学了。

　　既然"我思"这个命题(作为悬拟的来看)包含有任何一般知性判断的形式,并作为承载者伴随着一切范畴,那么很明显,从它得出的推论就只能包含知性的某种先验的运用,这种运用排除了一切经验的混杂,对于它的进展,按照我们前面所指出的,我们不可能预先已经构成什么有利的概念。所以我们

――――――――――

　　① 拉丁文:我思故我在。――译者

想以一种批判的眼光通过纯粹灵魂学说的一切云谓关系来追踪这一命题,①
但为了简短起见,我们想把对这些云谓关系的检查放在一个不被打断的关联
中来进行。

首先,下面的总的评论可以增强我们对这一推论方式的重视。我不是通
过单纯的"我思"而认识任何一个客体的,而只有当我关系到一切思维都在
其中的那种意识的统一性而规定一个给予的直观时,我才能认识任何一个
对象。因此,我甚至也不是通过我意识到我自己作为思维活动,来认识我自
己的,而是当我意识到对我自己的直观是在思维机能方面被规定了的时,才

B407 认识我自己的。所以,在思维中自我意识的一切样态(modi)自身还不是有
关客体的知性概念(范畴),而只是一些根本不把任何对象、因而也不把自
我作为对象提供给思维来认识的逻辑机能。这个客体并不是对进行规定的
自我的意识,而只是对可被规定的自我、亦即对我的内直观(只要它的杂多
能按照思维中统觉的统一之普遍条件而联结起来)的意识。

(1)在所有的判断中,"我"总是构成判断的那种关系中的进行规定的主
体。但说自我,这个"我思",在思维中永远必须被看作主词,看作不是像谓词
那样只能视为依赖于思维的东西,这却是一个无可置疑的、甚至是同一性的命
题;但它并不意味着"我"作为客体是一个自我持存着的存在者,或实体。后
一种说法走得非常远,因而它还要求在思维中根本找不到的一些材料,或许
(只要我把思维者只是看作思维者)要求比我在(思维者中)任何地方可能找
到的东西更多。

(2)统觉的我、因而在每次思维中的我是一个单数,它不能被分解为多数
主体,因而标明了一个逻辑上单纯的主词:这一点已经包含在思维的概念之中

B408 了,所以这是一个分析命题;但这并不意味着能思的我是一个单纯的实体,那
将会是一个综合命题。实体概念总是与直观相关的,这些直观在我这里只有
作为感性的才有可能,因而完全处于知性及其思维的领域之外,知性思维在这
里本来只是当我们说自我在思维中是单纯的时才涉及到的。如果某件事在别

① 以下直到本章结束都是第二版对第一版的改写,德文编者将两版文字在同一页中上
下分栏排印,本书则仍采取将第一版原文在第二版的修正文排完后再作为附录用异体字排出
的方式处理。——译者

的情况下需要做如此多的准备,以便在直观所表明的东西中分辨出其中什么是实体,乃至于还分辨出这实体是否也可能是单纯的(如在物质的诸部分中),而在这里却会如此直接地从一切表象的最贫乏的表象中仿佛通过启示而向我提供出来,这甚至会令人惊讶。

(3)我自己在我所意识到的一切杂多中的同一性,这个命题是一个同样在概念自身中包含着的、因而也是分析性的命题;但这个我能在我的一切表象中意识到的主体同一性,并不涉及使主体被作为客体给出的那个主体直观,因而也不可能意味着那种人格同一性,它使我自己的实体的同一性的意识在一切状态变更中被理解为能思的存在者的同一性意识,在这方面,为了证明这种 B409
同一性,单是凭"我思"这个分析命题是办不到的,而是需要建立在给予直观之上的各种综合判断。

(4)我把我自己的实存作为一个能思的存在者与在我之外的(也包括我的身体的)他物区别开来,这同样是一个分析命题;因为他物正是我作为与我有区别的东西来思维的。但我借此完全不知道,对我自己的这个意识若没有我之外的、给我带来各种表象的物,是否还有可能,因而我是否可以只是作为能思的存在者(不是作为人)而实存。

所以,通过对在一般思维中的我自己的意识的这种分析,对于我自己作为客体的知识并没有获得丝毫进展。对一般思维的逻辑探讨被错误地当作了对客体的某种形而上学规定。

如果有可能在先天证明:一切思维的存在者都自在地是单纯的实体,因而(这是从同一个论据得出的结果)作为这种实体都不可分割地具有人格性,且意识到自己与一切物质相分离的实存,那么,这将是反对我们的全部批判的巨大的、乃至于唯一的绊脚石。因为以这种方式我们就已经跨出了超出感官世界的一步,踏入了本体的领域,这就没有人能否认我们有权在这个领域中进一 B410
步扩展、定居,并且任何一个人只要吉星高照,都可以占领这个领域。因为"每一个能思的存在者本身都是单纯的实体"这个命题是一个先天综合命题,这首先是由于它超出了为它奠定基础的概念,在一般思维之上加上了存有的方式,其次是由于它在那个概念上添加了一个谓词(单纯性),这个谓词是根本不能在经验中给予出来的。所以先天综合判断并不仅仅如我所主张的,在与可能经验的对象的关系中、也就是作为这个经验本身的可能性的原则,是可行的和可允许的,而且它们还可以针对一般的和自在的物本身,这一结论就会葬送这整个的批判,并要求我们一切照旧就行了。但如果我们更接近事实的话,这种危险在这里并没有那么大。

在合理的心理学的处理方式中,起支配作用的是某种谬误推理,它通过下面的理性推论而体现出来:

凡是只能被思考为主词①而实存,因而也就是实体。

B411   现在,一个思维着的存在者仅仅作为本身来看,只能被思考为主词。

所以,它也只作为一个主体、也就是作为实体而实存。

在大前提中所谈到的存在者是可以一般地在任何意图上、因而也在它有可能于直观中被给出的这种意图上来思考的。但在小前提中所谈到的存在者却只是把自己当作相对于思维和意识统一性的主词来考察的,而不是同时又当作在(使它作为思维的客体被给出的)直观的关系中的主体来考察的。所以这一结论是 per Sophisma figurae dictionis②、因而是通过某种错误的推论而得出来的③。

B412   如果我们在这里回顾一下"原理的系统演示"一节中的"总注释"及关于"本体"的一章④,那就会很清楚地显示出,将这个著名的论证归结为一个谬误推理是完全正确的。因为在那里曾经证明,有关一个可以独自作为主词而不能单作为谓词实存的物的概念还根本不具有任何客观实在性,就是说,我们不

---

① 句中"主词"和"主体"均为 Subjekt,该词具有逻辑的和现实的双重含义,中文依据不同场合有不同译法,请注意原文并无这一区别。——译者

② 拉丁文:通过修辞格的诡辩。——译者

③ "思维"在这两个前提中是在完全不同的含义上来理解的:在大前提中是如同它针对一般客体那样(因而是像该客体可以在直观中被给出的那样);但在小前提中则只是像它处在与自我意识的关系中那样,因而在这里根本没有什么客体被思考,而只是表象了与自我、与主词(作为思维的形式)的关系。前者所谈及的是只能作为主体来思考的物;但后者所谈的并不

B412 是物,而只是思维(因为我们已抽掉了一切客体),在其中这个"我"永远被用作意识的主词;因此在结论中并不能推出:"我只能作为主体而实存",而只能推出:"我在对我的实存的思维中只能把我用作判断的主词",而这是一个同一性命题,它对我的存有的方式丝毫也没有揭示出什么。——康德

④ 指"原理分析论"中的第二章第三节"纯粹知性一切综合原理的系统演示"的"总注释"及第三章"把所有一般对象区分为现象与本体的理由"。——译者

可能知道是否能在任何地方把一个对象归之于它,因为我们看不出这样一种
实存方式的可能性,因而这概念根本没有提供任何知识。所以如果它想在实
体这个名称下标志一个能被给予出来的客体,如果它要成为一种知识,那就必
须奠基在一个持存性的直观之上,后者是一个概念的客观实在性之不可缺少
的条件,即该对象唯一由此而被给予出来的东西。但现在我们在内直观中根 B413
本没有什么持存性的东西,因为自我只是我的思维的意识;所以如果我们只是
停留在思维上面,我们也就缺乏把实体概念、即一个独立持久的主体的概念用
在作为能思的存在者的自我本身上的必要条件,而与此相联的实体的单纯性
也就和这个概念的客观实在性一起取消了,它转化为在一般思维中自我意识
单纯逻辑上的质的单一性了,而不论这个主体是不是复合的。

反驳门德尔松①对灵魂的持存性的证明 B413

　　这位思想敏锐的哲学家在这个据说是用来证明灵魂(如果人们承认它是
单纯的存在者的话)不可能由于被分割而停止存在的通常论证中马上就看
出,要想保证灵魂的必然延续,这个论证还缺乏充分性,因为人们本来还可以
设想灵魂由于消逝而停止存有。于是他就在其《斐多》一书中试图使灵魂通
过这样的方式不受这种有可能成为真正的消灭的暂时性的妨碍,即他自以为
证明了,一个单纯的存在者根本不可能停止存在,因为既然它根本不可能被减
弱、因而在其存有上渐渐地失去某种东西,并这样逐渐地转变成虚无(因为它 B414
没有任何部分,所以也不包含任何多数性),那么在它存在的那个瞬间和它不
再存在的另一个瞬间之间就会根本遇不到任何时间了,而这是不可能
的。——不过他没有考虑到,即使我们承认灵魂有这种单纯的本质,就是说它
不包含任何相互外在的杂多的东西,因而不包含任何外延的量,但正如对任何
一种实存的东西一样,我们对于灵魂毕竟也不能否认它有内包的量,亦即不能
否认就它的一切能力、甚至一般说来就构成它的存有的一切东西而言的实在性
的某种程度,而这种程度是有可能经过所有那些无限多的更小的程度而减少的,
这样,那所谓的实体(即那种前此并未确立其持存性的东西)就有可能虽然不是

---

①　Mendelssohn, Moses(1729—1786),犹太哲学家,最著名的著作是《斐多——论灵魂不
死》。——译者

通过分割、但却是通过逐渐减弱（remissio①）其力量（因而通过 Elangueszenz②，如果允许我使用这一术语的话），而转变成虚无。因为甚至意识也总有一个

B415 还可以再减弱下去的程度的③，因而甚至那种意识到自身的能力、以及所有其他的能力都是如此。——所以灵魂作为单纯的内感官对象的持存性仍然未获证明，甚至是不可证明的，尽管灵魂的持存性在生命中由于思维着的存在者（作为人）本身同时又是一个外感官的对象而自身是清晰的，但这根本不会使理性心理学家感到满足，他要做的是从单纯概念中证明出灵魂本身超出生命之外的绝对持存性。④

---

　　① 拉丁文：降低。——译者
　　② 拉丁文：衰退。——译者
　　③ 清晰性并不像逻辑学家们所说的是对一个表象的意识；因为意识的某种程度对于回

B415 想到它来说是不充分的，但它本身是必定能在某些模糊的表象中见到的，因为缺乏一切意识则我们在结合那些模糊表象时就会作不出任何区别了，但这一点却是我们凭借某些概念的特征而有能力做到的（如正义和公平的概念那样，又如音乐家当他即兴同时弹奏出多个音符时那样）。相反，在一个表象中，意识对于这个表象与其他表象的区别的意识来说是充分的，这个表象就是清晰的。如果意识对于区别来说是充分的，但对于区别的意识来说却是不充分的，那么该表象就仍然必须被称之为模糊的。所以意识有一直到消逝的无限多的程度。——康德
　　④ 有些人为了给一种新的可能性开辟道路，以为如果他们在没有人能够指出他们的前提中的任何矛盾这一点上坚持到底就已经万事大吉了（正如所有那些以为看出了即使在生命

B416 停止之后的思维的可能性的人那样，对于这种可能性他们只是在人的生命中凭借经验性的直观才有一个实例），这些人可能会由于另外一些丝毫也不是更大胆的可能性而陷入巨大的困境。诸如将一个单纯实体分割为多个实体的可能性，以及相反，把多个实体融合（联合）为一个单纯实体。因为，虽然可分性以一个复合物为前提，但可分性并不必然要求诸实体的一个复合物，而只要求同一个实体的（不同能力的）各种程度的复合物。正如我们可以把灵魂的一切力量和能力、甚至将意识的能力也思考为减少到一半，但实体却仍然还是保留了下来；同样，我们也可以无矛盾地将那个消失了的一半表象为保持着的，但不是保持在这个实体中，而是保持在它之外，而且[按：第四版为"只不过"。——德文编者]由于在这里一切只要在实体中总是实在的、所以总有一个程度的东西，因而这实体的整个实存，都无一遗漏地被二分了，这样一来在这个实体之外就会产生出一个分离的实体。因为被分割的多数性原先就已经存在了，但不是作为诸实体的多数性而存在，而是作为每一种实在性的多数性而存在，作为实体中的实存的量而存在[按：埃德曼校作："而是作为这实体所固有的每一种实在性的、即实体中实存的某种量的多数性而存在"。——德文编者]，而实体的单一性则只是一种实存的方式，

B417 这种方式唯有通过这种分割才被[按：据瓦伦丁纳校作"才能被"。——德文编者]转变为自存性[Subsistenz，即"实体的存有"，见前面 B230 页。——译者]的某种复多性。但这样的话，多个单纯实体也有可能重新融合于一个实体之中，在这种情况下所可能失去的只有自存性的复

现在,如果我们将上述各命题,如同它们作为对一切思维着的存在者都有 B416
效的而在理性心理学里也必须被看作一个系统一样,把握在综合的关联之中,
并且,如果我们从关系范畴出发,带着"一切思维着的存在者本身都是实体" B417
这个命题一直向后回溯这一范畴系列,直到这个圆圈闭合,那么我们最终就会
遇到这些思维着的存在者的实存,它们在这个系统中不只是不依赖外部之物
而意识到自己的实存,而且也能够从自己本身来规定这个实存(就必然属于 B418
实体特性的持存性而言)。但由此就推出,正是在这种唯理论的系统中,观念
论、至少是悬拟的观念论是不可避免的,而如果外物的存有对于他自己在时间
中的存有的规定根本就是不需要的,则外物的存有也就只会是完全多余地假
定下来的,任何时候都不可能对它给出一个证明来。

反之,如果我们遵照分析的处理方式来进行,在此把根据建立在"我思"
作为一个已经包含有一个存有于自身的命题、即作为被给予了的东西之上,因
而建立在模态性上,并且如果我们对这个命题加以剖析,以便认识它的内容,
也就是看这个"我"仅凭这种内容是否及如何在空间或时间中规定它的存有,
那么,理性的灵魂学说的那些命题就不会从一个一般的思维着的存在者的概
念开始,而会从某种现实性开始了,而从这种现实性被思维的方式中,在其中
的一切经验性的东西被分离出去之后,就会推论出那些应归于一般思维着的 B419
存在者的东西,如下表所表示的。

1. 我思,

2. 作为主体,   3. 作为单纯的主体,

多性,因为一个自存性将把以前的一切自存性的实在性的程度一起包括在自身中,而且,或许
那些向我们提供出某种物质的现象的单纯实体(虽然不是通过某种机械的或化学的相互影
响,但却是通过某种我们所不知道的影响,前一种影响只是这种影响的现象而已),借助于这
样一种对双亲的灵魂作为内包的量的力学性的分割,而有可能产生出孩子的灵魂来,然而那
些双亲灵魂的损耗又通过与同一种类的新材料的联合而弥补起来了。我远不是要承认这一
类的幻影有丝毫的价值或有效性,前面分析论的那些原则也已经充分地使我们铭记,对这些
范畴(如同实体的范畴那样)除了作经验的运用之外,不要作任何别的运用。但如果唯理论者
有充分的胆量无须一个对象由以被给予的任何持存性的直观,仅仅是由于思维中统觉的统一
性不允许他由复合物来作任何解释,就单纯从思维能力中造成一个自身独立的存在者,而不
是倒不如就承认他无法解释一个思维着的本质的可能性,那么,为什么唯物论者——尽管同 B418
样也不能为了他的那些可能性而援引经验——就无权同样大胆地在对那种统觉的形式统一
性加以保留的同时把自己的原理作相反的运用呢? ——康德

4. 在我的思维的任何状态中
作为同一的主体。

　　既然在这里第二个命题中并没有规定"我"是否只能够作为主体［主词］
而不能也作为另一个主体［主词］的谓词而实存和被思维，那么一个主体的概
念在这里就只是从逻辑上被设想的，至于它是否应当被理解为实体，这仍然是
未定的。不过在第三个命题中，统觉的这个绝对单一性，这个单纯的"我"，在
形成思维的那一切结合或分离都与之相关的这个表象中，哪怕我对于主体的
性状或自存还未作出任何断言，也已经对自身来说成为重要的了。统觉是某
种实在的东西，而它的单纯性①已经在其可能性之中了。现在，在空间中并没
有作为单纯的东西的实在之物②；因为点（它们在空间中构成唯一的单纯之
物）只不过是界限，但本身却不是某种作为部分用来构成空间的东西。所以
B420 由此就得出，由唯物论的根据来解释我作为单纯思维着的主体的性状是不可
能的。但既然我的存在在第一个命题中被看作给予了的，不是因为这等于说
任何一个思维着的存在者都实存（这将会同时意味着绝对的必然性，因而对
那些存在者就会说得太多了），而只是说：我实存于进行思维时，那么这个命
题就是经验性的，它只是就我在时间中的表象而言才包含有我的存有的可规
定性。但既然我为此首先又需要某种持存之物，而这种持存之物在我思维自
己的限度内根本没有在内直观中被给予我；那么，我是作为实体还是作为偶性
而实存，这种实存方式通过这种单纯的自我意识是根本不可能得到规定的。
所以，如果唯物论不适合于对我的存有进行解释的方式，那么唯灵论同样也不
足以做到这一点，而结论就是，我们不论以何种方式都不可能对我们灵魂的那
种涉及到灵魂独立实存之一般可能性的性状有所认识。

　　并且，哪里又会有这种可能，即通过那种甚至只有凭借我们对它作在经验
的可能性上必不可少的运用我们才对之有所知悉③的意识统一性，而超越于
B421 经验（超越于我们在生命中的存有）之外，乃至于通过这个经验性的、但在直
观的任何方式上尚未规定的"我思"命题来把我们的知识扩展到所有一般思

---

　　①　Einfachheit，哈滕斯泰因校作"单一性"（Einheit）。——德文编者

　　②　第四版及第五版均作"现在，空间并不是作为单纯的东西的实在之物"。——德文
编者

　　③　哈滕斯泰因校"知悉"为"认识"。——德文编者

维着的存在者的本性上？

　　所以，并没有什么作为学理而为我们的自我认识带来某种增加的理性心理学，它只是作为训练而在这一领域中为思辨理性建立起不可超越的界限，一方面不至于投身于冷酷无情的唯物论的怀抱，另一方面不至于陷入四处乱碰的、在我们的生命中毫无根据的唯灵论中，而是宁可提醒我们，要把对我们想给那些急于超出此生之外的问题作出满意回答的理性所作的这种拒绝看成对我们理性的一个暗示，要我们将自我的知识由无结果的夸大其辞的思辨而应用到富有成果的实践的用途上来①，这种做法②即使所针对的永远也只是经验的对象，但毕竟是从更高处取得它的原则的，并且这样来规定行为，仿佛我们的使命无限远地超出了经验、因而超出了此生似的。

　　由这一切可以看出，给理性心理学提供来源的仅仅是一个误解。在这里，为诸范畴奠定基础的意识统一性被当作了对于主体直观而言的客体，并将实体范畴应用于其上。但意识的统一性只是思维中的统一性，仅仅通过它并没有任何客体被给予，所以永远以给予的直观为前提的实体范畴并不能被应用于它之上，因而这个主体就根本不可能被认识。所以诸范畴的主体不可能由于它思维到这些范畴就获得一个有关它自己作为诸范畴的一个客体的概念；因为，为了思维这些范畴，它就必须把它的纯粹的自我意识作为基础，而这个自我意识却正是本来要加以说明的。同样的，时间表象在主体中有其本源的根据，这个主体就不可能由此而规定它自己③在时间中的存有，而如果后面这种情况不可能存在的话，那么前面那种情况即通过范畴对主体自身（作为一般思维着的存在者）进行规定也就不可能发生了④。

B422

―――――――――

①　梅林校作："摆脱无结果的夸大其辞的思辨而应用到……"；埃德曼校作："由无结果的夸大其辞的思辨而转向富有成果的实践的运用"。――德文编者

②　埃德曼校作"这种运用"。――德文编者

③　"它自己"原文为"这表象自己"，兹据哈滕斯泰因和埃德曼校正。――德文编者

④　"我思"正如已经说过的，是一个经验性的命题，并且自身包含有"我实存"这一命题。但我不能够说：一切思维着的东西都是实存着的；因为这样一来思维这一属性就会使得一切具有这一属性的存在者都成为必然的存在者了。因此我的实存也不可能像笛卡尔所认为的那样，被看作是从"我思"这个命题中推论出来的（因为否则就必须预设这个大前提：一切思维着的东西都是实存着的），而是与"我思"命题同一的。这一命题表达了某种不确定的经验性直观即某种知觉（因而它毕竟表明了，这个实存性命题已经是以感觉这种当然是属于感性的

B423

＊ ＊ ＊

B423 这样一来，一种试图超出可能经验界限之外、但却属于人类最高利益的知
识，就在它应当归功于思辨哲学的范围内，消失于落空了的期望中了；然而批
B424 判的严格性由于它同时证明了超出经验界限之外去独断地构造出有关一个经
验对象的某种东西来是不可能的，它就为理性在它的这种利益上作出了对理
性并非不重要的贡献，这就是使理性在面对一切可能的反对主张时同样立于
不败之地；这种情况只有当人们无可置疑地证明了自己的命题，或者在做不到
这一点时找到了不能做到的根源时，才有可能发生，而这些根源如果是在于我
们理性的必然的局限，那就必然会使任何敌手都恰好屈从于同一个规律而放
弃一切对独断主张的要求。

  然而与此同时，通过这种做法，对于按照那些与思辨的理性运用结合着的
实践的理性运用的原理来设想来世的权限、甚至必要性来说，却没有丝毫损
失；因为那种单纯思辨的证明本来对于普通的人类理性就永远也不可能发生
什么影响。这个证明如此被置于一根头发尖上，以至于甚至这个学派也只有
当它让这个证明像一个陀螺那样围绕着自己不停地旋转之际，才能够将其维
持在这上面，而这个证明在该学派自己眼里也就不适于充当某物能够在其上
B425 建立起来的持存的基础。那些对世界有用的证明在此全部保持着其丝毫不减
的价值，毋宁说，它们通过排除那些独断的僭妄而增加了清晰性和不做作的确
信，因为它们使理性安放于自己特有的领地，也就是安放于目的秩序中，但这
目的秩序同时也是自然秩序，不过这样一来，这理性同时也就作为自在的实践
能力本身，不局限于自然秩序的诸条件，而有权使目的秩序、并借助于它而使

东西为基础的），但它先行于那个应当通过范畴在时间上规定知觉客体的经验，而实存在这里
还不是什么范畴，因为范畴并不与一个不确定地被给予出来的客体相关，而只与一个我们对
之有一个概念、并且想知道它是否也被置于这一概念之外的客体相关。一个不确定的知觉在
这里只意味着某种已被给予的实在的东西，确切地说，某种只是被给予一般思维的实在的东
西，所以这种东西并不是作为现象，也不是作为自在的事物本身（本体），而是作为某种实际上
实存的东西，它是在"我思"命题中被称作这种东西的。因为必须注意，当我把"我思"这个命
题称之为一个经验性的命题时，我的意思并不是想说这个"我"在这一命题中是一个经验性的
表象，毋宁说，这表象是纯粹智性的，因为它属于一般思维。只是若没有任何一个经验性的表
象来充当思维的材料，这个"我思"的行动就毕竟不会发生，而这种经验性的东西只是纯粹智
性能力的应用或运用的条件而已。——康德

我们自己的实存扩展到超出经验和此生的界限之外。理性在这个世界的那些有生命的存在者身上必须假定为必然的原理的是,没有任何器官、任何能力、任何冲动、因而没有任何东西是可以缺少的,或是与其用途不相称的,因而是见出不合目的性的,相反,这一切是与其在生命中的规定严格适合的。按照与这些有生命的存在者的本性相类比来判断,那在自身中毕竟唯一能够包含①这一切东西的最后终极目的的人,就必定会是唯一被排除在这之外的生物了。因为他的自然素质,不仅是按照运用这些素质的天赋和冲动而言,而且尤其是他心中的道德律,是远远超出他在此生中可以从中引出的一切利益和好处的,以至于道德律甚至在缺乏任何好处、甚至连死后荣耀的征兆都没有的情况下,就教人把对正直意向的单纯意识推崇到一切事物之上,而他就②感到出自内部的召唤,要通过他在这个世界上的行为,借放弃许多好处,而使自己适合于成为一个他在理念中所拥有的更好的世界的公民。这个强有力的、永远不可能被驳倒的证明根据,伴随有对我们眼前所看到的一切东西的合目的性的不断增加的知识,伴随有对造物之不可估量性的展望,因而也伴随有对我们知识的可能的扩展的某种无边无际的意识,这个证明根据连同一个与这种扩展相适合的冲动仍然还一直留存着,即使我们不得不放弃从对我们自己的单纯理论知识中去看出我们实存的必然延续也罢。

B426

对心理学的谬误推理的解决的结案

理性心理学中的辩证幻相基于把理性的一个理念(一个纯粹的理智)和对一般思维着的存在者的在一切方面都未经规定的概念混为一谈之上。我为了某种可能的经验之故,通过我还把一切现实的经验抽掉来思考我自己,并从中推论出我哪怕在经验及其经验性的诸条件之外也有可能意识到我的实存。这样一来我就把对我的经验性上确定的实存所作的可能的抽象和以为我的思维着的自己孤立地可能实存的这种意识混为一谈了,并且我相信我认识到我里面的实体性的东西就是先验的主体,因为我在思想中所拥有的只是为一切

B427

---

① 原文为 erhalten(获得),显为 enthalten(包含)之误,兹据普鲁士科学院《康德全集》1911 年版第 3 卷及《哲学丛书》1919 年版第 37 卷校正。——译者

② "而他就"三字原文缺,据梅林补上。——德文编者

作为知识的单纯形式的规定奠定基础①的意识的统一性。

　　说明灵魂和身体的协同性这个任务本来并不属于这里所谈及的这样一种心理学，因为它的意图是证明甚至在这种协同性之外（即在死后）的灵魂的人格性，因而它在本来的意义上是超验性的，尽管它讨论的是某种经验的客体，但只是就它不再是一个经验对象而言。然而按照我们的学说概念，对这个问题也可以给出充分的回答。众所周知，由这个任务所引起的困难在于预设了内感官的对象（灵魂）与外感官的对象的不同质性，因为在这些对象的直观的形式条件上，与内感官相联系的只有时间，与外感官相联系的还有空间。但如果人们考虑到这两种不同类型的对象在此并不是在内部相互区别开来，而只

B428　是就一个在外部对另一个显现出来而言才相互区别开来，因而那个为物质的现象奠定基础的作为自在之物本身的东西也许可以并不是如此不同质性的，那么这种困难就消失了，所剩下的问题只不过是：一般说来诸实体的协同性是如何可能的，对这个问题的解决是完全处于心理学的领域之外的，而且正如读者根据在分析论中关于各种基本力量和能力所说过的东西将很容易判断的那样，毫无疑问也是处于一切人类知识的领域之外的。

总的注释，关于从理性心理学到宇宙论的过渡

　　"我思"或者说"我实存于进行思维时"这个命题是一个经验性的命题。但一个这样的命题是以经验性的直观、因而也是以被想到的作为现象的客体为基础的，所以看起来就好像是，按照我们的理论，灵魂就会甚至在思维中也完全被转变成现象了，而以这种方式，我们的意识本身作为单纯的幻相事实上就必定会是毫无针对性的了。

　　思维就其本身来看只不过是一种逻辑机能，因而是联结一个单纯可能直

B429　观的杂多的纯然自发性，它决不把意识的主体表现为现象，这只是因为它根本就不去考虑直观的方式，不论这方式是感性的还是智性的。借此我把我向我自己表象出来，既不是像我所是的那样，也不是像我对自己显现的那样，而是我思维自己就像思维任何一个一般客体那样，我抽掉了对这个客体的直观方

_____

　　①　维勒校作："只是作为知识的单纯形式而为一切规定奠定基础"。——德文编者

式。在这里，如果我把自己表象为思想的主体，或者甚至也表象为思维的根据，那么这些表象方式并不意味着实体或者原因这些范畴，因为范畴是那些已经被应用于我们的感性直观之上的思维的（判断的）机能，这种感性直观，如果我想要认识自己的话，当然就会是必须的。现在，我想要意识到自己，但仅仅作为思维着的来意识；我的独特的自己如何在直观中被给予出来，我对此存而不论，在此我自己对于"我思"的这个我而言，但并不是就"我思"而言，本来只能是现象；在单纯思维时对我自己的意识中，我就是这个存在者本身，但关于这个存在者本身当然还没有任何东西凭这种意识就被提供给我去思维。

但"我思"这个命题就其所表述的相当于"我实存于进行思维时"而言，就不是单纯的逻辑机能，而是在实存方面规定了主体（这主体于是同时又是客体），并且这命题没有内感官就不可能发生，而内感官的直观所提供出来的客体任何时候都不是作为自在之物本身，而只是作为现象。所以在这个命题中就已经不再只有思维的自发性，而且也有直观的接受性，就是说，对我自己的 B430 思维被应用于对同一个主体的经验性直观之上了。思维着的自己这样一来就会不得不在这种经验性的直观中寻求它在实体、原因等等范畴上的逻辑机能运用的诸条件，以便不仅通过这个"我"把自己表示为自在的客体本身，而且也规定这个客体的存有的方式，也就是把自己作为本体来认识，而这是不可能的，因为内部的经验性直观是感性的，并且只给出现象的材料，这些材料并不给纯粹意识的客体提供任何东西来认知它的孤立的实存，而只能用于经验的目的。

但假定将来不是在经验中、而是在纯粹理性运用的某些（不只是逻辑的规则，而且是）先天确立的、与我们的实存相关的法则中，会发现有理由完全先天地在我们自己的存有方面把我们预设为立法的、以及对这种实存本身也进行规定的，那就会由此而揭示出某种自发性，借此我们的现实性将会是可规定的，为此不需要经验性直观的条件；而在这里我们将会觉察到，在我们存有的意识中先天地包含有某种东西，它能够用来规定我们的只有在感性上才能通盘加以规定的实存，但就某种内部能力而言却是在与一个理知的（虽然只 B431 是思维到的）世界的关系中进行规定的。

但这仍然丝毫不会使理性心理学的一切尝试有所进展。因为我通过那种值得惊叹的、首次向我启示出道德法则的意识的能力,虽然将会拥有一条规定我的实存的、本身是纯粹智性的原则,但通过什么谓词来规定呢? 没有别的,只有那些必须在感性直观中被给予我的谓词,于是我在此就将重新陷入我曾在理性心理学中的处境,即需要感性的直观,以便使我的知性概念如实体、原因等等具有意义,我只有凭借这些知性概念才能拥有关于我的知识;但那些直观永远也不能在超出经验领域的地方帮助我①。然而我毕竟将会有权把这些概念在那种仍然一直指向经验对象的实践运用方面,按照在理论运用中类似的意义,而应用于自由和自由的主体身上,因为我把这些概念仅仅理解为主词

B432　和谓词、根据和后果的逻辑机能,种种行动或结果就是依照这些机能并遵循那些道德法则而得到规定的,以致这些道德法则每次都可以与自然法则同时依照实体和原因这些范畴来解释,虽然它们产生自完全不同的原则。这些话本来只是为了要防止关于我们的作为现象的自我直观的学说所容易遭到的误解而说的。在后面我们将有机会对此加以运用。

A348　[附:"纯粹理性的谬误推理"第一版原文]

　　既然"我思"这个命题(作为悬拟的来看)包含有任何一般知性判断的形式,并作为承载者伴随着一切范畴,那么很明显,从它得出的推论就只能包含知性的某种先验的运用,这种运用排除了一切经验的混杂,对于它的进展,按照我们前面所指出的,我们不可能预先已经构成什么有利的概念。所以我们想以一种批判的眼光通过纯粹灵魂学说的一切云谓关系来追踪这一命题。②

第一谬误推理:对于实体性

　　这样一种东西,它的表象是我们的判断的绝对主词,因此不能被用作某个他物的规定,它就是实体。

　　我,作为一个思维着的存在者,就是我的一切可能的判断的绝对主词,而

---

　　①　第四版为"永远也不能把我提升到超越经验领域之上"。——德文编者
　　②　此段与第二版"谬误推理"中的"正位论"表以下第五自然段(B406)重叠,唯第二版在此段后加了"但为了简短起见,我们想把对这些云谓关系的检查放在一个不被打断的关联中来进行"一语,以引出第二版修正文。——译者

这个关于我本身的表象不能被用作任何一个他物的谓词。

所以,我作为思维着的存在者(灵魂),就是实体。

对纯粹心理学的第一个谬误推理的批判

我们在先验逻辑的分析论部分指出过:纯粹范畴(其中也包括实体范畴)就自在的本身而言根本没有任何客观意义,在这种情况下它们没有配备一个直观,它们作为综合统一机能可以被应用于这直观的杂多之上。没有这种直观杂多,它们就只是一个判断的没有内容的诸机能。对任何一般的物我们都可以说它是实体,只要我们把它与物的单纯谓词和规定区别开来。现在,在我们的一切思维中,我就是那些仅仅作为诸规定的思想所依存的主体,而这个我是不能被用作一个他物的规定的。所以每个人就必然不得不把自己本身看作实体,却把思维只是看作他的存有的诸偶性,和看作对他的状态的诸规定。

但现在,我应该拿这样一个实体概念来作什么用呢?我决不可能从中推出:我,作为一个思维着的存在者,是独立地自己持续着的,当然就是既不产生也不消逝的;但只有在这方面,我的思维主体的实体性这个概念才能够对我有用处,否则我本来是完全可以没有这个概念的。

我们远远不能把这些属性单从一个实体的纯粹范畴中推出来,毋宁说,我们不得不把一个从经验中给出的对象的持存性作为基础,如果我们想把有关一个实体的这个可作经验性运用的概念应用到对象上去的话。但现在,我们在上述命题中并没有把任何经验作为基础,而只是从一切思维与它们所依存的、作为共同主词的那个我的关系的概念中进行了推论。我们即使有意于这样做,我们也决不可能通过任何可靠的观察来说明这样一种持存性。因为这个我虽然在一切思想中,但却没有任何将之与其他直观对象区别开来的直观与这个表象相联结。所以我们虽然可以知觉到这个表象总是一再地伴随着一切思维而出现,但却不能知觉到一个固定不变的直观,在其中各种思想(以变化的方式)交替着。

由此可见:先验心理学的第一个三段论推理只是以一个假想的新见解蒙骗我们,因为它把思维的那个持久不变的逻辑主词冒充为对依存性的实在主体①

A349

A350

---

① 此处"主体"与"主词"在德文中均为 Subjekt,本书依不同场合采取不同译法。——译者

的知识,而我们对这个主体没有、也不可能有丝毫知识,因为这种意识是唯一使一切表象成为思想的东西,因而在其中,即在先验主体中,必然会遇到我们的一切知觉①,而除了我的这种逻辑含义以外,我们对于这个自在的主体本身,对于这个作为基底而为我、以及为一切思想提供根据的东西,并没有任何所知。然而我们仍然可以承认"灵魂是实体"这一命题,只要我们满足于:这个概念丝毫也不会带领我们走得更远,或者说不能把玄想的灵魂学说中的那些通常的推断中的任何一个告诉我们②,例如说告诉我们在人的一切变化那里、甚至在死亡时灵魂的永久延续,因而这个概念只会在理念中、而不会在实在性中表示一个实体。

A351

第二谬误推理:对于单纯性

这样一种东西,它的活动永远不能被看作许多活动的东西的合作,它就是单纯的。

现在,灵魂,或者思维着的我,就是这样一个东西:

所以就如此如此。

对先验心理学第二个谬误推理的批判

这是纯粹灵魂学说的一切辩证推论中的阿基里斯③,它决不只是独断论者所捏造出来以给自己的主张提供暂时的幻相的诡辩游戏,而是一个似乎经得起研究工作的哪怕最严格的检验和最大质疑的推论。该推论如下。

任何一个复合的实体都是许多实体的一个聚合体,而一个复合物的活动、或者依存于这个复合物本身的东西,则是分布在这一堆实体之间的许多活动或偶性的聚合体。现在,虽然从许多活动的实体的合作中产生出的一个结果,当这结果只是外在的时,就是可能的(例如一个物体的运动就是它的所有各部分的联合运动)。但对于思想来说,即对那些属于一个思维着的存在者内部的偶性来说,就是另外一种性状了。因为假定这个复合物在思维:那么它的

A352

---

①　此处据埃德曼,另据维勒此句应作:"因而在其中必然会遇到我们一切有关作为先验主体的我的知觉。"——德文编者

②　原文为:"我们这个概念丝毫也不会引向更远,或者说不能教导任何一种……",兹据哈滕斯泰因校正。——德文编者

③　Achilles,荷马史诗中最著名的英雄,喻最有力的。——译者

每个部分都将包含这个思想的一个部分,但它的一切部分加在一起才会包含整个思想。但这是矛盾的。因为,由于分布于各个存在物之间的那些表象(例如一首诗的那些个别的词)永远也不构成一个完整的思想(一首诗):所以这个思想不可能依存于一个复合物本身。因而它只有在一个实体中才是可能的,这个实体不是许多实体的一个聚合体,因而绝对是单纯的①。

　　这个证明的所谓 nervus probandi② 在于这一命题:为了构成一个思想,在思维着的主体的绝对统一中必须包含有多个表象。但这一命题没有人能由概念中证明出来。因为,为了作出这个证明,他到底要如何着手呢?"一个思想只能是思维着的存在者的绝对统一的结果"这个命题不能够当作分析命题来处理。因为由多个表象所组成的思想的统一是集合性的,而且按照单纯的概念来看既可以与在这方面共同合作的那些实体的集合性的统一发生关系(正如一个物体的运动就是它的一切部分的运动的复合一样),同样也可以与主体的绝对单一性发生关系。所以,按照同一律,把一个单纯实体当作前提的必要性在一个复合的思想那里是看不出来的。但是要使这同一个命题综合地并且完全先天地从单纯概念中得到认识,这是没有任何如我们前面所摆明过的那样看出了先天综合判断的可能性根据的人所敢于承担责任的。 A353

　　但现在,把主体的这种作为任何一个思想的可能性条件的必然统一从经验中推导出来也是不可能的。因为经验并不提供出任何必然性来加以认识,更不用说绝对统一性这个概念是远远超出经验范围之外的。我们又是从哪里拿来这个支撑起心理学的所有三段论推理的命题的呢?

　　显而易见:如果有人想要表象一个思维着的存在者,他自己就必须置身于这个存在者的位置,因而必须用他自己的主体去置换他所要考虑的客体(这是在任何别的一种研究中都没有的事),而我们之所以对于一个思想要求有主体的绝对统一,只是由于否则我们就不能够说:我思(我在一个表象中思维杂多东西)。因为,虽然思想的整体可以被划分,并且被分配于多个主体之间,但主体性的我却是不能被划分和分配的,而这个我毕竟是我们在一切思维 A354

---

　　① 赋予这个证明以通常的表达上合乎学院规范的准确性是很容易的。不过对于我的目的来说,必要时以通俗的方式指出单纯的证明根据就已经足够了。——康德

　　② 拉丁文:骨干论据。——译者

中所预设的。

　　所以在这里,也正如在前一个谬误推理那里一样,"我思"这个统觉的形式原理仍然是理性心理学之所以敢于扩展自己的知识的全部理由,这个原理虽然的确不是任何经验,而是与每个经验相关联并先行于它的统觉形式,然而却必须就一般可能的知识而言只被永远看作这知识的单纯主观条件,我们无权使它成为诸对象的知识之可能性条件,即成为一个有关一般思维着的存在者的概念,因为我们若不把自己借助于我们意识的这条公式而置于任何别的理智存在者的位置,我们就不能设想这个思维着的存在者。

　　但我自己(作为灵魂)的这种单纯性实际上也不是从"我思"这一命题中推论出来的,相反,它在任何一个思想本身中就已经包含着了。"我是单纯 A355 的"这一命题必须被视为统觉的一个直接的表达,正如笛卡尔的那个被以为是推论的 cogito, ergo sum① 其实是同义反复一样,因为 cogito②(sum cogitans③)直接说出了这个事实。但"我是单纯的"则无非意味着:"我"这个表象并不包含丝毫杂多性,而且它是绝对的(虽然只是逻辑上的)单一性。

　　所以,这个如此著名的心理学的证明只不过是建立在一个对动词的人称方面加以指示的表象的不可分的统一性上的。但显而易见,依存性的主体通过与思想相关联的这个"我"只是得到了先验的表明,而丝毫也没有说明它的属性,或者说对它根本没有任何一点了解或知悉。它意味着一个一般的某物(先验主体),它的表象当然必定会是单纯的,这正是由于我们在它那里根本就没有作任何规定,这就正如肯定不可能有任何东西比通过单纯某物的概念而被表象得更单纯一样。但一个主体的表象的单纯性因此就不是有关该主体本身之单纯性的知识,因为当这个主体只是通过在内容上完全空洞的术语"我"(这个"我"可以被应用在任何思维着的主体上)来表示时,它的各种属性就被完全抽象掉了。

A356　　有一点是肯定的:我通过这个"我"任何时候都想到了一个绝对的、但却是逻辑上的主体单一性(单纯性),但并非这样一来我就会认识到我的主体的

---

　　① 拉丁文:我思,故我在。——译者
　　② 拉丁文:我思。——译者
　　③ 拉丁文:有思维。——译者

现实的单纯性。正如"我是实体"这个命题所指的无非是我并不能对之作任何具体的（经验性的）运用的那个纯粹范畴；同样，我也可以说：我是一个单纯的实体，亦即它的表象永远不包含杂多的综合；但这个概念、或者说这个命题丝毫也没有告诉我们关于我自己作为一个经验对象的事，因为这个实体概念本身仅仅被作为没有配以直观、因而没有客体的综合机能来运用，而且只适用于我们知识的条件，却并不适用于任何一个可以指出的对象。我们想对这一命题的假想的适用性来着手做一个试验。

任何人都必然会承认，对灵魂的单纯本质的主张只有当我能够由此将这个主体与一切物质区别开来、因而能使它免除物质所永远屈从的溃灭时，才具有某些价值。上述命题本来也是完全针对着这样一种运用的，因此它在好些场合下也被表述为：灵魂是没有形体的。既然我能够指出：即使人们在某种 **A357**（出自纯粹范畴的）单纯理性判断的纯粹意义上承认理性灵魂学说的这一主要命题（所有的思维者都是单纯的实体）的一切客观有效性，但在灵魂和物质是性质不同还是性质相似这一点上，这个命题却不能得到丝毫的运用，那么，这就正好比是说，我已要求这个被假想的心理学洞见遵守单纯理念的范围，而这些理念是没有客观运用的实在性的。

我们在先验感性论中已经无可否认地证明了：物体只是我们的外感官的现象，而不是自在之物本身。据此我们就可以有理由说：我们的思维着的主体是没有形体的，这就是说，由于它被我们表象为内感官的对象，所以就它在思维这点而言，它就不可能是任何外感官的对象，亦即不可能是任何空间中的现象。而这就相当于想说：在外部现象之中永远也不可能有思维着的存在者作为自身出现在我们面前，或者说，我们不可能从外部直观到它们的思想、它们的意识、它们的欲望等等；因为这一切都是应归内感官处理的。实际上这个论证也显得是个自然而通俗的论证，甚至最普通的知性也似乎从来都中意于它，**A358** 并且很早就已经开始通过它而把灵魂当作与物体完全不同的存在者来考察了。

但现在，尽管广延、不可入性、关联和运动，总之，外感官所能提供给我们的一切东西，都并非思想、情感、爱好或决断，或者说都不会包含有这样一些全然不是外感官对象的东西，然而这样的某物却很可能是为那些外部现象奠定基础、刺激我们的感官来使它获得有关空间、物质、形状等等的表象的，这个某物作为本体（或不如说，作为先验对象）来看，却毕竟可以同时也是这些思想的主体,虽然我们通过我们的外部感官被它所刺激起来的方式根本没有获得关于诸表象、诸意志等等的直观,而只是获得了关于空间及其诸规定的直观。但这个某物并非有广延的,并非有不可入性的,并非复合的,因为这一切谓词都只是关系到感性及其直观的,是就我们被这样一些(在其他方面为我们所不知道的)客体所刺激而言的。但这些表述根本不是让人去认识它是一个什么样的对象的,而只是让人认识到:它作为一个这样的没有与外部感官的关系 A359 而就其自在的本身来考察的对象,是不可能被赋予外部现象的这些谓词的。不过,内感官的诸谓词,各种表象与思维,却并不与它相矛盾。因此,即使承认了本质的单纯性,人的灵魂借此也根本不足以与物质从它们的基底方面区别开来,如果我们把物质(如同应该的那样)只是看作现象的话。

假如物质是一个自在之物本身,那么它就会作为一个复合的存在者而与作为单纯的存在者的灵魂完完全全地区别开来。但现在,物质只是外部现象,它的基底通过任何可以指出的谓词都并不被认识;因而我对这个基底就完全可以假定,它本身是单纯的,尽管它以刺激我们的感官的方式在我们心中产生了对广延之物、因而复合物的直观,并且假定,这样一来就我们的外感官而言应当具有广延的那个实体,就自在的本身而言则具有思想,这些思想是可以通过这实体自己的内感官而有意识地得到表象的。以这种方式,在一种关系中被称作是有形的同一个东西,在另一种关系中同时又会是一个思维着的存在者,它的思想我们虽然不可能直观到,但这些思想在现象中的迹象我们却可以直观到。这样一来就会取消"只有灵魂(作为特殊种类的实体)在思维"这个 A360 说法;而宁可像通常所说的那样,说"人在思维",就是说,那作为外部现象而有广延的同一个东西,就内部(自在的本身)而言则是一个主体,它不是复合的,而是单纯的,并且在思维。

但是,我们可以不同意这一类假设而普遍地看出:当我把灵魂理解为一个思维着的自在存在者时,提出这个问题,即问灵魂是否与物质(它根本不是什么自在之物本身,而只是我们里面的一种表象)具有同样的性质,这本身已经是不合适的了;因为不言而喻的是,自在之物本身具有不同于单是构成它的状态的那些规定的另一种本质。

但如果我们把思维着的我不是与物质相比较,而是与那个给我们称之为物质的外部现象奠定基础的理知的东西相比较,那么,由于我们对后者一无所知,我们也就不能说:灵魂与它不论在哪一方面有什么内部的区别。

所以,单纯的意识决不是对我们主体的单纯本质的知识,如果我们想通过这种单纯本质来把主体与物质这种复合的存在物区别开来的话。

但如果这个概念①并不适宜于在它唯一有用的场合,即在把我自己与外部经验的对象加以比较时,去规定主体的本质的特点和特别之处的话,那么我们固然可以声称知道这个思维着的"我"即灵魂(对内感官的那个先验对象的称呼)是单纯的;然而这种说法却绝不因此而有任何涉及现实的对象的运用,因而也不能对我们的知识有丝毫的扩展。 A361

这样一来,全部理性心理学就随着其主要支柱一起垮台了,而我们在这里也像在别的地方一样,很少有希望单凭概念(更不用说单凭我们的一切概念的主观形式即意识)而不与可能经验相关地来扩大洞见,尤其是因为,甚至关于一个单纯本质的基本概念都具有这种性质,即绝不可能在任何经验中遇见它,因而根本没有任何方法把它作为一个客观有效的概念来获得。

第三谬误推理:对于人格性

凡是在不同的时间中意识到它自己的号数上的同一性的东西,就此而言它就是一个人格:

现在灵魂就是如此如此。

所以灵魂就是一个人格。

对先验心理学第三个谬误推理的批判

如果我要通过经验认识一个外部对象的号数上的同一性,那么我就会留意这样一种现象的持存者,这种现象作为主体是一切其他现象作为规定而与之相关的,并且我会注意到在其他现象交替的时间中那个持存者的同一性。 A362
但现在我是一个内感官的对象,而一切时间只是内感官的形式。所以我就把我的所有一切前后相继的规定都与这个在一切时间中、即在对我自身的内部直观的形式中号数上同一的自己联系起来。立足于这一点,灵魂的人格性就会甚至不可视为推论出来的命题,而必须被视为自我意识在时间中的一个完全同一性命题,而这也就是该命题为什么先天有效的原因。因为它所说出来

---

① 指"灵魂的单纯性的概念"。——译者

的实际上无非是:在我意识到我自己的整个时间中,我都意识到了这个时间是属于我自己的统一性的,而且不论我说:这整个时间都在作为个体统一性的"我"之中,还是说:我带着号数上的同一性而在这一切时间中,这都是一样的。

所以,人格的同一性在我自己的意识中是不可避免地要遇到的。但如果我从一个别人的观点来看我自己(作为他的外部直观的对象),那么这个外部的观察者才首次在时间中考虑我,因为在统觉中时间真正说来只是在我里面被表象出来的。所以他虽然承认这个在我的意识里一切时间都伴随着、而且是以完全的同一性伴随着一切表象的"我",却毕竟还没有从这个"我"推论出我自己的客观持存性。因为,既然这样一来观察者将我置于其中的那个时间并不是在我自己的感性中所遇到的那个时间,而是在他的感性中所遇到的时间,所以和我的意识必然联结在一起的同一性就并不因此而与他的意识、也就是与对我的主体的外部直观联结在一起。

A363

所以,在不同时间内对我自己的意识的同一性只是我的各种思想及其关联的一个形式条件,但它根本不证明我的主体的号数上的同一性,在这个主体中,尽管有"我"的逻辑上的同一性,却仍然可能发生了这样一种变更,这种变更不允许保持这个主体的同一性;虽然总还是允许这个主体分有那个字面上相同的"我",这个"我"在任何其他情况下,甚至在主体都变了的情况下,都仍然还可以保有前一个主体的各种思想,这样也就能够把这些思想传给后一个主体①。

A364

即使有些古代学派的这个命题,即"一切皆流,世界上无物持存和常驻",只要人们接受了实体,就不会提出来,然而这个命题并不被自我意识的统一性所反驳。因为我们自身不能依据我们的意识来判断我们是不是作为灵魂而持存的,因为我们只把我们所意识到的那种东西归入我们的同一的自己,这样我

———————————

A364

①　一个弹性球以直线方向撞击在一个同样的球上,就把它的全部运动、因而把它的全部状态(如果我们仅仅着眼于空间中的位置的话)都传递给了后者。现在,如果按照与这样一些物体的类比来假定一些实体,它们中的一个把诸表象连同对诸表象的意识注入了别的实体,那么就会有可能想到一个完整的实体系列,其中第一个把它的状态连同对这状态的意识传递给第二个,第二个又把它自己的状态连同前一个实体的状态传递给第三个,而第三个同样也把所有在前的实体的状态连同它自己的状态及对它的意识传递下去。因而那最后的实体就会把在它之前变化着的各个实体的所有状态都作为它自己的状态而意识到,因为那些状态连同意识都已被转入了这个实体中,但尽管如此,这个实体毕竟不会成为了在这一切状态中的同一个人格。——康德

们当然不能不必然地判断说:我们在我们所意识到的全部时间中都是同一个。但在一个外人的立场看来我们却还不能由此就把这种判断解释为有效的,因为,既然我们在灵魂中没有遇到任何持存的现象,而只有伴随和连结所有这些现象的"我"的表象,那么我们就任何时候都不能断定,这个"我"(一个单纯的思想)是否会像其他那些通过它而相互链接起来的思想那样流失。

　　但奇怪的是,灵魂的人格性及其条件,即灵魂的持存性、因而它的实体性,必须现在才首次得到证明。因为如果我们可以将它们预设下来的话,那么虽然从中还不会推论出在一个常驻的主体中意识的延续,但毕竟会推论出某种持续的意识的可能性,而这对于人格性来说就已经足够了,这种人格性并不因为它的作用会被中断一段时间就马上自己停止。但这种持存性在我们由同一性统觉中推论出我们自己的号数上的同一性来之前,是不能凭借任何东西被给予我们的,而是从这种号数上的同一性中才首次推论出来的(并且如果事情正常进行的话,紧跟这种持存性之后的首先就必然会是那唯有在经验性方面才可以运用的实体概念)。既然这种人格同一性决不是在对于我认识自己的全部时间的意识中由"我"的同一性里得出来的:所以在前面本来也就不可能在这个"我"的同一性之上建立起灵魂的实体性来。 **A365**

　　然而,正如实体和单纯的东西的概念一样,就连人格性的概念(就其只是先验的而言,亦即就其只是①那种在别的方面不为我们所知、但在其规定中却通过统觉而有某种彻底连结的主体的统一性②而言),也同样是可以保留的,并且在这方面,这个概念对于实践的运用也是必要的和充分的,但我们永远也不能相信它是③我们对自己的知识通过纯粹理性所作出的扩展,这个纯粹理性从同一自己的单纯概念中拿主体的某种不间断的延续性来欺骗我们,因为,这个单纯概念一直在围绕着自己转来转去,而没有使我们在针对综合知识的任何一个问题上前进一步。物质就自在之物本身(先验客体)来说是什么样的,这虽然是我们完全不知道的;然而物质作为现象的持存性,当它被表象为某种外部的东西时,却毕竟是可以被观察到的。但由于当我想要在一切表象 **A366**

————————————————

　　①　阿底克斯校为"就其只涉及到",福伦德尔校为"就其只表明",格兰德校为"就其只意味着"。——德文编者
　　②　埃德曼校为"主体的统一性概念"。——德文编者
　　③　福伦德尔将"相信它是"校为"以此炫耀为"。——德文编者

的更替那里观察这个单纯的"我"时,除了又是我自己之外,我并不具有把我与我的意识的那些普遍条件进行比较的任何别的相关物,所以我就只能对一切问题给出同义反复的回答,因为我以我的概念及其统一性置换了那些应归于作为客体的我自己的属性,并把人们本来想要知道的东西当作了前提。

第四谬误推理:对于观念性(外部关系上的)

这样一种东西,其存有只是作为被给予的知觉的原因的存有才能被推论出来,它就只具有某种可疑的实存:

A367　　　既然一切外部现象都具有这种性质,即它们的存有不可能被直接知觉到,而只能将其作为被给予的知觉的原因推论出来:

所以外部感官的一切对象的存有都是可疑的。这种不确定性我称之为外部现象的观念性,而这个观念性的学说则叫作观念论,与之相比,对外部感官对象的某种可能的确定性的主张则被称之为二元论。

对先验心理学第四个谬误推理的批判

我首先要对这两个前提进行检验。我们可以正当地认为,只有那在我们自身中的东西才能被直接知觉到,而只有我们自己的实存才能够是一个单纯知觉的对象。所以,一个在我之外的现实对象(如果该词从智性的意义上来理解的话)的存有从来不是在知觉中被直接给予的,相反,它只能连同这个作为内感官的变形的知觉,作为这知觉的外部原因一起被考虑进去,因而被推论

A368　　出来。因此,甚至笛卡尔也有理由把一切最狭义的知觉限制于"我(作为思维着的存在者而)在"这个命题。因为很清楚:既然外部的东西不在我之中,我也就不能在我的统觉中、因而也不能在本来只不过是统觉之规定的任何知觉中遇到它。

所以真正说来我并不能知觉外物,而只是从我的内知觉中推论出外物的存有,因为我将这种内知觉看作结果,某种外部的东西是它的最近的原因。但现在,从一个给予的结果推论到一个确定的原因,这任何时候都是不可靠的;因为这结果可能是从不止一个原因产生的。因此在知觉与其原因的关系中总是有一点仍然可疑的地方:即这个原因是内部的呢,还是外部的,因而是否一切所谓外部知觉都是我们内感官的一种单纯游戏,或者是否它们与作为其原因的外部现实对象有关。至少后者的存有只是推论出来的,而一切推论都是

冒险,相反,内感官的对象(我自己连同我的一切表象)是直接被知觉到的,其实存是丝毫不会遭到怀疑的。

所以我们不要把一个观念论者理解为那种否定感官的外部对象的存有的人,而要理解为这种人,他只是不承认这种存有是通过直接的知觉而被认识的,但由此却推论出:我们通过一切可能的经验都永远不可能完全肯定外部对 A369
象的现实性。

于是在我把我们的谬误推理根据其骗人的幻相描述出来之前,我必须首先提醒的是,人们有必要把两方面的观念论加以区分,即先验的观念论和经验性的观念论。但我所理解的对一切现象的先验的观念论是这样一种学说概念,依据它我们就把一切现象全都看作单纯的表象,而不是看作自在之物本身,因此时间和空间就只是我们直观的感性形式,却不是那些作为自在之物本身的客体独自给出的规定或条件。与这种观念论相对立的是先验的实在论,它把时间和空间看作某种自在地(不依赖于我们的感性而)被给予的东西。所以,先验的实在论者把外部现象(当人们承认它们的现实性时)表象为自在之物本身,它们是不依赖于我们和我们的感性而实存的,因而甚至按照纯粹知性概念也会是存在于我们之外的。这种先验的实在论者真正说来就是后来扮演经验性的观念论者的人,当他错误地对感官对象设置了这样的前提之后,即认为如果这些对象应当是外部的,它们就必须自在地本身哪怕没有感官也拥有自己的实存,以这种观点来看就会觉得我们的一切感官表象都不足以使这些对象的现实性成为确定的了。

反之,先验的观念论者却可以是一个经验性的实在论者,因而如人们对他 A370
所称呼的,可以是一个二元论者,就是说,他可以承认物质的实存,而并不超出单纯的自我意识,也不假定除了我里面的表象的确定性、因而除了 cogito, ergo
sum① 以外的更多的东西。因为,既然他承认这种物质甚至物质内部的可能性都只是现象,这现象离开了我们的感性就什么也不是:那么物质在他那里就只是一种表象方式(直观方式),这些表象叫作外部的,不是说它们似乎与自在的外部对象本身有什么关系,而是由于它们把知觉与空间联系起来,在空间中一切都是相互外在的,但它本身,即空间,却是在我们里面的。

---

① 拉丁文:我思故我在。——译者

我们在一开始就已经表示赞同这种先验的观念论了。所以在我们的学说概念中就打消了一切疑虑，仅凭我们的自我意识的证据，就把物质的存有如同把我自身作为思维着的存在者的存有那样去加以接受，并由此宣称它已被证明。因为我毕竟是意识到我的诸表象的；因而这些表象和拥有这些表象的"我"本身都是实存着的。但既然外部对象（物体）只是一些现象，因而也无非是我的诸表象的一种，这种表象的对象只有通过这些表象才是某种东西，但抽掉这些表象它们就什么也不是了。所以，正如我自己的实存着一样，外物也实存着，更确切地说，两者的实存都是有我的自我意识的直接证据的，区别只在于：对于我自己作为思维着的主体的表象只是与内感官相关，而表示有广延的存在者的那些表象却也与外感官相关。关于外部对象的现实性我不需要推理，正如对于我的内感官的对象（我的思想）的现实性一样，因为它们双方都无非是这样的表象，对它们的直接知觉（意识）同时就是它们的现实性的足够证明了。

所以，先验的观念论者就是一个经验性的实在论者，他承认作为现象的物质有一种不可推论、而是直接知觉到的现实性。反之，先验的实在论却必然会陷入尴尬，并将感到不能不让位于经验性的观念论，因为他将外感官的对象看作某种与感官本身有区别的东西，而把单纯的现象看作处于我们之外的独立的存在者；但这样一来，即使我们对我们关于这些物的表象有最好的意识，我们仍然远未确定：如果表象实存，则与之相应的对象也实存；相反在我们的体系中，这些外物、也就是物质，在其所有的形态和变化中都无非是单纯的现象，即我们中的表象，其现实性是我们直接意识到的。

既然一切信奉经验性的观念论的心理学家据我所知都是先验的实在论者，所以他们一贯的处理方式自然就是，承认经验性的观念论作为有关那些人类理性很难找出解决办法的诸问题之一而有很大的重要性。因为实际上，如果人们把外部现象看作这样一些表象，这些表象是由它们的那些作为处于我们之外的自在之物的对象而在我们里面引起的，那么就看不出人们除了通过从结果到原因的推论外如何能够认识这些对象的存有，而在这种推论那里必然总是会留下这原因究竟是在我们之中还是在我们之外的疑点。现在，我们即使可以承认：对于我们的外部直观，可能有某种在先验的意义上存在于我们之外的东西是它的原因，但这个东西并不是我们用物质和有形之物的表象所

A371

A372

指的那种对象;因为这些表象只是现象,亦即只是一些任何时候都只处于我们之内的表象方式,它们的现实性正如对我们自己的思想的意识一样是基于直接的意识之上的。先验的对象不论就内直观而言还是就外直观而言都同样是不知道的。不过这里所谈的也不是先验对象,而是经验性的对象,于是这种对 A373 象如果在空间中被表象,那它就叫作外部的对象,而如果它只是在时间关系中被表象,它就叫作内部的对象;但空间和时间两者都只有在我们里面才能遇见。

然而,由于我们之外这一说法带有某种不可避免的含混性,因为它一会儿意味着作为自在之物本身而与我们有区别地实存着的东西,一会儿又意味着仅仅属于外部现象的东西,所以为了使这个概念在后一种含义上,即在这种本来就包含着由于我们的外部直观的实在性而来的心理学问题的含义上,能摆脱不确定性,我们就要把经验性的外部对象通过将其直接称之为可以在空间中遇到的物,而与那些在先验的意义上也许可以称作外部的对象区别开来。

空间和时间虽然是先天的表象,它们还在一个现实的对象通过感觉规定我们的感官、以便把这对象表象在那些感性关系之下以前,就已经作为我们的感性直观的形式而寓于我们之中了。然而这种物质的东西或实在的东西,这种应当在空间中被直观到的某物,必须以知觉为前提,而不能独立于这种在空间中显示出某物的现实性的知觉而由任何想象力虚构和产生出来。所以感觉是那种在空间和时间中由于它与感性直观的这种或那种方式相关联而标志了 A374 某种现实性的东西。一旦感觉被给予了(当它被应用到一个一般对象上而不规定这对象,它就叫作知觉),那么通过感觉的杂多就可以在想象中虚构出好些对象,这些对象在想象之外的空间或时间中是没有任何经验性的位置的。这一点,不论人们接受到的是愉快和痛苦这样一些感觉,还是如色彩、热等等这样的外部感觉,都是无疑是肯定的,那么知觉就是这样的东西,即最初必须通过它,那用来思考感性直观对象的素材才被给予。所以这种知觉(我们暂时只限于在外部直观中来谈它)就表象出某种在空间中的现实之物。因为第一,知觉是某种现实性的表象,正如空间是共存的某种单纯可能性的表象一样。第二,这种现实性是在外感官面前、即在空间中表象出来的。第三,空间本身也无非是单纯的表象,因而在其中只有那在空间中得

A375　到表象的东西①才被看作是现实的,反过来说,凡是在空间中被给予的、即通过知觉被表象的东西,在空间中也是现实的;因为假如它在空间中不是现实的,即不是直接通过经验性的直观而被给予的,那么它也就不可能被臆想出来,因为我们根本不可能先天地想出直观的实在东西来。

所以,一切外部知觉都直接证明了空间中某种现实的东西,或者不如说它就是现实的东西本身,所以就此而言经验性的实在论就摆脱了怀疑,就是说,与我们的外部直观相应的就是空间中的某种现实的东西。当然,空间本身连同其一切现象,作为表象都只存在于我之中,但在这一空间中毕竟还是有实在的东西、或者说有外部直观的一切对象的材料被现实地、不依赖于任何虚构地给予出来,而且也不可能在这空间中会有任何一种(在先验的意义上)在我之外的东西被给予出来,因为空间本身在我们的感性之外就什么也不是。所以
A376　最严格的观念论者都不可能要求人们去证明(在严格意义上)在我们之外的对象符合我们的知觉。因为,如果有这样的对象,那它毕竟不会有可能被表象和直观为在我们之外的,因为这就预先假定了空间,而空间中的现实性作为一个单纯的表象的现实性,无非就是知觉本身。所以外部现象的实在的东西只有在知觉中才是现实的,而且以任何别的方式都不可能是现实的。

现在,从知觉中要么通过想象的单纯游戏,要么也借助于经验,都可以产生出对象的知识。而在这里当然可能产生对象并不与之相符合的虚假的表象,而在这些虚假表象那里,错觉有时必须归于想象的幻觉(在梦中),有时必须归于判断的失误(在所谓感官的欺骗中)。在这里,为了避免那些错误的幻相,人们按照这样的规则行事:凡是按照经验性的法则而与一个知觉相关联的就是现实的。只是这种错觉也好,对这错觉的反驳也好,都不仅是二元论、而且也是观念论所遭受到的,因为在这里所涉及到的只是经验的形式。要把经验性的观念论作为对我们外部知觉的客观实在性的一种错误疑虑来反驳,有
A377　如下一点就已经足够了:外部知觉直接证明了空间中的一种现实性,这个空间

---

①　我们必须好好注意这个似非而是的命题:在空间中除了在其中被表象的东西外什么也没有。因为空间本身无非是表象,因而凡是在其中的东西都必定包含在表象中,而在空间中除了在其中现实地被表象的东西外一无所有。说一个事物只有在关于该事物的表象中才
A375　能实存,这虽然是一个听起来必定会令人奇怪的命题,但在这里却失去了它的唐突性,因为我们所涉及到的事物不是自在之物,而只是现象,也就是表象。——康德

虽然它本身只是表象的单纯形式,但就一切外部现象(这些现象也无非是些单纯的表象)而言却拥有客观的实在性;同样,没有知觉甚至就连虚构和梦幻都是不可能的,所以我们的外感官按照经验能从中产生出来的那些材料来说,在空间中拥有其现实的相应的对象。

　　独断的观念论者将是那种否认物质的存有的人,而怀疑的观念论者是那种对物质①置疑的人,因为他认为这种物质②是不可证明的。前者这样做只是因为他相信在一般物质的可能性中发现了矛盾,对这种人我们现在还不去谈他。下面谈辩证推论的一章,在属于经验关联的东西的可能性的诸概念方面,把理性表现在它的内部冲突中,在那里将会对这一困难进行补救③。但怀疑论的观念论者只是攻击我们的主张的根据,并把我们相信是建立在直接知觉之上的对物质存有的置信宣布为不充分的,就他迫使我们甚至在普通经验的最小进步中也睁大眼睛、并对我们也许是通过欺骗得来的东西不是马上作为正当赢利记入我们的财产中而言,他就是人类理性的恩人。观念论者的这些反驳④所带来的好处现在令人刮目相看。如果我们不想纠缠到我们那些最平庸的主张中去的话,这些反驳就强迫我们把一切知觉、不论是叫作内部的还是外部的知觉,都只当作对与我们的感性有关的东西的意识来看待,并把知觉的外部对象不是看作自在之物本身,而只是看作我们能够像对其他任何表象那样直接意识到的表象,但这些表象之所以叫作外部的表象,是因为它们和我们称之为外感官的那种感官相联系,这种外感官的直观就是空间,但空间本身毕竟只不过是一种有某些知觉在其中相互连结着的内部表象方式。 A378

　　如果我们让外部对象被看作自在之物本身,那就完全不可能理解我们将如何在我们之外得到对它们的现实性的知识,因为我们所依靠的只是我们之

---

　　①　埃德曼校为"物质的存有"。——德文编者

　　②　同上注。

　　③　此句原文为:Der folgende Abschnitt von dialektischen Schlüssen, der die Vernunft in ihrem inneren Streite in Ansehung der Begriffe, die sich von der Möglichkeit dessen, was in den Zusammenhang der Erfahrung gehört, vorstellt, wird auch dieser Schwierigkeit abhelfen.不通。兹据埃德曼校,另据克尔巴赫(Kehrbach)此句应作:"……在属于经验关联的东西的可能性所造成的诸概念方面……"——据德文编者

　　④　原文为 Entwürfe(草图、规划),显然是 Einwürfe(反驳)之误,兹据《康德全集》第 4 卷(普鲁士科学院版,柏林,1911 年)校正。——译者

内的表象。因为，人们毕竟不可能在自身之外来感觉，而只能在自己本身之内来感觉，因此整个自我意识所提供的无非只是我们自己的规定。所以怀疑论的观念论迫使我们抓住给我们留下的这个唯一的庇护所，即一切现象的观念性，这种观念性是我们在先验感性论中不依赖于这些在当时还不可能预见到的后果就已经阐明过的。如果现在有人问：这样说来，是否在灵魂学说中只有二元论才会成立呢？那么回答就是：的确如此！但只是在经验性的意义上，就是说，在经验的关联中物质作为现象中的实体是现实地对外感官给予的，正如思维着的我同样作为现象中的实体是在内感官面前给予的一样，而且这两方面的现象也必须按照这个［实体］范畴带入到我们的外部知觉和内部知觉对一个经验的关联中去的那些规则而相互连结起来。但如果有人想要如通常所做的那样对这个二元论的概念加以扩展，并在先验的意义上来理解它，那么不论是它，还是与它相对立的精气论①一方或唯物论一方，都没有丝毫的根据，因为人们这样一来就会使他的诸概念的规定错位，而把那些我们仍然不知道其自在地是什么的对象在表象方式上的差异当作了这些物本身的差异。通过内感官在时间中表象出来的"我"，和在我之外的空间中的对象，虽然特殊地②看是完全不同的现象，但它们并不因此就被思考为不同之物。为外部现象奠定基础的先验客体，与为内部直观奠定基础的先验客体一样，就自在的本身来说都既不是物质，也不是思维着的存在者，而是诸现象的一个我们不知道的根据，这些现象对于第一种方式和第二种方式都提供了经验性的概念。

所以，如果我们如同现在这个批判显然在迫使我们去做的那样对上面确定下来的规则坚定不移，即不要把我们的问题推广到更远，而只限于可能经验能够向我们提供其客体的范围的话：那么我们就连想都不会想到对我们感官的对象着手去探听它自在地本身、也就是撇开与感官的一切关系可能会是什么。但如果心理学家把现象看作自在之物本身，不论他是作为唯物论者单独把唯一的物质，还是作为唯灵论者只把思维着的存在者（即根据我们内感官的形式），还是作为二元论者把两者都作为独立实存之物，而纳入到他的学说

① 原文为Pneumatism，由古希腊时代亚历山大里亚的医学家们提出，主张生命与一种精微的"气"即"精气"（Pneuma，或译作"普纽玛"）有关。——译者
② "特殊地"原文为skeptisch（怀疑论地），兹据康德在"第一版序言"最后一段中的说明将其改为spezifisch（特殊的）。——德文编者

概念中来,他终归总是被缠住在这种误解之中,即老是玄想那个实存之物自在地本身会是怎样实存的,但它其实并不是什么自在之物,而只是一个一般物的现象而已。

依照这些谬误推理考察全部纯粹灵魂学说

如果我们把作为内感官的自然之学的灵魂学说与作为外感官的对象的自然之学的物体学说加以比较的话:那么我们就会发现,除了在两者中都有许多东西可以经验性地被认识之外,毕竟有这样一种值得注意的区别,即在后一种科学中倒是有许多东西可以从一个广延的、不可入的存在者的单纯概念中先天地得到综合的认识,但在前一种科学中则根本不可能从一个思维着的存在者的概念中得到先天综合的认识。其原因在于,虽然两者都是现象,但在外感官面前的现象却拥有某种固定的或常驻的东西,它提供了一个为那些变动不居的规定奠定基础的基底,因而提供了一个综合的概念,也就是一个关于空间及空间中的现象的概念,相反,作为我们内部直观的唯一形式的时间却不拥有任何常驻的东西,因而只有诸规定的更替,却不提供出确定的对象来认识。因为,在我们称之为灵魂的东西中,一切都处于连续的流动之中,而没有任何常驻的东西,也许(如果我们一定要这样说的话)除了那个单纯的"我"之外,之所以如此单纯是因为这个表象没有任何内容,因而没有任何杂多,因此它也显得是在表象、或不如说在表示一个单纯的客体。这个我如果要使某种有关一

个思维着的存在者的一般本质的纯粹理性知识有可能实现出来的话,就必须是一个直观,这个直观由于将在一般思维那里(先于一切经验而)被预设,就会作为先天的直观而提供出一些综合命题。然而这个"我"并不是直观,正如它也不是有关任何一个对象的概念一样,而是意识的单纯形式,这意识能够与这两种不同的表象相伴随,并且通过这种方式,即只要在直观中还有某种向一个对象的表象贡献出材料的别的东西被给予它们,就能够把它们提升为知识。所以,全部理性心理学作为一门超出人类理性的一切能力的科学就垮台了,而给我们留下的只剩下以经验为线索对我们的灵魂的研究,并把自己保持在这样一些问题的限度内,这些问题都不再超越内部的可能经验能够摆明其内容的范围。

但现在,即使这门科学作为一种扩展性的知识是无用的,相反它作为这样

的知识完全是由谬误推理所组成的,但我们毕竟不能否认它有一种重要的否定性的用处,只要它仅仅被看作一种对我们的辩证推理的批判的处理、更确切地说是对通常的和自然的理性的批判的处理。

A383　　　到底为什么我们必须拥有一种只是建立在纯粹理性原则之上的灵魂学说?无疑首先是为了这个目的,即为了使我们的思维着的自己免除唯物论的危险。但我们已提供出来的那个有关我们思维着的自己的理性概念就做到了这一点。因为,以为按照这个概念仍然会留下某种恐惧,即如果我们去掉了物质,一切思维甚至思维着的存在者的实存都会因而被取消掉,这是大错特错的,所以有一点其实表明得很清楚:当这个世界无非是在我们主体的感性中的现象及这主体的表象之一种时,假如我去掉了思维着的自己,整个物体世界就必然会消除。

　　　借助于这一点,我当然也并不会对这个思维着的自己在它的属性方面有更好的认识,我也不能洞见到这个思维着的自己的持存性,甚至就连它的实存对于那个诸外部现象可能有的先验基底的独立性也不能洞见,因为不论对这种基底还是对那个思维着的自己,都是我不知道的。但尽管如此仍然有这种可能,即我不是从单纯思辨的根据中,而是从别的什么地方找来理由,以希望我的思维着的本质有一个独立的、在我的状态的一切可能的变动中持存着的实存,所以,如果在我坦然承认自己的无知的同时却能够排除一个思辨对手的
A384　独断论的攻击,并向他指出:要否认我的这些期望的可能性,他关于我的主体的本质所能知道的永远也不比我为了坚持这些期望所能知道的更多,那么这就已经是很大的收获了。

　　　于是,根据我们的心理学概念的这些先验幻相,还提出了三个辩证的问题,它们构成了理性心理学的真正目标,并且除了通过上述研究之外是根本不能得到裁决的,这就是:1)关于灵魂与一个有机体的协同作用、即与人生命中的动物性和灵魂状态的协同作用的可能性问题,2)关于这种协同作用的开始、即灵魂在人降生时和降生前的开始的问题,3)关于这种协同作用的结束、即灵魂在人临死和死后的结束的问题(即灵魂不朽的问题)。

　　　现在我主张,人们以为在这些问题那里所遇到的、以及当他试图装作对物的本质有比普通知性所能拥有的更深的洞见时用作反对理由的一切困难,都是建立在单纯的幻觉上的,根据这种幻觉,人们把只是在思想中实存的东西物

化了,并且在同一种性质上把它当作了某种外在于思维着的主体的现实对象,
也就是把本身只是现象的广延看作某种即使没有我们的感性也自存着的外物
属性,把运动看作即使在我们的感官之外也现实发生着的外物作用。因为那　　A385
以其与灵魂的协同作用激起了如此巨大疑虑的物质,无非是一种单纯的形式,
或者说一种由人们称之为外感官的直观来表象一个未知对象的一定方式。所
以,我们称之为物质的这种现象所相应的某物尽可以在我们之外存在,但它在
这种作为现象的同一种性质上并不是在我们之外的,而只是作为在我们之内
的思想,虽然这种思想通过上述感官而把它表象为处在我们之外的。所以,物
质并不意味着与内感官(灵魂)的对象那么完全不同和异质的一类实体,而只
是意味着诸对象(这些对象本身自在地是不为我们所知的)的诸现象的不同
质,它们的表象我们称之为外部表象,是与我们归于内部感官的那些表象相比
较而言的,虽然这些外部表象正如一切其他思想一样也只是属于思维着的主
体的,只不过它们本身有这样一种骗人的假象:由于它们表象出空间中的诸对
象,它们看起来仿佛就从灵魂脱离开来并悬在灵魂之外,但它们在其中被直观
到的空间本身在这里毕竟只是表象,而在灵魂之外是根本不可能遇到这表象
的相同性质的对应形态的。于是问题就不再是关于灵魂与我们之外其他已知　　A386
的异类实体的协同性的了,而只是有关内感官的表象和我们的外部感性的各
种变形之间的连结问题,以及它们如何能依照固定的法则相互连结、以至于在
一个经验中相关联的问题。

　　只要我们把内部的和外部的现象都只是作为经验中的表象而相互对举,
我们就会发现并没有任何荒唐之处,也没有什么使得这两种感官的协同作用
变得不可理解的东西。但只要我们把外部的现象物化,把它们不再作为表象,
而是在如同它们在我们之中的那同一性质上也作为我们之外的独立持存之
物,同时把它们的那些将其显示为互相处于相对关系中的现象的活动,都与我
们思维着的主体联系起来,那么我们就具有了在我们之外起作用的原因的特
性,这种特性将会与这些原因在我们之内的结果不相调和,因为原因只是与外
感官相关,结果则与内感官相关,而这两者虽然结合在一个主体中,但却是极
为不同性质的。在那里,我们除了位置的改变外没有任何外部结果,除了单纯
地努力去抵达作为这种努力的结果的空间关系外没有任何力。但在我们之内
结果就是思想,在这些思想中间没有任何位置关系、运动、形状或一般空间规　　A387

定发生,而我们在这些结果上完全失去了本该在内感官中显示出来的它们的原因的线索。然而我们本该考虑到:物体并不是我们所想到的自在的对象本身,而只是谁知道是什么的那个未知对象的单纯现象;运动不是这个未知原因的结果,而只是这原因对我们感官的影响的现象;这样一来物体和运动两者都不是某种在我们之外的东西,而只是在我们之内的表象,因而并不是物质的运动在我们之中产生了表象,而是运动本身(因而甚至通过运动使自己可认出的物质也)是单纯的表象,而这全部自己造成的困难最后就通达了这一点:我们的感性的表象如何并且通过何种原因处于这样的相互联结之中,以至于那些我们称之为外部直观的表象能够按照经验性的法则被表象为我们之外的对象?现在这个问题根本不包含被以为的那种困难,即通过我们把一个未知原因的现象当作在我们之外的原因这种只能引起混乱的做法,来解释有关处于我们之外完全异类的那些起作用的原因的诸表象的起源。在那些由于长期的
A388 习惯而发生了根深蒂固的误解的判断中,不可能使对误解的纠正马上达到这样一种在其他的没有这类不可避免的幻觉来淆乱概念的情况下才能被促成①的理解的。因此我们这样把理性从各种诡辩理论中解脱出来将很难已经具有使理性完全满意所必须的那种清晰性。

　　我相信能够把这种清晰性以如下的方式提升起来。

　　一切反驳可以被分为独断的、批判的和怀疑的。独断的反驳是针对一个命题的反驳,批判的反驳是针对一个命题的证明的反驳。前者需要对于对象的本质性状有一个洞见,以便能够对有关这个对象的命题所预先确定的东西主张反面意见,因此这种反驳本身是独断的,并且预先确定了比它的反面对所谈论的性状有更好的了解。批判的反驳由于它不触及命题的有价值或无价值,而只攻击这个证明,它就根本不需要更好地了解对象、或自以为能更好地了解对象;它只是指出这种主张无根据,而不是指出它不正确。怀疑论的反驳是交替地提出命题和反命题,使它们作为具有同等重要地位的反驳、其中每一方交替地作为信条而另一方作为它的反驳相互对立起来,所以怀疑论的反驳
A389 在这两个相互对立的方面从表面上看都是独断的,以便将有关这一对象的一

---

　　① 罗森克朗茨(Rosenkranz)将"促成"(gefördert)校为"要求"(gefordert)。——德文编者

切判断都完全取消掉。所以不论是独断论的还是怀疑论的反驳,两者都必须对它们的对象预先确定这么多的洞见,即为了主张对这对象有所肯定或有所否定而必要的那么多洞见。唯有批判的反驳具有这种性质,即由于它仅仅指出,一个人为了自己的主张而假定某种无意义的或只是想象出来的东西,这个理论就倒塌了,因为他抽掉了这个理论自以为具有的基础,而不想此外再对这对象的性状有所澄清。

现在,按照我们的理性关于我们思维着的主体和我们之外的物所共处于其中的那种协同作用的通俗概念来说,我们就是独断论的,而我们把这些物看作不依赖于我们而独立存在的真实对象,是按照某种先验的二元论的,这种二元论把那些外部现象不是作为表象归于主体,而是把它们像感性直观所提供给我们的那样作为客体置于我们之外、并将其与思维着的主体完全分离开来。那么这种偷换就是有关灵魂和物体之间协同作用的一切理论的基础,而从来没有人问:现象的这种客观实在性究竟是不是那么完全正确,相反,这种客观实在性被作为默认的而预设为前提,并只对它必须如何得到解释和理解的那种方式进行玄想。通常关于这点所想出来并实际上唯一可能的三种学说就是自然影响说、前定和谐说和超自然干预说。　　　　　　A390

对灵魂和物质的协同作用的后面这两种解释方式是建立在对第一种解释方式即普通知性的表象的反驳之上的,这些反驳认为,那显现为物质的东西不可能通过其直接的影响而是诸表象的原因,这些表象是一种完全异质的结果。但这样一来那两种解释方式就不能够把它们所理解为外部感官对象的东西与这样一个物质概念结合起来,即物质无非是现象,因而就其本身而言已经是由某一种外部对象所激发起来的单纯表象了,因为否则他们就会说:外部对象的这些表象(诸现象)不可能是我们内心诸表象的外部原因,这将是一个完全意义空洞的反驳,因为没有任何人会突发奇想,把他一度承认是单纯表象的东西认作一个外部的原因。所以这两种解释方式就不得不按照我们的原理使他们的理论针对这样一点:凡是作为我们外部感官的真实的(先验的)对象的东西,都不可能是我们在物质的名义下所理解的那些表象(诸现象)的原因。既然没有任何人能有理由佯装对我们外感官表象的先验原因知道点什么,那么　　　　A391
这两种主张就是完全无根据的。但假如那些被认为是按照先验二元论的通俗表现方式对自然影响说进行了改进的人想要把作为物质的物质看作自在之物本身(而不是看作一个未知物的单纯现象),并将他们的反驳集中在这方面,即指出这样一个本身除了运动的原因性之外并不显示出任何别的原因性的外部对象永远不再可能是对诸表象起作用的原因,相反,因此就必须有第三个存在者插入到中间来,以便在不发生交互作用的地方毕竟至少造成两者之间的相应性与和谐:这样,他们就会使自己的驳斥开始于在自己的二元论中假定自然影响的 πρωτον ψευδος①,因而通过他们的反驳就不但没有驳斥自然影响,倒还驳斥了他们自己的二元论前提。因为所有要切中思维着的本质与物质之间的联结的困难,都毫无例外地仅仅产生于那个偷运进来的二元论设想:物质本身不是现象,即不是有一个未知对象与之相应的单纯内心表象,而是自在的对象本身,就如同它在我们之外并独立于一切感性而实存那样。

A392　　所以,针对被通俗理解的自然影响,并不能作出任何独断论的反驳。因为,如果反对者承认物质及其运动只不过是现象,因而本身只是表象,那么他就只是在其中塞进了这样的困难:我们感性的未知对象不可能是我们里面的诸表象的原因,但却没有丝毫理由使他有权预先确定这一点,因为对一个未知的对象没有任何人能断言它能做什么或不能做什么。但按照我们上面的证明,他就不得不必须承认这种先验的观念论,如果他不想使这些表象公开地物化,并将它们作为真实的物置于自身之外的话。

　　尽管如此,针对自然影响的这种通俗的学说是可以作出一个有根据的批判的反驳的。在两种实体即思维的实体和广延的实体之间的这种预先确定的协同作用是以一种粗糙的二元论为基础的,并使得本来无非是思维的主体之单纯表象的广延实体成了独立存在之物。所以这种被误解了的自然影响由于人们将它的证明根据揭示为无意义的和骗取得来的,就可以完全被摧毁。

A393　　所以,这个有关思维之物和广延之物的声名狼藉的问题,当我们把一切想象之物撇开时,它唯一将会导致的问题就是:一般说来在一个思维着的主体中,外部的直观,就是说(由空间的形状和运动所充满的)空间的直观是如何可能的? 但对这个问题没有任何人可以找到一个答案,我们永远也不可能填满我们知识的这个漏洞,而只能以下述方式把它标志出来,即我们把外部现象

---

① 希腊文:虚假前提。——译者

归因于一个先验对象,这个先验对象是那一类表象的原因,但我们根本不会认知它,更不会什么时候得到某种有关它的概念。在可能出现于经验领域的一切课题中,我们都把那些现象作为自在的对象本身来处理,而不去为它们(作为现象)的可能性的最初根据而操心。但如果我们超出经验的界限,则一个先验对象的概念就成为必要的了。

从对于思维的存在者和广延的存在者之间的协同作用的这些提示中得出的直接后果就是,对涉及到思维的本质在这种协同作用之前(生前)或这种协同作用消除之后(死后)的状态的一切争执和反驳作出裁决。认为思维着的主体在和肉体发生任何协同作用之前本来就能够思维的这种看法将会这样来表达:在某物由以在空间中对我们显现的这样一种感性方式开始之前,这些在目前状态下作为肉体而显现出来的先验对象本来是能够以完全另外的方式被直观到的。而认为灵魂在与物体世界的一切协同作用消除以后还能继续思维的这种看法则将会以这种形式宣告出来:当先验的、任何时候都是完全未知的那些对象借以作为物质世界向我们显现出来的那种感性方式应该说是终止了时,那也还不会因此就取消了对这些对象的一切直观,而是完全很有可能这同一些未知的对象会继续地、虽然的确不再在肉体的性质上,被思维的主体所认识。 A394

现在,虽然没有任何人能够从思辨的原则中为这样一种主张引出丝毫的根据,甚至就连阐明它的可能性也不行,而只能加以预设;但同样也没有任何人能够对此作出任何一个有效的独断的反驳。因为无论他是谁,他也正如同我或每个其他人一样,并不知道那些外部的和物体的现象的绝对的和内部的原因。所以他也不可能有理由佯装知道在目前状态中(在生命状态中)的外部现象的现实性基于什么之上,因而也不知道:一切外部直观的条件,乃至于思维主体本身,是否会在这种状态之后(在死后)终止。 A395

这样一来,一切有关我们思维的存在者及其与物体世界的关系的本性的争执,都只不过是人们在他所不知道的东西上就用理性的谬误推理来填补漏洞的结果,这时他把自己的思想当作事物并使它物化,从这里面就不论是对于持肯定主张的人还是对于持否定主张的人来说都产生了一门想象出来的科学,因为每个人要么误以为对那些无人拥有某种概念的对象有所知,要么就把他自己的表象当作对象,并这样就在一个诸种模糊性和自相矛盾的永远循环

中转来转去。除了一个严格的、但却是公正的批判的冷静态度之外,没有任何
东西能够从那种把这么多人用想象出来的幸运拖住在各种理论和学说之中的
独断论幻觉中解脱出来,而把我们的一切思辨的要求只是限制在可能经验的
范围内,这种限制决不是通过对如此经常失败的尝试作无聊取笑,或是通过对
我们理性的局限作真诚的叹息,而是凭借按照可靠的法则所实行的对理性的
界限规定而作出的,这个规定以最大的可靠性把它的 nihil ulterius① 贴在自然
本身所竖立的赫克里斯之柱上②,为的是让我们理性的航行只在持续延伸的
经验海岸线所达到的范围中继续,我们不能离开这些海岸线而胆敢驶向无边
的海洋,这海洋在那些永远骗人的海市蜃楼之间最终会迫使我们把一切令人
疲惫和没完没了的辛劳都当作毫无希望的而放弃掉。

A396

*   *   *

对于纯粹理性谬误推理中的先验的但却是自然的幻相,我们至今仍然还
欠着一个清晰而普遍的阐明,以及为这些谬误推理的与范畴表平行而进的那
些系统安排的理由作出说明。我们在这一章③一开始还不可能来做这件事而
不陷入含混性的危险或预先把事情弄糟。现在我们就要来试图完成这一
任务。

我们可以把一切幻相都归因于:思维的主观条件被当作了客体的知识。
此外,我们在先验辩证论的导言中曾指出:纯粹理性所关心的只是对一个给予
的有条件者的诸条件的综合的总体性。既然纯粹理性的辩证的幻相不可能是
在确定的经验性知识那里发生的任何经验性的幻相,那么它所涉及的就将是
思维的诸条件的共相,而纯粹理性的辩证运用就只有这样三种情况:

A397

1. 一般思维的诸条件的综合。

2. 经验性思维的诸条件的综合。

3. 纯粹思维的诸条件的综合。

---

① 拉丁文:不得超越。——译者

② 原文为 an die herkulischen Säulen,赫克里斯又译赫拉克勒斯,为希腊神话中最负盛名
的英雄,据说在世界的极西处即今天的直布罗陀海峡两岸的两座峭壁就是他为纪念自己的功
勋而建立的两座石柱,人称"赫克里斯之柱",喻事物的极限。——译者

③ "章"原文为 Abschnitt(节),但整个"纯粹理性的谬误推理"这一"章"(Hauptstück)之
下并无"节"的划分,且根据文意,此处的"节"应为"章"之误。——译者

在所有这三种情况中,纯粹理性所关心的只是这些综合的绝对的总体性,也就是那个本身无条件的条件。建立在这一划分之上的还有三重先验的幻相,它们给辩证论的三章①提供了根据,并给出自纯粹理性的同样数目的伪科学即先验心理学、先验宇宙论和先验神学提供了理念。我们在这里所涉及到的只是第一种伪科学。

由于我们在一般思维中抽掉了思想与任何一个客体(不论是感官的客体还是纯粹知性的客体),所以一般思维的诸条件的综合(即上述第1种情况)就根本不是客观的,而只是思想和主体的一个综合,但它却被误认为是对一个客体的综合的某种表象。

但由此也就得出:对一般思维的那些本身是无条件的条件的辩证推论并没有犯内容上的错误(因为它抽掉了一切内容或客体),相反,这种推论唯一只在形式上犯错误,而必须称之为谬误推理。　　　　A398

此外,由于伴随着一切思维的那个唯一条件就是在全称命题"我思"中的"我",所以理性与之发生关系的就是这个就本身而言是无条件的条件。但这个条件只是形式的条件,即我把一切对象都从中抽掉了的每一个思想的逻辑的统一性,而这个条件仍然被表象为一个我所思维的对象,即"我"本身及其无条件的统一性。

如果真有人对我提出这个问题:一个正在思维之物具有何种性状? 则我将不知道对此有任何先天的回答,因为这种回答应该是综合的(因为一个分析的回答也许可以解释思维,但并不给出任何关于这个思维就其可能性而言所依据的东西的扩展的知识)②。但对任何综合的解答来说都需要直观,而直观在这个如此普遍的课题中又是完全被排除了的。同样,也没有人能够凭借其普遍性来答复这一问题:那在活动着的东西必定是一种什么样的物? 因为这样一来那不可入的广延(物质)并没有被给予。但尽管我现在不知道对那个问题有任何普遍性的回答,在我看来我却似乎可以在唯一的情况下、即在表达出自我意识的那个"我思"命题中给出这一回答。因为这个"我"是第一主　　　　A399

---

① "章"原文为"节"(Abschnitt),辩证论的划分实为三"章"(Hauptstück)而非三"节"。——译者

② 括号中的话是瓦伦廷纳添加上的。——德文编者

体,也就是实体,它是单纯的,等等。但这样一来,这就必然会是些真正的经验命题了,然而这些经验命题若没有一条一般地和先天地表明思维的可能性诸条件的普遍规则,就决不可能包含这一类的谓词(这类谓词不是经验性的)。以这种方式,我的这个最初看起来如此明显的洞见,即对一个思维着的存在者的本质作判断、确切地说是从纯然概念来加以判断的洞见,在我看来就成为可疑的了,尽管我还没有揭示出这一洞见的错误。

　　不过,进一步的研究在深入到我加在作为一个一般思维着的存在者的"我"身上的那些定语的起源背后时,是可以揭示这种错误的。这些定语其实只是些纯粹的范畴,我永远也不用它们来思维一个确定的对象,而只是用来思维诸表象的统一性,以便规定这些表象的对象。没有一个作为基础的直观,单独这些范畴是不能给我带来任何有关一个对象的概念的;因为只有通过直观对象才被给予,然后对象才按照范畴而被思维。如果我把一物解释为现象中的一个实体,那么必定预先有该物直观的诸谓词被给予我,我凭这些谓词而把

A400　持存的东西和变化的东西、以及把基底(物本身)和仅仅与之有关联的东西区别开来。如果我在现象中把一物称之为单纯的,那么我的意思是,它的直观虽然是现象的一部分,但它本身是不能被分割的,等等。但某物如果只是在概念中、而不是在现象中被认作单纯的,那么我就根本不现实地拥有关于对象的任何知识,而只有关于我给自己造成的对一般某物的概念的知识,因为不可能有任何真正的直观。我所说的只是:我完全单纯地思维到某物,因为我实际上除了只是说"有某物"之外再不知道说任何东西了。

　　现在,这个赤裸裸的统觉("我")在概念中是实体,在概念中是单纯的等等,所以那一切心理学的定理都有其不可争辩的正确性。然而,由此却决不能在灵魂方面有任何人们本来想要知道的东西被认识到,因为所有这些谓词都根本不适用于直观,因此也不可能有任何将被应用于经验对象上的效果,所以它们完全是空的。因为那个实体概念没有告诉我们:灵魂单独地自己延续下来,也没有告诉我们灵魂是外部直观中本身不能够再分、因而不能够通过任何自然变化而产生或消灭的一个部分;这纯然是一些本来能在经验的关联中使灵魂成为我所能知道的、并能在灵魂的起源和未来状态方面对我提供启发的

A401　属性。但既然我只是通过范畴而说灵魂是一个单纯的实体,那么很明显,由于实体这个赤裸裸的知性概念所包含的意思无非是说,一物应当被表象为自在

的主词而并非又是另一主词的谓词,从中就不能推出任何持存性,又由于单纯性这个定语肯定不能补充这种持存性,因而我们将不会由此对于灵魂在世界的变化中可能遇到的东西得到丝毫的了解。假如有人能够告诉我们,灵魂是一个物质的单纯部分,那么我们就将会从经验关于物质所告诉我们的东西中推导出这个灵魂的持存性,并和这种单纯的本性一起,推导出灵魂的不可毁灭性。但对此"我"这个概念在这一心理学原理(即"我思")中却对我们一言不发。

　　但在我们里面思维着的那个存在者以为,通过纯粹的范畴、确切地说通过那些在其每一项下都表达出绝对统一性的范畴,就认识了他自身,这是由下述原因引起的。统觉本身就是这些范畴的可能性的根据,这些范畴在自己这方面所表象的无非是直观杂多就其在统觉中有统一性而言的综合。因此一般自我意识就是那种作为一切统一性的条件、但本身却是无条件的东西的表象。因此人们关于那个把自己作为实体,作为单纯的东西,作为一切时间中号数上　A402
同一的东西,以及作为所有其他存有都必须从中推论出来的一切存有的相关物来思维①的思维着的"我"(灵魂),就可以说:它不是通过范畴而认识它自己,倒是在统觉的绝对统一中、因而通过它自己来认识诸范畴、并通过这些范畴来认识一切对象。现在虽然很清楚:我不能把那种我为了一般地认识一个客体而必须预设为前提的东西本身当作客体来认识,而且那个进行规定的自己(思维)和那个可被规定的自己(思维着的主体),正如知识和对象一样是有区别的。然而,没有比把诸思想的综合中的统一当成这些思想的主体中的被知觉到的统一这种幻相更自然、更诱人的了。我们可以把这种幻相称之为物化意识(apperceptiones substantiatae②)的偷换。

　　如果我们想给理性的灵魂学说的这些辩证的三段论推理中的谬误推理,就这些三段论推理仍然具有正确的前提而言,从逻辑上加个标题的话,那么它就可以看作是一个 sophisma figurae dictionis③,在其中,大前提对范畴是在其条件方面仅仅作一种先验的运用,但小前提和结论对同一个范畴却是在归摄

----

① "来思维"依梅林补上,哈滕斯泰因作"来表象"。——德文编者
② 拉丁文:实体化的统觉。——译者
③ 拉丁文:语言形态的诡辩。又据英译本注,该拉丁文指"中词含混的诡辩"。——译者

A403 于该条件之下的那个灵魂方面作一种经验性的运用。就这样,例如实体这个概念在简单性①的谬误推理中就是一个纯粹智性的概念,它撇开感性直观的条件而只具有先验的运用,也就是没有任何运用。但在小前提中恰好是同一个概念被应用在一切内部经验的对象上,但却没有预先确立这概念具体应用的条件、亦即该对象的持存性,并为之奠定基础,因此这概念在这方面就被作了一种经验性的、虽然在这里是不能允许的运用。

　　最后,为了将一个玄想的灵魂学说中这一切辩证主张的系统关联展示在纯粹理性的某种关联中,因而展示出这些主张的完备性,我们要注意的是:统觉被贯彻在一切种类的范畴中,但只是在这样一些知性概念上②贯彻,这些知性概念在每一个范畴中都为其他范畴奠定了可能知觉中的统一性的基础,所以就是:实体,实在性,单一性(而非多数性)和实存,只是理性在这里把它们全都表象为一个本身是无条件的思维着的存在者的可能性的诸条件。所以灵

A404 魂就从它自己身上认识到

1. 关系的无条件的统一
即认识到自己不是依存性的、
而是自存性的

2. 质的无条件的统一　　　　　3. 时间中在多数性上的无条件的统一
即不是实在的整体,而是　　　　　即不是在不同时间中号数上有区别的,
单纯的③　　　　　　　　　　　而是作为"一"和同一个主体

4. 空间中存有的无条件的统一
即不是对在它之外的诸多事物的任何意识,而是
只不过对它自己的存有的意识,
而对别的事物的意识只是作为对它的诸表象的意识。

A405 　　理性是原则的能力。纯粹心理学的这些主张所包含的不是对灵魂的经验

---

① 阿底克斯校作"实体性"。——德文编者

② 埃德曼校作"对这样一些知性概念而言"。——德文编者

③ 我现在还不能指明单纯的东西在这里如何又会是与实在性范畴相符合的,这一点将在下一章中借这同一个概念的某种另外的理性运用的机会而指出来。——康德

性的谓词,而是这样一些谓词,它们在发生时就应当是不依赖于经验、因而是通过单纯的理性来规定自在的对象本身的。所以这些主张按理必须建立在有关一般思维着的本性的原则和普遍概念之上。但所发生的事却与此相反:"我在"这一单独的表象统治着所有这些主张,该表象正因为表达了我的一切(未规定的)经验的纯粹公式,它就宣称自己如同一条适用于一切思维着的存在者的普遍原理,而由于它仍然在各方面都是单独的,它就带有一般思维的诸条件的绝对统一性这个幻相,并由此而把自己扩展到超出可能经验所能达到的范围之外。

第二章　纯粹理性的二律背反

我们已在本书这一编的导言中指出,纯粹理性的一切幻相都是基于辩证的推论之上,这些推论的图型是逻辑学在一般三段论推理的三种形式类型中提供出来的,这就像诸范畴在一切判断的四种机能中发现自己的逻辑图型一样。这些玄想的推论的第一种类型是针对着(主体或灵魂的)所有一般表象的主观诸条件的无条件统一的,它与**定言的**三段论推理相应,这些三段论推理的大前提作为原则陈述的是一个谓词对一个主体的关系。这种辩证论证的第二种类型则将按照与**假言的**三段论推理的类比而把现象中诸客观条件的无条件的统一当作自己的内容,以及,在接下来的一章中出现的第三种类型将把一般对象的可能性的客观条件的无条件的统一作为自己的主题。

但值得注意的是,先验的谬误推理产生的只是一个就我们思维的主体的理念而言的片面的幻相,而在相反的主张上并不会有出自理性概念的丝毫幻相。这一好处完全是在精气论的方面,虽然精气论不能否认其天生的缺陷,即无论有多少对它有利的幻相,它都会在批判的考验之下烟消云散。

当我们把理性应用于诸现象的客观的综合时,情况就完全不同,在这里,理性虽然想使自己的无条件的统一性原则与许多幻相相适合,但马上就陷入了这样一些矛盾之中,以至于不得不在宇宙论的企图方面放弃自己的要求。

因为在此显示出了人类理性的一种新的现相(Phänomen),这就是:一种完全自然的反论,在这上面用不着设置任何挖空心思的和人为的圈套,而是理

A406

B433

A407

B434

性自发地、也就是不可避免地陷入进去的，并且理性虽然借此而抵抗着某种仅由单方面的幻相所带来的想象的信念的昏昏欲睡，但同时也被诱惑着要么沉溺于怀疑论的绝望，要么抱有一种独断论的固执并使思想僵硬地执着于某些主张上，而不去倾听和公正地对待反面的理由。这两种态度都是健康哲学的死亡，尽管前者也许还可以称之为纯粹理性的**无痛死亡**。

A408

B435
　　在我们展示由纯粹理性诸法则的这种冲突（二律背反）所引起的分裂和错乱的那些纷争之前，我们先要作一些能够阐明我们在处理自己的对象时所使用的方法并为之辩护的讨论。我把所有那些只要是涉及到诸现象的综合中的绝对总体性的先验理念都称之为世界概念，部分是因为，就连本身只是一个理念的世界整体概念也恰好是基于这个无条件的总体性上的，部分则是由于这些理念所针对的只是诸现象的综合，因而只是经验性的综合，而所有的一般可能之物的诸条件的综合中的那种绝对的总体性则相反，将引起纯粹理性的一个理想，它与世界概念是完全不同的，虽然也与后者有关。因此，正如纯粹理性的谬误推理为某种辩证的心理学提供了根据，同样，纯粹理性的二律背反也让我们注意到某种被误以为的纯粹的（合理的）宇宙论的诸先验原理，不是为了发现这种宇宙论的有效性并采纳它，而是正如同对理性的冲突所作的命名就已经表明的那样，为了在它的眩目的但却虚假的幻相中把它表现为一个不能与诸现象相一致的理念。

- - - - - - -

第一节　宇宙论的理念体系

A409

B436
　　现在，为了能够按照一条原则而以系统的精确性来列举这些理念，我们必须注意的是，**第一**，只有知性才会是有可能从中产生出纯粹的和先验的诸概念的东西，理性真正说来根本不会产生任何概念，而顶多只会使知性概念摆脱某个可能经验的那些不可避免的限制，因而会试图使之扩展到超出经验性的东西的边界之外，但又还处于与经验性的东西的连结之中。这种情况之所以发生，是由于理性对一个被给予的有条件者要求在诸条件（知性在这些条件下使一切现象都服从于综合的统一性）方面的绝对的总体性，并由此而使诸范畴成为先验的理念，以便通过把经验性的综合一直延续到无条件者（这是永远不会在经验中、而只会在理念中遇到的)而给这种经验性的综合提供绝对的完备性。理性作这种要求所依据的是这条原理:如果有条件者被给予了,那么它唯一曾由以成为可能的那整个条件总和、因而绝对的无条件者也就被给予了。所以首先,先验理念真正说来将只不过是些一直扩展到无条件者的范畴,而且这些先验理念将可以被纳入到一个按照范畴的各项目而被安排好的表中来。**第二**,但毕竟不是所有的范畴都适合于这样做,适合于这样做的只是这样一些范畴,在其中综合构成了一个序列、确切地说构成了对于一个有条件者的那些一个从属于一个的(而不是并列的)条件的序列。绝对的总体性只有当它涉及到一个给予的有条件者的诸条件的上升序列时,因而不是在谈到后果的下降行列时,也还不是在论及这些后果的那些并立条件的聚合体时,才被理性所要求。因为这些条件就被给予的那个有条件者而言是已被预设了的,并且必须和有条件者一起也被看作是给予了的,相反,由于后果并不使它们的诸条件成为可能,而倒是预设了这些条件,所以我们在向后果进展时(或者说在从给予的条件下降到有条件者时),就可以不考虑这个序列是否会停止,而一般说关于这种序列的总体性的问题根本就不是什么理性的预设。

A410

B437

这样我们就必然会把一个直到给予的瞬间为止完全流过了的时间也思考为给予了的(即使不是可以由我们来规定的)。但说到未来的时间,由于它并非到达当下的条件,所以我们想如何处理未来的时间,是愿意在某个地方让它停止还是让它无限延伸,这对于我们领会这个当下来说都完全是无所谓的。设有一个序列 m、n、o,其中 n 是作为对 m 而言有条件的、但同时又是作为 o 的条件而被给予的,该序列从这个有条件者 n 而上升到 m (及 l、k、i 等等),同样也从这个条件 n 下降到有条件者 o (及 p、q、r 等等),那么,我为了把 n 看作被给予了的,就必须预设前一个序列,而且按照理性(按照诸条件的总体性),n 只有借助于那个序列才是可能的,但它的可能性并不是建立在跟随而来的序列 o、p、q、r 之上的,因此后一序列也不能被看作给予了的,而只能被看作 dabilis①。

A411

B438

我将把在条件方面的、因而是从那个离给予的现象最近的条件开始这样进向更远的那些条件的序列的综合,称之为回溯的综合,而把那个在有条件者

---

①　拉丁文:可被给予的。——译者

方面的、从最近的结果进向更远的结果的序列的综合,称之为递进的综合。前者走向前件,后者走向后件①。所以这些宇宙学的理念所探讨的是回溯的综合的总体性,是走向前件,而不是走向后件。如果发生的是后面这种情况,那么这就是一个任意的问题,而不是纯粹理性的必然的问题,因为我们要完备地领会在现象中被给予的东西固然需要根据,但却不需要后果。

　　现在,为了按照范畴表来安排理念表,那么我们首先就要接纳我们一切直观的两种本源的量,即时间和空间。时间自己本身②就是一个序列(并且是一切序列的形式条件),因此在时间中,对于一个给予的当下而言,那些作为诸条件的前件(过去)就必须先天地和那些后件(未来)区别开来。因此,一个给予的有条件者的条件序列的绝对总体性这个先验理念所针对的只是过去的时间。按照理性的理念,这整个消逝了的时间作为这被给予的瞬间的条件,必然要被设想为被给予了的。但谈到空间,那么在它自己本身中递进和回溯却没有任何区别,因为由于空间的各部分全都是同时存在的,它就构成了一个聚合体,但并不构成任何序列。我有可能就过去的时间而言把当下的时间点只看作有条件的,但永远不能把它看作过去时间的条件,因为这一瞬间只是通过那个消逝的时间(或不如说,通过先行时间的消逝)才产生出来的。但由于空间的各部分并不是一个从属于一个的,而是并列的,所以一部分并不是另一部分的可能性条件,它本身也不像时间那样自己构成一个序列。不过,我们用来领会空间的对于杂多空间部分的综合却毕竟是相继而来的,所以是在时间中发生并包含一个序列的。并且既然从一个给予的空间开始而聚合起来的诸空间(如一丈中的各个尺③)的这个序列中,那些被设想为进一步添加上去的空间总是前面那些空间的边界条件,那么对一个空间的测量也可以被看作对于一个给予的有条件者的诸条件的序列的综合,只是诸条件这方面与有条件者所朝向的那方面就自己本身而言并没有区别,因而回溯和递进在空间中显得是一样的。然而,由于空间的一部分不是由另一部分给予的,而只是被它限制的,

A412
B439

A413

B440

---

① "前件"原文为拉丁文 antecedentia;"后件"原文为拉丁文 consequentia。下文中的"前件"和"后件"同此。——译者

② "自己本身"原文为 an sich selbst,在其他场合通常译作"自在的本身",但此处(和下面几处)不是谈论"自在之物",而是就日常意义说的,故译作"自己本身"。——译者

③ 原文为 Füße in einer Rute,德国一丈为 10 尺,约合 3.8 米。——译者

所以我们必须把每个受限制的空间就此而言也看作是有条件的,它预设了另一个作为它的边界条件的空间,如此等等。所以就这种限制而言,空间中的进展也是一种回溯,而在条件序列中综合的绝对总体性的先验理念也针对着空间,并且我同样可以像追问在消逝的时间中现象的绝对总体性那样追问空间中现象的绝对总体性。但是否任何地方都可能对这个问题有一个回答,这一点将会在后面得到确定。

其次,那么①空间中的实在性、即质料就是一个有条件者,其内部条件就是它的各部分,而部分的部分则是更远的条件,以至于这里就发生了某种回溯的综合,它的绝对总体性是理性所要求的,这种绝对总体性只能凭借一种完成了的分割而发生,通过这种分割,质料的实在性要么消失为虚无,要么就还是消失为某种不再是质料的东西,也就是单纯的东西。因此在这里也有一个诸条件的序列和一个向无条件者的进展。

第三,谈到现象之间的实在关系的诸范畴,那么实体连同其偶性的范畴是不适合于一个先验理念的;就是说,理性没有任何理由就这个范畴而言向诸条件回溯。因为诸偶性(就其依存于一个唯一的实体而言)是相互并列的,它们不构成一个序列。但就实体而言,这些偶性真正说来也不隶属于实体,而是实体本身实存的方式。在此本来还有可能显得是先验理性的一个理念的是关于实体性的东西的概念。不过,由于这个实体性的东西无非意味着关于自存着的一般对象的概念,是就我们在它上面只想到没有谓词的先验主词而言的,但在这里所谈的却只是现象序列中的无条件者,所以很明显,这个实体性的东西就决不可能构成这序列中的一项。同样的道理也适用于协同性中的诸实体,它们是些单纯的聚合体,并不具有一个序列的任何指数,因为它们并不是相互作为其可能性条件而隶属着的,这一点我们对诸空间倒是可以这样说,这些空间的边界永远不是在自己身上确定的,而总是通过另外一个空间来确定的。这样一来就只剩下了因果性范畴,它对一个给予的结果呈现出一个原因序列,在其中,我们可以从作为有条件者的这个结果而上升到作为诸条件的那些原因,并能回答理性的问题。

B441

A414

B442

----

① 这里的语气是接着前一自然段的第一句"为了……那么我们首先就要……"而来的,即从"量"转到了"质"。——译者

A415　　第四,可能的、现实的和必然的东西的概念并不导致任何序列,只除了这种情况,即偶然的东西在存有中任何时候都必须被看作有条件的,并按照知性规则指向一个条件,在这条件之下必然把这条件引向一个更高的条件,直到理性仅仅在这个序列的总体中找到那个无条件的必然性为止。

　　因此,当我们挑出这些必然带有杂多综合中的一个序列的范畴时,按照这范畴的这四个项目就有不多于四个宇宙论理念。

B443

1.

对一切现象的给予整体

进行复合的

绝对完备性

2.　　　　　　　　　　　　3.

对现象中一个给予整体　　　　一个一般现象的①

加以分割的　　　　　　　**产生的**

绝对完备性　　　　　　　　绝对完备性

4.

现象中变化之物的

存有之依赖的

绝对完备性

A416　　在这里首先要注意的是,绝对总体性的理念所涉及的只不过是对诸现象的阐明,因而不涉及对一般物的整体的纯粹知性概念。所以在这里诸现象是被当作给予了的来考察的,而理性则要求这些现象的可能性条件就其构成一个序列而言的绝对完备性,因而要求一个全然(即在一切方面都)完备的综合,通过这种综合诸现象能够按照知性法则而得到说明。

B444　　其次,真正说来理性在对条件的这种成序列地、而且是回溯地继续不断的综合中所寻求的,只是那个无条件者,即仿佛合起来不再预设任何其他前提的那些前提的序列中的完备性。于是这种无条件者任何时候都包含在我们在想

————————

　　①　原文缺"一般"(überhaupt),兹据普鲁士科学院1911年版及哲学丛书第37卷1919年版补上。——译者

象中所设想的序列的绝对总体性中。不过这个全然完成了的综合又仅仅是一个理念；因为我们至少预先不可能知道这样一种综合在现象那里是否也会是可能的。如果我们只通过纯粹的知性概念而勿需感性直观的条件去设想一切的话，那么我们就可以直接地说：对一个给予的有条件者也就给予了相互隶属的诸条件的整个序列；因为前者只有通过后者才被给予出来。不过在现象那里却会遇到这些条件如何被给予出来的那种方式的特殊限制，也就是这些条件是通过那在回溯中应是完备的对直观杂多的相继综合被给予出来的。这种完备性在感性直观上是否可能，这还是一个问题。不过这个完备性的理念毕竟处于理性之中，而不顾将经验性概念与之相适合地连结起来是可能的还是不可能的。所以，既然在对现象中杂多的（按照把现象表象为对一个给予的有条件者的条件序列的那些范畴的引导而进行的）回溯性综合的绝对总体性中，必然包含了无条件者，哪怕我们对这个总体性是否能实现或如何能实现任其悬而不决：那么理性在这里就选择了一条从总体性理念出发的道路，虽然这个理念的终极意图本来是无条件者，而不管它是整个序列的还是其中的一部分的无条件者。

A417

B445

　　现在，我们可以把这个无条件者要么设想为仅仅在于整个序列，因而在这序列中所有各项无一例外地都将是有条件的，唯有其整体是全然无条件的，这样一来这个回溯就叫做无限的；要么这个绝对的无条件者只是这一序列的一个部分，序列的其他各项都隶属于这个部分，但它本身却不从属于任何别的条件之下。① 在前一种情况下这序列 a parte priori② 是没有边界（没有开端）的，亦即是无限的，然而是整个被给予的，但在其中的回溯却永远没有完成，而只能被称之为 poten-tialiter③ 无限的。在第二种情况下则有这序列的第一项，它就消逝的时间而言叫做世界的开端，就空间而言叫做世界的边界，就一个在这边界内被给

A418

B446

---

　　① 一个给予的有条件者的条件序列的绝对整体任何时候都是无条件的；因为在这序列之外不再有任何能够使它受到制约的条件。不过一个这样的序列的这个绝对的整体只是一个理念，或不如说，是一个悬拟的概念，这概念的可能性必得到研究，确切地说，必须联系到这个无条件者作为决定性的真正的先验理念如何能包含于这序列中的那种方式来研究。——康德
　　② 拉丁文：在先行的方面。——译者
　　③ 拉丁文：潜在地。——译者

予的整体的各部分而言就叫做单纯的东西,就原因而言叫做绝对的自动性(自由),就变化之物的存有而言叫做绝对的自然必然性。

我们有两个术语:**世界**和**自然界**,它们有时是彼此相通的。前者意味着一切现象的数学上的整体,意味着这些现象不论是在宏观上还是在微观上的综合、也就是不论是通过复合还是通过分割来进行的综合的总体性。但恰好这同一个世界又被称之为自然界①,只要它被看作一个力学性的整体,并且只要我们不是着眼于空间或时间中的聚合、以便将它作为一个量而实现出来,而是着眼于诸现象在存有中的统一性。于是,发生的事情的条件就叫做原因,而在现象中原因的无条件的原因性就叫做自由,反之有条件的原因性在更严格的意义上就叫作自然的原因。在一般存有中的有条件者叫做偶然的,无条件者则叫做必然的。诸现象的无条件的必然性可以叫做自然必然性。

我们现在所考察的这些理念,我们在前面曾称之为宇宙论的理念,这部分是由于世界被理解为一切现象的总和,而我们的理念也只是针对着诸现象中间的无条件者,而部分也是由于,世界这个词在先验的理解中意味着诸实存之物的总和的绝对总体性,而且我们将我们的注意力仅仅放在综合(虽然真正说来只是在对诸条件的回溯中的综合)的完备性上。此外考虑到这些理念全都是超验的,并且虽然它们按种类而言并不超出客体、也就是现象,而只是与感性世界(不是与本体)打交道,但这种综合却仍然一直推进到超出一切可能经验之外的程度,所以按照我的意见,我们完全可以把这些理念全都恰当地称之为**世界概念**。然而,鉴于这种回溯以之为目标的、数学性的无条件者和力学性的无条件者之间的区别,我就会在更严格的意义上把前两个理念称之为(就宏观世界和微观世界而言的)世界概念,而把其他两个理念则称之为超验的**自然概念**。这一区分在目前还不具有特别的重要意义,但它在接下来的过程中会变得更加重要起来。

A419
B447

A420

B448

_____

① 自然从形容词上(形式地)来理解,就意味着一物的诸规定按照因果性的一条内部原则而来的关联。反之,我们把自然从名词上(质料地)理解为现象的总和,只要这些现象借助于因果性的一条内部原则而彻底关联起来。在前一种理解中我们谈论流体物质的自然[本质]、火的自然[本质]等等,我们在形容词上使用这个词;相反,当我们谈到各种自然物时,则我们在思想中就有一个存在着的整体。——康德

B446

第二节　纯粹理性的背反论

如果各种独断学说的任何一个整体都是正论(Thetik)的话,那么我把背反论(Antithetik)不是理解为反面的独断主张,而是理解为那些依据幻相的独断知识之间的(thesin cum antithesi①)冲突,我们并不把要求赞同的优先权利赋予一方而不赋予另一方。所以背反论所研究的根本不是片面的主张,而只是根据这些片面主张的相互冲突及其原因来考察理性的普遍知识。先验的背反论是对纯粹理性的二律背反、它的原因和结果的一种探讨。如果我们不把我们的理性仅仅为了知性原理的运用而用在经验的对象上,而是冒险把它扩张到超出经验对象的边界之外,那么就产生出一些玄想的定理,它们可以既不指望经验中的证实,也不害怕经验中的反驳,它们中每一个就自己本身而言不仅仅是没有矛盾的,而且甚至在理性的本性中找得到它的必然性的各种条件,只不过反面命题不幸同样在自己方面也有其主张的有效的和必然的根据。

所以,在纯粹理性的一个这样的辩证论中自然会提出来的问题就是:1. 真正说来究竟在哪些命题上纯粹理性将不可避免地陷入一种二律背反。2. 这种二律背反基于何种原因。3. 然而在这种矛盾之下是否和以何种方式还为理性保留着一条向确定性敞开的道路。

因此,纯粹理性的一条辩证的定理本身必须有这样一点与一切诡辩的命题区别开来,即它所涉及到的不是人们仅仅出于某种随心所欲的意图而提出的任意的问题,而是这样一种问题,每个人类理性在其进程中都必然会碰见它;其次,它与它的反命题所带有的不仅仅是一种人为的幻相,一旦我们看透了它,它就马上会消失,而是一种自然的和不可避免的幻相,这种幻相甚至当我们不再受到它的蒙骗时都还一直迷惑我们,尽管不是欺骗我们,因而它虽然可以被变得无害,但却永远不会被清除。

一个这样的辩证学说将不和经验概念中的知性统一性发生关系,而和单纯理念中的理性统一性发生关系,这种理性统一性的条件由于首先作为按照规则的综合而应当与知性相一致,但同时作为这种综合的绝对统一性又应当

A421

B449

A422

B450

---

① 拉丁文:正题与反题的。埃德曼将 thesin 改为 thesis。——译者及德文编者

与理性相一致,所以当它与理性相符合时对于知性就会太大,而当它与知性相适合时对于理性又会太小;于是从中就必然会产生出一种冲突,它是无论我们从哪里入手都不可避免的。

A423

所以,这些玄想的主张就开辟了一个辩证的战场,在这里,被允许采取进攻的每一方都稳操胜券,而被迫只是进行防御的一方则必将失败。因此甚至剽悍的骑士,不论他们所要捍卫的是好事还是坏事,只要他们留心保有采取最后进攻的特权而没有经受敌方新的袭击的责任,他们也准保能戴上胜利的桂冠。我们很容易想象,这个竞技场自古以来就曾屡经纵横驰骋,许多胜利都被

B451

双方所赢得过,但是那对事情有决定作用的最后胜利却总是会被安排成这样,即这件好事的维护者只有当他的敌手被禁止今后再拿起武器时才稳坐交椅。作为无偏袒的裁判员,我们必须把争执者们为之战斗的是好事还是坏事这一点完全排除不计,而让他们自己去解决他们的事情好了。也许在他们相互使对方感到疲惫而不是受到伤害之后,他们自己就会看出他们的唇枪舌剑的无谓,而像好朋友一样分手道别了。

这种对各种主张的争执加以旁观、或不如说甚至激起这种争执的方法,不是为了最终裁定这一方或那一方的优胜,而是为了探讨这种争执的对象是否

A424

也许只不过是一种每个人都徒劳地追求的幻觉,在此即使他完全不受到阻碍,他也不可能有任何收获,——这样一种办法,比方说,我们可以称之为**怀疑的方法**。它与怀疑论是完全不同的,后者是一条有技巧的和有学问的无知的原理,它危害一切知识的基础,以便尽可能地在一切地方都不留下知识的任何可信性和可靠性。因为怀疑的方法以这种方式来指向确定性,即它

B452

在这样一种双方都认为是正当的和凭知性进行的争执中,试图发现那误会之点,以便像明智的立法者所做的那样,从法官在诉讼时所遇到的困境中,为自己汲取关于自己的法律中所缺乏的和没有严格规定的东西的教益。在法律的应用上所暴露出来的二律背反在我们的有限智慧那里是立法学的最好的鉴别性试验,为的是使在抽象的思辨中不容易觉察到自己的失足之处的理性由此而注意到在对其原理作规定时的各种契机。

但这种怀疑的方法本质上只有对于先验哲学来说才是唯一特有的,只要不在这一研究领域内,而在任何其他研究领域内,则它或许是可以缺少的。在数学中运用这种方法将会是无稽之谈;这是由于在数学中没有任何错误的主

张能够使自己隐而不显,因为证明必须任何时候都依纯粹直观的线索来进行, 　A425
也就是通过任何时候都是自明的综合来进行。在实验哲学①中,悬置的怀疑
固然可以是有用的,但这里至少不可能有什么误解是不能被轻易消除的,毕竟在
经验中最终必然包含有判决纷争的最后手段,这些手段迟早是可以被找出来的。
道德学也有可能把自己的全部原理、连同其实践的后果都 in concreto②、至少是　B453
在可能经验中提供出来,并由此避免抽象的误解。相反,那些自以为拥有扩展
到一切可能经验领域之外的各种洞见的先验主张,它们就既不处于能让自己
的抽象综合在任何一种先天直观中被给予出来的情况,也不具有能使这种误
解借助于任何一种经验而被发现的性状。所以,先验的理性除了力图把自己
的那些主张相互结合起来、因而首先使它们自由而无阻碍地相互竞争之外,不
允许有任何其他的试金石,而这种竞争就是我们现在要讨论的③。

纯粹理性的二律背反

先验理念的第一个冲突

正题

世界在时间中有一个开端,在空
间上也包含于边界之中。

反题

世界没有开端,在空间中也没有
边界,而是不论在时间还是空间方面
都是无限的。

证明

因为,让我们假定世界在时间上
没有开端:那么直到每个被给予的时
间点为止都有一个永恒流过了,因而
有一个在世界中诸事物前后相继状
态的无限序列流逝了。但既然一个
序列的无限性正好在于它永远不能

证明

因为,让我们设它有一个开端。
既然开端就是一个存有,在它之前先
行有一个无物存在于其中的时间,那
么就必须有一个不曾有世界存在于
其中的时间、即一个空的时间过去
了。但现在,在一个空的时间中是不

---

① 原文为 Experimentalphilosophie,维勒认为应作“实验自然科学（Experimentalphys-
ik）”。——德文编者

② 拉丁文:具体地。——译者

③ 这些二律背反是按照上述先验理念的秩序而先后排列的。——康德

通过相继的综合来完成,所以一个无限流逝的世界序列是不可能的,因而世界的一个开端是它的存有的一个必要条件;这是首先要证明的一点。

对于第二点,还让我们假定相反的情况:这样世界将是一个无限的被给予了的、具有同时实存着的诸事物的整体。既然我们不能以别的方式、而只有通过各部分的综合,才能设想一个并未在任何直观的某个边界内部被给予①的量的大小,并且只有通过完全的综合或者单位自身反复相加才能设想这样一个量的总体②,因此,为了把充实一切空间的这个世界设想为一个整体,就必须把一个无限世界各部分的相继综合看作完成了的,亦即一个无限的时间就必须通过历数一切并存之物而被看作流逝了的;而这是不可能的。因此现实事物的一个无限集合不能被看作一个被给予了的整体,因而也不能被看作同时被给予了的。所以一个世界就其空间中的广延而言不是无限的,而是包含于其边界中的,这是第二点。

可能有任何一个事物产生的;因为这样一个时间的任何部分本身都不先于另一部分而在非有的条件之前就具有某种作出区分的存有条件(不论我们假定该条件是由自己产生还是由别的原因产生)。所以,虽然在世界中有可能开始一些事物序列,但世界本身却决不可能有什么开端,因此它在过去的时间方面是无限的。

至于第二点,那么让我们先假定相反的方面,即世界在空间上是有限的和有边界的;于是世界就处于一个未被限定的空的空间之中。这样就不仅会发现诸事物在空间中的关系,而且也会发现诸事物对空间的关系。既然世界是一个绝对的整体,在它之外找不到任何直观对象、因而找不到任何世界与之处于关系中的相关物,那么世界对空的空间的关系就会是它不对任何对象的关系了。但这样一种关系、乃至于通过空的空间对世界所作的限制都是无;所以世界在空间上根本是没有边界的,

A428
B456

A429
B457

---

① 当一个不确定的量被包含在边界中时,我们就能够把它作为一个整体来直观,而不需要通过测量、即通过对其各部分的相继的综合来构成它的总体。因为这边界通过把一切多数东西加以截断,就已经规定了这个完备性。——康德

② 总体的概念在这种情况下无非是其各部分的完成了的综合的表象,因为既然我们不能从整体的直观中(当这种直观在这种情况下是不可能的时)引出这个概念,我们就只有通过对各部分进行综合,直到完成、至少在理念中完成这个无限,才能把握这个概念。——康德

亦即它在广延上是无限的①。

对第一个二律背反的注释

Ⅰ.对正题的注释

我在进行这些相互冲突的论证时并没有想玩花招,以便比方说(如人们所说的)引入某种讼师的证明,利用对方的不谨慎来为自己捞好处,故意承认对方对某种被误解了的法则的引证,为的是把自己的非法要求寄托在对这法则的反驳上。这里的每一个证明都是从事情的本性中引出来的,并且撇开了两派独断论者的错误结论所可能带给我们的好处。

我本来也可以从表面上这样来证明这个正题,即我按照独断论者的习惯预先抛出有关一个给予量的无限性的不完善的概念。一个量是无限的,如果不可能有任何更大的量超出它(即超出那包含于其中的一个给予统一体之总量)的话。现在,没

Ⅱ.对反题的注释

对给予的世界序列和世界总和②的无限性的证明所依据的是:在相反的情况下必然会有一个空的时间、同样有一个空的空间来构成世界的边界。现在,我并非不知道,针对这种结果人们寻求着种种托词,他们借口说:一个世界边界在时间和空间上完全是很有可能的,而勿须人们假定刚好在世界开端以前的一个绝对的时间,或一个扩大到现实世界之外的绝对空间;这种借口是不可能的。我对莱布尼茨学派的哲学家们这个意见的后一部分非常满意。空间只是外部直观的形式,但决不是能够从外部被直观到的现实的对象,也决不是诸现象的相关物,而是诸现象本身的形式。所以空间绝对不可能

---

① 空间只是外直观的形式(形式直观),但不是外部可直观到的现实的对象。空间,先于所有那些规定着(充实或限制着)它的、或不如说给出一个符合它的形式的经验性直观的物,在绝对空间的名称下只不过是外部现象的单纯可能性,只要这些外部现象或者是本身能够实存的,或者是能加在所予的现象上的。所以经验性的直观不是由现象和空间(知觉和空的直观)复合起来的。一个并非另一个的综合相关者,而只是在同一个经验性的直观中作为该直观的质料和形式联结起来的。如果我们要把这两者一个置于另一个之外(把空间置于一切现象之外),那就从中产生出对外部直观的各种各样空洞的规定,这些规定却并非可能的知觉。例如在无限的空的空间中世界的运动或静止,就是对运动和静止相互关系的永远不可能知觉到的规定,因而也是一个单纯思想物的谓词。——康德

② 福伦德尔将"世界总和"(Weltinbegriff)校为"世界概念"(Weltbegriff)。——德文编者

有任何总量是最大的,因为总还可以再加上一个或者多个单位。所以一个无限的被给予量、因而甚至一个(不论是就流逝的序列而言还是就广延而言的)无限的世界是不可能的:所以世界在两方面都是有限制的。这样我本可以引出我的证明:单是这个[给予量的无限性的]概念是配不上人们所理解的无限整体的。通过无限整体所表现的并不是它有多么大,因而它的概念也不是一个极大值的概念,相反,由此所想到的只是它与一个可以随意采取的单位的关系,对这单位而言它是大于一切数目的。于是依照所取的单位更大或更小些,这个无限的东西也就会更大或更小些;只是由于这无限性仅仅在于对这个被给予的单位的关系,它就会永远保持为同样的无限性,虽然这个整体的绝对量无疑决不会由此而得到认识,也不是这里所要讨论的。

　　无限性的真实的(先验的)概念就是:在测量一个量时对这个统一体的相继综合永远也不可能达到完成①。由此就毫无疑问地推出,那些

(自己单独地)作为某种进行规定的东西在物的存有中出现,因为它根本不是什么对象,而只是可能对象的形式。所以作为现象的诸物固然规定着空间,就是说在空间的一切谓词(大小和关系)之中诸物决定这些或那些谓词是属于现实的;但反过来,空间作为某种独立自存的东西却不可能在大小或形状方面规定诸物的现实性,因为它就自己本身而言并不是什么现实的东西。所以一个空间(不论它是充满的还是空的)②可以由诸现象所限制,但诸现象却不可能由它们之外的一个空的空间来限制。这一点同样也适用于时间。承认了所有这一切,无可争议的仍然是,如果人们要假定无论是空间上还是时间上的世界边界,他就绝对必须假定世界之外的空的空间和世界之前的空的时间这样两个怪物。

　　因为,谈到人们试图用来逃避这一结论的解救办法——根据这一结论我们就说:如果世界(在时间和空间上)有边界,则无限虚空就必须要按照现实诸物的量来规定它们的存有

A432
B460

A433
B461

---

①　因此这个量就包含一个比一切数目都更大的(给予统一体的)总量,这就是无限的东西的数学概念。——康德

B461　②　人们容易看出,这里的意思是想说:空的空间就其由诸现象来界定而言,因而这种在世界之内的空的空间,至少是不与先验原则相矛盾的,所以对这些先验原则来说是可以承认的(虽然并不因此就马上主张它的可能性)。——康德

前后相随直到一个给予的（即当前这个）时间点为止的现实状态的某种永恒性不可能是流逝了的，所以这世界必须有一个开端。

就正题的第二部分而言，虽然一个无限的、然而却是流过了的序列这种困难是消除了；因为一个在广延上无限的世界的杂多是同时被给予的。不过，为了思考这样一个总量的总体性，由于我们不可能依据在直观中自行构成这个总体性的那些边界，我们就必须对我们的这个概念作出解释，这个概念在这种情况下不能从整体达到各部分的确定的总量，而必须通过各部分的相继综合来阐明一个整体的可能性。现在，由于这个综合必然会构成一个永远也不能完成的序列；所以我们不能先于这综合、因而也不能通过这综合来思考一个总体性。因为这个总体性概念本身在这种情况下就是一个完成了的各部分综合的表象，而这种完成、因而就连这个完成概念也都是不可能的。

了——，那么它仅仅隐秘地在于：人们所设想的不是一个感官世界，而是一个谁知道是怎样的理知世界，不是最初的开端（一种在前面先行着一个非存在的时间的存有），而是一种并不预设这个世界中的任何其他条件的一般存有，不是广延的边界，而是世界整体的限制，而这样一来就避开了时间和空间。但这里所涉及的只是 mundus phaenomenon① 以及它的量，我们决不能从它上面抽掉被想到的感性条件而不取消它的本质。感性世界如果它是有边界的，就必然处于无限的虚空之中。如果我们想把这个无限虚空、因而把作为现象的可能性之先天条件的一般空间去掉，那么整个感性世界也就取消了。在我们的课题中被给予我们的只有这种感性世界。mundus intelligibilis② 只不过是对一般世界的普遍概念，在这概念中我们抽掉了这世界的直观的一切条件，因而对这概念来说任何综合命题，不论是肯定的还是否定的，都是根本不可能的。

---

① 拉丁文：现相世界。——译者
② 拉丁文：理知的世界。——译者

先验理念的第二个冲突

正题

在世界中每个复合的实体都是由单纯的部分构成的,并且除了单纯的东西或由单纯的东西复合而成的东西之外,任何地方都没有什么东西实存着。

证明

因为,让我们假定复合的实体不是由单纯的部分构成的;那么当一切复合在思想中都被取消之际,就会没有什么复合的部分留存下来,并且(因为不存在任何单纯的部分)也没有任何单纯的部分留存下来,因而也就根本没有什么东西留存下来了,这样一来,就会没有什么实体已被给予了。所以,要么不可能在思想中取消一切复合,要么在取消之后必定留存有某种不带任何复合的存在物,它就是单纯的东西。但在前一种情况下复合物仍然不会是由实体构成的(因为在实体身上复合只是实体的一种偶然的关系,没有这种关系实体也必然作为独立持存的东西而存

在)。既然这种情况与前提相矛盾,那么就只剩下第二种情况:即在世界中实体性的复合物是由单纯的部分构成的。

由此便直接推出:世上之物全都

反题

在世界中没有什么复合之物是由单纯的部分构成的,并且在世界中任何地方都没有单纯的东西实存着。

证明

假定:一个复合的物(作为实体)是由单纯的部分构成的。由于一切外部的关系、因而甚至一切由实体而来的复合,都只有在空间中才是可能的:那么由多少部分构成该复合物,也就必须由这么多部分构成它所占据的空间。既然空间不是由单纯的部分所构成的,而是由诸空间所构成的,所以复合物的每一部分都必须占据一个空间。但一切复合物的绝对最初的部分是单纯的。因而这单纯的东西占据着一个空间。既然所有占据一个空间的实在东西都包含有处于相互外在状态中的杂多,因而是复合起来的,也就是作为实在的复合物而非由偶性复合起来的(因为偶性不能没有实体而相互外在地存在),因而是由实体复合起来的,那么,单纯物就会是一个实体性的复合物了,而这是自相矛盾的。

反题的第二个命题,即世界中根

是单纯的存在物,复合只是它们的外部状态,并且,即使我们永远不能完全把这些基本实体从这种结合状态中提取出来和孤立起来,理性却仍然必须把它们思考为一切组合中的第一主体,因而思考为先于一切组合的单纯存在物。

本没有什么单纯的东西实存着,在这里只是想说出这个意思:绝对单纯东西的存有不能从任何经验或知觉、不管是外知觉还是内知觉中得到阐明,所以绝对单纯的东西只不过是一个理念,它的客观实在性永远不能在任何一个可能经验中得到阐明,因而在说明现象时毫无用处,也无任何对象。因为我们想要假定的是可以为这种先验理念找到一个经验对象:这样,对某个对象的经验性的直观就必须被认为是这样一种直观,它绝对不包含任何相互外在并结为统一体的杂多。既然从对这样一种杂多的无意识并不能有效地推论出这种杂多在对客体的任何一个直观中都完全不可能,而后者对于绝对的简单性又是完全必要的,所以这样一来,这种简单性就不能从任何一种知觉(无论是哪一种)中推论出来了。因此,由于作为绝对单纯客体的某物永远也不能在某个可能经验中被给予,而感官世界却必须被视为一切可能经验的总和;所以,在感官世界中任何地方都没有什么单纯的东西被给予。

　　反题的这第二个命题比第一个命题走得更远,第一个命题只是把单纯物从对复合物的直观中排除掉了,而这里却把单纯物从整个自然界中去掉了;所以这个命题本来也可以不

A437

B465

从一个外部直观给予的对象的概念中（从复合物的概念中）、而是从这概念对一个一般可能经验的关系中得到证明。

对第二个二律背反的注释

Ⅰ.对正题的注释

如果我们谈到一个必然由各个单纯部分组成的整体，那么我所指的只是一个作为真正组合物的实体性的整体，也就是杂多之物的偶然的统一体，这些杂多之物被（至少在观念中）分离地给予出来，而被置于相互联结中，并由此而构成了一。空间真正说来不应该称之为组合物（Kompositium），而应该称之为整全（Totum），因为它的各部分只有在整体中才是可能的，而非整体由于各部分才是可能的。空间必要时也许可以称之为 compositum ideale①，但不能称之为 compositum reale②。只是这种说法毕竟微妙难测。由于空间决不是从各个实体中（甚至也不是从各个实在的偶性中）复合起来的东西，所以一旦我在它里面取消一切复合，必然就什么也不会余留下来，哪怕是一个点；因为点只是作为一个

Ⅱ.对反题的注释

针对这个只有数学上的证明根据的物质无限分割的命题，单子论者们所提出的那些反驳就凭如下一点即已使得自己变得可疑了，即他们不想承认最明白的数学证明是对空间在事实上是一切物质的可能性的形式条件这种空间性状的洞见，而是把这些证明仅仅看作从一些抽象但却任意的概念中所作的、不可能与现实之物相关的推论。这就好比说甚至也有可能设想出不同于在空间的本源的直观中所给予的另外一种直观方式，并且空间的先天诸规定并不会同时与一切仅仅由于充满这个空间才成为可能的东西发生关系似的。如果我们听从他们的话，那么我们就会不得不除了设想那单纯的、但没有部分而只是一个空间的界限的数学的点之外，还去设想一些物理学的点，后者虽然也是单纯的，但却具有

---

① 拉丁文:观念的组合物。——译者
② 拉丁文:实在的组合物。——译者

A440
B468

空间的界限（因而一个复合物的界限）才有可能。所以空间和时间不是由单纯的部分所组成的。凡是只属于一个实体的状态的东西，即使它有一种大小（例如一种变化），它也不是由单纯的部分所组成的，就是说，变化的某种程度并不是由于许多单纯的变化的增加而产生的。我们从复合物到单纯物的推论只适合于那些本身独立存在之物。但状态的各种偶性却不是本身独立存在的。所以人们可以很容易就破坏掉对单纯的东西作为一切实体性复合物的组成部分的必然性的证明、因而一般地说破坏掉正题本身，如果人们把这个证明扩展得太远并想使它对于一切复合物无区别地有效的话，就像实际上已经多次发生过的那样。

此外，我在这里所谈到的单纯的东西，只是就其必然在复合物中被给予出来而言，因为在此复合物可以分解为作为其组成部分的单纯的东西。

A442
B470

单子（Monas）这个词（按照莱布尼茨的用法）的本来含义的确只应当指那种作为单纯实体直接（例如在自我意识中）被给予出来的单纯物，而不是作为复合物的要素，后者人们可能称之为原子（Atomus）要更好些。

作为空间的各部分而仅仅通过它们的聚合来充满空间的优点。在这里无须重复人们所找到的大量对这一无稽之谈的通俗而明白的反驳，正如通过仅仅是论证性的概念就想把数学的自明性化作玄想是完全白费力气一样，所以我想指出的只是，如果哲学在这里用数学来钻牛角尖的话，那么这种情况之所以会发生，是因为哲学忘记了在这个问题上所涉及的只是诸现象及其条件。但在这里，为复合物的纯粹知性概念找到单纯物的概念是不够的，还要为复合物的（物质的）直观找到单纯物的直观，而这一点按照感性的法则、因而也在感官对象那里是完全不可能的。所以对于一个只是由纯粹知性所想到的诸实体的整体来说总是可以承认，我们必须在这整体的任何复合之前就拥有单纯物；但这一点毕竟不适用于 totum substantiale phaenomenon①，后者作为空间中的经验性直观带有这样的必然属性，即它的任何一个部分都不是单纯的，因为空间的任何部分都不是单纯的。然而单子论者们足够机灵地想要这样来避开这一困难，即他们不是把空间预设为外部直观对象（物体）的可能性条件，而是

A441
B469

① 拉丁文：实体现相的整全。——译者

而由于我只是想就复合物而言把单纯实体证明为它的诸要素，所以我也许可以把第二个二律背反的正题①称之为先验的原子论（Atomistik）。但由于这个词早就被用来表示对物质现象（molecularum②）的一种特殊的解释方式了，因而是以经验性的概念为前提的，所以正题就可以叫作单子论的辩证原理。

把这些对象和一般诸实体的力学性关系预设为空间的可能性条件。现在，我们关于这些物体只是作为现象才拥有一个概念，但这些物体作为现象却必须把空间预设为一切外部现象的可能性条件，所以这种逃路是徒劳无益的，它甚至在前面的先验感性论中就已经被充分切断了。假如这些物体成为自在之物本身，那么单子论者们的证明当然会是有效的。

第二种辩证的主张本身有一点　A443
特殊的地方，就是它有一个自相反对　B471
的独断的主张，这个主张在一切玄想的主张中是唯一努力要在一个经验的对象上明显地证明我们在前面只是归于先验理念的那种东西的现实性、即证明实体的绝对简单性的：就是说，证明内感官的对象、正在思维着的我，是一个完全单纯的实体。对此我现在不加讨论（因为前面对它已作了更详细的考量），我只指出一点：如果某物只是被思考为对象而不添加对它的直观的任何综合的规定（正如这里通过完全赤裸的表象"我"所发生的情况那样），那么在这样一个表象中当然就不可能知觉到任何杂多的东西和任何复合了。此

① 原文为"反题"，兹依梅林、瓦伦廷纳和阿底克斯校正。——德文编者
② 拉丁文：分子的［现象］。——译者

外,由于我用来思考这个对象的那些谓词只不过是内感官的直观,所以在其中也就不可能出现表明相互外在的杂多、因而表明实在的复合的任何东西了。所以,只有自我意识才导致这种情况,即由于思维着的主体同时又是它自己的客体,它就不可能自己划分自己(虽然可以划分依存于它的那些规定);因为就它自身而言每个对象都是绝对的统一体。尽管如此,如果这个主体从外部被当作直观的一个对象来观察,那么它倒是会在现象本身中显示出复合。但如果我们想要知道在它里面是否有一个相互外在的杂多, 那么它就任何时候都必须被这样加以观察。

A444
B472

A445
B473

先验理念的第三个冲突

正题	反题
按照自然律的因果性并不是世界的全部现象都可以由之导出的唯一因果性。为了解释这些现象,还有必要假定一种由自由而来的因果性。	没有什么自由,相反,世界上一切东西都只是按照自然律而发生的。

证明	证明
且让我们假定,除了按照自然律的因果性之外,没有任何其他的因果性;那么一切发生的事情都以某个在前的状态为前提,它按照一条规则不可避免地跟随着这个状态。但现在,这个在前的状态本身也必须是某种	设:有一种先验理解中的自由作为一种特殊的因果性在起作用,世界上的事情据此才能产生出来,这就是绝对地开始一种状态、因而也开始这状态的一个诸后果的序列的能力;这样,就不单是一个序列将通过这种自

发生起来的东西(在时间中形成起来的东西,因为它原先是没有的),因为,假如它任何时候都已存在着,它的后果也就不会才产生出来,而会一直存在着了。所以使某物得以发生的原因的因果性本身也是某种发生起来的东西,它按照自然律又要以某种在前的状态及其因果性为前提,但这个状态同样要以一个更早的状态为前提,如此等等。所以,如果一切都是按照单纯的自然律而发生的,那么任何时候都只有一种特定的开始,而永远没有一个最初的开始,因而一般说来在一个溯源于另一个的诸原因方面并没有什么序列的完备性。但既然自然律恰好在于:没有先天地得到充分规定的原因就不会有任何东西发生,所以如果说一切因果性都只有按照自然律才是可能的,则这个命题在其无限制的普遍性中就是自相矛盾的,因此这种因果性不可能被看作是唯一的因果性。

根据这一点,必须假定有一种因果性,某物通过它发生,而无需对它的原因再通过别的先行的原因按照必然律来加以规定,也就是要假定原因的一种绝对的自发性,它使那个按照自然律进行的现象序列由自身开始,因而是先验的自由,没有它,甚至在自然的进程中现象在原因方面的

A446
B474

发性而绝对地开始,而且是导致产生这序列的这个自发性本身的规定性、也就是因果性也将绝对地开始,以至于没有任何东西先行在前而使这一发生的行动按照常住的规律得到规定。但行动的每一个开端都是以那尚未行动的原因的某种状态为前提的,而该行动的动力学上的第一开端以这种状态为前提,这种状态与刚才这种先行的原因没有任何因果性的关联,也就是不以任何方式从其中产生出来。所以先验自由是与因果律相对立的,并且是起作用的诸原因之相互承继状态的这样一种联结,按照这种联结,经验的任何统一性都是不可能的,因而在任何经验之中也都找不到这种联结,所以它是一个空洞的观念物。

A447
B475

这样,我们所拥有的就只不过是自然界,我们必须到其中去寻求世界上的事情的关联和秩序。脱离自然律的自由(独立)虽然是从强制中解放出来,但也摆脱了一切规则的引导。因为我们不能说,进入世界进程的因果作用的不是自然的规律而是自由的规律,因为假如按照规律来规定自由的话,自由就将不是自由、而本身无非就是自然了。所以自然和先验自由的区别正如合规律性和无规律性的区别一样,在其中,自然

延续系列也永远不会得到完成。

虽然给知性提出了困难的任务,要它到原因序列的越来越高处寻求诸事件的根源(因为因果性任何时候都是以这些事件为条件的),但它也许诺了经验的彻底的合规律的统一性作为补偿。相反,自由的幻觉虽然给进行研究的知性在原因的链条中承诺了一个休息地,因为它把知性带到某种无条件的因果性上,这种因果性是从自身发动其行动的,但由于它本身是盲目的,它就中断了规则的导线,而只有凭借这种导线,一种通盘关联的经验才是可能的。

对第三个二律背反的注释

Ⅰ. 对正题的注释

自由的先验理念虽然远没有构成这一称号的心理学概念的多半是经验性的全部内容,而只是构成行动的绝对自发性的内容,即行动的可归咎性(Imputabilität)的真正根据;但它却是哲学的真正的绊脚石,哲学感到承认这样一类无条件的原因性有不可克服的困难。所以在关于意志自由的问题中从来都使思辨的理性陷入莫大的困惑的这种承认,真正说来只是先验的,并且只是意味着是否

Ⅱ. 对反题的注释

自然万能(即先验的自然统治①)的辩护者在反对自由学说时,也许会针对后者的玄想的推论而以如下方式坚持自己的原理:如果你们不承认在这个世界中按照时间来说有任何数学上最初的东西,那么你们也就没有必要寻求按照原因性来说的力学性上最初的东西。是谁叫你们去臆造出一个绝对最初的世界状态、因而臆造出一个诸现象的依次流过的序列的绝对开端,并且为了使

---

① "自然统治"原文为 Physiokratie,常译作经济学上的"重农",但康德此处用它的希腊文原义。——译者

必须假定一种由自己开始一个相继
诸物或诸状态的序列的能力。这样
一种能力是如何可能的，这同样是不
可能给出必然的回答的，因为我们在
按照自然律的原因性那里同样也必
须满足于先天地认识到必须预设这
样一个原因性，尽管我们没有任何办
法理解如何可能通过某物存有就使
另一物的存有得到设定，既然如此，
我们就必须仅仅执着于经验。现在，
我们阐明了一个现象序列从自由中
首次开始的这种必然性，虽然真正说
来只是在对于一个世界起源的可理
解性所需要的范围内阐明的，然而人
们对于一切随后而来的状态就可以
A450 视为仅仅按照自然律的一种顺序了。
B478 但由于这样一来毕竟这种在时间中
完全自发地开始一个序列的能力得
到了一次证明（虽然不是得到了洞
察），所以我们现在也就斗胆在世界
进程当中让各种不同序列按照原因
性自发地开始，并赋予这些序列的诸
实体以一种自由行动的能力。但在
这里，我们不可以因为这样一种误解
而妨碍自己，即以为由于在世界中的
一个相继序列只能有一种相对的开
始，因为毕竟总是有诸物的一个状态
在世界中先行于前，所以，在世界进

你们自己的想象能够得到一个休息
所而为无限制的自然去设立边界的？
既然世界中的各种实体任何时候都
已存在着，至少，经验的统一性使这
样一个预设成为必要的，那么，再承
认这些实体的状态的交替、即它们的
变化的一个序列任何时候都已存在
着，因而不需要寻求任何第一开端、
不论是数学性的开端还是力学性的
开端，这就没有任何困难了。这样一
种无限起源没有一个使其他一切环
节都只是跟随其后的第一环节，这种
无限起源的可能性①按照其可能性
是不能得到领会的。但如果你们因
此就想要抛弃这一自然之谜，那么你
们也就会感到不得不把许多你们同
样不可能领会的综合的基本性状
（基本力）也拒之门外，甚至不得不
伤及一般变化的可能性了。因为，如 A451
果你们没有通过经验而发现变化现 B479
实地存在，那么你们就永远也不会有
可能先天地想出，这样一种无止境的
存在与非存在的接续是如何可能的。

然而，即使在必要时为了开始世
界变化而添加上了某种先验的自由
能力，但这种能力毕竟至少必须只存
在于世界之外（尽管在一切可能直
观的总和之外还假定一个不能在任

---

① 维勒将"可能性"校为"奇迹"，因为下文马上提到"按照其可能性"。——德文编者

程中恐怕序列的任何绝对的第一开端都将是不可能的。因为我们在这里所讨论的绝对第一开端不是时间上的，而是原因性上的。如果我现在（例如说）完全自由地、不受自然原因的必然规定影响地从椅子上站起来，那么在这个事件中，连同其无限的自然后果一起，就会绝对地开始一个新的序列，虽然按照时间这个事件只是一个先行序列的继续而已。因为这个决定和行为根本不处在单纯自然作用的顺序中，也不是这些自然作用的单纯继续，相反，规定性的自然原因就这一发生而言完全终止于其上，这一发生虽然跟随自然原因之后，但并不由此实现出来，因而虽然不是按照时间、但毕竟是就原因性而言，必须被称之为诸现象的序列的一个绝对第一开端。

对于理性在自然原因序列中援引一个自由的第一开端的需要的这一确认，极其清楚地表现在这一点上，即古代的一切哲学家（伊壁鸠鲁学派除外）都觉得不能不为了解释世界的各种运动而设定一个第一推动者，即一个自由行动的原因，它首次并且自发地开始了诸状态的这个序列。因为他们不敢冒从单纯的自然来使一个第一开端得到理解的危险。

何可能知觉中给予出来的对象仍然总是一种冒失的僭妄）。不过，在世界本身中把一个这样的能力赋予诸实体，这却是决不能再被允许的，因为那样一来，我们称之为自然的那些根据普遍规律相互必然规定着的诸现象的关联，连同把经验和梦幻区别开来的经验性真理的标志，就会大部分都消失了。因为伴随着这样一种无规律的自由能力，几乎不再能够思考自然；因为自然规律会由于自由的影响而不断地被改变，而诸现象的按照单纯的自然而本来是有规则的、一律的活动由此也就会变得混乱和无关联了。

先验理念的第四个冲突

正题

世界上应有某种要么作为世界的一部分、要么作为世界的原因而存在的绝对必然的存在者。

证明

感官世界作为一切现象的整体，同时包含着一个变化序列。因为，没有这个序列，就连作为感官世界之可能性条件的时间序列的表象都将不会给予我们①。但每一个变化都从属于在时间上先行于它、而它必然处于其下的条件。既然任何被给予的有条件者在其实存方面都以一个从诸条件直到绝对的无条件者的完整序列为前提，而这绝对的无条件者是唯一绝对必然的，所以某种绝对必然的东西如果有一个变化作为其后果而实存，那就必定是实存着的。但这个必然之物本身是属于感官世界的。因为假定它处于感官世界之外，那么世界的变化序列就会从它引出自己的开端，而这个必然的原因本身却又不属于感官世界。 于是这就是

反题

任何地方，不论是在世界之中，还是在世界之外作为世界的原因，都不实存有任何绝对必然的存在者。

证明

假定世界本身是一个必然的存在者，或在它里面有一个必然的存在者，那么在其变化序列中要么有一个开端，它是无条件的、因而是没有原因的，而这是与时间中一切现象之规定的力学性规律相矛盾的；要么这个序列本身没有任何开端，尽管它在其一切部分中都是偶然的和有条件的，在整体上却依然是绝对必然的和无条件的，而这是自相矛盾的，因为一个集合体，如果它的任何一个部分都不拥有本身就是必然的存有的话，它的存有就不可能是必然的。

反之，假定有一个绝对必然的世界原因在世界之外，那么它作为世界变化的原因序列中的最高项，就会首先开始这些世界变化及其序列的存

---

① 时间作为这些变化的可能性的形式条件，虽然客观上先行于这些变化〔原文为 vor dieser，指"先于这种可能性"，兹据埃德曼校正；格兰德认为应作"先于感官世界"，不取。——据德文编者〕，但在主观上〔按：维勒认为"主观上"与前面的"客观上"应颠倒位置。——德文编者〕并在意识的现实中，时间表象毕竟只是如同任何别的表象一样，是通过对知觉的引起而被给予的。——康德

不可能的。因为,既然一个时间序列的开端只有通过在时间上先行的东西才能得到规定,那么一个变化序列的开端之最高条件就必须实存于该序列尚不存在的那个时间中(因为这开端是有一个时间先行于前的存有,在这时间中开端之物尚不存在)。因此,变化的必然原因的因果性,乃至于这原因本身,都是属于时间,因而属于现象的(时间只有在现象上作为其形式才是可能的),所以它不能与作为一切现象的总和的感官世界脱离开来而被思考。因此,在世界本身中包含有某种绝对必然的东西(不论这个东西是整个世界序列本身还是它的一部分)。

有①。但这样一来,这个世界原因也就必须开始行动起来,而它的因果性就将归属于时间,但正因此将归属于现象的总和,即归属于世界,所以它本身,这个原因,不是在世界之外的,而这是与前提矛盾的。所以不论是在世界之中还是在世界之外(但与世界处在因果联结中),都不存在任何绝对必然的存在者。

对第四个二律背反的注释

Ⅰ.对正题的注释

为了证明一种必然存在者的存有,我在这里有责任除了宇宙论的论证外不使用任何其他论证,这种宇宙论的论证就是从现象中的有条件者上升到概念中的无条件者,因为人们把这无条件者看作序列的绝对总体的必要条件。 要从所有一般存在者

Ⅱ.对反题的注释

当我们在现象序列中上升时,如果我们以为遇到了一些反驳一个绝对必然的至上原因之存有的困难,那么这些困难也必定不是建立在有关一般物之必然存有的单纯概念之上的,因而也不是本体论的,而是为了给现象序列假定一个本身是无条件

---

① "开始"这个词是在两重意义上来理解的:第一是能动的,这时原因开始了一个状态序列作为它的结果(infit 开端)。第二是被动的,这时因果性是在原因本身中起始的(fit 发作)。我在这里从第一种含义推出第二种含义。——康德

中一个至上存在者的单纯理念里寻求这种证明,这是属于理性的另外一条原则的,所以这种证明必须加以特别的对待。

现在,这个纯粹宇宙论的证明对一个必然存在者的存有只能如此来阐明,即它同时让这个存在者是世界本身还是一个与世界有区别之物的问题悬而不决。因为,为了查明后一种情况,就要求有一些原理,它们不再是宇宙论的,也不在现象的序列中继续,而是一些关于一般偶然存在者(就它们只是被考虑为知性对象而言)的概念,以及一条把这些偶然存在者通过单纯的概念与一个必然存在者连结起来的原则,而这一切都是属于超验的①哲学的,对这种哲学这里还不是讨论的地方。

但如果人们一旦通过把现象序列和在此序列中按照原因性的经验性法则所作的追溯当作基础,而从宇宙论来着手这一证明:那么人们接下来就不可以跳出这个序列而转到根本不在这个序列中作为一个环节的某物上去。因为某物必须在同一个 A458
B486 意义上被看作条件,在这个意义上,有条件者对条件的关系曾经被放在那个本应在连续的进步中引向这一

的条件而从原因与该序列的联系中产生出来的,所以是宇宙论的,是按照经验性法则推出来的。因为这必然表明,在(感官世界的)原因序列中的上升永远也不可能在一个经验性上无条件的条件那里终结,并且从世界状态的偶然性出发而按照世界状态的变化所作的宇宙论论证,会得出反对假定一个最初的和绝对首先开始一个序列的原因的结果。

但在这个二律背反中表现出一 A459
B487 种奇怪的对照:就是恰好从同一个证明根据中,既在正题中推出了一个原始存在者的存有,又在反题中以同样的严格性推出了它的非存在。最初宣称的是:有一个必然存在者,因为那整个流逝了的时间把一切条件的序列、因而同时也把那个无条件者(必然的东西)包含在自身内。现在宣称的是:没有任何必然存在者,恰好也是因为,那整个流逝了的时间把一切条件的序列(这些条件因而又全都是有条件的)包含在自身内。这种情况的原因是这样的。第一个论证只是着眼于在时间中一个规定另一个的那些条件的序列的绝对总体性,由此就得到了一个无条件的和必然的东西。相反,第二个论证所纳

---

① 格兰德将"超验的"(transzendente)校为"先验的"(transzendentale)。——德文编者

最高条件的序列中来看待。现在,如果这种关系是感性的并且属于可能的经验性的知性运用,那么这个至上的条件或原因就只能按照感性的法则、因而只能作为属于时间序列的东西而结束这一回溯,而那个必然的存在者就必须被看作这个世界序列的至上环节。

然而人们选择了作这样一种跳跃(μεταβασιζειζ αλλο γενοζ①)的自由。因为他们曾从世界中的变化推论出经验性的偶然性,即推论出这些变化对进行经验性规定的那些原因的依赖性,并获得了经验性条件的一个上升的序列,而这也是完全有道理的。但既然人们在此不曾有可能发现任何第一开端或任何至上环节,于是他们就突然脱离了偶然性的经验性概念而采用了这个纯粹范畴,该范畴随后就引发了一个单纯理知的序列,它的完备性是建立在一个绝对必然的原因之上的,而这原因由于不受任何感性条件的束缚,也就摆脱了使它自身的原因性开始的那个时间条件。但这一程序是完全违法的,这从以下可以推出。

入考察的是一切在时间序列中被规定的东西的偶然性(因为在任何东西之前都有一段时间先行,在这段时间中条件本身又必须被规定为有条件的),由此也就完全取消了一切无条件者和一切绝对的必然性。然而这种推论方式在两种情况下,甚至在普通人类理性中,都是完全适当的,普通人类理性依照它从两种不同的立足点考虑自己的对象而多次陷入到自身分裂中。**冯·梅兰**先生②把两位著名的天文学家由于选择立足点的类似的困难而产生的争执看作一个值得充分注意的现象,为此特别写了一篇文章。因为一位天文学家这样推论说:月球绕其轴自转,因为它总是把同一个面转向地球。另一位天文学家则推论:月球不绕其轴自转,也正是因为它总是把同一个面转向地球。按照人们考察月球运动所愿意采取的立足点,两个推论都是正确的。

A461
B489

---

① 希腊文:转移到另一种类。——译者

② Jean-Jacques Dortous de Mairan(1678—1771),即"德·梅兰先生",法国物理学家和数学家。——译者

偶然的东西在这个范畴的纯粹意义上就是那种其矛盾的反面是可能的东西。现在，人们根本不能从经验性的偶然性推论出那种理知的偶然性。凡是被改变的东西，它的反面（其状态的反面）在另一个时候都是现实的、因而也是可能的；因而这个东西并不是与前一个状态相矛盾的反面，后者所需要的是在前一个状态存在的同一个时间内、在同一个位置上已经可以有它的反面了，而这是从变化中完全不可能推论出来的。一个曾经处于运动中的物体＝A 进入了静止＝非 A。现在，从一个与状态 A 对立的状态跟随在这个状态 A 之后这一点，根本不能推论出与 A 相矛盾的反面是可能的、因而 A 是偶然的；因为这将需要在运动曾经存在的同一时间中已经可能有静止取代 A 的地位了。现在我们所知道的只不过是静止在接着而来的时间中是现实的、因而也是可能的。但运动在一个时间中，而静止在另一个时间中，相互并不是矛盾对立的。所以对立的诸规定的前后相继、也就是变化绝对不证明根据纯粹知性概念而来的偶然性，因而也不可能导致根据纯粹知性概念而来的某种必然存在者的存有。变化依照原因性法则所证明的只是经验性的偶然性，即新的状

态没有一个属于前一时间的原因本
来是根本不可能自己单独发生的。
这个原因即使它被认为是绝对必然
的,却还必须以这种方式在时间中被
遇到,并且必然属于诸现象的序列。

第三节　理性在它的这种冲突中的得失

　　于是我们现在就有了宇宙论诸理念的全部的辩证活动,这些理念根本不容许一个相符合的对象在任何可能的经验中被给予它们,甚至就连让理性与普遍的经验法则相协调地思考它们都不可以,但它们仍然不是被任意编造出来的,相反,理性在经验性综合的连续进程中必然会被引向这些理念,如果它想要使那种任何时候都只能按照经验法则而有条件地得到规定的东西摆脱一切条件、并在其无条件的总体性中来把握它的话。这些玄想的主张就是解决理性的自然而不可避免的四个问题的这么几种尝试,所以它们恰好就只能有这么多,不多也不少,因为先天地限制经验性综合的那些综合前提的序列不会再多了。

　　我们已把将自己的领地扩展到超出一切经验界限之外的理性的这种名声在外的僭越仅仅表现在只包含其正当要求的根据的那些枯燥公式里,并且与一个先验哲学相称地,把它们从一切经验性的东西中剥离出来了,尽管只有与这种经验性的东西相联结,这些理性主张的整个宏图才能凸显出来。但在这种应用中,在理性通过其从经验领域开始逐步向上腾飞直达这些崇高理念的向前扩展的运用中,哲学显示出了一种尊严,这种尊严只要哲学能够主张自己的僭越要求,就会远远胜过人类其他一切科学的价值,因为它向我们约许了对一切理性的努力最终必然结合于其上的那个最后目的的最大期望和展望的基础。这些问题如:世界是否有一个开端、是否它在空间中的广延有某种边界,是否在什么地方、或许在我的思维着的自我中有某种不可分的和不可破坏的单一性,还是除了可分的东西和暂时的东西外什么也没有,是否我在我的行动中是自由的,还是像其他存在物一样由自然和命运之线引导的,最后,是否有一个至上的世界原因,还是自然物及其秩序就构成了我们在我们的一切考察中都必须在其面前止步的最后对象:就是这些问题的解答,是数学家会愿意为

之牺牲他的全部科学的;因为数学毕竟不能在人类的最高和最迫切的那些目
的方面使他得到任何满足。甚至数学(这种人类理性的骄傲)的真正尊严也
是基于它将给理性提供这种指导,即远远超出对建立在普通经验上的哲学的
一切期望,而在自然的秩序和合规则性中、以及在推动自然的那些力量的值得
惊叹的统一性中,在宏观和微观两方面洞察自然,数学由此甚至也给理性超出
一切经验之上的扩展的运用提供了诱因和鼓舞,因而给从事于这种研究的人
生智慧①提供了最出色的材料,以通过合适的直观在这些材料的性状所允许
的范围内支持这种研究。

A464
B492

　　不幸的是,对于思辨而言(但也许对于人的实践使命而言倒是幸运的),理
性感到自己在它的那些最大的期望中陷入了被正反论据的争夺的困境,以至于
无论是为了它的荣誉还是哪怕为了它的安全,都不宜于退缩,也不宜于把这种纷
争淡然视作只是一种战斗游戏,更不能要求完全和解,因为争执的对象是利害攸
关的,理性剩下还能做的只不过是去思索理性与它自身的这种不一致的起源,看
这是否也许可归咎于只是某种误解,在这番讨论之后,虽然双方或许都将取消那
些骄傲的要求,但将代之以理性开始对知性和感性的永久而稳定的统治。

A465
B493

　　我们目前还要暂时把这场彻底的讨论放一放,而先来考虑一下:如果我们
例如说被迫拥护一派的话,我们最愿意支持的将会是哪一方。由于我们在这
种情况下所问的不是真理的逻辑标准,而只是我们的利益,那么这样一种研究
尽管就两部分所争执的权利没有作出任何决定,但却有这样的用处,即弄清为
什么参加这场争执的人在并非恰好有一个对于对象的精深的洞见在这方面作
为相关理由的情况下,情愿支持这一方而不是另一方,同时还能解释另外一些
附带的事情,例如一部分人的慷慨激昂和另一部分人的冷静主张,为什么他们
愿意对一派高兴地鼓掌欢呼,对另一派则预先就不可调和地抱有反感。

　　但在进行这种暂时的评判时,有某种东西是规定着这种评判唯一能够以
必要的彻底性由以开始的那个观点的,这就是对这两部分人由之出发的那些
原则进行比较。人们在反题的诸种主张中,不仅在解释世界中的现象时,而且
也在化解有关宇宙的那些先验理念本身时,发现完全一模一样的思维方式和
完全单一的准则,也就是一种纯粹经验论的原则。反之,正题的那些主张则在

A466

---

　　① "人生智慧"原文为 Weltweisheit,指哲学。——译者

现象序列内部的经验性解释方式之外,还把智性的开端作为基础,其准则就此 B494
而言并非单一的。但我要着眼于这个准则的本质的辨别标志,而把这些正题
称之为纯粹理性的独断论。

所以,在对宇宙论的理性理念①进行规定的独断论这一方面,或者说在正
题方面,所表现出来的

第一,就是某种实践的利益,这是每个善意的人当他懂得了自己的利益时
都会热心关怀的。说世界有一个开端,说我的思维着的自己具有单纯的因而
不灭的本性,说这个自己同时在其任意的行动中是自由的并被提升到自然的
强迫之上,最后,说构成世界的那些事物的整个秩序都来源于一个原始存在
者,一切东西都从这个原始存在者那里借取其统一性和合目的的连结,这一
切,都是道德和宗教的基石。反题则把这一切支撑物都从我们这里夺走了,或
至少是显得把它们从我们这里夺走了。

第二,在正题方面也表现出理性的一种思辨的利益。因为,如果我们对这
些先验的理念以这种方式来加以接受和运用的话,那么我们就可以完全先天 A467
地把握诸条件的整个链条,并理解那些有条件者的由来,因为我们从无条件者 B495
开始,而这是反题所做不到的,反题由于它对自己的综合的诸条件的问题提供
不出任何不会无止境地留下越来越多的疑问的回答,它给人的印象就极为糟
糕。按照反题,我们必须从一个给予的开端再上升到一个更高的开端,每个部
分都导向一个更小的部分,每一个事件都总是还有另外一个事件作为它的原
因,一般存有的诸条件又总是以另外的条件为依托的,任何时候都不能在一个
作为原始存在者的独立之物中获得无条件的支持和支持。

第三,正题方面也有通俗性的优点,这个优点肯定不是构成其受欢迎的最
小的因素。普通知性在一切综合的无条件的开端的那些理念中并不感到有丝
毫的困难,因为比起上溯到根据来,它本来就更为习惯于向前推进到后果,并
且它在绝对最初的东西(它并不对其可能性作苦思冥想)的那些概念中有某
种舒适感,同时有一个使自己的步骤的引线得以与之联接的固定的点,而反
之,它在那种从有条件者到条件的无休止的上升而永远有一只脚悬空的情况
下是根本不会感到愉悦的。

————————
①　哈滕斯泰因认为应作"理性图景"。——德文编者

A468
B496

　　在对宇宙论理念进行规定时的经验论方面，或者说在反题方面，第一，找不到任何出自理性的纯粹原则的、如同道德和宗教所带有的那样一种实践的利益。单纯的经验论看来反倒像是把道德和宗教的一切力量和影响都剥夺了。如果根本就没有与世界区别开来的原始存在者，如果世界没有开端因而也没有创造者，我们的意志不是自由的，而灵魂与物质具有同样的可分性和可朽性，那么就连道德的理念和原理都会丧失一切有效性，而与构成其理论支柱的那些先验的理念一起垮台了。

　　但反之，经验论给理性的思辨的利益提供了某些好处，这些好处极具诱惑力，并且远远超过理性理念的独断论学说所可能许诺的那些好处。按照经验论，知性任何时候都处于自己所特有的基地上，也就是处于纯属可能经验的领域中，它可以探究这些可能经验的规律，并能够借助于这些规律而把自己的可靠的和可理解的知识无穷地扩展开去。在这里知性能够和应当把对象既就它自身而言又在它的关系中显示给直观，或者毕竟显示在那些其形象能够在给予的类似直观中清楚明白地被呈现出来的概念里。知性不仅没有必要离开自

A469
B497

然秩序的这一链条以便跟随那些理念，这些理念的对象由于作为观念物而永远不能被提供出来，因而是知性所不知道的；而且甚至知性也不允许离开它的职分，并以此后这一职分已结束为借口而转入理想化的理性的领地和转向超验的概念，在那里它不再有必要进行观察和按照自然规律进行研究，而只要思考和虚构就行了，肯定它在这里不会遭到自然事实的反驳，因为它恰好不受自然事实证据的束缚，而是忽略了这些事实，甚至让这些事实本身从属于更高的权威，即纯粹理性的权威。

　　因此，经验论者永远也不会允许把自然的任何一个时期看作绝对最初的时期，或者把他对于自然范围的视野的任何一个边界看作极限的边界，或者从他通过观察和数学所能分解和在直观中加以综合的规定的自然对象（广延之物）转向那些不论是感官还是想象力都永远不能具体表现出来的对象（单纯之物）；他也不会让人在自然中把一种独立于自然规律起作用的能力（自由）当作根据，以此来减轻知性按照必然规则的线索去探究诸现象的产生这一职

A470
B498

分；最后，他也不会容许有人不管为什么而去寻求外在于自然的原因（原始存在者），因为我们所知道的无非是自然，自然是唯一向我们提供出对象并能把这些对象的规律告诉我们的。

当然,如果经验论哲学家提出他的反题没有任何其他意图,只是要打消那误解自己的真实使命的理性的冒失和狂妄,这种理性在洞见和知识本来都已终止了的地方以洞见和知识自夸,并且想把人们在实践利益方面让其生效的东西冒充为对思辨利益的促进,以便只要有助于理性的怡然自得就中断物理研究的线索,借口要扩展知识而把这线索连接到先验理念上,而凭借这些先验理念我们本来只认识到我们一无所知;我说,如果经验论者满足于此,那么他的原理就会是一条准则,即在提出要求时要节制,在作断言时要谦虚,同时通过真正被任命给我们的教师即经验来最大可能地扩展我们的知性。因为在这种情况下我们就不会被剥夺以我们的实践事务为目的的智性的预设和信念;只是我们不能让这些预设和信念堂而皇之地以科学和理性洞见的名义出现,　A471
因为真正的思辨知识任何时候都只可能遇见经验的对象,而且如果我们跨越　B499
了经验的边界,那种对新的不依赖于经验的知识加以探索的综合就没有它得以施展的任何直观的基底了。

但是,如果经验论在这些理念上(如经常发生的那样)自己变得独断起来,并且毫无顾忌地否认那超出它的直观知识范围之外的东西,那么它本身就陷入了不谦虚的错误,这种错误在这里更加值得责备,因为这样一来就给理性的实践利益造成了不可弥补的损失。

这就是伊壁鸠鲁主义①和柏拉图主义的对立。

双方中每一方都比自己知道的说得更多,但却是这样说的:前者鼓励和促　A479
进着知识,虽然对实践不利,后者虽然给实践提供了出色的原则,但恰好因此　B500
而在唯有在其中才有一种思辨的知识被赐予我们的所有那些事情上允许理性

---

①　然而还有一个问题就是,伊壁鸠鲁是否在什么时候曾经把这些原理作为客观的主张陈述过。如果这些原理例如说只不过是些理性的思辨运用的准则,那么他在这上面就表现出了比古代的任何一个世界哲人都更为纯正的哲学精神。我们在解释诸现象时必须这样来进行,好像研究的领域并不会为世界的任何边界和开端所中断似的;我们必须假定世界的质料就像我们愿意由经验来告知它的情况时所必然会有的那样;除了由不变的自然规律所规定的那些事件之外,我们不可假定任何其他事件的产生;最后,我们不可运用任何与这个世界不同的原因:这些在今天都还是十分正确的、但很少被遵守的原理,即扩展思辨哲学的原理,同样　A472
也是不依赖于外来资源而找到道德原则的原理,但并不因为这一点,那要求我们只要在从事　B500
单纯思辨就不去理睬那些独断命题的人就可以由此而被指责为他想否定这些命题。——康德沉浸于对自然现象的观念化的解释,而耽误了物理的研究。

　　至于说最后,在这两部分相互争执的人之间作临时选择时就可以注意到的第三种契机:那么极为怪异的是,经验论是与一切通俗性完全相违背的,尽管我们本当以为普通知性会渴望采纳某种许诺它仅仅通过经验知识及其合乎理性的关联来得到满足的方案,而不是先验的独断论迫使它飞升到那些远远超出最精于思考的人们的洞见和理性能力之上的概念。但这一契机恰好是普通知性的推动根据。因为普通知性这样一来就处于一种状况,在其中就连最博学的人超出普通知性都不能有任何作为。如果它在这方面懂得很少或一无所知,那么毕竟也不会有任何人能够自夸对此有更多的理解,而尽管普通知性对此并不能像对别的事情那样讲得头头是道,那么它毕竟可以对之作无限多的玄想,因为它在一些纯然理念之间转来转去,对这些理念一个人恰好由于一无所知,他就最能够信口开河;相反,对自然的研究普通知性就不得不完全缄口无言并承认自己的无知了。所以,安逸和虚荣就已经是这些原理的一个强烈的诱人之处。此外,尽管对一个哲学家来说很难把某物采纳为原理而不能对自己说明理由,或者根本不会①引进那些不能看出其客观实在性的概念:但对普通知性来说这是再平常不过的了。它想要拥有某种它能够满怀信心地由以开端的东西。把握这样一个前提本身的困难并不使它感到不安,因为它(不知道什么叫把握)永远也不会想到这种困难,它把它由于经常运用而熟悉了的东西看作是已知的。但最终在普通知性那里,一切思辨的利益在实践面前都相形见绌,并且它想象自己对于由它的担忧和希望推动它去假定或相信的东西已看透了和知道了。所以先验的—观念化的理性的经验论就完全被夺走了一切通俗性②,并且,不论它包含有多少对于实践的至上原理的损害,却根本不必担忧它会超出学派的边界而在日常事务中获得哪怕一点可观的声望和在广大群众那里受到一点欢迎。

　　人类理性按照其本性来说是建筑术式的,即它把一切知识都看作属于一个可能的系统,因此也只承认这样一些原则,它们使得现有的知识至少不是没有可

---

① 第一版为"更不可能"。——德文编者
② 维勒校作:"经验论的理性就被先验的—观念化的理性完全夺走了一切通俗性";埃德曼校作:"经验论就被完全夺走了先验的—观念化的理性的一切通俗性"。——德文编者

能和别的知识一起集合在某一个系统之下。但反题的那些命题却具有这种性质,即它们使得一个知识大厦的完成变得完全不可能了。按照这些命题,在世界的一种状态之上总还有一个更为古老的状态,在每一个部分里总还有另外又可以分割的部分,在每一事件之先都有一个另外的、在别的地方同样也是被产生出来的事件,并且在一般存有中一切都永远只是有条件的,而不承认任何一种无条件的和最初的存有。所以,既然反题从来不承认某种最初的东西和任何可以绝对用作大厦基础的开端,所以靠这样一些前提,一个完成了的知识大厦是完全不可能的。因此理性的建筑术上的利益(它要求的不是经验性的理性统一,而是先天的纯粹的理性统一)就给正题的主张带来了一种自然的好印象。

A475
B503

　　但假如一个人可以宣布摆脱一切利益,而对理性的各种主张不管任何后果、只按照其根据的内容来进行考察:那么一个这样的人,假定他不知道走出困境的任何其他出路,只知道信奉一个或另一个有争议的学说的话,他就会处于一种不断的动摇状态。今天在他看来显得可以确信的是,人的意志是自由的;明天,如果他考察那不可解开的自然链条的话,他又会认为自由无非是一种自欺,而一切都只是自然而已。但假如现在要做事和行动,那么单纯思辨理性的这种游戏就会如同梦中影像一般消失,他就会单纯按照实践的利益来选择自己的原则了。但由于对一个进行反思和研究的存在者来说正派的做法是,花一定时间仅仅来检验他自己的理性,同时却完全抽掉一切党派偏见,这样坦诚地把自己的意见交给他人来评判;所以,只要命题和反命题能够不受任何威胁所恐吓地在陪审官面前为各自的立场(也就是软弱的人类的立场)辩护,就让它们登场,这是任何人都不能去责怪、更不能去阻止的。

A476
B504

第四节　纯粹理性的先验课题,就其必然能够
完全解决而言

　　想要解决一切课题并回答一切问题,这将是一种无耻的自吹和一种如此过分的自负,以至于一个人由此必然会马上失去一切信任。但仍然有一些科学,其本性就导致在其中出现的每一个问题都必须从我们所知道的东西中作出完全的回答,因为回答必须从问题所由以产生的同一个根源中产生出来,而且在这里决不允许以不可避免的无知为借口,而是能够要求解答的。在一切

可能的情况下什么是正当或不正当,我们按照规则是必然能够知道的,因为这涉及到我们的责任,而对于我们所不可能知道的东西,我们也就没有任何责任。然而,在对自然诸现象的解释中必然有许多事是我们所不知道的,并留给我们一些无法解决的问题,因为我们关于自然所知道的事对于我们应当解释的事远不是在一切情况下都充分的。现在问题就在于:在先验哲学中是否有某种涉及到一个呈现给理性的客体的问题是通过这同一个纯粹理性所不能回答的,并且人们通过将这客体作为(根据我们所有能够认识的东西也)完全不确定的东西而归入那我们虽对之有足够的概念以提出问题、却完全缺乏有朝一日回答它的手段和能力的东西之列,是否就能正当地逃避对它的决定性的回答。

　　我现在主张,先验哲学在一切思辨的知识中拥有这样一种特点:根本没有任何涉及到一个被给予了纯粹理性的对象的问题对于这同一个人类理性来说是不可解决的,并且以不可避免的无知和课题的深奥莫测作任何借口都决不能解除完全彻底回答这一问题的责任;因为正是这个使我们能够提问的概念也必然使我们绝对有能力回答这个问题,因为这个对象在该概念之外是根本找不到的(正如在正当和不正当的情况下那样)。

　　但在先验哲学中唯有宇宙论的那些问题,是我们能够正当地要求对它们有一个涉及对象性状的满意回答,而不允许哲学家借口幽深难测而逃避回答的,而这些问题只能涉及宇宙论的理念。因为对象必须经验性地被给予,而问题只是针对这对象与一个理念的适合性的。如果对象是先验的因而本身是未知的,例如某物(在我们自己心中)的现象是思维,这个某物(灵魂)是否就是一个自在地单纯的存在者,是否有一个万物归总的绝对必然的原因,如此等等,那么我们就应当给我们的理念寻找一个对象,关于这对象我们可以承认,它虽然是我们所不知道的,但并不因此就是不可能的。① 唯有宇宙论的理念

---

　　① 我们虽然不能对"一个先验对象具有何种性状"、即"它是什么"这一问题给出任何回答,但也许可以回答说:这个问题本身什么也不是,这是因为没有给出这问题的任何对象。因此先验的灵魂学说的一切问题也就是可回答的并得到了现实的回答;因为它们涉及到一切内部现象的先验主体,这个先验主体本身不是现象,因而不是作为对象被给予的,在它上面任何一个范畴都找不到自己应用的条件(但问题本来却是对范畴提出来的)。所以这里的情况就适用于一句俗话,即没有回答也是一种回答,就是说,追问那个由于完全被置于能够被给予我们的对象的范围之外而不能用任何确定的谓词来思考的某物的性状,这是完全没有意义的和空洞的。——康德

A477
B505
A478
B506
A479
B507

本身具有这种特点,即它们能够把自己的对象和这对象的概念所要求的经验 A479
性的综合预设为给予了的,而从它们中产生出来的问题只涉及这一综合的进 B507
展——就这一进展应当包含绝对总体而言,而这绝对总体由于不能在任何经
验中被给出,它就不再是任何经验性的东西。既然在这里所谈的只是关于一
个作为可能经验的对象之物而不是作为一个自在的事物本身之物,所以对先
验宇宙论问题的回答就不可能处于理念之外的任何地方,因为它不涉及任何
自在的对象本身;而在可能经验方面所问及的并不是能够具体地在某种经验
中被给予的东西,而是处于经验性的综合仅仅要去接近的那个理念之中的东
西:所以这个问题只有出于理念才能得到解决;因为这问题只不过是理性的产
物,所以理性不能自己回避责任①而推给未知的对象。

　　一门科学对于属于其总目中的所有的问题(quaestiones domesticae②)能 A480
够要求和期待真正有某些解答,哪怕这些解答也许暂时还没有找到,这并不像 B508
初看起来那么非同寻常。除了先验哲学之外还有两门纯粹的理性科学,一门
给出的只是思辨的内容,另一门给出的则是实践的内容:这就是纯粹数学和纯
粹道德学。我们不是曾一度听说,仿佛由于对条件必然的无知,直径在有理数
或无理数中对圆周有怎样的完全精确的比例就被说成是不确定的了? 由于这
个比例通过有理数根本不可能完全一致地被给出来,而通过无理数却又还没
有被找到,所以就有人判断说,至少可以确定地知道这种解答的不可能性,而
兰伯特③就曾给出过一个这方面的证明。在道德的普遍原则中不可能有任何
不确定的东西,因为这些命题要么是完全没有任何意义的和空洞的,要么就是
必须仅仅从我们的理性概念中生发出来的。相反,在自然知识中就有永远也
不能指望得到确定的无限的猜测,因为自然现象是一些不依赖于我们的概念
而被给予我们的对象,所以打开这些现象的钥匙不在我们和我们的纯粹思想
里面,而在我们之外,也正因此在很多情况下找不出来,因而也不能期望有任 A481
何可靠的解释。我没有把涉及到我们的纯粹知识的演绎的先验分析论的那些 B509
问题归入此列,因为我们现在所处理的只是在对象方面、而不是在我们的概念

---

　　① 格里罗将"责任"(Verantwortung)校作"回答"(Beantwortung)。——德文编者
　　② 拉丁文:所属问题。——译者
　　③ J.H.Lambert(1728—1777),德国数学家、物理学家和哲学家。他曾在 1768 年向柏林
科学院提交了一个关于 π 的不可通约性的证明。——译者

本身的起源方面的那些判断的确定性。

　　所以,对于所提出的理性问题作出至少是批判性的解答的这个责任,我们将不能够通过以下方式来加以逃避,即我们对我们理性的狭隘局限性提出抱怨,并以某种谦卑的自知之明的假象而供认,要解决这样一些问题,如世界究竟是来自永恒还是有一个开端,世界的空间是由存在物充满到无限还是被包括在某种边界之内,世界中有任何某物是单纯的还是一切都必定是被分割至无限的,有某种生产和产生是出自自由的还是一切都依赖于自然秩序的链条,最后,有某种完全无条件的和自身必然的存在者,还是一切东西按照其存有来说都是有条件的、因而是取决于外部而就自身来说是偶然的,——这都超出了我们的理性。因为这一切问题都涉及到一个只能在我们的观念中给出的对象,也就是诸现象的综合的绝对无条件的总体性。如果我们从我们自己的概念中对此丝毫也不能说出和构成什么确定的东西,则我们就不可将过错推给对我们隐藏起来的事物身上;因为这一类的事物(由于它们在我们的理念之外任何地方都找不到)是根本不可能被给予我们的,相反,我们必须在我们的理念本身中寻求原因,而理念是一个不允许有任何解答的问题,但我们却固执地假定它,就好像有一个现实的对象与它相应似的。对包含于我们自己的概念本身中的这个辩证论所作的一个清晰的摆明,将马上使我们关于我们在这样一个问题上所必须判断的东西达到完全的肯定。

　　针对在这个问题上的不肯定这种借口,我们首先可以提出一个人们至少必须清楚地回答的问题:你们是从何处得到为解决它们而使你们在这里陷入如此困境的那些理念的? 或许是得自你们需要对之加以解释的那些现象,而你们按照这些理念从那些现象中所必须寻找的只是对它们进行阐明的一些原则和规则? 如果你们假定自然在你们面前被完全揭示出来了,对于你们的感官和关于一切摆在你们的直观面前的东西的意识来说没有任何东西是隐藏着的了:那么你们毕竟不会有可能通过任何一个经验而对你们理念的对象有具体的认识,(因为这除了要求这种完备的直观以外,还要求一个完成了的综合和对这综合的绝对总体性的意识,而这是通过任何经验性的知识都根本不可能的,)因此你们的问题对于解释任何一个出现的现象来说都决不是必须的,因而决不是仿佛由对象本身所提出来的。因为这对象由于不能通过任何可能的经验而被给予出来,它就永远也不可能向你们出现。你们连同一切可能的

A482
B510

A483
B511

知觉不论是在空间中还是在时间中都仍然束缚于诸条件之下,而没有达到任何无条件者以便确定这个无条件者必须建立在综合的某种绝对开端之中,还是建立在没有任何开端的序列的一个绝对总体性之中。但在经验性意义上的大全任何时候都只是比较而言的。量的绝对大全(宇宙),进行分割的大全,追溯来源的大全,一般存有的条件的大全,连同一切有关这一大全是否可以通过有限的或是无限前进的综合来实现的问题,都不涉及任何可能经验的某物。你们将对于例如说一个物体的现象丝毫也不能作出更好的解释,或者哪怕只是作出另外一种解释,不论你们假定这物体是由单纯的部分构成的,还是彻头彻尾一直都由复合的部分所构成;因为任何时候不管单纯的现象也好还是一种无限的复合也好都根本不会向你们出现。现象所要求的只是在它们的解释条件在知觉中被给予的范围内得到解释,但把现象中任何时候可能被给予的所有的东西都在一个绝对的整体中概括起来,这本身决不是什么知觉①。但这样一种大全正是在先验的理性课题中要求对之作出解释的大全。 B512
A484

所以,既然就连这一课题的解决也永远不可能出现在经验中,那么你们就不能够说在这上面必须把什么赋予对象这一点是不确定的。因为你们的对象只存在于你们的头脑里,而根本不能在头脑之外被给予;因此你们所必须操心的只是和你们自身相一致,并防止这种歧义,它使你们的理念变成对某个被经验性地给予,因而也是可以按照经验法则来认识的客体的臆想表象。所以这种独断的解决根本不是不确定的,而是不可能的。但批判的解决可以是完全确定的,它根本不是从客观来看待这个问题,而是按照这个问题所建立于其上的知识基础来看待它。

第五节 借所有四种先验理念对宇宙论问题的怀疑论展示

如果我们预先就已经领会到:不论可能得出怎样的答案,它都只会更增加我们的不确定性,而且会使我们从一种不可理解性跌入另一种不可理解性,从一种黑暗堕入一种更大的黑暗、也许甚至堕入到矛盾中去,我们就会宁可放弃 A485
B513

---

① 原文为"这本身就是一种知觉",据梅林校正。——德文编者

要看到对我们的问题作出独断回答的要求了。如果我们的问题只是针对肯定或否定而提出来的，那么明智的办法就是把这种回答的臆想的根据暂时搁置一旁，而首先来考虑如果我们作出一方面的回答，我们究竟会获得什么，而如果作出相反方面的回答，我们又将获得什么。如果事情恰好是在两种情况下都暴露出纯属无意义的东西（废话），那么我们就有了一个有根有据的要求，即对我们的问题本身作一番批判的研究，并看看它是否本身就是基于一个无根据的前提之上的，是否在玩弄一个理念，这个理念在运用中并通过其后果，比在单独的表象里更加暴露了它的虚妄。这就是处理纯粹理性对纯粹理性所提出的问题的那种怀疑论方式所具有的一个很大的好处，由此我们就可以花很少的力气来消除独断论的巨大的混乱，以便代之以某种冷静的批判，这种批判作为一种真实的清泻剂，将使妄想连同其伴随物即自作聪明都幸运地得到清除。

　　因此，如果我能够预先从一个宇宙论的理念中看出，无论这个理念支持诸现象的回溯性综合之无条件者的哪一方，它对于任何一个知性概念来说却要么就会太大，要么就会太小，那么我就会领会到，由于那种综合毕竟只和一个经验对象发生关系，而这种经验①是应当与一个可能的知性概念相适合的，所以这个理念就必然会是完全空洞的和无意义的，因为这个对象不论我如何使它迁就于这个理念，都与这个理念不相适合。而这实际上就是一切世界概念的情况，这些世界概念也正是因为这一点而使理性只要一追随它们就会陷入一种不可避免的二律背反。因为当你们假定

　　第一，世界没有开端，那么世界对于你们的概念来说就太大；因为这概念在于一个前后相继的回溯，它永远也不能达到那全部流逝了的永恒。如果你们设定：世界有一个开端，那么世界对于你们那个在必然的经验性回溯中的知性概念来说又太小。因为，由于这个开端总还是预设了一个先行的时间，所以它就还不是无条件的，而知性的经验性运用的法则就会给你们加上再去追寻一个更高的时间条件的任务，所以这个世界对这个法则来说显然就太小了。

　　对于世界在空间上的量的问题的双重回答的情况也同样是如此。因为，如果说世界的量是无限的和没有边界的，那么它对于一切可能的经验性概念

A486
B514

A487
B515

———————
　　①　埃德曼认为应作"这个经验对象"。——德文编者

来说就太大。如果它是有限和有边界的,那么你们就还会正当地问道:是什么规定着这个边界? 空的空间不是事物的一个独立持存的相关物,它不可能是任何你们可以停留在那里的条件,更不可能是一种构成一个可能经验的一部分的经验性条件。(因为谁能够对一个绝对的空虚有一种经验呢?)然而对于经验性综合的绝对总体性来说任何时候都要求那无条件者是一个经验概念。所以一个有边界的世界对于你们的概念来说就太小。

　　第二,如果每一个空间中的现象(物质)都是由无限多的部分所组成的,那么对这种分割的追溯对于你们的概念来说任何时候都太大了;而如果对空间的这种分割应当什么时候在它的某个项上(在单纯之物上)停止,那么你们的概念对于那个无条件者的理念来说就太小。因为该项总还会留下一种对它里面所包含的更多部分的追溯。

A488
B516

　　第三,如果你们假定:在世界上发生的一切事情中除了按照自然规律产生的东西之外什么也没有,那么这个原因的原因性又总还是某种发生的事情,并使你们对更高原因的追溯、因而使条件序列 a parte priori① 的不停的延长成为必要。所以这个单纯产生作用的自然对于你们在世界种种事件的综合中的一切概念来说都太大。

　　如果你们偶尔选择的是自发地产生出来的事件,因而是出于自由的生产:那么按照不可避免的自然规律的这个"为什么"就会缠住你们不放,并迫使你们按照经验的因果律超出这一点,而且你们将会发现这样一类连结的总体性对于你们的必然的经验性概念来说是太小了。

　　第四,如果你们假定一个绝对必然的存在者(不论它是世界本身,还是某种在世界中的东西,或世界原因):那么你们就会把它置于一个离任何给予的时间点都无限遥远的时间中;因为否则它就会依赖于另外一个更古老的存有了。但这样一来,这个实存对于你们的经验性概念来说是无法企及的,并且太大了,以至于你们不可能有朝一日通过任何一种连续的追溯来达到它。

　　但如果在你们看来一切属于这个世界的东西(不论是作为有条件者还是作为条件)都是偶然的:那么每个给予你们的实存对于你们的概念来说都会太小。因为它会迫使你们总是再去寻求它所依赖的另外一个实存。

A489
B517

---

　　①　拉丁文:向在先方向上。——译者

　　在所有这些情况下我们都曾说过,世界理念对于经验性的追溯来说,因而对于每个可能的知性概念来说,要么太大,要么对它来说又太小。为什么我们没有反过来表达并这样说:在前一种情况下经验性的概念对于理念任何时候都太小,而在第二种情况下则说经验性的概念对于理念太大,因而仿佛过错就由经验性的追溯来承担了;而是相反,我们谴责了宇宙论的理念,说它由于说得太多或太少而背离了它的目的,即背离了可能的经验? 其理由如下。可能的经验是唯一能够给予我们的概念以实在性的东西;没有它一切概念都只是理念,是没有真实性和与一个对象的关系的。因此可能的经验性概念曾是这种标准,我们必须据以评判理念是否仅仅只是理念和思想物,还是会在世界中遇到它的对象。因为我们说一个东西相对于另外某个东西太大或太小时,所说的只是那种仅仅为了后面这个东西的缘故而被假定的东西,并且必须是按A490照后者而设立起来的。古代辩证法学派的把戏中也包含这样一个问题:如果B518一个球没有穿过一个洞,我们应当说:是这个球太大,还是说这个洞太小? 在这种情况下不论你们想怎样表达都是无所谓的;因为你们不知道两者中何者是为了另一方而存在的。相反,你们却不会说:这个人对于他的上衣来说太长,而会说上衣对这个人来说太短。

　　所以我们至少已达到了这种有根据的怀疑:宇宙论的诸理念,和连同它们一起的一切相互处于争执中的玄想的主张,或许都是以有关这些理念的对象被给予我们的那种方式的某种空洞的和想象出来的概念为基础的,而这种怀疑已经可以把我们引上正轨去揭露那如此长期地把我们引入歧途的骗局。

第六节　先验的观念论作为解决宇宙论的辩证论的钥匙

　　我们在先验感性论中曾充分地证明了:一切在空间和时间中被直观到的东西,因而一切对我们可能的经验的对象,都无非是现象、即一些单纯的表A491象,它们正如它们被表象出来的那样,作为广延的存在物或变化的序列,在B519我们的思维之外没有任何以自身为根据的实存。这种学说的概念我称之为先验的观念论。① 在先验意义上的实在论者使我们感性的这些变形成为了本身自存之物,因而把单纯的表象变成了自在的事物本身。

如果人们要指望从我们这里得到一种早已为人所诟病的经验性的观念论,这对我们将会是不公平的,这种观念论由于它假定了空间的特有的现实性,它就否定了广延的存在物在空间中的存有,至少是对此感到怀疑,并且在梦幻和真实之间的这种混为一谈中不承认有任何可以充分证明的区别。至于内感官在时间中的现象,这种观念论觉得把它们作为现实之物并没有任何困难;它甚至还主张,只有这种内部的经验才唯一地充分证明了其客体(自在本身)的(连同这一切时间规定的)现实存有。

相反,我们的先验的观念论则同意:外部直观的对象正如它们在空间中被　B520
直观到的那样也是现实的,在时间中一切变化正如内感官所表象的那样,也是
如此。因为,既然空间已经是我们称之为外部直观的那种直观的一个形式,并　A492
且没有空间中的对象就根本不会有任何经验性的表象:那么我们就可以并且
必须把空间中广延的存在物当作现实的,同样的情况也适用于时间。但那个
空间本身,连同这个时间,并同时和这两者一起的一切现象,本身自在地毕竟
都不是什么物,而无非是表象,它们根本不可能在我们的内心之外实存,甚至
我们内心的内部感性直观(作为意识的对象),其规定是通过时间中不同状态
的前后相继而表象出来的,它也不是如同它自在地实存那样的真正的自己,或
者说先验的主体,而只是被提供给这种我们所不知道的存在者的感性的一种
现象。这个内部现象的存有作为一种如其自在地实存之物的存有是不可能得
到承认的,因为这现象的条件是时间,而时间不能够是某一个自在之物本身的
任何规定。但在空间和时间中诸现象的经验性的真实性却得到了充分的保
证,并足以和梦幻的瓜葛划清界限,如果这两者在一个经验中按照那些经验性　B521
法则正确地和没有例外地关联起来的话。

因此,经验的对象永远也不是自在本身地被给予,而只是在经验中被给予
的,并且在经验之外根本就不实存。说"月亮上可能会有居民,虽然从来没有　A493

① 我在别处有时也把它称之为形式的观念论,以便把它和质料的观念论即通常的观念
论区别开来,后者怀疑或否定外部事物本身的实存。在有些场合下为了防止一切误解,使用
这种表达而不用前一种表达似乎是更可取的。——康德[该注释在第一版中缺。——德文编
者]

任何人知觉到他们",这固然是必须承认的,但这只不过意味着说:我们在经验的可能的进展中就有可能遇见他们:因为一切按照经验性进程的法则与知觉处于某种关联中的东西都是现实的。所以如果他们与我的现实意识处于某种经验性的关联中,那他们就是现实的,哪怕他们因此并非自在地、即在这一经验进展之外是现实的。

现实地被给予我们的东西只不过是知觉和从这个知觉到另一些可能知觉的经验性进展。因为诸现象作为单纯的表象,就其本身而言只有在知觉中才是现实的,而知觉实际上无非是一个经验性表象即现象的现实性。一个现象在知觉之前就被称之为一个现实之物,这要么意味着我们在经验的进程中必然会遇到这样一个知觉,要么就根本没有任何意义。因为当所谈论的是一个自在之物本身时,固然可以说离开与我们的感官和可能经验的关系而自在地

B522

A494 实存着某种意义本身。但我们所谈论的只是一个空间和时间中的现象,而空间和时间两者都不是对自在之物的规定,而只是对我们的感性的规定;因此,凡是在空间和时间中的东西(现象)都不是自在的某物,而只是表象,这些表象如果不是在我们里面(在知觉中)被给予出来,是任何地方都决不会被遇到的。

感性直观能力真正说来只是以某种方式连同诸表象一起被刺激起来的接受性,这些表象的相互关系就是空间和时间的纯粹直观(纯属我们感性的形式),而这些表象就其在这种关系中(在空间和时间中)按照经验的统一性法则而被连结和能够得到规定而言,就叫作对象。这些表象的非感性的原因是我们完全不知道的,因此我们不能把这个原因当作客体来直观;因为这一类对象将必须既不在空间中、也不在时间中(即不是在感性表象的这些单纯条件下)得到表现,而没有这些条件我们根本就不能设想任何直观。然而,我们可以把一般现象的单纯理知的原因称之为先验客体,这只是为了我们拥有某种与作为接受性的感性相应的东西。我们可以把我们的可能知觉的所有范围和

B523 关联都归因于这个先验客体,并且说:它自身是在一切经验之前自在地被给予了的。但与之相当的诸现象却不是自在地、而只是在这个经验中被给予的,因

A495 为它们只是些表象,这些表象作为知觉仅仅意味着一个现实的对象,就是说,如果这个知觉与一切别的知觉按照经验统一性的规则而关联起来的话。所以我们可以说:过去时间的现实之物都是在那个先验对象中被给予经验的;但它

们只对我来说才是对象,并且只在过去的时间中才是现实的,只要我这样设想:一个按照经验性法则对可能知觉的回溯序列(不论是历史的线索还是原因和结果的轨迹),一句话,世界的进程,将引向一个作为当前时间之条件的流逝了的时间序列,而这样一来,这个流逝了的时间序列就毕竟只是在与一个可能经验的关联中、而不是自在地本身被表现为现实的,以至于所有那些亘古以来在我的存有以前流逝了的事件,最终都只不过意味着经验链条从当下的知觉开始而向上延长到按照时间来规定这个知觉的那些条件上去的可能性而已。

因此,如果我把一切时间和一切空间中感官的一切实存的对象全都放在一起来设想:那么我并不是在经验之前把它们放置到空间和时间中去的,相反,这种设想无非是对一个可能经验在其绝对的完备性中的思考。那些对象(它们无非是些单纯的表象)只有在这种完备性中才被给予出来。但人们说它们是先于我的一切经验而实存的,这只是意味着它们在我必须首先从知觉开始前进才能达到的那个经验部分中是可以遇见的。这种前进的经验性条件的原因,因而在回溯中我能碰上哪些项、乃至于我回溯到多远才能碰上这些项的那些经验性条件的原因,是先验的,因而必然是我所不知道的。但我们所关心的也不是这个原因,而只是这些对象即现象在其中被给予我的那种经验的进展的规则。在结局上也是完全一样的两种说法是:我可以说,我能够在空间的经验性进程中见到那些比我所看到的最远的星辰还要更远上百倍的星辰,也可以说,即使一个人从来也没有或永远不会知觉到它们,它们也是在宇宙空间中或许可能被遇到的;因为,就算它们脱离与一般可能经验的关系而作为自在之物本身被给予出来,它们对于我来说毕竟什么也不是,因而决不是对象,除非它们被包含于经验性回溯序列之中。只是在另一方面的关系中,如果正是这些现象被运用于关于某个绝对整体的宇宙论理念上,因而如果人们所关心的是超出可能经验的边界之外的那种问题,那么对于人们如何对待上述感官对象的现实性的方式加以区别,为了防止某种由于误解我们自己的经验概念而不可避免地必然会产生出来的骗人妄想起见,就是很重要的了。

B524

A496

B525

A497

第七节　对理性与自身的宇宙论争执的
批判性的裁决

　　纯粹理性的全部二律背反都基于如下的辩证的论证:如果有条件者被给予了,那么它的所有条件的整个序列也就被给予了;现在感官对象作为有条件者被给予我们了,所以它们的所有条件的整个序列也就被给予我们了。通过这个三段论推理,它的大前提看起来是如此自然而清楚明白,于是就按照这些条件在它们构成一个序列方面(在对诸现象的综合中)的差异而引入了同样数目的宇宙论理念,这些理念设定了这些序列的绝对总体性,并正是由此而使理性不可避免地置身于与它自身的冲突之中。但在我们把这个玄想论证的欺骗性揭示出来之前,我们必须通过纠正和规定在其中所出现的某些概念而使自己为此做好准备。

B526

　　首先,以下命题是明显的和毫无疑问地肯定的:如果有条件者被给予了,就因此而向我们提交了一个在它的一切条件序列中进行追溯的**任务**;因为这个任务是有条件者这个概念本身已经带来的,以致某物由此而与一个条件相关,而如果这个条件又是有条件的,它就与一个更远的条件相关,如此这般就贯通了这序列的一切项。所以这个命题是分析性的,而摆脱了对于先验的批判的一切畏惧。这命题①就是理性的一个逻辑上的设定:即要通过知性对一个概念与它的诸条件的这样一种连结加以追踪、并尽可能远地对这种已经加在这概念本身上的连结加以延伸。

A498

　　其次:如果有条件者也好,它的条件也好,都是自在之物本身,那么当前者被给予时,不仅仅是对后者的追溯成为了任务,而且后者也由此就已经被现实地一起**被给予**了,并且,由于这一点也适用于序列的一切项,所以这个完备的条件序列、因而那个无条件者由此也同时被给予了,或不如说同时预设了那个曾经只是通过整个序列才有可能的有条件者的已被给予。在这里有条件者与它的条件的综合是一个单纯知性的综合,知性把事物如同它们所是的那样来表现,而没有注意到我们是否能够和怎样能够获得这些事物的知识。反之,当

B527

----

　　①　原文为 er,指上述命题;据埃德曼校作 es,即泛指"这"。——德文编者

我和现象打交道时,这些现象作为单纯的表象,如果我没有获得它们的知识 (即获得它们本身,因为它们无非是经验性的知识),是根本不会被给予的,那 么我就不能在同样的意义上说:如果有条件者被给予了,则它的一切条件(作 为现象)也都被给予了,并且决不可能因此就推论出这些条件的序列的绝对 总体。因为诸现象在这种领会中本身无非是一种(在空间和时间中的)经验 性的综合,所以也只有在这种综合中才被给予。于是所得出的决不是:如果有 条件者(在现象中)被给予了,构成它的经验性条件的那个综合由此也一起被 给予和预设了,相反,这种综合只有在回溯中、并且永远不会在没有回溯的情 况下发生。但在这种情况下人们倒是可以说:对诸条件的回溯、即对条件方面 的连续的经验性综合将是向我们提出的要求或任务,并且是不能缺少由这种 回溯而被给予出来的条件的。

　　由此可见,宇宙论的三段论推理的大前提是在某种纯粹范畴的先验意义 上对待有条件者的,但小前提却是在一个运用于单纯现象的知性概念这种经 验性意义上来对待它的,这样一来就遇到了我们称之为 Sophisma figurae dic-tionis① 的辩证欺骗。但这种欺骗不是人为做作出来的,而是普遍知性的一种 完全自然的错觉。因为通过这种错觉,当某物被作为有条件者而被给予时,我 们就仿佛是(在大前提中)不假思索地预设了诸条件及其序列,因为这只不过 是对一个给予的结论假定一些完备的前提这种逻辑上的要求,而且这时在有 条件者及其条件的连结中不会遇到任何时间秩序;它们本身被预设为同时给 予的。此外,同样自然的是,(在小前提中)把诸现象看作自在之物,同样也看 作给予了单纯知性的诸对象,这正如在大前提中发生的一样,在那里我把诸对 象唯有在其下才能够被给予出来的所有那些直观条件都抽掉了。但在这里我 们曾忽视了这些概念之间的一个值得注意的区别。有条件者与它的条件的综 合及条件的整个序列(在大前提中)根本不带有由时间而来的任何限制,也不 带有任何前后相继的概念。相反,在现象(它被归摄于小前提下)中经验性综 合及条件序列则必须前后相继地、并仅仅在时间中一个跟着一个地才被给予; 所以在这里我不能够像在前一种场合那样预设这种综合及由它所表现出来的

A499

B528

A500

---

　　① 拉丁文:语言表达方式的诡辩。亚里士多德指出这种诡辩是由中词含混造成 的。——译者

B529
A501
序列的那个绝对总体,因为在前一种场合该序列的一切项都是自在地(脱离
时间条件地)被给予的,但在这里它们却只有通过前后相继的回溯才有可能,
而这种回溯只是由于我们现实地作出了它才被给予出来。

在对(宇宙论的这些主张所)共同作为基础的那种论证的这样一种失足
加以指证之后,相互争执的双方,既然他们都没有把自己的要求建立在任何有
根据的权利之上,就能够正当地被驳回了。但他们的纷争却还并没有因此就
被了结,即没有在他们被指证说他们、或双方中的一方在他所主张的事情中
(即在结论中)本身就是不正当的这个范围内被了结,尽管他不曾懂得把这件
事情建立在扎实的证明根据之上。然而看来再清楚不过的是,其中一方主张
世界有一个开端,另一方主张世界没有开端,而是从来都是永恒的,这两方面
似乎必定总有一方是正当的。但如果是这样,那么由于在这两方面是同样的
清楚明白,就仍然不可能有朝一日查明哪一方面是正当的,而争执就会一如既
往地继续下去,哪怕这两派在理性的法庭上被要求肃静。所以要彻底结束争
执并使双方满意就只剩下唯一的办法,这就是由于他们毕竟能够相互作出如
此漂亮的驳斥,所以他们最终就被指证说,他们在作无谓的争执,而某种先验
B530
A502
的幻相在这里向他们描绘出的是某种决不可能在任何地方遇到的现实性。而
我们现在就要走上这条对一场判决不了的争执加以调解的途径。

*   *   *

埃利亚派的**芝诺**是一位敏锐的辩证论者,他已经被柏拉图作为一个恶作
剧的智者而加以严厉的谴责,说他为了表现自己的技艺而试图对同一个命题
通过似是而非的论证来证明,接着马上又试图以另一个同样有力的证明推翻
它。他主张,神(这在他那里也许只不过是世界而已)既不是有限的,也不是
无限的,它既不是在运动中,也不是在静止中,既不和任何别的事物相似,也不
和别的事物不相似。在那些就此对他加以评判的人看来,他似乎想要将两个
相互矛盾的命题全部都否定掉,而这是荒谬的。不过我并不认为可以正当地
把这种荒谬归咎于他。这些命题的前一个我马上就会作更详细的阐明。至于
其他的命题,如果他把神这个词理解为宇宙的话,那么他当然就必须这样说:
宇宙既不是持久地呆在它自己当下的地点(即静止),也不改变自己的地点
(即运动),因为一切地点都只存在于宇宙中,因而这个宇宙本身并不存在于
任何地点中。如果宇宙把一切实存之物都包括在内,那么就此而言它就既不

是与任何别的事物相似,也不是与之不相似,因为在它之外根本没有别的事物 B531
使它能够与之相比较。如果两个相互对立的判断都预设了一个不允许的条
件,那么尽管它们相互冲突(当然这种冲突还不是真正的矛盾),它们两者都 A503
将被取消,因为这些命题中的每一个命题唯一应当在其之下得到承认的那个
条件被取消了。

　　如果有人说,每一个物体都要么有香味,要么有臭味,那么就存在有第三
种情况,即它根本没有味道(根本不发出气味),这样,这两个相互冲突的命题
就可以都是假的。如果我说,要么每一个物体都有香味,要么每一个物体并非
都有香味(vel suaveolens vel non suaveolens①):那么这两个判断就是相互矛盾
地对立着,并且只有前一个判断是假的,而它的矛盾对立面,即有些物体并不
是有香味的,就把那些根本没有气味的物体也包括在内了。在前一种(per
disparata②的)对立中,在产生冲突的判断那里还是保留下了物体概念的偶然
条件(即气味),因而这个条件并没有由于这个产生冲突的判断而一起被取
消,因此后一判断并不是与前一判断相矛盾的反面。

　　因此如果我说:在空间上世界要么是无限的,要么它不是无限的(non est
infinitus③),那么,当前一命题是假的时,它的矛盾对立面"世界不是无限的"
就是真的。这样一来我就只取消了一个无限的世界,而并没有设定另一个世
界即有限的世界。但如果我说的是:世界要么是无限的,要么是有限的(是非 A504
无限的),那么这两者就都可能是假的。因为这样一来我就把世界看作是自 B532
在地本身在它的量上规定了的,因为我在这种对立中不仅仅取消了无限性、并
与无限性一道也许取消了世界的整个被分离开来的实存,而且增加了一种对
世界作为自在的现实之物本身的规定,而这同样可能是假的,就是说,如果世
界根本就不是作为自在之物本身、因而在其量上也既不应当是作为无限的也
不应当是作为有限的被给予出来的话。请允许我把这一类的对立称之为辩证
的对立,而把那种矛盾的对立称之为分析性的对立。所以具有两个相互辩证
对立的判断的双方全都可能是假的,因为一方对另一方并不只是相矛盾的,而

---

　　①　拉丁文:既有香的也有不香的。——译者
　　②　拉丁文:通过对比。——译者
　　③　拉丁文:不是无限的。——译者

是比矛盾所需要的说出了更多的东西。

如果人们把这样两个命题:"世界在量上是无限的"和"世界在量上是有限的",看作是相互矛盾地对立着的,那么人们就假定了这个世界(现象的这整个序列)是自在之物本身。因为不论我在世界的现象序列中取消了无限的回溯还是有限的回溯,世界仍然保持着。但如果我去掉这个前提或这个先验的幻相,并否认它是自在之物本身,那么两种主张的这个矛盾的冲突就变成了一个单纯辩证的冲突,并且由于这个世界根本不是自在地(即不依赖于对我们的表象的回溯序列地)实存着的,所以它既不是作为自在地无限的整体、也不是作为自在地有限的整体而实存的。它是只能在对现象序列的经验性回溯中见到,而根本不能就其自身而言见到的。因此,如果这个世界①任何时候都是有条件的,那么它就永远也不会整个地被给予,因而世界就决不是无条件的整体,所以也不是作为这样一个整体、既不以无限的量、也不以有限的量而实存。

A505
B533

在这里关于第一个宇宙论的理念、即关于现象中量的绝对总体性的理念所说的,也适用于其他一切理念。条件序列只有在回溯的综合本身中,而不是自在地在作为某种先于一切回溯被给予的特有事物的现象中,才能发现。因此我也不能不说,一个给予现象中各部分的总量自在地既不是有限的,也不是无限的,因为现象决不是自在的实存之物本身,而这些部分首先是通过对那种进行分解的综合的回溯并在这种回溯中才被给予的,这种回溯则永远不是绝对完整地、既不是作为有限的、也不是作为无限的而给予出来的。这一点同样也适用于那些相互处于等级秩序中的原因的序列,或者适用于从有条件的实存直到无条件必然的实存的序列,这种序列自在地按其总体性来说永远也不能被看作是有限的,同样也不能被看作是无限的,因为它作为从属的诸表象的序列只在于力学性的回溯而已,而根本不可能在这种回溯以前作为独立存在的诸物序列本身自在地实存。

A506
B534

因此,纯粹理性在其宇宙论的理念那里的二律背反就消除了,这是通过指出它只是辩证的、并且是一种幻相的冲突而达到的,这种幻相来自于我们把只被看作自在之物本身的条件的那个绝对整体性的理念应用到了现象之上,而

---

① 瓦伦廷纳校作"这种回溯"。——德文编者

诸现象只是在表象中实存,而当它们构成一个序列时则只在前后相继的回溯中实存,否则就根本不会实存。但我们也可以反过来,从这种二律背反中引出一种真实的、虽然不是独断的但却是批判的和学理上的好处:这就是由此来间接地证明诸现象的先验的观念性,如果有人也许对先验感性论中的直接证明还不满意的话。证据将在于这种两难推论,即:如果世界是一个自在地实存的整体,那么它要么是有限的,要么是无限的。现在不论是有限还是无限都是假的(按照上述一方面是反题另一方面是正题的证明)。所以,说世界(即一切现象的总和)是一个自在实存着的整体,这也是假的。从这里于是就得出了,一般现象在我们的表象之外就什么也不是,而这正是我们本来通过现象的先验的观念论所要说的。

B535

A507

　　这个说明是很重要的。我们由此看出,上面对四重二律背反的那些证明并不是骗局,而是从根本上就有一个预设,即认为诸现象或把诸现象全部都包括在自身内的感官世界就是自在之物本身。但由此所引出的那些命题的冲突则暴露出在这个预设中有一种虚假性,这就使我们发现了作为感性对象的那些物的真实性状。所以先验辩证论绝对没有对怀疑论有丝毫的助长,但的确鼓励着怀疑论的方法,这种方法能够把辩证论显示为它的巨大好处的一个例子,如果人们让理性的这些论证以其最大的自由互相反对地登台亮相的话,这些论证尽管最终并不会提供我们所要寻求的东西,但却总是会提供某种有用的东西和有助于校正我们的判断的东西。

第八节　纯粹理性在宇宙论理念上的
调节性原则

A508

B536

　　既然通过总体性的宇宙论原理并没有在一个作为自在之物本身的感性世界中给出诸条件序列的任何极大值,而只能在对这些条件的回溯中将这种极大值当作任务,那么上述纯粹理性原理就会在它的经过这样校正的意义上仍然保持其很好的效用,虽然并不是作为把客体中的总体性当作现实的来思考的一条公理,而是作为对知性、因而对主体所提出的一个问题,以便按照理念中的完备性而在对一个给予的有条件者的诸条件序列中进行并继续进行回溯。因为在感性中,即在空间和时间中,我们在阐明给予的现象时所能够达到的每一个条件又都是有条件的;因为这些现象决不是那种绝对无条件者或许有可能发生于其中的自在的对象本身,而只是些经验性的表象,这些表象任何时候都必须在直观中去发现依照空间或时间来规定它们的那个条件。所以这条理性的原理真正说来只是一条规则,它在给予的诸现象的条件序列中要求一个永远也不允许停留于某个绝对无条件者之上的回溯。所以它就决不是经验的可能性及感官对象的经验性知识的原则,因而也不是什么知性原理,因为任何经验都是被包括在自己的(与给予直观相适应的)边界中的;也决不是理性把感性世界的概念扩展到超出一切可能经验之外的**构成性**原则,而是对经验进行最大可能的延续和扩展的原理,根据这条原理,任何经验性的边界都不得被看作绝对的边界,因而它是一条理性原则,它作为规则而设定在回溯中应当由我们做的是什么,而不是去预测在一切回溯之前在客体中自在地给予了什么。因此我就把这条原则称之为理性的**调节性**原则,而与此相反,作为在客体中(在现象中)自在地本身被给予的诸条件序列的那个绝对总体性原理就会是一条**构成性**的宇宙论原则了,它的无效性我正是要通过这个区别指出来的,并要借此来防止人们,不要(通过先验的偷换)把客观实在性归于某个只是用作规则的理念,而这在其他情况下是不可避免地要发生的。

A509
B537

A510
B538

　　为了恰如其分地规定纯粹理性的这一规则的意义,那就必须首先注意,它**不可能**告诉我们什么是客体,而是告诉我们,为了达到客体的完备概念,必须怎样进行经验性的回溯。因为,如果是前一种情况的话,那么它就会是一条构成性的原则了,而这样的原则是永远不可能出自纯粹理性的。所以我们决不会借这条原则就打算去说明对一个给予的有条件者的条件序列自在地是有限的还是无限的;因为凭这条原则,绝对总体性的一个只是在自己本身中造出来的①单纯概念就会去推想一个在任何经验中都不可能被给予的对象,因为一个现象序列就会被赋予了某种不依赖于经验性综合的客观实在性了。所以理性理念将只给这个条件序列中的回溯性综合颁布一条规则,按照这条规则,这种综合从有条件者开始,借助于一切相互隶属的条件而向无条件者进发,虽然这个无条件者是永远达不到的。因为绝对无条件者在经验中是根本找不

---

① 埃德曼和福伦德尔均认为这里应为"一个只是包含在自身中的"。——德文编者

到的。

　　为此目的,现在首先就要对一个序列的综合就其永远也不完备而言进行精确的规定。人们出于这种意图通常使用了两种说法,它们应当在其中有某种区别,但人们却不知道为这种区别指明正当的理由。数学家们只谈论某种 progressus in infinitum①,而概念的研究者们(哲学家们)则不愿意承认这种说法,而只同意说 progressus in indefinitum②。我不想花时间去检查向这些人建议作出这样一种区别的那种顾虑,和停留在这些术语的好的运用或是无效果的运用之上,我只想试图对这些概念在与我的意图的关系中作出精确的规定。

A511
B539

　　对一条直线我们可以正当地说,它可以延长到无限,在这里,无限递进和不可限定地远的递进(progressus in indefinitum③)两者的区别就会是一个空洞的玄谈。因为,尽管当我说"引申一条线"时,如果我加上"不限定地",比起说"无限地"来,当然更为正确;因为前者的意思只不过是:"只要你愿意,尽量远地延长它",而后者的意思则是:"你应当永远不停地延长它"(而这在此恰好并不是想说的),然而,如果所谈论的只是能够,那么无限递进的说法是完全正确的;因为你能够无限地使这条线越来越长。而在我们只谈论递进、即只谈论从条件向有条件者进展的任何情况下,事情也都是如此;这种可能的进展在诸现象的序列中将进到无限。从一对父母你可以在生育的下降世系中无止境地进展,并且你也完全可以设想,这种世系在世界上也是这样现实地进展的。因为理性在这里决不需要序列的绝对总体性,因为它没有把这种总体性预设为条件、预设为似乎被给予了的东西(datum④),而只是预设为某种有条件者,这种有条件者只是估计的(dabile⑤),并被无止境地增加着。

A512
B540

　　但情况完全不同的是这样一个课题:这个从给予的有条件者通过一个序列上升到诸条件的回溯过程会伸展到多么远,我们是否可以说这是**一个向无限的后退**,还是只能说这是一个伸展到不可确定地远的(in indefinitum⑥)后

---

①　拉丁文:无限递进。在数学中亦可译作"无限级数"。——译者
②　拉丁文:不限定的递进。——译者
③　拉丁文:不限定的递进。——译者
④　拉丁文:预料。——译者
⑤　拉丁文:可给予的。——译者
⑥　拉丁文:不限定的。——译者

退,因而我们是否可以从现在活着的人通过他们祖先的序列而上溯至无限,还是只能说,不论我退回到多么远,永远也不会碰到一个经验性的根据来把这个序列看作以某处为边界的,以至于我有理由同时也有责任为每一个祖宗再往前面去对他的先祖加以查找,虽然就是不去加以预设。

因此我说:如果在经验性直观中整体被给予了,那么在它的内部诸条件的序列中的回溯就进行到无限。但如果只有这序列中的一项、即这个回溯首先应当从它出发去进达绝对总体性的那一项被给予了,那么所发生的就仅仅是向不确定的远①(in indefinitum②)的后退。这样,关于一个在其边界之间已被给予了的物质(一个物体)的分割就必须说:这种分割将进至无限。因为这个物质是完整地、因而连同其一切可能的部分在经验性直观中被给予的。既然这个整体的条件是它的部分,而这个部分的条件是部分的部分,如此等等,而在对于分解的这种回溯中永远也不会遇到这个条件序列的一个无条件的(不可分的)项,所以不仅仅没有任何地方有一个在分割中停下来的理由,而且那些今后能够继续分割的项本身也在这个继续进行的分割之前已被经验性地给予了,这就意味着分割将进向无限。相反,一个给予的人的祖先序列在任何可能的经验中都没有以其绝对的总体性被给予,但其回溯却毕竟从这种生殖的每一项进向一个更高的项,以至于不可能遇到任何把某一项表现为绝对无条件的经验性边界。但既然就连有可能为此提供条件的那些项都仍然不是在回溯之前就已经处于这个整体的经验性直观中:那么这个回溯就不是(在对给予的东西的分割中)无限进行下去的,而是在为被给予的项寻求越来越多的、本身又永远只是有条件地被给予的项时进行到不可确定地远。

在这两种情况下,不论是无限的回溯还是不限定的回溯,条件序列都决没有被看作在客体中无限地给予了的。这些条件不是自在之物本身,而只是现象,这些现象作为相互隶属的条件只是在回溯本身中才被给予。所以问题就不再是这个条件序列本身自在地有多大,是有限的还是无限的,因为它本身自

A513
B541

A514
B542

---

① "远"原文为 Weise("方式"),显系 Weite 之误,兹据 1911 年普鲁士科学院版和 1919 年哲学丛书版校正。——译者

② 拉丁文:不限定的。——译者

在地什么也不是,相反,问题是:我们如何进行经验性的回溯,以及我们应当把它继续进行到多么远。而在这里就有关于这个前进的规则的一个重要区别。如果整体是经验性地被给予的,那么在其内部诸条件的序列中追溯到无限就是可能的。但如果那个整体没有被给予出来,而是应当先通过经验性的回溯才给予出来,那么我就只能说:再进展到更高的条件是无限可能的。在前一种情况下我可以说:总是有比我通过(分解的)回溯所达到的更多的项在那里,并且是经验性地给予了的;但在后一种情况下我可以说的却是:我在回溯中总还是可以走得更远,因为没有任何项是作为绝对无条件的而经验性地被给予的,所以总还是允许一个更高的项作为可能的,因而允许对这更高项的探求作为必然的。在前一种情况下找到序列的更多的项是必然的,但在后一种情况下探问更多的项总是必然的,因为没有任何经验是绝对被限制的。因为,你们要么没有任何绝对限制你们的经验性回溯的知觉,这样你们就不得把你们的回溯看作完成了的,要么你们就有这样一种限制你们的序列的知觉,那么这种知觉就不可能是你们所积累的序列的一部分(因为那作限制的东西与由于它而被限制的东西必须是不同的),所以你们就必须把你们的回溯也进一步延伸到这个条件上去,如此类推。

A515
B543

对于这些说明,下面一节将通过它们的应用而予以适当的阐明。

第九节　在一切宇宙论理念上对理性的
调节性原则的经验性运用

由于,如我已经多次指出过的,不论是纯粹知性概念还是纯粹理性概念,都没有任何先验的运用,由于感性世界中诸条件序列的绝对总体性只是立足于理性的某种先验的运用之上,理性要求的是它所预设为自在之物本身的那种东西的无条件的完备性;但又由于感性世界并不包含这类完备性,所以,就永远不再有可能去谈论在感性世界中这些序列的绝对大小,即它们可能是有限制的还是自在地无限制的,而只能谈论我们在经验性的回溯中,在把经验归因于它们的条件时,应当追溯到多么远,以便按照理性的规则仅仅停留于对理性的问题作出与对象相适应的回答上。

A516
B544

　　所以,在理性原则作为现象本身自在的一条构成性原理①的无效性已被充分阐明之后,唯一给我们留下来的就只是作为一种可能经验的延续及大小的规则的理性原则的有效性。甚至,如果我们能够把这种有效性无可置疑地摆出来,理性与它自身的争执也就会完全终止了,因为不仅通过批判的解决,理性与自身分裂为二的幻相就得到了消除,而且代替这种幻相的是,理性由以与自身协调一致的那个意义、即唯一因对之产生误解才引起争执的那个意义就得到了开显,而一条本来是辩证的原理就被转变成了一条学理的原理。实际上,如果这条原理按照其主观含义,即在经验中与经验对象相适合地去规定知性的最大可能的运用这种含义,是可以得到证实的:那么这就恰好和这条原理仿佛像一条(不可能出自纯粹理性的)公理那样去先天地规定自在的对象本身是一样的了;因为即使这种公理,除了在我们知性的最广泛的经验运用中积极地证明自己以外,也决不能在经验客体上对扩展和纠正我们的知识有更大的影响。

A517
B545

Ⅰ. 对世界整体诸现象的复合的总体性
这一宇宙论理念的解决

　　不论在这里还是在其他宇宙论问题中,理性的调节性原则的根据都是这个命题:在经验性的回溯中不可能找到关于一个绝对边界的任何经验,因而不可能找到关于任何一个本身在经验性上是绝对无条件的条件的经验。但这一点的根据则是:这样一类经验将不得不把对诸现象通过虚无或空无所作的限制包含在自身内,而继续进行的回溯凭借知觉将有可能碰到这个限制,而这是不可能的。

A518
B546

　　这个命题等于是说:我在经验性的回溯中任何时候都只会达到一个本身又必须被看作在经验性上有条件的条件,于是这个命题就包含这个 in terminis② 规则:不论我在这个上升的序列中借此走到了多么远,我任何时候都必须去探求该序列的一个更高项,而不管它现在是否能通过经验而为我

----

① 埃德曼校作:"作为把现象当作自在之物本身的构成性原理";阿底克斯校作:"作为自在之物的构成性原理";格兰德认为是指"知性概念的原理"。——德文编者

② 拉丁文:限定的。——译者

所知。

　　于是,为了解决第一个宇宙论课题,就必须再去断定:在对世界整体的(在时间和空间上)无条件的量的回溯中这个无止境的上升过程是否能称之为一个无限后退,还是只能称之为一个不可确定地继续的回溯(不限定的回溯)。

　　一切逝去的世界状态的序列连同在宇宙空间中同时存在之物,其单纯普遍的表象本身只不过是一种可能的经验性回溯,这种回溯是我所设想的,哪怕是还不确定地设想,并且唯有通过这种回溯,对一个给予知觉的诸条件的这样一个序列的概念才能产生出来①。于是我任何时候都只是在概念中、但决不是(作为整体而)在直观中拥有世界整体。所以我不能从世界整体的量中推论出回溯的量,并按照前者来规定后者,相反,我必须通过经验性回溯的量而首次使自己形成一个关于世界的量的概念。但对于这个回溯我永远不知道其他的东西,只知道我从条件序列的每个被给予的项总是必须再经验性地进展到一个更高(更远)的项。所以这样一来,诸现象的整体的量就根本不被绝对地确定,因而我们也不能说这个回溯进向无限,因为这就会是对回溯尚未达到的那些项的预测,并把它们的总量表现为大到没有任何经验性的综合能够达到,因而世界的量就会在回溯之前(即使只是否定地)得到确定了,而这是不可能的。因为世界的量并没有通过任何直观(按其总体性)被给予我,因而这个总体性的量也根本没有在回溯之前被给予我。因此我们对于世界的自在的量根本不能说什么,就连说在它里面会发生一个 regressus in infinitum② 也不行,而是必须仅仅根据那条把它里面的经验性回溯确定下来的规则去寻求关于它的量的概念。但这条规则所说的只不过是,不管我们在经验性条件的序列中可以走多么远,我们在任何地方都不应当假定一个绝对的边界,而是必须使每一个现象作为有条件的而从属于作为其条件的另一个现象、因而向另一

A519
B547

A520
B548

---

　　①　所以这个世界序列既不会比自己的概念唯一基于其上的那个可能的经验性回溯更大,也不会比它更小。并且由于这个回溯既不能给出确定的无限的东西,但同样也不能给出确定的有限的东西(绝对的受限制者):那么由此可见,我们既不能把世界的量看作有限的,也不能看作无限的,因为这个(由以使世界的量得到表现的)回溯不容许这两者中的任何一种情况。——康德

　　②　拉丁文:无限的回溯。——译者

个现象继续前进,这就是 regressus in indefinitum①,它由于没有在客体中确定任何量,而可以与那种无限的回溯充分明确地区别开来。

因此我就不能够说:世界按照经过的时间或者按照空间来说是无限的。因为这一类关于作为给予的无限性的量的概念在经验性上、因而也在作为一个感官世界的对象的直观中,是完全不可能的。我也不会说:从一个给予的知觉开始到所有那些在一个序列中既在空间上又在经过的时间上限制这知觉的东西的回溯,是进行到无限的;因为这就预设了无限的世界大小;我也不会说:世界大小是有限的;因为这种绝对的边界在经验性上同样是不可能的。因此我对于经验的整个对象(感官世界)将什么也不能说,而只能谈及经验应当据以与其对象相适合地被加以处理并继续下去的那个规则。

所以对由世界的量而引起的宇宙论问题的第一个并且是否定的回答是:世界在时间上没有最初的开端,在空间上也没有最后的边界。

因为在相反的情况下,世界就会一方面通过空的时间、另一方面通过空的空间而受到限制了。既然世界作为现象,决不可能本身自在地是这两者中的任何一种情况,因为现象不是自在之物本身,那么,对这种限制的一个知觉就会必须通过完全空的时间或空的空间而是可能的了,而凭这种知觉,世界的这些终点就会在一个可能经验中被给予出来了。但一个这样的在内容上完全空洞的经验是不可能的。所以一个绝对的世界边界在经验性上、因而是完全地不可能的②。

由此也就同时得出了这个肯定的回答:在世界现象序列中的回溯作为对世界的量的一种确定是 in indefinitum③ 进行的,而这也就等于说:感官世界没有任何绝对的量,相反,经验性的回溯(唯有通过它,感官世界才能在其条件方面被给予出来)有自己的规则,即从序列的每一个作为有条件者的项任何时候都还要前进到一个更远的项(不论是通过特有的经验,还是通过历史的

A521
B549

A522

---

① 拉丁文:不限定的回溯。——译者
② 人们会注意到:这个证明在这里是以和上面第一个二律背反的反题中的独断论方式完全不同的方式进行的。在那里我们曾按照通常的独断论表现方式让感官世界被看作本身先于一切回溯而按其总体性被给予出来的自在之物,并且假如这个总体性没有占据一切时间和一切空间,我们就根本剥夺了它在时间空间中的任何一个确定的位置。因此那个推论也不同于这里的推论,因为它当时推出了感官世界现实的无限性。——康德
③ 拉丁文:不限定地。——译者

线索,还是通过结果及其原因的链条),并且任何时候都不要免除对自己知性　B550
的这种可能的经验性运用加以扩展的任务,而这甚至也是理性在其诸原则方
面的真正的和唯一的工作。

　　一种在某一类现象中不停地继续下去的特定的经验性回溯并不是通过这
种方式而预先得到规定的,例如人们从一个活着的人出发必须永远在一个祖
先序列中上溯,而不指望有一对最初的夫妇,或是在诸天体的序列中上溯,而
不允许有一个最终的太阳;相反,所要求的只是一个从现象到现象的前进,哪
怕后面这些现象也许并不会给出任何现实的知觉(如果这知觉对我们的意识
来说在程度上太弱而不能成为经验的话),因为尽管如此这些现象毕竟是属
于可能经验的。

　　一切开端都在时间中,一切广延之物的边界都在空间中。但空间和时间
都只存在于感官世界中。因而只有在世界中的现象是以有条件的方式受限制
的,但世界本身却既不是有条件的、也不是以无条件的方式受限制的。

　　正因为如此,并且由于世界永远也不能整个地被给予,甚至对一个给予的
有条件者的条件序列也不能作为世界序列而整个地被给予,所以世界的量的
概念就只是通过回溯,而不是在回溯之前,而在一个集合的直观中被给予的。　A523
但那种回溯永远只在于量的确定,因而并没有给出任何确定的概念,也并不给　B551
出任何关于一个就某种尺度而言是无限的量的概念,所以这种回溯并不是进
行到(仿佛是给予了的)无限,而是进行到不确定地远,以便把一个最先通过
这一回溯才成为现实的(经验的)量给予出来。

Ⅱ. 对直观中一个给予整体的分割的总体性
这一宇宙论理念的解决

　　如果我分割一个在直观中被给予的整体,那么我就在从一个有条件者进
向其可能性的诸条件。对这些部分的分割(subdivisio 或 decompositio①)就是
在这些条件的序列中的一种回溯。这一序列的绝对总体性只有当这回溯能够
一直达到单纯的部分时才会被给予。但如果一切部分在一个连续进展的分解

――――――――――

　　①　拉丁文:分化或分解。――译者

中又总是可分的,则这个分割、即从有条件者向其诸条件的回溯就 in
infinitum① 进行;因为这些条件(即这些部分)都已包含在这个有条件者本身
中,而由于这个有条件者在一个包括在它的边界之间的直观中整个地被给予
了,这些条件也就全部都一起被给予了。所以这个回溯不仅仅可以被称之为
一个 in indefinitum②,如同前一个宇宙论的理念唯一地被允许的那样,在那里
我应当从有条件者进展到它的诸条件,这些条件在这个有条件者之外、因而不
是通过它而同时一起被给予出来的,而是在经验性的回溯中才首次加入的。
尽管如此,却决不容许对这样一个可被分割至无限的整体说:它是由无限多的
部分所组成的。因为,虽然所有的部分都被包含在整体的直观中了,然而并不
是全部分割都被包含于其中,全部分割仅仅在于继续分解,或在于使序列第一
次成为现实的那个回溯本身。既然这个回溯是无限的,那么虽然它所达到的
一切项(部分)都包含在那个作为聚合体的给予整体中,但并不包含整个分割
的序列,这个序列是无限相继的并永远也不是全部,因而就决不能把无限的总
量及其在一个整体中的总计表现出来。

　　这个总的提示首先很容易应用于空间上。任何一个在其边界中被直观到
的空间都是这样一个整体,其各部分不论怎样分解都又还是些空间,因此是无
限地可分的。

　　由此也就很自然地得出第二种应用,即用于一个被包括在这些空间的边
界之内的外部现象(物体)之上。该现象③的可分性是建立在构成物体这样一
个广延的整体之可能性的那个空间的可分性上的。所以物体是无限可分的,
却并不因此就是由无限多的部分所组成的。

　　虽然看起来好像是:由于物体必须被表现为空间中的实体,物体就空间的
可分性法则而言在此就会不同于这个空间;因为我们很可以承认,这种分解永
远也不会在空间中去掉一切复合,因为那样一来甚至本来不具有任何独立自
存之物的一切空间就都将终止了(而这是不可能的);只不过,说一旦物质的
一切复合都在思想中被取消了,就不会有任何东西剩下来,这一说法似乎是无

① 拉丁文:无限地。——译者
② 拉丁文:不限定地倒退。——译者
③ 埃德曼:指"物体"。——德文编者

法与一个实体的概念相一致的,实体本来应当是一切复合的主体,而且即使实体的各个基质用来构成一个物体的那种空间中的复合关系被取消了,实体也必定会在自己的基质中余留下来。只是那种在现象中叫作实体的东西与我们也许会通过纯粹知性概念对一个自在之物本身所思考的东西的情况并不是一样的。前者并不是绝对的主体,而是感性的持存形态,只是直观而已,在这种直观中没有任何地方找得到无条件的东西。

A526
B554

　　但现在,虽然这条无限前进的规则毫无疑问地发生于对一个作为空间之单纯充满的现象进行再细分时:这条规则却并不适用于下述情况,即如果我们想要把它延伸到以某种方式在给予的整体中已经被分离出来并由此构成一个quantum discretum①的那些部分的总量上去的话。如果认为在每一个被分联②了的(被组织起来的)整体中每一个部分又是被分联了的,认为我们以这种方式在对诸部分进行无限析分时总是会遇到新的精巧部分,一句话,认为整体是被无限分联了的,这将是根本不可设想的,即便物质的各部分在它们被无限分解时有可能都是被分联了的。因为,对一个空间中给予的现象的分割的无限性,其根据唯一地在于,通过这现象所给予的只不过是可分性、即各部分的某种本身绝对不确定的数量,但这些部分本身却只有通过再细分才被给予和确定下来,总之,整体本身不是自在地已经被划分了的。因此分割可以确定整体中达到如我们在对分割进行回溯时所愿意前进到的那么远的一个数量。相反,在一个无限被分联了的有机体那里③,整体恰好由这个概念已经表现为被划分了的,而各部分的一个本身自在地被确定了的但却是无限的数量是先于一切对分割的回溯而在整体中被发现的,由此我们就与自己本身相矛盾了:因为这个无限的进展被看作一个永远也不能完成的序列(无限的),然而却在一个总计中被看作完成了。这个无限的分割只表明现象是 quantum continuum④,

A527
B555

---

　　①　拉丁文:分离的量。——译者
　　②　原文为 gliedern,意为将一个整体分为不同的但又相关联的各部分,属于典型的"包含两个相反涵义"的德文词。权译作"分联"。——译者
　　③　原文为 bei einem ins Unendliche gegliederten organischen Körper,有机体是典型的"分联体"(组织体),即每一个(哪怕最小的)部分都是为着全体,全体也是为着每一部分,部分和全体处于不可分的关联中。康德认为有机体不可还原为与之"分离"的无机的部分,但可向其无限追溯。——译者
　　④　拉丁文:连续的量。——译者

并且与空间的充满是不可分的;因为正是在空间的充满中包含了无限可分性
的根据。但只要某物被假定为 quantum discretum①,那么其中各单位的数量就
是确定的,因此也就总是与某个数目相等的。所以在一个被分联的物体中的
组织可能进行到多么远,这只能取决于经验,即使经验不曾以确定性达到任何
无机的②部分,但这些部分却至少必须包含在可能的经验中。但对一般现象
的先验分割会伸展到多么远,这根本不是什么经验的事情,而是理性的一条原
则,即在对广延之物的分解中按照这现象的本性永远不把经验性的回溯看作
绝对完成了的。

＊　　　　　　＊　　　　　　＊

对数学性的先验理念的解决的结论性评注和
对力学性的先验理念的解决的预先提示

　　当我们在一个表中把纯粹理性由一切先验理念而来的二律背反展示出来
时,由于我们曾指出过这一冲突的根据,并指出过消除这一冲突的唯一手段在
于把对立双方的主张都宣布为假的:所以我们就曾到处把条件表现为按照空
间和时间的关系而从属于被条件所限制的东西,这就是普通人类知性的惯常
预设,而那种冲突也就完全建立在这个预设之上。出于这种考虑,在对一个给
予的有条件者的条件序列中,总体性的一切辩证表象也都曾彻头彻尾具有相
同的性质。当时一个序列总是这样,在其中条件与有条件者作为序列的各项
而连结着并由此而是同质的,在这里回溯必须永远也不被设想为完成了的,或
者说,假如这种事发生的话,就必然会把一个本身是有条件的项错误地看作最
初的、因而是无条件的项。所以虽然我们并不是到处都把客体即有条件者仅
仅按其量来考虑,但毕竟对这有条件者的条件序列作了这样的考虑,而这就存
在着一种困难,它不是通过任何调解、而只有通过完全斩断此结③才可能消

---

　　① 拉丁文:分离的量。——译者

　　② "无机的",原文为 unorganisch,亦可译作"无组织的",与上文的"组织"
(organisierung)一词相关。——译者

　　③ 典出希腊神话,据说佛里癸亚国王戈尔迪打过一个极复杂的绳结,宣称谁能解开它
就将成为整个亚细亚的王,马其顿王亚历山大拔剑斩断此结,成就了伟大的霸业。又译"快刀
斩乱麻"。——译者

除,这个困难就在于,理性使事情变得对知性来说要么太长,要么太短,以至于知性永远也不可能跟上理性的理念。

但我们在这样做时曾忽视了一个本质的区别,这一区别普遍存在于那些客体、即那些理性力图将之提升到理念上来的知性概念之间,因为按照我们前面的范畴表,有两种范畴意味着对现象的数学性的综合,而其他两种范畴则意味着对现象的一种力学性的综合。到目前为止本来倒也完全可以忽视这种区别,因为正如我们在一切先验理念的普遍表象中曾经总是只停留在现象中的诸条件之间一样,我们在两种数学性的先验理念中同样也曾只拥有在现象中的对象。但现在由于我们进展到了知性的力学性的诸概念,只要它们应当适合理性的理念,则那种区分就是重要的了,它向我们展示了理性所纠缠于其中的那种争执的一种全新的景观,这种争执由于它以前曾被作为建立在双方都是虚假的预设之上的而驳回过,现在则由于在力学性的二律背反中或许会有这样一个能够与理性的要求共存的预设,它就可能从这种观 A530
点出发、并在法官对双方都误解了的法律根据的缺陷作了弥补时,得到使双 B558
方都感到满意的调解,这一点在数学性的二律背反的争执那里是不可能做到的。

诸条件序列,就我们只是着眼于它们的延伸而言,当然就全都是同质的:不论它们是与理念相适合,还是它们要么对于理念来说太大,要么又太小。不过,作为这些理念的基础的那个知性概念,要么只包含有一个同质的东西的综合(这种同质的东西在任何量那里不论是在它的复合中还是在它的分割中都被预设了),要么还包含有一个不同质的东西的综合,这种不同质的东西无论是在因果联结的力学性综合中,还是在必然的东西和偶然的东西的力学性的综合中,至少都是可以被允许的。

由此就得出,在现象序列的数学性联系中只有感性的条件能够进来,即这样一种条件,它本身也是序列的一部分;相反,这些感性条件的力学性序列却还允许某种不同质的条件,它不是序列的一部分,而是作为单纯理知的而处于序列之外,由此理性就得到了满足,而无条件者就被置于现象之先,却并不因 A531
此使任何时候都是有条件的那些现象的序列变得混乱和违背知性诸原理地被 B559
打断。

正是由于力学性的诸理念允许在现象序列之外有这些现象的一个条件,

即一个本身并不是现象的条件，这就发生了某种与二律背反①的后果完全不同的事情。就是说，这种二律背反曾导致了两个辩证的相反主张不得不都被宣布为虚假的。反之，力学性序列中与作为现象的力学性序列不可分的无一例外的有条件者，是和那种虽然在经验性上是无条件的、但也是非感性的条件连结着的，它一方面满足知性，另方面也满足理性②，因为那些试图以这样那样的方式在单纯现象中寻求无条件的总体性的辩证论证都被废除了，相反，那些以这种方式校正了意义的理性命题就可能在两方面全都是真的；而这在那些单纯涉及到数学性的无条件的统一性的宇宙论理念那里是决不可能发生的，因为在它们那里，除了本身也是现象并作为现象而一起构成序列的一项的那个条件之外，再找不到现象序列的任何条件了。

A532
B560

Ⅲ. 把世界事件从其原因加以推导的总体性 这个宇宙论理念的解决

我们只能就发生的事情设想两种不同的原因性，一种是按照自然的，一种是出自自由的。前一种是在感官世界中一个状态与它按照一条规则跟随其后的前面状态的连结。既然诸现象的原因性基于时间条件，而前面的状态假如任何时候都是存在着的也就不会带来任何在时间中才初次产生的结果：那么发生或产生出来的事情的原因的原因性也是被产生的，并且按照知性的原理本身又需要一个原因。

A533
B561

相反，我所说的自由在宇宙论的理解中就是自行开始一个状态的能力，所以它的原因性并不是按照自然规律又从属于另外一个按照时间来规定它的原因。自由在这种意义上就是一个纯粹的先验理念，它首先不包含从经验中借来的任何东西，其次它的对象也不能在任何经验中被确定地给予，因为一切经验的可能性本身的法则就在于，一切发生的事情都必须有一个原因，因而这个原因的原因性作为本身是发生或产生出来的，又必须有一个原因；而这样一来

---

① 哈滕斯泰因认为在"二律背反"前面应加上"数学性的"。——德文编者
② 因为知性决不容许在现象之间有任何本身在经验性上是无条件的条件。但如果一个理知的、因而不是作为一项而属于现象序列的条件可以在一个（现象中的）有条件者身上被回想起来，却丝毫也不因此而破坏经验性条件的序列：那么这样一个条件就有可能被承认为在经验性上无条件的，结果并不会因此对经验性的连续回溯造成任何损害。——康德

整个经验领域不管它延伸到多么远就都变成了单纯自然的一个总和。但由于以这种方式在因果关系中的诸条件的任何绝对总体性都不可能被弄清楚,理性就为自己设立了能够自行开始行动的某种自发性的理念,而不允许预先准备一个另外的原因再来按照因果联系的法则去规定这个自发性的行动。

值得特别注意的是,以这个自由的先验理念为根据的是自由的实践概念,前者在后者中构成了历来环绕着自由的可能性问题的那些困难的真正契机。在实践的理解中的自由就是任意性对于由感性冲动而来的强迫的独立性。因为一种任意就其(通过感性的动因而)被病理学地刺激起来而言,是感性的;如果它能够成为在病理学上被迫的,它就叫作动物性的(arbitrium brutum①)。人的任意虽然是一种 arbitrium sensitivum②,但不是 brutum③,而是 liberum④,因为感性并不使它的行动成为必然的,相反,人身上具有一种独立于感性冲动的强迫而自行规定自己的能力。

A534
B562

很容易看出,假如感性世界中的一切原因性都只是自然,那么每个事件都将是在时间中按照必然规律而为另一个事件所规定,因而,由于诸现象就其规定着任意而言必然会使任何行动作为其自然后果而成为必然的,所以在取消先验自由的同时就会把一切实践的自由也根除了。因为实践自由的前提在于,虽然某物并没有发生,但它本来应当发生,因而它的原因在现象中并没有如此确定,以至于在我们的任意中不包含有某种原因性,这种原因性独立于那些自然原因,甚至违抗自然的强制力和影响而产生某种在时间秩序中按照经验性规律被规定的东西,因而完全自行开始一个事件序列。

所以在这里就发生了一般说来在一个敢于超出可能经验边界的理性的冲突中所遇到的事情,即该课题真正说来不是自然之学的⑤,而是先验的。因此自由的可能性问题虽然纠缠着心理学,但由于它基于单纯的纯粹理性的辩证论证之上,它连同其解决一起就必须只是先验哲学所从事的工作。先验哲学不能够拒绝对这问题作出一个满意的回答,为了使先验哲学能够做到这一点,

A535
B563

---

①　拉丁文:动物性的任意。——译者

②　拉丁文:感性的任意。——译者

③　拉丁文:动物性的。——译者

④　拉丁文:自由的。——译者

⑤　原文为 physiologisch,见本书 §.13 译者注。——译者

我首先必须尝试通过一个说明对它在这个课题上的处理方式作出更进一步的规定。

　　假如诸现象是自在之物本身,因而空间和时间是自在之物本身的存有形式:那么诸条件将会和有条件者一起任何时候都作为各项而属于同一个序列,而在目前的情况下由此也就产生了一切先验理念所共同的二律背反,即这些序列不可避免地必然会对知性来说不是失之于太大,就是失之于太小。但是在这一节和下一节中我们所要讨论的那些力学性的理性概念却有这样一个特点:由于它们不涉及一个作为量来看的对象,而只涉及对象的存有,我们就甚

A536
B564

至可以不管这些条件序列的量,在这些序列那里重要的只是条件对有条件者的力学性关系,以致我们在自然和自由问题上已经遇到的困难就在于,自由是否在任何地方哪怕有可能存在,而如果它存在,它是否能够与因果性的自然规律之普遍性一起共存;因而,说世界中的每一个结果必须不是出自自然就是出自自由,这是否是一个正当的选言命题,还是宁可说,双方可以在同一个事件那里在不同的关系上同时发生。有关感官世界中一切事件按照不变的自然规律之通盘关联的那条原理,其正确性已经作为先验感性论的原理确定下来而不受任何侵害了。所以问题只是在于:是否尽管如此,在按照自然而被规定的同一个结果方面也可以有自由发生,还是自由通过那条不可损毁的规则而完全被排除了。而在这里,对现象的绝对实在性的这种虽然常见、但却具有欺骗性的预设马上就显示了它淆乱理性的有害影响。因为,如果现象就是自在之物本身,那么自由就不可能得到拯救。这样一来,自然就是每个事件的完备而自身充分的规定性原因,而这些事件的条件就任何时候都只是被包含在诸现

A537
B565

象的序列中,这些现象连同其结果都是必然处于自然规律之下的。相反,如果诸现象只被看作它们实际上所是的东西,即不是被看作自在之物,而是只看作依据经验性法则而关联着的诸表象,那么这些现象本身就必须还拥有本身并非现象的根据。但一个这样的理知的原因就其原因性来说是不被现象所规定的,虽然它的结果能显现出来并因而能被别的现象所规定。所以这个理知的原因连同其原因性存在于序列之外;反之它的结果却是在经验性诸条件的序列之中被发现的。所以这个结果就其理知的原因而言可以被看作自由的,但同时就诸现象而言可以被看作按照自然必然性而来自现象的后果;这样一种区分,如果以普遍的和完全抽象的方式阐述出来,必然会显得极其玄妙和晦

涩,但它在应用时就将得到澄清。在这里我只想指出一点:由于一切现象在自然的某种前后联系中的普遍关联是一条丝毫不爽的规律,这种规律当人们想要固执地追随现象的实在性时,就必然会使一切自由都遭到颠覆。因此那些在这里追随通俗意见的人永远也做不到使自然和自由相互一致起来。

与自然必然性的普遍规律相一致的

自由的原因性的可能性

A538

B566

　　我把那种在一个感官对象上本身不是现象的东西称之为理知的。因此,如果在感官世界中必须被看作现象的东西本身自在地也有某种能力,这种能力并非任何感性直观的对象,但它凭借这种能力却可以是诸现象的原因:那么我们就可以从两方面来看这个存在者的原因性,既按照其行动而把它看作理知的,即看作一个自在之物本身的原因性,又按照这行动的结果而把它看作感性的,即看作感官世界中的一个现象的原因性。因此我们关于一个这样的主体的能力将会造成对它的原因性的一个既是经验性的、同时也是智性的概念,这两者是在同一个结果中一起发生的。在对一个感官对象的能力进行设想的这样一种两面性,与我们关于诸现象和某个可能经验所能造成的那些概念中的任何一个都不矛盾。因为,既然这些现象不是自在之物,它们必须以某种先验对象为基础,这种先验对象把它们规定为单纯的表象,那么就没有什么阻止我们在这个先验对象由以显现的属性之外也赋予它某种原因性,这种原因性不是现象,虽然它的结果仍然还是在现象中被碰到的。但每一个起作用的原因都必然有一种**品格**,即它的原因性的一条法则,舍此它就根本不会是什么原因了。于是我们就会在一个感官世界的主体身上,首先,拥有一种经验性的品格,借此它的行动作为现象就会与其他现象按照固定的自然规律而彻头彻尾地处于关联之中,并有可能从作为其条件的其他现象中被推导出来,从而与这些现象结合着而构成自然秩序的一个唯一序列的各项了。其次,我们将必须还容许它有一种理知的品格,借此这个主体虽然是那些作为现象的行动的原因,但这种品格本身并不从属于任何感性的条件,并且本身不是现象。我们也可以把前一种品格称之为一个这般在现象中之物的品格,把后一种品格称之为这个自在之物本身的品格。

A539

B567

　　于是这个行动的主体按照其理知的品格就不会从属于任何时间条件,因

为时间只是现象的条件,但却不是自在之物的条件。在这主体中不会有任何

A540　行动产生或消灭,因而它也不会服从一切时间规定的、一切变化之物的法则:

B568　这一切**发生的事情**都将会在(先前状态的)诸现象中找到自己的原因。一句
话,它的原因性就其是智性的而言根本不会处于使感性世界中的事件成为必
然的那些经验性条件的序列中。这种理知的品格虽然永远不可能直接被认
知,因为我们除了它所有显现出来的东西之外不能知觉到任何东西,但它毕竟
必须按照经验性的品格来设想,如同我们一般说来必须在思想中把一个先验
的对象当作诸现象的基础那样,尽管我们对这个对象自在地本身是什么一无
所知。

　　所以按照其经验性的品格,这个主体作为现象将是服从依据因果联结的
规定的一切法则的①,就此而言,它无非是感官世界的一部分,其结果正如任
何其他现象一样是从自然中不可避免地涌流出来的。一旦外部现象流到它里
面来,而它的经验性的品格即它的原因性的法则也通过经验而被认识,则它的
一切行动就会都必须能够按照自然规律来解释,而对这些行动进行完全的和
必然的规定所必需的一切就必然会在一个可能经验中找到了。

A541　　　但按照其理知的品格(虽然我们对它所能拥有的无非只是这主体的普遍

B569　概念),同一个主体却必须被宣告不受感性和由现象而来的规定的任何影响,
而由于在它里面就其作为本体而言没有任何事情发生,见不到任何需要力学
性的时间规定的变化,因而见不到与作为原因的现象的任何联系,所以这个活
动的存在者就此而言将会在自己的行动中不依赖于并且摆脱一切自然必然性
这种只在感性世界中才见到的东西。我们关于这个主体就会完全正确地说,
它自行开始了它在感官世界中的结果,而不是这个行动在它里面开始了自身;
这一点在下述情况下也会有效,即这些在感官世界中的结果并不因此而可以
自行开始,因为它们在其中任何时候都是由先前时间中的经验性条件、但毕竟
只是借助于(仅仅是理知品格的现象的)经验性的品格而预先得到规定的,并
且只是作为自然原因的序列的延续才是可能的。这样,自由和自然,每一方在
自己完全的意义中,就会在同一些行动上,按照我们把它们与自己的理知的原

---

　　① 原文为"以规定的一切法则为依据而服从因果联系的",兹据埃德曼校。——德文
编者

因还是感性的原因相比较,而没有任何冲突地同时被找到。

对与普遍的自然必然性相联结的

自由这个宇宙论理念的阐明

A542

B570

　　我曾同意首先勾勒出对我们的先验问题加以解决的轮廓,以便我们能够由此更好地通观理性在解决这一问题时的进程。现在我们要详细说明真正决定这一问题的裁决的各个关键性的契机,并对每个契机加以特别的考察。

　　这条自然规律,即一切发生的事情都有一个原因,该原因的原因性即这个行动,由于在时间中先行,并且考虑到一个在此产生出来的结果,本身不可能是一直存在了的,而必须是发生的,它也会在诸现象中有自己由以得到规定的原因,因而在自然秩序中一切事件都是经验性地得到规定的:这条诸现象由以能够首次构成一个自然并充当一个经验的对象的规律是一条知性的规律,它是不允许以任何借口被偏离、或是有任何一个现象例外的;因为否则我们就会把这个现象置于一切可能经验之外,但由此就会把它与可能经验的一切对象都区别开来、并使它成为单纯的思想物和某种幻影了。

A543

B571

　　但即使在这里看起来好像只是一个在对其条件的回溯中根本不许有任何绝对的总体性的原因链条,然而这种疑虑却根本不会妨碍我们;因为它已经在对理性当它企图在现象序列中进到无条件者时所陷入的二律背反的一般评判中被消除了。如果我们愿意屈服于先验的实在论的幻觉,那么就既没有自然也没有自由余留下来。在这里问题只是:如果人们在一切事件的整个序列中单纯承认自然必然性,那么是否还有可能把这同一个在某方面只是自然结果的事件在另一方面仍然看作自由的结果,还是在这两种不同性质的原因性之间会碰到一个直接的矛盾。

　　在现象里的诸原因中肯定不可能有任何能够绝对地自行开始一个序列的东西。每一个作为现象的行动就其产生一个事件而言本身就是一个事件,或一个以另一状态为前提并会在其中找到原因的事机(Ereignis),所以一切发生的事情只是一个序列的继续,而任何自行发生的开端在这序列中都是不可能的。所以自然原因在时间系列中的一切行动本身又是一些在时间序列中同样预设了自己的原因的结果。以前不曾存在的某物由以发生的某种本源的行动是不能从现象的因果联系中来指望的。

A544

B572

但是,难道当结果都是现象时,它们的那些本身也是现象的原因的原因性就必须只是经验性的,这也是必然的吗?并且难道不是更有这种可能,即虽然每个在现象中的结果固然需要按照经验性的原因性规律与其原因相连结,然而这个经验性的原因性本身却有可能丝毫也不中断它与自然原因的关联,却仍然并非经验性的原因性的结果、而是理知的原因性的结果?后者也就是一个原因的就现象而言是本源的某种行动的结果,所以这原因就此而言不是现象,而是按照这种能力来说是理知的,尽管它此外又必须作为自然链条的一项而整个地一起被归入感官世界之中。

我们需要诸现象相互之间的原因性这条原理,以便寻求各种自然事件的自然条件即现象中的原因,并能把它们指出来。如果承认这一点并且不以任何例外使它被削弱的话,那么在自己的经验性运用中在一切事机里只看到自然、并且也有理由这样做的那个知性,就拥有了一切它所能够要求的东西,而自然性的解释就使自己无阻碍地正常进行。于是假定甚至此外的事想必都只是虚构出来的,这丝毫也不会破坏这个进程,如果我们假定,在那些自然原因中也会有一些这样的原因,它们具有一种本身只是理知的能力,因为这种能力为了行动而作的规定决不是基于经验性的条件,而是基于知性的单纯根据,但毕竟,这个原因的在现象中的行动是符合经验性的原因性的所有规律的。因为以这种方式行动的主体就会作为 causa phaenomenon① 而和自然一起被啮合在一切自然行动的不可分离的依赖关系中,而只有这个主体的 phaenomenon②(连同它在现象中的一切原因性)才会包含某些条件,这些条件如果我们想要从经验性的对象上升到先验对象的话,就必然会被看作是单纯理知的。因为只要我们在有可能是诸现象底下的原因的东西中遵守自然规则,那么我们就可以不去操心在我们通过经验性的方式所不知道的先验主体中会对这些现象及其关联设想出怎样一种根据来。这个理知的根据根本不去纠缠经验性的问题,而是只涉及例如纯粹知性中的思想,并且虽然纯粹知性的这种思想和行动的结果是在现象中发现的,然而这些结果却同样必须能够按照自然规律由它们在现象中的原因而得到完全的解释,因为我们把它们的单

A545
B573

A546
B574

---

① 拉丁文:现相的原因。——译者
② 拉丁文:现相。据哈滕斯泰因,疑为"本体"(noumenon)之误。——德文编者

纯经验性的品格作为至上的解释根据来遵守,而把作为这品格的先验原因的理知的品格完全当作不知道的而放过去了,除非理知的品格只借助于经验性的品格来充当自己的感性符号。让我们把这一点应用于经验。人是感官世界的现象之一,就此而言也是自然原因之一,其原因性必须从属于经验性的法则。因此他作为这样一种原因也像其他自然物一样必须具有一种经验性的品格。我们是通过他在其结果中所表现出来的力量和能力而发觉这种品格的。在无生命的自然或具有动物生命的自然那里我们没有找到任何根据来设想什么不同于单纯以感性为条件的能力。不过,通常仅仅只是通过感官而知道整个自然的人,也通过单纯的统觉来认识他自己,也就是在他根本不能归于感官印象的那些行动和内部规定中认识自己,他对他自己来说当然一方面是现相(Phänomen),但另方面,亦即就某些能力而言,则是一个单纯理知的对象,因为他的行动根本不能归入感性的接受性中。我们把这些能力称之为知性和理性,尤其后者是完全真正地和卓越地与一切经验性的力量区分开来的,因为理性只是按照理念来考虑自己的对象并据此来规定知性,然后知性就对自己的(虽然也是纯粹的)概念作一种经验性的运用。 A547 B575

　　于是这个理性具有原因性,至少我们在它身上设想着一种原因性,这一点从我们在一切实践的事情中作为规则而加在实行的力量之上的那些命令中就看得很清楚。应当表达某种必然性,以及那种在整个自然中本来并不出现的与诸种根据的连结。知性从整个自然中只能认识到什么是现有的,或是有过的,或是将会有的。在自然中应当有某种不同于在这一切时间关系中实际上所有的东西,这是不可能的,甚至连这个应当,如果我们只是着眼于自然进程的话,也就完全没有任何意义了。我们根本不能够问:在自然中什么是应当发生的;正如也不能问:一个圆应当具有怎样一些属性一样;而只能问在自然中发生了什么,或圆具有哪些属性。

　　于是这个应当就表达了一种可能的行动,这行动的根据不是别的,而只是单纯的概念;相反,关于一个单纯自然行动的根据任何时候都必须是一个现象。于是当这个应当被指向这种行动时①,这种行动当然就必须在自然条件之下才是可能的;但这些自然条件不涉及任意本身的规定,而只涉及任意在现 A548 B576

---

　　① 哈滕斯泰因校作"当这种行动被指向应当时"。——德文编者

象中的结果和后果。不论在此可能有多少推动我去意愿的自然根据,有多少感性的刺激,它们都不可能产生出应当来,而只能产生一个远非必然的、而是任何时候都是有条件的意愿,相反,对于这种意愿,理性所宣布的应当则以克制和目的、甚至禁止和尊重与之相抗衡。不论所意愿的是一个单纯感性的对象(快适)或者甚至是一个纯粹理性的对象(善),理性都不向经验性地被给予的那种根据让步,也不遵循像在现象中所体现的那样一些事物的秩序,而是以完全的自发性给自己制定一种自己特有的依据着理念的秩序,理性使经验性的诸条件适合于这些理念,并且甚至按照这些理念而把那些毕竟没有发生而且也许不会发生的行动宣称为必要的,但仍然对这一切预设了:理性在对这些行动的关系中能够拥有原因性;因为舍此,理性就不会指望从自己的理念得到在经验中的结果了。

A549
B577   现在让我们停留在这里,并至少当作可能的来假定:理性确实对现象而言有原因性;那么,这种原因性尽管它本身也是理性,它却仍然必须由自己显示出一种经验性的品格,因为每个原因都预设了一条规则,按照这条规则,某些现象将作为结果随之而来,而每种规则都要求诸结果的一律性,这种一律性建立了一种(作为一种能力的)原因的概念,我们可以把这个原因概念就其必须单从现象来说明而言叫作这个规则的经验性的品格,这品格是持存不变的,然而那些结果则按照伴随而来的并且部分是有局限的诸条件的差异性而显现于种种变化的形态中。

    这样,每个人都有他的任意的一种经验性的品格,这种品格无非他的理性的某种原因性,只要这种原因性在其现象中的结果上显示出一条规则,根据这条规则我们可以将理性的动机及其行动按照其种类和程度来接受,并能对他的任意的那些主观原则进行评判。由于这种经验性的品格本身必须从作为结果的现象中、以及从这些现象的提供出经验来的那个规则中引出来:所以人在现象中的一切出自经验性的品格和其他共同起作用的原因的行动都是按照自然秩序而被规定的,并且如果我们有可能把人的任意之一切现象一直探索到

A550
B578 底,那就决不会有任何单独的人的行动是我们不能肯定地预言并从其先行的诸条件中作为必然的来认识的。所以在这种经验性的品格方面没有任何自由,但唯有按照这种品格我们才能考察人,如果我们只是想**观察**人,并如同在人类学中所做的那样,从自然之学上研究人的行动的动因的话。

　　但如果我们在与理性的关系中对这同样一些行动加以考虑,确切地说,不是联系到思辨理性,以便按照这些行动的起源来解释它们,而是完全单独地就理性是产生这些行动本身的原因而言;总之,如果我们把它们与理性在实践的方面进行比较,那么我们就会发现一种完全不同于自然秩序的规则和秩序。因为那时也许这一切本来都不应当发生,但它们却按照自然过程而发生了,并且必然是按照其经验性的根据而不可避免地发生的。但有时我们发现、或至少是相信发现了,理性的这些理念现实地证明了它们在作为现象的人的行动方面的原因性,这些行动之所以发生,不是由于它们被经验性的原因所规定,不是的,而是由于它们被理性的根据所规定。

　　现在,假定我们可以说:理性对于现象有原因性;难道这时它的行动,尽管在其经验性的品格中(以感官的方式)是完全被精确规定的和必然的,仍然可以叫作自由的吗?这种经验性的品格又是在理知的品格中(以思维的方式)被规定的。但后一种方式我们并不认识,而是通过现象来表示它,这些现象本来只是把感官的方式(经验性的品格)直接提供给我们认识的①。于是行动就其应归于作为其原因的思维方式而言,却根本不是按照经验性的规律从这种思维方式中,就是说,从纯粹理性的诸条件先行的方式中得出来的,而只是从纯粹理性在内感官的现象中的结果先行这种方式中得出来的。纯粹理性作为一种单纯理知的能力并不服从时间形式,因而也不服从时间次序的诸条件。理性在理知的品格中的原因性并不产生,或者说绝不在某一个时间中起始以便产生一个结果。因为否则的话,它本身就会服从于现象的一种自然规律了,因为这规律是按照时间来规定因果序列的,而这样一来,这种原因性就会是自然、而不是自由了。所以我们就可以说:如果理性可以对现象具有原因性,那么它就是这样一种能力,通过它,诸结果的一个经验性的序列的感性条件才首次开始。因为处于理性中的这个条件不是感性的,因而本身并不开始。这样一来,据此就发生了我们在一切经验性的序列中所找不到的事:一个诸事件的前后相继序列的条件本身可以是在经验性上无条件的。因为在这里该条件外

A551
B579

A552
B580

---

　　①　因此,行动的真正的道德性(功与过),哪怕我们自己的行为的道德性,对我们都仍然是隐藏着的。我们的责分只能够与经验性的品格相关。但其中有多少是自由的纯粹作用,有多少应归因于单纯的自然和气质上的无辜的缺陷或是幸运的性状(merito fortunae,命运的功劳),这是永远不可探究的,因此也不能按照完全的公正来加以校准。——康德

在于现象序列(而在理知的东西中),因而就不服从任何感性条件和由先行
的①原因而来的时间规定。

　　然而,正是这同一个原因在另外一种关系中也属于现象序列。人本身就
是现象。他的任意具有一种经验性的品格,这种品格是他的一切行动的(经
验性的)原因。在按照这种品格规定人的那些条件中,没有任何一个不是被
包含在自然结果的序列之中并属于其规律的,根据这一规律,根本不可能找到
时间中发生的事在经验性上无条件的原因性。因此任何给予的行动(由于它
们只能作为现象而被知觉到)都不可能是绝对自行开始的。但关于理性我们
却不能够说,在它于其中规定着任意的那个状态之前先进行着一个另外的、该
状态本身在其中得到规定的状态。因为既然理性本身不是任何现象,也根本
不服从任何感性条件,那么在它里面,甚至在它的原因性的概念中,都不会发
生时间次序,所以也不能把按照规则来规定时间次序的那条自然的力学性规
律应用于它之上。

　　所以理性是人在其中得以显现出来的一切任意行动的持存性条件。这些
行动中的每一个还在它发生之前就已经在人的经验性的品格中预先被规定
了。在理知的品格方面,那个经验性的品格只是它的感性的图型,这里任何在
前或随后都是根本无效的,而每个尽管与其他现象共处于时间关系中的行动
都是纯粹理性的理知品格的直接结果,因而纯粹理性是自由行动的,并没有在
自然原因的链条中从力学性上受到外部的或内部的、但按照时间是先行的那
些根据的规定,而它的这种自由我们不能够仅仅消极地只看作是对经验性条
件的独立性,(因为那样一来理性能力就会不再是诸现象的一个原因了),而
是也可以通过一种自行开始诸事件的一个序列的能力而积极地表明出来,以
至于在理性本身中并没有开始任何东西,相反,它作为每个任意行动的无条件
的条件,不允许超越它之上有任何在时间上先行的条件,然而它在现象序列中
的结果却毕竟开始了,只是它在这序列中永远不可能构成一个绝对最初的
开端。

A553
B581

A554
B582

---

　　①　"先行的"原文为 vorbeigehende,意为"过去了的",疑为 vorhergehende 之误,兹据 1919
年德文版(《哲学丛书》第 37 卷)改正。——译者

　　为了对理性的①调节性原则用一个出自其经验性运用的例子来加以阐明,而不是为了加以证实(因为这一类的证明对于先验的主张来说是不适合的),那么我们就拿一个任意行动来看,例如说一个人用来在社会上造成了某种混乱的一种恶意的撒谎,对此我们首先按照推动这一行动使之从中产生出来的原因来探讨和评判一下,如何才有可能把这行动连同其后果都归因于这个人。人们最初的想法是审查他的经验性的品格,直到这品格的根源,人们在糟糕的教育、不良的交往,部分甚至在某种对羞耻没有感觉的自然天性的恶劣中,寻找这种根源,部分则推给浮躁和轻率;同时人们也没有忽视起诱发作用的机遇的原因。在所有这一切中,人们的处理方式正如一般在研究对一个给予的自然结果起规定作用的那些原因的序列时一样。现在人们即使相信这个　A555 行动就是由此而被规定的,却并不减少对这个行为者的指责,确切地说,并不　B583 由于他的不幸的自然天性,由于影响着他的那个环境,甚至也不由于他向来所过的那种生活方式,而减少对他的指责,因为人们预设了,我们可以完全撇开他这种生活方式是如何造成的不管,把这些条件的流逝了的序列看作未发生的,但却把这一行为看作对先行的状态而言完全是无条件的,就好像这个行为者借此完全自行开始了一个后果序列似的。这种指责是建立在一条理性法则之上的,我们在此把理性看作一个原因,这原因本来是能够和应当不顾一切上述的经验性条件而对人的行为作出另外一种规定的。确切地说,我们决不把理性的原因性看作只是像合力的作用那样,而是看作自在地本身就是完备的,即使感性的动机根本不支持它,反倒完全与之相违背也罢;这一行动被归于他的理知的品格,他在现在正在说谎的这一瞬间中完全是有罪的;因而理性不顾这一行为的所有那些经验性的条件而完全是自由的,而这一行为完全要归咎于理性的失职。

　　我们很容易从这种归咎责任的判断中看出,我们在这里所想到的是理性根本不会由所有那些感性刺激起来,它不会改变自己(即使它的现象、即它在　A556 自己的结果中显示出来的方式改变了也罢),在它里面没有任何规定后起状　B584 态的状态是先行的,因而它根本不属于按照自然规律使诸现象成为必然的那些感性条件的序列。它,这个理性,对于人的一切行动来说在所有的时间关系

―――――――――――

　　①　哈滕斯泰因认为应作"纯粹理性的"。——德文编者

中都是当下的和同样的,但它甚至不在时间之中,并且不陷于例如说一种它先前并不存在于其中的新的状态中;对于这种状态来说它是进行规定的,而不是可被规定的。因此我们不能问:为什么理性没有对自己作出另外的规定? 而只能问:为什么它没有凭借自己的原因性对诸现象作出另外的规定? 但对此是不可能有任何回答的。因为一种另外的理知品格将会给出另外一种经验性的品格,而如果我们说,不论他直到那时所实行的整个生活方式如何,这个行为者毕竟本来是可以放弃撒谎的,那么这就只是意味着,撒谎行为是直接处于理性的威力影响之下的,而理性在其原因性中则不服从现象和时间进程的任何条件,时间的差别虽然也可以造成诸现象的各自相对而言的某种主要差别,但由于这些现象不是自在的事物本身,因而也不是自在的原因本身,则时间的差别也就不可能造成行动在与理性的关系中的任何差别。

A557
B585
　　所以我们借助于对那些自由行动的评判,在它们的原因性上只能达到理知的原因,但却不能超出这个原因;我们可以认识到这个原因能够是自由的,即能够独立于感性来确定的,并且能以这种方式而成为诸现象的感性上无条件的条件。但为什么理知的品格恰好在现有的情况中给出了这些现象和这种经验性的品格,这远远超出了我们理性的一切能力所能够回答的范围,甚至远远超出了理性哪怕只是提出问题的一切权限,就好像我们去问:我们的外部感性直观的先验对象为什么恰好只给出了在空间中的直观而不是任何别的直观一样。不过,我们所要解答的课题丝毫没有使我们有义务回答这些问题,因为它只是这样一个课题:自由是否在同一个行动中与自然必然性相冲突,而对此我们已作了充分的回答,因为我们指出了,由于在自由中可能存在着与完全另外一类条件的关系,不同于在自然必然性中的那类条件,后者的法则并不能影响前者,因而两者能够相互独立地和互不干扰地发生。

＊　　　　＊　　　　＊

A558
B586
　　必须高度注意的是:我们本来并不想凭借这一点就把自由的现实性作为包含着我们感官世界诸现象的原因的那些能力之一的现实性来加以阐明。因为,除了这种考察根本不会成为任何仅仅与概念打交道的先验的考察之外,它也没有可能成功,因为我们从经验中永远也不能推论出某种完全不必按照经验法则来思考的东西。此外,我们本来就连自由的可能性也根本不想证明;因为这也是不会成功的,这是由于我们一般说来根本不可能从单纯先天概念中认识任何实在根据的和任何原因性的可能性。自由在这里只是被作为一个先验的理念来对待的,理性通过它而想到凭借这个感性上无条件者去绝对地开始现象中的那个诸条件序列,但却在此卷入到一个与它自己为知性的经验性运用所颁布的那些法则的二律背反中去了。现在,使这个二律背反基于一个单纯的幻相,而使自然与出自自由的原因性至少并不相冲突,这就是唯一我们曾经能够做到的,也是我们曾经唯一关心的事情。

Ⅳ.诸现象在其一般存有上的从属性的
总体性这个宇宙论理念的解决

A559
B587

在前一小节(Ⅲ.)中我们考察了感官世界在其力学性的序列中的各种变化,在那里每一个变化都附属于另一个作为它的原因的变化;现在诸状态的这个序列只被我们用作引导,以便达到一个有可能是一切变化之物的最高条件的存有,即达到必然的存在者。在这里所涉及到的不是无条件的原因性,而是实体本身的无条件的实存。所以我们面前的这个序列真正说来只是诸概念的序列,而不是诸直观在一个直观是另一个直观的条件时的序列。

但很容易看出:既然在诸现象的总和中一切都是变化的,因而在存有中是有条件的,在这个附属的存有的序列中就不可能在任何地方有什么无条件的、其实存是绝对必然的项,所以假如诸现象就是自在之物本身的话,它们的条件连同那个无条件者却正好因此就会总是属于同一个诸直观的序列,一个作为感官世界诸现象的存有之条件的必然存在者就会永远也不可能发生了。

A560
B588

但这个力学性的回溯本身所具有的特别之点和与数学性的回溯不同的地方就在于:由于数学性的回溯真正说来只涉及到部分复合为一个整体或整体分裂为其各部分,这个序列的条件就总是必须被看作这个序列的部分,因而被看作同质的,所以也就必须被看作诸现象,反之,在力学性的回溯中,由于并不涉及由给予的各部分而来的一个无条件的整体的可能性,或是对于某个给予的整体有一个无条件的部分的可能性,而是涉及把一个状态从它的原因推导出来,或把实体的偶然的存有本身从必然的实体中推导出来,这个条件就可以不是很有必要去和无条件者一起构成一个经验性的序列。

所以在摆在我们面前的这个表面上的二律背反那里就还给我们敞开着一条出路,即所有双方相互冲突的命题在不同的关系中可以同时都是真的,以至于一切感官世界之物绝对都是偶然的,因而也总是只具有经验性上有条件的实存,然而对于这整个序列也会有一种非经验性的条件,即一种无条件的必然存在者。因为后者作为理知的条件根本不会作为这个序列的一项(就连它的最高项也不是)属于这个序列,并且也不使这个序列的任何一项成为经验性上无条件的,而是让整个感官世界留在自己的经过一切项而前进的、经验性上有条件的存有中。所以在这里,这样一种把一个无条件的存有作为诸现象的基础的方式就会与前一小节中那种经验性上无条件的原因性(即自由)有所不同,即在自由那里作为原因的物本身(Substantia phaenomenon①)毕竟还是属于条件序列的,而只有它的原因性被设想为理知的,但在这里,必然的存在者必须完全在感官世界的序列之外(作为 ens extramundanum②)并单纯从理知上来设想,唯有这样才能够防止它屈从于一切现象的偶然性和附属性的法则。

A561
B589

所以,理性的这条调节性的原则就我们的这个课题而言就是:在感官世界中的一切都具有经验性上有条件的实存,并且在感官世界中任何地方就属性来说都决不会有一种无条件的必然性:这个条件序列中没有任何一项是我们不必再去在可能经验中期待和尽可能地寻求其经验性的条件的,并且没有任何东西使我们有权从外在于经验性序列的一个条件中推导出某种存有来、或是甚至把这个存有看作在这个序列本身中也是绝对独立自主的,但尽管如此,由此却根本不否定这整个序列不会被建立在某个理知的存在者之中(这种存在者因此就摆脱了一切经验性的条件,反倒包含着所有这些现象的可能性根据)。

A562
B590

但在这里的意思根本不是说要证明一个存在者的无条件必然的存有,或者哪怕只是要在此之上建立感官世界诸现象的实存的单纯理知条件的可能性,而只是正如同我们限制理性,使得它不离开经验性条件的线索而迷失在超验的和不能作任何具体描述的解释根据之中那样,因而也在另一方面限制单纯经验性的知性运用的法则,使得它不会对一般物的可能性作出裁断,也不会把理知的东西,即使它不能被我们运用来解释诸现象,就因此而宣布为不可能的。所以由此而表明的只是,一切自然物及其一切(经验性的)条件的无例外

---

① 拉丁文:现相的实体。——译者
② 拉丁文:超出世界之物。——译者

的偶然性完全有可能很好地与一个必然的、虽然只是理知的条件这样一种任意的预设相共存,所以在这两种主张之间并不会发现任何矛盾,因而它们可以双方都是真的。哪怕一个这样的绝对必然的知性存在者自在地是不可能的,然而这一点绝对不可能从一切属于感性世界的东西的普遍的偶然性和附属性中推论出来,也绝对不可能从"只要感官世界的任何一项是偶然的就不要停留于其上、而要援引世界之外的一个原因"这条原则中推论出来。理性在经验性的运用上按常规进行,而在先验的运用上则按特殊的方式进行。

A563
B591

　　感官世界所包含的无非是现象,但这些现象只是些表象,它们总又是以感性为条件的,而由于我们在这里永远也不拥有自在之物本身作我们的对象,所以不必奇怪为什么我们永远也无权从经验性的序列①的不论是哪一项跳到感性的关联之外,就好像这是在这些现象的先验根据之外实存着的自在之物本身,而我们为了在现象之外寻求这些现象存有的原因,可以让这些自在之物留在那里似的;这种情况对于那些偶然的物当然最终必定会发生,但不是对于那些有关物的单纯表象,这些表象的偶然性本身只是现相[Phänomen],并且除了能够导致对这些现相进行规定的也就是经验性的回溯外不能导致任何别的回溯。但对诸现象即感官世界设想一个理知的根据并设想这根据摆脱了感官世界的偶然性,这是既不与在现象序列中的无限制的经验性回溯相对立,又不与这些现象的无一例外的偶然性相对立的。但这也是我们唯一可以做到并且唯一能够以这种方式来做的对这种表面上的二律背反的消除②。因为,如果对每个有条件者(按照存有来说)每次的条件都是感性的,并正因为如此也是属于这个序列的,那么它本身也就又是有条件的了(正如第四个二律背反的反题所证明的)。这样一来,要么就必然还是留有与那个要求无条件者的理性的冲突,要么这个在序列之外的无条件者就必须被置于理知的东西中,这种理知的东西的必然性既不需要又不允许任何经验性的条件,因而或者更确切地说在现象上是无条件地必然的。

A564
B592

　　理性的这种经验性的运用(就感官世界中存有的诸条件而言)并不会由于承认了一个单纯理知的存在者而受到影响,相反,这种运用将按照无一例外

---

　① 原文"序列"为复数,埃德曼认为应作单数。——德文编者
　② "消除"原文为 Hebung,在德文中兼有"消除"和"提升"二义。——译者

的偶然性的原则从经验性的条件走向那些永远同样是经验性的更高的条件。但同样,这个调节性的原理当涉及到理性的(在目的方面的)纯粹运用时也不排除对一个不在这序列中的理知原因的假定。因为那种假定这时只意味着一般感性序列的可能性的那个对我们来说仅仅是先验的和未知的根据,这个根据的不依赖于感性序列的一切条件并对这些条件而言是无条件地必然的存有,根本不是与那些条件的无限制的偶然性相对立的,因而也不是与在经验性诸条件的序列中的任何一处都不会结束的回溯相对立的。

A565
B593

对纯粹理性全部二律背反的结论性评注

只要我们借助于我们的理性概念仅仅把感官世界中诸条件的总体性以及在这总体性方面可以为理性所用的东西当作对象,那么我们的这些理念就虽然是先验的,但却还是宇宙论的。但一旦我们把无条件者(事情真正说来毕竟要涉及到它)置于完全外在于感官世界、因而在一切可能经验之外的东西之中,那么这些理念就成为超验的了;它们不是仅仅被用来完成理性的经验性的运用(这种运用①始终是一个永远也不能实现但却必须追随的理念),而是与这种运用完全分离开来,并且自己给自己造出一些对象,它们的材料不是从经验中取来的,它们的客观实在性也不是基于经验性序列的完成,而是基于纯粹先天概念。这样一类超验的理念具有一个单纯理知的对象,承认这样的对象是一个我们此外对之一无所知的先验的客体,这当然是被允许的,但对这个先验对象,为了将它作为一个可以通过其不同的和内部的谓词加以规定的物来思考,我们在自己这方面既没有(作为不依赖于一切经验概念的)可能性的根据,也没有假定这样一个对象的丝毫辩护理由,因此这就是一个单纯的思想物。然而在一切宇宙论理念中那个尽管曾引起了第四个二律背反的理念却迫使我们大胆地迈出了这一步。因为诸现象的那种在自己本身中根本没有任何根据而永远只是有条件的存有,要求我们去寻求某种与一切现象区别开来的东西、因而寻求一个使这种偶然性由以停止下来的理知对象。但由于一旦我们接受了这种许可,即允许在全部感性领域之外假定一个独立自存的现实,而诸现象只被看作这样一些本身是理智的存在者表象理知对象的一些偶然的表

A566
B594

---

① 埃德曼认为"运用"应为"完成"。——德文编者

象方式①:那么我们就没有其他办法,而只剩下类比,我们依据这种类比来利用那些经验概念,以便关于我们对其本身不具有丝毫知识的那些理知之物还是为自己制造出某种概念来。由于我们只有通过经验才能认知偶然的东西,而在这里所谈的却是那些根本不应当是经验对象的事物,所以我们将不得不把对它们的知识从那本身就是必然的东西中,从关于一般物的纯粹概念中推导出来。因此我们在感官世界之外所采取的第一步就迫使我们从关于绝对必然的存在者的研究来开始我们的新知识,并且从这种存在者的概念中推导出关于一切本身仅仅是理知的东西的物的概念,而这一尝试就是我们要在下面一章中来着手的。

A567
B595

第三章 纯粹理性的理想

第一节 一般的理想

我们在上面看到,没有任何感性的条件而凭借纯粹知性概念不可能表象任何对象,因为缺乏这些对象的客观实在性的条件,而在这些概念中所找到的无非是思维的单纯形式。然而如果我们把这些概念应用于诸现象上,它们就可以得到具体的描述;因为在这些现象上它们就真正有了构成经验概念的材料,这种经验概念无非是具体的知性概念。但理念比起范畴来还要更加远离客观实在性;因为不可能找到任何它们能够得以具体表现出来的经验。这些理念包含有任何可能的经验性的认识都够不着的某种完备性,而理性在它们那里只怀有一个系统的统一性的意向,理性力图使经验性的可能的统一性去接近这种系统的统一性,却任何时候也不会完全达到它。

A568
B596

但比理念显得还要更远离客观实在性的就是我称之为理想的东西,我把

---

① 哈滕斯泰因认为此句应改为:"……假定一个独立自存的现实,那么诸现象就必须只被看作……"[加上"那么……就必须",以与"一旦"相呼应],或"但一旦我们接受了这种许可,即允许……"[去掉"由于",使下面的主句与"一旦"(而不是与"由于")相呼应]。——德文编者

它理解为不单纯是具体的、而且是个体的理念,即作为一种个别之物、唯有通过理念才能规定或才被完全规定之物的理念。

人性在其整个完善性中不仅包含有对属于这一本性的、构成我们的人性概念的一切本质属性的扩展,一直扩展到与人性的目的完全重合,而这将是我们对完善人性的理念;而且也包含有除了这概念之外一切属于这个理念的通盘规定的东西;因为在一切相互对立的谓词中只有唯一的一个谓词能够与最完善的人的理念相适合。凡对我们是一个理想的东西,在**柏拉图**看来就是一个神圣知性的理念,一个在神圣知性的纯粹直观中的单独的对象,即可能存在者的每一类中的那个最完善者,以及现象中一切摹本的那个原始根据。

A569
B597

但不用如此铤而走险,我们也不得不承认人类的理性不仅包含理念,而且也包含理想,这些理想虽然不像柏拉图的理想那样具有创造性的力量,但毕竟具有实践的力量(作为调节性的原则),并且给某些行动的完善性的可能性提供着根据。道德的诸概念并不完全是些纯粹的理性概念,因为它们要以某种经验性的东西(愉快或不愉快)为根据。然而它们就理性借以给本身无规律的自由建立限制的那种原则来说(因而如果我们只注意它们的形式的话),是完全能够被用作纯粹理性概念的例子。德行,以及连同它一起的、在其完全纯洁性中的人类智慧,都是理念。但(斯多亚派的)圣贤是一种理想,即一种仅仅在思想中实存的人,但这种人与智慧的理念是完全重合的。正如理念提供规则一样,理想在这种情况下就是用作摹本的通盘规定的蓝本,而我们所具有的衡量我们行动的标尺,无非是我们心中这种神圣的人的行为,借此我们对自己进行比较、评判,并由此而改进自己,虽然这个标尺是永远也不可能达到的。这些理想,虽然我们不可能承认它们的客观实在性(实存),但毕竟不因为这一点就可以被看作是幻影,而是充当了理性的一个不可缺少的标尺,理性

A570
B598

需要关于某个在其种类中完全完备的东西的概念,以便评估和测量不完备的东西的程度和缺陷。但要把这个理想在一个实例中即一个现象中实现出来,例如在一本小说中把圣贤实现出来,这是不适宜的,此外还有某种不合情理而很少令人满意的地方,因为使这个理念中的完备性不断遭到破坏的那些自然的局限,就使这样一种尝试中的所有幻觉都成为不可能的,由此就使包含在这理念中的善成为本身可疑的而近似于某种单纯的虚构了。

理性的理想就是这样一种情况,它任何时候都必须基于那些确定的概念

并被用作规则和蓝本,不论是来遵守还是来评判。想象力的那些创作则是完全另一种情况,没有人能够对此加以解释和给出一个可以理解的概念,仿佛是一些草图,它们只是些个别的、也就是①不按任何指定的规则来确定的轮廓,这些轮廓与其说构成一种确定的形象,不如说构成一种仿佛在不同经验的平均值中浮现出来的图样,诸如此类的轮廓是画家和面相学家自称在他们头脑中所拥有的,这些轮廓据说是他们的作品乃至他们的评判的某种不可传达的影像。这些轮廓,虽然只是在非严格意义上,可以被称之为感性的理想,因为它们据说是可能的经验性直观的不可达到的典范,然而却并不充当任何能够进行解释和检验的规则。 A571
B599

　　相反,理性以其理想所要达到的则是按照先天规则所作的通盘规定;因此理性设想出一个应当可以按照原则来通盘规定的对象,虽然对此还缺乏经验中的充分条件、因而这概念本身是超验的。

第二节　　先验的理想(Prototypon transzendental②)

　　每一个概念对于在它本身中不包含的东西都是不确定的,并且从属于这条可确定性的原理:在每两个相互矛盾地对立着的谓词中只有一个可以归之于这概念,该原理是基于矛盾律的,因此是一条单纯逻辑的原则,它抽掉了一切知识的内容,而仅仅只着眼于知识的逻辑形式。

　　但每一个物按其可能性来说都还要从属于这条通盘规定性的原理,按此原理,在诸物的一切可能的谓词中,就这些谓词被拿来与它们的反面相比较而言,必然有一个谓词是应归于这物的。这并不仅仅是基于矛盾律;因为它③除了两个相互冲突的谓词的关系外,还在与全部可能性的关系中、即与一般物的一切谓词的总和的关系中来看待每一物,并且由于它把这种全部可能性预设为先天的条件,所以它把每一物表现得如同是从其在那个全部可能性中所拥 A572
B600

---

①　原文为 obzwar(虽然),兹据维勒校为 und zwar(也就是)。——德文编者

②　拉丁文:先验的原型。——译者

③　"它"原文为"es",埃德曼认为应作"er",指前述"通盘规定性原理",下面的两个"它"与此同。——德文编者

有的份额里推导出自己特有的可能性一样。① 所以通盘规定这一原则所涉及
的是内容，而不仅仅是逻辑的形式。它是一切应当造成一物之完备概念的那
些谓词的综合的原理，而不只是通过两个对立谓词之一而来的分析性表象的
原理，它包含有某种先验的预设，即对构成一切可能性的质料的预设，而这质
料则应当先天地包含有构成每一物之特殊的可能性的材料。

A573
B601

　　一切实存者都是被通盘规定了的，这个命题不仅意味着在每一对相互对
立地被给予了的谓词中总有一个应归于实存者，而且也意味着在一切可能的
谓词中总有一个应归于它；通过这个命题不仅仅是各个谓词相互间被从逻辑
上加以比较，而且是物本身与一切可能谓词的总和被先验地加以比较。这个
命题所说的无非是：为了完全认识一物，我们必须认识一切可能的东西，并由
此而不论是肯定性地还是否定性地对它加以规定。这个通盘的规定因而就是
一个我们永远也不能按其总体性来具体描述的概念，所以它是建立在一个只
在理性中占有其位置的理念之上的，理性给知性颁定了它的完备运用的规则。

　　现在，虽然关于一切可能性的总和的这个理念，就这总和作为条件而成为
对每一物进行通盘规定的基础而言，在可能构成这个总和的那些谓词上本身
还是未规定的，而我们由此所思考的也无非是所有一般的可能谓词的总和，但
在进一步的研究中我们却发现，这个理念作为原始概念是排除大量的通过其
他谓词已经被给予的派生谓词、或是不能互相并存的谓词的，它把自己纯化为
一个先天地得到通盘规定的概念，并因此成了有关一个单独对象的概念，这对
象通过这单纯的理念而得到通盘规定，因而必须被称之为纯粹理性的一个
理想。

A574
B602

　　如果我们对一切可能的谓词不只是从逻辑上，而且是先验地，也就是按照
在它们身上可以被先天思考的它们的内容来考虑的话，那么我们就会发现，通
过一些谓词所表现的是一种存在，通过另一些谓词所表现的是一种单纯的非
存在。仅仅通过"不"这个词儿所表明的逻辑上的否定，真正说来与一个概念

---

　　① 所以，通过这条原理，每一物就与一个共同的相关物、即与全部可能性联系起来了，
这全部可能性（即构成一切可能谓词的材料）假如在某个唯一之物的理念中被发现的话，它将
会通过该唯一物之通盘规定的根据的同一性而证明一切可能之物的亲和性。任何一个概念
的可规定性都是服从于两个对立谓词之间的排中律的**普遍性**（一般性）的，但对一个物的规定
则是服从于一切可能谓词的**全体性**（完备性）或总和的。——康德

没有任何关联,而是只与这概念对另一概念在判断中的关系有关联,所以它远远不能充分地就一个概念的内容来描述这个概念。"不死的"这种说法根本不能够让我们认识到,对象上的某种单纯的非存在由此而被表象出来了,而是让一切内容都原封不动。相反,一个先验的否定意味着那个与先验的肯定相对立的自在的非存在本身,先验的肯定则是一个某物,它的概念自在地本身已经表达了一个存在,因此被称之为实在性(事实性),因为诸对象唯有通过先验的肯定并在它所达到的范围内才是某物(物),反之,与此对立的否定则仅仅意味着一种缺乏,凡是只有这个否定被思考之处,所表现的就是一切物的取消。 A575 B603

于是,没有人能够确定地设想一个否定却不把那个相对立的肯定作为基础的。天生的盲人不可能使自己对黑暗有丝毫的表象,因为他没有任何光明的表象;野蛮人不知道贫穷,因为他不知道富裕。①② 无知的人对自己的无知没有任何概念,因为他对科学知识没有任何概念,如此等等。所以甚至对诸否定的一切概念都是派生的,而那些实在的东西则包含有对于一切物之可能性和通盘规定的材料和所谓质料,或先验内容。

所以如果把一个先验的基底作为我们理性中的通盘规定的基础,这个先验的基底仿佛包含有全部材料储备,因而事物的一切可能的谓词都能够由此取得,那么这个基底就无非是关于实在性的一个大全的理念(omnitudo realitatis③)。这样,一切真实的否定就只不过是限制,这些限制假如不以无限制的东西(大全)为基础的话就不能被称之为限制了。 A576 B604

但也是通过对实在性的这种全有,一个自在之物本身的概念就作为一个被通盘规定了的概念而表象出来了,而一个 entis realissimi④ 的概念就是一个单独存在者的概念,因为在其规定中发现了一切可能的对立谓词中的一个谓词,也就是那个绝对属于存在的谓词。所以这就是一个先验的理想,它为在一

---

　　① 天文学家的观察和计算告诉我们许多值得惊奇的东西,但最重要的却是,他们向我们揭示了无知的深渊,没有这种知识人类理性是永远也不可能设想这深渊有如此巨大的,关于这一点的反思必然会在对我们的理性运用最终意图的规定中带来很大的变化。——康德

　　② 维勒认为这个注释应置于下一句末尾。——德文编者

　　③ 拉丁文:实在性的全体。——译者

　　④ 拉丁文:最实在的存在者。——译者

切实存的东西那里都必然被发现的那种通盘规定奠定了基础,并构成了这些东西的可能性的至上的和完备的质料条件,而对一般对象的一切思维按其内容来说都必须归结到这个条件。但这也是人类理性所能提出的唯一真正的理想;因为只有在这个唯一的情况下,关于一物的自身普遍的概念才被自己本身所通盘规定、并作为有关一个个体的表象而被认识。

对一个概念通过理性所作的逻辑规定是基于一个选言的三段式推理,在其中,大前提包含一种逻辑的划分(对一个普遍概念的范围的分割),小前提把这个范围限制到某一个部分,而结论则通过这个部分对该概念加以规定。

A577
B605

对一般实在性的普遍概念不能被先天地划分,因为我们没有经验就不知道实在性的任何一个会包含在那个类之下的确定的种。所以这个通盘规定着一切物的先验的大前提无非是一切实在性的总和的表象,它不是仅仅一个把一切谓词都按照其先验内容把握在自身之下的概念,而是将它们包括在自身之中的概念,而对每一物的通盘规定都是基于对实在性的这个大全的限制,因为这个实在性的某些部分被赋予了该物,但其他部分却被排除了,这是与选言大前提的“要么……要么”及与该对象通过小前提中这一划分的诸肢之一而来的规定相一致的。因此理性由以使先验理想成为自己对一切可能之物的规定的基础的那种运用,是与它在选言三段论推理中所据以运作的那种运用类似的;而这就是我在前面曾当作一切先验理念的系统划分之根据的原理,按照这条原理,这些理念是与这三种三段论推理平行和相应地产生出来的。

不言而喻,理性为了这一意图、即为了只是设想对物的那种必然的通盘规定,并不会去预设这样一个符合这一理想的存在者的实存,而只会预设它的理

A578
B606

念,以便从通盘规定的一个无条件的总体性中推导出那有条件的规定、即对受限制的东西的规定。所以这个理想对于后面这种规定来说是一切物的蓝本(Prototypon①),一切物全部都是作为不完善的摹本(ectypa②)从它那里取来自己的可能性的材料,同时一切物都或多或少地接近于这蓝本,但任何时候离达到它都还差得无限远。

这样一来,诸物的一切可能性(即在其内容上的杂多之综合的一切可能

---

① 拉丁文:原型。——译者
② 拉丁文:副本。——译者

性)就被看作是派生的了,而唯一只有那个把一切实在性包含在自身之中的物之可能性才被看作是本源的。因为一切否定(它们终究是唯一地能够借以使一切其他存在者与最实在的存在者区别开来的谓词)都只不过是对一个更大的、并最终是对那个最高的实在性的一些限制,因而它们预设了这种实在性,并且在内容上只是从这实在性中推导出来的。诸物的一切杂多性只是对这个作为诸物之共同基底的最高实在性概念进行限制的同样杂多的方式,正如一切图形都只有作为对无限空间进行限制的各种不同方式才是可能的一样。因此理性的理想的那个仅仅处于理性中的对象,也被称之为原始存在者(ens originarium①),就它在自己之上没有任何东西而言,称之为最高存在者(ens summum②),而就一切事物作为有条件者从属于它之下而言,则称之为一切存在者的存在者(ens entium③)。但所有这一切并不意味着一个现实的对象与其他事物的客观的关系,而是意味着理念对诸概念的关系,并且让我们对由一个存在者的实存而来的如此例外的优先权停留在完全的无知中。

　　但由于我们也不能说一个原始存在者是由许多派生的存在者所构成的,因为每一个派生的存在者都预设了那个原始存在者、因而并不能构成它,所以,原始存在者这个理想也必须被设想为单纯的。

　　因此,把一切其他的可能性从这个原始存在者中推导出来,这严格说也不能被看作是对原始存在者的最高实在性的一个限制,仿佛是对这实在性的一个分割一般;因为那样一来原始存在者就会被看作仅仅是那些派生的存在者的一个聚合体了,而这按照前面所说的是不可能的,尽管我们在开始最初的粗略轮廓中曾这样表述过它。毋宁说,一切物的可能性将会以作为某种根据而不是作为总和的最高实在性为基础,一切物的杂多不是基于对原始存在者本身的限制,而是基于对原始存在者的完备的后果的限制,甚至我们的全部感性,连同现象中的一切实在性都将会属于这种后果,这种实在性并不能作为一个成分而属于最高存在者的理念。

　　现在,如果我们通过把这个理念实体化而跟随我们这个理念到更远的地

A579
B607

A580

---

① 拉丁文:原始存在物。——译者
② 拉丁文:最高的存在物。——译者
③ 拉丁文:诸存在物的存在物。——译者

B608　方,那么我们就可以通过这个最高实在性的单纯概念而把原始存在者规定为一个唯一的、单纯的、完全充足的、永恒的等等的存在者,一句话,在其无条件的完备性中通过所有的云谓关系对它加以规定。一个这样的存在者的概念在先验的理解中来思考,就是关于上帝的概念,所以纯粹理性的理想就是某种先验神学的对象,正如我在前面也已经提到过的那样。

　　然而先验理念的这种运用毕竟就会已经超出了它的规定性和许可性的边界。因为理性只是把这个理念作为一切实在性的概念而建立为一般物的通盘规定的基础,并不要求这一切实在性被客观地给予出来乃至构成一事物。这样一种事物是我们在一个作为特殊存在者的理想中借以概括和意识到我们理念的杂多的一个单纯虚构,我们没有任何权利作这种虚构,甚至无权哪怕是直接假定一个这样的假设的可能性,正如从一个这样的理想中流出来的任何结论与一般物的通盘规定——理念只是为此才是必要的——没有任何关系、并对此不发生丝毫影响一样。

A581
B609　对我们理性的这种运作及其辩证论进行描述是不够的,我们还必须力图揭示辩证论的根源,以便能将这种幻相本身如同对知性的现相所做的那样加以澄清;因为我们所说的理想是建立在一个自然的而不仅仅是任意的理念之上的。因此我要问:理性如何导致了把诸物的一切可能性都看作是从一个唯一的、作为基础的、也就是最高实在性的可能性中派生出来的,并且由此预设了这种可能性是包含在某个特殊的原始存在者之中的呢?

　　答案从先验分析论的商讨中自己显露出来了。感官对象的可能性是这些对象与我们思维的一种关系,在其中有某种东西(即经验性的形式)是可以被先天思维的,但那种构成质料的东西(与感觉相应的东西),即在现象中的实在性,却必须被给予出来,舍此这种关系甚至根本不可能被思维,因而它的可能性也就不能被表现出来了。现在,一个感官对象只有当它被拿来与现象的一切谓词相比较并通过这些谓词肯定地或否定地表现出来时,它才能得到通盘的规定。但由于在其中那构成(现象中的)该物本身的东西、即实在的东西

A582
B610　必须被给予出来,舍此该物甚至根本不可能被思维;而一切现象的实在的东西在其中被给予出来的那个东西却是唯一的无所不包的经验:那么一切感官对象的可能性的质料就必须预设为在一个总和中被给予的,只有基于对这总和的限制,经验性对象的一切可能性、它们的相互区别及它们的通盘规定才有可

能。于是实际上除了感官对象外没有任何对象能够被给予我们,并且只能在一个可能经验的前后关联中被给予我们,所以如果不是把一切经验性的实在性的总和预设为一个对象的可能性条件的话,对我们来说就没有任何东西是一个对象。现在我们按照一种自然的幻觉把这看作一条必然会一般地适用于一切物之上的原理,而这条原理本来只是适用于那些作为我们感官的对象而被给予出来的物的。所以我们就会把我们对作为现象的诸物之可能性的那些概念的经验性原则通过去掉这一限制而看作一般诸物的可能性的一条先验原则。

　　但我们后来就把关于一切实在性的总和的这个理念实体化了,这正是因为:我们把知性的经验运用的分配的统一性辩证地转变成了一个经验整体的集合的统一性,并在这个现象整体上设想一个把一切经验性的实在性都包含于自身内的单一之物,于是这个单一之物就借助于已经提到过的那个先验的偷换,而被混同于某种居于一切物之可能性的顶峰、并为对这些物的通盘规定提供了实在条件的物的概念了。①

A583
B611

第三节　思辨理性推出最高存在者存有的各种证明根据

　　尽管理性有这样一种迫切的需要,即预先设定某种完全能为知性彻底规定自己的概念而奠定基础的东西,然而,理性要发觉这样一种预设的理想性和单纯虚构性是太容易了,以至于不会单凭这点就被说服把它的思维的一个单纯自己的创造立即假定为一个现实的存在物,如果它不是以另外的方式被什么东西所迫,要通过从给予的有条件者回溯到无条件者而在某个地方寻求自

A584
B612

――――――――――

　　①　所以,最实在的存在者这个理想虽然只是一个单纯的表象,却是首先被清楚意识到、也就是被制作成客体,接着被实体化,最后,通过理性的一种完成统一性的自然进程,如我们马上要提到的,甚至被人格化了;因为经验的调节性的[按:维勒认为“调节性的”(regulative)应作“相对的”(relative)。――德文编者]统一性不是基于诸现象本身(仅仅基于感性),而是基于通过知性对感性杂多(在一个统觉中)的连结,因而最高实在性的统一性和对一切事物的通盘可规定性(可能性)看起来就像是处于一个最高的知性中、因而处于一个理智之中。――康德

己的休息地的话。虽然无条件者就其本身和依其单纯概念而言并不是作为现实而被给予出来的，但只有它能够完成那些被引向其根据的诸条件的系列。这就是每个人的理性、哪怕最普通的理性都在采取的自然进程，虽然并非每个人的理性都在这上面坚持不懈。人类理性不是从概念开始的，而是从普通经验开始的，所以是以某种实存之物为基础的。但如果这个基地不是立足于绝对必然之物这块不可动摇的磐石上，它就会沉陷。但如果这不可动摇的磐石的外面和底下还有空的空间，而且如果不是它本身充满着一切并因此不再给"为什么"留下任何余地，亦即它就其实在性而言不是无限的，那么，它自己就会失去支撑而悬浮起来。

　　如果有物（不论何物）实存，那么也必须承认总有某物以必然的方式实存。因为偶然之物只有在一个作为其原因的其他偶然之物的条件下才实存，而对这个原因又继续适用这一推论，直到一个非偶然地、正因此也无条件必然地存有的原因。这就是理性前进到原始存在者所依据的那个论证。

A585
B613　　于是，理性到处寻找一个作为无条件的必然性而与这一优先实存相适合的存在者概念，不是为了这样一来就从这存在者概念中先天地推出它的存有来（因为如果理性胆敢这样干，那它完全只须在纯然概念之间进行研究，而不必以一个给予的存有作为基础），而只是为了在可能之物的一切概念中找到那个自身不包含任何与绝对必然性相冲突的东西的概念。因为对于终归必须有某种绝对必然的某物实存着，这一点理性按照前一个推论就已经看作是决定了的。既然理性可以把一切和这种必然性不相容的东西都去掉，只除开一个东西，那么这个东西就是那绝对必然的存在者，而不论我们是否能理解它的必然性，亦即是否能把这种必然性单从其概念中推出来。

　　于是看起来，那样一个东西，即它的概念对一切"为什么"而言包含"就为这"，而它的任何部分和任何方面都是无缺损的，在任何地方作为条件都是充分的，这个东西正因为如此，就是适合于绝对必然性的那个存在者，因为这个东西由于自身具有一切可能之物的所有条件，而本身不需要任何条件，甚至不能有这种条件，因而至少在这一点上是符合无条件的必然性这个概念的，在这A586
B614方面没有任何别的概念能够与它并肩而立，别的概念由于是有缺陷的和需要补充的，它们没有表现出不依赖于一切其他条件的任何这样一种特征。的确，从这里还不能肯定地推出：凡是自身不包含最高的及在一切方面都完备的条件的东西,也因此而本身必定是在其实存上被条件所规定了的;但它毕竟自身不具有那无条件的存有之唯一的标志,理性掌握这一标志,为的是通过一个先天概念将任何某个存在者作为无条件的来认识。

所以,一个具有最高实在性的存在者这个概念在可能之物的一切概念中是最适合于一个无条件的必然存在者这一概念的,并且,如果它也不完全满足这一概念,那么我们也终归没有别的选择,不能不依据于它,因为我们不可将一个必然存在者的实存置之不顾;但如果我们承认它的实存,我们毕竟不能在可能性的整个领域中发现任何可以对存有中的这样一种优越性提出更有根据的要求的东西。

所以,人类理性的自然进程就具有这样的性质。首先,它确信某一个必然的存在者是存有的。它从这个存在者中看出某种无条件的实存。于是它就去寻求那不依赖于一切条件者的概念,并在那个本身是一切其他事物的充分条件的东西中,亦即在那个包含着一切实在性的东西中,找到了这一概念。但这个没有限制的大全就是绝对的统一性,它具有一个唯一的存在者、也就是最高存在者的概念,于是理性就推论:最高存在者作为一切事物的原始根据,是绝对必然地存有的。

A587
B615

这一概念有一定的彻底性是无可争议的,如果谈到作出决断,也就是说,如果一旦承认了任何某个必然的存在者的存有、而我们又一致同意我们必须为我们要把这个必然存在者置于何处作辩护的话;因为那样一来,我们就不能有更适当的选择,或者不如说我们毫无选择,而是不得不对作为可能性的原始根源的这个完备实在性之绝对统一性表示赞同。但如果没有任何东西逼迫我们去作出决断,如果我们直到有足够分量的证据迫使我们赞同之前,宁可把这整个事情都束之高阁,也就是说,如果这只是牵涉到对于我们有关这一课题知道多少、以及哪怕是我们自以为知道些什么作出评判:那么上述推论就显得远不是如此形象良好,而是需要惠爱(Gunst)来弥补其合法要求上的不足了。

这是因为,如果我们让一切都如同它在此向我们摆明的那样,即首先,对于任何一个给予的实存(也许甚至只是我自己的实存)都有一个正确的推论,推到某个无条件的必然存在者的实存;其次,我必须把一个包含一切实在性、因而也包含一切条件的存在者看作是绝对无条件的,从而以这种方式找到那与绝对必然性相适合之物的概念:那么,从这里毕竟还完全不能推论说,一个

A588
B616

不具有最高实在性的受限制存在者的概念因此就会与绝对必然性相矛盾。因为，尽管我在受限制存在者的概念中没有找到那已具有条件之大全的无条件者，但从中完全不能得出结论说，它的存有正因此而必然是有条件的；正如我在一个假言的理性推论中不能说：凡是不存在某个一定的条件（在这里也就是根据概念而来的完备性的条件）的地方，也就不存在有条件者。毋宁说，我们会随便地让一切其他受限制存在者都同样地被视为无条件地必然的，虽然我们不能从我们对它们所拥有的普遍概念中推论出它们的必然性来。但以这种方式，这个论证并不会给我们带来有关一个必然存在者的属性的最起码的概念，并且在任何方面都丝毫不会有什么成就。

A589
B617

尽管如此，这个论证仍然具有某种重要性，并且有某种还不能因为这个客观上的不充分性而马上就从它那里被剥夺掉的威望。因为，如果假定有一些在理性的理念中完全正当的责任，但是，假如不预设一个能给予实践法则以效果和力度的最高存在者，则这些责任在用于我们自身时就会没有任何实在性，亦即没有动机：那么，我们就会也有一种追踪这些概念的责任，这些概念即使不可能是客观上充分的，但根据我们理性的尺度毕竟是更被看重的，并且和它们相比我们再不知道什么更好而更有确证作用的东西了。对义务的选择在这里将会通过实践的加入使思辨的犹豫不决走出相持状态，甚至理性在作为最严厉的法官的它自己面前，如果不在那些重大动因之中去追随自己判断的这样一些根据，哪怕只是缺乏理解的、但至少我们不知道有什么比它们更好的根据，那就也将找不出任何辩护理由了。

A590
B618

这个论证虽然由于它基于偶然之物的内部不充分性之上，因而事实上是先验的，但却是如此简单而自然，以至于最普通的人的想法一旦被引到这上面来，立刻就会认为是适当的。我们看到事物变化、产生和消失，所以它们、或者至少是它们的状态必定有一个原因。但每次在经验中①有可能给出的任何一个原因，又可以再次受到这种追问。那么我们应当把至上的（oberste）原因性置于何处才更合理呢？除非那里也有最高的（höchste）原因性，就是说，在那种自身本源地包含有充分性来产生一切②可能结果的存在者中，这种存在者

---

① Hartenstein 将"经验"校改为"现象"。——德文编者
② "一切"是据维勒加上的。——德文编者

的概念也是很容易通过无所不包的完善性这个唯一的特性建立起来的。这样,我们就把这个最高的原因看作绝对必然的,因为我们感到绝对有必要上升到它,而没有任何理由还要进一步超出它。所以,我们在一切民族那里都看到,哪怕他们最盲目的多神教里,都还是有几丝一神教的微光透射出来,导致这一点的不是反思和深刻的思辨,而只是普通知性的逐步变得明白起来的自然进程。

从思辨理性证明上帝的存有只能有三种方式

我们为了这一目的所可能选择的所有的途径,要么是从确定的经验及由这经验所认识到的我们感官世界的特殊性状开始,并由此按照因果律一直上升到世界之外的最高原因;要么只是以不定的经验、即经验性地以任何某个存有为基础;要么最后抽掉一切经验,并完全先天地从单纯概念中推出一个最高原因的存有。第一种证明是自然神学的证明,第二种证明是宇宙论的证明,第 A591
三种证明是本体论的证明。没有其他的证明,也不可能有其他的证明。 B619

我将表明:理性按照一条途径(经验性的途径)和按照另一条途径(先验的途径)同样不会有什么建树,而理性张开它的双翼、单凭思辨的力量来超出于感官世界之上,是徒然的。至于这些证明必须在其中得到检验的那个程序,则恰好和逐步扩展的理性所采取的、以及我们最初提出这些证明的那个程序相反。因为将要表明:尽管经验在这方面提供了最初的诱因,但只有先验的概念才在理性的这一努力中引导着理性,并在所有这一切尝试中标出了理性在自己前面设定的目标。所以我将从检验先验的证明开始,然后再来看看,经验性的东西在扩展这一证明的力度上能够添加些什么。

A592
B620

第四节　上帝的存有之本体论证明的
不可能性

从以上所说的很容易看出:一个绝对必然的存在者的概念是一个纯粹理性概念,亦即一个单纯的理念,它的客观实在性凭理性对它的需要还远远没有得到证明,它甚至只对某个一定的、虽然是无法达到的完备性提供了指示,而且真正说来与其说是用来把知性扩大到新的对象上去,不如说是用于限制知性。在这里现在令人感到怪异和荒唐的是,从一个给予的一般存有推论到某个绝对必然的存有似乎是紧要的和正确的,然而我们为了形成这样一个必然性的概念所拥有的一切知性条件却完全与我们相违背。

　　各个时代的人们都谈论过绝对必然的存在者,而并没有像证明它的存有那样也花更多力气去理解我们是否、且如何能够哪怕只是思维这一类的事物。现在,虽然有关这个概念的名义上的解释是很容易的,就是说它是这样一个其非存在是不可能的某物;但通过这种解释,在使一物的非存在被看作绝对不可设想的这一点成为不可能的那些条件方面,我们却丝毫也没有变得更聪明些①,而这些条件本来是我们想要知道的东西,即我们是否通过这个概念在任何地方思考了某物。因为知性为了把某物看作必然的而永远需要的一切条件都借助于"无条件的"这个词而被抛弃掉,这还远不足以使我明白,我是否这样一来就通过一个无条件必然之物的概念还在思考什么东西,或者也许根本没有思考任何东西。

　　更有甚者:对于这个仅仅是冒险碰运气而来的、最后完全成了流行的概念,人们还以为已用大量的例子进行了说明,以致于一切进一步的追问似乎都由于它的清楚明白性而完全不必要了。几何学的任何一个命题,例如一个三角形有三个角,是绝对必然的,于是我们就谈论起一个完全处于我们知性范围之外的对象,好像我们完全清楚地懂得我们借这个对象的概念想要说些什么似的。

　　所有预先给定的例子毫无例外都只是从判断中、却并非从物及其存有中取来的。但判断的无条件的必然性并不是事物的绝对必然性。因为判断的绝对必然性只是事物的有条件的必然性,或者是判断中的谓词的有条件的必然性。上面那个命题并不是说三个角是绝对必然的,而是说在存有了(给予了)一个三角形的条件下,(其中的)三个角也必然是存有的。然而这一逻辑的必然性证明了它的幻觉具有如此巨大的威力,以至于由于人们给自己制造出一个关于某物的先天概念,这个概念就被这样提出来,使得人们根据自己的意见

A593
B621

A594
B622

---

　　① Noiré 将"成为不可能的"校改为"成为必然的",Adickes 则将"不可设想的"校改为"可设想的"。——德文编者

也把存有包括在这概念的范围内,人们由此相信可以有把握地推论:由于存有必然应归于这个概念的客体,也就是在我把此物设定为给予的(实存着的)这一条件之下,则它的存有也会被必然地(根据同一律)设定下来,因而这个存在者本身也会是绝对必然的,因为它的存有在一个随意假定的概念中、并在我设定了这概念的对象这个条件下被一起想到了。

当我在一个同一性判断中取消谓词而保留主词时,就产生出一个矛盾,所以我才会说:那个谓词必然应归于这个主词。但如果我连同谓词一起把主词也取消掉,那就不会产生任何矛盾;因为不再有什么东西能够与之相矛盾的了。设定一个三角形却又取消它的三个角,这是矛盾的;但把三角形连同其三个角一起取消,这没有任何矛盾。一个绝对必然的存在者的概念也正是同样的情况。如果你取消它的存有,你也就把该物本身连同其一切谓词都取消了;这样一来,哪里还会产生矛盾呢? 在外部并没有任何会与之相矛盾的东西,因为该物不应当是由外部而必然的;在内部也没有,因为你通过取消该物本身,已把一切内部的东西都同时取消了。上帝是全能的,这是一个必然判断。如果你设定一位神,也就是一位无限的存在者,其概念与那个全能的概念是同一的,则全能是不能被取消的。但如果你说:没有上帝,那就既没有全能、也没有它的任何一个别的谓词被给予;因为它们已连同主词一起全都被取消了,而这就表明在这个观念中并没有丝毫的矛盾。

所以你已经看到,如果我把一个判断的谓词连同主词一起取消掉,则永远不会产生一个内部的矛盾,而不论该谓词是什么。现在你不再有任何回避的余地,你只能说:有一些根本不能被取消的主词,所以这些主词必须保留下来。但这正好比是说:有一些绝对必然的主体;这个前提的正确性恰恰是我所怀疑、而你想要给我指出它的可能性的。因为对于一个和它的一切谓词一起被取消时还留下某种矛盾的那个东西,我不能形成起码的概念,而没有矛盾,我单凭纯粹先天概念也就不会有不可能性的任何标志。

针对所有这些一般性的推论(这些推论是没有任何人能够拒绝的)你会用一个具体情况来反诘我,你把这个具体情况当作一个事实证据提出来:毕竟有一个、而且只有这一个概念,其对象的非存在或取消本身是自相矛盾的,而这就是最高实在的存在者概念。你会说:它具有一切实在性,而你有权假定这样一个存在者是可能的(我姑且同意这一点,尽管不自相矛盾的概念还远不足以证明该对象的可能性①）。既然在一切实在性下面也包括了存有，那么在关于一个可能之物的该概念中就包含了存有。如果该物被取消，那么该物的内部可能性也就被取消，而这是矛盾的。

　　我的回答是：当你在一个你只想根据其可能性来思考的物的概念中，不论以何种暗藏的名目，已经带进了该物的实存的概念时，你就已经陷入某种矛盾了。如果我们认可你这样做，那么你表面上好像是赢了，但实际上却什么也没有说；因为你只不过是在作同义反复。我会问你：此物或彼物（不论它可能是什么，我都姑且承认它是可能的）实存着，这个命题例如说，是一个分析命题还是一个综合命题？如果它是分析命题，那么你通过该物的存有对你有关该物的观念没有任何增加，但这样一来，要么你心中的观念就必须是该物本身，要么你就预设了一个存有是属于可能性的，然后就以这个借口从内部的可能性中推出这一存有，而这无非是一种可怜的同义反复。"实在性"这个词——它在物的概念里听起来是不同于在谓词的概念里的"实存"这个词的——对此无济于事。因为，如果你把所有的设定（不论你设定什么）都称作实在的，那么你就已经对这个物连同它的一切谓词都设定在主词中了，并假定它是现实的，而在谓词中你只是在重复这点而已。相反，如果你承认——正如每个有理性者都必须明智地承认的那样——，任何一个实存性命题都是综合的，那么你如何还会主张实存的谓词不可以无矛盾地被取消呢？因为这个优点只是分析命题所特有的，正是作为分析命题的特性而建立在它上面的。

　　如果我不是发现了混淆逻辑的谓词和实在的谓词（即一物的规定性）的这种幻觉几乎是拒绝一切教导的话，那我就会希望直截了当地通过对实存概念的一个精确的规定来打破这一挖空心思的论证了。人们可以随心所欲地把任何东西用作逻辑的谓词，甚至主词也可以被自己所谓述；因为逻辑抽掉了一切内容。但规定性却是一个添加在主词概念之上的谓词，它扩大了这个概念。

---

　　① 如果概念不自相矛盾，它就总是可能的。这就是可能性的逻辑标志，凭借这一点，概念的对象就和 nihil negativum［拉丁文：否定的无。——译者］区别开来。只是这个概念一点也不能免于是一个空洞的概念，如果这概念由以产生的综合的客观实在性没有被特别阐明出来的话；但这种阐明任何时候都是（如前所述）基于可能经验的原则之上的，而不是基于分析的原理（矛盾律）上的。这是一个警告，即不要从概念的（逻辑的）可能性马上推出事物的（实在的）可能性。——康德

所以它必须不是已经包含在这个概念之中的。

　　"是"①显然不是什么实在的谓词,即不是有关可以加在一物的概念之上的某种东西的一个概念。它只不过是对一物或某些规定性本身的肯定。用在逻辑上,它只是一个判断的系词。"上帝是全能的"这个命题包含有两个概念,它们拥有自己的对象"上帝"和"全能";小词"是"并非又是一个另外的谓词,而只是把谓词设定在与主词的关系中的东西。现在,如果我把主词(上　A599　帝)和它的一切谓词(其中也包括"全能的")总括起来说:"上帝存在",或者　B627　"有一个上帝",那么我对于上帝的概念并没有设定什么新的谓词,而只是把主词本身连同它的一切谓词、也就是把对象设定在与我的概念的关系中。概念和对象两者所包含的必然完全相等,因此不可能因为我将概念的对象思考为绝对被给予的(通过"它存在"这种表达方式),而有更多的东西添加到这个仅仅表达可能性的概念上去。这样,现实的东西所包含的决不会比单纯可能的东西更多。一百个现实的塔勒②所包含的丝毫也不比一百个可能的塔勒更多。因为,后者在这里意味着概念,前者却意味着对象及其肯定本身,所以,假如前者比后者包含的更多,我的概念就会没有表达出整个对象,因而也就不是该对象的合适的概念。但是在我的财产状况中,现实的一百塔勒比一百塔勒的单纯概念(即一百塔勒的可能性)有更多的东西。因为对象在现实性方面并不只是分析地包含在我的概念中,而是综合地添加在我的概念之上(这概念是我的状态的一个规定),而通过在我的概念之外的这个存在,丝毫也没有对这被想到的一百塔勒本身有什么增多。

　　所以,如果我思维一物,不管我通过什么谓词和通过多少谓词(哪怕在完　A600　全的规定中)来思维它,那么就凭我再加上"该物存在",也并未对该物有丝毫　B628　的增加。因为否则的话,所实存的就并不恰好是该物,而是比我在概念中所想到的更多的东西了,而我也不能说实存着的正好是我的概念的对象了。甚至即使我在一物中除了一种实在性外想到了一切实在性,那么我也不能凭我说这样一个有缺陷的物"实存着"而把那个缺损的实在性补加上去,相反,该物

---

　　①　德文为 Sein,含"是"、"存在"、"有"等意,前文"存有"(Dasein)即来自该词,译者视不同情况采用不同译法。——译者

　　②　原文 Taler,德国钱币。——译者

恰好带着当我想到它时的这种缺陷而实存着,否则就会有不同于我所想到的另一个某物实存着了。现在,如果我想到了一个作为最高的(没有缺陷的)实在性的存在者,那么总是还留下"它是否实存着"这个问题。因为,虽然在我对一般某物的可能的实在内容的概念上没有什么缺少的,但在对我的整个思维状态的关系上仍然缺乏某种东西,这就是:对那个客体的知识也可以是后天才可能的。而这里也就表明了在此所发生的困难的原因。假如所谈论的是一个感官对象,那么我是不能将该物的实存和该物的单纯概念混为一谈的。因为通过概念,对象只是被思考为与一般可能的经验知识的那些普遍条件相一致的,但通过实存,它却被设想为在全部经验的连贯关系中包含着的;因为通过与全部经验的内容相连结,有关对象的概念并没有丝毫的增加,但我们的思维却由这内容而多获得了一种可能的知觉。反之,如果我们想单靠纯粹范畴来思考实存,那就毫不奇怪,我们无法提出任何标志来把实存和单纯的可能性区别开来。

所以,不论我们有关一个对象的概念包含什么及包含多少东西,我们还是不得不超出它,才能把实存赋予它。这在感官对象那里是通过按照经验性规律与我的任何一个知觉发生关联而进行的;但是对于纯粹思维的客体来说,根本不存在任何手段来认识它们的存有,因为这存有必须完全先天地去认识,而我们对一切实存的意识(不论是通过知觉直接地意识,还是通过把某物和知觉连结起来的推论而意识)却是完完全全属于经验的统一性的,在这一领域之外的实存虽然不可以绝对地宣布为不可能,但却是一个我们没有任何办法能为之辩护的预设。

一个最高存在者的概念是一个在好些方面十分有用的理念;但它正因为仅仅是理念,所以完全没有能力单凭自己来扩展我们在实存的东西上的知识。它甚至连在可能性方面教给我们更多的东西也做不到。可能性的分析的标志在于那些单纯的肯定(诸实在性)不产生矛盾,这个标志虽然在最高存在者的概念身上是无可争议的;但既然把一切实在属性连结在一物中是一种综合,其可能性是我们不能够先天判断的,因为这些实在性并没有特别①给予我们,并且即使被这样给予了我们,在其中任何地方也都不会发生什么判断,因为综合

A601
B629

A602
B630

---

① Adickes 将"特别"(spezifisch)校改为"思辨地"(spekulativ)。——德文编者

知识的可能性标志必须永远只在经验中去寻求,但一个理念的对象却不可能属于经验;所以著名的莱布尼茨就远没有做到他所自吹的,即他想先天地洞察一个如此崇高的理想存在者的可能性。

所以,在对一个最高存在者的存有从概念来进行的这个如此有名的(笛卡尔派的)本体论证明那里,一切力气和劳动都白费了,而一个人想要从单纯理念中丰富自己的见解,这正如一个商人为了改善他的境况而想给他的库存现金添上几个零以增加他的财产一样不可能。

A603
B631

第五节 对上帝存有的宇宙论证明的不可能性

想要从一个任意构想的理念中琢磨出与之相应的对象本身的存有来,这种做法可以说是完全不自然的,只是经院派巧智的翻新。事实上,人们也许永远不曾尝试过这种方式,如果不是我们的理性为着一般实存而假定某个必然的某物(我们可以在上升过程中停留于其上)这样一种需要先前曾发生过,并且如果不是理性由于这种必然性必须是无条件的和先天肯定的,而被迫去寻求那个会在一切可能的地方满足这样一种要求、并提供出一个存有来让人完全先天地认识的概念的话。于是人们就相信在一个最实在的存在者的理念中找到了这个概念,所以这个理念就只是被用在对我们从其他方面已经对其必然实存获得过确信或置信的东西的更加确定的知识、也就是对绝对必然的存在者的更加确定的知识之上。然而人们隐瞒了理性的这一自然进程,不是在这个概念上止步,而是试图从它着手以便把存有的必然性从它里面推导出来,但这概念的使命本来只是补充这种必然性而已。于是从这里就产生出了那个不幸的本体论证明,它既没有给自然的健全知性带来什么满足,也没有给严格系统的检验带来什么满足。

A604
B632

我们现在所要研究的这个宇宙论的证明保留了绝对必然性与最高实在性的连结,但它不是像前一个证明那样,从最高实在性中推出存有中的必然性,而是从任何一个存在者的被预先给予的无条件的必然性推出它的无限制的实在性,并在此范围内把一切都至少纳入到了某种我不知道是合理的还是玄想的、至少是自然的推理方式之中,这种推理方式不仅对普通知性、而且甚至对思辨的知性来说都具有最大的说服力;正如它显然也为自然的神学的一切证明拟定了那些最初的方案,人们一直都在追随着并还将继续追随这些方案,哪怕他们现在总是愿意对这些方案用更多的花花草草装点起来和隐蔽起来。对于这个莱布尼茨也称之为 a contingentia mundi① 的证明,我们现在就要来加以说明和进行检验。

这个证明是这样说的:如果有某物实存,那么也必定有一个绝对必然的存在者实存。现在至少我自己实存着,所以一个绝对必然的存在者实存。小前提包含有一个经验,大前提包含有从一个一般经验到必然之物的存有的推论。② 所以这个证明本来是从经验着手的,因而它并不是完全先天地进行的,或者是本体论的,并且由于一切可能经验的对象就叫作世界,所以它也就因此被称之为宇宙论的证明。既然这个证明也抽掉了诸经验对象中这个世界由以能与任何可能世界区别开来的一切特殊属性:所以它在自己的命名中就已经和自然神学的证明区别开来了,后者需要对我们这个感官世界的特殊性状的观察作为证明的根据。

于是这个证明进一步推论道:这个必然的存在者只能以唯一的一种方式、也就是在一切可能的对立谓词方面只通过其中一个谓词而得到规定,所以它必须通过自己的概念而被通盘规定。现在只有唯一的一个有关一物的概念是有可能对该物作先天的通盘规定的,这就是 entis realissimi③ 这个概念:所以最实在的存在者的概念就是某个必然的存在者能借以被思维的唯一的概念,就是说,有一个最高存在者以必然的方式实存着。

在这个宇宙论的论证中汇集了如此之多的玄想的原理,以至于思辨理性在这里看来是动用了它的一切辩证技艺以完成最大可能的先验幻相。然而我们想把对这种辩证技艺的检验暂时放在一边,以便只来揭示它的一个狡计,它利用这个狡计把一个古老的论证以化了装的形态建立为一个新的论证,并援引两种证人的赞同,其中一个是纯粹理性的证人,另一个是经验性的认证,但

① 拉丁文:出自世界的偶然性。——译者
② 这个推论人们太熟悉了,不必要在这里对它多费口舌。它基于原因性的这条被以为是先验的自然律:一切偶然之物都有其原因,这个原因如果又是偶然的,同样也必须有一个原因,直到相互隶属的原因序列不得不在一个绝对必然的原因那里终结为止,没有这个绝对必然的原因,该序列就不会有任何完备性。——康德
③ 拉丁文:最实在的存在物。——译者

这里毕竟只有前者才是唯一的证人,他仅仅改变自己的衣装和声调,以便被当作是第二种证人。为了把自己的根据可靠地建立起来,这个证明立足于经验,并借此把自己打扮成好像它与本体论的证明不同的样子,后一种证明是把自己的全部信任放在纯属先天的纯粹概念之上。但宇宙论证明使用这个经验只是为了跨出唯一的一步,即达到一个一般必然存在者的存有。这个必然的存在者具有怎样一些属性,经验性的证明根据并不能告诉我们,相反,理性在这里完全撇开这种根据而到纯然概念后面去探求:一个绝对必然的存在者一般　A607
必须具有一些什么样的属性,也就是一切可能之物中的哪一个包含有一个绝　B635
对必然性所需要的条件(requisita①)。于是理性就相信仅仅只在一个最实在的存在者概念中发现了这个必需物,并接下来推论:这就是绝对必然的存在者。但很明显,我们在这里作为前提的是,一个具有最高实在性的存在者的概念是完全符合存有中的绝对必然性概念的,就是说,可以从前一概念推出后一概念;这是一个本体论论证所主张的命题,所以我们是在宇宙论的证明中采用了本体论的论证并以此为基础,但这却是我们本来想要避免的。因为这个绝对必然性是一个出自单纯概念的存有。如果我现在说:entis realissimi② 这个概念就是这样一个概念,确切地说就是唯一地与必然的存有相适合并与之相符合的概念,那么我也就必须承认从这个概念中能够推出必然的存有。所以真正说来这只是一个出自纯然概念的本体论证明,本体论证明在所谓的宇宙论证明中包含了所有的证明力,而所谓的经验完全是多余的,也许只是为了把我们引向绝对必然性的概念,但并不是为了在任何一个确定的物上阐明这种绝对必然性。因为只要我们具有这种意图,我们就必须马上抛弃一切经验,而到纯粹概念中去寻找它们中的哪一个可能包含有一个绝对必然的存在者的可　A608
能性条件。但只要这样一个存在者的可能性被以这样的方式洞察到了,那么　B636
它的存有也就被阐明了;因为这不过是说:在一切可能的东西中有一个本身带有绝对必然性的东西,也就是说,这个存在者是绝对必然地实存着的。

　　如果我们以严格学术的方式指明推论中所有的骗人把戏的话,这些把戏是最容易暴露无遗的。在此我们就作一个这样的演示。

---

　　①　拉丁文:必需物。——译者
　　②　拉丁文:最实在的存在物(复数)。——译者

如果"每个绝对必然的存在者都同时又是最实在的存在者"这一命题是正确的(这是宇宙论证明的 nervus probandi①),那么这个命题就必须像一切肯定的判断一样至少能够 per accidens② 来换位,于是就有:有些最实在的存在者同时又是绝对必然的存在者。但现在,一个 ens realissimum③ 与另一个这种存在物丝毫也没有区别,而凡是适用于包含在这个概念之下的一些东西的,也适用于包含于其下的一切东西。因而我就有可能(在这种情况下)甚至进行绝对的换位,就是说,每个最实在的存在者都是一个必然的存在者。既然这个命题只是从它的概念中先天地被规定的,所以这个最实在的存在者的单纯概念也就必然带有这个存在者的绝对必然性;而这正是本体论证明所主张而宇宙论证明所不愿意承认的,然而宇宙论证明却用它作为自己推论的基础,虽然是以隐蔽的方式。

A609
B637

这样,思辨理性为了证明最高存在者的存有而采取的第二条道路就不仅仅与第一条道路同样是欺骗性的,而且本身还有这样一种可指责处,即它犯了一种 ignoratio elenchi④ 的错误,因为它答应把我们引上一条新的路径,但在兜了一小圈之后又把我们带回到为了这条新路我们曾离弃了的那条老路上去了。

我在前面简短地说过,在这个宇宙论的论证中隐蔽地包含有整个一窝辩证的狂妄,先验的批判可以很容易地揭示并打破这一点。我现在只想把它们列举出来,将之留给已经训练有素的读者去对这些欺骗性的原理进行进一步的探查并加以消除。

在此就有例如说,1.那条从偶然之物推出一个原因的先验原理,它只在感官世界中才有意义,但在感官世界之外则连一点意思都没有。因为偶然之物的那个单纯智性的概念根本不能产生出像原因性概念那样的综合命题,而原因性的原理除了仅仅在感官世界中以外也根本没有任何意义和它运用的任何标志;但这条原理在这里却恰好是要用来超出感官世界之外。2.这个推论,即从一个高于一个地被给予的诸原因的一个无限序列之不可能性推出一个最初

A610
B638

① 拉丁文:主要证明根据。——译者
② 拉丁文:偶然地。——译者
③ 拉丁文:最实在的存在物(单数)。——译者
④ 拉丁文:文不对题。——译者

的原因,这是理性本身在经验中的运用的诸原则没有授权我们去做的,更不能把这条原理扩展到超出经验之外(这一链条根本不可能延伸到那里)。3.理性在这个序列的完成方面的虚假的自满自足,这是由于人们最终去掉了一个必然性的任何概念的发生都不能缺少的一切条件,并且由于这样一来人们就不能够再领会任何东西了,所以人们就把这一点看作是自己概念的完成了。4.混淆了有关一切结合着的实在性的(没有内部矛盾的)概念的逻辑可能性与一个这样的综合的可行性原则所需要的先验可能性,但这个可行性原则又只能指向可能经验的领域,如此等等。

宇宙论证明的这种把戏的目的仅仅在于避开那个在本体论上不得不进行的、但我们感到完全没有能力作出的那个证明,即通过单纯概念先天地对一个必然存在者的存有所作的证明。出于这个意图,我们从一个被作为根据的现实的存有(一个一般经验)中尽其可能做到地去推出它的某个绝对必然的条件。这样一来,我们就没有必要解释这个条件的可能性了。因为如果证明了它的存有,那么关于它的可能性的问题就完全不必要了。现在,如果我们想对这个必然的存在者就其性状作更进一步的规定,那么我们就不会去寻找那种足以从其概念中领会到存有的必然性的存在者;因为假如我们能够这样做,那么我们就会不需要任何经验性的前提了;不是的,我们所寻求的只是否定性的条件(conditio sine qua non①),没有它一个存在者就不会是绝对必然的。于是这种做法在从一个给予的后果推出其根据的一切其他的推论方式中都可以正常进行;但恰好在这里很不幸的是,我们对于绝对必然性所要求的那个条件只有在一个唯一的存在者中才能找得到,因此这个存在者必须在其概念中包含绝对必然性所需要的一切东西,并因而使推出这个绝对必然性的一个先天推论成为可能;就是说,我就必须也能作出相反的推论:这个概念(最高实在性的概念)应归于哪个物,该物就是绝对必然的,而如果我不能这样推论(正如我如果想避免本体论的证明就必须承认这一点一样),那么我也就在我这条新的道路上失败了,并再次处于我曾从那里出发的地方。最高存在者的概念很能满足对一物的内部规定所能提出的一切先天问题,因而它也是一个无与伦比的理想,因为这个普遍的概念同时也把这个存在者突出为一切可能之物

A611
B639

A612

①　拉丁文:不可缺少的条件。——译者

B640 中的个体。但这概念却完全满足不了有关它自己的存有的问题,但事情本来就只涉及到这个问题,而我们对于那种假定一个必然存在者的存有、并只想知道一切事物中究竟哪一个必须被看作这样一个存在者的人的询问,则不能回答说:这里的这个东西就是那必然的存在者。

当然,完全可以允许把一个具有最高充实性的存在者的存有假定为一切可能结果的原因,以帮助理性去统一它所寻求的那些解释根据。不过,人们毫无顾忌到如此地步,甚至说:一个这样的存在者必然地实存着,这就不再是对一个被允许的假设的谦虚的表达,而是对一种无可置疑的确定性的大胆僭妄了;因为凡是我们预先确定要作为绝对必然的来认识的东西,对它的知识也都必然带有绝对的必然性。

先验理想的这整个课题取决于:要么为绝对的必然性找到一个概念,要么为关于某一物的概念找到它的绝对必然性。如果我们可以做到其一,我们也就必然能做到其二;因为理性作为绝对必然的来认识的只有那种必然出自自

A613
B641
己的概念的东西。但这两者都完全超出了使我们的知性在这一点上得到满足的一切最大努力,但也超出了使知性由于自己的这种无能而平静下来的一切企图。

我们如此不可缺少地作为一切物的最后承担者而需要的无条件的必然性,对人类理性来说是一个真正的深渊。甚至永恒性,无论哈勒他们将之描绘得如何森然高耸①,都远不能给内心造成这种晕眩的印象;因为永恒性只是衡量诸物的持续性,但不是承担它们。我们既不能抗拒这种思想,但也不能容忍

---

① 哈勒(Haller, Albrecht von, 1708—1777),瑞士诗人、自然科学家、医生,著有《阿尔卑斯山》等;曾有诗咏"永恒性"(此处引用贺麟先生译文):

　　我们积累起庞大的数字,
　　一山又一山,一万又一万,
　　世界之上,我堆起世界,
　　时间之上,我加上时间,
　　当我从可怕的高峰,
　　仰望着你,——以眩晕的眼:
　　所有数的乘方,
　　再乘以万千遍,
　　距你的一部分还是很远。

　　　　　　　　　　　　　　　　　　　　——译者

这种思想:即有一个我们哪怕设想为一切可能的存在者中最高的存在者,仿佛在自己对自己说:我是从永恒到永恒,在我之外除了单凭我的意志而是某物的东西之外无物存在;但我又是由何而来的? 在这里一切都在我们脚下坍塌了,最大的完善性和最小的完善性一样都没有支撑地仅仅悬浮在思辨的理性面前,对它而言,不加任何阻碍地任凭这个和那个都失去也并不算什么。

　　自然界的许多凭借某些结果表现出它们的存有的力对我们而言仍然是无法探明的,因为我们通过观察远不足以对它们寻根究底。为诸现象奠定基础的那个先验客体,以及与它一起,为什么我们的感性拥有这些而不是那些至上 A614的条件的那个根据,对于我们都是并且始终是无法探明的,虽然事物本身已另 B642外被给予了,但就是不被看透。但纯粹理性的一个理想却不能称之为无法探明的,因为除了理性借以完成一切综合的统一那种需要之外,这个理想不能出示自己的实在性的任何证件。所以既然这个理想甚至不是作为可思维的对象被给予出来的①,那么它也就并非作为这样一种对象而无法探明的;毋宁说,它必须作为单纯的理念而在理性的本性中找到它的位置和它的解决方式,从而必须能够加以探究;因为理性恰好就在于,我们对我们的一切概念、意见和主张,不论它们是出自客观的根据,还是当它们只是幻相时出自主观的根据,都能够给予解释。

在关于一个必然存在者的存有的一切
先验证明中的辩证幻相的揭示和澄清

　　至今所进行的两个证明都先验地、即不依赖于经验性原则而被尝试过了。因为宇宙论证明虽然是以某种一般经验为基础的,但它毕竟不是从经验的任何一种特殊性状、而是从纯粹的理性原则出发,在与一个由一般经验性意识所给予的实存的关系中进行的,它甚至抛开了这种引导,以便纯然依靠那些纯粹 A615概念。那么在这些先验的证明中,什么是那个把必然性概念和最高实在性概 B643念连结起来、并把那种毕竟只能是理念的东西实在化和实体化的辩证的,但却是自然的幻相的原因呢? 什么又是不可避免地要在实存的诸物中把某物假定

---

　　①　维勒校作:"即使这个理想一度作为可思维的对象被给予了出来,它也并非……"
——德文编者

为自在地必然的、同时却又在这样一个存在者的存有面前像在深渊面前一样感到畏缩不前的原因呢？我们如何着手让理性在这方面理解自己，并从一种羞羞答答并一再被撤回的赞同的动摇状态达到静观明察的状态呢？

最值得注意的是，如果我们预设了某物实存，我们就不能回避这种推论，即也会有某物必然地实存。宇宙论的论证就是基于这种完全自然的(虽然还并不因此就是可靠的)结论之上的。相反，无论我们对一物假定一个什么样的概念，我们都会发现它的存有决不能被我表象为绝对必然的，并且不论在那里实存着的会是什么东西，都没有什么会阻止我去思考它的非存在，因而我虽然必须为一般实存之物假定某种必然的东西，但却不能把任何单独的物本身思考为自在地必然的。这就是说：如果不假定一个必然的存在者的话，我永远也不能完成对实存的诸条件的回溯，但我又决不能从这个必然存在者开始。

A616
B644

如果我必须为了一般实存之物而思考某种必然的东西，但又没有资格把任何东西就自在的本身而言思考为必然的，那么由此就不可避免地得出：必然性和偶然性一定不是涉及和触及到物本身的，因为否则就会产生一个矛盾；因而这两条原理没有一条是客观的，它们顶多只能是理性的主观原则，就是说，一方面是为一切实存地被给予出来的东西寻求某种本身必然的东西，即永远只在某种先天完成了的解释那里才止步的东西，但另一方面也永远不希望这种完成，即不去把任何经验性的东西假定为无条件的，并由此而免除了进一步的推导。在这种意义上这两条原理都完全可以作为启发性的和调节性的原理并存，它们都只关心理性的形式上的得失。因为一条原理是说，你们应当对自然作这样的哲学思考，就好像对一切属于实存的东西来说都有一个最初的必然根据似的，不过这只是为了通过你们对一个这样的理念、即一个被想象的至上根据的追求，而给你们的知识带来系统的统一；但另一条原理则警告你们，决不要把任何一个涉及物的实存的规定假定为这样一个至上的根据，即看作绝对必然的，相反，你们永远要对进一步推导的道路仍然保持敞开的态度，因而任何时候都把那种规定仍然作为有条件的来对待。但如果一切在物身上被知觉到的东西都必须被我们看作有条件的必然的，那么也就没有任何(可以经验性地被给予的)物可以被视为绝对必然的了。

A617
B645

但由此就得出，你们必须假定这个绝对必然的东西在世界之外；因为它只应当用作一条诸现象的最大可能统一的原则，作为这些现象的至上根据，并且你们在这个世界中永远也不可能到达它,因为第二条规则要求你们把这种统一的一切经验性的原因永远看作是派生出来的。

　　古代的哲学家们曾把自然的一切形式看作偶然的,却把质料按照普通理性的判断看作本源的和必然的。但假如他们当时并不曾把质料看作诸现象的基底,而是看作在其存有上的自在的本身,那么这个绝对必然性的理念就会马上消失了。因为没有任何东西把理性绝对地束缚在这种存有之上,相反,理性任何时候都可以无矛盾地在思想上取消这种存有;但绝对必然性也就会仅仅处于思想中了。所以在这样置信时,就必须有某种调节性的原则作为基础。事实上,即使广延和不可入性(它们一起构成了物质的概念)也是诸现象统一的经验性的至上原则,并且只要它在经验性上是无条件的,它本身就具有某种调节性原则的属性。然而,由于物质的任何构成其实在东西的规定、因而哪怕是不可入性,也都是一个必然具有自己的原因的结果(一个行动),因而总还是派生出来的,所以物质终归不适合于作为一切派生的统一性的原则的某种必然存在者的理念;因为它的任何实在的属性作为派生出来的东西只是有条件地必然的,所以本身是可以被取消的,但这样一来,物质的整个存有就都会被取消掉了,如果这种情况没有发生,我们就会在经验性上达到统一性的最高根据,而这是被第二条调节性原则所禁止的,这就得出了:物质,或一般地说凡是属于这个世界的东西,都不会与作为最大经验性统一之单纯原则的某个必然的原始存在者的理念相适合,相反,这个原始存在者必须被置于世界之外,这样我们才总是可以放心地把这个世界的诸现象及其存有从另一些现象推导出来,好像并没有任何必然的存在者似的,然而却仍然可以去不断地追求推导的完备性,就好像预设了一个这样的存在者作为至上的根据似的。

A618
B646

A619
B647

　　按照这种看法,最高存在者的理想无非是理性的一个调节性的原则,即把世界上的一切联结都看作仿佛是从某种最充分的必然原因中产生出来的,以便在这上面建立起解释这些联结的某种系统的和按照普遍法则是必然的统一性的规则,而并不是主张一种自在的必然的实存。但同时不可避免的是,借助于某种先验的偷换来把这条形式的原则想象为构成性的,并把这个统一性作物化的设想。因为,正如空间由于它本源地使一切只不过是对空间的各种不同限制的形状成为可能,所以它尽管只是一条感性原则、却正好因此而被看作某种绝对必然地独立自存的某物和自在地本身先天被给予的对象一样,下述

情况也同样是完全自然的,即由于除非我们把一个作为至上原因的最实在的
存在者的理念作为基础,就不能以任何方式把自然的系统统一建立为我们理
性的经验性运用的原则,于是这个理念就被设想为一个现实的对象,而这个现
实的对象又由于是至上的条件,就被设想为必然的,因而一条调节性的原则就
被转变成了一条构成性的原则;这样一种调换之暴露出来是由于,既然我把这
个对于世界是绝对(无条件)必然的至上存在者看作自为之物,这种必然性就
不能形成任何概念,因而它在我的理性中也就必然会只能作为思维的形式条
件、但却不能作为存有的质料条件和物化条件而被找到了。

第六节　自然神学证明的不可能性

既然不论是一般物的概念还是关于任何一个一般存有的经验都不能达到
我们所要求的东西,那么还剩余下来的一个办法就是尝试一下,看看某种一定
的经验、因而对当前这个世界的诸物的经验,它的性状和秩序,是否适合于充
当一个能够可靠地帮助我们去确信一个最高存在者的存有的证明根据。一个
这样的证明我们将称之为自然神学的证明。如果这个证明也应当是不可能
的:那就任何地方都不可能有什么出自单纯思辨理性而对与我们的先验理念
相适应的一个存在者的存有的使人满意的证明了。

根据上述所有这些说明我们马上就会看出,对这种追问完全可以期望作
出轻松而简明的答复。因为任何时候,那本应适合于某个理念的经验如何能
够被给予出来呢? 理念的特点正好在于永远不可能有任何一个经验能够与之
相一致。关于一个必然的最充足的原始存在者的先验理念大得如此离谱,高
得如此超出了一切总是有条件的经验性的东西,以致我们一方面永远也不可
能在经验中搜集到足够的材料来满足这样一个概念,一方面永远在这些有条
件者之中来回摸索,将总是白费力气地去寻求那个无条件者,而又没有任何一
个经验性综合的法则为我们提供它的一个实例或对这种寻求提供起码的
指导。

假如最高存在者处于这个诸条件的链条之中,那么它本身就会是这些条
件的序列的一项,并且正如以它为前提的那些更低的项一样,它将要求对自己
的更高的根据作更进一步的探求。相反,如果我们想要使它脱离这个链条,并

把它作为一个单纯理知的存在者而不是一起包括进自然原因的序列中去：这样一来，理性又能够架起一座什么桥来到达这个最高存在者呢？因为从结果向原因过渡的一切法则、甚至我们一般知识的一切综合和扩展，都只是被置于可能经验之上、因而只是被置于感官世界的对象之上的，并只是对感官世界的对象才能有某种意义。

A622
B650

当前的这个世界，我们不论是在空间的无限性中还是在对空间的无限制的分割中去追踪它，它都向我们展现出一个如此不可测度的多样性、秩序、合目的性和美的舞台，以致甚至按照我们软弱的知性在这方面本来能够获得的那些知识，一切关于如此之多和难以估量的奇迹的语言都失去了自己的分量，一切数字都失去了自己测量的效力，甚至我们的思想本身都失去了界定，这就使得我们关于整体的判断必然会化作一种无言的、但更加意味深长的惊异。我们到处都看到一个由结果和原因、目的和手段构成的链条，看到在产生和消灭中的合规则性，并且，由于没有什么东西是自行进入到它所处的那种状态中的，所以它就总是进一步指向作为其原因的另一物，而后者恰好同样也使这同一种继续追寻成为必要，以至于如果我们不假定在这一无限的偶然之物外面有某种自身本源独立地自存的东西对它加以维持、同时作为它的起源的原因而保证它的延续的话，整个宇宙都必将会以这种方式沉入到虚无的深渊中去了。这一最高原因（就这个世界的万物而言），我们应当把它设想为多么大呢？我们对这个世界既不认识它的整个内容，更不知道通过与一切可能存在之物的比较来估量其大小。但既然我们在原因性方面总有一天需要一个最后的至上存在者，又有什么阻止我们，说我们不应当把这个存在者同时根据其完善程度而置于一切其他可能的东西之上？这是我们固然只有通过一个抽象概念的细致勾画才能做到，但却是能够很容易做到的，如果我们设想一切可能的完善性都结合在这个作为唯一实体的概念里的话；这个概念有利于我们理性对原则的节约要求，它在自身中不屈服于任何矛盾，甚至通过这样一个理念对秩序和合目的性所作的指导而有助于扩展理性在经验中的运用，却任何时候都不以断然的方式违背经验。

A623
B651

这个证明任何时候都是值得以敬重的态度来称道的。它是最古老、最明白并且最适合于普通人类理性的。它鼓舞着对自然的研究，正如它本身由于这种研究而存有并总是由此得到新的力量一样。它把目的和意图带进了我们的观察本来并没有自行揭示出目的和意图的地方,并通过某种在自然之外有其原则的特殊统一性的引导而扩展了我们的自然知识。但这种知识又反作用

A624
B652

于其原因即那个诱发它们的理念,并使对一个最高创造者的信仰增长到一种不可抗拒的确信的程度。

因此,想要对这个证明的威严有所减损将不仅是没有指望的,也是完全徒劳的。理性通过那些如此有力的、在其手中总在增加的、虽然只是经验性的证明根据而不断提升,它不可能由于玄妙而抽象的思辨的怀疑而遭到如此贬抑,以致不应该由于它投向自然的奇迹和宇宙的庄严的一瞥就从苦思冥想的犹疑中、仿佛是从一个梦中那样惊醒过来,以便使自己从伟大提高到更伟大,一直达到最高的伟大,从有条件者提高到条件,一直达到至上的和无条件的创造者为止。

但尽管我们丝毫也不反对这种运作方式的合乎理性和有用性,而是毋宁说要推重它和鼓励它,然而我们毕竟不能因此就同意这种证明方式可能会对无可置疑的确定性和某种根本不需要任何恩惠或外来支持的赞同所提出的要求,而且,绝不可能对这一善的事业造成损害的做法是,使一个趾高气扬的玄想家的独断语言将调子降低到有节制和谦虚,降低到一种虽然恰好不要求无

A625
B653

条件服从却足以使人获得安慰的信念。因此我主张自然神学的证明永远也不能单独说明一个最高存在者的存有,相反,它任何时候都必须仰仗于本体论的证明(它只被用作本体论证明的序言)来补足它的这一缺陷,因而本体论的证明所包含的就仍然还是唯一可能的证明根据(只要什么地方有一种思辨的证明的话),这种证明根据是没有任何人类理性可以忽略过去的。

上述自然神学的证明有如下几个主要契机:1. 在这个世界上到处都可找到按照一定意图以伟大智慧实现出来的某种安排的清晰的迹象,这是在一个既具有内容上无法描述的多样性、又是在规模上无限制的量的整体中发生的。2. 对这个世界上的物来说这一合目的性的安排完全是外来的,并与它们只有偶然的联系,就是说,各种各样的物的本性不可能自行通过如此多样地结合起来的手段而与确定的终极意图协调一致,除非这些物通过一个进行安排的理性原则按照那些作为基础的理念而本来就完全是为此意图被挑选出来和编排好了的。3. 所以有一个(或好几个)崇高的和智慧的原因实存着,它必须不仅仅是作为盲目起作用的全能的自然,通过丰产性而成为世界的原因的,而是作

为理智,通过自由而成为世界的原因的。4.这个原因的统一性可以从这个世界的各部分作为一个艺术建筑的各环节而交互相关的统一性中,在我们的观察所及的东西上是确定地、但此外则是按照类比的一切原理而凭或然性推论出来的。 A626 B654

　　我们在这里不必对自然理性的这种推论加以挑剔①,因为自然理性是从某些自然产品与人类技艺在对自然施加暴力、并强迫它不是按照它的目的来运作而是服从于我们的目的时所产生的东西的类比中(即从自然产品与房屋、船只、钟表的类似性中),推论出正是这样一个原因性即知性和意志将成为自然的根据,如果自然理性还把那自由地起作用的自然(它使得一切艺术乃至也许还使得理性首次成为可能)的内部可能性从另外一种哪怕是超人类的艺术中推导出来的话,而这种推论方式也许会不能经受得起严格的先验批判;但我们毕竟要承认的是,一旦我们应当列举出一个原因,我们在此除了按照与这一类本身是我们唯一完全知悉其原因和作用方式的合目的性生产所作的类比外,就不能有更可靠的处理方式了。理性假如想要从它所知道的原因性转向它所不知道的那些模糊的、不可证明的解释根据的话,它就会不可能为自己作出辩解了。

　　按照这种推论,如此之多的自然配置的合目的性和丝丝入扣必然会证明的只不过是形式的偶然性,而不是质料的、即世界中的实体的偶然性;因为要证明后者就还要求能够证明世界诸物本身自在地除非甚至按其实体来说也是一个最高智慧的产物,是不会与这类按照普遍法则的秩序和一致性相适应的;但为此就需要完全不同于与人类技艺相类比的那样一些证明根据。所以这个证明最多能够说明一个永远被自己所加工的材料的适应性大大限制着的世界建筑师,但却不是一个所有的东西都服从其理念的世界创造者,而这对于我们所怀有的那个伟大抱负即证明一个最充分的原始存在者来说是远远不够的。如果我们想要证明质料本身的偶然性,那么我们就不得不求助于先验的论证,但这恰好是在此本来应当避免的。 A627 B655

　　所以这个推论就由在世界中可以如此毫无例外地观察到的秩序和合目的性、即某种完全偶然的编排进向了一个与之相称的原因的存有。但这个原因

_____

①　维勒认为"挑剔"(schikanieren)应作"同情"(sympathisieren)。——德文编者

的概念必须把某种有关这原因的完全确定的东西提供给我们来认识,因此它
不能是任何别的概念,只能是关于一个具有全能、全智等等、总之是具有全部

A628
B656
完善性的、作为一个最充分的存在者的存在者概念。因为极其伟大的、令人吃
惊的、无法估量的力量和卓越性这样一些谓词根本没有给出任何确定的概念,
并且本来就不是说自在之物本身是什么,而只是有关(世界的)观察者用来与
自己本身及其把握能力相比较的那个对象的量的关系表象,并且不论我们是
放大这个对象还是在与该对象的对比关系中缩小那个观察者主体,这些谓词
的结果同样都是赞扬性的。凡是在事情取决于一般物的大小(完善性的大
小)的地方,在那里就没有任何确定的概念,只有包括整个可能的完善性的概
念,而只有实在性的大全(omnitudo①)才是在这概念中被通盘规定了的。

　　于是我并不想指望要任何人去勉为其难地对他所观察到的世界大小(不
论在范围上还是在内容上)与全能、世界秩序与最高智慧、世界统一性与创造
者的绝对统一性等等的关系加以洞察。所以自然神学决不可能提供有关至上
的世界原因的任何确定的概念,因此对于一条本身又应当构成宗教的基础的
神学原则来说是不充分的。

　　迈向绝对总体性的这一步通过经验性的道路是根本不可能的。于是人们

A629
B657
就在自然神学的证明中来走这一步。那么,他们用什么办法来跨越一条如此
之宽的鸿沟呢?

　　当人们一直达到对世界创造者的智慧、力量等等的伟大感到惊叹而不再
能够继续前行了之后,他们就一下子抛开了这个通过经验性的证明根据而作
的论证,而进向一开始即已从世界的秩序和合目的性中推论出来的世界的偶
然性。现在,单从这种偶然性出发,他们就仅仅通过先验的概念而进向一个绝
对必然者的存有,又从这个最初原因的绝对必然性的概念出发而进向那绝对
必然者的通盘被规定的或进行规定的概念,即一个无所不包的实在性的概念。
所以自然神学的证明卡住在自己的行动计划中,它在这种窘境中突然跳到宇
宙论的证明,而既然宇宙论证明只不过是隐藏的本体论证明,那么它实际上只
是通过纯粹理性才实现了自己的意图,哪怕它一开始曾否认与纯粹理性有任
何亲缘关系而把一切都寄托于出自经验的显而易见的证明之上。

---

　　①　拉丁文:整全。——译者

　　所以那些自然神学家们根本没有理由对先验的证明方式如此不屑一顾、并以对自然明察秋毫的行家里手的自负小看这种证明,把它比作在黑暗中冥思苦想者所结的蛛网。因为,只要他们愿意作一点自我检查,那么他们就会发现,当他们在自然和经验的基地上前进了好一段路程而仍然看到自己总还是离显得是在他们理性的对面的那个对象同样遥远之后,他们就突然离开了这个基地而转入到单纯可能性的领域,在那里他们希望驾着理念的双翼飞临那曾经逃过了他们的一切经验性的探寻的东西。在他们最终以为通过这样有力的一跃而站稳了脚跟以后,他们就把这个从此确定下来的概念(他们不知道是如何拥有了这一概念的)扩展到造物的整个领域中去,并通过经验来阐明这个曾经只是纯粹理性的产物的理想,虽然这种阐明十分可怜并且远在这理想的对象的尊严之下,但他们却不愿意承认他们是经由另一条小路而不是通过经验之路达到这种知识或预设的。

A630
B658

　　就这样,对一个作为最高存在者的唯一原始存在者的存有的自然神学的证明建立在宇宙论的证明的基础上,而宇宙论的证明却建立在本体论证明的基础上,既然除了这三条道路之外在思辨理性面前再没有展示别的道路了,所以只要关于某种如此远远超升于一切经验性的知性运用之上的命题的证明在任何地方是可能的,全然从纯粹理性概念而来的本体论的证明就是唯一可能的证明。

A631
B659

第七节　对一切从理性的思辨原则而来的神学的批判

　　如果我把神学理解为对原始存在者的知识,那么它要么就是从单纯理性而来的(theologia rationalis①),要么就是从启示而来的(revelata②)。前一种神学在这里要么仅仅通过纯粹理性、借助于纯然先验的概念(ens originarium, realissimum, ens entium③)来设想它的对象,这叫作**先验的**神学,要么通过一个

---

①　拉丁文:理性神学。——译者
②　拉丁文:天启[神学]。——译者
③　拉丁文:原始的、最实在的存在者,全部存在的存在者。——译者

它从自然中(从我们的灵魂中)借来的概念而将其对象设想为最高理智,这就必须叫作**自然的**神学。一个只承认某种先验的神学的人就被称作自然神论者,一个也接受某种自然的神学的人则被称作一神论者①。前一种人承认我们必要时可以通过单纯理性认识一个原始存在者的存有,但我们关于它的概念只是先验的,即仅仅是关于某个具有一切实在性的存在者的概念,对这种实在性我们却并不能作出更进一步的规定。后一种人主张理性有能力按照与自然的类比对这个对象作更进一步规定,即规定为一个通过知性和自由而把一切其他物的原始根据都包含在自身中的存在者。所以前一种人把这个存在者只是设想为一个世界原因(是凭借其本性的必然性还是凭借自由,这尚未确定),后一种人则把它设想为一个世界创造者。

A632
B660

先验的神学要么是打算把原始存在者的存有从一般经验中推导出来(而不对经验所属的这个世界作进一步规定)的神学,叫作宇宙神学,要么是相信可以通过单纯概念而没有丝毫经验之助来认识这种存有的神学,这被称之为本体神学。

自然的神学则把一个世界创造者的属性和存有从这个世界中所找到的性状、秩序和统一性中推出来,在这个世界中必须假定两种不同的原因性及其规则,这就是自然和自由。因此自然的神学从这个世界上升到最高的理智,要么把它作为一切自然秩序和完善性的原则,要么把它作为一切道德秩序和完善性的原则。在前一种情况下就叫作自然神学②,在后一种情况下则叫作道德神学。③

由于我们习惯于决不把上帝的概念只是理解为一个作为诸物本根而盲目起作用的永恒自然,而是理解为一个本身应该通过知性和自由而是诸物的创

A633

---

① 自然神论(Deismus)主张上帝按自然规律创造自然,以后便不管自然的事而任其自然运转;一神论(Theismus)则主张上帝任何时候都干预自然的事。韦卓民先生将前者译作"神有论",将后者译作"神治论",可参考。——译者

② "自然神学"(Physikotheologie)与前述"自然的神学"(die natürliche Theologie)略有区别,即"自然神学"范围更小些,局限于自然界;"自然的神学"则还包括人的道德本性(或人的"自然")。——译者

③ 而非神学的道德学;因为神学的道德学包含的伦理法则预设了一个最高世界统治者的存在,反之,道德神学则是对一个最高存在者的存有的以伦理法则为根据的确信。——康德

造者的最高存在者,并且也由于仅仅是这个概念使我们感到兴趣,所以我们就　B661
可以在严格意义上否认自然神论者有任何对上帝的信仰,而只留给他对一个
原始存在者或至上原因的主张。然而,既然没有人可以因为他不敢主张某件
事而被指责他想完全否认这件事,那么说"自然神论者相信一个上帝,一神论
者则相信一个活着的上帝"(summam intelligentiam①),这是比较温和公道的。
现在,我们想来探寻一下理性的这一切尝试的可能的来源。

　　我在这里满足于把理论知识解释为一种我用来认识"这是什么"的知识,
而把实践知识解释为一种我用来设想"这应当是什么"的知识。据此,理性的
理论运用就是那种我借以先天地(作为必然的来)认识到某物存在的运用;但
实践的运用则是那应当发生的事情借以先天被认识到的运用。既然不论是某
物存在还是某物应当发生都是无可怀疑地肯定的,但却都只是有条件的:那么
毕竟,要么某个确定的条件对此可能是绝对必要的,要么这个条件可能只被预
设为随意的和偶然的。在前一种情况下这条件就被要求(per thesin②),在后
一种情况下它就被猜想(per hypothesin③)。既然有一些实践法则是绝对必要
的(即道德法则),所以如果这些法则有必要把任何一个存有预设为它们的约　A634
束力的可能性条件,那这个存有就必须被要求,这是因为,这个推论由以出发　B662
走向这一确定的条件的那个有条件者本身是先天地被认作绝对必要的。我们
在后面将指出,这些道德法则不仅预设了一个最高存在者的存有,而且由于它
们④在其他领域的考察中也是绝对必要的,它们也有权悬设它的存有,当然只
是在实践上;但现在我们还得把这种推论方式放在一边。

　　由于当我们只是谈到在此存在的东西(而不是应当存在的东西)时,那在
经验中被给予我们的有条件者任何时候也都被思考为偶然的,所以那属于这
有条件者的条件也不能由此作为绝对必然的而得到认识,而只是充当了为有
条件者的理性知识而作的在当时是必然的、或不如说必要的、但就自在本身和
先天而言则是任意的预设。所以如果一物的绝对必要性应当在理论知识中被

----

① 拉丁文:最高理智。——译者
② 拉丁文:借助于论题。——译者
③ 拉丁文:借助于假说。——译者
④ "它们"(sie),指"道德法则",维勒认为应作"这"(es),下面的"预设"相应的为单
数。——德文编者

认识的话,那么这种理论知识唯有从先天概念中才有可能发生,但这概念永远不是作为一个与由经验所给予出来的存有相关的原因。

　　一种理论的知识,如果它指向一个我们在任何经验中都不可能达到的对象或关于一个对象的那些概念,那么它就是思辨的。它是与自然知识相对立的,后者仅仅只是指向在一个可能经验中所能给予的那些对象或它们的谓词。

　　从作为结果的发生的事情(经验性的偶然之物)中推论出一个原因来,这条原理是一条自然知识的原则,但不是思辨知识的原则。因为,如果我们不顾这条原则是一条包含有一般可能经验的条件的原理,而想通过取消一切经验性的东西从一般偶然之物对这条原理加以说明的话,那就不会有对这样一个综合命题的丝毫辩护理由余留下来,以便从中看出为什么我能够从某种在此存在的东西过渡到某种与此完全不同的(称之为原因的)东西;甚至一个原因的概念也会如同那偶然之物的概念一样,在这样一种仅仅是思辨的运用中失去了一切其客观实在性本来可以得到具体理解的意义。

　　现在,当我们从世界上的诸物的存有推论出它们的原因时,那么这就不属于自然的理性运用,而属于思辨的理性运用,因为自然的运用不是把物本身(实体)、而只是把发生的事情、因而把诸物的状态作为经验性上偶然的东西与某个原因联系起来;说实体本身(物质)就其存有而言是偶然的,这必然只会是一种单纯思辨的理性知识。但如果所谈的只是世界的形式、世界结合的方式和它们的交替,而我却想从中推论出一个与世界完全不同的原因:那么这又会是一个单纯思辨理性的判断,因为这里的对象根本就不是一个可能经验的客体。但这样一来,那只是在经验的领域内部起作用而在此之外就没有运用、甚至没有意义的因果性原理就会完全偏离它的使命了。

　　我现在主张,理性在神学上的单纯思辨运用的一切尝试都是完全无结果的,并且按其内部性状来说毫无意义的;但理性的自然运用的原则是根本不可能引向任何神学的,因而如果我们不以道德律为基础或用道德律作引线的话,就任何地方都不可能有什么理性的神学了。因为知性的一切综合原理都具有内在的运用;而为了一个最高存在者的知识却需要对这些原理作某种先验的运用,对此我们的知性是毫无准备的。如果要使在经验性上有效的因果律导致原始存在者,那么这个原始存在者就必然会同属于经验对象的链条;但这样一来它就会如同一切现象一样本身又是有条件的了。但即使我们允许借助于

结果对原因的关系的力学性法则作一个超越经验边界的跳跃,这种处理又能 B665
给我们带来什么样的概念呢? 远不是什么关于一个最高存在者的概念,因为
经验永远不会把一切可能结果中的那个最大的结果(当我们要它为它的原因
作证时)呈现给我们。如果我们应当被允许单纯为了在我们的理性中不留下
任何空隙而用最高完善性和本源的必然性的某种单纯理念来填充完全规定的
这一缺口:那么这种做法虽然出于好心而可以得到承认,但不可能出于一个不
可违抗的证明的正当性而被要求。所以自然神学的证明或许倒有可能加强其
他的证明(如果这些证明还能获得的话),因为它把思辨和直观连结在一起;
但就其自身而言它毋宁说是使知性为神学知识作好准备,并为此给知性提供
一个正确的和自然的方向,而不是说它独自就可以完成这件工作。

　　于是我们从这里完全看出,先验的问题只允许有先验的回答,即出自纯然
先天概念而没有丝毫经验性混杂的回答。但这个问题在这里显然是综合性
的,并要求把我们的知识扩展到超出经验的一切边界之外,也就是达到一个应
当与我们的单纯理念相符合的存在者的存有,而这个理念又是永远不可能有 A638
任何一个经验比得上的。现在,按照我们前面的证明,一切先天综合知识都只 B666
是由于它表达出一个可能经验的形式条件才是可能的,所以一切原理都只具
有内在的有效性,就是说它们都只与经验性知识的对象或者现象发生关系。
所以即使是凭借先验的处理,在一个单纯思辨理性的神学方面也是毫无建
树的。

　　但如果有人与其让自己被剥夺对这么长时期所运用的证明根据的重要性
的置信,不如宁可对分析论的上述一切证明抱怀疑态度:那么他毕竟不能拒绝
满足这样一个请求,即如果我要求一个人应当至少为这一点作出辩护,就是他
究竟是怎样并且是借助于何种顿悟而敢于通过单纯理念的力量飞越一切可能
经验的话。我将请求不要用一些新的证明或对旧证明的加工改造来打扰我。
因为,虽然人们在这里恰好没有许多可选择的余地,因为最终一切单纯思辨的
证明还是要归结到一个唯一的、也就是本体论的证明,因而我恰好可以不怕特
别地被那种摆脱感性的理性的独断论捍卫者们的多产性所纠缠;虽然我此外 A639
也不想拒绝这种挑战,即在任何这种尝试中揭示错误推论并由此挫败其狂妄, B667
而并不因此就认为自己是在争强斗胜:然而在那些一度习惯了独断论的置信
的人们那里,对更好的运气的希望却永远不会因此而完全打消,所以我坚持这

个唯一公道的要求,要人们普遍地和从人类知性的本性连同一切其他的认识来源出发,对人们想要如何着手完全先天地扩展他的知识、并将之一直伸展到没有任何可能的经验因而也没有办法足以保证由我们自己想出来的某个概念具有客观实在性的地方去,作出自己的辩护。不论知性是如何达到这个概念的,这概念的对象的存有却终归不能在这个概念中分析地被发现,因为对客体的实存的知识恰好在于,这客体本身是自在地在思想之外建立起来的。但从一个概念中自行超出、并且不遵循经验性的连结(但通过这种连结任何时候被给予出来的都只是现象)而做到揭示出新的对象和夸大其辞的存在者,这是根本不可能的。

A640
B668 但尽管理性在其单纯思辨的运用中对这个如此伟大的目标、即对达到一个至上存在者的存有来说是远远不够的,然而它在该存在者的知识有可能从别的什么地方得来时对之加以纠正方面,在使自己与自己及与任何理知的意图相一致方面,以及在从一切有可能与某个原始存在者的概念相违背的东西中、从一切与经验性的局限的混淆中纯化出来方面,都还是有很大的用处的。

因此,先验的神学不论它有多么大的欠缺,它毕竟还具有重要的消极的运用,并且对我们的理性是一个忠实可靠的检察官,如果我们的理性仅仅与那些纯粹理念打交道的话,而这些纯粹理念正因此就只允许有先验的标尺。因为,一旦在其他领域的或许是实践的关系中,对一个作为至上理智的最高、最充分的存在者的预设要主张它的不容反驳的有效性的话:那么把这个概念在其先验的方面严格地规定为一个必然的和最实在的存在者的概念,并且把凡是与这个最高实在性相违背的东西、凡是只属于现象的(属于广义的拟人论的)东西取消掉,同时又清除一切相对立的主张,不论它们是无神论的还是自然神论的或者是拟人论的,这就会具有最大的重要性;这一点在这样一种批判的探讨中是很容易的事,因为使人类理性在主张一个这样的存在者的存有方面的无

A641
B669 能为力得以展现出来的同样一些理由,对于证明任何一个相反主张的不适合性必然也是充分的。因为,一个人将从何处通过理性的纯粹思辨而取得这样的洞见,即认为没有任何作为万物的原始根据的最高存在者,或者说,认为这个最高存在者不应具有任何这样的属性,我们根据它们的后果而把这些属性设想为与一个思维着的存在者的力学性的实在性相类似的,或者说,认为在最

后这种情况下①这些属性也必须服从感性不可避免地加在我们通过经验而知道的那些理智者身上的一切局限?

所以,这个最高存在者对于理性的单纯思辨的运用来说仍然是一个单纯的、但毕竟是完美无缺的理想,是一个终止整个人类知识并使之圆满完成的概念,它的客观实在性虽然不能以这种思辨的方式来证明,但也不能以这种方式被反驳,并且,如果应当有一种道德神学的话,它就可以补充这种缺陷,这样一来,以前只是悬拟的先验神学就通过对自己的概念的规定、通过不断地检查一个经常被感性狠狠欺骗的并和它自己的理念总是不一致的理性,而证明了它的不可缺少性。必然性、无限性、统一性、在世界之外的(不是作为世界灵魂的)存有、没有时间条件的永恒性、没有空间条件的全在、全能等等,这都是些纯然先验的谓词,因此它们的被纯化出来的概念,作为每一种神学如此必不可少的概念,都只能从先验神学中抽引出来。

A642
B670

先验辩证论附录

纯粹理性诸理念的调节性运用

纯粹理性的一切辩证尝试的结局不但验证了我们在先验分析论中已经证明了的东西,即我们的一切想要带我们超出可能经验的领域之外的推论都是骗人的和没有根据的;而且,这个结局同时也告诉我们一种不寻常的东西:尽管如此,人类理性仍有一种自然的倾向要跨越这一边界,先验理念对于理性正如范畴对于知性那样是自然的,虽然有这种区别,即如果说诸范畴导致真理性,即导致我们的概念与客体的符合一致的话,诸理念则引起一种单纯的、但却不可抗拒的幻相,我们通过最锐利的批判才勉强能够防止这幻相的欺骗作用。

一切在我们力量的本性中建立起来的东西都必然是合目的的并且与这些力量的正确运用相一致的,只要我们能够防止某种误解并找到它们的真正的方向。所以这些先验理念按照一切估计来看将会有其很好的、因而是内在的

A643
B671

---

① 指在上述"拟人论"的场合下。——译者

运用,哪怕当它们的意义被误会而被视为关于现实之物的概念时,它们在应用中可能是超验的,并正因此而是欺骗性的。因为并不是这个就自己本身来说的理念,而只是它的运用,才可能要么是在全部可能经验方面飞越性的(超验的),要么是本土的(内在的),依我们把这理念要么直接指向一个被以为与它相符合的对象,要么仅仅指向知性在它必须与之打交道的那些对象上的一般运用而定,而一切偷换的错误任何时候都必须归咎于判断力的缺乏,而决不能归咎于知性或是理性。

理性永远不直接和一个对象发生关系,而只和知性发生关系,并借助于知性而和理性自己的经验性运用发生关系,所以它并不创立任何(关于客体的)概念,而只是整理这些概念,并赋予它们以在其最大可能的扩展中所可能具有的那种统一性,也就是在与诸序列的总体性关系中的统一性,知性则根本不是着眼于这个总体性,相反,知性所注意的只是诸条件的序列处处都借以按照概念而完成的那种连结。所以理性真正说来只把知性及其合目的性的职能当作对象,并且,正如知性通过概念把杂多在客体中结合起来一样,理性那方面也通过理念把概念的杂多结合起来,因为它为知性行动的目的设立了某种集合的统一性,不然这些知性行动就只是致力于分殊的统一性。

A644
B672

因此我主张:先验理念永远也不具有这样一种构成性的运用,仿佛由于这种运用某些对象的概念就会被给予出来,而在我们这样理解先验理念的情况下,它们就只是一些玄想的(辩证的)概念了。但与此相反,它们有一种极好的、必要而不可或缺的调节性运用,就是使知性对准某个目标,由于对这目标的展望,一切知性规则的路线都汇集于一点,尽管这个点只是一个理念(focus imaginarius①),即一个诸知性概念并不现实地从它出发的点,因为它完全处于可能经验的边界之外,然而却用来使这些知性概念除最大的扩展之外还获得最大统一性。于是虽然从这里就对我们产生出一种错觉,似乎这些路线是与一个处于可能经验性知识领域之外的对象本身毫无关系(ausgeschlossen)的一样②(如同所看到的客体在镜面背后那样),不过这个幻觉(我们毕竟可以

---

① 拉丁文:想象的焦点。——译者

② 梅林将此句校作:"似乎这些路线是从一个处于可能经验性知识领域之外的对象本身中涌流(geflossen)出来的一样";叔本华认为"涌流"应为"发射"(ausgeschossen);罗森克朗茨则认为应作"从……中推断"(aus geschlossen)。——德文编者

防止它造成欺骗)仍然是必要而不可或缺的,如果我们想要在那些摆在我们　A645
眼前的对象之外同时也看到远离它们而对我们处于背后的那些对象,就是说,　B673
如果我们在目前场合下想要使知性超出每个给予的经验(即全部可能经验的
每个部分)、因而甚至指向那最大可能的极度的扩展的话。

　　如果我们对我们的知性知识在其整个范围内来加以概览的话,那么我们
就会发现,理性在这方面完全独特地加以指定并力图实现出来的东西,就是知
识的系统化,也就是知识出自一个原则的关联。这种理性统一性任何时候都
是以一个理念为前提的,就是说,这种理念有关知识的一个整体的形式,这整
体先行于各部分的确定知识,并包含有先天地确定每个部分的位置及其对别
的部分的关系的那些条件。因此这个理念设定了知性知识的完备的统一,由
此这种知识就不只是一个偶然的聚合,而成为了一个按照必然法则关联起来
的系统。我们其实并不能说这个理念是一个有关客体的概念,而只能说它是
关于这些概念的通盘统一的概念,只要这种统一被当作知性的规则。这样一
些理性概念不是从自然中获得的,毋宁说,我们根据这些概念来审问自然,并
且只要我们的知识与它们不相符合,我们就将这些知识看作是有欠缺的。我　A646
们承认纯土、纯水、纯气等等简直是不存在的。但尽管如此我们仍然必须拥有　B674
这些概念(因而这些概念就完全的纯粹性而言只在理性中有其来源),以便恰
如其分地规定这些自然原因的每一个在现象中所占的份额,并且,我们把一切
物质都归结为土(仿佛是单纯的重量)、盐和燃烧物(作为力),最后是作为载
体的水和气(仿佛是前两者借以起作用的机制),以便按照某种机械论的理念
来解释物质相互之间的化学作用。① 因为,尽管人们实际上并不是这样表达,
但却能够很容易地揭示出理性对自然科学家的分类所产生的这样一种影响。

　　如果理性就是一种从普遍中推出特殊的能力,那么,要么普遍已经是本身
确定的和被给予的了,这样一来就只要求判断力来进行归摄,而特殊就由此而
得到了必然的规定。这种情况我将称之为对理性的无可置疑的运用。要么,
普遍只是被看作悬拟的,并且是一个单纯的理念,特殊则是确定的,但导致这
一后果的那个规则的普遍性却还是一个问题;于是好几个全都是确定的特殊

---

　　① 康德这里仍然是沿用古老的"土、火、水、气"四元素说来解释物质的化学构成。——
译者

情况就被放到这个规则上来试验,看它们是否能从中顺推出来,而在这种场合
下,如果给人的印象是一切可以指出的特殊情况都是从这规则得出来的,就会
推论出这规则的普遍性,但后来也就会从这种普遍性中推论出一切本身甚至
并未被给予出来的情况。我将把这称之为对理性的假设的运用。

A647
B675

　　以作为悬拟概念的理念为根据的理性的假设运用真正说来并不是构成性
的,也就是不具有这样的性状,以致从这里,如果我们要按照一切严格性来作
判断的话,就会得出被当作假设的那个普遍规则的真实性;因为,我们如何知
道所有从这同一个被假定的原理中得出因而证明这原理的普遍性的那些可能
的后果呢? 相反,这种假设的运用只是调节性的,为的是由此而尽可能地把统
一性带入到特殊知识中来,并借此使这条规则接近普遍性。

　　所以理性的这种假设的运用所针对的是知性知识的系统统一性,但这种
统一性就是规则的真理性的标准。反过来说,这种系统的统一性(作为单纯
的理念)只是拟议中的统一性,我们必须不把它看作本身给予了的,而只是看
作一个问题;但它却被用来为杂多和特殊的知性运用①找到一条原则,并借这
条原则用来在那些并未给予的情况下指导这种知性运用并使之连贯起来。

A648
B676

　　但我们从这里看出的只是,杂多知性知识的系统的或理性的统一是一条
逻辑的原则,为的是当什么地方知性单独不足以构成规则时通过理念来对知
性加以援助,同时又在可能做到的范围内给知性规则的差异性带来在一条原
则之下的(系统的)一致性并因而带来连贯性。但是,不论这些对象的性状或
是把这些对象当作这样的对象来认识的知性的本性本身就被规定为系统的统
一性,还是我们先天地、哪怕不考虑到理性在某种程度上的这样一种利益也假
定了这种统一性,因而能够说,一切可能的知性知识(其中包括经验性的知
识)都有理性的统一性,并服从它们不论如何千差万别都能从中被推导出来
的那些共同原则:这都将会是理性的一条先验的原理,这条原理将使这种系统
的统一性不仅作为方法成为主观上和逻辑上必要的,而且成为客观上必然的。

　　我们将通过理性运用的一种情况来阐明这一点。在按照知性概念的各种
不同方式的统一性中也应包括实体的那种被称之为"力"的原因性的统一性。
正是同一个实体的各种不同的现象在一看之下就显示出了如此之多的不同质

――――――――――

　　① 瓦伦廷纳校作"为杂多的和特殊的知性运用"。――德文编者

性,以至于我们几乎一开始就不得不因此而假定实体具有如同以其各种效果
著称的那样繁多的力,如在人的内心中的感觉、意识、想象、记忆、智力、辨别
力、愉快、欲望等等。一开始就有一条逻辑的准则要求我们尽可能多地减少这
种表面上的差异性,办法是通过比较而揭示出那隐藏着的同一性,并检查一
下,与意识结合着的想象,以及记忆、智力、辨别力,是否就是知性和理性。一
个由逻辑根本查不出它是否存在的基本力的理念,至少是有关力的多样性的
某种系统表象的问题。理性的逻辑原则要求这种统一性尽可能地实现出来,
而这种那种力的现象越是更多地被发现相互是同一的,则它们只不过是同一
个可以(比较而言)叫作它们的基本力的那个力的各种不同表现这一点就越
是有可能。对理性运用的其他情况我们也可以照此办理。

　　比较而言的基本力又必须在相互之间进行比较,以便通过揭示出它们的
一致性而使它们逼近一个唯一根本的、也就是绝对的基本力。但这个理性统
一性只是假设性的。我们并不主张这样一个基本力实际上必定会被找到,而
是主张我们必须为了理性的利益、也就是为了给经验所可能提供出来的好些
规则建立某些原则而去寻求那种基本力,并凡在有可能做到的地方以这种方
式把系统的统一带进知识中来。

　　但如果我们注意到知性的这种先验的运用的话,这就表明,一般基本力的
这个理念不仅仅会作为问题而被规定去作假设的运用,而且会伪称具有客观
实在性,借此一个实体的好几种力的系统统一性就被设定起来,而一条无可置
疑的理性原则就建立起来了。因为即使我们就连使好几种力达到一致的尝试
都还没有做过,甚至如果我们在做了揭示这种一致的一切尝试之后都失败了,
我们仍然预设必将发现这样一种一致性,并且这种预设不仅仅是如同前面所
说的情况那样由于实体的统一性,而且是甚至在遇到许多虽然某种程度上是
同质的实体的场合下,如在一般物质身上,理性都预设了多种多样的力的系统
统一性,在这里特殊的自然规律服从于普遍的自然规律,而原则的节约不仅仅
成为理性的经济原理,而且成为了自然的内部法则。

　　实际上,如果不是预设了一条先验的原则,通过它一个与诸客体本身相联
系的这样的系统统一性被先天地当成必然的,则我们甚至就不能看出,怎么可
能有对诸规则的理性统一性的一条逻辑原则。因为,如果随便理性去承认,同
样有可能一切力都是不同质的、这些力的推导的系统统一不是按照自然的,理

性又有什么权利能够在逻辑的运用中要求把自然提供给我们来认识的力的多样性当成一种只是隐藏着的统一性来处理,并把这些多样性从某种基本力中尽其所有地推导出来?因为那样一来,理性就恰好会由于给自己设定了一个与自然的安排完全相矛盾的理念作为目标,而违背自己的使命去行事。我们甚至也不能够说,理性预先按照自己的原则从自然的偶然性状那里接受了这种统一性。这是因为,理性的寻求统一性这一法则是必然的,因为我们没有这种统一性就不会有任何理性,而没有理性就不会有知性的任何连贯的运用,并且在缺乏这种连贯运用的地方也就不会有经验性真理的任何充分的标志了,所以我们必须就这种标志而言把自然的系统统一性绝对地预设为客观上有效的和必然的。

我们发现这个先验的预设也是以某种值得惊奇的方式暗藏在哲学家们的原理中的,虽然他们在这些原理中并不总是认识到了它或者甚至向自己承认了它。那些单个物的多种多样性并不排除种的同一性,多个种必须只被当作少数类的各种不同的规定来处理,但这些类又还必须由更高的种类来处理,如此等等,所以一切可能的经验性概念的某种系统统一性就这些概念可以从更高更普遍的概念中推导出来而言是必须去追求的:这就是一条经院派的规则或逻辑原则,没有它,理性的任何运用都不会发生,因为我们只有当诸物的特殊属性所从属的那些普遍属性被当作基础时,在此限度内才能从普遍的东西推论出特殊的东西。

但在自然中将会遇到这样一种一致性,这是哲学家们在"始基(原则)如无必要不得增多(entia praeter necessitatem non esse multiplicanda①)"这条著名的经院规则中所预设的。由此就表明:物本身的本性为理性的统一性提供了材料,而表面上的无限差异性并不可以阻碍我们猜测其后面的基本属性的统一性,从这些基本属性中,多样性只有通过若干种规定才能被推导出来。这种统一性虽然只是一个理念,却是人们在任何时代都如此热心地追寻着的,以至于人们宁可去找到缓和对它的欲望的理由,而不是鼓励这种欲望的理由。化学分析家能够把一切盐都归结为两大类,即酸类和碱类,这就已经做得很多了,他们甚至还要去尝试把这一区分仅仅看作同一种基本材料的某种变体或

A652
B680

A653

————————

① 拉丁文:除非有必要,不得增加实体。——译者

不同表现。人们曾试图把土类①的若干种（石头乃至于金属的材料）逐步地归
为三种,最终归为两种;但这还不满足,他们不能摆脱这种思想,即仍然还要在
这些变体的后面去猜测一个唯一的类,甚至竟至于为土类和盐也猜测一种共
同的原则。人们也许会以为这只是理性的一种经济性的手法,为的是尽可能
多地节省气力,也是一种假设性的尝试,这种尝试如果成功的话,就恰好通过
这种统一性而给这个预设的解释根据提供了或然性。不过这样一种自私的意
图是可以很容易与这种理念区分开来的,根据这种理念每个人所预设的是:这
种理性的统一性是适合于自然本身的,理性在这里不是乞求,而是命令,尽管
它并不能规定这种统一性的边界。

　　假如在呈现给我们的诸现象之间有一种我不想说是按照形式(因为在形
式上它们可能都是相互类似的)、而是按照内容、即按照实存着的存在物的多
样性的如此之大的差异,以至于甚至最敏锐的人类理性通过将一个现象与另
一个现象相比较都不可能发现丝毫类似之处(这种情况是完全可以设想的),
那么类的逻辑法则就根本不会发生了,甚至不会有什么类概念或任何一个普
遍概念发生,乃至于不会有专门与这些概念打交道的知性发生了。所以类的
逻辑原则如果要应用于自然(我在此把自然理解为仅仅是那些被给予我们的
对象)之上,就是以一个先验原则为前提的。按照这条先验原则,在一个可能
经验的杂多东西中必然预设了同质性(虽然我们不能先天地规定这种同质性
的程度),因为没有这种同质性,任何经验性的概念、因而任何经验就都会是
不可能的了。

　　与类的这种假定了同一性的逻辑原则相对立的是另一条原则,即种的原
则,它不管诸物在同一个类之下的协调一致性而需要有诸物的多样性和差异
性,并且给知性造成了一种规范,不要使对种的注意少于对类的注意。这条原
理(即敏感性或辨别力的原理)大大限制了前一条(智力的)原理的鲁莽,而理
性在此表现出一个双重的、相互冲突的利益,即一方面是就类而言在广泛性
(普遍性)上的利益,另方面是就对种的多样性而言在内容(规定性)上的利
益,因为知性虽然在前一种情况下把许多东西放到它的诸概念之下来思考,但
在后一种情况下更多的是将它们放在它们自身之中来思考。这甚至也表现

---

①　原文为 Erden,哈滕斯泰因校作 Eezen(矿物)。——德文编者

B683　　在自然科学家们各自很不相同的思维方式上,他们中有些人(尤其是那些思辨的科学家)仿佛对不同质性抱有敌意,总是前瞻到类的统一性,另一些人(尤其是经验性的思想家)则试图不停地把自然分解为如此多的多样性,以至于我们几乎要不得不放弃对自然现象按照普遍原则来进行评判的希望了。

　　显然,后一种思维方式也是以一条逻辑原则为根据的,这条原则着眼于一切知识的系统的完备性,如果我从类开始而下降到其中所可能包含的杂多,并试图以这种方式为这个系统带来扩展,如同在前一种场合我上升到类而试图为这个系统带来单纯性的话。因为从标志一个类的那个概念的范围中很难看出对类的划分可以进行到多么远,正如从物质所能占据的空间中很难看出对物质的划分可以进行到多么远一样。因此每个类都要求各种不同的种,但每个种都要求各种不同的亚种,而由于在亚种中没有一个不是又总会拥有某个范围(作为 conceptus communis① 的广泛性),那么理性在它的整个扩张过程中都要求没有任何一个种本身被自在地看作最底下的种,因为既然种毕竟总是一个只把各种不同之物所共同的东西包含于自身的概念,这个概念就不可能

A656
B684 是通盘规定了的,因而也不可能是最贴近地与个体发生关系的,所以任何时候都必须把另外一些概念即亚种包含在自身之下。这条特殊化的法则可以这样来表达:entium varietates non temere esse minuendas.②

　　但很容易看出,即使这条逻辑法则,如果不以一条特殊化的先验法则为基础,也会是毫无意义和用处的,这个先验法则固然不向那些能够成为我们的对象的物要求在差异性方面的现实的无限性,因为那条逻辑法则并没有为此提供任何动机,它所主张的只是就可能的分割而言的逻辑范围的不确定性,然而这先验法则却责成知性在每个向我们出现的种之下寻求亚种,并为每种差异性寻求更小的差异性。这是因为,假如没有更低级的概念,也就不会有什么更高级的概念了。既然知性对任何东西只是通过概念来认识的:因而就它在分割中所及的范围而言它永远也不是通过单纯的直观,而总是又通过更低级的概念来认识的。对诸现象在其通盘规定中的认识(这种认识只有通过知性才

---

①　拉丁文:共通概念。——译者
②　拉丁文:事物的多样性不得随意减少。——译者

是可能的)要求对知性的那些概念有一个能够不断继续下去的特殊化,并且要求向那些仍然还保留着的差异性进展,这些差异性在种的概念、更多的是在类的概念中曾被抽象掉了。

　　这条特殊化的法则也不是从经验中借来的,因为经验不可能给出如此辽阔的展望。经验性的特殊化如果不是由作为理性原则的、已经先行的先验的特殊化法则引导着去寻求杂多的区别,并且即使这种区别没有对感官显示出来也总还是去猜测它,那就会在这种区别中马上停顿下来。要发现具有吸收作用的土有不同的种(石灰质的和盐酸性的土类),这需要一条先行的理性规则,这条规则由于它把自然预设得如此丰富多彩以致要去猜测差异性,就给知性提出了一个寻找差异性的任务。因为,我们只有在自然中的差异性这个预设之下才具有知性,正如我们只有在自然的客体本身具有同质性这个条件下才具有知性一样,因为正是能够被总括在一个概念之下的东西的多样性构成了这个概念的运用和知性的职分。

A657
B685

　　所以,理性用来为知性准备其领域的就是:1. 杂多东西在更高的类之下的同质性原则,2. 同质之物在更低的种之间的变异性原理;以及为了完成这个系统的统一,理性还加上了 3.一切概念的亲和性法则,它要求通过逐级式地增加差异性而从每一个种到每个另外的种有一个连续的过渡。我们可以把它们称之为诸形式的同类性原则、特殊化原则和连续性原则。最后这条原则是由于在我们既在上升到更高的类的方面,又在下降到更低的种的方面完成了理念中的系统关联之后,我们把前两条原则结合起来而产生的;因为这样一来,所有的多样性相互之间就都是有亲缘关系的,因为它们通过被扩展开来的规定的一切程度而全都出身于一个唯一的至上的类。

A658
B686

　　我们可以把这三条逻辑原则之下的系统统一性以如下的方式表现出来。我们可以把每一个概念看作一个点,它作为观看者的立足点有自己的视野,即某一数量的可以从这同一点被表象并仿佛被综观的物。在这一视野的内部必须有某一数量的点能够被无限地指出来,这些点的每一个又都有自己更为狭窄的眼界;就是说,每个种按照特殊化原则都包含一些亚种,而这个逻辑的视野只是由那些更小的视野(亚种)所组成的,但不是由那些没有任何范围的点(个体)所组成的。但对于一些不同的视野、即由正好这么多概念来规定的不同的类,也可以考虑引入一个共同的视野,根据这个共同视野我们就把那些不

A659
B687

同的视野全部都综观为出自一个中心点的,这个共同视野就是更高的类,直到最后,那最高的类就是被从最高概念的立足点所规定并将一切多样性作为类、种和亚种包括在自身之下的那个普遍而真实的视野。

把我们引向这个最高的立足点的是同类性的法则,而引向一切低级的立足点及其最大变异性的则是特殊化的法则。但既然以这种方式在一切可能概念的整个范围内都没有什么是空虚的东西,而在这个范围之外又不能遇到任何东西,那么从那个普遍眼界和对它的通盘分割的预设中就产生了一条原理:non datur vacuum formarum①,就是说,并没有各种不同的本源的和最初的类,仿佛它们是孤立的和相互(通过某种空虚的间隙而)分离开来似的,相反,一切杂多的类都只是一个唯一的至上的和普遍的类的划分;而从这条原理就得出它直接的后果:datur continuum formarum②,就是说,种的一切差异性都相互邻接,并且不允许任何通过一个跳跃而造成的相互过渡,而只允许通过一切更小的区别程度来过渡,我们由此才能从一个差异到达另一个差异;总之,没有任何种或亚种是相互之间(在理性的概念中)最接近的,而是总还

A660
B688

可能有一些中间的种,它们与前者和后者的区别比这两者相互之间的区别更小。

所以,第一条法则防止过分放纵于各种不同的本源的类的多样性而推重同质性;相反,第二条法则又限制这种一致性的倾向,而要求我们在把自己的普遍概念用于个体之前先把亚种区别出来。第三条法则是对前两条的结合,因为它即使在最高的多样性中,也仍然还是通过从一个种到另一个种的逐级式的过渡而颁布了同质性,这就将各种不同分支就其全都来源于一个家族而言的某种亲缘关系显示出来了。

但这条 continui specierum③ 的(formarum logicarum④)逻辑法则预设了一条先验的法则(lex continui in natura⑤),没有这条先验法则,知性的运用就只

_____

① 拉丁文:诸形式之间没有空隙。——译者
② 拉丁文:诸形式之间有连续性。——译者
③ 拉丁文:种的连续性。——译者
④ 拉丁文:在逻辑形式上的。——译者
⑤ 拉丁文:自然中的连续律。——译者

会被那个规范①导向迷误,因为那个规范②也许会采取一条直接违背自然的
道路。所以这条法则必须基于纯粹先验的根据,而不是经验性的根据。因为
在后一种情况下这条法则的出现就会晚于这个系统了;但它本来是最初产生
出自然知识的这个系统化的。在这些法则的背后也决没有隐藏着某种可以把
它们只是作为尝试而提出来检验的意图,尽管这种关联在其对路的场合下可　A661
以充当一个强有力的根据,来把这种假设性地想出来的统一性看作是有根据　B689
的,因而这些法则在这种意图中也是有自己的用处的;相反,我们对它们看得
很清楚,它们是把根本原因的节约、把结果的多样性、把由此而来的、自然各种
成分的亲缘关系,就其本身而言都判断为合乎理性的和适合于自然的,所以这
些原理并不只是作为方法上的一种手法而是直接地就具有自己的吸引力。

　　但很容易看出,形式的这种连续性只是一种理念,是根本不可能对它指出
一个经验中与之相重合的对象的,之所以这样,不只是由于,在自然中的那些
物种现实地是被划分了的,因而本身必须构成一个 quantum discretum③,以及
假如这些物种的亲缘关系中的逐级式进展是连续的,则这种亲缘关系也就会
必须包含处于两个被给予的种之内的那些中间环节的某种真实的无限性,而
这是不可能的;而且也是由于,我们根本不能对这条法则作任何确定的经验性
上的运用,因为通过这条法则丝毫也没有指明亲和性的标志,以表明我们必须
根据什么并且在多大范围内去寻找物种差异性的等级系列,而只是一般地指
明了我们必须去寻找它。

　　如果我们把现在提到的这些原则按照它们的秩序来加以排列,以使它们　A662
安放得与经验的运用相符合,那么这些原则也许就会这样来适应系统的统一　B690
性:多样性、亲缘性和统一性,但它们每一个都被看作在其完备性的最高程度
上的理念。理性预设了这些首先被应用在经验上的知性知识,并按照理念去
寻求它们的比经验所能达到的走得远得多的统一性。杂多不顾其差异性而在
一个统一性原则下的亲缘性不仅仅涉及物,而且多得多地还涉及诸物的那些
单纯属性和力。因此,如果例如行星的运行轨道通过一个(还未被完全校正

－－－－－－－－－－

①　指前述"种的原则"对知性提出的规范,即对种的注意不要少于对类的注意。——译者
②　埃德曼认为"那个规范"应作"这种运用"。——德文编者
③　拉丁文:分离的量。——译者

过的)经验是以圆形被给予我们的,而我们又发现了一些差异,那么我们就会估计这些差异在于那种能够按照一条固定的法则通过一切无限的中间等级把这个圆修改为这些与此相偏离的运行轨道之一的东西,就是说,这些行星的运动并非圆形,也许将多少接近于圆形的属性,而切合于椭圆形。彗星由于它(就观察所及)甚至于都不在一个环形中回归,它表现出其轨道的某种更大的差异性;不过我们所猜测的某种抛物线轨道毕竟和椭圆有亲缘关系,并且如果椭圆的长轴被延伸得很远,这个抛物线在我们的一切观察中就不能够与椭圆相区别了。这样,我们按照那些原则的引导而达到了这些轨道在其形状上的诸多类的统一,但由此也进一步达到了行星运动的一切法则的原因的统一(即万有引力),然后我们由此扩大我们的战利品,并试图也由同一个原则来解释一切变异和从那些规则的表面上的偏离,最终甚至增加了比经验有朝一日能够证实的更多的东西,这就是试图按照亲缘性的规则甚至来设想双曲线的彗星轨道,在这种轨道中这些天体完全离开了我们的太阳系,并由于它们从一个太阳到另一个太阳的运行,就把一个对于我们是无边无际的、通过同一个动力关联着的宇宙体系的那些更遥远的部分都在它们的轨道中结合起来了。

A663
B691

在这些原则中值得注意的、并且也是我们所唯一关注的东西是:它们看起来是先验的,而且尽管它们所包含的只是理性的经验性运用所遵守的理念,这种运用遵循它们只能是仿佛渐近地、也就是近似地,而不是有朝一日达到这些理念,然而这些原则作为先天综合命题仍然具有客观的、但却是不确定的有效性,并被用作可能经验的规则,也被成功地作为启发性的原理运用于现实地对经验进行加工,但我们却不能对它们实行一种先验的演绎,这对于理念而言就像前面所表明的一样,是任何时候都不可能的。

A664
B692

在先验分析论中,我们曾在各种知性的原理中把力学性的原理,即直观的仅仅是调节性的原则,与数学性的原理,即在直观上是构成性的原则区分开来了。尽管有这种区分,但所设想的力学性的法则就经验而言还是构成性的,因为这些法则使得任何经验的发生都缺少不了的那些概念成为先天可能的。相反,纯粹理性的诸原则就连在经验性的概念上也不可能是构成性的,因为不可能给这些原则提供任何相应的感性图型,所以它们也不可能具有任何具体对象。既然我放弃了把这些原则作为构成性原理的这样一种经验性的运用,我又如何能为它们确保一种调节性的运用,并确保这种运用有些客观有效性,而这种调节性运用又能具有怎样一种含义？

　　正如感性对于知性那样，知性对于理性同样也构成一个对象。使知性的一切可能的经验性行动成为统一性系统化的，这是理性的工作，正如知性通过概念来连结诸现象的杂多并将之归到经验性的规律之下一样。但知性的这些行动没有感性的图型就是不确定的；同样，理性的统一性，就知性应当在其之下系统地结合自己的概念的那些条件而言，以及就知性这样做的程度即多大范围而言，自己本身也是不确定的。不过，虽然对于一切知性概念的通盘的系统统一性来说并不能在直观中找到任何图型，但毕竟能够和必须有这样一个图型的类似物被给予出来，这个类似物就是知性知识以一条原则来划分和结合的极大值的理念。这是因为，由于提供出不确定的多样性的所有那些限制性条件都被删除掉，那最大的东西和绝对的完备性就是可以确定地思维的了。所以理性的理念就是一个感性图型的类似物，但却带有这种区别，即知性概念在理性图型上的应用并不同样是关于对象本身的一种知识（如同将范畴应用于其感性图型上时那样），而只是一切知性运用的系统统一的一条规则或原则。既然每个先天地为知性确定其运用的通盘统一性的原理，虽然只是间接地，也对经验对象有效：那么纯粹理性的诸原理对这个经验对象而言也将具有客观实在性，只是并不是为了在这些①经验对象上有所规定，而只是为了指明这种处理方式，据此知性的经验性的和确定的经验运用能够与自己本身通盘关联起来，这样一来就使这种运用凭借这条通盘统一性的原则尽可能地被纳入了关联之中并被从这条原则中推导出来。

　　我把一切不是从客体的性状、而是从理性对这个客体的知识的某种可能完善性的兴趣中取得的主观原理称之为理性的准则。所以就有一些思辨理性的准则，它们只是基于理性的思辨兴趣之上，尽管看起来似乎这些准则是些客观的原则。

　　如果那些只是调节性的原理被看作了构成性的，那么它们就可能作为一些客观原则而发生冲突；但如果我们把它们只是看作一些准则，那就没有真正的冲突，而只有理性的一种不同的兴趣，它引起的是一种思维方式的分化。实际上理性只有一个唯一的兴趣，而它的诸准则的争执只是满足这种兴趣的那

A665
B693

B694
A666

────────────

　　① 维勒将"这些"校为"这个"。——德文编者

些方法的一种差异性和交互的限制而已。

　　以这种方式,在这一个玄想家那里可能对(按照特殊化原则的)多样性有
更多的兴趣,在那一个玄想家那里却可能对(按照聚合性原则的)统一性有更
多的兴趣。他们每一方都以为他们是从对客体的洞见中获得自己的判断的,
然而这种判断却只是建立在对这样两条原理的或多或少的亲近感上的,这两
条原理没有一条基于客观的根据,而只是基于理性的兴趣,因此它们可以更准
确地被称为准则而不是原则。如果我看到那些明智之士相互之间为了人、动
物或植物、乃至于矿物界物体的特征而争执,因为他们一些人例如说假定了一
些特殊的、从起源上建立起来的民族特性,或者甚至假定了家族、种族等等的
一些被决定了的遗传差别,反之,另一些人则把自己的想法建立在这上面,即
认为自然在这一点上所造成的完全是同样的素质,一切差别只不过是基于外
部的偶然性而已,那么我就可以只考察对象的性状,以便领会到这个对象对于
双方来说都隐藏得太深了,以至于他们不可能从对客体本性的洞见来谈论什
么。这只不过是理性的两方面的兴趣,这一方对这种兴趣、另一方对那种兴趣
铭记在心,或者还自作多情,因而只不过是自然多样性准则或者自然统一性准
则的差异,它们完全可以很好地结合在一起,但只要这些准则被看作客观的洞
见,那就不仅仅会引起争执,而且也会引起使真理长期停滞的障碍,直到找到
一个办法使有争执的兴趣协调起来并在这方面做到使理性满意为止。

　　同样的情况也发生在对广为援引的、由莱布尼茨开其端①并被博内②做
了卓越地修正的有关造物的连续性阶梯这条法则的主张或反对之上,这条法
则只不过是对基于理性兴趣之上的亲和性原理的遵守;因为它根本不可能把
对自然的安排的观察和洞见作为客观的主张提交出来。这样一个阶梯的、如
同经验可以给我们指出的那样一些梯级相互之间隔得太远,而我们以为很小
的那些区别通常在自然本身中却是如此宽阔的裂缝,以至于以这样一些观察
(尤其是在事物的一种巨大的多样性那里,在这里要发现某些类似性和近似
性必定总是很容易的)根本不可能指望什么是自然的意图。反之,按照这样

A667
B695

A668
B696

---

　　①　参看莱布尼茨:《人类理智新论》第3卷第6章。——据英译者
　　②　Bonnet,Charles(1720—1793),博物学家、哲学家,最早将"进化"一词用于生物学。此
处涉及所著《关于自然的考察》第29—85页。——据英译者

一条原则去寻找自然秩序的方法,以及把一个这样的秩序——虽然不确定其
地点和范围——在一般自然中看作有根据的这条准则,却仍然是理性的一条
合法的和卓越的调节性原则;但它作为这样一条原则远远越出了经验或观察
能够与之相提并论的范围,却并没有规定某物,而只是为经验或观察指明了通
往系统的统一性的道路。

A669
B697

人类理性的自然辩证论的终极意图

　　纯粹理性的诸理念就其自己本身而言决不再有可能是辩证的了,相反,唯
有对它们的单纯误用才必然使得某种欺骗我们的幻相从它们中产生出来;因
为它们是由我们理性的本性向我们提出的任务,而我们思辨的一切权利和要
求的这个至上法庭本身不可能包含本源的欺骗和幻觉。所以它们大概会在我
们理性的自然素质中具有自己良好的合乎目的的使命。但一帮玄想家却像通
常那样大叫荒唐和矛盾,并辱骂这一统治,这个统治的最深邃的计划是他们所
不可能参透的,他们本来应当把甚至连他们自己的自我保存、乃至于使他们有
可能对这个统治发出责难和谴责的教养,都归功于这个统治的仁慈的影响
力的。

　　一个先天的概念,我们若不对它实行一种先验的演绎,就决不能有把握地
使用它。纯粹理性的理念虽然不允许像范畴那样一种演绎;但如果它至少应
当拥有某种哪怕是不确定的客观有效性而不只是表现一些空虚的思想物
（entia rationis ratiocinantis①）,那么对它的一个演绎就绝对必须是可能的,即
使承认它与我们对范畴所能够作出的那种演绎会大不相同也罢。这就是纯粹
理性批判工作的完成,而我们现在就要来做这件事。

A670
B698

　　某物是作为一个绝对的对象而被给予我的理性,还是仅仅作为理念中的
对象而被给予我的理性,这是一个巨大的区别。在前一种情况下我们概念的
目标是规定对象;在后一种情况下它实际上只是一个图型,这个图型没有任何
对象哪怕只是假设性地被直接附加于其上,相反,它只是用来把其他对象凭借
与这个理念的关系、按照其系统的统一性因而间接地向我们表象出来。所以

---

　　①　拉丁文:推理的理性之物。——译者

我说一个最高理智的概念是一个单纯的理念，就是说，它的客观实在性并不应当在于它直接与某个对象相关（因为在这种意义上我们将会不可能为它的客观有效性辩护），相反，它只是一个按照最大的理性统一性的诸条件而得到整理的有关一个一般物的概念的图型，这图型只被用来在我们理性的经验性运用中获得最大的系统统一性，因为我们把经验的对象仿佛是从这个作为其根据或是原因的想象出来的理念对象中推导出来。这样一来例如说，世界上的

事物都必须被看作好像是从一个最高的理智那里获得其存有似的。理念以这种方式本来只是一个启发性的概念，而不是一个明示性的概念，而且并不指明一个对象具有怎样的性状，而是指明我们应当怎样在这概念的指引下去寻求一般经验对象的性状和连结。既然我们能够指出，虽然这三种理念（心理学的、宇宙论的和神学的）并不直接地和任何与之相应的对象及其规定发生关系，然而理性的经验性运用的一切规则在这样一个理念中的对象的前提下都能通往系统的统一性并随时扩展经验知识，但永远不能与经验知识相冲突：那么，按照这一类理念来运作就是理性的一个必要的准则。而这就是思辨理性的一切理念的先验演绎，这些理念不是作为把我们的知识扩展到比经验所能给予的更多的对象上去的构成性原则，而是当作一般经验性知识的杂多的系统统一的调节性原则，经验性的知识由此种调节性原则而在它们自己的边界之内得到的扩建和校正①，要比没有这些理念单凭知性原理的运用所能得到的更多。

　　我将对此作更清楚的说明。遵循前述作为原则的那些理念，第一，我们要（在心理学中）把我们内心的一切现象、行动和接受性都依内部经验的线索这样连结起来，好像内心是一个带有人格的同一性而持久（至少在此生）实存的单纯的实体，然而这实体的状态则是连续交替的，肉体的状态只是作为外部条件而隶属于这实体的状态。第二，我们必须（在宇宙论中）以这样一个永远也不可能完结的研究去追索那些内部的和外部的自然现象的条件，好像自然自在地就是无限的而没有一个第一的或至上的项那样，虽然我们并不能因此就否认在一切现象之外有它们的单纯智性的第一根据，但却决不允许把这些根

---

　　① 基希曼（Kirchmann）认为"得到校正"（berichtigt）应为"得到授权"（berechtigt）。——德文编者

据带进自然解释的关联中来,因为我们根本不知道它们。最后,第三,我们必须(在神学方面)这样来考察一切始终只是属于可能经验的关联中的东西,好像这些经验构成一个绝对的、但又是处处相依并且永远还是在感官世界之内有条件的统一体,但同时却又好像这个一切现象的总和(感官世界本身)在这些现象的范围之外拥有一个唯一的至上的和最充分的根据,也就是一个仿佛是独立的、本源的和创造性的理性,我们通过与它发生关系而把我们的理性的一切经验性的运用在其最大扩展中作这样的调整,好像这些对象本身是从那个一切理性的蓝本中产生出来的似的,就是说:不是从一个单纯的思维着的实体中推导出灵魂的那些内部现象,而是按照一个单纯存在者的理念把那些现象一个从另一个中推导出来;不是从一个最高的理智中推导出世界秩序及其系统的统一,而是从一个最高智慧的原因的理念中取得规则,根据这个规则,理性在连结世界上的原因和结果时就能被用来使它自己得到最大的满足。

A673
B701

　　于是丝毫也没有什么东西阻止我们把这些理念也假定为客观的和实体化的,只是除了宇宙论的理念以外,在这里理性如果想要使这样一个理念实现出来,就会遇到一个二律背反(心理学的和神学的理念则根本不包含这类二律背反)。因为在心理学的和神学的理念中并没有矛盾,因而如何会有人能够对我们否定它们的客观实在性,既然他为了否认这一点而对这种可能性所知道的和我们为了肯定它所知道的同样少? 然而为了假定某物,光是对此没有任何积极的阻碍还是不够的,而且也不能允许我们单凭那想要完成自己工作的思辨理性的信誉,就把那些虽然不与任何概念相矛盾、却超出我们一切概念之上的思维着的存在者当作现实的和确定的对象引进来。所以这些理念不应当就其自在的本身来假定,相反,它们的实在性只应当被看作一切自然知识的系统统一这一调节性原则的图型之实在性,因而它们应当只是作为现实之物的类似物、但却不是作为自在的现实之物本身而被当作基础的。我们从理念的对象那里把限制我们的知性概念的诸条件都去掉了,但也唯有这些条件才使得我们能对任何一物拥有一个确定的概念这件事成为可能。而现在我们设想一个某物,我们关于它本身自在地是什么完全没有任何概念,但我们毕竟在对它设想一种与诸现象的总和的关系,这关系与诸现象相互之间所具有的关系是类似的。

A674
B702

　　因此,如果我们假定这样一种理想的存在者,我们并没有真正扩展我们关于可能经验的客体的知识,而只是通过由理念给我们提供了图型的系统统一性而扩展了可能经验的经验性的统一性,因而理念不被看作构成性的原则,而只被看作调节性的原则。这是因为,我们设定一个与理念相应之物、一个某物或现实的存在者,并不因此就意味着我们要用超验的①概念来扩展我们对物的知识;因为这个存在者只是在理念中、而不是自在地本身被当作基础,因而只是为了表达那个应当被用作我们理性的经验性运用的准绳的系统统一,却并不对这个统一的根据或这统一赖以作为原因的这样一种存在者的内部属性是什么有所断言。

A675
B703

所以,单纯思辨理性关于上帝给我们提供的那个先验的、唯一确定的概念在最严格的意义上是自然神论的,就是说,理性就连一个这样的概念的客观有效性也没有给出来,而只提交了有关某物的理念,一切经验性的实在性都将其最高的和必然的统一性建立在这个某物之上,对这个某物我们只能按照与一个根据理性法则应是万物的原因的现实实体的类比来思考,如果我们的确想要到处把它作为一个特殊的对象来思考,而不是宁可满足于理性的调节性原则的一个单纯理念,想把思维的一切条件的完成当作对人类知性来说是夸大其辞的东西排除掉的话,但这是与在我们的知识中求得一个完全的系统统一的意图不能共存的,对于这种意图理性至少没有设立任何限制。

因此,事情就成了这样:如果我假定一个神性的存在者,我虽然不论对它的最高完善性的内部可能性还是对它的存有的必然性都没有丝毫概念,但毕竟这样一来我就能使一切其他涉及偶然之物的问题得到满意的回答,并能使理性就其经验性的运用中所必须探索的最大统一性而言、但不是就这一预设②本身而言获得最完全的满足;这就表明,是理性的思辨利益,而不是它的洞见,使理性有权主张从一个如此远超出其范围的点出发,以观察它的在一个完备整体中的对象③。

A676
B704

现在这里就显示了在同一个相当微妙、但在先验哲学中仍然具有很重要的意义的预设那里,思维方式的某种区别。我可以有充分的根据对某物作相

---

① 第四版将"超验的"(transzendenten)改为"先验的"(transzendentalen)。——德文编者
② 指关于一个神性存在者的假定。——译者
③ 基希曼将"洞见"(Einsicht)校作"统一性"(Einheit)。——德文编者

对的假定(suppositio relativa①),但却无权对它做绝对的假定(suppositio abso-luta②)。这种区别当事情仅仅涉及到一个调节性的原则时是合适的,虽然对这一原则我们所认识到的是它就自己本身而言的必然性,而不是这必然性的来源,并且我们对此假定了一个至上的根据,仅仅为的是,比起我例如说把一个与某种单纯的也就是先验的理念相应的存在者设想为实存的来,要更为确定地思维这原则的普遍性。因为,这时我永远不能假定这物本身的自在的存有,因为对此没有任何我能够借以确定地设想某个对象的概念是充分的,而我的概念的客观有效性的种种条件是被这理念本身排除了的。实在性、实体、原因性,甚至存有中的必然性这些概念,除了它们使一个对象的经验性知识成为可能的这种运用之外,是根本没有任何对某个客体作规定的意义的。所以它们虽然能够运用来解释感性世界中的物的可能性,却不能够运用来解释一个世界整体本身的可能性,因为这一解释根据必然会存在于世界之外、因而不是一个可能经验的任何对象。现在,我仍然可以相对于感官世界、虽然不是就其本身而言,对这样一个不可理解的存在者、即一个单纯理念的对象加以假定。这是因为,如果为我的理性的最大可能的经验性运用奠定基础的是一个理念(即我马上就会更确定地谈到的系统完备的统一性的理念),这理念自己本身永远也不能在经验中得到相称的表现,即便它为了使经验性的统一性接近最大可能的程度必然是回避不了的,所以我将不仅有权、而且也有必要把这个理念实现出来,即为它设立一个现实的对象,但只是作为一般某物,我对这某物自在的本身毫无所知,我只是把它作为那种系统统一性的根据,而在与这系统统一性的关系中给它提供这样一些与经验性运用中的知性概念相类似的属性。所以我将按照与这个世界中的实在性、实体、原因性和必然性的类比来设想一个在最高完善性中具有这一切的存在者,并且由于这个理念只是基于我的理性,我将能够把这个存在者设想为独立的理性,它借最大的和谐和统一性这些理念而是世界整体的原因,以至于我去掉了一切限制理念的条件,为的只是在这样一个原始根据的庇护下,使世界整体中的杂多的系统统一、并借助于这种统一而使理性的最大可能的经验性运用成为可能,因为我把一切联结都

A677
B705

A678
B706

---

①　拉丁文:相对的假定。——译者
②　拉丁文:绝对的假定。——译者

看作就好像它们都是一个最高理性的安排一样,我们的理性则是这个理性的一个模糊不清的摹本。这样一来我就通过那些本来只是在感性世界中有其应用的纯然概念而设想了这个最高的存在者;但既然我甚至对这个先验的预设也只有相对的运用,就是说,它应当充当最大可能的经验统一性的基底,那么我就完全可以通过那些只属于感官世界的属性来思考一个我将之与这个世界区分开来的存在者。因为我绝对不要求、也没有资格要求对我的理念的这个对象按照其可能自在地是什么来加以认识;因为对此我没有任何概念,甚至关于实在性、实体、原因性乃至于存有中的必然性这些概念都失去了一切意义,而只是一些没有内容的概念的空洞名目,如果我敢于用它们来超出感官领域之外的话。我只是思考一个我对其本身完全不知道的存在者对于世界整体的最大系统统一性的关系,为的只是使这存在者成为我的理性最大可能的经验性运用之调节性原则的图型。

如果我们现在把视线投向我们理念的先验对象的话,那么我们就会看到,我们不可能根据实在性、实体、原因性等等这些概念来预设这种对象本身自在的现实性,因为这些概念对完全与感官世界不同的东西没有丝毫的应用。所以理性对于一个作为至上原因的最高存在者的设定只是相对地、为了感官世界的系统统一而思考的,它是一个单纯在理念中的某物,我们对它自在地是什么没有任何概念。由此也就解释了,为什么我们虽然在与实存地被提供给感官的东西的关系中需要一个自在的必然的原始存在者的理念,但永远也不可能对这个原始存在者及其绝对的必然性有丝毫的概念。

从此我们就可以清楚地看到全部先验辩证论的结论,并精确地规定纯粹理性的这些理念的终极意图了,这些理念只是由于误解和不谨慎才成为了辩证的。纯粹理性实际上所从事的工作只是它自身,它也不可能有任何别的工作,因为并没有各种对象被提供给它以达到经验概念的统一,而是有各种知性知识被提供给它以达到理性概念的、即在一条原则中的关联的统一。理性的统一性就是系统的统一性,这种系统统一并没有在客观上充当理性的一个原理,以使理性扩展到诸对象之上,而是主观上用作一个准则,以使理性扩展到诸对象的一切可能的经验性知识之上。然而理性能够给知性的经验性运用所提供的这种系统关联不仅促进着这种运用的扩展,而且同时也证实了这种运用的正确性,而这样一种系统统一性的原则也就是客观的,但是以不确定的方式(principium vagum①),而不是构成性的原则,不是为了就它的直接对象而言来规定某物,而是为了作为单纯调节性的原理和作为准则,通过展示那些知性所不知道的新的方式而对理性的经验性运用加以无限的(不限定的)促进和巩固,同时却任何时候都不与经验性运用的那些法则有丝毫的违背。

但理性只能把这种系统的统一性思考为:理性同时给它的理念提供了一个对象,但这个对象又不是通过任何经验所能提供的;因为经验永远也不提供一个完善的系统统一的例子。于是这个理性存在物(ens rationis ratiocinatae②)虽然是一个单纯的理念,因而并不绝对地就自在的本身被假定为某种现实的东西,而只是悬拟地被当作根据(因为我们通过任何知性概念都不可能达到它),以便将感性世界之物的一切连结看作是这样的,就好像它们在这个理性存在物中有自己的根据似的,但唯一的意图却是在这个单纯理念上建立起那种系统的统一性,这种统一性对理性来说是不可缺少的,对知性的经验性知识来说却能够具有一切方式的促进作用,然而永远不会阻碍这种知识。

只要我们把这个理念看作对某个现实事物的一种主张,或者哪怕只是看作对它的一种预设,似乎我们可以设想把世界的系统状态的根据归之于它,那么我们马上就误解了这个理念的含义;我们倒不如对于从我们这些概念中摆脱出来的上述这个根据自在地将具有怎样一种性状任其悬而不决,并且只有一个理念才把自己设定为这个观点,唯有从这个观点我们才能扩展那个对理性如此根本性的而对知性如此有益的统一性;总之一句话:这个先验之物只是理性借以尽其所能地把系统的统一性扩展到一切经验上去的那个调节性原则的图型。

我自己就是这样一个理念的第一个客体,它仅仅被看作一个思维着的自然(灵魂)。如果我要寻求一个思维着的存在者自身借以实存的那些属性,那么我就必须去问经验,我甚至不能把诸范畴的任何一个应用于这个对象上,除非这范畴的图型在感性直观中被给予出来了。但因此我就永远也达不到内感官的一切现象的一个系统的统一。于是,取代那个并不能带我们走得很远的(关于灵魂现实地是什么的)经验概念,理性就采取了一切思维的经验性统一

A681
B709

A682
B710

---

① 拉丁文:流动的原则。——译者
② 拉丁文:推理的理性之物。——译者

的概念,并通过理性无条件地和本源地思考这个统一性,而从后面这个概念中形成了一个有关某种单纯实体的理性概念(理念),这个单纯实体本身自在地不变地(人格上同一地)与它之外的其他现实之物处于协同性中;总之一句话:形成了有关一个单纯的独立理智的理性概念。但与此同时,理性所关注的只不过是在解释灵魂现象时的系统统一性的原则,也就是把所有规定看作在一个唯一主体中的,把一切力尽可能地看作由一个唯一的基本力派生出来的,

A683
B711

把一切变化看作属于同一个持存的存在者的各种状态,并且把空间中的一切现象表现为与思维的行动完全不同的。实体的那种单纯性等等只应当是这条调节性原则的图型,而并不是被预设为好像它就是灵魂各种属性的现实根据似的。因为这些属性也可能基于完全不同的根据,我们根本不知道这些根据,正如即使我们愿意承认这些谓词对于灵魂是绝对有效的,我们通过这些假定的谓词也并不能真正认识自在的灵魂本身一样,因为它们所构成的是一个根本不能被具体表现出来的单纯理念。于是,从这样一个心理学的理念中就只会产生出好处,只要我们避免让它被看作某种比单纯的理念更多的东西,即某种不止是仅仅与在我们灵魂的现象上理性的系统性运用相关的东西。因为在这里,当解释那仅仅属于内感官的东西时并没有掺和进来具有完全另一种性质的物质现象的任何经验性法则;在这里关于灵魂的产生、毁灭和转世的任何轻浮的假设都是不被承认的;所以对内感官的这个对象的考察是完全纯粹的和不与那些不同质的属性相混淆的,此外,理性的这种研究指向尽可能地使这

A684
B712

个主体中的那些解释根据通达一条唯一的原则,这一切都是通过它好像是一个现实的存在者这样一个图型才最好地、甚至是独一无二地被产生出来的。这个心理学的理念也只可能意味着一个调节性概念的图型。这是因为,即使我所想要问的只是,灵魂是否自在地是精神性的自然,那么这个问题也将是根本没有任何意义的。因为通过这样一个概念我不但去掉了物质自然,而且一般地去掉了一切自然,即任何一个可能经验的所有谓词,因而去掉了为这样一个概念思考一个对象的所有条件,然而只有这种思考才唯一地使得人们说那个概念有某种意义。

　　单纯思辨理性的第二个调节性的理念是一般世界概念。因为自然其实只不过是理性需要调节性原则来对待的唯一被给予的客体。这个自然是双重的,即要么是思维的自然,要么是物质的自然。不过对于后者来说,为了按照

其内部可能性来思考它,也就是规定范畴在它上面的应用,我们不需要任何理念即超出经验之上的表象;对于物质自然来说也不可能有任何理念,因为我们在物质自然中只受感性直观的引导,而不是像在心理学的基本概念("我")中那样,这种概念先天地包含有思维的某种确定的形式,即思维的统一性。所以留给我们的纯粹理性的就只有一般自然、以及自然中诸条件按照某种原则的完备性了。这些条件序列在其各项的推导中的绝对总体性是一个理念,它虽然永远也不能在理性的经验性运用中完全实现出来,但毕竟充当了我们应当如何处理这个条件序列的规则,也就是说在解释给予的诸现象时(在回溯或上升的过程中)应当这样来处理,就好像这个序列自在地是无限的、即 indefi- nitum① 似的,但凡是在理性本身被看作一种规定性的原因的地方(即在自由中),因而在实践的诸原则中,那就应当处理为好像我们不是面对着一个感官客体,而是面对着纯粹知性的客体一样,在这里诸条件不再能够被设立在诸现象的序列中,而只能被设立在它之外,而这些状态的序列则可以被视作就好像它被绝对地(通过一个理知的原因而)开始那样;这一切都证明,宇宙论的理念无非是一些调节性的原则,而远不是像构成性原则那样去设立这样一些序列的现实的总体性。其余的证明我们可以到纯粹理性的二律背反中相应的地方去寻找。

A685
B713

纯粹理性的第三种理念包含着对一个作为一切宇宙论序列的唯一最充分原因的存在者的单纯相关性设定,这个理念就是关于上帝的理性概念。对这个理念的对象我们丝毫没有根据来做绝对的假定(即作自在的设定);因为什么东西可以使我们有能力、或者哪怕只是有资格对最高完善的、按其本性是绝对必然的存在者出于其单纯自在的概念本身而相信或加以主张呢,难道不会是这种假设唯有与之相关才能是必然的那个世界吗;而这也就表明,这个存在者的理念正如一切思辨的理念一样,想要表达的只不过是:理性要求按照一个系统统一的诸原则来看待世界的一切连结,因而就好像这些连结全部都是从一个唯一的无所不包的、作为最充分的至上原因的存在者那里产生出来的似的。由此可见,理性只可能把在扩展其经验性的运用时它自己的形式规则作为自己的目的,但永远也不可能把超出一切经验性运用的边界之外的扩展作

A686
B714

---

① 拉丁文:不限定的。——译者

为目的,因而在这个理念之下并不会包藏着理性指向可能经验的运用的任何构成性原则。

　　这个唯一地基于理性概念之上的最高形式的统一性就是诸物的合乎目的的统一性,而理性的思辨利益使得我们必须把世界的一切安排都视为好像它们是出自一个最高理性的意图似的。就是说,一个这样的原则向我们应用于经验领域的理性展示了按照目的论法则连结世上事物、并由此达到其最大的系统统一性的崭新的前景。所以,把一个至上的理智预设为世界整体的唯一的原因,但又只在理念中预设,这对于理性任何时候都能够有好处,但同时又永远不会有害。因为,如果我们在地球的形状(圆形但略带扁平)方面①,在山川和海洋等等方面预先假定了一个创造者的纯然智慧的意图,那么我们就能够以这种方式作出一大堆发现。只要我们止于把这个预设单纯作为一种调节性原则,那么甚至这种错误也不能危害我们。因为顶多只会从这错误中得出:凡是在我们期待某种目的论关联(nexus finalis②)的地方,都会遇到某种单纯机械的或物理的关联(nexus effectivus③),在这样一种情况下我们由此只是更多地感到缺失了一种统一性,但却没有在理性的经验性运用中破坏理性的统一性。然而即使删去这个预设也不会伤及在普遍的目的论意图中的这个一般法则本身。因为,虽然一个解剖学家,当他把一个动物身躯的某一肢体联系到一个目的,而人们可以清楚地指出这目的并不能从这里面得出时,他可以被判定为错误的;然而却完全不可能用一个例子来证明一种不论是怎样的自然构造是根本没有任何目的的。因此甚至(医生们的)生理学也通过一条单由纯粹理性所输入进来的法则把自己关于有机体肢体结构的种种目的的很有限制的经验性知识扩展到如此之远,以至于人们在其中完全无所顾忌地、同时又与所有明智之士一致地假定:在动物身上一切都有其用处和好的意图;这种预

---

　　①　地球的球状所带来的好处是老生常谈了;但很少人知道,唯有它的椭圆形的扁平状才防止了大陆或那些更小的、也许是由地震堆积起来的山脉的隆起使地轴连续地和在不太长的时间里显著地偏移,如果不是地球在赤道下的隆起就是如此巨大的一座山脉,任何其他山脉的摆力都决不能使它明显地离开其相对于地轴的位置的话。然而人们对这一智慧的安排却毫不迟疑地从过去液态的地球质量的均衡来解释。——康德

　　②　拉丁文:终极关联。——译者

　　③　拉丁文:起作用的关联。——译者

设如果它是指构成性的,那就远远超出了迄今的观察能够使我们有理由达到的范围;因为从中所能够看出的是,这个预设只不过是理性的一条调节性的原则,为的是借助于那至上的世界原因之合目的的原因性这个理念,并且好像这个原因性作为最高的理智按照最智慧的意图就是一切东西的原因一样,去达到最高系统的统一性。

　　但如果我们摆脱了把理念仅仅放在调节性的运用上这种限制,那么理性就会被以各种各样的方式引入歧途,因为那样一来它就会离开那终归必然包含有其路程的种种标志的经验的基地,并冒险越过这一基地而面对那不可理解和无法探究的东西,它必然会为这种东西的高深莫测而晕头转向,因为它看到自己出于①这种东西的立场而完全被切断了与经验相协调的一切运用。

A689
B717

　　第一个错误产生于我们把一个最高存在者的理念不是仅仅作调节性的运用,而是作构成性的运用(而这是与一个理念的本性相违背的),这一错误就是怠惰的理性(ignava ratio②)③。我们可以这样来称呼任何一条原理,如果它使我们将自己的自然研究不论在什么地方看作是绝对完成了的、因而使得理性就好像它完全做完了自己的工作那样去睡大觉的话。因此甚至心理学的理念,如果它被当作构成性的原则用来解释我们的灵魂现象,甚至后来还被用于在超出一切经验之外(关于死后的灵魂状态)扩展我们关于这个主体的知识,那么这虽然使理性非常方便,但也就完全败坏和摧毁了理性按照经验的指导所作的一切自然的运用。所以独断的唯灵论者是由他相信在这个"我"中直接知觉到的思维着的实体的统一性来解释这经过一切状态变化而不变地持存着的人格同一性,由我们思维着的主体的非物质本性的意识来解释我们对那些应当在我们死后才发生的事物的兴趣,如此等等,并且使自己摆脱了从物理的解释根据来对我们这些内部现象的原因所进行的一切自然研究,因为他仿佛是凭借一种超验理性的勒令而忽略了经验的内在知识来源,为的是自己的

A690
B718

---

①　埃德曼将"出于"校为"立于"。——德文编者

②　拉丁文:理性的疲软。——译者

③　古代那些辩证论者曾用这个术语称呼一种谬误之见,这种谬误之见是这样说的:如果你命中注定会从这场疾病中痊愈,那么不管你看不看医生都会痊愈。西塞罗说,这种推论方式之所以有这个名称,是由于如果我们遵循它,那我们一生就都根本不会有运用理性的余地了。这就是我为什么把这样一个名称赋予纯粹理性的这个诡辩论证的原因。——康德

舒适,但却丧失了一切洞见。这个不利的结论在独断论那里对我们有关一个最高理智的理念和在此之上错误建立起来的自然的神学体系(即自然神学)来说就更为明显触目了。因为在这里一切在自然中显示出来的、常常只是由我们自己使之变成自然的目的,都有助于使我们在研究这些原因时相当方便,因为无须在物质的机械论的普遍规律中寻找这些原因,而是直接诉之于最高智慧的不可捉摸的意旨,并且这样一来就把理性的努力看作是完成了的,如果我们摆脱了理性的运用的话,这种理性运用毕竟在任何地方都找不到线索,除了在自然秩序和变化序列按照其内部普遍规律把这线索提交给我们的地方之外。这种错误如果我们不仅仅对某些自然的部分,如陆地的分布及其结构、山脉的性状和位置、乃至于植物界和动物界的机体,都从目的的观点来考察,而且使自然的这种系统统一性在与一个最高理智的关系中成为完全普遍的,那是可以避免的。因为那样一来我们就把按照自然的普遍规律的某种合目的性当作了基础,对于这些自然规律没有任何特殊的机制属于例外,而只是或多或少被标明得使我们可以辨认而已,并且,我们就拥有了一条目的论连结的系统统一性的调节性原则,但这种系统统一性我们不可预先规定,相反,我们只可在对它的期待中去追踪那按照普遍法则的自然机械连结。因为只有这样,合目的性的统一这个原则才能任何时候都在经验上扩展理性的运用,而不使这种运用在某种情况下遭到中断。

第二个错误是由于对上述系统统一原则的误解而产生的,这就是颠倒的理性的错误(perversa ratio①,υστερον προτερον rationis②)。这个系统统一的理念本来只应当用来作为调节性原则在按照普遍自然规律联结诸物时寻求系统的统一性,并且在其中的某物能够以经验性的方式被发现的范围内,也用来在同一程度上相信我们已接近了这理念运用的完备性,虽然我们永远也不会达到它。舍此我们就会把事情弄颠倒了,我们将一开始就把一条合目的性的统一性原则的现实性当作实体化的东西引为根据③,并把一个这样的最高理智的概念,由于它自在地是完全不可捉摸的,就从拟人论上来加以规定,然后

---

① 拉丁文:理性的颠倒。——译者
② 前两词为希腊文,后一词为拉丁文,意为"理由倒置"。——译者
③ 埃德曼校为:"……当作原因而实体化地引为根据",瓦伦廷纳校为:"……当作实体化的原因而引为根据"。——德文编者

就把这些目的强行专断地硬加在自然身上,而不是以物理学的自然研究的方式合理地去寻求这些目的,以至于不仅仅那本应当只是用来按照普遍规律补足自然统一性的目的论现在反而导致了取消那种统一性,而且理性本身还为此而丧失了自己的目的,即要从自然中按照这一①规律证明一个这样的至上的理智原因的存有。这是因为,如果我们不能在自然中先天地预设那最高的合目的性,即将它预设为属于自然的本质,我们怎么会被指示去寻求它、并在一个自然的等级阶梯中去接近一个创造者的最高完善性,即某种绝对必然的、因而是先天可认识的完善性? 这条调节性的原则要求把系统的统一性完全预设为不仅仅是在经验性上被认识的、而且是先天地、虽然还是不确定地被预设的自然统一性,因而预设为由事物的本质中得出来的。但如果我事先就以一个进行安排的最高存在者②作为根据,那么自然统一性实际上就被取消了。因为这种统一性对诸物的本性是完全陌生的和偶然的,也③不能从自然的普遍规律而得到认识。由此就在证明中产生了一种错误的循环论证,这时我们把本来应当被证明的东西当作了前提。

A693
B721

将自然的系统统一性的调节性原则当作构成性原则,并且把仅仅在理念中被当作理性的一致运用的根据的东西实体化地预设为原因,这只是理性的迷乱而已。自然的研究完全只是沿着以自然的普遍规律为依据的自然原因的链条来走自己的路的,虽然指向一个创造者的理念,但不是为了从这个创造者中推导出这种研究到处都在追寻的那种合目的性,而是为了从这种在自然物的本质中、尽可能也在所有一般物的本质中被寻求的合目的性来认识创造者的存有,因而将这种存有认作绝对必然的。不论后面这种寻求成功与否,这个理念仍然是永远正确的,并且它的运用同样也仍然是永远正确的,如果这种运用被限制在一个单纯调节性原则的那些条件上的话。

A694
B722

完备的合目的性的统一性就是完善性(绝对地来看)。如果我们不是在构成整个经验对象、即构成我们一切客观有效的知识的对象的那些物的本质中,因而在普遍必然的自然规律中发现了这种完善性,我们怎么会由此直接推

---

① 维勒校作"按照这些"。——德文编者
② "存在者"与上面的"本质"德文为同一词 Wesen。——译者
③ 瓦伦廷纳主张在"也"前面加上"因此"。——德文编者

出一个作为一切原因性的来源的原始存在者的某种最高的和绝对必然的完善性这个理念来呢？这个系统的、因而也是合目的性的最大统一性是对人类理性的最大运用的学习，甚至是这种运用的可能性基础。所以这个统一性的理念是和我们理性的本质不可分割地结合着的。因而正是这同一个理念对于我们来说是具有立法性的，所以我们很自然地要假定一个与这理念相应的立法的理性（intellectus archetypus①），从这个作为我们理性的对象的立法的理性中可以推导出自然的一切系统的统一性来。

我们在纯粹理性的二律背反的场合曾说过：纯粹理性所提出的一切问题都是绝对必须回答的，而以我们的知识在许多自然的探究中既是不可避免的又是合理的那种局限性作借口在这里是完全不能允许的，因为在这里这些问题并不是由物的本性、而只是通过理性的本性并仅仅关乎理性的内部机制而被提交给我们的。现在我们可以就纯粹理性有其最大利益的那两个问题来证实这种初看起来很大胆的主张，并以此使我们关于纯粹理性的辩证论的考察达到全部的完成。

所以，假如我们要问（在先验神学方面②）第一：是否有某种与世界不同而又把世界秩序及其按照普遍法则的关联的根据都包含在内的东西，那么回答就是：无可置疑。因为世界就是现象的总和，因此必须有这个总和的某种先验的、即仅仅对于纯粹知性是可思维的根据。第二，如果要问：是否这个存在者是实体，具有最大实在性，是必然的等等；那么我的回答是：这个问题完全没有意义。因为我试图用来为自己造成一个有关这样的对象的概念的一切范畴仅仅只具有经验性的运用，并且如果它们不是被应用于可能经验的客体即感官世界之上的话，它们就没有任何意义。在这个领域之外，它们就只是诸概念的名目，我们可以承认这些名目，但借此也不能理解任何东西。最后，如果问题是：我们是否至少可以按照与经验对象的一个类比来思考这个与世界不同的存在者？那么回答就是：当然，但只是作为理念中的而非实在性中的对象，也

① 拉丁文：原型的智性。——译者

② 我前面关于心理学的理念及其真正规定作为只是理性的调节性运用的原则所已经说过的话，使我免除了对内感官一切杂多的系统统一性据以被实体化地表现出来的那种先验幻觉再特别作详尽的讨论。这里这种处理方式与这个批判在神学理想方面所遵循的那种处理方式极为相似。——康德

就是说,只是就这对象是世界机制的系统统一性、秩序和合目的性的一个我们
所不知道的基底这一点而言的,理性必须使这种统一性、秩序和合目的性成为
自己的自然研究的调节性原则。进一步说,我们还可以大胆地、无可指责地允
许这个理念中有某些对上述调节性原则起促进作用的拟人论。因为这永远只
是一个理念,它根本不会直接与一个不同于世界的存在者相关,而是与这世界
的系统统一性的调节性原则相关,但只是凭借这统一性的一个图型,即一个至
上的理智,它是按照智慧的意图的世界创造者。世界统一性的这个原始根
据①本身自在地是什么,这本来就不是借此而应当思考的事,相反,应当思考
的是,相对于理性在世界事物上的系统运用,我们应如何使用这个原始根据、
或不如说使用它的理念。

　　然而,以这样一种方式,我们就能够(如果有人要继续追问的话)假定一
个唯一的、智慧的和全能的世界创造者吗?毫无疑问,不仅如此,而且我们还
必须预设这样一个创造者。但这样一来,我们就毕竟扩展了我们的知识到可
能经验的领域之外了吗?绝对没有。因为我们只是预设了一个我们对之自在
地本身是什么完全没有任何概念的"某物"(一个单纯的先验对象),但在与我
们如果要研究自然界就必须预设的世界结构之系统而合目的性的秩序的关系
中,我们对于那个我们所不知道的存在者只是按照和一个理智的类比(此乃
一个经验性的概念)来设想的,就是说,赋予了它在以它为根据的那些目的和
完善性方面恰好这样一些属性,这些属性按照我们理性的条件是能够包含这
样一个系统统一性之根据的。所以这个理念是完全建立在我们理性每次的世
界运用之上的。但如果我们想要授予它绝对客观的有效性,那么我们就忘记
了这只是一个我们所思维的理念中的存在者,并且由于这样一来我们就从一
个完全不能通过对世界的考察而确定的根据着手,我们就会因此而不能与理
性的经验性运用相适合地来应用这条原则了。

　　但(如果有人再要问)以这样一种方式我毕竟就能在对世界作理性的考
察时运用一个最高存在者的概念和预设了吗?是的,这个理念本来也就是由
理性用来为此奠定基础的。不过,我现在可以把那些类似于目的的安排,通过

---

　　① 原文为 Ungrund,德文无该词,显然为 Urgrund(原始根据)之误。兹据第一版校
正。——德文编者

B727　我把它们从神圣的意志中推导出来,虽然是借助于为此而在世界中置于这些安排上的那些特殊设施而推导出来,就看作是有意图的吗?是的,你们也可以这样来推导,但结果必须是这样,即不论有人说是这个神圣的智慧为了自己的至上目的把一切都安排成了这样,还是说这个最高智慧的理念是在对自然的探究中的一种调节,一种按照普遍的自然规律的自然界的系统而合目的性的统一性原则,哪怕是在我们没有发现那种统一性的地方,这对你们都同样地有效,而这就是说,在你们知觉到这种统一性的地方,说是上帝凭其智慧要它这样的,或者说是自然智慧地安排它成这样的,这对你们来说必定是完全一样的。因为你们的理性曾要求用来作为调节性原则而为一切自然研究奠定基础的那个最大的系统而合目的性的统一,恰好就是曾经使你们有权把一个作为调节性原则之图型的最高理智的理念奠定为基础的东西,并且,你们现在按照这一调节性原则而在世界中找到了多少合目的性,你们也就在多大程度上证实了你们理念的合法性;但由于该原则仅仅是以寻求必然的和最大可能的自然统一性为目标,所以我们虽然在我们达到这种统一性的范围内将必须把这统一性归功于一个最高存在者的理念,但我们不能对唯有这一理念才会不与

A700
B728　我们自己相矛盾地为之奠定基础的那些普遍自然规律视而不见,以便把这种自然合目的性看作是偶然的和按其起源来说是超自然的,因为我们本来就无权在自然之上假定一个具有上述属性的存在者,而只有权以这个存在者的理念作为根据,以便按照与某种因果规定的类比而把诸现象①视为相互系统连结着的。

　　因此,我们同样也有权不仅按照某种更加微妙的拟人论来思考在这个理念中的世界原因(没有拟人论就会根本不可能对这种原因作任何思考),也就是把它思考为一个具有知性、愉悦和讨厌、以及某种与之相应的欲望和意志等等的存在者,而且还赋予它无限的完善性,这种完善性是远远超出我们通过对世界秩序的经验性的知识所能够有资格达到的那种完善性的。因为这条系统统一性的调节性法则所要求的是,我们应当这样来研究自然,就好像系统而合目的的统一性在最大可能的多样性中会无限地到处遇见似的。这是因为,虽

---

　　① 原文直译为"按照与诸现象的某种因果规定的类比而……"没有宾词。兹据哈滕斯泰因校。——德文编者

然我们关于这个世界完善性将侦察到或获得的只是很少的东西,但到处寻求和推测这个完善性毕竟属于我们理性的立法,而且按照这条原则来对自然进行考察,必定任何时候都对我们有利,而决不会变得有害。但在这个被作为根据的关于一个最高创造者的理念之下,有一点也是很清楚的:我不是以这样一个存在者的存有和知识为根据,而只是以它的理念为根据,所以本来就不是从这个存在者中,而只是从它的理念中、也就是从按照一个这样的理念的世界诸物的本性中推导出任何东西。甚至看来是对我们这个理性概念的真正运用的某种虽未发育的意识导致了各个时代的哲学家们使用谦虚而恰当的语言,因为他们把自然的智慧和先见与神圣的智慧当作同等含义的表达来谈论,甚至只要他们只对思辨理性感兴趣,他们就宁可采用第一种表达,因为这种表达对于比我们有资格持有的更为扩大的那种主张的僭妄加以遏制,同时使理性退回到它所固有的那个领域即自然中去。

A701
B729

所以,似乎一开始就至少许诺要把我们的知识扩展到一切经验边界之外去的纯粹理性,如果我们对它有正确的理解的话,所包含的就无非是调节性的原则,这些原则虽然要求比经验性的知性运用所能达到的更大的统一性,但正是由于它们把这种知性运用所逼近的目标推出到如此之远,它们就使知性的运用通过系统的统一性而与它自身的协调一致达到了最高的程度,但如果我们误解了它们,并把它们看作超验知识的构成性原则,它们就通过某种虽然炫目但却是欺骗性的幻相而产生出了说服作用和想象中的知识,但同时也产生出了永远不断的矛盾和争执。

A702
B730

*　　　*　　　*

所以,人类的一切知识都是从直观开始,从那里进到概念,而以理念结束。虽然人类知识在所有这三个要素方面都有先天的认识来源,这三个来源初看起来似乎都对一切经验的边界不屑一顾,然而一个完成了的批判却坚信,一切在思辨运用中的理性凭借这些要素都永远也不能超出可能经验的领域之外,而这一至上的认识能力的真正使命只是利用一切方法及其原理,以按照一切可能的统一性原则,其中最重要的是目的的原则,来追踪自然直到它的最深邃处,但决不飞越它的边界,在这边界之外对我们来说除了空的空间外一无所有。虽然在先验分析论中对所有那些能够把我们的知识扩展到现实经验之外的命题所作的批判的审查已经充分地使我们确信,它们永远也不可能导致比

A703
B731

一个可能的经验更多的某种东西,并且假如我们不是自己对那些最清楚的抽象普遍的学理抱有不信任的态度,假如不是那吸引人的虚假前景诱惑着我们去摆脱那些学理的强制,那么我们本来当然是可以免除对一种超验的理性为了自己的僭妄而让其出庭的所有辩证论的证人作费力的考问的;因为我们预先已经完全确定地知道,这种僭妄的一切借口虽然或许是出于诚意,但必然是完全无意义的,因为这涉及到没有任何人能够有朝一日获得的某种信息。不过,这种讨论如果不是我们探出了这种使哪怕最理性的人都可能受到欺骗的幻相的真实原因的话,就永无终期,并且,把我们的一切超验的知识化解为它的诸要素(作为对我们内部本性的一种研究)这种做法就其本身而言并没有丝毫的价值,但对哲学家而言甚至是一种义务,因此,将思辨理性的这种完整的、虽然是无用的探讨一直详尽地追寻到它的最初根源处并不只是有必要的,

B732
A704

而且由于这个辩证的幻相在这里不仅就判断而言具有欺骗性,而且就我们从这判断所取得的利益而言也具有诱惑性,并且任何时候都是自然的,因而将会在未来永远保留着,所以最好是仿佛把这一场诉讼的那些记录详尽地写出来,并把这些记录存入人类理性的档案中,以防止将来犯类似性质的错误。

二、先验方法论

A705
B733

如果我把纯粹的和思辨的理性的一切知识的总和看作我们至少心中对之　A707
有一个理念的一座大厦,那么我就可以说,我们在先验要素论中粗略估计了这座　B735
建筑的材料,并规定了这些材料足够建一栋什么样的大厦及它具有何种高度和
强度。不过可以发现,虽然我们在思想中有一座本应是高耸入云的高塔,材料的
储备却只够一栋住房,这栋住房对于我们在经验的平原上工作恰好是宽敞的,其
高度足以对经验的平原加以眺望;但那个大胆的计划必然会由于缺乏材料而失
败,还不说考虑到就连那种语言的淆乱也必定会不可避免地使工人们对这计划
产生分歧,并分散到世界各地,以便每个人按照自己的设计来为自己进行特殊的
建造①。现在对我们来说,所关心的与其说是材料,不如说是计划,并且由于
我们被警告不要在一种随意而盲目的、也许会超出我们的所有能力的设计上
去冒险,却又仍然不可能放弃建立一座坚固的住处,所以就必须按照与提供给我
们而同时又适合于我们的需要的那个储备的比例关系对一座大厦作出估计。

所以我就把先验的方法论理解为对纯粹理性的一个完备系统的诸形式条　A708
件的规定。我们将按照这个意图来讨论纯粹理性的训练、纯粹理性的法规、纯　B736
粹理性的建筑术,最后是纯粹理性的历史,并且按照先验的意图去完成那件曾
由经院学者们在一般知性的运用方面以实践逻辑的名义尝试过、但却做得很
差的工作;因为,既然普遍的逻辑并不是局限于知性知识的任何特殊的类型之
上(例如不局限于纯粹的知性知识上),也不局限于某些确定的对象上,那么
它如不从别的科学中借来知识就不可能做别的事情,只能把我们在各门科学
中关系到系统方面所使用的那些可能方法的名目和各种术语陈述出来,这些
都会使初学者预先知道一些名称,其含义和运用他是要到将来才了解到的。

---

①　此处康德借用了基督教《圣经》中关于建造"巴比伦塔"的神话,见《旧约·创世纪》
第 11 章。——译者

第一章   纯粹理性的训练

那些不仅在逻辑形式上、而且按照内容也是否定性的判断,对于人们的求知欲来说是不受任何特别敬重的;我们可能根本把这些判断看作我们不懈地追求扩展的知识欲的善妒的敌人,这就几乎需要一种辩护,以便哪怕只为它们争取一点容忍,更多的则是为它们赢得善意和尊重。

A709
B737

我们虽然可以在逻辑上把随便任何一个命题表达为否定的,但就我们的一般知识的内容而言,不论这知识是通过一个判断而扩展开来还是受到限制,那些进行否定的命题所具有的一项特别的工作就只是防止错误。因此甚至那些本应防止一种错误知识的否定性的命题,在本来就不可能有任何错误的地方虽然也极为真实,但毕竟是空洞的,也就是根本不适合于它们的目的,并正因此而常常惹人耻笑。例如那位经院派的雄辩家的命题:亚历山大没有军队就不可能征服任何国家。

但是在我们的可能知识的局限极为狭隘、作出判断的诱惑很大、呈现出来的幻相极带欺骗性、而由错误带来的危害又很显著的地方,那仅仅用来使我们免于犯错误的教训的否定作用就比某些可能使我们的知识得到增长的肯定的教导还具有更多的重要意义了。我们把使经常要从某些规则偏离开来的倾向受到限制并最终得到清除的那种强制称之为训练。这种训练与培养不同,培养只是要获得某种技能,而不是相反地要取消某种别的、已经现存着的技能。所以对于一种已经具有某种自我表现的冲动的才能的教化来说,训练作出了一种消极的贡献①,培养和教义则作出了一种积极的贡献。

A710
B738

气质也好,喜欢擅自作一种自由而无拘无束的活动的(作为想象力和机智的)才能也好,在有些方面是需要某种训练的,这一点每个人都很容易承认。但是说本来有责任为其他一切努力颁布其训练的那个理性本身还需要这

① 我完全知道,按经院派的说法训练这个名称通常和教训在同样的意义上使用。不过有许多别的与此相反的场合,在那里前一个术语被作为管教而与后一术语作为教导严格区别开来,而各种事物的性质本身也要求为这一区别保留一个唯一合适的术语,我希望人们能够永远不让该词用于别的含义,只用于否定的含义。——康德

样一个训练,这倒可能会显得闻所未闻,而实际上理性也正因此而至今免受这样一种屈辱,因为凭它所呈现出来的庄严隆重和周全体面,没有人会轻易陷入对某种用想象代替概念、把言词当作事实的轻浮游戏的怀疑。

理性在经验性的运用中并不需要任何批判,因为它的那些原理在经验的试金石上经受着一种连续的检验;同样在数学中也不需要批判,数学的那些概念必须在纯粹直观上马上得到具体的表现,而任何无根据的和任意的东西都会由此而立刻暴露出来。但是在既没有经验性的直观、又没有纯粹直观来把理性保持在一个看得见的轨道上的场合下,也就是在理性仅仅按照概念而作先验的运用时,那么理性就非常需要一个训练来对它扩展到超出可能经验的严格边界之外的倾向加以抑制,使它远离放纵和迷误,以至于甚至纯粹理性的整个哲学都只是与这种否定性的用处打交道了。个别的迷误是可以通过审查而消除的,这些迷误的原因也可以通过批判而取消。但如同在纯粹理性中那样,在发现了那些错觉和假象有很好的结合并统一在共同的原则之下而成为一个完整的系统的地方,似乎就需要一个完全独特的、虽然是否定性的立法了,这种立法以一个出自理性的本性和理性的纯粹运用的对象的本性的训练的名义,仿佛建立起了一个预警和自检的系统,在这个系统面前没有任何虚假而玄想的幻相能够站得住脚,而是无论它有什么掩饰的理由都必然会马上暴露出来。

但要充分注意到的是:我在先验批判的这第二个主要部分中并没有把纯粹理性的训练针对着内容,而只是针对着出自纯粹理性的那种认识方法。针对内容的事在先验要素论中已经做过了。但理性的运用不论它应用于何种对象都有许多相似之处,不过就其应当是先验的而言同时也与所有其他的运用在本质上如此地不相同,以至于没有一个特别针对这种运用的训练的警告性的否定学说,就不可能防止那些由于不恰当地遵循了这样一些虽然在其他地方是适合理性的、但只在这里是与理性不适合的方法而必然产生出来的错误。

第一节　纯粹理性在独断运用中的训练

数学提供了一个没有经验的辅助而有幸自行扩展开来的纯粹理性的最光辉的例子。例子具有传染性,尤其对于那当然会自夸在别的领域也拥有它在

某个领域所分得的同一种幸运的同一种能力来说是如此。因此纯粹理性在先
A713 验的运用中希望能像它在数学中成功地做到的那样同样有幸彻底地扩展自
B741 己,尤其是当它在前者中应用的同一个方法在后者中已具有了如此明显的用
处时。所以对我们来说重要的是要知道,这种获得了我们在数学科学中称之
为数学的确定性的那种无可置疑的确定性的方法,是否与我们在哲学中所用
来寻求同一种必须被称之为独断的那种确定性的方法是一样的。

哲学的知识是出自概念的理性知识,数学知识则是出自概念的构造的理
性知识。但构造一个概念就意味着:把与它相应的直观先验地展现出来。所
以一个概念的构造要求一个非经验性的直观,因而后者作为直观是一个个别
客体,但作为一个概念(即一个普遍的表象)的构造而仍然必须在表象中表达
出对一切隶属于该概念之下的可能直观的普遍有效性。所以我构造一个三角
形,是由于我把与这个概念相应的对象要么通过在纯粹直观中的单纯想象、要
么按照这种想象也在纸上以经验性的直观描绘出来,但两次都是完全先天地
A714 描绘,并没有为此而从任何一个经验中借来范本。个别被画出的图形是经验
B742 性的,却仍然用于表达概念而无损于其普遍性,因为在这个经验性的直观中被
注意的永远只是构造这个概念的行动,对该概念来说许多规定如大小、边和角
都是完全无关紧要的,因而这些并不改变三角形概念的差异就都被抽象掉了。

所以哲学知识只在普遍中考察特殊,而数学知识则在特殊中、甚至在个别
中考察普遍,但却仍然是先天的和借助于理性的,以至于正如这种个别在构造
的某些普遍条件之下得到规定一样,概念的对象也同样必须被设想为普遍地
得到规定,那种个别只是作为这概念的图型而与之相应的。

所以,这两种类型的理性知识的本质区别就在于这一形式,而不是基于它
们的质料或对象的区别之上的。那些以为哲学和数学的区别是由于他们说哲
学单纯以质为客体、而数学却只是以量为客体的人,是把结果当作了原因。数
学知识的形式是数学只能指向量的原因。因为只有大小的概念是可以构造,
A715 即可以先天地在直观中展示的,质却只能在经验性的直观中表现出来。因此
B743 质的一种理性知识只有通过概念才有可能①。所以没有人能够从任何别的地

----

① 据阿底克斯校本,此句应为"因此质的一种理性知识通过概念是决不可能的"。——
译者

方、而只能从经验中取得与实在性概念相应的直观,但他也永远不可能先天地从自己本身中并先于经验性意识而分有这种直观。我们能够没有一切经验性的辅助单凭概念而使圆锥形被直观到,但这个锥体的颜色却必须先在这个那个经验中被给予出来。我不能以任何方式在直观中表现一个一般原因的概念,除非靠经验给我提供的一个例子,如此等等。此外,哲学和数学一样也讨论量,如讨论总体性、无限性等等。数学也研究线和面作为不同质的空间的差别,研究作为广延的一种质的广延的连续性。然而,尽管它们在这些情况下有某种共同的对象,但在哲学和数学的考察中通过理性处理这对象的方式却是完全不同的。哲学仅仅执着于普遍概念,数学单凭概念则不能做成任何事情,而是马上赶紧投向直观,在直观中它具体地考察概念,但却不是经验性地考察,而只是在它先天地表现出来、也就是构造出来的这样一种直观中考察,在其中,从那种构造的诸普遍条件中得出的东西也必然会普遍地对这构造起来的概念的客体有效。 A716
B744

　　我们若给一位哲学家一个三角形的概念,并让他按照自己的方式去发现三角形的角之和可能会与直角有怎样的关系。他现在只有在三条直线内所围成的一个图形的概念,以及在这图形上的三个角的概念。现在,不论他对这个概念沉思多久,他也不会得出任何新的东西。他可以分解直线的概念,或是一个角的概念,或是三这个数的概念,并使之变得清晰,但不能想到在这个概念中根本没有的其他属性。然而让几何学家来处理这个问题。他马上就从构造一个三角形开始。因为他知道,两直角之和恰好与从直线上一点所能够引出的所有邻角之和有相等的结果,于是他就延长这三角形的一边而得到与两直角之和相等的两个邻角。现在他通过引一条与这三角形的对边相平行的线来分割这两个角中的外角,并且看到在这里产生了与一个内角相等的一个外邻角,如此等等①。他就以这种方式通过一个推论链并始终由直观引导着而达到了对这个问题的完全清楚明白同时又是普遍的解决。 A717
B745

　　但数学不仅构造了各种大小(quanta),例如在几何学中,而且构造了单纯的定量(quantitatem),如在代数学中,在这里数学将那个应当按照这样一种大

---

　　①　此处省略掉的应为:"以及与另一个内角相等的另一个外邻角,而这两个外邻角与它们的内邻角之和本来就等于两直角,所以三角形的三内角之和为两直角,此证。"——译者

小概念来设想的对象的性状完全抽象掉了。这样一来，数学就为自己选择了对一般量（数目）进行一切构造的某种符号标志，如加、减、开方等等①，并且在它把量的普遍概念按照量的不同关系也用符号标志出来之后，它就把这个量由以被产生和被改变的一切处理过程②都按照某些普遍规则在直观中表现出来；凡在一个量应被另一个量除的地方，数学就把标志这两个量的符号按照除法的表示形式置于一处，如此等等，于是它就借助于一种符号构造，正如几何学按照一种明示的或几何的（对对象本身的）构造③那样，同样也达到了推论的知识凭借单纯的概念永远也不可能达到的地方。

这两位理性的行家，一个按照诸概念行事，另一个按照他先天地依据概念而表现的那些直观行事，他们两者所处的这种如此不同的处境的原因会是什么呢？按照上面所阐述的那些先验的基本原理这种原因是很清楚的。在这里问题并不取决于那些可以由单纯概念的分解而产生的分析命题（在这方面哲学家无疑是具有胜过其对手的优势的），而是取决于综合命题，并确切地说是那些应当被先天认识的综合命题。因为我不应当盯着我在我的三角形的概念中所现实思考的东西（这种东西只不过是单纯的定义而已），我倒是应当超出这概念而进到那些在这概念中没有但却从属于这概念的属性。现在，这只有当我要么按照经验性直观的条件、要么按照纯粹直观的条件来规定我的对象时才有可能。前一种情况将只会提出一个（通过对三角形的角加以测量的）经验性的命题，这命题不包含任何普遍性，更不包含必然性，此类情况根本不是我们要谈的。但第二种处理方式就是数学的构造，确切地说在这里就是几何学的构造，借助于这种构造，我在一个纯粹直观中，正如在经验性的直观中那样，添加了属于一个一般三角形的图型、因而也属于它的概念的杂多，那些普遍的综合命题当然必须④通过这种方式而被构造出来。

A718
B746

---

　　① 原文直译为"对一般量（数目，如加、减等等）、对开方进行一切构造的某种确定的符号标志"，兹据哈滕斯泰因和维勒校。——德文编者

　　② 原文直译为"把通过这个量而被产生和被改变的一切处理过程"，兹据维勒校。——德文编者

　　③ 维勒校作"按照一种明示的（对几何对象本身的）构造"。——德文编者

　　④ 埃德曼将"必须"校作"能够"。——德文编者

所以我如要对三角形进行哲学研究、即作推论性的沉思，那将会白费力气，借此我不会有丝毫的进展，所达到的只是单纯的定义，而这定义按理却是我必须由以开始的。从纯然概念出发的、而且又只有哲学家才做得到的先验综合虽然是有的，但这种综合所涉及的永远只是一般物，即涉及在哪些条件之下一般物的知觉才能属于可能经验。但在数学的课题中关于这一点以及一般地关于实存是根本不成问题的，成问题的只是对象本身的那些仅就与这些对象的概念相联结而言的属性。

　　在上述例子中，我们所试图要做的只不过是要弄清楚，在理性按照概念作推论性运用以及通过概念的构造作直觉性运用之间将会碰到怎样巨大的差别。于是自然就会有一个问题：是什么原因使得理性的这样一种双重的运用成为必要的，并且我们凭什么条件能够看出，是只有前一种运用在发生呢，还是也有后一种运用发生。

　　我们的一切知识最终毕竟是与可能的直观相关联的：因为唯有通过这些直观，一个对象才被给予。现在，一个先天概念（一个非经验性的概念）要么本身已经包含有一个纯粹直观了，而这样一来它就可以被构造出来；要么，它所包含的无非是并未先天给予的那些可能直观的综合，这样一来我们就完全可以通过它作出先天的综合判断，但只是按照概念作推论性的判断，而从来都不是通过概念的构造作直觉性判断。

　　现在，从一切直观中被先天给予出来的只不过是诸现象的单纯形式即空间和时间，而关于空间和时间的一个概念即定量①，则要么可以同时与这些定量的性质（形状）一起、要么也可以仅仅通过数目而把它们的量（即同质的杂多的单纯综合）先天地在直观中表现出来，也就是构造出来。但诸物由以在空间和时间中被给予我们的那些现象的质料，却只能在知觉中、因而后天地得到表象。把现象的这种经验性的内容先天地表象出来的唯一的概念是一般物的概念，而对这物的先天综合知识所能够提供出来的，只不过是对知觉有可能后天给予我们的东西进行综合的单纯规则，却永远也不可能先天地提供实在对象的直观，因为这种直观一定必须是经验性的。

　　针对根本不可能先天提供其直观的一般物的那些综合命题都是先验的。

──────────

①　"定量"为德语化的拉丁词 Quantis，意即量的"多少"或程度。——译者

（页边标注：A719 B747 A720 B748）

因此,先验命题永远也不能通过概念的构造、而只能按照概念来先天地给予。它们所包含的只是应当据以经验性地寻求那不能先天直观地被表象出来的东西(即诸知觉)的某种综合统一性的规则。但它们决不可能先天地把自己的任何一个概念在某种情况下表现出来,而只是后天地、以依照那些综合原理才成为可能的经验作中介,才做到这一点。

A721
B749

如果我们要对一个概念作综合的判断,那么我们就必须从这个概念中走出来,也就是走向它在其中被给予出来的直观。因为,如果我们停留在被包含在这个概念中的东西那里,那么这一判断就会只是分析性的,并且只是按照在思想中已现实地包含着的东西对这思想的解释。但我可以从概念走向与这概念相应的纯粹的或经验性的直观,以便在直观中对这概念作具体的考量,并先天地或后天地认识那种应归之于这概念的对象的东西。其中先天的认识是通过概念的构造而来的合理的数学知识,后天的认识则只是经验性的(机械的)知识,它决不可能提供出必然的和无可置疑的命题。所以我尽可以分解我关于金子的经验性概念,借此我并没有获得更多的东西,而只能把我在这个词中所现实地思维着的一切列举出来,由此在我的知识中虽然造成一种逻辑上的改进,但并没有获得任何增添和附加。但我把在这一名称下出现的物质拿来,并对它进行知觉,这些知觉就会给我提供出各种综合的但却是经验的命题。

A722
B750

对一个三角形的数学概念,我就会构造它,即先天地在直观中把它提供出来,并以这种方式获得一种综合的、但却是合理性的知识。但是,当像实在性、实体、力等等这样的先验概念被给予我时,那么这一概念就既不表示经验性的直观,也不表示纯粹直观,而只表示对经验性直观(因而也是不能被先天给予的直观)的综合,所以,由于这种综合不能先天地超出到与之相应的直观,从这概念中也就决不能产生出规定性的综合命题,而只能产生对可能的经验性直观的某种综合原理①。所以一个先验的命题就是一种按照单纯概念的综合的理性知识,因而是推论性的,因为借此那些经验性知识的一切综合统一才首次成为可能,却并不是借此就先天地提供出任何直观来。

---

① 借助于原因概念,我现实地超出了关于一个事件(其中有某物发生)的经验性概念,但并没有达到具体表现原因概念的那种直观,而是达到了在经验中有可能按照原因概念而被找到的一般时间条件。所以我只是按照概念在行事,而不能通过对概念的构造来行事,因为概念是对知觉的综合规则,这些知觉决不是纯直观,因而是不能先天地给予的。——康德

这样一来，就有理性的一个双重的运用，它们尽管在知识及其先天地产生上共同都拥有普遍性，但在程序上却是很不一样的，之所以如此，是因为在一切对象由以被给予我们的那个现象中存在着两个方面：直观形式（空间和时间），它是能够完全先天地得到认识和规定的，以及质料（自然之物），或者说内容，它意指一个在空间和时间中所碰到的、因而包含某种存有并与感觉相应的某物。就内容方面而言，它是永远不能以别的确定的方式、而只能经验性地被给予的，我们对它不可能先天地拥有任何的东西，除了对可能感觉的综合的那些不确定的概念，如果这些概念属于（在一个可能经验中的）统觉的统一性的话。就形式方面而言，我们可以在先天直观中规定我们的概念，因为我们是在空间和时间中通过同一式样的综合来自己为自己造成诸对象的，因为我们只是把这些对象看作定量之物。前一方面叫做按照概念来运用理性，因为我们所能够做的只不过是按照实在的内容把现象带到概念之下，这些现象由此也就只能经验性地、也就是后天地得到规定（但却把那些概念当作一种经验性的综合的规则来遵守）；后一方面则是通过对概念的构造来运用理性，在这种运用中，这些概念既然已经指向一个先天直观，它们也就恰好因此而能够先天地、并且勿须任何经验性的材料而在纯直观中被确定地给予出来。对于一切存有的东西（一个在空间时间中之物），考虑它是否和在何种范围内是一个定量，考虑必须表象这个定量中的一个存有还是必须表象缺乏，考虑这个（充满空间或时间的）某物在何种程度上是一个最初的基底或是单纯的规定性，在何种范围内拥有一种它的存有与其他某物的作为原因或结果的关系，并且最后，它在存有方面是处于孤立状态还是与他物处于交互的依赖性中，考虑这存有的可能性、现实性和必然性或是它们的反面：所有这一切都属于由概念而来的理性知识，这种知识被称之为哲学性的。但在空间中对一个直观先天地加以规定（形状），对时间加以划分（延续），或是仅仅对有关同一个东西在时间和空间中的综合的共相、以及对由此产生出来的一般直观的大小（数）加以认识，这却是通过对概念的构造而做的理性工作，它叫做数学性的。

理性借助于数学而取得的巨大成功很自然地形成一种猜测，就是：即使不是理性本身、却毕竟是它的方法，在量的领域之外也会得到成功，因为理性把它的一切概念都带到直观上来，这种直观是它能够先天地给予的，而它借此就

A723
B751

A724
B752

A725
B753

可以说成为精通自然的了;与此相反,纯粹哲学凭借种种先天的推论性概念却在自然中到处敷衍塞责,并不能使这些概念的实在性成为先天直观的并正因此而得到确证。甚至对于数学这门技艺的大师来说,假如一旦要他们去做这方面的研究,他们似乎也根本不会缺乏对自己本身的这种信心,而对普通大众来说,似乎也完全不缺乏对他们的技巧的很高的期望。因为既然他们几乎每一次都没有对自己的数学进行过哲学思考(这是一件困难的工作!),所以他们就意识不到也想不到在理性的一种运用和另一种运用之间有种类上的区别。他们向日常理性借来的那些流行的和得到经验性运用的规则,就这样在他们那里取代了公理的效用。他们有可能从哪里得到他们所研究的那些空间时间概念(作为唯一一本源的定量),对此他们从来不放在心上,同样,在他们看来探究纯粹知性概念的起源连同其有效性的范围似乎是无益的,唯一有益的是使用这些概念。在所有这些做法中他们是完全正确的,只要他们不超越给他们划定的边界,即自然的边界。但他们却这样不经心地从感性的领域落入纯粹概念甚至先验概念的不可靠的地盘,那里的

A726
B754
地面既不容他们立足(instabilis tellus, innabilis unda①),亦不许他们游泳,只能脚步匆匆一掠而过,时间将不会留下他们的丝毫足迹;反之在数学中,他们的进展则开辟出一条康庄大道,使最远的将来的后继者也能够放心大胆地迈步。

　　既然我们已给自己提出了一个义务,要严格地和确定地规定纯粹理性在先验运用方面的界限,但这样一种运用的努力却具有这种特点,即不顾最严重最清晰的警告,不是马上彻底放弃超出经验界限之外进达智性的诱人地带的打算,而是仍然让自己心存侥幸:那么,就有必要仿佛再去拆除某种充满幻想的希望之最后支点,要指出在这种知识中遵守数学的方法是得不到任何好处的,除了更加清楚地揭示出这种方法本身的弱点这个好处之外;指出测量术和哲学是完全不同的两回事,尽管它们在自然科学中互相联手,因而,一方的处理方式是永远也不能由另一方模仿的。

　　数学的缜密性是建立在定义、公理、演证的基础上的。我将满足于指出:

A727
这几项中没有任何一项是能够在数学家所理解的那种意义上由哲学来做到

---

　　①　拉丁文:不稳固的土地,渡不过的激流。——译者

的,更不用说被哲学所模仿了。测量员按他的方法在哲学中只会搭建起一些 B755
空中楼阁,哲学家按自己的方法在数学的份内之事中只可能掀起一场废话,尽
管哲学恰好就在于知道自己的界限,并且就连数学家,如果他的天赋不是也许
已经受到自然的限制并局限于他的专业范围内的话,就不能拒绝接受哲学的
警告,还不能不在意这些警告。

　　1. 关于**定义**。定义,正如这个术语自己所给出的那样,本来只是要表示这
样的意思,即将一物的详尽的概念在其界限内本源地描述出来①。按照这样
一种要求,一个经验性的概念是根本不能定义的,而只能被说明。因为,既然
我们对这概念只拥有某一类感官对象的一些特征,那就永远也不能断定,我们
在表示同一个对象的这个词下面是否就不会对这对象的特征这一次想到的多
些,下一次想到的少些。所以一个人在金子这个概念中除了重量、颜色、韧性 A728
之外,还可能想到它不生锈的属性,而另一个人也许就对此一无所知。我们只 B756
是在某些特征足以用来进行区分的限度内使用这些特征;与此相反的新的发
现则取消这些特征而添加上了一些特征,所以这概念就永远也不会处于固定
的界限之内。并且,给这样一种概念下定义又有什么用呢? 既然当我们例如
说在谈及水和它的属性的时候,并不止步于我们在"水"这个词里面所想到的
东西,而是着手去做试验,而这个词连同与之相联系的少数特征只应当构成一
种称谓,而不是构成这个事物的概念,因而这个所谓的定义无非是词的规定而
已。其次,严格说来,甚至也没有任何先天被给予的概念是可以被定义的,如
实体、原因、权利、公平等等。因为我永远也不能肯定一个(尚不清晰的)被给
予的概念的清晰的表象已被详尽地阐明出来了,除非我知道这个概念是与对
象相符合的。但由于对象的概念,如同它被给予出来的那样,可能包含有很多
模糊的表象,这些表象我们在分解它时是忽略了的,虽然在应用时总是要用到
它们:所以,对我的概念进行分解的详尽性总是可疑的,它只有通过各种各样 A729
的合适的例子才能够成为大致确定的,但决不是无可置疑地确定的。代替 B757
"定义"这个术语,我宁可用"阐明"这一术语,后者总还保留着小心谨慎,在此

_____

　　① 详尽性是指特征的清晰性和充分性;界限是指精密性,即这些特征不超出属于该详
尽概念的东西;本源地则是指这种界限规定不是从任何东西那里派生出来、因而还需要某种
证明的,这种情况将会使被认为的解释不能在对一个对象的一切判断中处于最高位置。——
康德

批判者可以让这种阐明在一定程度上生效,但却仍然能够为了详尽性而抱有疑虑。所以,既然不论经验性地还是先天地被给予的概念都不可能被定义,那么剩下来的就只是那些我们能够用来试验这种技艺的任意想到的概念了。我在这种情况下随时都能够对我的概念加以定义;因为我终归必须知道什么是我本来想要思考的,因为是我预先①造成了这个概念本身,而且它既不是由知性的本性、也不是由经验给予我的,但我却不能够说,我由此就对一个真实的对象作出了定义。因为,如果这个概念基于经验性的条件之上,例如一只船钟,那么这个对象及其可能性还没有凭借这个任意的概念就被给予;我甚至并未由此得知这概念是否在某个地方拥有一个对象,而我的解释与其说可以叫做对一个对象的定义,不如说是(对我的设想的)某种宣示。所以,除了包含有一种任意的、即能够被先天地构造出来的综合的那些概念之外,不会有任何其他的适合于下定义的概念剩下来,因而只有数学是具有定义的。因为,数学把它所思考的对象也先天地在直观中加以描述,而这个对象所包含的肯定不多不少正是这个概念所包含的,因为通过这种解释,关于这对象的概念就本源地、即并非从任何地方把这解释引申出来地,被给予了。德语对 Exposition、Explikation、Deklaration 和 Definition② 这些术语只有一个词来表示:解释(Erklärung),因此当我们在拒绝给予哲学的解释以定义这种荣誉头衔时不得不对这种严格要求有所放松,而愿意将这整个注释局限于:把哲学的定义仅仅作为对给予的概念的阐明来完成,而把数学的定义作为本源地造成的概念之构造来完成,即前者只是通过分解(其完备性肯定不是无可置疑的)而分析地完成的,而后者则是综合地完成的,因而造成概念本身,前者反之则只是解释概念。由此就会得出:

a)在哲学中我们不必模仿数学而先从定义着手,也许只除开是为了做试验。因为,既然这些定义是对给予概念的分解,那么这些概念虽然还仅仅是混乱的,却是在先提出的,而不完备的阐明就先行于完备的阐明,以致我们在达到完备的阐明、即达到定义之前,能够从我们由一个尚未完成的分解中抽出来的一些特征中事先推论出好些东西;总之,在哲学中定义作为准确的清晰性,

A730
B758

A731

---

① 原文为 vorsetzlich,据瓦伦廷纳校为"有意"(vorsätzlich)。——德文编者
② 拉丁文:阐明、说明、宣示、定义。——译者

与其说必须开始这件工作,不如说会结束这件工作①。相反,我们在数学中先 B759
于定义就根本没有任何概念,只有通过定义,概念才首次被给予出来,所以数
学任何时候也都必须而且能够从定义开始。

b) 数学的定义永远也不可能错误。因为,既然概念通过定义才首次被给
予,那么它就恰好只包含这定义原来想要通过它来思考的东西。但虽然按照
内容来说其中不可能出现任何不正确的东西,然而有时候,尽管只是少有地,
在(表达的)形式上亦即就精确性而言,也可能有某种缺点。所以对圆周的通
常解释,说圆周是一条其一切点与一个唯一的点(中心点)距离相等的曲线, A732
就有缺点,即曲这一规定是以不必要的方式添加进去的。因为必然有一条特 B760
殊的定理能够从这个定义中推导出来和轻松地得到证明:任何一条其一切点
与一个唯一的点等距离的线都将是曲线(它没有任何一个部分是直的)。相
反,分析性的定义就有可能以各种各样的方式犯错误,要么是由于它们带进了
一些实际上并不存在于概念中的特征,要么是由于我们不可能那么完全肯定
对概念所进行的分解的完备性,因而缺乏构成一个定义的本质东西的详尽性。
因此之故,数学在定义中的方法在哲学中是不可模仿的。

2. 关于**公理**。公理,就其是直接确定的而言,都是一些先天综合原理。于
是,一个概念不可能综合地却又是直接地与另一个概念相联结,因为,我们为
了能够超出一个概念之外,就必须有一个第三者即中介性的知识。既然哲学
只是按照概念的理性知识,那么在其中就不会有可能找到任何配得上公理之
名的原理。相反,数学是能够提出公理的,因为它可以借助于在对象的直观中
构造概念而把该对象的诸谓词先天地直接结合起来,例如"三点任何时候都 B761
处于一个平面"。反之,一个综合原理永远也不可能只是从概念中就直接确 A733
定的;例如这个命题:"一切发生的事情都有自己的原因",因为我必须环视一

---

① 哲学充斥着一些有缺点的定义,尤其是这样一些定义,它们虽然现实地包含有定义
的各种要素,但还不完备。假如我们在直到对一个概念作出了定义之前,就根本不可能采用
一个概念,那么这对于一切哲学研究来说都将会是糟透了的事。但由于在(分解出来的)诸要
素所及的范围内总是可能较好和较可靠地运用它们,所以甚至种种有缺陷的定义,即那些真
正说来还不是定义、但不妨是真实的、因而是接近定义的命题,也能够得到有益的运用。定义
ad esse[拉丁文:在本质上。——译者]属于数学,而 ad melius esse[拉丁文:在较充分的本质
上。——译者]属于哲学。达到这一步是很美好的,但是很难。法学家们都还在寻找一个对
于他们的权利概念的定义。——康德

个第三者,即在一个经验中的时间规定的条件,而不可能直截了当地单从概念中就认识到这样一条原理。所以,推论性的原理是完全不同于直觉性的原理即公理的。前者任何时候都还要求一个演绎,后者则完全可以不需要这种演绎,并且由于后者正因为这个理由而是自明的,而这是哲学的原理无论它们如何确定也决不能妄称的,所以纯粹的和先验的理性的任何一个综合命题要像二加二等于四这个命题那样一目了然(如人们通常顽固地表达的那样),那真·是·差·得·太·远·了·。我虽然在分析论中谈到纯粹理性诸原理的表时也曾提及过某种直观的公理①;不过在那里所提到的那条原理本身却并非什么公理,而只是用来指明一般公理的可能性的原则,它本身只是一条出自概念的原理。因为甚至数学的可能性也必须在先验哲学中被指出来。所以哲学并没有任何公

A734
B762

理,也永远不允许如此绝对地来要求它的先天原理,而是不能不勉强通过彻底的演绎来为自己由这些原理而来的权限作辩护。

3. 关于**演证**。只有一种无可置疑的证明,就其是直觉的而言,才能够叫做演证。经验固然告诉我们那是什么,但并不告诉我们它根本不可能是别的。因此经验性的证明根据不可能取得任何无可置疑的证明。但从(在推论性的知识中的)先天概念中永远也不能产生出直观的确定性即自明性,不论这判断在别的方面可以是怎样无可置疑地确定。所以只有数学才包含有演证,因为它不是从概念中,而是从对概念的构造中,即从能够与这些概念相符合地被先天提供出来的直观中,引出自己的知识的。甚至代数学借助于它的方程式,从中通过化简得出答案和证明来,这种处理方式虽然不是几何学式的构造方式,但也毕竟是很有特色的构造方式,在其中我们借符号而在直观中阐释概念,尤其是量的关系的概念,并且从来不是着眼于启发性的东西,而是通过把这些推论中的每一个都置于眼前来保证所有这些推论不犯错误。而与此相反,哲学知识却必定没有这种便利,因为它任何时候都必须(通过概念)抽象地考察共相,然而数学却可以具体地(在个别直观中)但却又通过先天的纯粹

A735

表象来考虑共相,借此每一步错误都会昭然若揭。因此我愿意宁可把哲学知

---

① 参看"原理分析论"第二章第三节"纯粹知性一切综合原理的系统演示",见 A161/B200 以下。——译者

识称之为讨论的证明①(推论的证明),因为它只能够通过纯粹的言辞(思维 B763
中的对象)来进行,而不称之为演证,后者正如这个术语已经表明的,是在对
象的直观中进行的。

于是从所有这一切中就推出,对于哲学的本性来说,尤其在纯粹理性的领
域中,是根本不适合于以独断论之路为支撑并用数学的头衔和绶带来装饰自
己的,哲学不应该置身于数学的骑士团中,哪怕它有一切理由去希望与数学结
成姊妹关系。那些头衔是一些永远不能兑现的虚荣的僭妄,它们其实必然会
打消哲学想要揭穿一种看错了自己界限的理性的种种假象的念头,以及借助
于对我们的概念的充分的澄清而把思辨的自负引回到谦虚的但却是彻底的自
我认识上来的意向。所以,理性在其先验的企图中将会不可能满怀信心地向
前看,就好像它所经过的路会笔直地通向目的地似的,也不能够如此毫无顾忌
地指望那些它作为根据的前提,以至于会没有必要常常回顾和留意是否也许 A736
在推论过程中暴露出在原则中曾被忽视了的错误来,而这就迫使我们要么对 B764
这些原则作更多规定,要么就完全改变这些原则。

我把一切无可置疑的命题(不管它们是通过证明还是直接地确定下来
的)分成教条(Dogmata)和教理(Mathemata)。一个出自概念的直接综合命题
就是一个教条(Dogma);反之,一个通过概念的构造而来的这种命题就是一个
教理(Mathema)。分析判断关于对象所教给我们的真正说来不外乎我们对该
对象所拥有的概念自身已经包含在内的东西,因为这种判断不把知识扩展到
超出主体的概念之外,而只是解释这概念。因此分析判断不能确切地叫做教
条(我们也许可以把这个词用 Lehrsprüche② 来翻译)。但在所说的两类先天
综合命题之中,按照习惯的用语只有属于哲学知识的那些先天综合命题才能
领有这个名称,我们很难把算术或者几何的命题称之为教条。所以这种用语
就证实了我们所提出的界说,即只有出自概念、而不是出自对概念的构造的判
断,才能叫做教条性的。

于是,全部纯粹理性在其单纯思辨的运用中并不包含任何出自概念的直

---

① "讨论的"原文为 akroamatisch,出自希腊文,指古希腊盛行的报告会(诉之于听
觉)。——译者

② 德文:"教条"。——译者

接综合判断。因为纯粹理性通过理念,如我们已指出过的,根本不能有任何具有客观效力的综合判断;但它通过知性概念虽然能建立一些可靠的原理,却又根本不是直接出自概念的,而总是仅仅间接地通过这些概念与某种完全偶然的东西、也就是与可能的经验的关系建立起来的;当这种关系(即某个作为可能经验的对象之物)被预设了时,这些原理当然也就是无可置疑地确定的,但就其自在的本身来说(即直接地)却是任何时候都根本不可能被先天地认识的。所以绝对没有人能够把"一切发生的事情都有其原因"这一命题单从这个被给予的概念中就透彻地看出来。因此这命题并非一个教条,尽管它可以在另一个观点中、也就是在它的可能运用的唯一领域即经验的领域中得到很好的和无可置疑的证明。但它虽然必须被证明,却叫做原理而不是定理,这是因为它具有这种特别的属性,即它本身才首次使它的证明根据即经验成为可能,并且永远必须在经验中被预设下来。

A737
B765

　　现在,如果在纯粹理性的思辨运用中按其内容也根本没有教条,那么一切教条性的方法,不论它是向数学家借来的还是应当成为一种固有的风格,自身都是不合适的。因为它只会隐藏那些缺点和错误,并且,哲学的真正意图是使理性的一切步骤都在最明亮的理性之光中被看清,而它则使哲学落空。然而这种方法总是能够系统化的。因为我们的理性(在主观上)本身是一个系统,但是在它的纯粹运用中,凭借单纯的概念,却只是一个按照统一性诸原理来作研究的系统,只有经验才能给这种研究提供出材料来。但关于一个先验哲学的固有的方法,在这里却没有什么可说的,因为我们所涉及的只是对我们的能力状况的一种批判,看我们是否在任何地方都能盖房子,并且我们从我们现有的材料中(从先天的纯粹概念中)能够把我们的房子盖到多么高。

A738
B766

第二节　对纯粹理性在其论争上的运用的训练

　　理性必须在其一切活动中都把自己置于批判之下,而且理性不能在不损害自身和不引起一种不利于它的嫌疑的情况下通过任何禁令破坏这种批判的自由。所以,没有什么东西从有用性来说如此重要,也没有什么东西如此神圣,以至于可以逃避这番检验性和审视性的、不看任何人的面子的盘查。建立在这种自由之上的甚至是理性的实存,理性并没有任何专制的威严,相反,它

的箴言任何时候都只不过是①自由公民的协调一致,每个自由公民都必须能
够不受压制地表达自己的疑虑甚至他的否决权。

　　然而,即使理性决不能够拒绝批判,理性却任何时候都没有理由害怕批
判。但纯粹理性在其独断的(非数学的)运用中并没有十分意识到要对它的
这条至上的法则作最严格的遵守,以免它不得不带着羞愧,甚至完全放下一切
自以为是的独断架子,而出现在更高的理性法官的批判眼光面前。

　　当纯粹理性不是与法官的审查、而是与同侪的要求打交道,而它应当作的
只是反对这些要求而为自己辩护时,情况就完全不同了。因为,既然这些要求
尽管是以否定的方式、但正如它自己以肯定的方式一样也是想要成为独断的:
那么所进行的就是 $\kappa\alpha\tau\ \alpha\nu\theta\rho\omega\pi o\nu$② 的辩护,它防止一切侵害并获得一笔具有
产权证并可以不怕任何他人觊觎的财产,尽管这笔财产本身并不能够 $\kappa\alpha\tau$
$\alpha\lambda\eta\theta\varepsilon\iota\alpha\nu$③ 得到充分的证明。

　　现在,我把纯粹理性的论争的运用理解为针对关于纯粹理性各种命题的
独断论地否定而为这些命题所作的辩护。于是在这里着重点就不在于,纯粹
理性的这些主张是否也有可能或许是错误的,而只在于,任何时候都决不会有
人能够以无可置疑的确定性(哪怕只是以较大的凭据)主张相反的东西。因
为如果我们想拥有我们财产的一份虽然并不充分的产权,并完全肯定决不会
有人什么时候能证明这笔财产不合法,那么我们这时毕竟不是通过请求得到
这笔财产的。

　　令人有些担忧和沮丧的是,纯粹理性竟然会有某种背反论,并且这个毕竟
扮演着一切争执的至上法庭的纯粹理性本身会陷入到自相冲突中去。虽然我
们在前面曾面临了它的这样一种表面上的背反论;但事实表明它是基于误解
之上的,因为人们按照通常的偏见把现象认作了自在的事物本身,于是就以这
种或那种方式要求现象之综合的绝对完备性(但这在两种方式上都同样是不
可能的),而这种要求却是根本不可能指望于这些现象的。所以那时并不曾
有任何真实的理性的自相矛盾存在于下列命题中:被自在地给予的诸现象的

A739
B767

A740
B768

————————

①　维勒将"是"(ist)校为"寻求"(sucht)。——德文编者
②　希腊文:在他人面前。——译者
③　希腊文:在真理面前。——译者

序列有一个绝对的第一开端,以及:这个序列是绝对、本身自在地没有任何开端;因为,这两个命题完全可以并肩而立,因为诸现象按其存有(即作为诸现象)来说,本身自在地什么也不是,亦即是某种矛盾之物,所以这些命题的前提自然就不能不引来矛盾的结论了。

A741
B769　　　但如果例如一神论者坚持说:有一个最高存在者,而无神论者反对说:没有任何最高存在者;或者,在心理学中说一切思维之物都具有绝对而持存的单一性、因而是与一切暂时的物质统一性不同的,而另一个人反对这种说法,认为灵魂不是非物质的单一性、也不能被排除于暂时性之外,——那么,上面这样一种误解就不能被用作借口,而且理性的争执也不能通过这种方式得到调解。因为所问的对象在此摆脱了与其本性相矛盾的一切异质性,而知性则只和自在的事物本身、而不是和现象打交道。因而,只要纯粹理性在否定的方面能够对贴近一个主张的理由的东西有所言说,在此无疑就会遇到某种真实的冲突;因为就对独断论的肯定之证明根据的批判而言,人们完全可以承认对这种肯定的批判①,而不会因此放弃那些至少本身毕竟具有理性利益的命题,而敌对一方则根本不可能诉诸这种理性利益。

　　我虽然并不同意那些卓越的和思想深刻的人(如苏尔策②)由于感到迄今为止的证明都很脆弱而经常发表的这种意见,即:我们可以希望我们有朝一日

A742
B770　　还会对我们的纯粹理性的两个基本命题"有上帝"和"有来世"找出自明的演证来。我宁可肯定这是永远也不可能发生的事。因为理性从哪里能够为这样一些并不与经验的对象及其内部可能性相关的综合的主张取得根据呢?然而,同样无可置疑的是,永远也不会出来一个能够以起码的凭据、更不必说独断地来主张相反意见的人。因为既然他毕竟只能通过纯粹理性来阐明这一点,那他就必须设法去证明:一个最高存在者,一个在我们心里进行思维的主体,作为纯粹的理智都是不可能的。但他在何处能够获得那些使他有权超出一切可能经验之外而对事物作如此综合性的判断的知识呢?所以我们对于有人会什么时候向我们证明相反的东西完全不必担心;我们为此恰好不需要去

---

　　①　依格兰德;埃德曼认为此处应为:"人们完全可以承认独断论的批判者的这些证明根据";维勒则认为应作:"人们完全可以承认对这些证明根据的批判"。——德文编者
　　②　Sulzer, Johann Georg(1720—1779),德国哲学家和美学家。——译者

寻求严格的证明,而总还是可以假定那些在经验性的运用中尽可以与我们理性的思辨利益相关联、此外又是使这种利益与实践的利益相结合的唯一手段的命题。对于敌对方(他在这里必须不只是被看作批判者),我们准备好了我们的 non liquet①,这必然会十拿九稳地将他迷惑,然而我们并不拒绝在我们身上遭到同样的报复,因为我们总是保留着理性的主观准则,这种准则对敌对方来说必然是缺少的,而在这些准则的保护下我们就可以高枕无忧地看待他的一切指手画脚了。

A743
B771

　　真正说来,以这种方式就根本没有纯粹理性的任何背反论。因为这种背反论的唯一战场是要到纯粹神学和纯粹心理学的领域中去寻求的;而在这一基地上却并不拥有任何全身甲胄和手执令人生畏的武器的战士。他只能够带着嘲笑和大话出场,而这就会被人当作儿戏来笑话。这是一种安慰人心并使理性恢复勇气的说明;因为,如果理性唯一的天职是排除一切错误,却在自身中遭到了摧毁,而不能指望安居乐业,它又能信任什么别的东西呢?

　　凡是自然本身所安排的,都对某个意图来说是好的。甚至毒药也可用来克服在我们自身体液中所产生的其他毒素,因而在一个配药齐全的药材店(药房)里是不可缺少的。针对我们单纯思辨理性的置信和自负的那些反驳本身就是由这个理性的本性提出的任务,因而必定有它们良好的使命和意图,是我们不得当作耳旁风的。为此天意把好些即使与我们的最高利益相关联的对象向我们提到了如此的高度,以致允许我们去做的几乎仅仅是在某种不清晰的、连我们自己都怀疑的知觉中去找到它们,由此而激发起的探寻的眼光比这些眼光得到的满足更多,而对这些意图敢于作出各种大胆的规定是否会有什么用处,这至少是值得怀疑的,也许甚至是有害的。但无论如何,有一点是毫无疑问地有用的,即把不管是研究的理性还是检验的理性都置于完全的自由状态,以便它们能够不受阻碍地操心于理性自己的利益,对这种利益的促进既是由于理性为自己的见解设立起限制,也是由于理性扩展这些见解,而当外力进行干涉以便使理性违背它的自然进程而转向那些强迫的意图时,这种利益就总是受到损害。

A744
B772

---

　　①　拉丁文:不清楚。——译者

　　因此,只管让你的论敌说出①理性来吧,仅仅使用理性的武器来与他战斗吧! 此外,不要为善的事业(实践的利益)担忧,因为这种事业是永远也不会卷入到单纯思辨的争执中来的。于是,这种争执所揭示的无非是理性的某种二律背反,而二律背反既然基于理性的本性,它就必须要得到倾听和受到检验。这种争执通过对理性的对象从两个方面进行考察而对理性施行教养,并通过限制理性的判断而对这判断加以校正。凡是在这里所争执的东西,都不是事实(Sache),而是说法(Ton)。因为你还是有足够的余地,去说那种关于一个坚定信仰的、在最严格的理性面前得到辩护的语言,哪怕你不得不放弃知识的语言。

A745
B773

　　如果要我们向生性冷静的、本来就特别适合于公平判断的大卫·休谟发问:是什么促使您用那些劳神费力冥思苦想的怀疑,去埋葬那对人类来说如此慰藉和有用的置信,即相信人类理性的洞见足以主张一个最高的存在者并达到其确定的概念呢? 那么他就会回答:无他,只是为了使理性在其自我认识中推进得更远,同时也是对人们想给理性带来的强制有某种不满,因为人们夸大理性,同时又阻止理性坦白地承认自己的弱点,这些弱点在理性对自己进行检查时就向理性显示出来了。相反,如果我们向唯一忠实于理性的经验性运用的原理而厌恶一切超验思辨的普利斯特列②发问:他本身作为一个虔诚而热心的宗教导师,曾经出于什么样的动机摧毁了一切宗教的这样两个基本的支柱,即我们灵魂的自由和不朽(在他看来对来世的希望只是对一种复活奇迹的期待)? 那么他的回答就只可能是:理性的利益,这种理性由于我们想要把某些对象从物质自然的那些我们唯一能够精确认知和规定的规律中摆脱出来,而丧失掉了。他是很懂得把自己的佯谬的主张与宗教意图结合在一起的,由于普利斯特列一旦逸出自然学说的领域就找不到路,就对他加以责骂,使一个善于思考的人士感到痛苦,这看来是不公正的。但这种宽大对于在信念上毫不逊色而在其道德品格上无可指责的休谟来说也必然是同样有利的,他之所以不能放弃他的抽象的思辨,是由于他有权认为这思辨的对象完全外在于

A746
B774

---

　　① 埃德曼将"说出"校作"显示出"。——德文编者

　　② Priestley,Joseph(1733—1804),英国教士、政论家、教育家和科学家,在宗教、哲学、政治、实验科学和教育改革方面都有重要著述和发现,由于反对"三位一体"、灵魂不朽等教义而受到教友的排斥,1794年因同情法国大革命而被迫移居美国。——译者

自然科学的范围而处在纯粹理念的领域之内。

那么,在这里,尤其在共同利益似乎由此而受到威胁的那种危险方面,应该怎么办呢? 没有什么比你们因此而必须采取的决定更自然、更公正的了。让这些人去干吧;只要他们显示才能,只要他们显示出深刻而新颖的研究,一句话,只要他们显示出理性,那么理性总是会获胜。如果你们采取另外的手段而不是不受强制的理性的手段,如果你们大叫"谋反罪",仿佛像救火一样去召集那些粗俗的、对这些如此微妙的探讨一窍不通的家伙,那你们就会贻笑大方。因为所谈论的根本不是这里面什么对共同利益有好处或是有害处,而只是理性在其超脱一切利益的思辨中到底能够走多么远,以及我们究竟是否必须对这种思辨有所指望,还是必须在面对实践的事情时宁可根本放弃思辨。所以与其仗剑出手,不如从批判的安全席上静观这场争执,这场争执必然对于参战者是艰苦的,对于你们来说则是消遣,并且尽管其结局肯定是不流血的,对你们的洞见也必然会得出有益的成果。因为要指望理性作出澄清,却又预先规定它一定必须得出哪一方面的结果,这是很有些荒唐的。此外,理性已经自行通过理性而得到很好的管束并保持在限制中,以至于你们完全不必出动巡警以民法来制止那似乎以其令人担忧的优势威胁你们的一方。在这种辩证论中根本没有你们也许会有理由担忧的赢家。

理性甚至也是很需要这样一种争执的,并且人们也许可以希望这种争执更早地、在无限制的公开允许之下进行。因为一种成熟的批判将会更早地实现出来,随着这种批判的发表,所有这些往返争执都必然会自行消除,因为争执双方将学会看出自身的那些使他们不和的盲目和偏见。

在人类本性中有某种不纯正性,它最终却毕竟如同一切由本性而来的东西一样,必然包含有一种趋向于善的目的的素质,这也就是一种隐瞒自己的真实意向,而把某些假定的、被人看作善良和光彩的意向显露出来的爱好。可以肯定,人类通过这种既隐瞒自己又采取一个对他们有利的幻相的倾向,不仅使自己文明化了,而且逐渐地在某种程度上使自己道德化了,因为没有任何人能够看穿诚实、正直和端庄的装扮,因而在一个人于周围所看到的、被以为是真正的善良榜样上,他就会找到一个自我改进的学校。不过,这种把自己装扮得比他所是的更好并表现出他所不具有的意向的素质,只是仿佛用作一种权宜之计,以便使人类走出粗野,并让他首先至少采纳他所知道的善的风度;因为

A747
B775

A748
B776

此后,当真正的原理一旦被发展出来并转化为思维方式,那种虚伪就必然会逐渐得到有力的克服,因为否则这种虚伪就会腐蚀人心,而不让善的意向从美丽幻相的榛榛草莽底下生长出来。

　　很遗憾,甚至正是在思辨的思维方式的种种表现中我也觉察到这样一种不纯正性、伪装和虚伪,但在这种思维方式中人们也有更少得多的阻力、而没有任何好处地去开诚布公和不加掩饰地透露出对自己思想的供词。因为除了甚至虚伪地互相只是传达思想,除了隐瞒我们对自己的主张所感到的怀疑,除了对我们自己也不满意的证明根据装出一副自明的样子,还有什么能够对这些见解更加有害的呢? 然而,只要单是一个人的虚荣在策动这种隐秘的阴谋(这在那些并不拥有任何特殊的利益且不能轻易得到无可置疑的确定性的思辨性判断中是常有的事),那么这种虚荣就终归会被别人的虚荣借公共的认可加以抵制,而这些事实最终就会达到最纯正的意向和正直将会把它们送去的那一步,虽然要早得多。但是当群众认为那些钻牛角尖的玄想家们除了使公共福利的基脚动摇外什么也不打算做时,这时一个不仅是明智的而且也是被允许的和确实值得称赞的做法似乎就是,与其哪怕只是让善的事业的那些被以为的论敌占上风,即把我们的声调压低到某种单纯实践的确信这种适当的程度上来,并迫使我们承认缺乏思辨的和无可置疑的确定性,倒不如就凭借这些幻相的根据去促进善的事业。然而我本来应当想到,在这个世界上没有什么比让诡计、伪装和欺骗与坚持善的事业的意图放在一起更糟的了。在掂量一种单纯思辨的理性根据时一切都必须出以诚心,这的确是人们所能要求的最起码的东西。但即使人们哪怕能有把握指望这么少的东西,思辨理性关于上帝、(灵魂)不朽和自由这些重要问题的争执也将会要么就早已经解决了,要么则会立刻被终止。所以意向的纯正性常常是与事业本身的良善成反比的,这种事业也许拥有的诚实正直的反对者比辩护者更多。

　　所以我预先假定读者们不会愿意看到用不公正去为任何公正的事业辩护。于是就公正的事业而言这就断言了,按照我们的批判原理,如果我们不是注意发生的事情,而是注意应该发生的事情,则本来必定是根本没有任何纯粹理性的论争的。因为两个人怎么能够对于一件双方都不能在一个现实的、甚至哪怕在一个可能的经验中描述其实在性的事情进行争执,而对这件事情的理念他们只是冥想、以便从中猜出某种比理念更多的东西即对象本身的现实

A749
B777

A750
B778

性呢？既然他们中没有人能直接使自己的事业得到理解和确定、而只能攻击和反驳自己敌手的事业，他们想通过何种手段来摆脱这场争执呢？因为纯粹理性的一切主张的命运就在于：既然它们超出了一切可能经验的条件，而在这些条件之外没有任何地方找得到真理的证书，但它们又仍然必须利用知性法则，这些法则的使命只在经验性的运用，但没有这些法则在综合思维中是一步也迈不开的，那么，这些主张任何时候都可能向敌对方暴露出自己的弱点，并反过来又能利用自己敌对方的弱点。

    A751
    B779

我们可以把纯粹理性批判看作纯粹理性的一切争执的真实的法庭；因为它在这些争执直接指向客体时不是被卷入其中，而是被确立起来，以按照理性最初所指示的那些原理来规定和评判理性的一般权限。

没有这种批判，理性就仿佛是处于自然状态，而理性只有通过战争才能使它的各种主张和要求发生效力或得到保障。相反，这个批判则把它的一切判决都从理性自己所加入的基本规则中拿来，这些规则的权威是没有任何人能够怀疑的，这个批判就为我们带来了某种法制状态的和平，在这种状态中我们只应当通过诉讼程序来进行我们的争执。在第一种状态下结束这些争斗的是双方都自夸的胜利，跟随这种胜利而来的通常都只是某种不稳定的和平，它是由那个居中调解的当权者所促成的；但在第二种状态下结束争斗的则是判决，这种判决由于它在这里切中了这些争执本身的根源，就必然保障了一种永久的和平。甚至一种单纯独断之理性的这些无止境的争执最终也会迫使人们不得不在对这个理性本身的某种批判中，并在某种以批判为根据的立法中，去寻求安宁；正如霍布斯所主张的：自然状态是一种不公正的弱肉强食状态，人们一定必须放弃这种状态，以便服从法律的约束，这种约束把我们的自由只限制在它能够与每个别人的自由相共存、并正因此而能与共同的利益相共存的范围内。

    A752
    B780

属于这种自由的还有把每个人的思想和他自己不能解决的怀疑公开拿出来评判的自由，而并不因此就被骂为不安分的危险公民。这已经属于人类理性的根本的权利，人类理性不认识任何别的法官，只除了又是普遍的人类理性本身而外，在其中每个人都有自己的发言权；并且，既然我们的状态所能够做到的一切改善都必须来自人类理性，那么这样一种权利就是神圣的，而不容受到侵犯。甚至把某些大胆的主张或针对已经获得普通群众的最大而又最善良

的部分赞同的那些主张的放肆攻击宣布为危险的这种做法也是很不明智的:
因为这就意味着赋予这些主张以它们根本不应当得到的重要性。如果我听说
一位不同凡响的思想家否证了人类意志的自由、来世的希望和上帝的存有,那
么我就迫切渴望读这本书,因为我期望由于他的天才他会把我的见解推进一
步。但我已经完全预先肯定地知道的是,他对这一切将会一事无成,其原因并
不是由于我相信例如说已经占有了这些重要命题的攻不破的证据,而是由于
这个向我揭示出我们纯粹理性的全部储备的先验批判已使我完全确信,正如
纯粹理性对于这个领域内的肯定的主张是完全力所不及的一样,要想对这个
问题能够提出某种否定的主张,纯粹理性同样也是所知甚少乃至更少。因为,
这个自称是自由的思想家将从何处取得他的例如说不存在任何最高存在者这
样一种知识呢? 这个命题处于可能经验的领域之外,并因此也就处于一切人
类洞见的边界之外。对于反对这个敌人而为善的事业进行独断的辩护的人,
我将根本不会去读他的东西,因为我预先知道,他之所以会攻击别人把幻相作
根据,只是为了他自己得以插足其中,此外,日常的幻相对于这些新颖的意见
毕竟不如一个令人惊异的巧妙构思出来的幻相所提供的素材那么多。反之,
那种按照其方式也是独断论的敌视宗教的人,则将对我的批判提供所希望的
研究工作,以及对这个批判的原理作更多修正的机会,而丝毫也不会因为他就
带来某种令人担忧的事。

　　但那些被托付给大学教育的青年,至少在他们的判断力成熟以前,或者不
如说,至少在人们想在他心中奠定的学说有了牢固的根基,以便有力地抵制
一切不论来自何方的对反面意见的置信之前,是否毕竟要警告他们提防这一
类的文字,并阻止他们过早地知道那些如此危险的命题呢?

　　假如我们不得不在纯粹理性的事业中停留在独断的处理方式上,假如我
们对论敌的处理不得不是真正论争性质的,即具有这样的性状,以致我们加入
战斗,并针对着对立主张用证明根据来武装自己,那样的话当然暂时除了把青
年人的理性在一段时间内置于监护之下并至少在这段时间内保护它不受诱惑
之外,没有任何更可取的办法,但同时也是从长远看没有什么比它更无用和更
徒劳无益的办法。但如果接下来,或是好奇心、或是时代的风尚使这一类的文
字撞到了他们的手下:这样一来,那些年轻时代的置信还经得起检验吗? 这位
仅仅带上独断的武器来抵抗其对手进攻的青年,不懂得对那种隐藏在他自己

心中并不比在敌方心中更少的辩证法作出阐释,而看到那种拥有新奇性优势
的幻相根据起来反对那种不再拥有这种优势、相反还激起青年对被滥用了的
轻信产生怀疑的幻相根据。他相信不能有更好的办法表现他已经长大得不需
要儿童式的管教,所以他就只有将那些好意的警告置之度外,并按照独断论的
习惯而大口喝下独断地败坏着他的原理的那种毒药。

　　与人们在这里所建议的相反的那种东西正好是必须在学院教学中实行
的,当然只有在对纯粹理性批判作一种原原本本地讲授的前提下来实行。因
为,为了把纯粹理性的诸原则尽可能早地付诸实施,并表明这些原则即使在最
大的辩证幻相那里也是足以对付的,这就绝对有必要把独断论者如此害怕的
那些攻击对准青年那虽然还很软弱、但已通过批判启蒙了的理性,并让他去作
出尝试,对敌方的那些无根据的主张一个一个地按照那些原理加以检验。对
他来说使这些主张化作云散一点也不会感到困难,这样他就及早地感到他自
己面对这样一类有害的、最终必然会在他面前失去一切幻相的欺骗时具有完
全保护自己的力量。于是,虽然正是落在敌方大厦之上的这些打击必然对于
他自己的思辨的建筑物——如果他想把这种建筑物建立起来的话——具有同
样的毁灭性:但他对此却完全不感到担忧,因为他根本不需要住在那里面,而
是还打算对实践的领域作一个展望,在那里他能够有理由希望找到一个坚实
的基地,以便在上面建立起他的理性的和有益于世的体系。

　　因此在纯粹理性的领域中并没有任何真正的论争。双方都是在与空气搏
斗,他们和自己的影子扭打,因为他们超出了自然之外,在那里并没有任何现
成的可以抓得住和保持在手的东西让他们从独断论上来把握。他们有好一场
战斗:他们所劈开的影子如同瓦尔哈拉①中的英雄们一样,瞬间重又长拢来,
以便能够重新以不流血的战斗来自娱。

　　但纯粹理性也没有任何被允许的怀疑的运用可以伴随着它的一切争执而
称之为中立性原则的。挑动理性去自己反对自己,递给它的双方以武器,然后
平静而嘲弄地旁观它热火朝天的战斗,这从独断论的观点来看是不体面的,给
人以幸灾乐祸和居心叵测的印象。但是,倘若我们看出那些不想通过批判让

---

　　①　Walhalla,指北欧奥丁神话中阵亡将士的殿堂,其中所居住的魂灵每日以虚拟的战斗
为戏。——译者

A757
B785
　　自己受到任何节制的玄想家们的无约束的愚顽不化和大言不惭①,那么我们实际上就终归没有任何别的办法,只有在一方面自吹自擂时用基于同样权利的另一方面去与之对置,这样理性就会通过敌方的抵抗而至少心生疑惑,以便把一些怀疑放进它的自以为是中去,并对批判加以倾听。但是要说只须这样怀疑就万事大吉了,就可以止步于要把对这种怀疑的无知状态所抱的确信和承认推崇为不只是对独断论的自负的一种疗救,而且同时是终止理性与自己的争执的方式,这就完全是一种徒劳的做法了,这种做法绝对不能适用于为理性带来一种安宁,而顶多只是一种把理性从其甜蜜的独断论美梦中唤醒过来、以便对自己的状态进行更仔细的检查的手段。然而,既然这种从理性的令人烦恼的争斗中摆脱出来的怀疑论方式看起来似乎是通达某种持久的哲学平静的捷径,至少是那些想要在对这一类的所有研究的嘲弄和轻蔑中装出一副哲学面孔的人所愿意采取的一条大道,那么我就觉得有必要对这种思维方式的特有的方面作一个描述。

A758
B786

与自身不一致的纯粹理性不可能有怀疑论的满足

　　对自己的无知的意识(如果这种无知不是同时又作为必然的而得到认识的话),与其说应当终止我的种种探究,不如说是唤起这些探究的真正的原因。一切无知要么是对事物的无知,要么是对我的知识的使命和界限的无知。如果这种无知只是偶然的,那它就必定会推动我在第一种情况下独断地去探索事物(对象),在第二种情况下则批判地去探索我的可能知识的界限。但是说我的无知是绝对必然的,因而宣布自己免除一切进一步的探索,这一点并不能经验性地从观察来决定,而只能批判性地通过对我们知识的最初来源的探究而决定。所以对我们理性的界限规定只有按照那些先天根据才能产生;但理性的限制虽然只是对一种永远也不能完全取消的无知的不确定的知识,但它也可以后天地通过那种无论有多少知识总还留待我们去认知的东西而得到认识。所以,前一种唯有通过对理性本身的批判才可能的对自己无知的知识

A759
就是科学,后一种知识则只不过是知觉,我们对它不可能说出从它而来的结果

---

　　① 弗兰德尔认为句中"不想……受到任何节制的"一语应是修饰"大言不惭"的。——德文编者

会达到何种地步。如果我把地球表面(按照感性的幻相)想象为一个圆盘,那 B787
么我并不知道这个盘会伸展到多么远。但这告诉我一种经验:凡是我所到之
处,我总是在我周围看到一个我能够继续前进的空间;因而我就认识到了我每
次现实的地球知识的限制,但并不是一切可能的地球描述的界限。但如果我
终归进到了这一步,即知道地球是一个球体而它的表面是一个球面,那么我也
就可以确定地并按照先天原则,从地球的一小部分,例如经纬度的大小,来认
识它的直径,并通过直径来认识地球的整个限制,即它的表面积;并且尽管我
对于这个表面所可能包含的那些对象是无知的,然而我毕竟在这个表面所包
括的范围、它的大小和限制方面不是无知的。

　　我们知识的一切可能对象的总和在我们看来似乎就是一个平面,它俨然
有自己的地平线,这地平线也就是包括这些对象的全部范围并被我们称之为
无条件的总体性的理性概念的东西。要在经验性上达到它是不可能的,而要
按照某条先天原则来对它先天地加以规定,对此一切尝试都白费了力气。然
而,我们的纯粹理性的一切问题都指向这一点:在这个地平线之外、或充其量 A760
还在它的边界线上可能会有什么。 B788

　　著名的大卫·休谟就是人类理性的这些地理学家之一,他以为由于他把
这些问题放逐到人类理性的地平线之外,他就足以把这些问题打发掉了,但他
却又不能规定这条地平线。他特别执着于因果性原理,并对它作了完全正确
的说明①,即人们根本不是把这条原理的真实性(就连把一个起作用的原因的
一般概念的客观有效性也不是)建立在任何洞见即先天知识之上,因此构成
这条规律的全部声望的,也丝毫不是它的必然性,而只是它在经验的进程中的
普遍适用性,以及由此产生出来的主观必然性,他称之为习惯。于是,从我们
的理性不能对这条原理作超出一切经验之上的运用的这种无能中,他就推论
出理性超出经验性的东西之上的一切僭妄的根本无效性。

　　我们可以把使理性的工作经受检验、并根据情况受到责备的这种处理方
式称之为理性的检察官。毋庸置疑,这种检察官还会不可避免地引向对诸原
理的一切超验运用的怀疑。不过这只是第二步,它还远远没有达到工作的完 A761
成。纯粹理性的事业的第一步标志着它的儿童时期,它是独断论的。上述第 B789

---

① 维勒认为此处应为"完全不正确的说明"。——德文编者

二步则是怀疑论的,它表明通过经验而学乖了的判断力的谨慎。但现在还必须有一个第三步,它只应归之于成熟的男子汉的判断力,这种判断力把坚定的并依其普遍性检验过的准则作为基础;就是说,不是理性的工作,而是依其全部能力和对纯粹先天知识的适应性经受评估的理性本身;这就不是理性的检察官,而是理性的批判,由此所猜测的不只是理性的局限,而且是理性的确定的界限,不只是对这个那个部分的无知,而且是在某种类型的一切可能问题上的无知,确切地说,决不仅仅是猜测,而且是出自原则的证明。所以怀疑论是人类理性的一个休息地,在这里人类理性能够对它的独断论的漫游进行思索并对它所处的地区画出草图,以便能够在今后以更多的把握选择自己的道路,但却不是它长期逗留的住地;因为这样的住地只有在某种完全的确定性中才能找到,不管这种确定性是有关对象本身的知识,还是有关那些使我们的一切关于对象的知识都被包括在其内部的界限的知识。

A762
B790

　　我们的理性决不是一个延伸到不确定的远、而我们只能大概地认识到其局限的平面,毋宁说,它必须被比作一个球体,其半径可以它表面上的弧形的曲率来求得(即从先天综合命题的性质来求得),但由此又可以有把握地指出它的体积和边界。在这个球体(即经验的领域)之外没有任何对理性而言的客体,甚至有关这一类被以为的对象的那些问题,也只涉及对这个球体内部能够出现在知性概念之下的那些关系作通盘规定的主观原则。

　　正如对经验进行预测的那些知性原理所表明的那样,我们现实地拥有先天综合知识。如果现在有人对这种知识的可能性根本不能理解,那么他尽可以一开始就怀疑这些知识是否也现实地先天寓于我们心中;但他还不能够仅凭知性之力就将这一点说成是这种知识的不可能性,并将理性以这些知识为准绳所迈出的所有步伐都说成是无意义的。他只能说,假如我们看出了理性的本源和真相,那么我们就可以对我们理性的范围和界限加以规定;但在这一点做到之前,对这种界限的①一切主张都是盲目冒险。通过这样一种方式,对于未经对理性本身的批判而自己进行的一切独断论哲学的通盘怀疑就的确会是完全有根据的,不过毕竟不能因此就完全否认理性的这样一个进展,如果这个进展由更好的基础作了准备并得到了保证的话。因为,既然所有的概念、甚

A763
B791

————————————

①　瓦伦廷纳认为应作"对这种规定的"。——德文编者

至纯粹理性向我们所提出的所有的问题都决不处于经验之中,而是本身又只处于理性之中,因此它们必然是能够得到解决和按照其有效性还是无效性而得到理解的。我们甚至没有权利,好像这些课题的解决现实地处于物的本性中那样,却借口我们没有能力而拒绝这些课题,并拒绝对它们作进一步研究,因为唯有理性在其内部产生了这些理念自身,所以它对这些理念的有效性或辩证的幻相有义务给出说明。

怀疑论的一切论争本来都只是对独断论者的反转而已,独断论者并没有猜疑到他的本源的客观原则,就是说,他无批判地、煞有介事地继续着自己的进程,这种反转则只是要打乱他的计划并使他达到自我认识。这种论争自身对于我们能知道什么,以及相反,我们不能知道什么,是完全无所谓的。理性的一切失败的独断论尝试都是对于经受检察官的审查来说永远有用的工作。但这对于理性的期望、即期望它以后的努力有一个更好的结果并对此提出各种要求,却是什么也不能决定的;所以单是检察官永远也不能使有关人类理性权限的争执终止。 A764
B792

由于休谟也许是所有怀疑论者中最有才智的,并且在怀疑论的处理方法对唤起某种彻底的理性检验所能造成的影响方面无疑是最优秀的,所以倒是很值得花力气在与我的主题相适合的范围内,去展示他的推论过程以及一位如此有见地和可尊敬的人物的误入歧途,这种误入歧途毕竟是在真理的轨道上发端的。

休谟也许有过这种思想,尽管他从来也没有把它完全阐明出来,这就是:我们在某一类判断中超出了我们关于对象的概念。我把这类判断称之为综合的。我怎么能够借助于经验超出我迄今所拥有的概念,这一点没有遭到过任何怀疑。经验本身就是诸知觉的这样一种综合,它使我凭借知觉而拥有的概念通过另外附加的知觉而得到增加。不过我也相信能够先天地超出我们的概念并扩展我们的知识。对此我们要么通过纯粹知性而在至少可能成为经验的客体的东西方面来作尝试,要么甚至通过纯粹理性而在诸物的这样一些属性、乃至于这样一些永远不可能出现在经验中的对象的存有方面来作尝试。我们的怀疑论者没有区分这两种他本来毕竟应当加以区分的判断,并且直接就把概念从自己本身中的增加,及所谓我们的知性(连同理性)不通过经验来受孕的自我增殖,看作不可能的,因而把这种增殖的一切被认为是先天的原则都看 A765
B793

作是想象出来的，并认为这些原则无非是从经验及其法则中产生的习惯，因而只是经验性的即本身偶然的规则，我们是把某种被臆想出来的必然性和普遍性归之于这些规则了。但为了主张这种奇怪的命题，他却援引了普遍被承认的因果关系的原理。因为，既然任何知性能力都决不可能把我们从一物的概念引向某种通过此物会普遍必然地给予出来的另外某物的存有：所以他就相信能够由此推论出，我们没有经验就不拥有任何能够使我们的概念增加、并使

我们有权先天地作出这样一个自我扩展的判断的东西。照在蜡块上的阳光同时使蜡块融化，却使粘土坚硬，这是没有任何知性能够从我们事先关于这些事物的概念中猜得出来的，更不用说合法地推论出来了，而只有经验才能告诉我们这样一种规律。相反，我们在先验逻辑中已看到：尽管我们永远不能直接超越所给予我们的概念的内容，我们毕竟可以完全先天地——但却与一个第三者即可能的经验相关，因而毕竟是先天地——认识那个与其他事物相连结的法则。所以，如果原先固体的蜡块融化了，那么我就先天地认识到必定有某种东西先行了（例如太阳的热），融化则是按照某种固定的规律而跟随其后的，虽然我离开了经验就既不能先天地和无经验教导而确定地从结果中认识原因，也不能这样从原因中认识结果。所以他是错误地从我们按照法则进行规定时的偶然性推论出了法则本身的偶然性，并且他把走出一物概念而达到可能经验的活动（这种活动是先天发生的并构成这概念的客观实在性），混同于对现实经验对象的那种当然任何时候都是经验性的综合了；但由此他就使一种在知性中有其位置，并表达了一种必然连结的亲和性原则，变成了一种只有

在复制的想象力中才见到的联想规则，它只能表现那些偶然的、根本不是客观的联系。

但这位平时极为敏锐的人的这种怀疑论的迷误尤其来自于一个毛病，这个毛病他倒是和一切独断论者共有的，即他没有系统地通观知性的先天综合的一切种类。因为否则的话，不用在此提到别的，他就会发现例如持存性原理是这样一条如同因果性原理一样地预测经验的原理了。而这样一来他也就会有可能预先为先天自我扩展的知性以及纯粹理性规定好确定的界限了。但由于他只是局限了我们的知性，而不是给它定出界限，并由于他虽然带来了普遍的不信任，却没有对我们不可避免的无知带来任何确定的知识，由于他把一些知性原理都上交给检察官而没有把这个知性就其全部能力而言置于批判的测

试天平上,而且由于他在否认知性其实并不能做到的事时走得更远,否认了知性的一切先天扩展自身的能力,尽管他对所有这些能力并没有进行过估量:这样,他就遭遇了随时会击倒怀疑论的那种命运,即他自己也受到了怀疑,因为他的种种反驳只是基于一些本身是偶然的事实,却不是基于能够导致人们必然放弃独断论主张之权利的那些原则。

也是由于休谟没有在知性的有根据的要求和理性的辩证僭妄之间——其实他的攻击矛头主要是针对后者的——作出任何区别:所以理性就感到自己全部独特的活力在这里丝毫也没有受到扰乱,而只是被阻碍了,感到自己的扩展空间并未遭到封闭,而理性尽管在这里那里受到夹逼,却永远不能完全离开它的尝试。因为针对这些进攻人们准备好了防御,并且更加固执地不肯低头,以贯彻自己的种种要求。但鉴于更高要求的虚妄,对一个人的全部能力的一种完备的估算以及由此产生的对一小笔产业的确定性的确信,就取消了一切争执,并促使他心平气和地满足于一笔有局限的但却是无可争议的财产。

那种非批判的独断论者并没有测量自己知性的范围,因而没有按照原则来确定他的可能经验的界限,所以他并非预先已经知道他能做到哪一步,而是想通过尝试来找到他能做的事,对这种独断论者,这些怀疑论的攻击就不仅仅是危险的,而且甚至是摧毁性的。因为,只要他被人触及到的一个主张是一种他不能为之辩护的主张,但他又不能从原则出发来解释这个主张的幻相,那么嫌疑就会落到所有那些平时不论多么让人置信的主张上。

所以,怀疑论者是教育独断的玄想家去对知性和理性本身作一种健康批判的训导师①。如果他做到了这一步,那么他就再也不怕任何攻击了,因为这样一来他就把他的财产与完全处在他之外的东西区别开来,他对后者并不提出任何要求,也不会被纠缠进有关它的争执中去。所以怀疑论的处理方式虽然自己本身并不使理性的提问得到满足,但毕竟为唤起理性的谨慎并指出能够保障理性的合法财产的那些根本手段而作了预先练习。

---

① 叔本华将此句改作:"所以,怀疑论者,独断的玄想家的训导师,对知性和理性本身进行了一种健康的批判"。——德文编者

第三节　纯粹理性在假设上的训练

　　既然我们通过对我们理性的批判最终所知道的无非是,我们在理性的纯粹思辨运用中事实上什么也不可能知道:那么理性是否应当对于假设打开一个更为宽广的领域,在那里至少被允许构想和意指某种东西,即使不是主张某种东西?

A770
B798　　如果想象力不应当是狂热,而应当是在理性的严格监视下的构想的话,那么就总是必须预先有某种东西是完全确定的,而不是虚构出来的或是单纯的意见,这种东西就是对象本身的可能性。这样一来就可以允许人们为了对象本身的现实性而最后求助于意见,但这种意见为了不至于是无根据的,就必须与作为解释根据的现实地给予的因而是确定了的东西连结起来,于是这种意见就叫作假设。

　　既然我们关于这种力学性的连结的先天可能性不能形成丝毫概念,而纯粹知性的范畴又不能用来编造这种概念,而只是当这种连结在经验中被遇见时去理解它:所以我们不能按照这些范畴并根据某种新的和不能指出的性状本源地臆想出某种唯一的对象,也不能把这种连结①当作一个被允许的假设的基础;因为这将会意味着使理性基于空虚的幻影而不是事实的概念。所以,不允许去臆想任何新的本源的力,例如一种有能力无须感官而去直观自己的对象的知性,或是一种无须任何接触的吸引力②,或是一种新的实体,例如那种无须不可入性而在空间中在场的实体,因而不允许臆想任何与经验所提供A771
B799的一切协同性不同的实体协同性,任何与空间中的在场不同的在场,任何与时间中的延续不同的延续。一句话,我们的理性所能够做的只是把可能经验的条件作为事物可能性的条件来运用;但决不能独立于这些条件,甚至仿佛由自己造成这些条件,因为这一类概念虽然不会有矛盾,但也会是无对象的。

　　理性概念,如已说过的,只不过是些理念,它们的确是没有任何在某个经验中的对象的,但也并不因此就表示虚构的却同时又被假定为可能的对象。

---

　　①　埃德曼把"连结"校为"对象"或"对象的实在的可能性"。——德文编者
　　②　梅林把"吸引力"校作"排斥力";埃德曼校作"扩延力"。——德文编者

它们只是悬拟地被设想,以便在与它们(作为一些启发性的虚拟)的关系中建立起知性在经验领域中的系统运用的调节性原则。如果我们撇开这一点,那么它们就只是一些思想物,其可能性是不能证明的,因此它们也不可能为通过假设来解释现实的现象而提供根据。把灵魂思维为单纯的,这是完全可以允许的,以便按照这个理念来把一切内心能力的一个完备而必然的统一置于我们对灵魂的内部现象进行评判的原则上,尽管我们并不能具体地洞察这些内心能力。但把灵魂假定为单纯的实体(一个超验的概念),这就会是一个不仅是不可证明的(如同许多自然性的假设那样),而且是完全任意和盲目冒险性的命题,因为这种单纯之物是根本不可能在任何经验中出现的,并且如果我们在此把实体理解为感性直观的持存客体的话,一个单纯的现象的可能性是根本不可能被洞察到的。对于单纯理知的存在者,或者对于感官世界之物的单纯理知的属性,是除了以意见之外不能以任何有根据的理性权限来假定的①,虽然也不可能通过任何被以为是更好的洞见来独断地加以否认(因为我们关于它们的可能性或不可能性都没有任何概念)。 A772 B800

　　要解释给予的诸现象,只能引用按照那些已知的现象规律而与给予的现象连结起来了的事物和解释根据。因此,使一个单纯的理性理念被运用来解释自然物的先验的假设就根本不是什么解释,因为这将会是把我们依据已知的经验性原则不能充分理解的东西,通过某种我们根本不理解的东西来解释。甚至真正说来,这样一种假设的原则将只是用来满足理性,而不是用来促进知性在对象上的运用。自然中的秩序和合目的性又必须从自然的根据中并按照自然规律来解释,而在这里,甚至那些最放肆的假设,如果它们只是自然的,也比那些超自然的假设,亦即诉诸人们为此目的而预设的某个神圣创造者,要更能被容忍一些。因为那将是一条懒惰的理性(ignava ratio②)的原则,为了在理性感到十分舒适的一个单纯理念中得到休息,所有那些我们有可能再通过进一步的经验而至少按照可能性来认识其客观实在性的原因一下子都消失了。至于这些解释根据在原因系列中的绝对总体性,那么它是不会对那些世 A773 B801

----

① 第三版中此句为"是可以凭借某种有根据的理性权限作为意见来假定的"。——德文编者

② 拉丁文:萎靡的理性。——译者

界客体而言造成任何障碍的,因为既然这些客体无非是些现象,对它们就永远不可能希望在条件系列的综合中有某种完成了的东西。

　　理性的思辨运用的先验假设,以及为了弥补自然根据的缺乏而不得不利用超自然根据的那种自由,都是根本不能容许的,这一方面是因为理性根本没有因此就走得更远,毋宁说反而把自己的运用的整个进程中断了,另一方面是因为这个许可证必然最终会使理性在自己所拥有的土地上即经验的基地上耕种所得的一切果实都失去了。因为,当自然的解释在这里或那里让我们感到

困难时,我们手头就总是有一种超验的解释根据,它免除了我们的那种研究并终止了我们的探索,不是通过洞见,而是通过一条预先已经想好它必定包含一个绝对最初的东西的概念的原则的完全不可理解性。

　　一个假设值得加以接受的第二个必需的成分,就是这个假设具有充分性,以便由此而先天地规定那些被给予的结果。当人们为了这个目的而有必要援引那些起辅助作用的假设时,这些假设就给人某种单纯虚构的嫌疑,因为这些假设的每一个本身都需要这个被用来作为基础的思想曾急需的同样的辩护理由,因此也就决不能充当有力的证据。如果在一个无限制地完善的原因的前提下,虽然对在世界中出现的一切合目的性、秩序和尺度不缺乏任何解释根据,但在那些至少在我们看来显出是畸形与祸害的事情上,那个完善的原因就毕竟还需要新的假设,以便在这些作为反对理由的畸形与祸害面前得到拯救。如果人类灵魂的被当作它的种种现象的基础的单纯自身独立性受到灵魂的那些与某种物质的改变(成长和衰退)相似的现相(Phänomene)的困难的反驳,那么就必须求助于新的假设,这些假设尽管并不是没有证明书的,但毕竟没有

得到任何认证,除了那种被采用为主要根据的意见所给予它们的认证之外,虽然它们应当支持这种意见。

　　如果在这里当作例子引用的理性主张(灵魂的非物质的统一性和一个最高存在者的存有)不应当被看作是假设,而应当被看作先天证明过的教条,那么它们就根本不是这里要谈论的了。但在这种情况下我们就要注意,这种证明具有一个演证的无可置疑的确定性。因为要使这样一些理念的现实性成为仅仅是或然性的,这是一种荒谬的图谋,正如我们设想要证明一条几何学命题只是或然的一样。从一切经验脱离开来的理性对一切都只能先天地并作为必然的来认识,要么就根本不能认识;因此理性的判断永远也不是意见,而是要

么放弃一切判断,要么就是无可置疑的确定性。关于应归之于事物的东西的那些意见和或然的判断只能作为解释现实地被给予了的东西的根据出现,或是作为按照经验性的规律从那被当作现实根据的东西而来的后果出现,因而只是在经验对象的序列中出现。除了这个领域之外,意见只不过是思想的游戏,那就必然会是:我们对一条不可靠的判断之路拥有或许能在上面找到真理这种意见。

　　但即使在纯粹理性的单纯思辨性问题那里没有任何假设的发生是为了把各种命题建立于其上的,这些假设却仍然是完全允许的,只是为了在必要时替这些命题辩护,就是说它们虽然不能作独断的运用,但却可以作论争的运用。但我所理解的辩护不是对命题的主张增添证明根据,而只是对论敌要用来破坏我们所主张的命题的那些幻相之见加以摧毁。但现在,一切出自纯粹理性的综合命题本身都有这种特点:即使主张某些理念的实在性的人所知道的永远也不足以使他这个命题成为确定的,但另一方面,论敌所能知道的同样也不足以主张反面命题。人类理性的这种机会均等虽然在思辨的知识中并不偏袒双方的任何一方,但这里也是永远无法调和的争斗的真正战场。但下面将会表明,毕竟在实践的运用方面,理性有权假定某种它在单纯思辨的领域本来无法在缺乏充分证明根据时得到授权来预设的东西;因为一切这样的预设都破坏了思辨的完善性,但实践的利益是根本不关心这种完善性的。所以理性在那里拥有一笔不允许它证明、事实上也不可能来证明其合法性的财产。所以要敌方来证明。但由于敌方关于所怀疑的对象与主张其现实性的前者同样所知甚少,不足以说明它的非存在:所以在这里就显出那主张某物是实践上必要的预设的一方的优势了(melior est conditio possidentis①)。因为他可以仿佛是出于正当防卫,随意使用与反对他的善的事业的论敌所用的同样手段来捍卫这个事业,也就是使用假设的手段,这些假设根本不应当用来增强这个证明,而只应当用来指出,敌方要能够自夸在思辨的见解上比我们更占优势,他对争执对象的理解还差得太远。

　　所以假设在纯粹理性的领域内只容许作为作战武器,不是为了在这上面建立一种权利,而只是为了捍卫这种权利。但我们在这里永远必须在我们自

A776
B804

A777
B805

----

　　①　拉丁文:占有者的地位更占优势。——译者

身中寻找敌手。因为思辨理性在其先验的运用中自身就是辩证的。那些可能会是令人恐惧的反驳就在我们自己心中。我们必须把它们像那些古老的,但永远不会过时的要求一样找出来,以便在消灭它们的基础上建立起永久和平。外表的平静只是虚幻的。包含在人类理性的本性中的争辩的苗头必须根除;但如果我们不能给这种苗头提供自由,甚至提供营养,芟除杂草,以便它由此暴露出自身,然后把它连根除掉,我们又如何能够根除它呢? 因此你甚至必须寻求一些还没有任何论敌想到过的反驳,并且甚至借给他武器,或是将他尽可能想要得到的最为有利的位置让与他。在这里完全不必害怕什么,倒是很有希望,因为你将会获得一宗在永久的将来决不会再有争议的财产。

A778
B806

　　现在,属于你的全副武装的也有纯粹理性的假设,这些假设虽然只是铅制的武器(因为它们没有经过任何经验法则的锻炼),然而却总是像任何反对你的敌手所可能采用的武器同样有效。所以,如果你针对那(在另外某种非思辨的眼光中)被假定的、非物质的和不服从任何肉体变化的灵魂本性而碰到这种困难,即经验似乎仍然将我们的精神力量的不论是振奋还是沮丧都证明为不过是我们器官的各种变形,那么你就可以凭如下一点来削弱这种证明的力量,即我们的肉体无非是基本的现象,在目前状态中(在此生中)的所有感性能力及伴随着的一切思维都是与这个作为条件的基本现象相关的。与肉体的分离将是你的认识能力的感性运用的结束,以及它的智性运用的开始。所以肉体就不是思维的原因,而只是思维的限定性的条件,因而虽然必须被看作对感性的和动物性的生活的促进,但也应该更多地被看作对纯粹的和灵性的生活的阻碍,而前者对肉体性状的依赖就丝毫也不证明整个生命对我们的器官状态的依赖。但你还可以继续走下去,并很有可能发现一些全新的怀疑,要么是没有被提出过的,要么是没有被推进得足够远的。

A779
B807

　　在人那里正如在非理性的被造物那里一样,生育的偶然性依赖于机会,但此外往往也依赖于生活费用,依赖于统治者的脾气和念头,甚至常常依赖于罪恶,这对于一个被造物的延伸到永恒的继续这种意见造成了很大的困难,这种被造物的生命首先是在如此微不足道和如此完全听任我们的自由的状况下开始的。至于整个类(在这里地球上)的延续,那么这一困难在这方面并不重要,因为个别中的偶然情况仍然是服从于整体中的规则的;但在每个个体方面,从一个如此微不足道的原因期望一个如此巨大的结果却似乎是可疑的。
但要反驳这一点,你可以提出一个先验的假设:一切生命真正说来都只是理知 A780
的,根本不服从于时间的变化,既不是通过诞生而开始的,也不是通过死亡而 B808
结束。这种生命无非是单纯的现象,即关于纯粹精神生命的一种感性表象,而
整个感官世界都是在我们目前的知识方式面前浮现出来的形象,并且如同一
个梦一样本身并不具有客观实在性:当我们要想对事物和我们自身如它们所
是那样加以直观时,我们就会在一个种种精神性格的世界中看见自己,我们与
这个精神世界的唯一真实的协同性既不是由于诞生而开始的,也不会由于
(作为单纯现象的)身体死亡而停止,如此等等。

　　于是,即使我们对于我们在此为对抗这种攻击而假设性地提出的这一切
托辞都一无所知,更不用说严肃地主张它们了,相反,这一切连理性理念都不
是,而只是为了防御而虚构出来的概念,然而我们在这里的处理完全是合乎理
性的,因为当论敌通过他把经验性条件的缺乏错误地说成是我们所相信的东
西的完全不可能性的一个证明,而认为他就穷尽了一切可能性时,我们只向他
指出:正如我们在经验之外不能以提供理由的方式为我们的理性争取到任何
某物一样,他通过单纯的经验法则同样也不能包容可能的自在之物本身的整
个领域。那个把这样一些假设性的反诘手段转而反对那肆意进行否定的论敌 A781
的种种僭妄的人,不必被看作好像他要把这些假设手段作为自己真实的意见 B809
而据为己有一样。只要他一旦把论敌的独断论的自负打发掉,他就会放弃这
些假设手段。因为当有人对异己的主张只是采取拒绝和否定的态度时,不论
这看起来是多么谦虚和温和,但只要他想把他的这些反驳看作对反面的证明,
那么这种要求任何时候都同样是一种傲慢和自夸,就好像他采取了肯定性的
一方及其主张似的。

　　所以我们从中发现,在理性的思辨的运用中假设作为意见自己本身并没
有任何有效性,而只是相对于那些反对方面的超验僭妄才有效力。因为把可
能经验的原则扩展到一般物的可能性上去,这与主张这样一些只有在一切可
能经验的界限之外才能找到其对象的概念的客观实在性一样,都是超验的。
凡是纯粹理性实然地加以判断的,都必须是必然的(如同理性所认识到的一
切那样),要么它就什么也不是。因此实际上理性根本不包含任何意见。但
上述那些假设只是些悬拟的判断,它们至少是不可能被驳倒的,当然也决不能

A782
B810
得到任何证明,所以它们不是任何①私人意见,但毕竟不能有理由(哪怕是为了内部的宁静)在面对流露出来的疑虑时缺少它们。但我们必须把它们保持在这种性质中,甚至小心地防止它们不要作为本身自在地得到认证的和具有某些绝对价值的登场,而使理性沉溺于虚构和假象之中。

第四节　纯粹理性在其证明上的训练

在先天综合知识的一切证明中,对先验的和综合的命题的证明本身有这样的特点,即理性在它们那里不可借助于其概念而直接转向对象,而是必须预先说明这些概念的客观有效性和对它们进行先天综合的可能性。这决不只是一个必要的谨慎规则,而是涉及到证明本身的本质和可能性。如果我想先天地超出有关一个对象的概念,若没有一个特殊的和处于这个概念之外的引导线索,这就是不可能的。在数学中,引导我的综合的是先天直观,在此一切推

A783
B811
论都可以直接从纯粹直观中②引出来。在先验知识那里,只要它仅仅与知性概念发生关系,那么这个准绳就是可能的经验。因为证明并不表明被给予的概念(如关于发生的事的概念)直接就导致另一个概念(一个原因的概念);因为这样一类的过渡将是一个根本不可辩护的跳跃;而是表明,经验本身、因而经验的客体没有这样一个连结就会是不可能的。所以证明必须同时指出综合地和先天地达到某种有关物的知识的可能性,而这些知识本来并不包含在这些物的概念中。不注意到这一点,证明就会像决堤之水一般泛滥四野,流到隐秘的联想倾向偶然把它带到的任何地方。建立在联想的主观原因之上,并被看作对某种自然亲和性的洞见的这种确信的幻相,完全不能与关于这类冒险举动理所当然地必然会到来的那种疑虑相抗衡。因此甚至一切要证明充足理由原理的尝试根据行家们的公认都是失败的,而在先验批判出现之前,由于人们毕竟不可能放弃这条原理,人们就宁可顽固地引证健全的人类知性(一个遁词,它任何时候都证明理性的事业是绝无希望的),而不想尝试新的独断论

---

① 哈滕斯泰因将"任何"改为"纯粹的"。——德文编者

A784
B812
② "从……中"(von)在第一版中为"凭……"(an),埃德曼则校作"由于……"(vor)。——德文编者

证明。

但如果要得到证明的这条原理是一个纯粹理性的主张,并且如果我甚至想借助单纯理念而超出我的经验概念之上,那么这个证明就必须更多得多地①包含对这样一种综合步骤(如果它有另外一种可能的话)的辩护,作为它的证明力的某种必要条件。因此,不管对我们思维的实体之单纯本性的臆想的证明如何看起来出自统觉的统一性,但这种证明却还是不可避免地遭到这种质疑的反对:既然绝对单纯性毕竟不是什么可以直接与一个知觉发生关系的概念,而必须只是作为理念来推论,那就根本不能看出,为什么这个被包含或至少能够被包含在一切思维中的单纯意识,虽然就此而言是一个单纯的表象,却应当把我带到对于一物的意识和知识上来,而思维又只有在该物中才能够被包含。因为,如果我表象运动中的我的身体②的力,那么身体在这点上对我来说是绝对统一的,而我对它的表象也是单纯的;因此我也可以通过一个点的运动来表达这个力,因为身体的体积在此什么也没有做,它可以被设想成任意小因而甚至小到处于一点,而并不减少它的力。但我由此毕竟不会推论出:当只有一个身体的运动的力被给予我时,这个身体就可以被设想为单纯的实体,这是因为它的表象抽掉了空间内容的一切大小,因而是单纯的。于是,正是由于在抽象中的单纯之物与在客体中的单纯之物是根本不同的,而这个在最初的理解中根本不包含任何杂多东西的"我",在第二种理解中它却意味着灵魂本身,可以是一个极为复杂的概念,也就是一个在自身之下包含和标志着很多东西的概念,所以我就发现了一个谬误推理。不过,为了预先猜到这种谬误推理(因为没有这样一种暂时的猜测,人们就根本不会对这种证明有任何怀疑),绝对必要的是,对这样一种应当证明得比经验所能给予的更多的综合命题的可能性,在手头保有一个永久的标准,这个标准就在于:证明不是直接引向所要求的谓词,而只是借助于一条有可能把给予我们的概念先天地扩展到理念并实现这些理念的原则来进行。如果这种谨慎总是成为习惯,如果我们在证明之前还尝试预先明智地考虑一下,我们到底如何并且根据何种希望

A785
B813

---

① 原文为 vielmehr(宁可),此处据埃德曼校为 viel mehr(更多得多地)。——德文编者

② 哈滕斯泰因把"我的身体"(mein Körper)改成"一个物体"(ein Körper),下同。——德文编者

的理由能够期待通过纯粹理性作这样一种扩展,并且我们在这种情况下究竟
能从何处取得这种既不能从概念中推出来也不能在与可能经验的关系中预测
到的洞见:那么我们就能省掉许多困难的但却无结果的麻烦了,因为我们不从
理性指望任何显然超出它的能力之上的东西,毋宁说,我们把它,把这个在其
思辨的扩展企图袭来时不能心甘情愿地受到限制的理性,置于节制的训练之
下了。

A786
B814

      所以第一条规则就是这个规则:在对于我们将从何处取得我们打算将先
验证明建立于其上的那些原理,以及有什么权利能期待它们有好的推论结果
都预先考虑好了,并且说明了在那种情况下这样做的理由之前,不要尝试任何
先验的证明。如果这是一些知性原理(例如因果性原理),那么凭借它们来达
到纯粹理性的理念就是白费力气;因为它们只对可能经验的对象才有效。如
果它们是一些纯粹理性的原理,那么所有的努力又是白费。因为理性虽然有
自己的原理,但作为客观的原理它们全都是辩证的,因而顶多只能作为系统关
联性的经验运用之调节性原则而起作用。但如果这样一类所谓的证明已经在
手头了,那么就让你的成熟的判断力的 non liquet① 去对抗这种欺骗性的确信
吧,并且即使你还不能看透这类证明的把戏,你还是有充分的权利要求对其中
所运用的原理作出演绎,如果这些原理只应当来自单纯的理性,你就永远也不
可能取得这种演绎。而这样一来,你甚至就没有必要去致力于阐明和反驳每
一个毫无根据的幻相,而能够把一切诡计多端的辩证论在一个要求法律的批
判理性的法庭上一劳永逸地一揽子驳回了。

A787
B815

      先验证明的第二个特点就是:对每个先验的命题只可能找到一个唯一的
证明。如果我不应当从概念出发,而应当从与一个概念相应的直观出发进行
推论,不管它是一个纯粹直观也好,如在数学中,还是一个经验性的直观也好,
如在自然科学中:那么这个作为基础的直观就给我提供了作出种种综合命题
的杂多材料,我能够以不止一种方式连结这些材料,并且由于我可以从不止一
个点出发,我也能够通过各种不同的道路达到同一个命题。

      但现在,每一个先验原理都只从一个概念出发,并且按照这个概念来说

---

      ① 拉丁文:不清楚。——译者

出①对象的可能性的综合条件。所以这个证明根据就只能是一个唯一的证明根据,因为除了这个概念之外再没有任何概念能够借以使对象得到规定的了, 所以这个证明也只能包含有按照这个本身也是唯一的概念对一个一般对象的规定。例如我们在先验分析论中曾把"一切发生的事情都有一个原因"这条原理从一个关于一般发生的事情的概念的客观可能性的唯一条件中引出来:对一个时间中的事件的规定,因而这个属于经验的事件,若不置于一个这样的力学性规则之下,将是不可能的。而这也是唯一可能的证明根据;因为只有借助于因果律来为这个概念规定一个对象,这个被表象的事件才有了客观有效性即真实性。我们虽然还为这条原理寻求另外的证明,如从偶然性来证明;但如果严格考察这条原理,我们不可能找到任何偶然性的标志,除了它的发生、即在此之前有这个对象的非存在先行的那个存有之外,所以我们总是又返回到同一个证明根据。如果"一切思维者都是单纯的"这一命题要得到证明,那么我们就不在思维的杂多上耽误时间,而是仅仅坚持"我"这个本身单纯的并且一切思维都与之相关的概念。对上帝存有的先验证明也是同样的情况,这种证明唯一地只是建立在最实在的存在者和必然的存在者这两个概念的可交替性(Reziprokabilität)之上,而不能到任何别的地方去寻求。

　　通过这一警告性的说明,对理性的各种主张的批判已经大大压缩了。当理性只是通过概念来进行自己的工作时,只要哪里可能有什么证明的话,那就只可能有一个唯一的证明。因此,如果我们看到独断论者拿出十个证明来,那么我们就可以有把握地相信他根本没有任何证明。因为,如果他有一个无可置疑的证明(如在纯粹理性的事业中是必然的那样),他为什么还需要别的证明呢?他的意图只是如同那些国会中的辩护士的意图:一个论证是针对这个人的,另一个论证是针对那个人的,就是说,是为了利用他的裁判们的弱点,这些裁判并不深入问题,并且为了立刻摆脱这件工作而抓住刚好最先引起他们注意的任何一件事,据此作出裁决。

　　当纯粹理性在先验证明上经受一种训练时,它的第三个特有的规则就是:它的证明必须永远都不是反证法的,而任何时候都必须是明示的。直接的或明示的证明在一切种类的知识中都是那种与对真理的确信,同时也与对真理

---

① 格里罗将"说出"(sagen)改为"建立"(setzt)。——德文编者

源泉的洞见结合在一起的证明；反证法的证明虽然可以带来确定性，但不能带

A790
B818

来对真理的在其可能性根据之关联上的可理解性。因此后者与其说是满足理性的一切意图的处理方式，不如说是一种权宜之计。不过这些证明也有一个优于直接证明的明显的好处，就是：这种矛盾总是在表象中带有比最好的连结都更多的清晰性，并因此更接近某种演证的直观性质。

　　反证法的证明在不同的科学中运用的真正原因也许就在这里。如果某种知识应当从中派生出来的那些理由太庞杂或是隐藏得太深了，那么人们就尝试是否可以通过它的后果来达到它。现在，这种把一个知识的真从它的后果的真中推论出来的 modus ponens①，只有当由此产生的一切可能的后果都为真时才是允许的；因为这样一来这些后果就只可能有一个唯一的根据，因而这个根据也就是真实的根据。但这种处理方式是不适当的，因为要将某个假定的命题的一切可能的后果都看出来，这超越了我们的能力；但如果所关心的是要把某物仅仅作为假设来证明时，我们就还是用这种方式去推论，虽然是带有某种保留的，因为我们按照类比法而承认这种结论：只要是我们一直都尝试了的那么多的结果都与某个假定的原因相协调，那么一切其他可能的结果也都会

A791
B819

与之相一致。为此之故，通过这种方式是永远不能把一个假设转变为演证的真理的。三段论推理的 modus tollens② 是从后果的假推论到根据的假，这种推理不仅是非常严格的，而且也是极为容易的证明。因为，哪怕只要能从这个命题中引出唯一的一个假的后果，那么这个命题就是假的。现在，不用在某种明示的证明中遍历那可以借助于对诸根据的可能性的完备洞见而导致某种知识的真实性的整个根据序列，我们可以只要在那些从其反面所得来的后果中找到一个假的后果，那么这个反面也是假的，因而我们所要证明的知识就是真的了。

　　但反证法的证明方式却只有在那些不可能把我们表象的主观的东西强加在客观的东西之上，即强加于有关在对象中的东西的知识之上的科学中，才能够被允许。凡是在这种强加流行开来的地方，必定会经常发生这种情况，即某个命题的反面要么只与思维的主观条件相矛盾却不与对象相矛盾，要么两个

---

① 拉丁文：肯定前件式。——译者
② 拉丁文：否定后件式。——译者

命题只在一个被错误地视为客观条件的主观条件下相互矛盾,而由于这个条件是假的,所有这两个命题也都可能是假的,而并不能从一个命题的假推出另一个命题的真。

在数学中这种偷换是不可能的;因此它们①在这里也有自己固有的位置。在自然科学中,由于一切在这里都是以经验性的直观为基础的,那种骗术虽然可以通过多多比较各种观察而大部分得到防止;但这种证明方式在此多半是微不足道的。但纯粹理性的先验尝试全都是在辩证幻相这种主观的东西的真正媒质内部进行的,这种主观的东西在理性的那些前提中把自己当作客观的提供给理性乃至于硬塞给理性。于是在这里凡是涉及综合命题的东西都决不允许通过反驳其反面的方式来为自己的主张辩护。因为,要么这种反驳无非是仅仅表现了对立意见与通过我们的理性所能理解的那些主观条件的冲突,这丝毫也没有做任何事情来因此就拒绝这件事本身(正如一个存在者的存有的无条件的必然性绝对不可能为我们所理解,因此在主观上我们有权抵制对一个必然的至上的存在者的任何思辨的证明,但我们却无权抵制这样一个存在者就自在的本身而言的可能性),或者,不论是主张的一方还是否定的一方,双方都由于受到先验幻相的欺骗而把一个有关对象的不可能的概念当作了基础,而这里就适用于一条规则:non entis nulla sunt praedicata②,就是说,不论我们对一个对象是肯定地主张什么还是否定地主张什么,两者都是不正确的,我们不可能通过反驳对立一方来反证地达到真知识。所以例如说,当我们预设感官世界是本身自在地按照其总体性被给予的,那么不论说它必定在空间上是无限的,还是说它必定是有限的和受到限制的,都是假的,因为双方同假。因为毕竟本身自在地(作为客体)被给予出来的现象(作为单纯的表象)是某种不可能的东西,而这种被想象出来的整体的无限性虽然会是无条件的,但却是与那种毕竟在概念中预设了的无条件的量的规定相矛盾的(因为现象中的一切都是有条件的)。

这个反证法的证明方式也是任何时候都被用来拖住那些对我们的独断论玄想家的彻底性抱欣赏态度的人的真正的骗术:它就好像是一个想要通过自

A792
B820

A793
B821

---

① 埃德曼认为"它们"指反证法的证明。——德文编者
② 拉丁文:不存在的东西没有谓词。——译者

告奋勇地去和每个想怀疑他所选择的一派的荣誉和无可争执的权利的人打架来证明这种荣誉和权利的斗士，即使靠这种自吹自擂事实上丝毫也不解决问题，而只是确定敌对各方的力量，确切说只不过是确定采取攻势的人那方面的力量。旁观者则由于他们看到每个人轮流地忽而是胜利者，忽而又失败了，往往就会利用这个机会对争论的问题本身也抱怀疑的态度。但他们并没有理由这样做，而只要向双方大喊一声：non defensoribus istis tempus eget！① 就够了。每个人都必须借助于一个通过对证明根据的先验演绎所引出来的合法的证明，也就是直接地来进行自己的事业，以便人们看到，他的理性要求能够为自己引用什么根据。因为，如果他的论敌立足于主观的根据，那么他当然很容易加以反驳，但对于通常也同样依赖于判断的主观理由的独断论者来说并没有优势，他也会同样地被他的论敌逼到墙角上去。但如果双方都仅仅是直接地行事，那么，他们要么就会自己发现他们很难甚至不可能找到自己的主张的合法要求，而最终只能援引有效期；要么，这个批判就会很容易揭示独断论的幻相，而纯粹理性就不得不放弃它在思辨的运用中抬得太高了的种种僭妄，而退回到它自己所有的地盘即实践原理的界限之内去。

第二章　纯粹理性的法规

对于人类理性来说，令人感到耻辱的是，它在其纯粹的运用中一事无成，甚至还需要一种训练来抑制它的放纵，并防止由此而给它带来的错觉。但另一方面，使它重新振奋并给它以自信的是，理性能够且必须自己实行这一训练，而不允许别的检察官来检查自己；并且，它不得不为自己的思辨运用所设定的那些界限，同时也限制着每个对手的玄想的僭妄，因而能保障从它以前的过分要求中还可以为它保留下来的一切东西免遭任何攻击。所以，纯粹理性的一切哲学最大的也许是唯一的用处的确只是消极的；因为它不是作为工具论用来扩张，而是作为训练用来规定界限，而且，它的不声不响的功劳在于防止谬误，而不是去揭示真理。

---

① 拉丁文：时间不需要这种辩护！——译者

然而，必定在某个地方存在着属于纯粹理性领地的积极知识的根源，这些知识也许只是由于误解而引起了种种谬误，但事实上却构成理性努力的目标。因为，除此之外，又该用哪一种原因来说明这种无法抑制的、绝对要在超出经验界限之外的某个地方站稳脚跟的欲望呢？理性预感到了对于它具有重要意义的那些对象。它踏上这条单纯思辨之路，为的是靠近它们；但它们却在它的面前逃开了。它或许可以指望在给它剩下的唯一的道路上，也就是在实践运用的道路上，会有更好的运气。

我把法规理解为某些一般认识能力的正确运用的先天原理的总和。所以普遍逻辑在其分析的部分对于一般知性和理性而言就是某种法规，但只是在形式上，因为它抽掉了一切内容。同样，先验分析论是纯粹知性的法规；因为只有它能得出真正的先天综合知识。但是，凡是对一种认识能力不能有正确的运用的地方，也就没有任何法规。现在，根据我们迄今所作的一切证明，纯粹理性在其思辨的运用中的一切综合知识都是完全不可能的。所以根本没有纯粹理性的思辨运用的任何法规（因为这种运用彻头彻尾都是辩证的），相反，一切先验逻辑在这方面都只不过是训练。这样一来，如果什么地方有纯粹理性的一种正确运用，并在这种情况下也必定有理性的一种法规的话，则这种法规将不涉及思辨的运用，而是关系到理性的实践的运用，而这就是我们现在所要研究的。

第一节　我们理性的纯粹运用之最后目的

理性由其本性中某种偏好驱使着超出经验的运用之外，在其纯粹的运用中并借助于单纯的理念冒险冲破一切知识的极限，而只有结束自己的循环，在一个独立存在的系统整体中，才会安息。那么，这种努力只不过是建立在它的思辨的兴趣之上呢，还是唯一的只建立在它的实践的兴趣之上？

我想暂且撇开纯粹理性在其思辨的意图中所得手的方面，只去追问这样一些任务，它们的解决构成理性的最后目的，而不管理性现在能否达到它，并且在它那里一切别的目的都只具有手段的价值。这些最高目的依据理性的本性又必定会是具有统一性的，以便结合起来去促进人类的不再从属于更高兴趣的那种兴趣。

理性在先验运用中的思辨最后所导致的终极意图涉及到三个对象:意志自由,灵魂不朽和上帝存有。就所有这三方面来说,理性的单纯思辨的兴趣少得很,以这种兴趣为目标,一种令人疲倦的、与连续不断的障碍作斗争的工作对于先验的研究也许是难以接受的,因为对此所可能作出的一切发现我们都终归不可能有任何具体地,亦即在研究中证明其用处的运用。意志尽可以是自由的,但这却只能与我们意愿的理知原因有关。因为,凡是涉及到意志所表现出来的现相,即行动,那么我们就必须按照一条不可违反的基本准则(没有这条准则,我们就不能在经验性的运用中施展理性)永远如同对其他一切自然现象那样亦即按照自然的永恒的规律来解释这些行动。第二点,即使有可能洞察灵魂的精神本性(并与之一道洞察灵魂的不朽性),但却既不能因此就把它作为解释此生的现象的根据,也不能由此而对来世的特殊性状作指望,因为我们关于无形自然的概念只是否定性的,且丝毫也不能扩展我们的知识,又没有为推论提供有用的材料,也许除了对那些只能被看作虚构、但却不被哲学所承认的推论以外。第三,就算证明了一个最高理智的存有,那么我们虽然可以由此而理解到世界安排和普遍秩序中的合目的性,但却根本无权由此推导出任何一种特殊的部署和秩序来,或者在它们未被知觉的地方把它们大胆地推论出来,因为理性的思辨运用的一条必要的规则是,不要跳过自然的原因和放弃经验可能教给我们的东西,而去把我们所知道的东西从完全超出我们的一切知识之上的东西中推导出来。总而言之,这三个命题对于思辨理性来说任何时候都仍然是超验的,而根本没有什么内在的亦即为经验对象所容许的,因而以某种方式对我们有用的运用,而是就其本身来看是毫无用处的,但对于我们的理性来说还是极为沉重的劳作。

　　因此,如果说这三个基本命题对我们的知识来说是根本不必要的,而仍然又被我们的理性迫切地向我们推荐的话,那么它们的重要性也许本来就必须只涉及到实践。

　　一切通过自由而可能的东西都是实践的。但如果施行我们自由的任意的条件是经验性的,那么理性在此就只能有一种调节性的运用,并且只用于产生经验性规律的统一性,例如在教人明智的训导中,把我们的爱好向我们提出的一切目的都在一个唯一的目的、也就是幸福里面结合起来,并使达到幸福的手段协调一致,这构成了理性的全部工作,理性因此之故只能提供出自由行为的

A799
B827

A800
B828

实用的规律,以达到感官向我们推荐的那些目的,因而决不能提供完全先天规定的纯粹规律。与此相反,纯粹实践规律的目的是理性完全先天地给出的,这些规律不以经验性的东西为条件,而是绝对地命令着的,它们将是纯粹理性的产物。但这样一些规律就是道德的规律,因而它们只属于纯粹理性的实践的运用并容许有一种法规。

　　因此,在人们称之为纯粹哲学的这种探究中,理性的全部装备实际上都是针对所提到的这三个问题的。但这三个问题本身又有其更深远的意图,即:如果意志自由,如果有上帝和来世,那么应该做什么。既然这涉及到我们与最高目的相关的行为,那么,明智地为我们着想的大自然在安排我们的理性时,其最后意图本来就只是放在道德上的。

A801
B829

　　但必须谨慎的是,当我们把自己的注意力投向一个对于先验哲学陌生的对象①时,不要在题外话上放纵自己而损害了系统的统一性,另一方面,也不要因为对于我们这个新的话题说得太少而使之缺乏清晰性或说服力。我希望通过尽量靠拢先验的东西而完全排斥在这里可能是心理学的亦即经验性的东西来做到这两点。

　　而且在此首先要说明的是,我目前只是在实践的理解中使用自由这个概念,而在这里排除了先验意义上的自由概念,后者不能经验性地预设为解释现象的根据,相反,它本身对于理性是一个问题,如同前面所揭示的那样。就是说,有一种任意仅仅是动物性的(arbitrium brutum②),它只能由感性的冲动来规定,亦即从病理学上来规定。但那种不依赖于感性冲动,也就是能通过仅由理性所提出的动因来规定的任意,就叫作自由的任意(arbitrium liberum③),而一切与这种任意相关联的,不论是作为根据还是后果,都称之为实践的。实践的自由可以通过经验来证明。因为,不仅是刺激性的东西,即直接刺激感官的东西,在规定着人的任意,而且,我们有一种能力,能通过把本身以更为间接的

A802
B830

---

　　①　一切实践的概念都是指向合意或讨厌、也就是愉快和不愉快的对象的,因而至少是间接地指向我们的情感的对象。但由于情感不是对物的表象能力,而是处于全部认识能力之外的,所以我们判断的要素只要与愉快或不愉快相关,因而作为实践的判断要素,就不属于先验哲学的范围,后者只与纯粹的先天知识相关。——康德
　　②　拉丁文:"动物的任意"。——译者
　　③　拉丁文:"自由的任意"。——译者

方式有利或有害的东西表象出来,而克服我们感性欲求能力上的那些印象;但这些对于我们的整体状况方面值得欲求的、即好和有利的东西的考虑,是建立在理性之上的。所以理性也给出了一些规律,它们是一些命令,亦即客观的自由规律,它们告诉我们什么是应该发生的,哪怕它也许永远也不会发生,并且它们在这点上与只涉及发生的事的自然律区别开来,因此也被称之为实践的规律。

A803
B831
　　　但理性本身在它由以制定规律的这些行动中是否又是由别的方面的影响所规定的,而那在感性冲动方面被称作自由的东西在更高的和更间接地起作用的原因方面是否又会是自然,这点在实践中与我们毫不相干,我们在实践中首先只向理性求得行为的规范,而那个问题只是一个思辨性的问题,只要我们的意图是针对所为所不为,我们就可以把它置于不顾。所以我们通过经验而把实践的自由看作是自然原因之一,也就是理性在对意志作规定时的原因性,而先验的自由却要求这个理性本身(就其开始一个现象序列的原因性而言)独立于感官世界的一切起规定作用的原因,就此而言先验的自由看起来是和自然律、因而和一切可能的经验相违背的,所以仍然是一个问题。但是对于理性的实践运用来说这个问题是不该提出的,所以我们在纯粹理性的法规中只涉及到两个与纯粹理性的实践兴趣相关的问题,在这两个问题方面,纯粹理性运用的某种法规必定是可能的,这就是:有一个上帝吗? 有来世吗? 先验自由的问题只涉及到
A804
B832
思辨的知识,我们完全可以在讨论实践时把它作为毫不相干的问题置之不顾,何况在纯粹理性的二律背反中已经可以找到对这个问题的充分的探讨。

第二节　至善理想作为纯粹理性最后目的之规定根据

　　　理性在其思辨的运用中引领我们经过经验的领域,并且由于这个领域对于理性来说永远也找不到完全的满足,而把我们从那里引领到思辨的理念,但这些理念最终又把我们带回到经验上来,因而把它们的意图以一种虽然有利、但却根本不符合我们的期望的方式实现出来了。现在留待我们去做的还有一个尝试,就是看看纯粹理性是否也能在实践的运用中被找到,是否它在这种运用中会导致那些使我们前面提到的纯粹理性的那些最高目的实现出来的理念,因而是否它能够从其实践兴趣的观点出发,提供出它在思辨的兴趣方面完

全拒绝给我们的东西。

我们理性的一切兴趣(思辨的以及实践的)集中于下面三个问题：　A805

1. 我能够知道什么？　B833

2. 我应当做什么？

3. 我可以希望什么？

第一个问题是单纯思辨的。对此我们(正如我自认为的)已穷尽了一切可能的回答，并最终找到了理性必定会感到满意的那个回答，而且如果理性不是着眼于实践的事，它也有理由感到满足；但我们离纯粹理性的这一全部努力本来所针对的那两大目的仍然还是这样遥远，仿佛我们耽于安逸一开始就拒绝了这项劳作似的。所以如果涉及到知识，那么至少有一点是有把握和确定了的，就是在那两个问题上永远也不能给予我们知识。

第二个问题是单纯实践的。它作为这样一个问题虽然属于纯粹理性的范围，但它却并不因此就是先验的，而是道德性的，因而它是我们的批判就本身而言不能研究的。

第三个问题，即：如果我做了我应当做的，那么我可以希望什么？这是实践的同时又是理论的，以至于实践方面只是作为引线而导向对理论问题以及(如果理论问题提高一步的话)思辨问题的回答。因为一切希望都是指向幸福的，并且它在关于实践和道德律方面所是的东西，恰好和知识及自然律在对事物的理论认识方面所是的是同一个东西。前者最终会推出这种结论，即某　A806物有(它规定着最后可能的目的)，是因为某物应当发生；后者则会推出那种　B834结论，即某物有(它作为至上原因而起作用)，是因为某物发生。

幸福是对我们的一切爱好的满足(按照满足的多样性，这幸福是外延的，按照满足的程度，幸福是内包的，而按照满足的持续性，幸福则是延伸的)。出自幸福动机的实践规律我称之为实用的规律(明智的规则)；但如果有这样一种实践规律，它在动机上没有别的，只是要配得上幸福，那我就称它为道德的(道德律)。前者建议我们，如果要享有幸福的话必须做什么，后者命令我们，仅仅为了配得上幸福我们应当怎样做。前者基于经验性的原则，因为除了借助于经验以外，我既不会知道有哪些要满足的爱好，也不会知道能导致满足这些爱好的那些自然原因是什么。后者抽掉了爱好及满足这些爱好的自然手段，只一般地考察一个理性存在者的自由，以及这自由唯有在其之下才与幸福的按照原则的分配相一致的那些必要条件,所以至少是有可能基于纯粹理性的单纯理念之上并被先天地认识的。

A807　　　我认为实际上是有纯粹的道德律的,这些道德律完全先天地(不考虑经
B835　验性的动机,即幸福)规定了所为所不为,即规定一般有理性的存在者的自由的运用,而且我认为这些规律绝对地(而不只是在其他经验性目的之前提下假言式地)发出命令,因而在任何方面都是必然的。我可以有权假定这一命题,这不只是因为我援引了那些最明察秋毫的道德学家们的证据,而且是因为我依据的是每一个人的道德判断,如果他愿意清楚地思考这样一条规律的话。

　　　所以,纯粹理性虽然不是在其思辨的运用中、但却是在某种实践的运用中,也就是在道德的运用中,包含有经验可能性的原则,即这样一些行动的原则,这些行动在人类历史中有可能以合乎道德规范的方式见到。因为,既然理性命令这样一些行动应当发生,那么这些行动也必定能够发生,所以某种特殊种类的系统统一,即道德的统一必定是可能的,然而这种系统的自然统一按照理性的思辨原则是不可能证明的,因为理性虽然就一般自由而言具有原因性,但并非就全体自然而言具有原因性,而理性的道德原则虽然能产生自由的行

A808　动,但不能产生自然律。因此纯粹理性的这些原则在其实践的,尤其是道德的
B836　运用中具有客观实在性。

　　　我把和一切道德律相符合的世界(就如同它按照有理性的存在者的自由而能够是的那样,以及按照道德性的必然规律所应当是的那样)称之为一个**道德的世界**。这个世界由于在其中抽掉了里面的一切条件(目的),甚至道德的一切阻碍(人类本性的软弱和邪癖),因而只被设想为一个理知的世界。所以就此而言它只是一个理念,但却是一个实践的理念,它能够也应当对感官世界现实地有其影响,以便使感官世界尽可能地符合这个理念。因此一个道德世界的理念具有客观的实在性,它并不是好像在指向一个理知的直观的对象(这样一类对象我们完全不能思维),而是指向感官世界的,但这感官世界是作为一个纯粹理性在其实践的运用中的对象,以及有理性的存在者在感官世界中的一个 corpus mysticum①,只要他们的自由任意在道德律之下具有既和

------

　　①　拉丁文:"神秘体",教会用语,意为"基督身体"(Mystical Body of Christ),原指教会,此处为借用。——译者

自己、也和每个别人的自由任意普遍而系统地相统一的特点。

　　这曾是对纯粹理性涉及实践的兴趣的两个问题中前一个问题的回答:去做那使你成为配得上是幸福的事情吧。现在,第二个问题问道:如果我现在这样做了,从而我是并非配不上幸福的,我也可以希望由此而能够享有幸福吗?在回答这个问题时取决于,先天地制定这条规律的那些纯粹理性原则是否也必然地把这种希望与该规律连结起来。

A809
B837

　　所以我说:正如同按照在实践的运用中的理性来看,诸道德原则是必要的一样,按照在理论的运用中的理性来看,同样也有必要假定,每个人都有理由希望依照他在其行为中使自己配得幸福的那个程度而得到幸福,因而德性体系和幸福体系是不可分地但只是在纯粹理性的理念中结合着的。

　　现在,在一个理知的即道德的世界里,在这个我们从其概念中抽掉了一切德性障碍(爱好)的世界里,这样一个与道德性成比例地结合着的幸福的体系也可以被设想成必然的,因为那一边为道德律所推动、一边又为它所约束的自由,本身就会是普遍幸福的原因,因而有理性的存在者在这些原则的引导下,本身也就会成为他们自己的、同时也是别人的持久福利的创造者。但这一自我酬报的道德体系只是一个理念,它的实行基于这样的条件,即每个人都做他应当做的,就是说,有理性的存在者的一切行动都是这样发生,就像它们是出自一个把一切私人任意都包括在自身之中或之下的至上的意志似的。但由于即使别人并不采取符合道德律的态度,出自道德律的责任对自由的每一种特殊的运用都仍然有效,所以不论是根据世上之物的本性还是根据行动本身的原因性及其与德性的关系,都并未确定行动的后果将会如何与幸福相关,而如果我们单纯基于自然的话,则获得幸福的希望与使自己配得幸福的不懈努力之间的上述那种必然连结就不能通过理性来认识,相反,对于这种连结,只有当我们把一个依照道德律发布命令的最高理性同时又作为自然的原因而置于基础的位置上时,才可以有希望。

A810
B838

　　我把对这样一种理智的理念称之为至善的理想,在这种理念中,与最高幸福结合着的道德上最完善的意志是世上一切幸福的原因,只要这幸福与德性(作为配得幸福的)具有精确的比例。所以纯粹理性只能在这个最高的本源的善的理想中找到那两个最高的派生的善的要素在实践上必然连结的根据,也就是一个理知的、即道德的世界的根据。既然我们必须通过理性把自己设

A811
B839

想为必然属于这样一个世界的,哪怕感官向我们呈现出的只不过是一个现象的世界,则我们也必须假定那个道德世界是我们在感官世界中的行为的一个后果,而由于感官世界并未向我们显露出那种连结,所以必须假定那个道德世界是我们未来的世界。所以上帝和来世是两个按照纯粹理性的原则而与这同一个理性让我们承担的责任不可分的预设。

　　德性自在地本身就构成一个体系,但幸福却不是如此,除非它精确地按照道德性而被分配。但这只有在理知的世界中、在一个智慧的创造者和统治者手下才有可能。理性看到,这样一个统治者,连同在我们必须看作来世的这样一个世界中的生活,都是它所不得不假定的,要么,它就必须把道德律看作空洞的幻影,因为道德律的必然后果(理性把这后果与道德律连结起来)没有那种预设就必然会取消。因此甚至每一个人都会把道德律视为命令,但如果道德律不是先天地把相应的后果与它们的规则连结起来,因而具有许诺作用和威胁作用的话,道德律就不会是命令。但道德律如果不是包含在一个必然存在者里,即包含在那个唯一能使这样一个合目的性的统一成为可能的至善中的话,则道德律也不会具有那种作用。

A812
B840

　　莱布尼茨曾把人们在其中只注重理性存在者及它们在至善统治下按照道德律发生的关联的那个世界,称之为恩宠之国,并把它区别于自然之国,在自然之国中,有理性的存在者虽然是从属于道德律的,但并不指望它们的行为有任何别的后果,而只有依据我们感官世界的自然进程而来的后果。因此在恩宠之国中看待自己,认为在那里一切幸福在期待着我们,除非我们由于自己不配得幸福而限制了自己的幸福份额,这就是理性的一个在实践上必要的理念。

　　实践的规律当它同时又是行动的主观根据,也就是主观原理时,它就叫作准则。对德性在纯粹性和后果上的评判是按照理念进行的,对道德律的遵守则是按照准则进行的。

　　把我们的整个生活方式从属于道德准则之下是有必要的;但同时这也是不可能发生的,如果理性不把仅仅是一个理念的道德律和这样一个起作用的原因连结起来的话,这原因给按照道德律的行为规定了一个与我们的最高目的严格相符的结局,不管是在今生还是来世。因此,没有一个上帝和一个我们现在看不见但却希望着的世界,德性的这些高尚的理念虽然是赞许和惊叹的对象,但却不是立意和实行的动机,因为它们并未实现那对于每一个理性存在

A813
B841

者是自然的而且被同一个纯粹理性先天规定的也是必然的全部目的。

单是幸福对于我们的理性来说还远不是完整的善。这种幸福,如果不是与配得上幸福即与道德的善行结合起来,理性是不赞同它的(不管爱好是多么希望得到它)。然而,单是德性,以及和它一起,单是配得上幸福,也还远不是完整的善。为了达到完整的善,那不曾做过不配幸福的事的人就必须能够有希望分享幸福。甚至那摆脱了一切私人意图的理性,当它置身于一个要给别的存在者分配一切幸福的存在者的位置而不从中考虑自己的利益时,它也不能作出另外的判断;因为在实践的理念中这两方面是本质上结合着的,尽管是这样结合着的,即道德的意向是最先使分享幸福成为可能的条件,而不是反过来,对幸福的指望首先使道德意向成为可能。因为在后一种情况下这种指望就不会是道德的,因而也就不配得到全部幸福了,对理性来说幸福不知道有任何别的限制,只有来自我们自己的不道德行为的限制。

A814
B842

所以,幸福只有在与理性存在者的德性严格成比例,因而使理性存在者配得幸福时,才构成一个世界的至善,我们必须根据纯粹的但却是实践的理性的规范在这个世界中安身立命,但这个世界只是一个理知的世界,因为感官世界并没有从物的本性中给我们预示出目的的这样一种系统的统一,这种统一的实在性也不能建立在别的东西之上,而只能建立在一个最高的本源的善的预设之上,在那里,以某种至上原因的一切充分性装备起来的独立理性,按照最完善的合目的性,而把普遍的、虽然在感官世界中极力向我们隐藏着的事物秩序建立起来、维持下来和完成起来。

这种道德神学在此具有胜过思辨神学的特有的优点:它不可避免地导致一个唯一的、最高完善性的、有理性的原始存在者的概念,对此思辨神学就连从客观的根据中给我们作出暗示也做不到,更谈不上能使我们确信这点了。因为不论在先验神学中还是在自然的神学中,不管理性在其中把我们引领到多么远,我们都找不到一点有价值的根据来哪怕假定一个唯一的存在者,以便我们可以有充分的理由把它置于一切自然的原因之先,同时使自然原因在一切方面都依赖于它。相反,当我们从道德统一性的观点这样一个必然的世界规律来考虑那唯一能给这一规律提供相应的效果,因而也提供对我们有约束性的力量的原因时,那么这原因必定是一个唯一的至上意志,它把所有这一切规律都包含于自身。因为,我们如何会在各种不同的意志中发现诸目的的完

A815
B843

善统一性呢？这个意志必须是全能的，以便整个自然及其与德性在世上的关系都服从于它；必须是全知的，以便知悉最内部的意向及其道德价值；必须是全在的，以便直接贴近由世上最高至善所提出的一切需要；必须是永恒的，以便在任何时间中都不缺少自然和自由的这种和谐一致，如此等等。

　　但在这个诸理智的世界中——它虽然作为单纯自然只能称之为感官世界，但作为自由的系统却可以称之为理知的也就是道德的世界（regnum gratiae①）——，诸目的的这种系统统一也不可避免地导致万物的合目的性的统一，万物按照普遍的自然律构成这个大全，正如前一种统一按照普遍必然的道德律构成了这个大全一样，而诸目的的系统统一就把实践理性和思辨理性结^{A816}^{B844}合起来了。这个世界如果应当与那种理性的运用（没有这种运用我们甚至就会认为自己不配有理性），也就是与那种道德运用（它本身是绝对基于至善理念上的）相一致的话，那它就必须被设想为出自一个理念。一切自然研究由此而得到了一个指向目的系统形式的方向，并在其最高的扩张中成为了自然神学。但这种自然神学由于毕竟是从道德秩序这种在自由的存在者中有其根基，而不是由外部命令偶然建立的统一体中开始的，它就把自然的合目的性放到了那些必须先天地与物的内在可能性不可分地连结在一起的根据上，并由此而导致一种先验神学，这种先验神学把最高的本体论的完善性这一理想采用为一条按照普遍必然的自然律把万物连结起来的系统统一性原则，是因为万物全都在一个唯一的原始存在者的绝对必然性中拥有自己的来源。

　　如果我们没有为自己拟定目的，那么我们又能对我们的知性哪怕在经验上作出怎样一种运用呢？但最高的目的就是道德的目的，且只有纯粹理性才能把它们提供给我们来认识。具备了这些目的并以之为线索，我们并不能在自然本身没有表现出合目的性统一的地方，对自然本身的知识就认识而言作^{A817}^{B845}任何合目的性的运用；因为没有这种合目的性的统一我们甚至不会有任何理性，这是由于我们将不会有理性的学校，也没有能给这些概念提供材料的那些对象来训练我们。但前一种合目的性的统一是必然的，并且是建立在任意性自身的本质之中的，因而后一种包含着任意性具体运用的条件的合目的性的统一也必定是如此，所以对我们理性知识的先验提升并不是纯粹理性叫我们

①　拉丁文：恩宠之国。——译者

承担的实践合目的性的原因,而只是它的结果。

因此甚至在人类理性的历史中我们也发现:在道德概念充分被纯化、被规定,而诸目的的系统统一按照这些概念、而且从必然原则中被看出以前,自然的知识,甚至理性在好些别的科学中的相当程度的教养,都要么只能产生关于神性的一些粗糙的和漂浮不定的概念,要么就在这个问题上只留下一种令人佩服的根本无所谓的态度。由我们宗教中极为纯粹的道德律所必然造成的对道德理念的更大的修订,曾通过那种强迫理性在对象上去获得的利益来使理性渴望着这个对象,而对此作出了贡献的既不是被扩展的自然知识,也不是正确可靠的先验洞察(这种洞察任何时候都是有缺陷的),是诸道德理念把关于神性存在者的这样一个概念实现出来,这个概念我们现在认为是正确的,并不是由于思辨理性使我们确信它的正确性,而是由于它与道德上的理性原则完满地协调一致。这样,最终却仍然只是纯粹理性,当然只是在其实践运用中,立下了这一功劳,即把一种可以单纯由思辨臆想出来但不能作数的知识与我们的最高兴趣连结起来,借此虽然并未使这种知识成为证明了的教条,但毕竟使它在纯粹理性最根本的目的上成了一个绝对必要的前提。

A818
B846

但如果现在实践理性达到了这一高度,也就是达到了作为至善的一个唯一的原始存在者的概念,那么它决不可以冒险以为它已经超越了其应用的一切经验性的条件,并高高飞升到了对那些新对象的直接知识,于是就能从这一概念出发并从中推导出道德律本身。因为这些道德律恰好是由其内部的实践必然性而把我们引向一个独立原因的预设或一个智慧的世界统治者的预设的,为的是赋予那些规律以效力,所以我们就不能根据这种效力反过来又把道德律看作是偶然的和由单纯的意志推出来的,尤其不能看成由这样一个我们若不依照道德律来构想就对其完全没有概念的意志推出来的。只要实践理性有权引导我们,我们就不会由于行动是上帝的命令而把这些行动看作是责任,相反,我们之所以把它们看作是神的命令,倒是由于我们从内心感到有义务。我们将会在以理性原则为根据的合目的性的统一之下来探讨自由,并且我们只有使理性出自行动本身的本性①教给我们的那个道德律保持圣洁,我们才相信自己是合乎神的意志的,而我们只有通过促进我们自己和别人身上的世

A819
B847

---

① 　维勒将这几个词校改为:"把出自理性本性的行动本身"。——德文编者

上至善,才相信自己是服务于神的意志的。所以道德神学只具有内在的运用,即通过我们适合于一切目的的体系而在现世中实现我们的使命,而不是狂热地或也许甚至是罪恶地放弃道德立法的理性在良好生活方式上的指导①,去把这种指导直接寄于最高存在者的理念,这将会是一种超验的运用,但正如单纯思辨的超验运用一样,这必将颠倒理性的最后目的并阻碍它的实现。

A820
B848

第三节　意见、知识和信念

视其为真是我们知性中的一桩事情,它可以是建立在客观的根据上,但也要求在此作判断的人内心中有主观原因。如果这件事对每个人,只要他具有理性,都是有效的,那么它的根据就是客观上充分的,而这时视其为真就叫作确信。如果它只是在主观的特殊性状中有其根据,那么它就称之为置信。

置信是一种单纯的幻相,因为那只存在于主观中的判断根据被看作了客观的。因此这样一个判断也只有私人有效性,这种视其为真是不能传达的。但真理是建立在与客体相一致之上的,因而就客体而言,每一个知性的判断都必然是相互一致的(cosentientia uni tertio, consentiunt inter se②)。所以,检验视其为真是确信或只不过是置信的试金石是在外部,即它的传达的可能性,以及这个视其为真对于每个人的理性都被认为有效的可能性;因为这样一来至

A821
B849

少就有一种推测,即一切判断相一致的根据尽管有主体相互间的不同差异,也将立足于共同的基础上,亦即立足于客体之上,因此这些判断就全都与该客体相一致,而判断的真实性就由此而得到了证明。

因此尽管当主体仅仅把视其为真看作他自己内心的现象时,置信不能够从主观上和确信区分开来;但借助于视其为真在我们这里有效的那些根据而在别人的知性上做一个试验,看看这些根据在别人的理性那里是否会产生和在我们的理性上同样的结果,这却是一个手段,它虽然只是主观的,虽然并不导致确信,但毕竟揭示出判断的单纯私人的有效性,即揭示出判断中某种只是置信的东西。

---

① 维勒校作:"……罪恶地放弃在生活方式上的良好指导"。——德文编者
② 拉丁文:凡与第三者相一致者相互间也一致。——译者

此外,如果我们能够把我们认为是判断的客观根据的那些主观原因展示出来,因而将这种欺骗性的视其为真解释为我们内心的一桩事情,而不需要为此取得客体的性状,那么我们就揭露了这一幻相,并不再被它所蒙骗,虽然总还是在某种程度上被它所诱惑,如果幻相的主观原因与我们的本性相关的话。

我所能断言的,也就是当作一个对任何人都必然有效的判断说出来的,无非是产生确信的东西。我可以为自己保持置信,如果我愿意这样的话,但我不能、也不应当企图在我之外使它成为有效的。

A822
B850

视其为真,或者判断的主观有效性,在与确信(它同时又是客观有效的)的关系中有如下三个层次:意见、信念和知识。意见是一种被意识到既在主观上、又在客观上都不充分的视其为真。如果视其为真只是在主观上充分,同时却被看作在客观上是不充分的,那么它就叫作信念。最后,主观上和客观上都是充分的那种视其为真就叫作知识。主观上的充分性叫作确信(对我自己而言),客观上的充分性则叫作确定性(对任何人而言)。对这些如此容易领会的概念我将不再解释了。

如果不是至少知道点什么,我决不会让自己抱有什么意见。凭这知道的一点什么,那本身只不过是悬拟的判断就获得了与真实性的某种连结,这种连结虽然是不完全的,但毕竟胜于任意的虚构。此外,一个这样连结的规律必须是确定的。因为,如果我在这种规律方面所拥有的也只是意见,那么一切都只是想象的游戏,而失去与真实性的最起码的联系了。在出自纯粹理性的判断中是根本不允许抱有意见的,因为这些判断不是建立在经验的根据之上的,而是一切都应当先天地被认识,在这里一切都是必然的,所以这个连结的原则要求普遍性和必然性,因而要求完全的确定性,否则就根本找不到通往真理的指导。所以在纯粹数学中抱有意见是荒谬的;我们必须知道,要么就放弃一切判断。在德性原理中情况也是如此,因为我们不可以单凭"某事是可以允许的"这一意见就冒险行动,而必须知道这一点。

A823
B851

反之,在理性的先验运用中说意见当然是太少了,但说知识却又太多。所以出于单纯思辨的意图我们在这里根本不能作出判断;因为视其为真的主观根据,正如能够产生出信念来的那些根据一样,在思辨的问题上是一点也不值得赞同的,因为它们脱离了一切经验性的帮助就无法站住脚,也不能以同一尺度传达给别人。

　　但是，无论在哪里，只有通过实践的关系，那理论上不充分的视其为真才能被称之为信念。于是，这一实践的意图要么是熟巧的意图，要么是德性的意图，前者指向随意的和偶然的目的，后者则指向绝对必然的目的。

　　一个目的一旦被设定下来，那么达到它的那些条件也就在假设上是必然的了。如果我根本不知道达到该目的所需要的其他任何条件，那么这种必然性就是主观的，但却只就比较而言才是充分的；但如果我确定地知道没有人能够了解导致所设定的目的的其他条件，那么这种必然性就是绝对的和对任何人都是充分的。在前一种情况下我的预设和对某些条件的视其为真只是一种偶然的信念，在后一种情况下则是一种必然的信念。医生必须对处在危险中的病人有所作为，但他不了解这种病。他观察现象，判断这可能是肺结核，因为他不知道有更好的判断。他的信念甚至就他自己的判断来看也只是偶然的，另一个人也许可以得出一个更好的判断。我把这种偶然的但却给现实地运用手段于某些行动上提供根据的信念称为实用的信念。

　　对于某人所断言的东西，要看其只不过是置信呢，抑或至少是主观的确信即坚定的信念，通常的试金石就是打赌。某人常常以如此深信不疑的和倔强的固执说出自己的信条，以至于看起来他好像完全把一切犯错误的担忧撇在了一边。打一个赌就使他疑惑起来。有时表明，他虽然充分具有可以估价一个杜卡登①的置信，但并不能估价十个杜卡登。因为对于一个杜卡登他还可以坦然无忌，但面对十个杜卡登他才第一次体会到他从前没有注意的事，即毕竟很有可能是他错了。如果我们在思想上设想我们应当以全部生活的幸福为之下注，则我们得意洋洋的判断就会大打折扣，我们会极其谨慎并头一次发现，我们的信念并没有达到这么远。所以实用的信念所具有的程度只是根据在赌博中利益的差异而可大可小的。

　　尽管我们在与客体的关系中不能采取任何措施，因而视其为真只不过是理论上的，但由于我们仍然能够在许多情况下在思想中拟定和想象某种措施，我们以为这种措施是有充分根据的，如果有某种办法来裁定这件事的确定性的话，这样，在单纯理论的判断中就有实践的判断的一个类似物，对它的视其为真是适合于信念一词的，我们可以把这种信念称之为学理上的信念。假如

_____

① Dukaten，德国钱币。——译者

有可能以某种经验来裁决的话,我愿意以我所有的一切来下注,说在我们所看到的星球上至少有一个是有人居住的。所以我说,在别的世界上也有人居住,这不只是意见,而是一种坚强的信念(对于它的正确性我已经准备拿生活中的许多好处来冒险)。

于是我们必须承认,有关上帝存有的学说属于学理的信念。因为,尽管我在理论的世界知识方面并不能指定任何东西去把这个观念必然地假定为我对这个世界的现象所作解释的条件,反而被束缚于这样来使用我的理性,仿佛一切都只不过是自然似的;然而,合目的性的统一仍然是理性应用于自然的一个如此重大的条件,而经验又给我呈献出这方面丰富的例证,以至于我完全不能够忽略它。但对于这种统一性,我不知道有什么别的条件可以使它成为我的自然研究的引导,我只有假定有一个最高的理智按照最为明智的目的对一切作了如此的安排。所以这是某种虽说是偶然的、但毕竟不是无足轻重的意图的一个条件,即为了在对自然的研究中有一种指导,要假定一个智慧的创世者。我的研究的结果也经常证实这一假定的有用性,而不能提出任何对此有决定性的反驳;如果我想把我的视其为真仅仅称为一种意见,我就说得太少了,相反,甚至在这种理论的关系上都可以说:我坚定地相信一个上帝;但这样一来这个信念在严格的意义上却不是实践的,而必须被称作一个学理的信念,它是自然的神学(自然神学)一定会到处都必然地产生出来的。正是在这同一个智慧那里,考虑到人类本性的卓越装备及与之如此难以相配的短暂生命,我们可以为人类灵魂的来世生活的某种学理的信念找到同样充分的根据。

在这种情况下,信念这种说法在客观的方面看是一种谦虚的说法,但在主观的方面看同时又是对相信的坚定性的说法。即使我仅仅是想在此把单纯理论上的视其为真称之为我有权采纳的一种假设,那么我单凭这一点也就会去自告奋勇地拥有关于一个世界原因和一个来世的性状的概念了,这就比我实际所能指出的做得更多;因为凡是我也只认为是假设的东西,我对它至少按其属性必定知道这么多,以至于我可以虚构的不是它的概念,而只是它的存有。但信念这个词只是针对着某个理念所给予我的引导、针对着在促进我的理性活动而使我执着于该理念方面的主观影响的,尽管我对这个理念并没有能力从思辨的方面提出解释。

A826
B854

A827
B855

但单纯学理上的信念是含有某种摇摆不定的;我们经常由于在思辨中所

A828
碰到的困难而放弃它,虽然我们总是不可避免地又要返回到它那里去。

B856
道德的信念的情况就完全不同了。因为在这里绝对必然的是,有件事必
须发生,这就是我会在一切方面听从道德律。这个目的在这里是不可回避地
固定了的,并且按照我的一切洞见,只有一个唯一的条件可以使这个目的与所
有的目的全都关联起来,并使之具有实践的效力,这就是:有一个上帝和一个
来世;我甚至完全确定地知道,没有人会知道可以在道德律之下导致诸目的的
这种统一的其他条件。但既然道德规范同时就是我的准则(正如理性命令它
应该是的那样),那么我将不可避免地相信上帝的存有和一个来世生活,并且
我肯定没有任何东西可以动摇这一信念,因为那样一来我的道德原理本身将
会遭到颠覆,而这些道德原理是我如果不在自己眼里成为可憎的就不能放
弃的。

以这样一种方式,在超出一切经验界限之外四处漂游的理性的所有那些
沽名钓誉的意图都失败了之后,还给我们留下了足够的东西,就是我们有理由

A829
在实践的意图上对此感到满意。当然,没有人可以自诩说:他知道有上帝和来

B857
生;因为如果他知道这一点,那么他正是我长期以来所要找的人。一切知识
(如果它牵涉到一个单纯理性的对象的话)都能够传达,因而我也将会有可能
希望通过他的教导而在一个如此值得惊叹的程度上看到我的知识得到扩展。
非也,这种确信不是逻辑上的确定性,而是道德上的确定性,而且由于它是基
于(道德意向的)主观根据,所以我甚至不能说:上帝存在等等,这是在道德上
确定的;而只能说:我是在道德上确信的等等。这就是说:对上帝和来世的信
念和我的道德意向是如此交织在一起的,以至于我很少面临使前者受到损失
的危险,同样也不用耽心什么时候会把后者从我手中夺走①。

在这里唯一感到可疑的一点是:这种理性信念建立在道德意向的前提之
上。如果我们放弃这一点,而假定有一个在道德律方面完全无所谓的人,那么
理性所提出的这一问题就成为一个仅仅思辨的课题,这样一来,它虽然还能够
以出自类比的有力根据来支持,但却得不到最顽固的怀疑癖也不得不向其屈

---

① Mellin 认为这里的"前者"和"后者"应颠倒次序。——德文编者

服的那样一些根据的支持①。但在这个问题上没有人是摆脱一切兴趣［利害］
A830
的。因为，尽管他可能由于缺乏善良的意向而与道德兴趣隔绝了，但即使在这
B858
种情况下也仍然足够使他畏惧上帝的存有和来世了。因为要做到这点并不要
求别的，只要他起码不能借口没有确定性，既没有见到这样一个存在者也没有
见到来生的可能，就行了，因为这必须通过单纯的理性、因而无可置疑地得到
证明，所以他为此将不得不阐明这两者的不可能性，而这肯定是没有任何有理
性的人能够接受的。这将是一种消极的信念，它虽然不能产生道德和善良意
向，但毕竟可以产生它们的类似物，就是说，能够有力地遏制恶劣意向的发作。

但人们会说，这就是纯粹理性超越经验界限之外展望前景所达到的一切
吗？除了两个信条就没有别的了吗？这些事不需要向哲学家们请教就连普通
A831
知性也能做得到的啊！
B859

我不想在这里赞扬哲学通过自己的批判的艰苦奋斗为人类理性所作出的
贡献；就算它在结论上也许应当被看作只是消极的吧；因为对此在下面的章节
中还要有所触及。然而，你真的盼望要有这样一种涉及到一切人类的、应当超
越普通知性而只由哲学家揭示给你的知识吗？你所责备的这一点，正好是前
述主张的正确性的最好证明，因为这揭示出人们一开始不能预见到的事，即大
自然在人们无区别地关切的事情中，并没有在分配他们的禀赋上有什么偏心
的过错，而最高的哲学在人类本性的根本目的方面，除了人类本性已赋予哪怕
最普通的知性的那种指导作用以外，也不能带来更多东西。

第三章　　纯粹理性的建筑术

A832

B860

我所理解的建筑术就是对于各种系统的艺术。因为系统的统一性就是使
普通的知识首次成为科学、亦即使知识的一个单纯聚集成为一个系统的东西，

---

①　人的内心禀赋有(同样我相信,这种事在每个有理性的存在者身上都必然会发生)对
道德的一种自然兴趣,尽管这种兴趣并不是前后一致的和实践上占优势的。如果你加固和扩
展这种兴趣,你将会发现理性是很好教化的,并且甚至对于在实践的兴趣上再结合思辨的兴
趣是更为开明的。但如果你不关心首先使自己成为好人,至少是在成为好人的途中,那么你
A830
将永远不会使你自己成为有诚实信仰的人! ——康德
B858

所以建筑术就是对我们一般知识中的科学性的东西的学说,因而它必然是属于方法论的。

在理性的治下,我们的一般知识决不允许构成什么梦幻曲,而必须构成一个系统,唯有在系统中这些知识才能支持和促进理性的根本目的。但我所理解的系统就是杂多知识在一个理念之下的统一性。这个理念就是有关一个整体的形式的理性概念,只要通过这个概念不论是杂多东西的范围还是各部分相互之间的位置都先天地得到了规定。所以这个科学性的理性概念包含有目的和与这目的相一致的整体的形式。一切部分都与之相联系、并且在目的理念中它们也相互联系的那个目的的统一性,使得每个部分都能够在其他部分

A833
B861

的知识那里被想起来①,也使得没有任何偶然的增加,或是在完善性上不具有自己先天规定界限的任何不确定量发生。所以整体就是节节相连的(articulatio②),而不是堆积起来的(coacervatio③);它虽然可以从内部(per intus susceptionem④)生长起来,但不能从外部(per appositionem⑤)来增加⑥,正如一个动物的身体,它的生长并不增添任何肢体,而是不改变比例地使每个肢体都更强更得力地适合于它的目的。

这个理念为了实现出来,就需要一个图型,即需要一个从目的原则中先天得到规定的本质性的杂多和各部分的秩序。图型如果不是按照一个理念、即出自理性的主要目的,而是经验性地按照偶然显露出来的意图(它们的数量我们不可能预先知道)来勾画的,它就提供出技术性的统一性;但如果它是按照一个理念产生的(在那里理性先天地把目的作为任务提出来,而不是经验性地等待目的),它就建立起建筑术的统一性。要能够产生出我们称之为科学的东西,不是凭借技术,即不是由于杂多东西的类似性,或由于知识具体地在所有各种随意的外部目的上的偶然运用,而是凭借建筑术,是为了亲缘关

---

① "被想起来"为德文 vermissen 之译,该词有"发觉丢失"、"惦记"两义,因此哈滕斯泰因将此句改作:"使得没有任何一个部分能够在其他部分的知识中被丢失",格兰德则注明其意思为"没有任何一个部分可以被发觉是缺席的"。——译者据德文编者

② 拉丁文:环环相扣。——译者

③ 拉丁文:积累。——译者

④ 拉丁文:通过从内部激发。——译者

⑤ 拉丁文:通过增添。——译者

⑥ 这里"生长"和"增加"为德文 wachsen 一词两义。——译者

系,为了从一个唯一而至上的、首次使整体成为可能的内部目的中推导出来,而这样产生的东西,其图型必须合乎理念地、即先天地包含着整体轮廓(monogramma①),和一种对整体各环节的划分,并且必须把这个整体确实无疑地依照原则与其他一切整体区别开来。

A834
B862

没有人会不以某个理念作自己的基础就试图去建立一门科学的。不过,在制定这门科学时,图型、甚至他在这门科学开端处立刻就提供出来的定义,是很少与他的理念相符合的;因为这种理念如同一个胚胎处于理性中,一切部分都还被紧紧包裹着隐藏在胚胎里,就连用显微镜观察也几乎看不出来。为此之故,我们必须不是按照一些科学的创立者对此所作的描述,而是按照我们从他所汇集起来的那些部分的自然统一性出发而觉得是在理性本身中有根据的那个理念,来规定这些科学,因为它们毕竟全都是从某种普遍兴趣的观点中被想出来的。因为这时人们发现,创立者、经常还有他的最近的追随者都在围绕着一个理念转来转去,他们自己本来就没有能够搞清楚这个理念,因而也就没有能够规定这门科学的特有内容、环环相扣的关系(系统统一)和界限。

糟糕的是,只有当我们长时间地按照一个隐藏在我们心中的理念的指示狂乱地收集了许多与之相关的知识作为建筑材料之后,甚至只有当我们花了长时间在技术上去组合这些材料之后,我们才第一次能够更清晰地看到这个理念,并按照理性的目的从建筑术上来构想一个整体。这些系统看起来就像蠕虫一样,通过一种由于把那些搜集到的概念单纯汇集到一起而来的generatio aequivoca②,开始是残缺不全地、随着时间的进程则完备地形成起来,尽管它们在单是自我展开的理性中全部都有自己的图型作为原始的胚胎,因此不仅每一个系统自身都被按照一个理念而分出环节,而且此外所有的系统都又还在人类知识的一个系统中作为一个整体的各环节而合目的地相互结合起来,而允许有一切人类知识的某种建筑术,这种建筑术在当前时代由于已经搜集了如此之多的材料,或是可以从古代建筑已倒塌的废墟中取得如此多的材料,就不仅仅是可能的,而且甚至是不会很困难的了。我们在此满足于完成我们的工作,就是只把一切知识的建筑术从纯粹理性中构想出来,并且只从我

A835
B863

———————————

① 拉丁文:草图。——译者
② 拉丁文:模糊生成。——译者

们知识能力的普遍根基从中分权而生发出两条枝干的那一点开始,这两条枝干之一就是理性。但我在此所谓的理性是指整个高级认识能力,所以我以合理的东西与经验性的东西相对立。

如果我把知识的一切从客观上看的内容都抽掉的话,那么一切知识在主观上就要么是历史的,要么是合理的。历史的知识是 cognitio ex datis①,合理的知识则是 cognitio ex principiis②。一种知识不管它来自何处,都可以是本源地被给予的,所以它毕竟在拥有它的那个人那里是历史的,如果他只是在这个程度上认识,并且认识得如同别处给予他的那么多的话,不论这种认识他是通过直接经验还是通过讲述,甚至是通过教授(普遍的知识)而被给予的。因此,一个真正学习过一个哲学系统,如沃尔夫的体系的人,尽管他把一切原理、界说和证明,连同整个学说大厦的划分,都记在脑子里,并能对一切都如数家珍,但他所拥有的决不超出对沃尔夫哲学的完备的历史知识;他所知道和所判断的只不过是已经给予他的。如果一个定义在他看来是有争执的,他就不知道他应当到何处去取得另一个定义。他按照别人的理性而增长知识,但模仿能力并不是生产能力,就是说,知识在他那里并不是出自理性,并且尽管客观上这当然是一种理性知识,然而主观上它毕竟只是历史的。他很好地理解和记住了,即学会了,他是一个活生生的人的翻版。那些客观上是理性的知识(即最初只能发源于人自己的理性的知识),唯一地只有当它们从理性的普遍源泉中即从原则中汲取时,才被允许在主观上也具有理性知识的称号,而从这一源泉中也能够产生出批判,甚至产生出对学到的东西的抵制。

现在,一切理性知识要么是从概念而来的,要么就是从概念的构造而来的;前者是哲学的知识,后者是数学的知识。关于这两者的内部区别我已经在第一章中讨论过了。因此一种知识可以在客观上是哲学的,但在主观上却是历史的,正如在大部分学徒那里以及在一切从未超出过学派并且一辈子都是学徒的人那里一样。但有一点却是很奇怪的:像人们已经学过的那种数学知识竟也能在主观上被看作理性知识,而这样一种在数学知识上的区别的发生是不同于在哲学知识上的区别的。其原因是由于教师唯一能够从中汲取的那

---

① 拉丁文:出自事实的知识。——译者
② 拉丁文:出自原则的知识。——译者

些知识源泉永远只处于根本的和真正的理性原则之中,因而不能被学徒从任何别的地方拿来,更不能加以争执,而这当然是因为理性的运用在这里只是具体的,尽管也是先天的,也就是在纯粹的并正因此也是完美无缺的直观上发生的,而排除了一切欺骗和谬误。所以我们在一切(先天的)理性科学中唯一地只能学习数学,但永远不能学习哲学(除非是历史地学习),而是在理性方面顶多只能学习做哲学研究。

　　于是,一切哲学知识的系统就是哲学。如果我们把它理解为对一切做哲学研究的尝试进行评判的范本,我们就必须把它看作客观的,它应当用来对每个主观的哲学进行评判,而这些主观的哲学体系往往是各种各样和变化多端的。按照这种方式,哲学就是一个有关某种可能的科学的单纯理念,这门科学永远也不被具体地给予,但人们却从各种不同的道路去试图接近它,直到那条唯一的、被感性的草木所壅蔽了的小路被发现、而迄今错位的摹本在命运赐予人类的范围内成功地做到与蓝本相同为止。直到那时以前我们不可能学到什么哲学;因为,哲学在哪里? 谁拥有哲学? 而且凭什么可以认识哲学? 我们只能学习做哲学研究,即按照理性的普遍原则凭借某些正在着手的尝试来锻炼理性的才能,但却总是保留着理性对那些原则本身在其来源上进行调查、认可和抵制的权利。

A838
B866

　　但直到那时以前哲学的概念只是一个学派概念,也就是一个知识系统的概念,这种知识只被作为科学来寻求,而不以超出这种知识的系统统一、因而超出知识的逻辑完善性的东西为目的。但还有一个总是为这个命名提供根据的世界概念(conceptus cosmicus①),尤其是当我们仿佛把哲学概念人格化并将它在哲学家的理想中设想为一个蓝本时。从这方面来看哲学就是有关一切知识与人类理性的根本目的(teleologia rationis humanae②)之关系的科学,而哲学家就不是一个理性的专门家,而是人类理性的立法者。在这种意义上,自称是一位哲学家并自以为比得上那个仅仅存在于理想中的蓝本,这是非常大言不惭的。

A839
B867

　　数学家、自然科学家和逻辑学家,不论前两者一般地在理性知识中、后两

---

　　①　拉丁文:世界概念。——译者
　　②　拉丁文:人类理性的目的论。——译者

者特殊地在哲学知识中取得过怎样的进展,他们却都只是理性的专门家。仍然有一个理想中的导师在对他们大家作安排,将他们用作工具,以便促进人类理性的根本目的。唯有这个导师是我们必须称之为哲学家的;但由于他本身毕竟在任何地方都找不到,而他的立法的理念却在每个人的理性中到处都被发现,所以我们所要坚持的就仅仅是这种立法的理念,并要对哲学按照这个世界概念①而为出自这一目的立场的系统统一所颁定的东西作出更切近的规定。

A840
B868

因此,根本的目的就还不是最高目的,最高目的(在理性的完善的系统统一中)只能是一个唯一的目的。因此根本目的要么是终极目的,要么是必须作为手段而从属于终极目的的附属目的。终极目的无非是人类的全部使命,而有关这种使命的哲学就是道德学。为了道德哲学对于一切其他理性追求的优越地位之故,我们自古以来也一直都把哲学家这个名称同时理解为并且首先理解为道德学家,而且甚至连表面上表现出理性的自我控制力,也会使得我们现在还按照某种类比而把一个人称之为哲学家,即使他的知识很有限。

于是,人类理性的立法(即哲学)有两个对象,即自然和自由,所以它一开始就不仅把自然法则也把道德法则包含在两个特殊的哲学系统中,但最终是包含在一个唯一的哲学系统中。自然哲学针对的是一切存有之物;道德哲学则只针对那应当存有之物。

但是,一切哲学要么是由纯粹理性而来的知识,要么是由经验性原则而来的理性知识。前者叫做纯粹哲学,后者叫做经验性的哲学。

A841
B869

于是,纯粹理性的哲学要么是在一切纯粹先天知识方面检查理性的能力的一种入门(预习),即批判,要么其次,它就是纯粹理性的(科学的)系统,是出自纯粹理性并系统关联起来的全部(真实的和虚假的)哲学知识,也就是形而上学;虽然形而上学这个名字也可以给予包括批判在内的全部纯粹哲学,以便既包括对于永远能够被先天认识的一切东西的研究,又包括对构成这一类纯粹哲学知识系统的东西的描述,却与一切经验性的以及数学的理性运用区

---

① 世界概念在这里就是那涉及使每个人都必然感兴趣的东西的概念;因而当一门科学只是被看作一种有关达到某些随意目的的熟巧的科学时,我就按照学派概念来规定这门科学的意图。——康德

别开来。

　　形而上学分成纯粹理性的思辨的运用的形而上学和实践的运用的形而上学，所以它要么是自然的形而上学，要么是道德的形而上学。前者包含出自单纯概念（因而排除了数学）的、有关万物之理论知识的一切纯粹理性原则；后者包含先天地规定所为所不为并使之成为必然的那些原则。于是道德性就是诸行动的能够完全先天地由原则中引出来的唯一合法性。因此道德形而上学真正说来就是不以任何人类学（即不以任何经验性的条件）为根据的纯粹道德学。而思辨理性的形而上学则是我们通常在更严格的①意义上所称呼的形而上学；但只要纯粹的道德学说仍然属于出自纯粹理性的人性知识也就是哲学知识的特殊门类，那么我们就要为它保存形而上学这一名称，虽然由于它不属于我们现在的目的，我们这里且将它存而不论。

　　极为重要的一点是，要把那些在种类上和起源上与其他知识不同的知识分离出来，并小心地防止它们不要和另外那些它们通常在运用中与之结合着的知识混为一谈。化学家在分解物质时以及数学家在他们的纯粹量的学说中所做的事，在更大得多的程度上也是哲学家的责任，哲学家借此就能够在知性的四处游移的运用上确切地规定一类特殊知识所占有的份额、它所特有的价值和影响。因此人类理性自从它进行思考，或不如说进行反思以来，从来都不能缺少形而上学，然而也从来未能充分清除一切异类成分来描述形而上学。一门这样的科学的理念与思辨的人类理性同样古老；不论是以经院哲学的方式还是以世俗的方式进行，又有哪一个理性不是在思辨呢？然而人们必须承认，我们知识的两个要素，即一个要素是完全先天地由我们所支配的，另一个则只能后天地从经验中接受而来，这种区分甚至在职业的思想家中也仍然只是很不清晰的，因此就从来也没有能够做到确定一个特殊种类的知识的界限，因而也没有能够实现一门人类理性从事了这么久和这么大量的研究的科学的真正理念。如果人们说：形而上学是一门关于人类知识的那些第一原则的科学，那么他们并不能由此来说明一门完全特殊种类的知识，而只是说明了某种普遍性方面的等级，所以形而上学并不能因此就和经验性的东西明确区别开来；因为甚至在那些经验性的原则中也有一些更普遍的、并因此而比其他的都

A842
B870

A843
B871

————————————

① "更严格的"（engeren）在第四版中改为"固有的"（eigenen）。——德文编者

更高的原则,并且,在这样一种隶属关系中(在人们没有把那种完全先天地被
认识的东西与只是被后天认识的东西区别开来时),人们应当在何处划出最
初的部分和至上的项与最末的部分和从属的项相区别的分界呢?如果一种纪
年法只能把世界的各个时期这样来标明,即把它们划分为最初的世纪和接下
来的世纪,人们对此又将会说什么呢?人们将会问:第五世纪、第十世纪等等
是否也属于最初的世纪?我同样会问:广延的概念属于形而上学吗?你回答

A844
B872
说:是的!好,那么物体的概念呢?是的!那么液体的概念呢?你会犹疑起
来,因为如果再这样追下去,则一切东西都将属于形而上学了。由此可见,单
纯的隶属等级(把特殊隶属于普遍之下)决不能确定一门科学的界限,相反,
在我们的情况下,起源的完全不同质性和差异性才能确定一门科学的界限。
但是在另一方面曾经使形而上学的基本理念变模糊的还有:形而上学作为先
天知识显示出与数学有某种同质性,这种同质性虽然在先天的起源上使它们
相互有亲缘关系,但与数学那种单纯通过对概念的先天构造来作判断的一类
知识相比较,形而上学则是出自概念的一类知识,就此而言,因而就哲学知识
与数学知识的区别来说,就显出了某种如此断然的不同质性,人们虽然时时刻
刻仿佛都感到了这种不同质性,但从来都没有能够把它带到清晰的标准上来。
因此就发生了这种事,由于哲学家们甚至在阐明他们自己的科学的理念时的
失足,对这门科学的研究就不可能有任何确定的目的和任何可靠的准绳,并且
他们在一个这样任意制定出来的计划中对他们必须采取的道路一无所知,而
且时刻在每个人声称是由自己作出的发现上互相争执,他们就使自己的科学
首先是在别人那里、最后甚至在他们自己那里都遭到了蔑视。

A845
B873
　　所以一切纯粹的先天知识,由于它唯一能位于其中的那种特殊认识能力,
就构成了一种特殊的统一性,而形而上学就是那种应当把那些知识表现在这
种系统统一性之中的哲学。于是,形而上学的那个抢先独占了这一名称的思
辨的部分,也就是我们称之为自然形而上学的,并且从先天概念来考虑一切所
是的东西(而不是所应是的东西)的形而上学,就被划分为如下的类型。

　　较狭窄意义上的所谓形而上学是由先验哲学和纯粹理性的自然之学所组
成的。前者只考察知性,以及在一切与一般对象相关的概念和原理的系统中
的知性和理性本身,而不假定客体会被给予出来(即本体论);后者考察自然,
即被给予的对象的总和(不论它们是被给予感官的,还是被给予另一种类的

直观的,如果我们愿意这样说的话),因而就是自然之学(虽然只是合理的自然之学)。但现在,理性在这种合理的自然考察中的运用要么是自然性的,要么是超自然性的,或不如说,要么是内在的,要么是超验的。前者是在自然知识能够被(具体地)应用于经验中这个范围内针对着自然界的,后者是针对着经验对象的超越于一切经验之上的那种连结。因此这种超验的自然之学要么以内部连结为自己的对象,要么以外部连结为自己的对象,但两种连结都是超出可能经验之外的;前者是全部自然界的自然之学,即先验的世界知识,后者是全部自然界与一个超自然的存在者的关联的自然之学,即先验的上帝知识。

A846
B874

　　相反,内在的自然之学把自然界看作一切感官对象的总和,因而是看作自然界被给予我们的那样,但只是按照它一般地由以能够被给予我们的那些先天条件来给予我们的。但它只有两类不同的对象。1. 外感官的对象,因而这些对象的总和,即有形自然;2. 内感官的对象,即灵魂,以及根据一般灵魂的基本概念而来的思维着的自然。有形自然的形而上学叫做物理学,但由于它只应当包含物理学知识的先天原则,所以叫做合理的物理学。思维着的自然的形而上学叫做心理学,而由于上述同样的原因,它在这里只能被理解为心理学的合理的知识。

　　因此整个形而上学系统就是由四个主要部分构成的。1. 本体论。2. 合理的自然之学。3. 合理的宇宙论。4. 合理的神学。第二个部分即纯粹理性的自然学说包含有两个部门,即合理的物理学(physica rationalis①)和合理的心理学(psychologia rationalis)。

A847
B875

　　纯粹理性对一种哲学的本源的理念预先规定了这种划分本身;所以这种划分就是按照其根本的目的而建筑术地进行的,而不是按照偶然知觉到的亲缘关系和仿佛靠碰运气而单纯从技术上进行的,但正因此它也是不可改变的

---

　　①　不要以为我在这里指的是人们通常称之为普通物理学(physica generalis)的东西,这种东西与其说是自然哲学,不如说是数学。因为自然的形而上学是完全区别于数学的,它也远不能如同数学那样提供如此多的扩展性见解,但它在对那些必须应用于自然之上的一般纯粹知性知识的批判方面却仍然是极其重要的;如果缺少了它,甚至数学家也会由于他们依赖于某些日常的、实际上却是形而上学的概念,而不知不觉地用一些假设来纠缠自然学说,这些假设通过对这些原则的一个批判就消失了,却丝毫也不因此而损害数学在这个领域中的运用(这种运用是完全不可缺少的)。——康德

和具有立法性的。但在这里有一些可能会引起怀疑和削弱对这种划分之合法性的确信的疑点。

首先，对于那些被给予我们的感官因而是后天地被给予出来的对象，我们怎么能够期待一种先天的知识、因而期待一种形而上学呢？并且，如何可能按照先天的原则来认识事物的本性并达到一种合理的自然之学？回答是：我们从经验取来的只不过是必须给予我们一个部分是外感官、部分是内感官的客体的东西。外感官的客体是通过物质这个单纯概念（不可入的无生命的广延）发生的，内感官的客体是通过一个思维着的存在者的概念（在经验性的内部表象即"我思"中）发生的。除此之外，我们在这些对象的全部形而上学中都将不得不完全放弃一切还想将任何经验添加到这概念上以便从中对这些对象有所判断的经验性原则。

其次，向来在形而上学中都坚持自己的席位的经验性的心理学，在我们的时代，当人们放弃了先天地去达到某种合适的东西的希望之后，人们就期待它在澄清形而上学方面做如此多的事情，这种经验性的心理学究竟保留在何处？我的回答是：它到那个本来的（经验性的）自然学说必须被放到那里的地方去，也就是被放到应用的哲学那方面去，纯粹哲学含有一些针对应用哲学的先天原则，所以纯粹哲学虽然必须与应用哲学结合起来，但不可与它相混淆。所以经验性的心理学必须从形而上学中完全驱逐出去，并且它已经通过形而上学的理念而从中被完全排除了。然而我们按照经院哲学的惯例毕竟总还是必须（哪怕只是作为题外话）允许它在其中占有一小块地方，其实是从经济的动因出发，因为它还并不丰富到能够单独构成一个学科，但却非常重要，以至于不应当完全排斥它，或是把它固定到别的那些比起在形而上学中更加不能找到亲缘关系的地方去。所以它只是一个在此期间被接受下来的外来户，我们准许它在一段时间内作一个逗留，直到它将来能够在某种详尽的人类学（即经验性自然学说的对应物）中迁入它自己的住处为止。

所以，这就是形而上学的普遍理念，而由于人们一开始对它的期望超出了可以正当要求的范围，并且在一段时间内以这种快适的期望来自娱，所以形而上学最终就落得遭到了普遍的蔑视，因为人们发现自己在这种希望中受了骗。由我们的批判的整个进程出发，人们将会充分地确信：即使形而上学不可能是宗教的基础，但它仍然任何时候都必将作为宗教的捍卫者而屹立，而人类理性既然由于其自然倾向而是辩证的,它就将永远也不可能没有这样一门对它加以约束的科学,而这门科学将会通过一种科学性的和完全明白易懂的自我知识来防止某种无法无天的思辨理性肯定会在道德和宗教中造成的种种破坏。所以可以肯定的是,无论那些不知道按照一门科学的本性、而只知道从它的偶然的结果去评判它的人如何装出矜持和轻蔑的样子,人们任何时候都将返回到形而上学,就像返回到一个与我们吵过嘴的爱人身边一样,因为,由于在这里涉及到根本的目的,理性就必须永不停息地工作,要么是为了达到彻底的洞见,要么是为了摧毁那些已经现成的很好的洞见。

A850
B878

所以自然的形而上学以及道德的形而上学,尤其是作为预习(入门)而先行的、对驾着自己的翅膀去冒险的理性所作的批判,其实才是唯一构成我们在真正意义上能够称之为哲学的东西。这种哲学使一切都与智慧相联系,但却是通过科学之路,这是一条一旦被开辟出来就再也不被壅蔽且决不会让人迷失的唯一的道路。数学、自然科学,乃至于对人的经验性的知识,作为大部分是针对人类偶然目的、但最终却毕竟是针对其必然的和本质的目的的手段,而具有一种很高的价值,但在后一种情况下它们就只有通过某种出自单纯概念的理性知识的中介才具有价值,这种理性知识不管人们愿意把它称作什么,真正说来无非是形而上学。

正因为如此,形而上学也是对人类理性的一切教养的完成,这种教养即使撇开形而上学作为科学对某些确定目的的影响不谈,也是不可或缺的。因为形而上学按照理性的各种要素和那些本身必须为一些科学的可能性及所有科学的运用奠定基础的至上准则来考察理性。形而上学作为单纯的思辨,更多地被用于防止错误,而不是扩展知识,这并没有使它的价值受到任何损害,而是通过它的审查职权使科学的共同事业的普遍的秩序与和睦乃至福利都得到保障,防止对这个事业的那些勇敢而富有成果的探讨远离那个主要目的,即普遍的幸福,从而反倒赋予了自身以尊严和权威。

A851
B879

第四章　纯粹理性的历史

A852
B880

这个标题放在这里只是为了表示一个在系统中保留下来必须在将来加以

填充的位置。我则满足于从一个单纯先验的观点、即纯粹理性的本性的观点
出发来对迄今为止对纯粹理性所做的全部探讨作匆匆一瞥,这固然在我的眼
前矗立起一些大厦,但却只是一些废墟。

　　人类在哲学的童年是从我们今天更愿意在那里结束的地方开始的,就是
说,首先探讨对上帝的知识,以及探讨来世的希望乃至于来世的性状,这件事
是够奇怪的了,尽管当时理所当然地不可能走另外的路。不论那些还是由各
民族的野蛮状态所遗留下来的古老习惯曾经带来了多么粗野的宗教概念,这
毕竟没有阻止那更为开明的一部分人从事对这种对象的自由的探索,而且人
们很容易看到,除了善良的生活方式之外,不可能有任何更彻底和更可靠方式
来取悦于统治这个世界的不可见的权力,以便至少在另一个世界得到幸福。
因此,对于一切抽象的理性探索来说,神学和道德学是两个动机,或不如说两
个关节点,人们总是在此之后才去从事理性探索的。然而神学才是真正把单
纯的思辨理性逐步引入到这件工作中来的,这件工作后来才以形而上学而闻
名于世。

　　我现在不想对形而上学发生这种那种变化的时期加以区分,而只想粗略
地描述一下引起过最主要的革命的理念的差异。在这里我发现有一个三重的
考虑,在其中促成了在这一争执的舞台上那些最显著的变化。

　　1. 在我们一切理性知识的对象方面,曾经有一些只是感觉论的哲学家,另
一些只是智性论的哲学家。伊壁鸠鲁堪称最出色的感性哲学家,柏拉图则堪
称最出色的智性哲学家。但学派上的这种区别不论它多么微妙,都已经在最
早的时代中就开始了,并长期不断地保持下来。前一派的人主张,只有在感官
对象中才有现实性,所有其他的东西都是想象;反之,后一派的人却说:在感官
中所有的无非是幻相,只有知性才认识真实的东西。不过前一派也并不因此
就完全否认知性概念的实在性,但这种实在性对他们来说只是逻辑性的,而对
于另一派的人来说却是神秘的。前一派承认智性概念,但只接受感觉的对象。
后一派要求这些真实的对象只是理知的,并且主张有一种通过纯粹知性而来
的直观,这种纯粹知性不由任何感官伴随着,并且按照他们的意见只是被感官
弄混乱了而已。

　　2. 在纯粹理性知识的起源方面,这种知识是从经验中派生出来的呢,还是
不依赖于经验而在理性中有其来源。亚里士多德可以看作经验主义者的首

A853
B881

A854
B882

领,柏拉图则可以被看作理性主义者的首领。在近代追随前者的洛克和追随后者的莱布尼茨(虽然与后者的神秘主义学说保持相当的距离),仍然还是没有能够在这场争执中带来任何了结。至少伊壁鸠鲁按照他的感觉论学说来处理问题在他这方面说要比亚里士多德和洛克(但尤其是后者)要一贯得多(因为他从来也不使他的推论超出经验的界限之外),洛克在他把一切概念和原理都从经验中推导出来之后,又在对它们的运用中走得如此之远,以至于他主张,我们可以把上帝的存有和灵魂的不朽(虽然这两种对象都完全处于可能经验的界限之外)都像任何一个数学定理一样明白地加以证明。　　A855
B883

　　3.在方法方面。如果我们要把某件事称之为方法,那它就必须是按照原理的一种处理方式。于是我们就可以把目前在自然研究的这门学科中流行的方法分成自然主义的和科学性的。纯粹理性的自然主义者为自己采取的原理是:通过无须科学的日常理性(他将这称之为健全理性),在构成形而上学最崇高的任务的那些问题上也可以比通过思辨有更多的建树。所以他主张,我们用目测能够比数学的辗转论证更可靠地确定月亮的大小和距离。这是一种被用各种原理来表达的单纯厌恶理论的态度,并且它最荒谬之处是把忽略一切人为的手段捧为扩展自己的知识的一种独特的方法。因为,谈到由于缺乏更多洞见而成为自然主义者的那些人,那么我们不能有丝毫理由怪罪于他们。他们追随日常理性,却并不把他们的无知夸耀为一种方法,这种方法据说包含有从德谟克利特的深井中汲取真理的机密。Quod sapio,satis est mihi;non ego curo,esse quod Arcesilas aerumnosique Solones,Pers.①这是他们的格言,凭借这一格言他们可以过快乐而值得赞许的生活,而不去为科学操心,更不来扰乱科学的事务。　　A856
B884

　　至于那些遵循科学性的方法的人,那么他们在这里有一个选择,要么是独断论地来操作,要么是怀疑论地来操作,但在一切情况下他们都有责任系统地进行操作。如果我在这里为前一种方法举出著名的沃尔夫,为后一种方法举出大卫·休谟,那么根据我目前的意图,我就用不着举其他人的例子了。唯有

---

　　①　拉丁文:我所知道的对我已足够;我不去强求成为阿塞西劳斯和忧心忡忡的梭伦。——柏修斯。按柏修斯(Persius,Flaccus Aulus,公元34—62年)为古罗马诗人,所引载其《讽刺诗》,阿塞西劳斯(公元前316—公元前240?年)为柏拉图的学生,怀疑论者;梭伦(公元前638?—公元前559年),雅典政治改革家。——译者

批判的路子还没有人走过。如果读者曾带着好意和耐心和我结伴漫游过这条
道路的话，那么他现在就可以判断，如果他情愿为了使这条人行小路成为一条
阳关大道而作出自己的贡献的话，那种许多个世纪都未能做成的事情是否有
可能还在本世纪过去之前就得到完成：就是说，使得人类理性在它的求知欲任
何时候都在从事着但至今都是白费力气的事情中达到完全的满足。

德汉术语索引 *

A

Aberglauben 迷信 （XXXIV）

abgleiten 派生 （XXI,）27,72,89,106—108,111,115,127,132,140,142,163,601,603,606,607,609,645,710,818,839,882

absolut 绝对 42,52—56,64,92,（99,）245,262,285,321,380—385,391—394,398,415,419,420,（348,353—356,394,397,401,402,405,）434,436,438,440,443—447,450,455,457,459,460,471,472,474,476—478,480,484,487,489,495,507,511,512,515,524,525,527,528,533,534,537,538,540,541,543—545,547—549,551,553,561,564,571,612,613,615,616,620,621,632,634—636,639,640,645,656,657,662,677,693,700,704,707,713,768,769,

801,802,810,812,844

ablaufen 流过 437

Abstraktion/abstrahieren 抽象 56,57,144,145,173,337,338,340,341,346,402,421,（335,）452,453,467,565,651,684,731,742,745,762,813

abziehen 抽象 12,652,774,881

Achtung 敬重 （XI,）375,651,736

Affektion/affizieren 刺激 （2,）33,34,41,42,44,51,61,68,69,72,75,93,129,153—157,207,235,309,（358,359,）522,562,583,830

Affinität 亲和性 （113,114,122,123,）600,685,689,696,794,811

Aggregat 聚合物（体） 112,204,212,216,217,（351,352,）436,439,441,446,467,552,601,673,694

Ahnung 预感 824

Akroamatisch 讨论的 763

---

　* 1.本索引主要依据德文第二版页码(即本书边码标为"B"版的页码)编成,凡在 B 版中的词条的页码不再标出 A 版(第一版)页码,凡在 B 版中被删去了的那些 A 版部分的词条,其页码则放在圆括号( )内标出,表示在 A 版中原来的页码。

　2.凡在原书中出现频繁、几乎比比皆是的且基本上有定译的词条(如"理性 Vernunft"、"知性 Verstand"等等),不再将页码一一注出,只将词条本身用**黑体字**排出。

　3.在一词两译或多译的情况下本索引视其需要将页码依次分段排出,中间用"/"号隔开。

709—714,720,725,765,768,769,808,
810,820,821,839

antecedens und consequens 前件和后件
100,101,438

Anthropologie 人类学 VIII,578,869,877

Anthropomorphismus 拟人论 668,720,725,
728

anthropomorphistisch 拟人化 867

Antinomie 二律背反 （XXII，）398,405,
434,435,448,449,452—454,458,466,
484,487,514,525,534,535,549,556—
559,563,571,586,588,592—594,701,
713,723,772,832

Antithesis 反题 （XXII，）448,455,459,
465,467,470,473,477,481,485,487,
493—496,498,502,534,549,592

Antithetik 背反论 448,768,771

Antizipation 预测 200,207—209,213,
217,221,222,256,264,303,537,547,
790,795,814

Antrieb 冲动 425,562,738,830,831

apagogisch 反证法的 817

apodiktisch 无可置疑的 （XV，）XXII,14,
16,39,41,47,55,57,64,65,101,189,
191,199,227,404,405,407,424,544,
640,652,674,678,724,741,749,757,
758,762,764,765,767,770,777,803,
817,858

a posteriori 后天地 2,389,749

Apperzeption 统觉 68, 127, 131—145,
148,150—154,157,158,169,（105—
108， 110—119， 122—124， 127， 129，

130,）181,185,194,195,197,220,246,
256, 261, 263, 264, 283, 296, （250,）
345, 401, 407, 417—419, （354, 355,
362, 365, 368, 400—402, 407,）574,
611,751,812

Apprehension 领会 68, 160—164, （97—
102, 108, 113, 120—122, 124, 125,）
182,184,202,204,206,208—210,219,
221,225,234—240,242,243,246,256—
258,261,271,439,527

a priori 先天地（的）

archetypus 原型的 723

Archtektonik 建筑术 27, 375, 502, 503,
736,860,861,863,875

Argument 论证 XXXIV,20,53,412,413,
（357,） 433, 458, 484, 485, 487, 525,
529, 530, 535, 559, 563, 612, 616, 617,
626, 634, 635, 637, 643, 655, 657,
717,817

Artikulation 环环相扣 90,861,862

assertorisch 实然的 25,100,101,310,809

Assoziation 联想 127, 140, 142, 152,
（112,113,115,121—125,）794,811

Ästhetik 感性论 XXXVIII,33,35,36,58,
59,63,72,73,76,79,87,102,136,146,
148, 160, 188, 274, （249, 251, 357,
378,）469,518,534,564

Atheismus 无神论 XXXIV,668,769

Atomus 原子 469

Atomistik 原子论 469

aufheben 悬置 XXX

Augenblick 瞬间 （99,103,）203,209—

F

106,111,122,123,128,129,131,143,
146,159,（106,108,109,112,120,123,
124,）169,179,185,187,205,224,298,
（242,245,246,）304,（253,）342,351,
356,378,386,392,406,407,428—432,
（349,356）

Fürwahrhalten 视其为真　848—855

G

Gattung 类　14,605,680—688,691,807

Gebiete 领地　297,425,490,497,823

Gebot/gebieten 命令　681,828,834,835,
838,839,844,847,856

Gefühl 情感　29,（29,）79,（358,）829

Gegenstand 对象

Gegenwart/gegenwärtig 在场/当下　18,
74,151,（100,）216,798,799/67,270,
299,437—439,523,530,584

Geist/geistig 精神/精神性的
（XI,）XXXVI,XLII,XLIV,（96,250,）
375,499,712,806,808,826

Gelegenheit 机会/机缘　XXXVII,（101,）
232,432,（404,）807/91,118

Gemächlichkeit 怡然自得　498

gemeingültig 普适的　96

Gemeinschaft 协同性　99,106,108,111,
183,256,259—261,264,265,270,288,
292,293,302,323,330,331,427,428,
（386,）441,710,798,808

Gemüt 内心　IX,33—35,37,38,41,42,
50,67—69,74,75,102,123,125,127,
157,（98—100,102,108,109,114,

120—122,125,）195,235,242,261,
270,299,316—318,334,（390,391,）
520,641,677,700,799,847—849,858

Geniemäßig 天才式的　XLII

Geschichte 历史　X,XI,XIII,27,523,
550,736,835,845,880

Geschicklichkeit 熟巧　851,867

Geschmack 鉴赏　35

Geschöpfe 被造物　329,807

Geschwätzigkeit 徒逞辩才　86

Gesetz 规律/法则　77,85,101,141,152,
164,165,167,（100,126—128,）198,
232,244,248,256,269,270,312,328,
350,362,405,423,473,475,479,481,
496—499,516,561,562,564—568,570,
572—574,579—581,584,629,659,678,
692,719—722,727,773,788,794,800—
803,826,828,830,831,834—837,840,
843,846,850/（XII,）XIII,XIV,XIX,
XXII,XXXIII,35,67,80,81,84,159,
160,163—165,（108,110,111,113,
122,123,）220,227,256,272,274,
279—281,284,331,373,375,394,396,
430—432,（376,386,387,394,395,）
434,443,458,470,484—486,488,490,
512,515,521—523,553,561,565,567,
568,574,583,585,586,589,590,617,
647,649,655,660—662,665,673,678,
679,681,684,685,687—692,696,703,
708,711,715,716,720,724,728,767,
779,793,794,806,808,868

Gesetzgeben 立法　（IX,XI,126,）356,369,

373,375,430,452,723,728,739,780,
847,867,868,875

Gesinnung 意向 425,776—778,841,843,
857,858

Gewißheit 确定性 (XV,) VIII, XXII,
XXXVII,5,14,39,47,57,63,64,189,
191, 200, 201, 223, (367,370,) 449,
451,509,513,555,640,652,741,762,
767, 777, 789, 796, 803, 817, 850, 851,
853,857,858

Gewohnheit 习惯 5,8,20,77,127,316,
(387,)458,764,783,788,793

Glauben 信念/信仰 16,285,498,653,
848, 850—858/XXX, XXXIII, XXXIX,
652,661,773,858

gleichartig 同质的 115,162,176—178,
182,201—203,205,300,556,558,588,
678,682,683,685,688,748,872

gleichförmig 均匀的 183,218

Gleichförmigkeit 一律 479,577

gliedern 分联 554,555

Glückseligkeit/glück zu sein 幸福 373,
828,833—835,837—842,853,879,881

Gott 上帝/神 XXIX,XXX,XXXII,7,71,
(96,)293,392,395,608,618,620,623,
626,627,631,659—661,703,713,727,
769, 778, 781, 816, 826, 828, 831, 839,
841, 847, 854, 856—858, 874, 880,
882/530,847

göttlich 神的/神圣的 145,596,597,727,
729,801,847

Gottheit 神/神性 623,703,845,846

Größe 大小 16,37,47,48,182,183,204,
454,459,468,544,548,651,656,742,
745,752,787,813,883

Größe 量 39,92,96,100,114,115,162,
182, 184, 200—205, 207—212, 214—
218,221,222,226,251,253—255,262,
271, 288, 293, 299, 300, (245,) 325,
344, 379, 414, 417, 447, 458, 460, 461,
511,515,532,533,546—551,557,558,
563, 653, 656, 743, 745, 752, 762, 821,
861,870

Grad 程度 25,60,77,108,172,182,210,
211,214—218,221,254,255,333,367,
372,374,414—417,420,468,550,571,
598, 651, 652, 676, 678, 682, 686, 687,
690, 693, 705, 720, 727, 730, 752, 757,
776, 777, 834, 837, 845, 849, 853, 857,
864,870

Grund 根据

Grundsatz 原理

Gültigkeit 有效性 (VI,XVI,)XXVI,4,7,
28,51,52,56,69,72,81,96,120,122,
123, 126, 137, 140—142, 145, 168, (97,
111,125,128,)175,193,196,197,199,
206, 223, 241, 247, 298, (242, 246,
253,)310,343,345,367,368,375,382,
417, (357,) 435, 496, 544, 666, 668,
691, 692, 697, 698, 703, 705, 726, 741,
753,788,791,809,810,816,848—850

H

Handlung 行动 XXVIII,XXIX,67,93,94,

I

K

ostensiv 明示的　699,745,817,819

P

Palingenesie 转世　711

Paradox 似是而非　152,(374)

Paralogismen 谬误推理　XXXVIII,398,
399,403,410,412,426,432,(348,351,
354,361,366,367,369,381,382,395,
396,398,402,403,)433,435,813

pathologisch 病理学的　173,562,830

perception 知觉　376

Person 人格　408,(361,362,364,365,)
700,710,718

Personalität 人格性　403,(361)

Persönlchkeit 人格性　409,427,(362,
365)

personlifizieren 人格化　611,867

Petition 公则　366

Pflicht 义务　XXXIII,29,319,617,731,
754

Phänomen 现相　186,207,209,(248,)
294,306,309,(249,251,252,)311,
320,321,325,328,329,333,339,461,
470,489,573,574,589,591,609,802

phantasisch 幻想的　754

Philodoxie 偏见　XXXVII

Philosoph 哲学家　XXXIV,XXXVI,XXX-
VII,19,227,228,330,336,370,371,
373,375,382,396,413,459,478,498,
501,506,538,605,679,680,729,731,
744,746,747,755,858,859,867,868,
870,872,881

Philosophie 哲学　(XIII,XV,XVIII,)
XXXI,XXXV,XXXVII,XXXIX,XLIV,
6,20,25—30,35,61,73,86,90—92,
107,109,113,120,134,152,155,174,
175,213,222,275,285,346,370,375,
376,400,423,434,452,467,470,476,
484,491,492,499,500,505,506,508,
563,644,704,739,741—743,746,752—
755,758—766,785,791,823,827—829,
859,864—870,872,873,875,876,
878,880

philosophieren 做哲学研究　865,
866

Physikotheologie 自然神学　619,633,648,
653,656—658,660,665,718,844,855

Physiologie 自然之学/生理学　(IX,)
119,405,(381,)563,578,873,
874,876/716

Pneumatism 精气论　(379,)433

Polemik/polemisch 论争/论争的　766,
767,778,782,784,791,804

positiv 肯定的/积极的　230,626,627,
630,737/701

Postulate 公设/悬设　200,223,265,267,
268,272,279,285,287,366/662

potenzial 潜在的　388,445

Prädikabilien 宾位词　108

Prädikamente 云谓关系　107,108,406,
432,(348,)608

Prädikat 谓词　10—12,(8,9,)16,38,43,
53,69,70,94,96—98,114,120,128,
149,(105,)166,190,192,205,266,

Q

R

439,455,456,487,523

Verheiβung 预兆作用　839

verknüpfen 连结　XL,1,5,10—13,19,85,
（100,）112, 115, 177, 181, 185, 192,
195,218,219,231—233,238,244,247,
248, 272, 279, 284, 287, 315, 316, 323,
353,360,362,364,375,387,（364,365,
378,379,386,）435,444,484,494,516,
522, 526, 528, 556, 559, 560, 572, 575,
611, 629, 630, 632, 643, 665, 667, 671,
693,699—701,709,714,715,719,720,
728, 794, 798, 800, 811, 815, 818, 837,
838,840,844,846,850,851,873,874

verlaufen 流过　183,248,454,460

Vernunft 理性

Vernünftelei/Vernünftler/vernünfteln 玄想
（家）/推想　XXXI,88,397,398,（351,
380,389,403,）432,449,450,467,471,
477,490,501,518,525,632,634,652,
672,694,697,739,777,784,797,821,
823/325,368

Vernunftschlüsse 三段论推理　141,366,
390, 392, 393,（350, 353, 402,）432,
433,525,527,605,819

Verstand 知性

Verstandeswesen 知性物　508

Verwandtschaft 亲缘关系　315,595,657,
686,688—690,861,872,875,877

Vielgötterei 多神教　618

Vielheit 多数性　106, 111, 114, 210,
（245,）320, 325, 402, 414, 416,（403,
404）

Vollkommenheit 完善性　114, 372, 374,
596,597,618,641,651,654,655,660,
665, 694, 703, 706, 721, 722, 726, 728,
804,842,844,861,866

vollständig/Vollständigkeit 完备/完备性
（XII,XIV,XX,）XXIII, XXIV, XXXVII,
XLII,（8, 10,）26—28, 89, 90, 92, 94,
107—109, 114, 115, 165,（98,）223,
266, 272,（241,）346, 366, 385, 392,
393,（403,）436, 438, 443, 444, 447,
454, 474, 486, 510, 524, 526, 528, 536,
538, 543, 544, 564, 583, 596, 598, 600,
601, 604, 607, 608, 614—616, 620, 633,
647, 673, 683, 690, 693, 704, 705, 713,
720, 722, 736, 758—760, 768, 796, 799,
819,863,864

vorhanden 在手　21,784,814

Vorhof 初阶　IX

Vorrat 储备　26,362,603,735,781

vorschreiben 颁布　159, 163—165, 538,
586,601,688,738,868

Vorschrift 规范　29, 170, 171, 174, 263,
365,682,688,831,835,842,856

Vorstellung 表象　XVII, XX, XXII,
XXVIII,XXXIX,XL,XLI,1,5,（2,）13,
30,33,34,38—42,44—51,53—55,57,
59—63,67—70, 72, 74, 75, 80, 81, 93,
94,102—105,111,118,124,125,129—
140, 142, 147, 150, 154, 157, 158, 160,
161, 163, 164, 168,（97—110, 112—
117, 121, 123, 124, 127, 129, 130,）
176—179, 181—184, 186, 194, 195,

人 名 索 引

注:按第二版页码排印,凡在第二版被删除了的第一版页码上的人名,其页码置于圆括号
()内。

汉德术语对照表

(按汉语拼音字母排列)

A

爱好 Neigung

暗示 Wink

B

把握能力 Fassungskraft

摆明 darlegen

颁布 vorschreiben

背反论 Antithetik

被造物 Geschöpfe

本体 Noumenon

本体论/本体论的 Ontologie/ontologisch

本土的 einheimisch

本质 Wesen/Wesentliche

本质 Natur

必然性 Notwendigkeit

变形 Modifikation

变异性 Varietät

辩证论/辩证的 Dialektik/dialektisch

标准 Kriterium

标准 Probierstein

表象 Vorstellung

宾位词 Prädikabilien

病理学的 pathologisch

不合法的 usurpiert

不可测度性 Unermeβlichkeit

不可能性 Unmöglichkeit

不可知的 unerkannt

不灭的 unverweslich

不同质的/不同性质的 ungleichartig

不死性 Immortalität

不死者 Nichtsterbende

不限定的 indefinitum

不朽 Unsterblichkeit

不朽性 Inkorruptibilität

C

裁断 entscheiden

草图 Monogramm

阐明 dartun

阐明 Erläuterung

阐明 Erörterung

阐明 Exposition

超验的 transzendent

超感官的 übersinnlich

超自然的 hyperphysisch

程度 Grad

承载者 Vehikel

持存的/持存性/持存之物 beharrlich/Beharrlichkeit/Beharrliche

持续性 Dauer

秩序 Ordnung

冲动 Antrieb

冲动 Trieb

冲突 Widerstreit

重合 kongruieren

从属性 Dependenz

抽象 Abstraktion/abstrahieren

抽象 abziehen

初阶 Vorhof

储备 Vorrat

传达 Mitteilen

创世者 Welturheber

创世者 Weltschöpfer

创造者 Urheber

纯粹的 rein

刺激 Affektion/affizieren

刺激(作用) Anreiz

存有 Dasein

存在 Sein

存在物/存在者 Wesen

D

大前提 Major

大前提 Obersatz

大全 das All

大小 Gröβe

单称的 einzeln

单纯性 Einfachheit

单个的/单独的 einzeln

单数 Singular

单位 Einheit

单一性 Einheit

单子/单子论 Monad/Monadenlehre

当下 gegenwärtig

道德/道德学 Moral

道德 Sitten

道德的 moral/moralisch

道德化 moralisieren

道德/道德性 Moralität

道德性/道德的 Sittlichkeit/sittlich

德性 Sittlichkeit

德行 Tugend

德行论 Tugendlehre

等同 einerlei

递进(的)Progressus/progressivd

定理 Lehre/Lehrsatz

定理 Satz

定义 Definition

定言的 kategorisch

动机 Triebfeder

动力学的 dynamisch

动物性 Animalität

动物性的 tierisch

动因 Bewegursache

独断论/独断论者/独断的　Dogmatismus/Dogmatiker/dogmatisch

杜撰之物 Unding

对象 Gegenstand

多神教 Vielgötterei

多数性 Vielheit

多样性 Mannigfaltigkeit

E

二分法 Dichtomie

二律背反 Antinomie

二元论 Dualismus

恩宠之国 Reich der Gnaden

F

发展 Entwicklung

法则 Gesetz

法规 Kanon

反思 Nachdenken

反思 Reflexion

反题 Antithesis

反省 Nachsinn

反省 Überlegung

反证法的 apagogisch

范本 Muster

范畴 Kategorie

方法论 Methodenlehre

方位 Ort

非存在 Nichtsein

非物质性 Immaterialität

分联 gliedern

分析 zergliedern

分析的 analytisch

分析论 Analytik

分子 Molecularum

否定性(的) negativ/Negation

复多性 Mehrheit

复合(物) Zusammensetzung

复合体 Compositum

G

概观 Synopsis

概念 Begriff

感官 Sinn

感官世界 Sinnenwelt

感官物 Sinnenwesen

感觉 Empfindung

感觉论学说 Sensualsystem

感觉论哲学家 Sensualphilosoph

感受/感受性 Empfangen/
　　Empfänglichkeit

感性的/感性 sinnlich/Sinnlichkeit

感性化 sensifizieren

感性论 Ästhetik

革命 Revolution

个体 Individuum

根据 Grund

公理 Axion

公设/悬设 Postulate

公式 Formel

公则 Petition

公正/权利 Recht

工具论/工具 Organon

工具/器官 Organ

共同性 communio

共相 Allgemeine

构成性的 konstitutiv

构想 dichten

构想 Entwurf/entwerfen

构造 Konstruktion/konstruieren

观念论 Idealismus

观念性 Idealität

管教 Zucht

关联 Zusammenhang

关系 Relation

广延 Ausdehnung

规定 Bestimmung

规定根据 Bestimmungsgrund

规范 Vorschrift

规律 Gesetz

规则 Regel

归纳 Induktion

归摄 subsumieren

诡辩 Dialexe

诡辩论者/诡辩论的 Sophist/sophistisch

过去的 vergegangen

H

号数上的 numerisch

和平 Frieden

和谐 Harmonie

合理的 rational

合目的的/合目的性 zweckmäßig/
　　Zweckmäßigkeit

鸿沟 Kluft

后天地 a posteriori

后续推论法 Episyllogismos

怀疑论/怀疑(论)的/怀疑论者
　　Skeptizismus/skeptisch/Skeptiker

环环相扣 Artikulation

还原性 Reduktion

幻想的 phantasisch

幻相 Schein

幻影 Hirngespinst

荒谬的 ungereimt

荒唐 Widersinn

回溯 Regressus/regressiv

或然性 Wahrscheinlichkeit

或然的/悬拟的 problematisch

J

基本命题 Kardinalsatz

基本实体 Elementarsubstanz

基底 Substratum

基地 Boden

基准 Norm

机会 Los

机会/机缘 Gelegenheit

机能 Funktion

机能/工具/器官 Organ

机械的 mechanisch

机械作用/机械论 Mechanismus

积极的 positiv

极大值 Maximum

技术性的 technisch

技艺 Kunst

假设 Hypothese

价值 Wert

简单性 Simplizität

检察官 Zensur

建筑术 Archtektonik

鉴赏 Geschmack

僭妄 Anmaßung

交互联系 commercium

交互的/交互性/wechselseitig/Wechselseitigkeit

交互作用 Wechselwirkung

交感 Kommerzium

教化 Bildung

教理 Mathema

教条 Dogma

教学法的 didaktisch

教养 Kultur

教育 Erziehung

接受性 Rezeptivität

结果 Wirkung

节制 Mäβigung

经验 Erfahrung

经验论/经验主义 Empirismus

经验性的 empirisch

精气论 Pneumatism

精神/精神性的 Geist/geistig

精神性 Spiritualität

静观的 kontemplativ

惊奇/惊叹 Bewunderung

敬重 Achtung

聚合物(体) Aggregat

决断 Entschlieβen

绝对 absolut

绝对 durchaus

绝对 schlechthin/schlechterdings

均匀的 gleichförmig

K

喀迈拉 Chimäre

可分性 Teilbarkeit

可能性/可能的 Möglichkeit/möglich

可行的/可行性 tunlich/Tunlichkeit

科学 Wissenschaft

客观的 objektiv

客体 Objekt

肯定/肯定的 Bejahung/bejahend

肯定的/积极的 positiv

空间 Raum

夸大其辞 überschwenglich

快适 Angenehmen

狂热/狂信 Schwärmerei

L

来世 das künftige Leben

蓝本 Urbilde

类 Gattung

类比 Analogie

类似物 Analog

利害/利益 Interesse/Interessant

理念 Idee

理论/理论的 Theorie/theoretisch

理想/理想的 Ideal/idealisch

理性 Vernunft

理性发生论 Noogonie

理性主义者 Noologist

理智 Intelligenz

理知的 intelligibel

历史 Geschichte

历史的 historisch

力率 Moment

力学性的 dynamisch

立法 Gesetzgebenn

立法学 Nomothetik

联结 Verbindung

联想 Assoziation

连结 verknüpfen

连续(性)/连续的 Kontinuität/kontinuierlich

量 Größe

量/数量 Quantität

量/定量 Quantum/quantitatis

灵魂 Seele

灵魂学说 Seelenlehre

领会 Apprehension

领地 Gebiete

流过 ablaufen

流过 verlaufen

流逝 verfließen

流失的 fließend

伦理的 sittlich

论争/论争的 Polemik/polemisch

论证 Argument

逻辑/逻辑的 Logik/logischd

M

矛盾 Widerspruch

矛盾的 contradictorisch

迷信 Aberglauben

明示的 ostensiv

命令 Gebot/gebieten

命令 Imperative

谬误推理 Paralogismen

摹本 Kopie

摹本 Nachbild

模态 Modalität

梦幻曲 Rhapsodie

某物 Etwas

目的论/目的论的 Teleologie/teleologisch

N

内包的 intensiv

内在的 immanent

内心 Gemüt

拟人化 anthropomorphistisch

拟人论 Anthropomorphismus

O

偶然性 Zufälligkeit

偶性 Akzidenz/accidens

P

派生 abgleiten

判断 Urteil

判断力 Urteilskraft

培养 Kultur

配得/配得上 würdig/Würdigkeit

批判/批判的 Kritik/kritisch

偏好 Hang

偏见 Philodoxie

品格 Charakter

评判 Beurteilung

普遍性/普遍的 Allgemeinheit/allgemein

普适的 gemeingültig

普适性 Allgemeingültigkeit

Q

歧义 Amphibolie

契机/力率 Moment

启发性的 heuristisch

启示 Offenbarung

起作用的原因 die wirkende Ursache

器官 Organ

器官 Organisation

前后关联 Kontex

前件和后件 antecedens und consequens

前溯推论法 Prosyllogismus

潜在的 potenzial

强迫 nötigen

亲和性 Affinität

亲缘关系 Verwandtschaft

清泻剂 Kathartikon

情感 Gefühl

情欲 Leidenschaft

确定性 Gewiβheit

全称的 allgemein

全能的 allgewältig

全能/全能的 Allmacht/allmächtig

全能的 allvermögend

全体性 Allheit

全在 allgegenwärtig

全知的 allwissend

权利 Recht

权威 Majestät

权限 Befugnis

权限 Rechtsame

确信/信念 Überzeugung

R

人格 Person

人格化 personlifizieren

人格性 Persönlichkeit

人格性 Personalität

人类学 Anthropologie

人生智慧 Weltweisheit

人为的 künstlich

认定 Recognition

认识 Erkenntnis/erkennen

认知 cognitio

任意(性)/任意的 Willkür/
  willkürlich

入门 Propädeutik

S

三段论的 syllogistisch

三段论推理 Vernunftschlüsse

上帝/神 Gott

设定 Supposition

神的/神圣的 göttlich

神/神性 Gottheit

神秘的 Mystisch

神圣(性)heilig/Heiligkeit

神学 Theologie

生产(性)的 produktiv

生活方式 Lebenswandel

生理学 Physiologie

十进制 Dekadik

时间 Zeit

实存 Existenz/existieren

实践的 praktisch

实然的 assertorisch

实体 Substanz

实体化 hypostasieren

实验哲学 Experimentalphilosophie

实用的 pragmatisch

实在论 Realismus

实在性 Realität

使命 Bestimmung

事件 Begebenheit

事实 Faktum

事实 Tatsache

事实性 Sachheit

适应性 Tauglichkeit

视其为真 Fürwahrhalten

视野 Horizont

"是"ist

世界 Welt

世界灵魂 Weltseele

世上至善 Weltbest

试金石/标准 Probierstein

熟巧 Geschicklichkeit

受动 leidend

瞬间 Augenblick

瞬间 Moment

属性 Eigenschaft

数学 Mathematik

数学性的 mathematisch

思辨/思辨的 Spekulation/spekulativ

思维/思想/思考 denken

思维方式 Denkungsart

斯多亚派 Stoiker

似非而是 Paradox

似是而非的 scheinbar

素质 Anlage

宿命论 Fatalismus

所为所不为 Tun oder Lassen

T

讨论的 Akroamatisch

特点 Eigentumliches

特殊/特殊的 Besondere/besonder

特殊的/特殊化 spezifisch/Spezifikation

题外话 Episode

体系 System

天才式的 Geniemäßig

条件/有条件的 Bedingung/bedingt

调节性的 regulativ

同类性 Homogenität

同一性 Identität

同义反复的 tautologisch

同质的 gleichartig

通盘的 durchgängig

统觉 Apperzeption

统握 Begreifen

统一性/统一 Einheit

统治者 Regierer

偷换 Subreption

图形 Figur

图型/图型法 Schema/Schematismus

徒逞辩才 Geschwätzigkeit

推论的 diskursiv

推论/推理 Schluß/schließen

推想 vernünfteln

W

外延的 extensiv

完备/完备性 vollstandig/
　　Vollständigkeit

完善性 Vollkommenheit

唯理论(者)Rationalismus/Rationalist

唯灵论 Spiritualismus

唯物论 Materialismus

唯心论 Idealismus

谓词 Prädikat

谓述 prädizieren

未知的 unbekannt

我思/我思故我在 cogito/cogito, ergo sum

我思 ich denke

我在 ich bin

无 Nichts

无可置疑的 apodiktisch

无能 Unvermögen

无神论 Atheismus

无条件的/无条件者 unbedingt/Unbedingte

无限的 infinitus

无限的 unendlich

无信仰 Unglauben

无意识 Nichtbewußtsein

无知 Unwissenheit

无知 Unkunde

物化 hypostasieren

物质 Materie

物种 Spezies

误推 Trugschluß

X

下属的 subartern

习惯 Gewohnheit

系词 Copura

系统(的)/体系 System/systematisch

先天地(的)a priori

先验的 transzendental

选言的 disjunktiv

显现 erscheinen

现实性 Wirklichkeit

现象 Erscheinung

现相 Phänomen

限制性 restrinierend

限制性 Einschränkung

限制性 Limitation

相关项/相关物 Korrelate/Korrelatum

相应 korrespondieren

相应 entsprechen

想象/想象力 Einbildung/Einbildungskraft

消极的/否定性(的)negativ/Negation

小前提 Minor

小前提 Untersatz

协同性 Gemeinschaft

心理学 Psychologie

信念/信仰 Glauben

信念 Überzeugung

幸福 Glückseligkeit/glück zu sein

兴趣 Interesse/Interessant

形而上学 Metaphysik

形式/形式的 Form/formal

形象 Bild

形象的 figürlich

行动 Akt

行动 Handlung

性状 Beschaffenheit

虚无/无 Nichts

序列 Reihe

玄想(家)/推想 Vernünftelei/
　Vernünftler/vernünfteln

悬拟的 problematisch

悬设 Postulate

悬置 aufheben

学理/学理上的 Doktrin/doktrinal

循环论证 Zirkel

训练 Disziplin

Y

延伸的 protensiv

演绎 Deduktion

演证 Demonstration

厌恶理论 Misologie

样板 probe

样态 Modus

要素 Elemente

要素科学 Elementarwissenschaft

要素论 Elementarlehre

一般 überhaupt

一律 Gleichförmigkeit

一神教 Monotheismus

一神论 Theismus

伊壁鸠鲁的/伊壁鸠鲁主义
　epikurisch/Epikureismus

依存/依存性 inhärieren/Inhärenz

怡然自得 Gemächlichkeit

意见 Meinung

意识 Bewuβtsein/bewuβt

意向 Gesinnung

意志 Wille

义务 Pflicht

异类的 fremdartig

异质的 heterog

艺术/技艺 Kunst

因果性 Kausalität

因果联系 Kausalverbindung

因果连系 Kausalverknüpfung

应当 Sollen

印象 Eindruck

永福 Seligkeit

永恒 ewig/Ewigkeit

有机体 der organisierte Körper

有死者 Sterbliche

有限的 endlich

有效性 Gültigkeit

愉快和不愉快 Lust und Unlust

宇宙论/宇宙论的 Kosmologie/kos-
　mologisch

预测 Antizipation

预成论学说 Präformationssystem

预感 Ahnung

预兆作用 Verheiβung

欲求 Begehrung

欲望 Begierd

原理 Grundsatz

原始的 primitiv

原始存在者 Urwesen

原始根据 Urgrund

原始根源 Urquelle

原型的 archetypus

原型 Prototypon

原因 Ursache

原因性 Kausalität

原则 Prinzip

原子 Atomus

原子论 Atomistik

圆满完成 kroren

愿望 Wunsch

云谓关系 Prädikamente

Z

杂多/多样性 Mannigfaltige/Mannigfaltigkeit

在场 Gegenwart

在手 vorhanden

再生的 reproduktiv

责任/使有义务 Verbindlichkeit/
  verbinden

哲学 Philosophie

哲学家 Philosoph

真理(性)/真实性 Wahrheit

争执 streiten/Streitigkeit

证明 Beweis/beweisen

正当的/正当性 rechtlich/gerecht/mit Re-
  cht/Gerechtigkeit

正题 Thesis

正位论 Topik

知觉 Wahrnehmung

知觉 perception

知识 Erkenntnis

知性 Verstand

知性物 Verstandeswesen

直观 Anschauung

直觉 intuitiv

值得奇的 bewunderungswürdig

至善 das höchste Gut

至上的 oberst

智慧的/智慧 Weis/Weisheit

智性 intellektuell

智性哲学家 Intellektualphilosoph

智性直观 die intellektuelle An-
  schauung

质/质的 Qualität/qualitativ

质料/物质 Materie

置信 Überredung

终极目的 Endzweck

终极意图 Endabsicht

主体/主词/主观的 Subjekt/subjektiv

转世 Palingenesie

准绳 Richtschnur

准则 Maxime

自存性/自存的 Subsistenz/subsistierend

自动地/自动性 selbsttätig/
  Selbsttätigkeit

自发性 Spontaneität

自负 Eigendünkel

自明性 Evidenz

自然/自然的 Natur/natürlich

自然科学 Naturwissenschaft

自然神论 Deismus

自然神学 Physikotheologie

自然之学/生理学 Physiologie

自我认识 Selbsterkenntnis

自我意识 Selbstbewußtsein

自由/自由的 Freiheit/frei

自在的 an sich

自在之物 Ding an sich

综观 Überschauung

综合/综合的 Synthesis/synthetisch

宗教 Religion

总和 Inbegriff

总和 Summe

总量 Menge

总体性 Totalität

组合(物) Komposition

组合(物)/复合(物) Zusammenset-
　zung

组织 organisieren

最高实在的 allerrealst

最高完善的 allervollkommst

做哲学研究 philosophieren

尊严 Dignität

尊严 Würde

责任编辑：张伟珍
封面设计：吴燕妮

图书在版编目(CIP)数据

纯粹理性批判/〔德〕康德著;邓晓芒译;杨祖陶校. —北京:
　人民出版社,2017.3(2020.4 重印)
ISBN 978－7－01－017450－1

Ⅰ.①纯…　Ⅱ.①康…②邓…③杨…　Ⅲ.①认识论②先验论
　Ⅳ.①B017②B081.2

中国版本图书馆 CIP 数据核字(2017)第 043308 号

纯 粹 理 性 批 判
CHUNCUI LIXING PIPAN

〔德〕康德 著　邓晓芒 译　杨祖陶 校

人民出版社 出版发行
(100706　北京市东城区隆福寺街 99 号)

北京汇林印务有限公司印刷　新华书店经销

2017 年 3 月第 1 版　2020 年 4 月北京第 2 次印刷
开本:710 毫米×1000 毫米 1/16　印张:36.5
字数:560 千字　印数:5,001-10,000 册

ISBN 978－7－01－017450－1　定价:79.00 元

邮购地址 100706　北京市东城区隆福寺街 99 号
人民东方图书销售中心　电话 (010)65250042　65289539